Jan Bergman
(2.6.1933–27.8.1999)

La Cité de Dieu
Die Stadt Gottes

3. Symposium Strasbourg,
Tübingen, Uppsala
19.–23. September 1998
in Tübingen

herausgegeben von

Martin Hengel, Siegfried Mittmann
und Anna Maria Schwemer

Mohr Siebeck

BS
680
.J37
C57
2000

Gedruckt mit Unterstützung des Instituts für Protestantische Theologie der Universität Marc Bloch, Straßburg.

Die Deutsche Bibliothek - CIP-Einheitsaufnahme

La cité de Dieu = Die Stadt Gottes / ed.: Martin Hengel ... -
Tübingen : Mohr Siebeck, 2000
(Wissenschaftliche Untersuchungen zum Neuen Testament ; 129)
ISBN 3-16-147200-4

© 2000   J.C.B. Mohr (Paul Siebeck) Tübingen.

Das Werk einschließlich aller seiner Teile ist urheberrechtlich geschützt. Jede Verwertung außerhalb der engen Grenzen des Urheberrechtsgesetzes ist ohne Zustimmung des Verlags unzulässig und strafbar. Das gilt insbesondere für Vervielfältigungen, Übersetzungen, Microverfilmungen und die Einspeicherung und Verarbeitung in elektronischen Systemen.

Das Buch wurde von Martin Fischer in Reutlingen aus der Times-Antiqua belichtet, von Gulde-Druck in Tübingen auf alterungsbeständiges Werkdruckpapier gedruckt und von der Großbuchbinderei Heinr. Koch in Tübingen gebunden.

ISSN 0512-1604

In memoriam Professor Dr. Jan Bergman

Am 27. August 1999 ist Professor Jan Bergman, unser intitiativereicher Kollege im Dreieck der drei theologischen Fakultäten Strasbourg – Tübingen – Uppsala in Linköping verschieden. Vor knapp einem Jahr hatte er noch mit Freude erlebt, wie Studenten und Professoren der Theologischen Fakultät in Uppsala seine beliebte und manchmal kontroverse Persönlichkeit mit Humor feierten. Eine gediegene Festschrift hatte ihm Professor Dr. Peter Schalk zusammen mit Ph. D. Michael Stausberg überreicht, in der 22 Kollegen aus verschiedenen Ländern ihrem Freunde huldigten. Kennzeichnend für ihn erschien sie unter dem Titel: »*Being Religious and Living through the Eyes*«. *Studies in Religious Iconography and Iconology. A Celebratory Publication.* Die Ikonographie in verschiedenen Religionen, besonders im Alten Ägypten, war Bergmans Spezialgebiet. In den sehr lebendigen Vorträgen für seine Studenten kommentierte er oft eine erstaunliche Menge Bilder, die scheinbar ungeordnet auf verschiedenen Stühlen und Bänken angehäuft waren.

Bergman wurde am 2. Juni 1933 zu Motala in Schweden geboren. Er wurde teol dr in Uppsala mit seiner Dissertation *Ich bin Isis. Studien zum memphitischen Hintergrund der griechischen Isisaretalogien.* Von 1969 bis 1975 war er Dozent für Religionsgeschichte. Schon 1975 bekleidete er als Ordinarius für Religionsgeschichte und besonders für die Religionen des Nahen Ostens den Lehrstuhl von Nathan Söderblom und Geo Widengren. Seine wissenschaftlichen Arbeiten, die auch den Islam, das Judentum und das Christentum umfaßten, galten besonders der ägyptischen und den hellenistischen Religionen. Von 1969 bis 1987 war er hauptverantwortlich für das Religionsgeschichtliche Institut in Linköping. Er war auch während der 80er und 90er Jahre Mitglied des Vorstandes am Donnerinstitut für Kulturhistorische Forschung zu Åbo in Finnland. Im Jahre 1960 zum Pastor in der schwedischen Kirche ordiniert, widmete er oft seine Ferien zusammen mit seiner Frau dem Religionsunterricht von Konfirmanden.

Bergman war vielseitig in seiner Forschung. Mit Eifer versuchte er Christen, Juden, Muslime, Hindus und Sikhs zusammenzuführen. Seine impulsive Verteidigung von Ahmed Ramis Radiosendungen in Schweden verlieh ihm in den 90er Jahren unverdient einen Ruf als »Antisemit«. Seine wissenschaftliche Tätigkeit litt damals unter der intensiven Polemik in der schwedischen Presse.

Wir wollen besonders an seine unermüdliche Arbeit für das Gelingen der drei Symposien Strasbourg – Tübingen – Uppsala erinnern und widmen darum diesen Band seinem Gedenken. Seinen aufschlußreichen Vortrag in Tübingen: »Vom Garten zur Stadt. Paradiesvorstellungen im Alten Orient« konnte Bergman leider nicht druckreif abliefern. Aber wir vergessen nicht, mit wieviel Eifer er uns seine Einsichten auf Deutsch und Französisch mitteilte. Bergman war ein freigiebiger, spontaner Mensch, der in seiner religiösen Haltung für viele Studenten zu einer vorbildlichen Persönlichkeit wurde. Requiescat in pace, in civitate Dei!

Für das Symposium,   Professor Dr. René Kieffer

Vorwort

Vom 19. bis 23. September 1998 trafen sich Kollegen aus dem Bereich der Religionsgeschichte, des Alten und Neuen Testaments und der Patristik zum dritten Symposium einer europäischen »Dreiecksveranstaltung« der theologischen Fakultäten Straßburg, Tübingen und Uppsala in Tübingen. Das erste Treffen hatte vom 12. bis 13. September 1990 in Straßburg stattgefunden und sich auf das Thema »*Le Trône de Dieu*«/»Der Thron Gottes« konzentriert. Die Beiträge wurden von Marc Philonenko unter demselben Titel beim Verlag Mohr Siebeck in Tübingen herausgegeben (WUNT 69, 1993). Die zweite Begegnung vom 14. bis 17. September 1995 in Uppsala stand unter dem Thema »*La Main de Dieu*«/»Die Hand Gottes«. Der Symposiumsband erschien im selben Verlag (WUNT 94, 1997) dank der Bemühungen von René Kieffer und Jan Bergman.

Der Gegenstand des Tübinger Treffens war »*La Cité de Dieu*«/»Die Stadt Gottes«. Die einzelnen Vorträge umspannten einen weiten Bogen: Er reichte vom Paradies und von den Städten und Tempeln der zoroastrischen Religion über den Berg Moria und die Gottesstadt Jerusalem, den »Ort, den der Herr erwählt hat«, die alttestamentliche Gleichsetzung von »Lager« und »Stadt«, das »Neue Jerusalem« und eine iranische Parallele, die Gottesherrschaft und die Gottesstadt bei Matthäus, die himmlische Stadt und ihr Bürgerrecht bei Paulus und in anderen urchristlichen Texten, die »Wohnung Gottes« bei Ignatius, das spannungsvolle Verhältnis von himmlischem und irdischem Jerusalem im frühen Christentum und die Ikonographie der Himmelsstadt bis hin zu Jerusalem als heiliger Stadt des Islam.

Leider war es Professor Jan Bergman nicht mehr vergönnt, seinen ungemein reichhaltigen Beitrag »Vom Garten zur Stadt. Paradiesvorstellungen im Alten Orient« zum Druck vorzubereiten. Der Herr über Leben und Tod hat ihn am 27. August 1999 aus unserer Mitte genommen. Er hat sich in besonderer Weise zusammen mit Professor Marc Philonenko um das Entstehen des »Dreiecks« Straßburg, Tübingen, Uppsala verdient gemacht. Der Erinnerung an ihn ist dieser Band gewidmet. Wir danken Herrn Kollegen Kieffer, Uppsala, für sein Wort des Gedenkens.

Professor Christoph Markschies hatte 1990 am Straßburger Symposium teilgenommen und im ersten Band einen Beitrag veröffentlicht. In der Zwi-

schenzeit nach Jena berufen, konnte er nicht am Tübinger Symposium teil-
nehmen. Die Herausgeber sind ihm jedoch dankbar, daß er nachträglich
eine Studie zum Verhältnis von himmlischem und irdischem Jerusalem in
der Alten Kirche beisteuern und damit zur Abrundung des Bandes beitra-
gen konnte. Für das Erstellen der Register danken wir Herrn Christian Löw
und für das Mitlesen der Korrekturen Frau Susanna Herr.

Die bisherigen Symposien wollten seit dem ersten Treffen vor zehn Jahren in Straßburg nicht nur die wissenschaftlichen Kontakte zwischen den
protestantischen theologischen Fakultäten fördern, indem sie zentrale theologische Themen philologisch und religionsgeschichtlich ausleuchteten,
sondern auch über die nationalen Grenzen hinweg einen kleinen Beitrag zur
geistigen Einheit Europas leisten. Zunächst waren – gewissermaßen zur
»Probe« – drei Treffen vorgesehen. Nachdem diese »Proben« – was auch
die veröffentlichten Bände demonstrieren können – doch recht erfolgreich
verlaufen sind, sollen die Begegnungen im »Dreieck« fortgesetzt werden.
Das nächste Treffen könnte dabei unter dem Thema »*Le Repas de Dieu*«/
»Das Mahl Gottes« stehen. Die bisherige Arbeit hat uns ermutigt, den ein-
geschlagenen Weg gemeinsam weiterzugehen.

Das Tübinger Symposion wäre nicht zustande gekommen ohne die groß-
zügige Unterstützung der Gerda Henkel Stiftung, der Universität Tübingen
und der Philipp-Melanchthon-Stiftung Tübingen. Dafür sei ihnen herzlich
gedankt.

Tübingen, im Juli 2000   Martin Hengel
                                          Siegfried Mittmann
                                          Anna Maria Schwemer

Inhaltsverzeichnis

Nachruf auf Professor Dr. Jan Bergman V

Vorwort VII

ANDERS HULTGÅRD
Das Paradies: vom Park des Perserkönigs zum Ort der Seligen 1

MICHAEL STAUSBERG
Persepolis, Zoroastrianopolis, Metropolis: Städte und Tempel
in der zoroastrischen Religionsgeschichte. Eine Skizze 45

SIEGFRIED MITTMANN
ha-Morijja – Präfiguration der Gottesstadt Jerusalem
(Genesis 22, 1–14.19). Mit einem Anhang: Isaaks Opferung
in der Synagoge von Dura Europos 67

STIG NORIN
Die Stätte, die der Herr erwählt 99

JAN JOOSTEN
Le camp et la ville. L'arrière-plan vétéro-testamentaire
d'une équation étonnante 119

MARC PHILONENKO
La Nouvelle Jérusalem et le Vara de Yima 139

CHRISTIAN GRAPPE
Royaume de Dieu, Temple et Cité de Dieu dans la prédication
de Jésus et à la lumière de Matthieu 5,13–16 147

ANNA MARIA SCHWEMER
Himmlische Stadt und himmlisches Bürgerrecht
bei Paulus (Gal 4,26 und Phil 3,20) 195

MARTIN HENGEL
Die »auserwählte Herrin«, die »Braut«, die »Mutter«
und die »Gottesstadt« 245

RENÉ KIEFFER
La demeure divine dans le temple et sur l'autel
chez Ignace d'Antioche 287

CHRISTOPH MARKSCHIES
Himmlisches und irdisches Jerusalem im antiken Christentum 303

PIERRE MARAVAL
Jérusalem, cité sainte? Les hésitations des Pères du IVe siècle 351

PIERRE PRIGENT
La Jérusalem Céleste. Apparition et développement du thème
iconographique de la Jérusalem céleste dans le christianisme 367

STEFAN SCHREINER
al-Quds – Jerusalem, heilige Stadt des Islam 405

Stellenregister 437
Autorenregister 460
Sachregister 467

Das Paradies: vom Park des Perserkönigs zum Ort der Seligen

von

ANDERS HULTGÅRD

I. Einleitung

Das Wort Paradies ist bekanntlich eine Entlehnung aus dem altiranischen *pairidaēza-* (**paridaiza-*) mit der Bedeutung »das Eingehegte, Umzäunte«.[1] *Pairidaēza* bezeichnete meistens ein bestimmtes kulturelles Phänomen bei den Persern und war vielleicht auch mit anderen Vorstellungen verbunden. Das Wort und z.T. auch das Phänomen, die Paradiesgärten, fanden eine erstaunliche Verbreitung in der antiken Welt und, was noch bedeutsamer ist, das Paradies wurde in der religiösen Sprache des Christentums zum Inbegriff der himmlischen Existenz der Gerechten, eine überirdische Stätte, wo Gott und Menschen nah beieinander lebten. Das Wort fand in vielen Sprachen der alten Welt Eingang, im semitischen Bereich: akkadisch *par-dēsu*,[2] hebräisch und aramäisch, als *pardes*, und syrisch *pardaisā,* im indogermanischen Bereich (außer den iranischen Sprachen): griechisch als παράδεισος, lateinisch *paradisus*,[3] und armenisch *partēz*[4].

Mein Beitrag kann gewissermaßen als eine wortgeschichtliche und semantische Untersuchung aufgefaßt werden. Der primäre Zweck ist aber,

---

[1] BARTHOLOMAE AirW 865; Das Wort, das ursprünglich wohl medisch ist (**paridaiza-*), ist nur in seiner avestischen Form überliefert; die altpersische Entsprechung wäre **paridīdā* (LECOQ 1997: 111 und 116). Im folgenden wird für den altiranischen Bereich (außer für das Avestische) die Form *paridaiza* (ohne den Asterisk) gebraucht, die als die genuine anzusetzen ist, obwohl sie bis jetzt in keinem altiranischen Text bezeugt ist.

[2] Nur in spätbabylonischen Texten und da selten, vgl. Akkadisches Handwörterbuch, hrsg. von W. VON SODEN Bd. 2: 833, Wiesbaden 1965.

[3] In lateinischer Sprache findet sich die Vokabel *paradisus* erstmals in den altlateinischen Übersetzungen der Bibel und verwandten Texten (z.B. IV Esra). Ab Tertullian ist *paradisus* in seiner biblischen Bedeutung bei christlichen Autoren ein geläufiges Wort. Sonst kommt es nur sehr selten vor; vgl. *Thesaurus Linguae Latinae* Bd. X, 1, Sp. 297–302.

[4] Siehe dazu HÜBSCHMANN 1897:229.

das altiranische kulturelle Phänomen des *paridaiza* und die damit verknüpften Vorstellungen zu behandeln, und auch die Weiterentwicklungen des Paradiesgartens zu verfolgen. Der Garten war als hervorragendes Kulturprodukt sowohl im Mittelmeergebiet als auch im alten Orient weit verbreitet und wurde auch mit je einem besonderen Terminus bezeichnet, wie das akkadische *kirû*, das westsemitische *gan*, das griechische *kēpos* und das lateinische *hortus*. Hinter jedem dieser Begriffe findet sich zwar je ein eigenes semantisches Feld, im Grunde aber bezeichnen die genannten Termini eine dem altiranischen *paridaiza* ähnliche Erscheinung. Weil mein Ausgangspunkt der alte Iran ist, dient der Terminus *paridaiza* (und seine Entlehnungen in anderen Sprachen) auch dazu, meine Untersuchung gegenüber einem fast unübersehbaren Quellenmaterial (Texte und archäologische Funde) abzugrenzen. Die Gärten und Baumparks anderer Kulturen werden nur da berücksichtigt, wo ein Hintergrund für iranische Verhältnisse anzunehmen ist, oder wo der iranische Terminus Eingang gefunden hat.

Im folgenden werde ich versuchen, das Charakteristische an dem altiranischen *paridaiza* herauszuarbeiten, und einige Aspekte der Abwandlungen erörtern, die das Paradies, als Begriff und kulturelles Phänomen, erfahren hat, wobei der religiösen Sphäre besondere Aufmerksamkeit gewidmet wird. Diese Abwandlungen vollzogen sich nicht nur im Laufe der Zeit, sondern auch im Raum, in den verschiedenen Kulturen in die das Paradies verpflanzt wurde. Die besonderen Fragestellungen, denen ich nachgehen werde, sind:

1. Was war das Spezifische an dem altiranischen Paradies, und was für religiöse Vorstellungen und Riten waren mit diesem kulturellem Phänomen verknüpft?
2. Auf welche konkreten Phänomene wurde der Begriff *paridaiza* bei seiner Verbreitung in der hellenistisch-römischen Welt angewendet?
3. Wie vollzog sich die Eschatologisierung des Paradieses im alten Iran und in den ihn umgebenden Kulturen?
4. Welche Beziehung besteht zwischen der Konzeption Stadt Gottes und Paradies?

II. Das altiranische Paradies

Wie gesagt, verbirgt sich hinter unserem Paradies ein iranisches Wort. Auffällig ist dabei, daß die altiranischen Texte diesen Begriff nur zweimal mit Sicherheit erwähnen. Es geht um zwei Stellen im Avesta: Vidēvdād 3:18

und 5:49. Weiter ist bemerkenswert, daß sich kein eindeutiger Beleg in den altpersischen Inschriften findet.[5] Dieser Umstand erklärt sich zum Teil daraus, daß die uns erhaltenen Texte nur Ausschnitte einer einst viel reicheren Überlieferung sind.[6] Elamisch ist aber das Wort besser bezeugt in der Form von *partetaš*, das in den Persepolis-Täfelchen ziemlich oft vorkommt. Nicht weniger als 15 Paradiese werden erwähnt, aber sie scheinen dort allgemeiner eine königliche Domäne zu bezeichnen.[7]

Phänomenologie des altiranischen paridaiza

Was verstanden die alten Perser unter dem Begriff *paridaiza*? Hier sind wir in erster Linie auf Zeugnisse griechischer Autoren angewiesen, vor allem Xenophon, der in seinen Schriften die frühesten Belege für das griechische *paradeisos* gibt.[8] Wahrscheinlich hat er das kulturelle Phänomen und das Wort durch seine persischen Kontakte und seinen Zug in die westlichen Teile des Achämenidereichs kennengelernt. Er ist es wohl, der den Griechen die Bekanntschaft mit der iranischen Vokabel und diesem Phänomen vermittelt hat. Das Wort *paradeisos* hat sich somit seit dem frühen 4. Jh. in griechischer Sprache und Kultur eingebürgert. Um den Charakter der iranischen Paradeisoi zu veranschaulichen, gebe ich im folgenden einige repräsentative Beispiele aus den Berichten der antiken Autoren wieder.

Xenophon erwähnt an mehreren Stellen persische *paradeisoi*. In der Schrift Oikonomikos, die der Landwirtschaft gewidmet ist, sagt er über die Paradiese:

In welchen Gegenden er (der Perserkönig) immer wohnt oder welche er immer besucht, sorgt er dafür, daß dort Gärten (*kēpoi*) angelegt werden, die *paradeisoi*

---

[5] Man hat auf eine Inschrift von Artaxerxes II in Susa (Sd) verwiesen, die eine Erwähnung vom Paradies enthalten solle z.B. KENT 1953:155 und 195; BRANDENSTEIN & MAYRHOFER 1964: 137. Diese Deutung ist aber höchst zweifelhaft, und nach PIERRE LECOQ ist das Wort *p-r-d-y-d-a-m* wahrscheinlich eine Verbalform mit der Bedeutung »ich habe eingeweiht« d.h. den Palast (*hadiš*), der in demselben Satz erwähnt wird (LECOQ 1997: 116).

[6] Man kann als Paralelle darauf hinweisen, daß das wichtige Wort ›Satrap‹, wie *paradeisos*, von den Griechen aus dem Medischen übernommen ist. Es ist nur zweimal in seiner persischen Form *xšaçapāvā* in der großen Darius-Inschrift von Behistun bezeugt (DB 38 und 45); cf. LECOQ p. 58.

[7] WIESEHÖFER 1994:113.

[8] Auffälligerweise erwähnt Herodot keine Paradeisoi und das Wort scheint ihm unbekannt. An den wenigen Stellen, wo er von Gärten (*kēpoi*) spricht, ist von Gartenanlagen im allgemeinen die Rede (Hist. IV,109 und 181). Nur in der Schilderung der Midasgärten in Makedonien (Hist. VIII, 138) klingt etwas Bekanntes an, was an die persischen Paradeisoi erinnert.

genannt werden, von allen schönen und guten Dingen voll, die die Erde hervorbringen mag. In diesen verbringt er selbst die meiste Zeit, wenn die Jahreszeit ihn davon nicht abhält (Oikonomikos IV,13).

In derselben Schrift bringt Xenophon eine kurze Erzählung von Kyros dem Jüngeren, der seinem Verbündeten, dem König von Sparta, Lysandros, den *paradeisos* in Sardes zeigt. Lysandros bewundert die schönen gleichmäßig gepflanzten Bäume, den berauschenden Duft der Blumen und die stilvolle Gestaltung des Gartens. Wenn Lysandros entzückt den Mann lobt, der diesen Paradeisos geplant hat, antwortet Kyros, daß er es selbst sei, der den Paradeisos gestaltet habe und zum Teil auch selbst mit seinen eigenen Händen gepflanzt habe (Oikonomiko*s* IV,20–21).

In einem anderen Werk teilt uns Xenophon mit, daß derselbe Kyros in Kelainai in Phrygien einen königlichen Palast (*basileia*) mit ausgedehnten Landdomänen besaß, darunter einen großen *paradeisos* mit wilden Tieren. Dort pflegte er vom Pferd aus zu jagen, so oft er sich selbst und seine Pferde üben wollte. Xenophon fügt die Bemerkung hinzu, daß der Fluß Mäander mitten durch den *paradeisos* fließt (Anabasis I,2:7).

Wenn Quintus Curtius auf den Überfluß (*opulentia*) der ›Barbaren‹ in Sogdiana im Ostiran zu sprechen kommt (Hist. Alex. VIII,1:11–13), erwähnt er als Beispiel ihre großen Haine (*nemora*) und bewaldeten Gebiete (*saltus*), wo sie Herden von ausgezeichnetem Wild hegen. Sie wählen für diesen Zweck ausgedehnte Wälder (*spatiosas silvas*), wo sich viele Quellen mit stetem Wasserlauf finden. Diese Haine umgeben sie mit Mauern (*muris nemora cinguntur*). Curtius teilt uns nicht das persische Wort für diese Haine mit, aber die Beschreibung zeigt dennoch deutlich, daß er die altiranischen Paradeisoi im Auge hat.

Die Beschreibung Diodorus' Siculus von der Provinz Persis zeigt das Bild einer fruchtbaren Landschaft, wo *paradeisoi* mit allerlei Arten von Bäumen und Pflanzen und Wasserströmungen die Hauptstadt Persepolis umgeben (Hist. XIX,21,3). Arrian gibt eine ähnliche Schilderung von der Fruchtbarkeit dieses Landes mit seinen reinen Flüßen und Seen, und er betont, daß Persis von vielerlei *paradeisoi* prangt (Indikē 40,2–5). Im Buch Nehemia finden wir *pardes* als Bezeichnung für den Baumpark des Perserkönigs Artaxerxes (*happardes ašær lammælæk*). Nehemia bittet den König, einen Brief an Asaph, den Aufseher (*šômer*) des Parks, auszustellen, damit er Nehemia mit Holz für die Befestigungs- und Palastbauten in Jerusalem versehen könne.

Überblickt man die Belege der antiken Texte (einschließlich der elamischen und der wenigen semitischen und iranischen), wo vom persischen Paradies der Achämenidenzeit die Rede ist, ergibt sich ein recht kohärentes

Bild, das immerhin gewisse Variationen zeigt.[9] Die Erwähnungen von Paradiesen beziehen sich auf Satrapensitze in Kleinasien (Sardes, Daskyleion, Kelainai), die iranischen Zentralgebiete Medien und Persis, und auch auf Ostiran. Die physiographischen und botanisch-zoologischen Merkmale der persischen *paradeisoi* können folgendermaßen zusammengefaßt werden.

Die Etymologie des Wortes, sowie die Formulierung im Vidēvdād (siehe unten) und die Angabe des Quintus Curtius, weisen zuerst auf ein deutlich von der Umgebung abgegrenztes Gebiet hin, sei es durch eine Mauer, ein Gehege oder eine andere Art von Markierung. Den ursprünglichen Charakter als Garten gibt Xenophon deutlich an, wenn er das persische Phänomen mit dem griechischen Begriff *kēpos* wiedergibt (Oikonomikus IV,13; oben zitiert). Da die Größe der Anlagen oft betont wird und manchmal nur Bäume oder Haine erwähnt werden, lassen sich viele Paradeisoi besser als Parks beschreiben. Es gab sicherlich sowohl wohlgeordnete und schön bepflanzte Park- und Gartenanlagen (vgl. z.B. Xenophon, Oikonomikos IV,20–22), als auch natürliche, wenn auch eingehegte Wald- und Haingebiete, wo die Vegetation sich spontan entwickeln konnte und über längere Zeit auch unversehrt blieb (Quintus Curtius VIII,1:11–13, Theophrastos Hist. Plant. V,7:1). Das erklärt die Aussage von Theophrastos, daß in den Paradiesen die Bäume größer und schöner als anderenorts seien. Der Reichtum an Bäumen und Pflanzen von allerlei Arten wird in fast jeder Beschreibung hervorgehoben. Manchmal werden Tiere erwähnt. Das Paradies in Kelainai war »voll von wilden Tieren« (Xenophon, Anabasis I.4:10) und so auch die Paradiese des Pharnabazes bei Daskyleion (Xenophon, Hellenica IV,1:15–16), wo es eine Fülle von Vögeln und allerlei Fischen gab. Scharen von Wild durchwanderten die Paradiese von Sogdiana (Quintus Curtius VIII, 1:11–13; vgl. Polybius, Hist. 31:29). Die Schilderungen legen die Vermutung nahe, daß es zwei Haupttypen von Paradiesen gab, einerseits Gärten mit vornehmlich Obstbäumen sowie Nutz- und Zierpflanzen, und andererseits Baumparks mit Kiefern und allerlei Laubhölzern, die zuweilen von erheblicher Größe waren und viel Wild hegten. In manchen Paradiesen wechselten Haine und Bäume mit Wiesen und Blumen ab, und überall waren Quellen, Flüße oder Bäche da. Die Paradeisoi wurden mit Vorliebe auf Gelände angelegt, das von Flüssen durchströmt wurde und/oder natürliche Quellen hatte (Xenophon, Anabasis I,2:7, Plutarch, Alkibiades 24,7, Quintus Curtius Hist. Alex.VIII,1: 12).

---

[9] Außer den oben genannten Stellen dienen die folgenden Texte als Grundlage meiner Beschreibung: Xenophon: Anabasis I,4:10; II,4:14, Oikonomikos IV,13 und 20–21, Kyropaideia 1:8,14, Hellenica IV,1,15–17; 3:14, Diodorus Siculus: Hist. II, 10:1–5; 13:1–4, V, 19:2, XVI,41, Plutarchos: Alkibiades 24,4; Artaxerxes 24–25, Aelianus: Peri Zōōn XIII, 18.

Die Texte geben verschiedene Zwecke und Funktionen der Paradiese an. Im allgemeinen rufen die Schilderungen der griechischen Autoren den Eindruck hervor, daß es um einen Park oder Garten geht, der zur Jagd und Entspannung, zum Wohlsein und ästhetischen Genuß diente. Bei näherem Zusehen läßt sich aber dieses Bild mit weiteren Funktionen ergänzen, die politische, symbolische und religiöse Bedeutung haben und eine differenziertere Nutzung der Paradiese andeuten. Die Paradiese, die in den Quellen näher beschrieben werden, beziehen sich auf Landdomänen der Könige, Satrapen und der herrschenden Elite, und hatten daher eine klare politische Bedeutung. Jede Satrapie besaß wenigstens ein offizielles Paradies. Die Aussage Theophrasts bezieht sich auf Syrien und ist wohl so aufzufassen, daß die Perser auch dort besondere Paradiesanlagen gebaut hatten. Aus der oben zitierten Stelle im Nehemiabuch ergibt sich, daß der Autor einen *pardes* des Perserkönigs in Palästina oder Syrien kannte und daß die Bäume in diesem *pardes* für Bauarbeiten des Königs oder des Satrapen genutzt werden konnten

Die königlichen Paradiese waren Symbole des Herrschertums und der persischen Weltmacht. Als die Phönizier sich gegen die Perser erhoben, war ihre erste Maßnahme, den königlichen *paradeisos* anzugreifen und ihn durch das Niederhauen der Bäume zu zerstören (*dendrotomēsantes diephteiran*; Diodorus Siculus XVI,41). Xenophon erzählt, daß Kyros der Jüngere auf dem Feldzug gegen seinen Bruder Artaxerxes den *paradeisos* des königlichen Satrapen Belesys in Syrien umhauen (*exekopse*) und den Palast verbrennen ließ (Anabasis I, 4,10–11).

Immer wieder wird die Vielfalt von Pflanzen und Bäumen in den Paradeisoi betont. Dies ist als Ergebnis einer zielbewußten Bepflanzungsstrategie zu verstehen, um den Artenreichtum zu vermehren. Die königlichen Paradeisoi waren geschützte Bereiche, gewissermaßen Reservate, wo Bäume, Nutz- und Zierpflanzen aufbewahrt wurden und wo eine repräsentative Auslese von all den verschiedenen Pflanzen und Tieren des Perserreichs gesammelt wurde. Es gibt auch eine Beziehung zwischen der Tafel des Königs und den Paradeisoi. Bei den üppigen Festmählern der Perserelite kamen die Erzeugnisse aller Provinzen des Reiches auf die Tafel des Königs, und deshalb, obgleich nicht explizit in den Quellen bestätigt, hatten die *paradeisoi* wohl auch die Funktion, die Zutaten der Gerichte bei diesen Banketten zu liefern.[10] Symbolisch kann das iranische Paradies als Mikro-

---

[10] Für das Verhältnis von *paradeisoi* und der Tafel des Königs, siehe BRIANT 1996: 213–216.

kosmos der Vielfalt von Pflanzen und Tieren des persischen Reichs aufgefaßt werden.[11]

Vor dem Hintergrund, den uns in erster Linie die griechischen Texte geben, fällt etwas mehr Licht auf die zwei Erwähnungen von »Paradies« in den
altiranischen Texten. Die erste Stelle in Vidēvdād findet sich bezeichnenderweise im dritten Kapitel (*fargard*), das sich mit der religiösen Dimension der Landwirtschaft beschäftigt. Mitten in diesem Kapitel findet sich ein
kurzer Abschnitt, der davor warnt, einen Toten allein zu tragen. Wenn jemand dies tut, soll er an einen einsamen und trockenen Ort versetzt werden,
der weit weg von den heiligen Dingen des Kultus liegt, weit vom Feuer,
vom Wasser und von den Baresman-Zweigen. Dann fährt der Text fort:

*aētaδa hē aēte mazdaiiasna aiŋhå zəmō pairidaēząn pairidaēzaiiąn, xᵛarəθaēibiiō
pascaēta āstaiianṭa aēte yōi mazdaiiasna vastraēibiiō pascaēta āstaiianṭa aēte yōi
mazdayasna*

Hier sollen die Mazdaverehrer, indem sie ein Stück von dieser Erde herausneh-
men,[12] eine Umwallung[13] aufschütten, Speisen sollen die Mazdaverehrer dann herbringen, Kleider sollen die Mazdaverehrer dann herbringen. Vidēvdād 3:18.

Hinter dieser Umwallung soll der ungerechte Mann in den allerärmsten und
verächtlichsten Verhältnissen[14] sein Leben verbringen, bis daß er alt oder
gebrechlich wird. Dann wird er dem Tod übergeben (Vid. 3:19–21). Ein
ähnliches Verfahren wird der Frau zuteil, die im Haus ihres toten Mannes
schwanger wird. Die Mazdaverehrer sollen eine Umwallung aufschütten
(*pairidaēząn pairidaēzaiiąn*) und dorthin Speisen und Kleider bringen (Vid.
5:49). Die Formulierung ist dieselbe wie im Vidēvdād 3:18. Im Unterschied
aber zum Mann, der allein einen Toten getragen hat, erscheint die Strafe der
sündigen Frau mehr als eine Reinigung in dem abgelegenen *pairidaēza*,
wohin sie versetzt wird. Sie bekommt rituell bedingte, aber keine schlechte
Speise, und der Zweck ist offenbar, sie eine Zeitlang von den übrigen Mazda-
verehrern zu isolieren, bis sie wieder in die Gemeinschaft aufgenommen

---

[11] In den Worten von BRIANT 1996:215: »Le paradis constitue en effet une représentation microcosmique de la variété écologique, arbustive et animale de l'espace impérial«.

[12] Wenn der Genetiv *aiŋhå zəmō* hier für den Lokativ steht, würde man übersetzen
»auf dieser Erde«.

[13] Das Wort steht im Akkusativ Plural, aber hat wohl hier die Bedeutung des Singu-
lars.

[14] Die Superlative *draējišto.təma-* und *niuruzdō.təma-* stehen hier im Lokativ Plural,
aber es ist unklar worauf sie sich beziehen. BARTHOLOMAE ergänzt mit »Leuten« (AirW
Sp. 767), aber der Kontext setzt voraus, daß der Sünder allein seine Strafe abbüßt. Es
scheint mir besser anzunehmen, daß diese Superlative etwa mit »Dinge, Umstände«
ergänzt werden sollen.

werden kann. An beiden Stellen hat also der *pairidaēza* den Charakter eines rituellen Verbannungsortes.

Es mag auffallen, daß Vidēvdād den Begriff *pairidaēza* nur von einem schlechten »Paradies« verwendet. Der Sinn des Textes ist es aber, durch dieses negative Beispiel den Gedanken an den wahren und guten *pairidaēza* hervorzurufen. Die Beschreibung des Ortes, an den der Mann und die Frau versetzt werden, ist in den Einzelheiten genau das Gegenteil vom wahren Paradies:

yaṯ aŋ haṯ aiŋ hå zəmō vīāpō.təməmca vīuruuarō.təməmca yaoždātō.zəmōtəməmca huškō.zəmōtəməmca

wo auf dieser Erde es am wenigsten Wasser und am wenigsten Pflanzen gibt und wo der Erdboden am trockensten ist und am meisten gesäubert ist. Vidēvdād 3:15.

Auch der archäologische Befund läßt sich mit der Hilfe griechischer Autoren besser verstehen. Xenophon erwähnt, daß der Palast von Kyros in Kelainai einen großen *paradeisos* hatte. Pasargadae, der Stammsitz der Perserkönige, wurde von Kyros dem Großen um die Mitte des 6. Jhs gegründet und war mit großartigen Bauwerken geschmückt, die in Gärten und Parks lagen.[15] Im Palastbezirk waren die Gebäude von ausgedehnten Grünanlagen und Wasserläufen umgeben. Hier läßt sich die Beziehung von Palast und königlichem Garten gut beobachten. In Pasargadae lag auch das Grabdenkmal des Kyros, das nach den antiken Autoren in einem *paradeisos* errichtet worden war (siehe unten). In Persepolis waren sicherlich Teile der großen Terasse mit Gärten geschmückt.[16] Ein Hinweis darauf findet sich vielleicht auf den Reliefs der Osttreppe des Apadana, wo Reihen von Bäumen dargestellt sind. Im großen Palastbezirk von Ekbatana waren vermutlich Gärten und Parks ein hervortretendes Merkmal.[17] Die Anlagen in Pasargadae wurden bei der Entwicklung der persischen Paradiese in mancher Hinsicht maßgebend.[18] Die Ausgrabungen der achämenidischen Anlagen in Susa, die von Artaxerxes II gebaut wurden, haben die Abhängigkeit von denjenigen in Pasargadae gezeigt. Babylonische Quellen bestätigen die Tatsache, daß königlicher Palast und Paradies zusammengehörten.[19]

---

[15] Siehe dazu STRONACH 1978: 107–112 und mit Neuinterpretationen STRONACH 1989, ferner BRIANT 1996:99.

[16] KOCH 1992:264.

[17] Die beste Beschreibung von Ekbatana gibt Polybius X, 27:1–13; vgl. auch Judith 1:1–4.

[18] STRONACH 1989.

[19] BRIANT 1996:99.

Die religiöse Dimension der altiranischen Paradiese

Man hat darauf hingewiesen, daß die persischen Paradiese keine Bindung an Heiligtümer und andere sakrale Institutionen erkennen lassen.[20] Es bestehe demgemäß ein klarer Unterschied zum altorientalischen Königs- und Tempelgarten.

Es fragt sich aber, ob nicht das sakrale und rituelle Element des altiranischen *paridaiza* größere Bedeutung hatte, als im allgemeinen angenommen wird. Religiöse Vorstellungen und Rituale scheinen mit dem iranischen Paradies ebenfalls verknüpft gewesen zu sein. Wie oben gezeigt, erscheint der *pairidaēza* im Vidēvdād als ein ritueller Verbannungsort, ein Gegenstück des guten *pairidaēza*. Strabons Bericht von Pasargadae läßt sich in dem Sinn deuten, daß auch religiöse Rituale im Paradies vollzogen wurden. Das Grab Kyros', dicht umgeben von Bäumen, lag in einem Park (*en paradeisō*) und wurde von Magiern bewacht, die zur Speise (*sitēsis*) täglich ein Schaf und monatlich ein Pferd erhielten (Strabon, *Geographia* XV,3:7). Die ausführlichere Schilderung vom Grab Kyros' bei Arrian in seiner *Anabasis* (VI,29:4–9) ergänzt Strabons Bericht und bestätigt, daß es sich um Opfer handelt, jedenfalls was das Pferd anbelangt. Die Formulierung »Opfer an Kyros« legt die Annahme nahe, daß dieses Opfer in den Rahmen eines Ahnenkultes oder eher zoroastrischer *fravaši* Verehrung gehörte.[21] Arrian sagt, daß sich das Grabdenkmal des Kyros im königlichen Paradies (*en tō paradeisō tō basilikō*) befand. Innerhalb des umhegten Bezirks (*peribolos*) war ein kleines Gebäude für die Magier errichtet. Die Magier bewachten und pflegten das Grab (*ephylasson*), und diese Aufgabe wurde vom Vater zum Sohn weitergegeben. Den Magiern wurde täglich ein Schaf vom König gegeben, sowie Mehl (*aleúrōn*) und Wein und jeden Monat auch ein Pferd für ein Opfer (*thysia*) an Kyros. Man könnte auch das Schaf, das Mehl und den Wein als für das Opfer bestimmt interpretieren, besonders wenn man das Zeugnis der sassanidischen Felsinschriften in Betracht zieht. Hier wird ein tägliches Opfer von Schaf und Wein für den König vorgeschrieben.[22]

Es gibt bei Diodorus Siculus eine recht sonderbare Erzählung über Semiramis und ihre Bauwerke (*Hist.* II,10–13). Diodorus stellt die Königin als eine Perserin vor, die sich nach den Bergwiesen ihrer Heimat sehnte. Sie

---

[20] Fauth 1979: 12.
[21] Ahn 1992: 125–130.
[22] So sagt Shapuhr I in einer seiner Felsinschriften (KZ 25/20/46): »Es möge dargebracht werden für unser Seelenheil täglich ein Lamm, ein halber Scheffel Brot und vier *pās* Wein« (Back 1978: 337).

bat den König, einen großen Garten (*paradeisos*) zu bauen, um die charakteristische Landschaft ihrer persischen Heimat nachzuahmen. Dies geschah
in Babylonien; und es folgt die ausführliche Schilderung der hängenden
Gärten Babels. Diodorus erzählt weiter, wie Semiramis mit einem Heer
nach Medien kam und an einen Ort gelangte, der *bagistanon oros* genannt
wurde. Hier, dicht am Berg, machte sie einen *paradeisos,* in dessen Mitte
eine große Quelle war. Der Berg, sagt Diodorus, ist dem Zeus, d.h. Ahura
Mazdā geheiligt. Das Wort *bagistanon* ist iranisch und entspricht einem
altpersischen * *bagastana-*, das in dem heutigen Namen Behistun erhalten
ist, wo die große Inschrift des Darius noch zu sehen ist. Semiramis kommt
dann in eine andere Gegend von Medien, wo sie auf der Hochebene einen
Felsen von auffälliger Höhe und Massivität erblickt. Rund um den Felsen
legt sie einen *paradeisos* an und läßt oben auf dem Felsen schöne Gebäude
errichten (Diod. Sic. II,13). Hier wird vielleicht auf einen Kultgründungs-
mythus der Stadt Ekbatana (das heutige Hamadān) in Medien angespielt,
wo im südöstlichen Teil ein steiler Felsen von 80 Meter Höhe die Umgebung überragt, heute Moṣallā genannt. Reste von einer Zitadelle auf dem
Gipfel und von Säulenreihen am Fuß des Felsens sind bei Ausgrabungen
zutage gekommen.[23]

Berge und Felsen, besonders solche von ungewöhnlichem Aussehen,
scheinen bei den alten Persern starke religiöse Gefühle erweckt zu haben,
und wurden oft als Kultplätze gewählt, wie uns Herodot (Hist. I, 131) und
andere antike Autoren erzählen (Polyen VII,11:12). Die Erzählung Diodors
mit ihrer Mischung von Sage und historischen Realitäten läßt sich in dem
Sinn interpretieren, daß die Gartenanlagen (*paradeisoi*) der Semiramis besonders den kultischen Aspekt der altiranischen Paradiese wiederspiegeln.

Stadt Gottes und Paradies

Die Konzeption einer Stadt Gottes, wie sie sich in den Tempelstädten des
alten Orients finden läßt, kann nicht auf die frühen iranischen Städte übertragen werden, deren Anzahl außerdem beschränkt war. Hier begegnen wir
keinen Tempelbauten, dafür aber Temena mit Altären im Freien. Das Got-
tesbild war auch verschieden, wie Herodot in seiner Beschreibung der persischen Religion bemerkt (Hist. I,131–132). In spätachämenidischer Zeit
wurden zwar auch besondere Tempel aufgeführt, aber der Kultus einer be-

---

[23] Diese Reste können wahrscheinlich am frühesten auf die parthische Periode da-
tiert werden. Der achämenidische Palastbezirk von Ekbatana lag vermutlich auf dem
Tell Hagmatana. Über die spärlichen Funde der Achämenidenzeit in Ekbatana und die
Probleme hinsichtlich archäologischer Ausgrabungen in Hamadān, siehe BROWN 1993.

stimmten Gottheit prägte anscheinend nicht eine Stadt in dem Grad, daß für diese die altorientalische Konzeption ›Stadt Gottes‹ angemessen wäre. Immerhin scheint mir eine kurze Diskussion über die Rolle der Paradiese im Stadtkultus angebracht zu sein. In achämenidischer Zeit kommen vor allem vier Städte in Frage, Persepolis und Pasargadae im Stammland der Achämeniden, Ekbatana in Medien und Susa in Elam, wo antike Autoren und archäologische Funde das Vorkommen von königlichen Gartenanlagen, *paradeisoi,* bezeugen. In Pasargadae war der Palastbezirk mit den Paradiesgärten unmittelbar an ein großes Temenos angeschlossen, wo zwei Plinthen aus weißem Kalkstein noch zu sehen sind, die im Mittelpunkt des königlichen Kultus im Freien standen, die eine als Sockel eines tragbaren Feueraltars, die andere als Anbetungsplatz des Königs.[24] Hier kann das Temenos und der Palastbezirk als ein zusammengehörender ritueller Komplex angesehen werden.

Persepolis wurde früher als eine Art heilige Stadt interpretiert, die den Fremden immer verschlossen blieb und wo jährlich ein großes Neujahrsfest (entsprechend dem späteren No Rūz) gefeiert wurde.[25] Dieser Gedanke wird von der heutigen Forschung, wenn nicht ganz abgelehnt, so doch stark modifiziert. Die Stadt war nicht von spezifisch religiösen Monumenten geprägt und diente zudem als Verwaltungszentrum. Es war vielmehr die Stadt des persischen Königtums, und die monumentalen Bauwerke können als Projektion »achämenidischen Reichsverständnisses« betrachtet werden. Josef Wiesehöfer hat das so gesagt: »In Persepolis ergänzen sich Themen und Motive der Bilder zu einem programmatischen Neuentwurf einer spezifischen persischen Königtums- und Reichsidee«.[26] Das Königtum war aber von Gott gegeben, wie die altpersischen Inschriften es betonen, und diese Vorstellung ist von den Monumenten in Persepolis nicht wegzuleugnen. Religiöse Zeremonien wurden sicherlich dort vollzogen, wenn auch die Bilder der Reliefs nicht unmittelbar realistisch zu deuten sind, d.h. als genaue Abbildungen wirklicher Rituale.[27] Die Paradiesgärten der Stadt und die königlichen Gebäude bildeten dabei die Szene der wiederkehrenden Zeremonien. Die Sonderart von Persepolis läßt sich auch in der Ikonographie durch das Fehlen von Themen wie Jagd und Krieg, die in der assyrisch-babylonischen Kunst der herrschenden Elite vorherrschend sind, erkennen.[28]

---

[24] Siehe für weitere Einzelheiten STRONACH 1978: 138–145.
[25] So WALSER 1980:8–10.
[26] WIESEHÖFER 1994: 49.
[27] BRIANT 1996: 196–198.
[28] WALSER 1980: 8, WIESEHÖFER 1994:47.

III. Parks und Gärten in der Umwelt Irans und
das Spezifische der persischen Paradiese

Parks und Gärten gehörten schon zu den wichtigsten kulturellen Errungenschaften im alten Orient, als die Achämeniden ihr Reich in Iran gründeten. Ein kurzer Überblick über die Hortikultur und ihre symbolisch-religiösen Aspekte in den Ländern, die sowohl geographisch als auch kulturell als die Umwelt von Iran betrachtet werden können,[29] soll hier dazu dienen, den historisch-kulturellen Hintergrund der altiranischen Paradiese zu beleuchten und zugleich ihre Eigenart besser zu verstehen.

Mesopotamien und Urartu

Der Garten und die damit verbundene Technologie des Anbaus von Dattelpalmen, Obstbäumen, Gemüse- und Gewürzpflanzen spielte seit altersher eine überragende Rolle in der mesopotamischen Kultur und war, zusammen mit dem Getreideanbau auf Feldern, die unumgängliche Grundlage für die Ernährung einer größeren Bevölkerung. Es ist nicht verwunderlich, daß dem Garten (akk. *kirû*) eine reiche symbolische und religiöse Bedeutung zukommt, die in Texten verschiedener Kategorien, in Ikonographie und Baukunst deutlich hervortritt. Einige Entwicklungslinien lassen sich auch hier feststellen.

Der Garten erfüllte natürlich in erster Linie nützliche Zwecke, war aber auch ein beliebter Ort der Erquickung, weshalb auch der ornamentale Aspekt allmählich deutlich hervortrat.[30] Die Variation in Größe der Anlagen und in pflanzlichen Kombinationen war erheblich. Bisweilen werden Gehege oder Mauern um den Garten erwähnt.[31] Die mesopotamischen Herrscher rühmen sich oft, Gärten angelegt und bepflanzt zu haben. Ashur-nasir-apli II (883–859) sagt, er habe einen königlichen Garten angelegt und dort vielerlei Pflanzen eingeführt. Der Text erwähnt rund 40 Arten mit Namen und die Liste enthält vorwiegend Namen von Bäumen.[32] Die Formeln, die die assyrischen Könige verwenden, um ihre aktive Rolle als Förderer der Hortikultur und

[29] Ägypten besitzt seit altersher einen entwickelten Gartenbau, wobei sowohl sakrale Gärten als auch Palastgärten früh auftreten, kann aber nicht als Umwelt des vor-achämenidischen Iran betrachtet werden. Für den altägyptischen Garten, siehe z.B. GALLERY 1978. In der Diskussion des mythischen Gartens wird unten kurz auf ägyptische Tradition hingewiesen.
[30] Vgl. EBELING 1959, WISEMAN 1979, STRONACH 1989.
[31] Ass. Dict. Art. *kirû* S. 412.
[32] WISEMAN 1979:142, STRONACH 1989:476.

Landwirtschaft hervorzuheben, machen einen stereotypen Eindruck,[33] aber zeugen immerhin von einer bestimmten Herrscherideologie. Von den Nutzgärten kann man die Sakralgärten und die Palastgärten als zwei besondere Typen von Gartenanlagen unterscheiden.

Von diesen sind die Sakralgärten am frühesten belegt und schon zu Beginn des zweiten Jahrtausends berichten Texte von Gartenanlagen, die einer Gottheit gewidmet werden.[34] Die Gottheit wird als Besitzer und Herr des Gartens aufgefaßt, was schon aus der Ausdrucksweise hervorgeht, »der Garten von Sin«, »die Gärten von Adad«.[35] Die Gärten, die an die *akītu*-Tempel angeschlossen waren, werden in den akkadischen Texten vielmals erwähnt. Diese scheinen zwei unterschiedliche Formen gehabt zu haben, einen rituellen Garten, wo ein Teil der *akītu*-Zeremonien sich abspielte, und einen äußeren Garten, der durch seine Lage rund um den Tempel und durch seine Funktion, Erzeugnisse für die Opferrituale der Tempel zu liefern, als heilig angesehen wurde.[36] Dieser letzte Gartentypus kann aber auch als Szene des *akītu*-Rituals dienen, wie der folgende Text es bezeugt: »Die Aufführung des heiligen *akītu*-Rituals ausserhalb der Stadt in dem üppigen Garten, dem Libanon ähnlich«.[37] Der Ausdruck *tamšil Labnana* deutet an, daß der Garten als eine Mikro-Gebirgslandschaft angelegt war, wie man es seit den Sargoniden in den Palastgärten gewöhnlicherweise findet (siehe unten). Die *akītu*-Gärten wurden von besonderen Gartenaufsehern betreut.[38] Der Tempelgarten war auch im allgemeinen Stätte religiöser Zeremonien. Die häufige Erwähnung, daß die Götter »in den Garten hineintraten«,[39] ist in dem Sinn zu deuten, daß religiöse Prozessionen mit Götterbildern oder Göttersymbolen in den Tempelgarten zogen, wo weitere Rituale durchgeführt wurden. Wichtig ist in diesem rituellen Zusammenhang die Rolle des Herrschers als Gärtner der Gottheit, die über dem Garten waltet. Hier hat sich eine reiche Symbolik entfaltet, die vor allem Geo Widengren beleuchtet hat.[40] Der Sakralgarten repräsentiert somit eine frühe und bedeutsame Entwicklungslinie der mesopotamischen Hortikultur.

Garten und Baumpark waren grundsätzlich nicht verschieden, nur in der Größe und in der Funktion läßt sich ein terminologischer Unterschied zwi-

---

[33] FAUTH 1979:15–16.
[34] FAUTH 1979:17–18.
[35] Weitere Belege in Ass.Dict. Art. *kirû* S. 414.
[36] COCQUERILLAT 1973.
[37] Ass. Dict. Art. *kirû* S. 415.
[38] COCQERILLAT nennt diese Gärtner »des ingénieurs-agronomes chargés et responsables du ravitaillement de la table divine en produits de ce verger« (1973:133).
[39] Belege in Ass.Dict. Art *kirû* S. 414–415.
[40] WIDENGREN 1951.

schen *kirû* »Garten« und *ambassu* »Jagdpark« rechtfertigen. Der letztere
Terminus bezeichnete große Baumparks mit Wild, wo ebenfalls religiöse
Zeremonien stattfanden. Der Ausdruck »Adad ging zum *ambassu* herunter«
zeugt von Ritualen im Baumpark zu Ehren dieses Gottes.[41] Die assyrischen
und babylonischen Herrscher veranstalteten in dem *ambassu* eine zeremo-
nielle Jagd, die ideologische Implikationen hatte. Das Motiv der königlichen Jagd kann im Zusammenhang einer ursprünglichen Funktion des Herrschers gesehen werden, den Bezirk des Gartens, Symbol der Geborgenheit,
der vegetativen Fülle und der kulturellen Ordnung, gegen den Einbruch
schädlicher, zerstörender Elemente der Wildnis zu schützen. Mit der Zeit
wurde vielleicht das ursprüngliche religiös-mythische Element in den Hintergrund gedrängt, und die Jagd erschien in erster Linie als Manifestation
von Macht und Prestige des Königs.

Schon gegen Ende des 2. Jahrtausends werden Palastgärten in Babylon
erwähnt,[42] aber erst mit den Sargoniden wird der Brauch allgemein, Parks
und Gärten an die Palastbauten anzuschließen.[43] Unter Sargon II und seinen Nachfolgern werden die Assyrer die unumstrittenen Meister in der
Konstruktion von monumentalen Gartenanlagen.[44] Diese wurden gern als
Nachahmung einer Gebirgslandschaft aufgebaut. In den Texten kommt oft
der Ausdruck *tamšil Hamāni* »in der Ähnlichkeit der Amanus Gebirge«
vor, wenn von den königlichen Gärten die Rede ist.[45] Dazu gehörte auch ein
kleines Gebäude, *bītānu* genannt, das als eine Art Gartenpavillon aufzufassen ist und die Palastanlagen der Sargoniden kennzeichnete.[46] Mehrere assyrische Reliefs zeigen dieses kleines Haus.[47] Ein neuer Terminus *kirimāhu*
erscheint gleichzeitig in den Texten und wird wahrscheinlich eingeführt,
um die neue Art von Königsparks und Gartenanlagen zu bezeichnen.[48] Die
architektonische Entwicklung gipfelt in den sogenannten hängenden Gärten von Babylon, die Nebuchadrezzar II erbauen ließ.[49] Dieser Garten-
komplex ist in den Königsinschriften Nebuchadrezzars erwähnt und auch
archäologisch bezeugt, aber eingehender in griechischen Texten der hellenistischen Zeit beschrieben.[50]

---

[41] Ass. Dict. Art. *kirû* S. 414.
[42] WISEMAN 1979:138.
[43] FAUTH 1979:16, STRONACH 1989:477.
[44] STRONACH 1989:477.
[45] OPPENHEIM 1965:332, STRONACH 1989:478.
[46] OPPENHEIM 1965:331.
[47] OPPENHEIM 1965:332, WISEMAN 1979:137, STRONACH 1989:477.
[48] So OPPENHEIM 1965.
[49] Belege in Assyrian Dictionary Art. *kirû* und bei FAUTH 1979.
[50] Zur Diskussion der Texte und der archäologischen Lokalisierung der ›hängenden
Gärten‹, siehe vor allem WISEMAN 1979:139–141 und STRONACH 1989:480.

Die imposanten Gartenanlagen der Assyrer und Neubabylonier erfüllten zugleich den Zweck, als Propagandamittel die Macht und das Prestige des Herrschers zu demonstrieren.[51] In diesen Kontext gehören aller Wahrscheinlichkeit nach die Aussagen über Zerstörung von Gärten im Stil »Ich haute seine üppigen Gärten um«, die sich in den historischen Inschriften der Assyrerkönige finden.[52] Offenbar waren solche Maßnahmen ein wirksames Mittel, die Niederlage der Feinde öffentlich zu bekunden.

Im Hinblick auf den vermuteten medischen Ursprung des Wortes *paridaiza* (oben Anm. 1) kommt der hochentwickelten Hortikultur im alten Urartu besondere Bedeutung zu. Das Reich der Urartäer, das zwischen circa 900 und 600 in Blüte stand, grenzte unmittelbar an das Gebiet der Meder im Nordwesten von Iran. Leider ist das Quellenmaterial für Urartu viel spärlicher als für Mesopotamien, doch geben die Felsinschriften und die Kunst hinreichend Belege, um das Ausmaß des Gartenanbaus und die religiöse Symbolik der Gärten zu zeigen.[53] Die urartäischen Inschriften und die Ikonographie des archäologischen Fundmaterials geben ein Bild von einem fruchtbaren Land mit Obstgärten und Wasserkanälen und bezeugen zugleich eine vielfältige Verehrung heiliger Bäume. Dieses Bild wird auch von assyrischen Inschriften bestätigt. So berichtet Sargon II im Jahr 714 über die schönen Gärten voll von Früchten und Weintrauben in Ulhu, Hauptstadt von Urartu.[54]

Syrien und Palästina

Auch bei den Westsemiten war eine entwickelte Hortikultur vorhanden, die sich auf der mythisch-religiösen Ebene klar widerspiegelt. Der sakrale Garten ist in den ugaritischen Texten bezeugt. Wir hören von einem Garten, der dem Gott Reshef geheiligt ist, wo Opfer diesem Gott dargebracht wurden.[55] Die Adonis-Gärten stellten den sakralen Garten des Gottes Adonis-Baal in Kleinformat dar.

In Palästina war der Gartenanbau von altersher ein hervortretendes Merkmal.[56] Der hebräische Begriff *gan* umfaßt verschiedene Typen von Gärten,

---

[51] Vgl. u.a. FAUTH 1979 und STRONACH 1989:478–479.

[52] Ass. Dict. Art *kirû* S. 414.

[53] Für das fruchtbare Urartu und den Kult heiliger Bäume, siehe meine Darstellung auf Schwedisch in HULTGÅRD 1985:98–103.

[54] Siehe WISEMAN 1979:137.

[55] WISEMAN 1979:143.

[56] Für Gärten in Palästina und in der hebräischen Bibel verweise ich auf die Arbeit von BROCK-UTNE 1936:8–26, der palästinensische Gartenverhältnisse mit dem mythischen Garten in Gen 2–3 vergleicht, und auf den Artikel von JACOBS-HORNIG in ThWAT.

von dem Krautgarten des einfachen Bauern bis zum Palastgarten des Königs. Im Hohenlied vergleicht der Bräutigam seine Braut mit einem üppigen Garten (Cant 4,12–5,1), und diese Schilderung führt uns den Reichtum der palästinensischen Obstgärten in lebendiger Weise vor Augen. Einige Stellen erwähnen den königlichen Garten in Jerusalem (*gan hammælæk*), der außerhalb des Stadtkerns »zwischen den beiden Mauern« gelegen war, und wohin eine besondere Pforte führte (2 Kön 25,4; Jer 39,4 und 52,7). Die Bauarbeiten Nehemias, um die Mauer und Pforten Jerusalems wieder herzustellen, betrafen auch eine Mauer »am königlichen Garten« (Neh 3,15).

Das Hohelied mit seiner erotischen Poesie deutet auf die Rolle der Gärten hin, als beliebte Stellen der Liebe und der Hochzeit.[57] Der Kultus in sakralen Gärten war im alten Israel eine häufige Erscheinung, wie es die Polemik der Vertreter der streng monolatrischen Yahwe-Bewegung zeigt. Jesaja kündigt an, daß die Israeliten sich über ihre Gärten (*gannôt*) schämen werden, an denen sie jetzt Gefallen finden (Jes 1,29). Diese religiöse Praxis war auch in Judäa bis in die frühe nachexilische Zeit lebendig. Die Aussagen des anonymen Propheten im letzten Teil des Jesajabuches geben einige Einzelheiten dieses Kultus wieder. Das Volk opfert in den Gärten und zündet Opferfeuer auf Ziegelplinthen an (*zōbḥîm baggannôt uməqaṭṭərîm 'al halləbenîm*; Jes 65,3). Man heiligt sich und man reinigt sich in den Gärten (*'æl haggannôt*; Jes 66,17). Ein ritueller Gebrauch des Gartens erscheint ferner in den Begräbnissitten einiger israelitischer Könige. Von Manasse wird gesagt, daß er in seinem Palastgarten begraben wurde, und sein Sohn Amon erhielt ein ähnliches Begräbnis, hier an einem Platz, der als »Uzzahs Garten« bezeichnet wird (2 Kön 21,18 und 26).

Die griechische Welt

Wenngleich Griechenland nicht zur unmittelbaren geographischen Umwelt des alten Irans gehörte, bestanden dennoch lebhafte Beziehungen schon im 6. Jahrhundert zwischen den Griechen Kleinasiens und den Persern. Architektonische Einflüsse mit Ursprung bei den Griechen in Kleinasien sind deutlich in den Monumentalanlagen der Achämeniden spürbar, und eine Beinflussung aus Griechenland auf andere Gebiete sind apriori nicht wegzudenken. Einige Bemerkungen zu den Gärten und Hainen der griechischen Welt, speziell in der vorklassischen Periode, sind daher am Platz. Im griechischen Begriff *kēpos* sind viele verschiedene Gartentypen eingeschlossen, vom einfachen Nutz- und Ziergarten bis zu größeren Anlagen wie Baum-

---

[57] Vgl. BROCK-UTNE 1936:19–21, WIDENGREN 1951.

parks.[58] In der Bedeutung überschneidet sich auch *kēpos* mit dem Begriff *alsos*, der besonders für heilige Baumgärten verwendet wird, und zum Teil auch mit *leimōn* »Wiese«.[59] Der Nutzgarten des Bauern mit Obst und Gemüse dürfte seit altersher die griechischen Dörfer geprägt haben.[60] Hingegen treten öffentliche und private Gärten der Städte erst mit der klassischen Zeit in Erscheinung.[61] Sakrale Gärten und Haine, die aus früherer Zeit erwähnt werden, waren gewöhnlicherweise an ein Heiligtum angeschlossen. Die großen Baum- und Jagdparks waren jedoch auf griechischem Boden unbekannt.[62] Bei Homer finden sich einige Schilderungen von Palastgärten, die einen exotischen Eindruck vermitteln und sicherlich keine griechische Realität widerspiegelten.[63] Die bekannteste Schilderung ist diejenige des Gartens von Alkinoos (Odyssee VII,112–132).

Das Spezifische der altiranischen Paradiese

Es besteht kein Zweifel darüber, daß die altorientalische Hortikultur, wie man sie besonders in Urartu, Mesopotamien und Elam findet, weitgehend den Gartenanbau und die Gartenanlagen der Meder und Perser in vorachämenidischer Zeit beeinflußt hat. In dieser frühen Periode ist wohl der Begriff *paridaiza* aufgekommen als Bezeichnung für einen umhegten oder ummauerten Garten oder Baumpark im allgemeinen. Die ersten Achämenidenkönige konnten sich die großartigen Palastgärten und Jagd-Parks bei den benachbarten Assyrern anschauen, und diese haben sicherlich den Persern den Anstoß gegeben, ihre königlichen Paradiesanlagen zu entwickeln,[64] die nach den Angaben der griechischen Autoren auch mit dem Namen *paridaiza* bezeichnet wurden (siehe oben für die Belege). Es dürfte eben diese besondere Form von königlichen Paradiesgärten gewesen sein, die auf die Umwelt einen beständigen Eindruck machte.

Die Perser und Meder haben vielerlei Kultureinflüsse von den altorientalischen Völkern aufgenommen, aber stets ihr eigenes Gepräge darauf gesetzt. So dürfte es auch mit den Paradiesanlagen der Achämeniden sein, wenngleich klare Parallelen in der Funktion der Gärten als Ausdruck einer bestimmten Herrscherideologie sich bei den assyrischen und neo-babylo-

---

[58] Zum Problem der Definition, siehe MOTTE 1973:19–22 und CARROLL-SPILLECKE 1989:12.

[59] Vgl. MOTTE 1973:19.

[60] Vgl. auch CARROLL-SPILLECKE 1989:23.

[61] MOTTE 1973:21.

[62] MOTTE 1973:21, CARROLL-SPILLECKE 1989:38.

[63] MOTTE 1973:20–21.

[64] Vgl. FAUTH 1979:15, STRONACH 1989:486.

nischen Königen finden lassen. In der Umwelt jedoch wurden die Paradiesanlagen der Achämeniden als ein besonderes Merkmal iranischer Kultur
betrachtet, und diese Tatsache erklärt wohl auch den erstaunlichen Erfolg,
den das Wort *paridaiza* und z.T. auch die Institution bei den benachbarten
Kulturen hatte. Wenn man sich aber fragt, worin das Spezifische dieses altiranischen kulturellen Phänomens bestand, bietet sich eine eindeutige Antwort nicht unmittelbar an, sondern muß annäherungsweise gesucht werden.

Zuerst ist der architektonische und strukturelle Aspekt der achämenidischen Gartenanlagen zu besprechen. Stronach hat nachgewiesen, daß die
Anlagen des Kyros in Pasargadae in mancher Hinsicht einen Neuansatz
darstellten.[65] Während die Königsgärten der Assyrer und Babylonier immer einen separaten Zusatz oder ein Komplement zur Struktur der Palastbauten waren, sind die Gartenanlagen in Pasargadae in die königliche Residenz integriert, so daß gewissermaßen der Wohnsitz des Königs in einem
Garten liegt.[66] Die geschickt geplante Struktur mit zahlreichen Wasserläufen aus fein zugehauenen und dicht zusammengefügten Kalksteinblöcken
trug dazu bei, aus den verschiedenen Elementen des Palastbezirks eine
Einheit zu schaffen. In der Mitte von diesem neuen geometrischen Plan
befand sich eine Art innerer Garten von geraden Wasserläufen gekennzeichnet und von symmetrischen Reihen mit Bäumen und Gebüschen bepflanzt.[67] In einer größeren Perspektive kann der Wunsch Kyros', seine
Hauptstadt an einen zentralen aber unbefestigten Ort, fern von den gefähr-
deten Grenzen seines Reiches, zu verlegen, dazu beigetragen haben, jene
offene Palastgartenlandschaft einzuführen. Kyros hatte auch die Möglichkeit, die neue Technik der lydischen Steinarbeit optimal auszunutzen, die
ihm durch die Eroberung Lydiens zugänglich wurde.[68] Kyros' Gartenanlage
in Pasargadae scheint einen andauernden Einfluß ausgeübt zu haben, obwohl
Darius, um sich von seinem Vorgänger zu distanzieren, einige Veränderungen in der Gartenarchitektur vornahm, als er Persepolis gründete. In Dasht-
i Gohar, nordwestlich von Pasargadae, errichtete Kambyses, der Nachfolger
des Kyros, in Nachahmung der Palastgärten seines Vaters, denselben Resi-
denztypus. Die Ausgrabungen von Susa haben gezeigt, daß die dortigen
Palastbauten des Artaxerxes II vom Plan der Gartenanlagen in Pasargadae

[65] STRONACH 1989: 480–483 und 486–487.
[66] STRONACH 1989:480 drückt es so aus: »… the long-porticoed, open-sided palaces
of Cyrus can be seen to have been introduced as an integral part of a comprehensive
design in which, in a sense, the garden itself became the royal residence«.
[67] STRONACH 1989:481–482, der den später so charakteristischen »vierfältigen persischen Gartenplan« schon hier wiederfinden will.
[68] STRONACH 1989:486.

abhängig waren. Es kann also angenommen werden, daß der Gartentypus, den Kyros in Pasargadae schuf, in lebendiger Erinnerung nachfolgender Generationen blieb. Eine weitere Andeutung daran findet sich in der Schilderung, die Xenophon vom königlichen *paradeisos* in Sardes gibt (vgl. oben). Die Pflanzen sind in gleicher Entfernung in die Erde gesteckt, die Bäume wachsen in geraden Reihen gepflanzt, und alles ist schön geradwinklig (*eugōnia*; Oikonomikos IV, 21).[69]

Die Zeugnisse griechischer Autoren sowie anderer Quellen betonen die Sorge, die die Perserkönige den Paradiesen und dem Ackerbau widmeten. Xenophon sagt in Oikonomikos IV,4, daß die Griechen den König der Perser nachahmen sollen (*mimēsasthai*) in seinem Bemühen um die Kunst der Landwirtschaft und des Krieges (*geōrgian te kai tēn polemikēn tekhnēn*). Xenophon betont, daß der Perserkönig (in diesem Fall Kyros der Jüngere) den *paradeisos* in Sardes selbst geplant und mit seinen eigenen Händen teilweise bepflanzt habe (Oikonomikus IV, 22–23). Eine weitere Bestätigung für die Sorge der Perserkönige um die Hortikultur findet sich in einer griechischen Inschrift, die eine Kopie aus römischer Zeit von einem Brief des Königs Darius an seinen Satrapen Gadatas in Magnesia am Mäander darstellt.[70] Das Edikt dürfte zu Beginn des 5. Jahrhunderts verfaßt sein, und der Abschnitt über Landwirtschaft lautet:

Daß du mein Land kultivierst, indem du Früchte von jenseits des Euphrat in die Gebiete an der Küste Kleinasiens pflanzt, diesen deinen Entschluß lobe ich, und deswegen wird dir im Hause des Königs großer Dank bewahrt werden.[71]

Religiöse Motive scheinen die besondere Sorge der Perserkönige für die Paradiese bestimmt zu haben. Als treue Ahura-Mazdā-Anbeter waren die Achämeniden stark von der zoroastrischen Religion inspiriert, und das Zeugnis des Avesta über die religiöse Bedeutung der Landwirtschaft gibt uns ein tieferes Verständnis für die Sorge um Gartenanlagen, Ackerbau und Viehzucht, die den Mazdā-Verehrern eigen war. Im dritten Kapitel (*fargard*) des Vidēvdād, das eine der zwei avestischen Erwähnungen von *pairidaēza* enthält (siehe oben), wird eindringlich gemahnt, die Erde zu bearbeiten um Getreide und Früchte zu ernten. Die Landwirtschaft ist eine Aufgabe, die vom höchsten Gott den Menschen geboten ist. Die Aussagen werden in leicht variierter Form in den Rahmen von Aufreihungen eingegliedert, eine im Avesta typische Gattung. Im Abschnitt Vidēvdād 3:1–11, mit der Auf-

---

[69] Vgl. auch STRONACH 1989 N. 45.
[70] Text und Kommentar von F. LOCHNER-HÜTTENBACH in BRANDENSTEIN & MAYRHOFER 1965:91–98.
[71] Deutsche Übersetzung nach BRANDENSTEIN & MAYRHOFER 1965:91.

reihungsformel »wo auf dieser Erde ist es erstens (zweitens etc.) am glücklichsten?«, wird zuerst die kultische Aufgabe betont, dann diejenige, einen
Wohnsitz (*nəmāna-*) »mit Feuer, mit Milch, mit Frau, mit Kind und mit
guten Herden« aufzubauen. An dritter Stelle heißt es:

*dātarə gaēθanąm astuuaitinąm ašāum, kuua θritīm aŋhå zəmō šāištəm; āat mraot
ahurō mazdå, yat bā paiti fraēštəm kāraiieiti spitama zaraθuštra yauuanąmca
vāstranąmca uruuaranąmca x^varəθō.bairiianąm, yat vā anāpəm āi āpəm kərənaoti.*

O Schöpfer der körperlichen Welt, aša-Erhabener, wo auf dieser Erde ist es drittens
am glücklichsten? Dann sagte Ahura Mazdā: dort, wo man am meisten, o Spitama
Zarathuštra, Getreide, Gräser, und Pflanzen mit eßbaren Früchten aussät und pflanzt,
wo man zur Wüste hin Wasser schafft. (Vidēvdād 3:4).

Dieselbe Antwort wird von Ahura Mazdā im folgenden Abschnitt 3:12–23
gegeben, der aber mit der Aufreihungsformel »wer befriedigt erstens (zweitens etc.) diese Erde mit größter Zufriedenstellung?« charakterisiert ist. Als
Zusammenfassung steht:

*dātarə kat asti kaēnaiiå mazdaiiasnōiš uruθßarə, āat mraot ahurō mazdå yat uy rəm
paiti yaokaršti spitama zaraθuštra, yō yaom kāraiieiti, hō ašəm kāraiieiti, hō daēnąm mazdaiiasnīm frauuāza vazaiti, hō imąm daēnąm mazdaiiasnīm frapinaoiti.*

O Schöpfer, was ist das Wesen der mazdaverehrenden Lehre? Da sagte Ahura Mazdā:
wenn man fleißig Getreide baut. Wer Getreide durch Aussähen anbaut, der baut das
Aša an, der fördert die mazdaverehrenden Religion, der bringt diese mazdaverehrenden Religion zur Blüte. (Vidēvdād 3:30–31a).

IV. Verbreitung und Abwandlungen
des altiranischen Paridaiza

Zuerst werden hier einige Aspekte der Kontinuität und Abwandlung des
altererbten Paradiesgartens innerhalb der iranischen Welt beleuchtet. In
diesem Zusammenhang wird auch das alte Armenien behandelt, das frühzeitig in das achämenidische Reich integriert wurde und später von einer
armeno-iranischen Elite beherrscht wurde. Für den achämenidischen und
parthischen Einfluß auf Armenien zeugt u.a. die große Zahl von iranischen
Lehnwörtern in der klassischen Sprache der Armenier.[72] Hier ist die semantische Entwicklung der Termini für Garten und eschatologisches Paradies
besonders interessant, sie ist mit derjenigen im Iran in der Hauptsache parallel verlaufen.

---

[72] Grundlegend von HÜBSCHMANN 1897 behandelt.

Es darf nicht angenommen werden, daß bei dem Eroberungszug von Alexander dem Großen die königlichen *paradeisoi* an den Satrapensitzen und anderenorts weitgehend zerstört wurden. Die meisten dieser *paradeisoi* wurden sicherlich von Alexanders Nachfolgern und Statthaltern, die oft Perser waren, beibehalten. Unter den Seleukiden läßt sich eine weitere Entwicklung der Landwirtschaft beobachten, die wohl auch von den Parthern und Sassaniden fortgeführt wurde.[73]

In der armenischen Überlieferung hat sich das iranische Wort *paridaiza* in der Form von *partēz* früh eingebürgert. Es kommt schon in den ältesten Texten vor, d.h. in der armenischen Bibelübersetzung und bei den klassischen Autoren des 5. Jahrhunderts. Im armenischen Neuen Testament gibt *partēz* an den wenigen Stellen, wo es sich findet, den griechischen Begriff *kēpos* wieder, und hat hier die allgemeine Bedeutung »Garten« (Lk 13:19, Joh 18:1 und 19:41). Hingegen wird *partēz* nicht für das eschatologische Paradies verwendet, sondern dafür erscheint das Wort *draxt* (Lk 23:43, 2 Kor 12:4 und Apk 2:7), das auch ein iranisches Lehnwort ist.[74] Für den mythischen Garten in der ersten Zeit der Welt wird ebenfalls der Terminus *draxt* verwendet.[75] So verhält es sich auch im 4 Esra, wo das Wort *paradeisos* der griechischen Vorlage als Bezeichnung des eschatologischen Gartens mit *draxt* übersetzt wird. Soweit ich es überprüft habe, ist dieser semantische Unterschied zwischen *partēz* und *draxt* in der ältesten Literatur durchgehend anzutreffen. Im Hinblick auf den syrischen Einfluß auf die frühe armenische Kirche fällt es auf, daß im syrischen Neuen Testament das Verhältnis umgekehrt ist. Hier wird *pardaisā* genauso wie im griechischen Text *paradeisos* für das endzeitliche Paradies gebraucht, während *kēpos* mit *gantā* wiedergegeben wird.

Nach persischem Vorbild legten auch die armenischen Herrscher Baumgärten und Jagdparks an, die aber nicht mit dem Begriff *partēz* bezeichnet werden.[76] Die historiographische Tradition der Armenier hat die Erinnerung an diese Anlagen bewahrt. Von Vaḷarshak, einem der Könige der Orontiden in der frühen hellenistischen Periode, wird erzählt, daß er zwei Jagdparks (*orsoc' teḷis*) mit Wald und Hügeln und in einer anderen Region Weinland und Gärten (*marmands aygeac' ew burastaneac'*)[77] anlegte (Movses Kho-

---

[73] Vgl. MOYNIHAN 1979:28–37.

[74] Mitteliranisch als *draxt* belegt, das aber »Baum« bedeutet.

[75] Siehe z. B. Eznik 81, 118 und 271 (zitiert nach der Ausgabe von L. MARIES & CH. MERCIER in Patrologia Orientalis, Tome 28, Fasc. 3, Nr. 136).

[76] Sofern ich es überprüfen konnte.

[77] Die Vokabel *burastan* »Garten« ist als iranisches Lehnwort aufzufassen, wohl von

renacʻi, Geschichte der Armenier II,6). Auch die Anlage des Orontiden
Eruand hat einen Nachhall in der Tradition gefunden. Dieser schuf laut
Movses Khorenacʻi einen großen Baumpark (*mayri*) mit viel Wild an der
nördlichen Seite des Flusses Akhurean, der vom König für die Jagd genutzt
wurde.[78] Der Brauch, Baum- und Jagdparks anzulegen, setzte sich bei den
anderen armenischen Königen fort. Eine Notiz bei Faustos Buzandacʻi erwähnt zwei solche Waldparks (*antaṙ*), die von Khosrov im frühen 4. Jahrhundert n. Chr. angelegt wurden.[79]

Die Institution des iranischen *paridaiza* machte einen tiefen Eindruck
auf die Umwelt, und Paradiesanlagen im Stil der achämenidischen Könige
und Satrapen wurden von anderen Herrschern und Völkern nachgeahmt.
Dabei wurde auch das persische Wort von den benachbarten Kulturen
ziemlich früh aufgenommen. Das akkadische *pardēsu*, sowie das aramäische und hebräische *pardes* (*pardesā*) und das griechische *paradeisos*, deuten darauf hin, daß man etwas Spezifisches in dem persischen Baumgarten
sah und das Fremdwort nicht einfach durch einheimische Bezeichnungen
für Gärten wie *gan* oder *kēpos* ersetzte. Das iranische Wort *paridaiza* in
seiner semitischen oder griechischen Form diente nicht nur als Bezeichnung
eines bekannten kulturellen Phänomens bei den Persern, sondern konnte
auch auf ähnliche Anlagen der eigenen Kultur übertragen werden. Immerhin muß wohl angenommen werden, daß man sich dabei nicht allzuweit
von dem Bedeutungsinhalt des persischen Vorbilds entfernte. Mit der Zeit
läßt sich aber die Tendenz feststellen, daß *pardes* oder *paradeisos* mehr
oder weniger synonym mit einheimischen Bezeichnungen für den Garten
verwendet werden. Das ursprünglich persische Wort konnte sogar als einheimische Vokabel aufgefaßt werden und als Erklärung eines anderen Fremd-
worts dienen. So bezeugen zypriotische Glossen das griechische *ganos* (aus
dem westsemitischen *gan* entlehnt) als äquivalent mit *paradeisos*.[80] Im folgenden gebe ich eine Auswahl von Beispielen, die den Einfluß des persischen *paridaiza* (Wort und Institution) auf verschiedene Kulturen zeigen.

Im Buch Koheleth kündet der Sprecher: »ich machte mir Gärten (*gannôt*)
und Paradiese (*pardesîm*) und pflanzte dort allerlei Obstbäume« (2:5). Hier
scheint *gan* synonym mit *pardes* zu sein, aber vielleicht liegt in *pardes*
mehr die Bedeutung »Baumpark« vor. Das Hohelied verwendet *pardes* in

---

einer mittelparthischen Form entlehnt, vgl. das mittelpersische *bōyestān* »Garten«, eig.
»Ort des Wohldufts«.

[78] Khorenacʻi ist hier von Faustos Buzandacʻi III, 8 abhängig, wie Thomson 1978:183
vermerkt.

[79] Faustos Geschichte III,8. Auch von Moses Khorenacʻi III,8 erwähnt.

[80] Hesychius und Etym. Magnum, 223,47. Siehe dazu Masson 1967:74

demselben Sinn in 4:13, wo der Liebende seine Geliebte mit einem Baumgarten (*pardes*) von Granatapfelbäumen voll herrlicher Früchte vergleicht.[81] Dieser symbolische Gebrauch findet sich auch in den Psalmen Salomos 14: 3–4, wo die Frommen als Gottes Paradies und Lebensbäume (*paradeisos kyriou*) dargestellt werden.[82]

Die griechisch-jüdische Literatur bietet mehrere Beispiele für die Bezeichnung von Gärten in Palästina und anderenorts durch den Begriff *paradeisos*. Josephus verwendet das Wort *paradeisos* nur im profanem Sinn bei Schilderungen der Landschaft um Jericho und Jerusalem.[83] Die berühmte Quelle bei Jericho bewässert eine Ebene von siebzig Stadien Länge und zwanzig Stadien Breite und ernährt dort die schönsten und üppigsten *paradeisoi* (Bell. IV, 467). Die Belagerung von Jerusalem im Jahre 70 hat zur Folge, daß die Römer die Bäume und Gärten rund um die Stadt niederhauen, um Holz für ihre Angriffskonstruktionen zu bekommen. Wo früher die Landschaft mit Bäumen und *paradeisoi* geschmückt war, erscheint sie jetzt verödet und kahl (Bell. VI, 6). Die Festung Hyrkans in Transjordanien war nach Josephus von ausgedehnten *paradeisoi* umgeben (Ant. XII, 233). Die Erzählung von der schönen und gottesfürchtigen Susanna in Babylonien spielt sich großenteils in einem Baumgarten ab, der wohl nach dem Vorbild des Paradeisos eines vornehmen Persers oder Babyloniers beschrieben wird. Die beiden Versionen (Septuaginta und Theodotion) benutzen jeweils den Terminus *paradeisos* für diesen Baumgarten, der von einer Mauer umgeben ist und der eine Quelle oder ein Wasserbassin hat. Der Paradeisos dient zum Vergnügen und Ausruhen. Es wird berichtet, daß Susanna in dem *paradeisos* ihres Mannes zu lustwandeln und zu baden pflegte.[84]

In Ägypten geben uns vor allem die Papyri Auskunft über das Vorkommen von Paradeisoi. Die ältesten Belege entstammen den ersten Jahrzehnten des 3. Jhs. v. Chr.[85] Das Zeugnis der ägyptischen Papyri läßt auch eine gewisse Abwandlung des Terminus *paradeisos* erkennen. Gewöhnlicherweise bezeichnet *paradeisos* eine besondere Art von Landbesitz, der als ein Obst- oder Baumgarten beschrieben werden kann. Der mit Bäumen bewachsene Garten oder Park ähnelte dem persischen *paridaiza* und be-

---

[81] Diese zwei Stellen und Neh 2:8 (vgl. oben) sind die einzigen Belege von *pardes* in der hebräischen Bibel.

[82] Das Bild von den Gerechten als die Pflanzung Gottes findet sich in anderen Texten des Judentums, z. B. Hodayot 8: 5–6.

[83] In Ant. I, 37, wo das Paradies von Genesis 2–3 beschrieben wird, erscheint das Wort in einem sakralen-mythischen Kontext.

[84] Dan. LXX Susanna 7 und Dan. Theod. Susanna 7, 15, 17.

[85] Siehe z. B. Hibeh-Papyrus Nr. 112 Z. 93. Es handelt sich um eine Steuerliste vom Jahre 260 v. Chr.

stimmten Typen altorientalischer Gärten und dies war wohl der Anlaß dafür, daß man bei der griechisch-sprechenden Bevölkerung Ägyptens das Wort *paradeisos* für Baum- und Obstgärten in Anspruch nahm. Häufig ist die Zusammenstellung von *ampelōnes* »Weinfelder« und *paradeisoi* (z.B. Tebtunis Papyri 5, 93 und 99; 24, 42–43). *Paradeisoi* werden auch zusammen mit *elaiōnes* »Ölbaumpflanzungen« erwähnt (Pap. Fayum Towns 55). Die *paradeisoi* werden zusammen mit anderen Kategorien von Landbesitz besonders in den Steuerlisten und Landübersichten erwähnt (z.B. Pap. Tebt. 86, 503, Pap. Fayum Towns 226).

Der Paradeisos als Institution hat auch eine religiöse Dimension und wird in einem sakralen Kontext öfters erwähnt. Eine frühe Verbreitung des Paradeisos ist dem Griechen Xenophon zu verdanken. Er stiftete offenbar nach persischem Vorbild einen ausgedehnten Jagdpark in Skillon auf Peloponnesos, den er als heiliges Land (*hieron khōrōn*) der Göttin Artemis weihte (Anabasis V,3:7–13). Dort waren eine Wiese (*leimōn*) und bewaldete Berge (*orē dendrōn mesta*). Bei der Jagd, die nur einmal im Jahr stattfand, wurde ein Kultfest gefeiert. Als altgriechischen Brauch muß man indessen den Tempelhain (*alsos*) mit gepflanzten Bäumen ansehen, den Xenophon gleichzeitig anlegen ließ.[86]

Eine Inschrift, die von der Gemeinde der Itanäer an der Ostspitze Kretas um das Jahr 246 gesetzt wurde, zeigt uns den sakralen Paradiesgarten. Die Itanäer ehren den König Ptolemaios Euergetes und seine Königin Berenike mit der Gründung von einem heiligen Bezirk *hiaron temenos,* der als »der *paradeisos* an der Pforte des Königs Ptolemaios und der Königin Berenike« bezeichnet wird. Dort soll die Stadt jährlich Opfer zu Ehren des Königspaars darbringen. Das Heiligtum ist der Athena Poliás geweiht (Dittenberger Sylloge Inscr. Graec. Nr. 463).

Manche ägyptische *paradeisoi* werden in den Papyri als *hiera gē* bezeichnet, was den Gedanken impliziert, daß dieses Land der Gottheit zugehört, aber vom König als irdischem Stellvertreter verwaltet wird.[87] Eine Landübersicht bei Arsinoë ist in einem Papyrus des 2. Jhs v. Chr. erhalten, und hier findet sich zweimal die Erwähnung von »heiligen« *paradeisoi*. Besonders interessant ist die Angabe, daß die jüdische Gemeinde in Arsinoë einen *paradeisos* besaß, der mit dem Attribut *hieros* bezeichnet wurde *proseukhē Ioudaiōn ... hierās paradeisou* (Pap. Tebt. 86, 18–20).[88] Dieser

---

[86] Der Hain wird so beschrieben: *peri de auton ton naon alsos hēmerōn dendrōn ephyteuthē.*

[87] So MITTEIS / WILCKENS 1912: 278–280.

[88] Eine Person namens Apollonides besitzt auch einen *paradeisos,* der heiliges Land genannt wird (Pap. Tebt. 86, 14).

synagogale *paradeisos* könnte dazu gedient haben, Früchte und andere Erträge für den rituellen Gebrauch z. B. bei der Feier von Sukkot zu liefern, wo Früchte und Pflanzen eine wichtige Rolle spielten (vgl. *etrog* und *lulab*). Es gab auch bei Arsinoë einen besonderen Paradeisos, der die Bezeichnung *Dios paradeisos* hatte (Pap. Tebt. 86,52). Mit Zeus ist wohl hier wie so oft der ägyptische Gott Ammon gemeint. Der Ausdruck Ammons *paradeisos* besagt in erster Linie, daß der *paradeisos* diesem Gott geheiligt war; inwieweit kultische Verrichtungen damit verknüpft waren, läßt sich aus dieser knappen Aussage nicht ermitteln. Auch für diesen sakralen Paradiesgarten kann man annehmen, daß er die Funktion hatte, Früchte für Opferrituale zu erzeugen.

V. Der mythische Garten

Wichtig für die Weiterentwicklung des Konzepts vom Paradies ist die Vorstellung von mythischen Gärten, wie sie in verschiedenen Kulturen des alten Orients bezeugt sind. Der sumerische Mythos vom urzeitlichen Land Tilmun (Dilmun) enthält in seinen unterschiedlichen Versionen Aussagen über eine üppige Gartenlandschaft.[89] In Ägypten wurden mythische Gärten und Kornfelder sowohl in die Urzeit als auch in das Jenseits verlegt.[90] Die israelitische Vorstellung vom urzeitlichen Garten (*gan*), den Jahwe selbst ostwärts in Eden gepflanzt hatte, ist wohl das aus dem alten Orient am besten erhaltene Beispiel von einen mythischen Urzeitgarten (Gen 2:8–3:24), der durch die Weiterführung im Judentum und Christentum eine außerordentliche Bedeutung erhielt. Hier ist nicht der Ort, ausführlich auf diesen Mythos einzugehen,[91] aber seine entscheidende Bedeutung für die Entstehung des Glaubens an einen endzeitlichen Garten als Ort der Seligen in der jüdischen und christlichen Tradition ist hervorzuheben. Die iranische Religion kennt eine mythische Erzählung von Yima und dem Bau eines unterirdischen Aufenthaltsortes (der *vara*) zum Schutz vor dem herannahenden großen Winter. Dorthin soll er Menschen, Tiere und »den Samen von allen Gewächsen, welche auf Erden die größten und wohlriechendsten sind«[92] bringen. Der *vara* erscheint wie ein unterirdisches Paradies[93] und

---

[89] Siehe WIDENGREN 1951 und JACOBS-HORNIG 1979: 36–37 für weitere Beispiele.
[90] JACOBS-HORNIG Sp. 37–38.
[91] Ich verweise auf die Arbeiten von BROCK-UTNE, WESTERMANN 1974 und STORDALEN 1998.
[92] Ich benutze hier die deutsche Übersetzung von LOMMEL 1927.
[93] Vgl. auch KELLENS 1995:48.

kann in mancher Hinsicht als das iranische Gegenstück des jüdisch-christlichen Paradiesgartens im Schöpfungsbericht aufgefaßt werden. Auch eine
eschatologische Dimension kommt jenem iranischen ›Paradies‹ zu. In späterer Überlieferung findet sich der Gedanke, daß der *vara* von Yima wieder
geöffnet werden soll (Pahlavi Rivāyat 48).

Die Übersetzung des hebräischen *gan* »Garten« im Schöpfungsbericht
der Genesis mit *paradeisos* durch die Septuaginta hat den weiteren Erfolg
des *paradeisos* als Inbegriff für den eschatologischen Garten gesichert. Als
frühester Beleg kommt hier Genesis 2:8–3:24 in Betracht. Die griechische
Übersetzung der Thora wurde allem Anschein nach von den Juden Ägyptens geschaffen, wahrscheinlich schon in der ersten Hälfte des 3. Jh. v. Chr.
Die frühe und häufige Bezeichnung der ägyptischen Baumgärten mit dem
Wort *paradeisos,* auch in sakralem Kontext, legt die Annahme nahe, daß
die Übersetzer deshalb diesen Begriff wählten und nicht etwa das Wort
kēpos. Die ersten Belege für *paradeisos* im hellenistischen Ägypten reichen, wie wir gesehen haben, bis in die ersten Jahre des 3. Jh. v. Chr.
zurück. Die Bezeichnung des hebräischen *gan* in Genesis mit *paradeisos*
öffnete die Bahn für dieses Wort als Übersetzung von *gan* und *gannah* in
den anderen Teilen der Septuaginta, wie Ezechiel 31:8–9, wo der Gottesgarten der Urzeit geschildert wird. Die Vorstellung von diesem mythischen
Gottesgarten, wie sie sich in Gen 2:8–3:24 und Hes 28:13–16 und 31:8–9
findet, wurde in jüdischen, christlichen und gnostischen Kreisen Gegenstand einer reichen Vielfalt von Interpretationen und Auslegungen. Es wäre
eine interessante Aufgabe, diese näher zu untersuchen, aber ich muß hier
darauf verzichten. Auch in der hellenistischen Literatur wird *paradeisos*
auf mythische Gärten angewandt, wie Diodorus Siculus bezeugt. Seine
Beschreibung der Insel westlich von den Pfeilern des Herkules trägt mythische Züge. Diese Insel hat »viele *paradeisoi* mit allerlei Bäumen bepflanzt« (Diodorus, Hist. V,19:2). Besonders interessant ist die Erwähnung von einem Paradies in einem aramäischen Qumranfragment (6Q 8:2),
das zur Henochliteratur gehört. Hier scheint die Welt als ein riesiger
Paradiesgarten betrachtet zu werden (*pardesā dān kullā* … »dieser ganze
Paradeisos«), der einst zerstört wurde oder in Zukunft den Untergang erwartet.[94]

---

[94] Der Zusammenhang ist nicht ganz klar und das Fragment klein, siehe MILIK 1970:
309.

VI. Die Eschatologisierung des Paradiesgartens

In der Literatur des frühen Christentums wird der Begriff *parádeisos* fast ausnahmslos für den himmlischen Ort der Gerechten verwendet.[95] So verhält es sich auch mit dem entsprechenden Terminus *firdaws* im Koran. Dahinter liegt ein Prozeß, den man als die Eschatologisierung des Paradiesgartens bezeichnen kann und der sich in aramäisch sprechenden Kreisen des frühen Judentums zuerst zeigt. Das Wort Paradies bekommt dadurch den Bedeutungsinhalt, der es bis heute am deutlichsten geprägt hat. Zugleich erhebt sich die Frage, warum das Wort und das kulturelle Phänomen des *paridaiza*, wie es scheint, in die Jenseitserwartungen der iranischen Religion keinen Eingang gefunden hat. Ist doch schon in den ältesten Texten, den Gāthās, eine Individualeschatologie vorhanden. Die Entwicklungslinien der Vorstellungen vom Paradiesgarten als Wohnort der Gerechten im Jenseits werden im folgenden kurz skizziert. Ich beschränke mich auf die frühen und grundlegenden Traditionen im Judentum, Christentum und Islam einerseits, und in der iranischen Religion andererseits. Dabei wird auch das Problem der historischen Beziehungen gestreift.

Iranische Religion

Auffälligerweise wird in der eschatologischen Überlieferung des Mazdaismus der Ort der Seligen nie mit dem altiranischen Wort, Av. *pairidaēza* (oder seinen mitteliranischen Formen) bezeichnet, noch kommt im Avesta die Konzeption des Jenseits als ein Garten klar zum Vorschein. Auf den ersten Blick scheint es, als ob andere Formen von Paradiesvorstellungen den Jenseitsglauben der Zoroastrier geprägt haben. Die folgende Darstellung wird diesen Eindruck abschwächen und aus den Zeugnissen, die es doch gibt, ein Bild von dem eschatologischen Paradiesgarten der iranischen Religion zeichnen. Was die religionswissenschaftliche und iranistische Forschung gewöhnlicherweise unter dem Begriff Paradies im Zoroastrismus versteht, hat sehr wenig mit der ursprünglichen Bedeutung von *paridaiza* zu tun und ist vielmehr als eine Angleichung an jüdisch-christliche Terminologie und Vorstellungswelt aufzufassen. Diese hat durch die Verknüpfung mit dem mythischen Paradiesgarten in Genesis 2–3 den Charakter des endzeitlichen Paradieses als eines fruchtbaren Gartens besser bewahrt. Die terminologischen Fragen müssen zuerst kurz diskutiert werden.

---

[95] Vgl. W. Bauer, Wörterbuch zum Neuen Testament; nur im Diogenetbrief 12,1 und 3 vom Garten Eden in Genesis.

Das Schicksal des Wortes *paridaiza* in der iranischen Überlieferung erscheint in mancher Hinsicht rätselhaft. Wie schon bemerkt wurde, ist das Wort nur zweimal in den auf uns gekommenen avestischen Texten bezeugt. Zudem ist, soviel ich weiß, die erwartete mitteliranische Form **pardēz* in keinem Text belegt, sondern nur im armenischen Lehnwort *partēz* greifbar.[96] Die Pahlavi-Übersetzung von Vidēvdād umschreibt das Avestische *pairidaēza* mit *perāmōn-dahišnīh* (Pahl. Vd. 3:18 und 5:49), was als bloße Gelehrtenkonstruktion anmutet.

In den altavestischen Texten (die Gāthās und der Yasna Haptaŋhāiti) gibt es keine feste und durchgehende Bezeichnung für einen glückseligen Ort im Jenseits. Die Zusammenstellung *garō dəmānē* (Genetiv von *gar-* plus Lokativ von *dəmāna-*) in Y. 51,15, *dəmānē garō* in Y. 45,6 und 50,4 »im Haus der Begrüßung« ist das Nächste, was an eine feste Ausdrucksweise erinnert. Im jüngeren Avesta ist schon diese Wendung in der Form *garō nmāna* eine Bezeichnung des Paradieses als Wohnsitz der Götter und der gerechten Menschen nach dem Tod geworden. In Yašt 19:44 rühmt sich der Gegner des Drachentöters Kərəsāspa, daß er den Heilvollen Geist (*spəṇta maniiu*) »vom leuchtenden Haus der Begrüßung« (*haca raoxšna garō nmāna*) herabholen könne. Nach Vidēvdād 19: 28–32, wo die Himmelsreise der Seele geschildert wird, gelangt die Seele »in das Haus der Begrüßung, Wohnsitz Ahura Mazdās, Wohnsitz der Amesha Spentas«, *auui garō nmānəm maēθanəm ahurahē mazdå, maēθanəm aməšaṇqm spəṇtaṇqm*.[97] Es hat sich später als eine der zwei geläufigsten Benennungen des Paradieses in der zoroastrischen Überlieferung eingebürgert, d.h. Pahlavi *garōdmān,* und ist auch in den manichäischen Texen auf Mittelparthisch als *gardmān* (grdm'n) bezeugt.

Der andere Terminus, der im Avesta in Umschreibungen für das Paradies verwendet wird, ist *vahišta-*, Superlativ von *vohu-* »gut«. Die Bezeichnung *vahišta-* tritt im Vokabular der altavestischen Texte stark hervor und wird in verschiedenen Kontexten verwendet, besonders aber da, wo von den göttlichen Wesenheiten die Rede ist. Bisweilen kommt *vahišta-* in einem Zusammenhang vor, der eschatologische Implikationen hat oder jedenfalls von der späteren Tradition so gedeutet wurde: Yasna 30:4; 46:10, 18; 47:5; 50:4. Im jüngeren Avesta finden sich Aussagen, die zeigen, daß *vahišta-* zusammen mit *ahu-* »Dasein« die Bezeichnung des Paradieses geworden ist. Vidēvdād 18:6 spricht von der Erkenntnis (*xratu-*), die zum (ewigen)

---

[96] Eine neupersische Form *pālēz* wird von Bartholomae AirW 865 notiert. Das Wort bezeichnet einen Nutzgarten (»Kitchen garden«) nach F. Steingass, A Comprehensive Persian-English Dictionary, Beirut 1975 S. 233.
[97] Andere Stellen sind Visprad 7:1, Yašt 3: 3–4.

Leben, die zum Aṣa und zum besten (Ort) »im besten Dasein (*vahištahē aŋhǝiš*) führt«.[98] In den sassanidischen Inschriften und in den Pahlavi-Texten ist dann das zweite Element *ahu-* weggelassen worden,[99] und das Mitteliranische *wahišt* (»das Beste«), das sowohl in den Pahlavibüchern als auch in den manichäischen Texten auf mittelpersisch und mittelpartisch vorkommt, erscheint jetzt als ein Nomen, das den glückseligen Ort im Jenseits bezeichnet.[100] In einigen Pahlavi-Texten kommt die Tendenz zum Ausdruck, die beiden Bezeichnungen *wahišt* und *garōdmān* als verschiedene Ebenen der himmlischen Welt aufzufassen. Dabei bilden *wahišt* oder *pāšom axwān* (beides: »das Beste Dasein«) den unteren Teil des Himmels, die Sphären der Sterne und des Mondes, während die Sphäre der Sonne und der Ort des unbegrenzten Lichts als *garōdmān* aufgefaßt werden (Dādestān ī Dēnīg 19 et 23).[101] Wenn auch etwas vage dargestellt, ist schon in den frühesten Traditionen, den Gāthās, eine Individualeschatologie unzweifelhaft vorhanden, die nach der rituellen Verhaltensweise des einzelnen Menschen im Diesseitigen verschieden bestimmt wird.[102] Diejenigen, die das Aṣa »die gute Weltordnung, die Wahrheit« gefördert haben, gehen nach dem Tod zu Ahura Mazdā und zum unendlichen Licht. Die anderen, die der *Druj* »die schlechte Weltordnung, die Lüge« zugewandt waren, kommen an den Ort, wo diese herrscht. Keine nähere Beschreibung vom Ort der Seligen wird jedoch in den altavestischen Texten gegeben. Etwas mehr davon erfahren wir in den zwei Traditionen des jüngeren Avesta, wo der Aufstieg der Seele nach dem Tod zu Ahura Mazdā in die himmlische Welt geschildert wird. Laut der Tradition im Hadoxt Nask Kap. 2 passiert die Seele drei kosmische Sphären, die nach der dreifachen Zusammenfassung des idealen religiösen Verhaltens benannt sind: das gute Denken (*humata*), die gute Rede (*hūxta*) und das gute Handeln (*hvaršta*), um schließlich in das unbegrenzte Licht einzutreten. Von Ahura Mazdā begrüßt, bekommt die Seele die Butter des Frühlings als Speise der Gerechten nach dem Tod. Die drei Sphären wurden in der Pahlavi-Überlieferung mit dem Ort der Sterne (*gyāg kū star pad humat*), dem Ort des Mondes (*gyāg kū pad hūxt*) und als dritter dem Ort der Sonne (*gyāg kū xwaršēd pad huvaršt*) identifiziert (Pahl.

---

[98] Andere Stellen sind Yasna 9 19; 19:6–7, Vidēvdād 9:44;18:29.

[99] Im mitteliranischen Wort für die Hölle *dušox* »das schlechte Dasein« hat sich indessen das zweite Element *ahu-* erhalten.

[100] Ich gebe nur eine Auswahl von Belegen: die Felsinschriften von Kirdīr KSM 28 und 52, KNRb 4 (Ed. GIGNOUX 1991), Ardāy Wirāz Nāmag 5:4, Bundahišn 34, Bahman Yašt II,12; Zādspram 1:17; 10:19, 35:42. Pahlavi Rivāyat 36:13.

[101] Vgl. auch GIGNOUX 1969:224–226.

[102] Siehe letzlich KELLENS 1994.

[103] Siehe GIGNOUX 1969:227–230 für weitere Belege und für Diskussion.

Rivāyat 23:13, Ardā Wirāz Nāmag 7–9).[103] Die andere Tradition findet sich im Vidēvdād Kap. 19:28–32 und beschreibt die Reise der Seele auf den Wegen, die Zurvān gemacht hat (*paθąm zruuō.dātanąm*), über den Berg Hara Bərəzaiti zur eschatologischen Brücke (*cinuuaṯ.pərətī*) und dann zu den goldenen Thronen im »Haus der Begrüßung«, wo Ahura Mazdā und die anderen Gottheiten wohnen.[104] Diese jungavestischen Traditionen haben die spätere eschatologische Überlieferung stark geprägt, wie es in den Pahlavi-Texten deutlich zu sehen ist.[105]

Immerhin finden sich meiner Meinung nach Spuren von der Vorstellung des Paradiesgartens schon in dem avestischen Hadoxt Nask. Wenn die Seele im Morgengrauen der dritten Nacht sich vom Lager ihres toten Körpers erhebt, spürt sie einen wohlduftenden Wind von Süden und sie hat den Eindruck unter duftenden Pflanzen zu sein, *uruuarāhuca paiti baoδišca vīdiδarəmnō saδaiieiti*. Die gerechte Seele fragt sich, woher dieser Wind weht, der wohlduftendste, den sie je gerochen hat (Hadoxt Nask 2:7–8). Obwohl der Geruch als kommunikatives Mittel zwischen Menschen und Göttern eine nicht unbedeutende Rolle in der altiranischen Religion zu spielen scheint,[106] will doch diese Aussage etwas mehr vermitteln. Es ist der erste Wohlduft vom Paradiesgarten, der in die Seele gelangt. Es geht nur um eine Andeutung, die in dem uns (unvollständig?) tradierten Text nicht weiter entwickelt wird, die aber unverkennbar ist. Die spätere Überlieferung bietet klarere Anspielungen auf den eschatologischen Garten. Die Frage erhebt sich aber, ob diese Andeutungen sich nur aufgrund von Hadoxt Nask entwickelt haben, oder ob sie eine selbständige Tradition reflektieren, die parallel mit derjenigen des Hadoxt Nask überliefert wurde. Einige Beschreibungen der Pahlavi-Texte vom Jenseits lassen sich ohne Schwierigkeit als paraphrasierende Ausschmückungen des Textes im Hadoxt Nask 2:7–8 interpretieren. So wird im Ardā Wirāz Nāmag 15:10 der leuchtende Ort der Gerechten (*pahlom axwān ī ahlawān ī rōšn*) als mit wohlduftenden Blumen und Pflanzen überall geschmückt geschildert, und im Dādestān ī Dēnīg 25 sagt der Autor, daß der glückselige Ort im Jenseits (*wahišt*) der am meisten strahlende und wohlduftende ist. Im Bundahišn und in den Wizīdagīhā ī Zādspram hingegen findet sich eine Tradition von der Erscheinung eines Paradiesgartens, der sich für die Seele auf ihrem Weg zum Himmel zeigt. Der Paradiesgarten erscheint zusammen mit anderen Phänomenen der eschatologischen Existenz, die zusammen die Vollheit

---

[104] Für die Tradition von dem Aufstieg und der Inthronisation der Seele im Himmel, siehe HULTGÅRD 1993.

[105] Siehe dazu GIGNOUX 1969 und HULTGÅRD 1993.

[106] Auf diese Tatsache hat KELLENS 1995:26 aufmerksam gemacht.

und Glückseligkeit des jenseitigen Daseins der aufsteigenden Seele ankündigen. Die beiden Pahlavi-Texte sind großenteils Kompilationen aus älteren Traditionen, die auf die sassanidische Zeit oder noch frühere Perioden zurückzuführen sind. Es ist nicht ohne Belang, daß der Bundahišn und die Wizīdagīhā ī Zādspram dieselbe Tradition vom Paradiesgarten bezeugen, wenngleich in verschiedenen Versionen, denn in diesem Fall und in manchen anderen Fällen kann man eine gemeinsame Quelle voraussetzen.

Im Bundahišn Kap. 30, wo die Individualeschatologie behandelt wird, ist die avestische Schilderung von der Begegnung der Seele mit ihrer Daēna um andere Elemente erweitert, die den Eindruck altererbter Tradition hervorrufen. Der gerechten Seele erscheint nicht nur ihre Daēna in Gestalt einer jungen und schönen Frau, sondern auch die Gestalt (*kerb*) einer wohlernährten Kuh voll mit Milch. Von ihr bekommt die Seele Blüte und Fettheit (*padēxīh ud čarbīh* 30:13). An dritter Stelle erscheint dann ein Paradiesgarten:

did bōstān kerb rasēd, purr bar, purr āb, purr mēwag ī purr padēx kē ruwān urwāhmanīh ud padēx mēnišnīh rasēd, ast būm wahištīg; ēn pēš az āmār daxšag pad gēhān wēnēd.[107]

Darnach erscheint die Form eines Gartens voll von Erträgen des Bodens, voll von Wasserläufen, voll von Früchten und voll von Blüten, die der Seele Freude und Gefühle des Wohlseins schenken. Das ist das Paradiesland. Sie (die Seele) schaut jene Zeichen auf der Erde, bevor die Rechenschaft gefordert wird.

Die Version in den Wizīdagīhā ī Zādspram ist etwas verschieden, weil hier weitere Elemente als eschatologische Erscheinungen der Seele begegnen: die Gestalt des Windes (*wād-kerb*; vgl. Hadoxt Nask 2:7), die Gestalt des Feuers (*ātaxš-kerb*), die der Seele hilft, die Cinwad-Brücke zu überqueren, die Gestalt des Metalls (*ayōxšust-kerb*) und die Gestalt des Steins (*sang-kerb*), die den goldenen Thron bilden, auf dem die gerechte Seele Platz nehmen wird,[108] und schließlich die Gestalt der Erde. Die zwei Elemente der Daēna und der Kuh in der Version des Bundahišn sind in den Wizīdagīhā ī Zādspram beide als weiblich und männlich aufgefaßt, der Daēna entsprechen zwei Gestalten *kanīg-kerb* und *mard-kerb*, und die weiße Gestalt der Kuh (*gaw-kerb ī spēd*) schließt in sich *nar* und *mādag* ein (WZ 30:52). Der Garten wird folgendermaßen geschildert:

Pas āb-kerb ud urwar-kerb pad ēwēnag ī bōyestān homānāg ī ābōmand ī was nihāl ī purr škōf bē ēstēd kē-š ruwān andar frāz rawēd.

Dann bilden die Gestalt des Wassers und die Gestalt der Pflanzen eine Art (von Erscheinung) gleich einem wasserreichen Garten mit vielen jungen Bäumen, die voll von Blüten sind, wo die Seele vorwärts wandert (WZ 30:52).

---

[107] Der Pahlavi-Text ist aufgrund der Handschriften TD 1, DH und TD2 gesichert.
[108] Siehe dazu HULTGÅRD 1993.

Die eschatologischen Elemente oder »Formen« (*kerb*) erscheinen der Seele unterwegs als eine Art Vorschau der himmlischen Existenz, aber haben z. T. auch eine konkrete Funktion, die Daēna – Mädchen und Mann – ist Psycho-pomp, das Feuer hilft der Seele die Cinwat-Brücke zu überqueren. Wenn die Seele in den Himmel gekommen ist, bilden die Elemente eine Ganzheit, die alle Aspekte des Zustands im Jenseits repräsentieren. Daher folgt eine erneute Schilderung dieser eschatologischen Elemente und ihrer Funktion (WZ 30:53–61). Von dem Garten wird folgendes gesagt:

Ud pas āb-kerb ud urwar-kerb pad ēwēnag ī bōyestān homānāg bē ēstēd ⟨ī⟩ čašmag čašmag awiš tāzān ⟨ud⟩ az-iš frāz tazēnd gōnag gōnag az wisp urwar-kerbān gul bōy wahār ud škōf spīzīhānd ud bar pazzāmānd.

Und dann bilden die Gestalt des Wassers und die Gestalt der Pflanzen eine Art von Erscheinung, gleich einem Garten, in dem verschiedene Quellen fließen; und wo sie hervorfließen, da sprossen von allen Formen der Pflanzen, Blumen, Wohlduft, Knospen und Blüten und bringen ihre Früchte zur Reife (WZ 30:55).

Diese Schilderung, sowie diejenige von Bundahišn 30:14, erinnert stark an die Beschreibungen der persischen *paradeisoi*, die uns bei den klassischen Autoren begegnen. Hier tritt uns lebhaft und wohl in ununterbrochener Überlieferung der altiranische Paradiesgarten vor Augen, jetzt als Ort der Seligen im Jenseits geschildert. Der Name *paridaiza* hat sich nicht erhal-ten, aber wohl die Sache.

Judentum und Christentum

Wie schon erwähnt, waren den Juden im 5. und 4. Jh. die Institution und der Name des persischen *paridaiza* bekannt, und der Begriff wurde auf den mythischen Gottesgarten, wie auf palästinensische Palast- und Nutzgärten übertragen. Zugleich bahnte sich der Gedanke an den Paradiesgarten als Jenseitsort der Gerechten an, unter Anknüpfung an die Vorstellung des ur-zeitlichen Gartens. Die Termini, die für diesen eschatologischen Garten verwendet werden, sind in erster Linie eben verschiedene Formen vom persischen Lehnwort, *pardes* (hebräisch, aramäisch) und *paradeisos* (grie-chisch). Für die Eschatologisierung des Paradiesgartens ist allem Anschein nach der erste Teil der ursprünglich auf aramäisch verfaßten Henochsamm-lung (1. Hen 1–36) das früheste Zeugnis, das spätestens an den Anfang des 3. vorchristlichen Jahrhunderts zu datieren ist.[109]

Henoch erzählt selbst von den visionären Reisen, die er in Begleitung von einem oder mehreren Engeln gemacht hat. Zwischen den beiden Reise-

---

[109] Die ältesten Manuskriptfragmente aus Qumran entstammen der ersten Hälfte des 3. Jahrhunderts, siehe MILIK 1970.

berichten (1. Hen 17–19 und 21–36) ist ein Abschnitt eingeschoben, der über die Namen und Geschäfte der Erzengel Auskunft gibt. Hier wird von Gabriel gesagt, daß er über das Paradies (*paradeisos*), die Schlangen und die Kerube gesetzt ist (20:7). Die Beziehung zu Gen 3:24 läßt darauf schließen, daß der mythische Gottesgarten gemeint ist, der nach der Vertreibung der ersten Menschen von Gabriel bewacht wird und der wohl auch für die Gerechten nach ihrem Tod bereit steht. Deutlicher wird das im zweiten Reisebericht ausgesprochen. Henoch geht in Richtung Osten und sieht wunderbare Täler und Berge mit allerlei Bäumen und Kräutern. Er wird weiter nach Osten geführt »gegen das Paradies der Gerechtigkeit« (aram. *ləyaḏ pardes quštā;* griech. *paradeisos tēs dikaiosynēs*). Dieses Paradies wird als ein Garten mit vielen und großen Bäumen geschildert (1. Hen 32:2–6). Hier wächst auch der Baum der Erkenntnis, der dem Wuchs nach einer Fichte gleicht. Seine Blätter sind denjenigen des Johannisbrotbaums ähnlich, und seine Frucht ist wie die Weintraube. Davon »essen die Heiligen (*hagioi*), um großer Weisheit kundig zu werden«. Diese Aussage bezieht sich aller Wahrscheinlichkeit nach auf die Gerechten im Jenseits und deutet somit den eschatologischen Charakter dieses Gartens an, welcher kein anderer ist als der erste Garten der Welt, den Gott selbst gepflanzt hat, um dort die ersten Menschen wohnen zu lassen (Genesis 2:8–3:24). Nach ihrer Vertreibung wird der Garten nur für die Gerechten nach ihrem Tod offen sein. Auf diese Weise läßt sich die Schilderung vom »Paradies der Gerechtigkeit« eschatologisch verstehen, aber es bleibt unklar, ob die Gerechten unmittelbar nach dem Tod ins Paradies gelangen oder erst nach dem großen Gottesgericht, von dem vielmals im ersten Teil der Henochsammlung die Rede ist. Wenn man den Bericht vom Paradies der Gerechtigkeit und dem Baum der Erkenntnis in 32:2–6 mit der Schilderung in Kap. 24–25 von einem anderen wunderbaren Baum vergleicht, wird die Interpretation von der Funktion des *pardes quštā* mit dem Baum der Erkenntnis in 32:2–6 komplizierter.

In Kap. 24–25 wird erzählt, wie Henoch in Richtung Westen geht und ihm sieben Berge gezeigt werden, von denen der siebente die sechs anderen überragt und einem Thron gleicht und von Bäumen umgeben ist. Unter diesen ist ein Baum wie Henoch »noch niemals einen gerochen hatte«. Henoch wundert sich und möchte über alles etwas erfahren, aber ganz besonders über den Baum. Der Erzengel Michael antwortet ihm, daß der Gipfel des Berges der Thron Gottes sei, wo er herabsteigen will, wenn er »die Erde mit Gutem heimsuchen wird«. Den wohlriechenden Baum hat kein Mensch die Macht anzurühren, bis zu dem großen Gericht und der schließlichen Vollendung. Die Frucht dieses Baumes wird dann den Gerechten zur Speise gegeben und »an einen heiligen Ort bei dem Haus Gottes

verpflanzt«. Sie werden dann in das Heiligtum eingehen, indem der Duft
des Baumes in ihnen ist, und sie werden ein längeres Leben als zuvor auf der
Erde haben, ohne Trübsal und Leiden und Plage (1. Hen 25:4–6). Der Text
erweckt den Eindruck, daß man sich einen Paradiesgarten auch auf dem
Thronberg dachte, der zusammen mit dem wunderbar wohlriechenden Baum
nach dem neuen Jerusalem in der Endzeit verpflanzt wird, um als Tempelgarten zu dienen. Die zwei mythischen Bäume in der Paradiesschilderung
der Genesis, der Baum des Lebens und der Baum der Erkenntnis, haben im
Henochbuch auch eine eschatologische Funktion bekommen. Sie wachsen
aber in zwei von einander weit entfernten Paradiesgärten, von denen wenigstens der eine nach dem großen Gericht von dem Paradiesberg im Nordwesten nach Jerusalem verpflanzt wird. Es ist ferner zu bemerken, daß weder
der Paradiesberg noch der Paradiesgarten im Osten als Aufenthaltsort Gottes gedacht ist. Gott wohnt im Himmel und sitzt dort auf einem hohen
Thron. Als Einleitung seiner kosmischen Reisen wird Henoch ein Blick in
die Wohnung der Gottheit gewährt, die als ein großer mauerumgebener Palastbezirk geschildert wird (1. Hen 14:8–24), wo es zwei großartige Paläste
gibt. Der erste ist schon eindrucksvoll, aber der zweite ist noch grandioser,
und dort befindet sich der Thron der höchsten Majestät. Die ganze Schilderung ruft das Bild einer himmlischen Palaststadt hervor, mit Mauern, Pforten und glanzvollen Gebäuden, aber anscheinend ohne Palastgärten. Feuer,
Schnee, Hagel und Reif, Blitze und Sternstoff sind die kosmischen Bausteine
dieser Palaststadt, die auf den Visionär einen sterilen Eindruck macht,
»dort war kein Lebenselement vorhanden« berichtet er. Der Kontrast zu den
grünenden Paradiesgärten, die für die Gerechten aufbewahrt sind und die
Henoch auf seinen weiteren Reisen schaut, zeichnet sich hier scharf ab.

Das Paradies der Gerechten[110] wird auch in dem ›astronomischen Buch‹
erwähnt (1. Hen 72–82), das wahrscheinlich der älteste Teil der Henochsammlung ist.[111] In Kap. 77 findet sich eine kurze Beschreibung der vier
Himmelsgegenden und der drei Teile der Erde; das Paradies erstreckt sich
über weite Fluren, denn ein ganzes Drittel der Erde ist für das Paradies der
Gerechtigkeit bestimmt (1. Hen 77:3).

Allem Anschein nach hat sich die Vorstellung, daß der urzeitliche Paradiesgarten auch eine eschatologische Funktion hat, als Ort der Gerechten
im Jenseits, schon im 3. vorchristlichen Jahrhundert bei jüdischen Hasidim
und Mystikern ausgebildet. Das geschah zu gleicher Zeit als in diesen Krei-

---

[110] Das aramäische Fragment von Kap. 77 ist ziemlich vollständig erhalten, aber von
den letzten Zeilen läßt sich nur ... *quštā* lesen. Zweifellos ist vor diesem Wort *pardes* zu
ergänzen.
[111] Vgl. MILIK 1970, NICKELSBURG 1992.

sen eine neue Jenseitshoffnung ausgebildet wurde. In den folgenden Jahrhunderten verbreitete sich der Glauben an das eschatologische Paradies in weiteren Kreisen des Judentums und wurde auch von dem jungen Christentum übernommen.

Spätere jüdische Gruppen, die sich auf Henoch als Offenbarer göttlicher Geheimnisse berufen, führen die Vorstellung vom Paradies der Gerechten weiter. Die Bilderreden Henochs, die wohl in einer orthodoxen jüdischen Gruppierung im Palästina der letzten Jahrzehnte v. Chr. entstanden sind, bezeugen das Weiterleben dieser Vorstellung, obwohl keine nähere Schilderung des Paradiesgartens gegeben wird. Die Auserwählten werden im »Garten des Lebens« wohnen (1. Hen 61:12), als Entgeltung ihrer Leiden in dieser Welt. Dieser Garten ist das Paradies der Urzeit (1. Hen 60:8). Im letzten Kapitel über Henochs Aufnahme in das Paradies kommt auch der Gedanke klar zum Vorschein, daß dies der Ort ist, wo die Gerechten und die Erzväter seit undenklicher Zeit wohnen (1. Hen 70:3).

Die hellenistisch-jüdische Missionspropaganda, die uns in Teilen der Sibyllinischen Orakel begegnet, zögerte nicht, den Gegensatz von Hölle und Paradies hervorzuheben, um neue Gottesfürchtige zu gewinnen. So ermahnt die Sibylla die Menschen, die Götzendienst treiben, sich zum einen Gott zu wenden, indem sie das Endgericht mit seinem strafenden Feuer ausmalt und den Gläubigen das Paradies vor Augen hält:

Diejenigen, die den wahren und ewigen Gott verehren, ererben das Leben, indem sie für ewige Zeit den grünenden Garten des Paradieses (paradeison erithělea kēpov) bewohnen und süßes Brot vom gestirnten Himmel speisen werden. Or. Sib. Fragm. III, 46–49.

Daß den Gläubigen »süßes Brot«, d.h. das Manna, zur Speise im Paradies gegeben wird, schlägt ein Thema an, das mit der Unsterblichkeit in Zusammenhang steht. Schon in 1. Hen 24–25 wird den Gerechten ein langes Leben versprochen, weil sie dann von den Früchten des wohlriechenden Paradiesbaumes essen. Erst im hellenistischen Judentum wird der Gedanke an Unsterblichkeit durch das Essen eines paradiesischen Heilsmittels klar ausgesprochen. Die romanhafte Erzählung über Joseph und Aseneth enthält einen Abschnitt, wo Aseneth von einem himmlischen Boten über eine besondere Art von Honigkuchen belehrt wird, der ein göttliches Unsterblichkeitsmittel ist:

Denn es sind die Bienen im Paradies der Üppigkeit (paradeisos tēs tryphēs), die diesen Honig machen. Die Engel Gottes essen davon und jeder, der davon ißt, wird nie sterben.[112] Joseph und Aseneth 16:8.

---

[112] Der Text ist nach der Ausgabe von PHILONENKO 1968 übersetzt, die die kurze Rezension zu Grunde legt.

Das endzeitliche Paradies spielt eine besondere Rolle in den Vorstellungen, die von der Erwartung einer messianischen Gestalt zeugen, seien es jüdische Erlösergestalten oder der Messias des jungen Christentums. Hier kommen vor allem zwei Themen zum Ausdruck. Zuerst die Vorstellung, daß der Messias das geschlossene Paradies offenbart oder erschließt (Test. Levi 18:10–11, Apk 2:7). Der jüdische Priestermessias, der im Testamentum Levi 18 verherrlicht wird,[113] ist in die Rolle eines göttlichen Gärtners getreten, der den Gerechten die Früchte des Lebensbaums spendet:

> Er wird selbst die Türe des Paradieses öffnen und das gegen Adam drohende Schwert wegstellen. Er wird den Heiligen zu essen geben vom Baum des Lebens, und der Geist der Heiligkeit wird auf ihnen sein. Test. Levi 18: 10–11.

Die Früchte des Lebensbaums, der sich im Paradies befindet, wird von Christus den siegenden Gläubigen in der Gemeinde von Ephesus versprochen (Apk 2:7). Der Wortlaut erinnert stark an Test. Levi 18: 11, aber der Gedanke, daß die Gerechten die Frucht vom Baum des Lebens zu essen bekommen, ist nicht auf diese beiden Texte beschränkt.[114] Wenn ein Abhängigkeitsverhältnis vorliegt, führt die Apokalypse des Johannes die Vorstellung von Test. Levi weiter. Das zweite Thema, die Fülle und Glückseligkeit der messianischen Zeit, ist nicht unmittelbar auf den Paradiesgarten bezogen. Es ist eher das Land oder die ganze Erde, die in dieser Zeit in einen paradiesischen Zustand verwandelt werden. Laut der syrischen Baruch-Apokalypse (II Baruch), die wie die Esra-Apokalypse (IV Esra) gegen Ende des ersten Jahrhunderts n. Chr. verfaßt wurde, ist das Erscheinen des Messias kein plötzliches Ereignis. Nachdem die Drangsale der letzten Zeit über die ganze Erde gekommen sind, wird der Messias sich zu offenbaren anfangen. Dann wird die Erde ihre Frucht zehntausendfältig geben, an einem Weinstock werden tausend Ranken sein, und eine Ranke wird tausend Trauben erzeugen, und eine Traube wird tausend Beeren tragen, und eine Beere wird ein Kor Wein geben. Diejenigen, die gehungert haben, werden gesättigt, und die Mannavorräte werden wieder von oben herabfallen (II Baruch 29:3–6,8).[115] Hier wird nicht der endzeitliche Paradiesgarten ge-

---

[113] Es gibt meiner Meinung nach keine zwingenden Gründe anzunehmen, daß dieses messianische Porträt in christlichen Kreisen konzipiert wurde (vgl. HULTGÅRD 1977: 268–289, CAQUOT et PHILONENKO 1987:LXXV–LXXXI). Der erste Teil dieses messianischen Hymnus hat zudem eine aramäische Entsprechung, die in der Grotte Vier von Qumran gefunden wurde und die von E. PUECH veröffentlicht ist (PUECH 1991). Der griechische Text ist kritisch ediert in HULTGÅRD 1981.

[114] Vgl. auch J. JEREMIAS 1955:767.

[115] Für meine Paraphrasierung des syrischen Textes habe ich die deutsche Übersetzung von V. RYSSEL in E. KAUTSCH, Die Apokryphen und Pseudepigraphen des Alten Testaments, Bd 2, Tübingen 1900 verwendet.

schildert, aber er ist implizit vorhanden in der Aussage, daß Gott in dieser
Glückszeit Winde aussenden will, die jeden Tag den Duft aromatischer
Früchte mit sich führen werden (29:7). Eine sehr ähnliche Schilderung von
der Fruchtbarkeit der messianischen Zeit findet sich in einem Jesus-Logion,[116] das Papias (um 130) zitiert und das bei Irenaeus erhalten ist.[117]
  In den jüdischen Apokalypsen, die einige Zeit nach der Zerstörung Jerusalems verfaßt wurden (II Baruch, IV Esra), ist der Gedanke an die Offenbarung des verborgenen Paradieses, zusammen mit dem neuen oder himmlischen Jerusulem, charakteristisch. Die Baruch-Apokalypse vermittelt die
Vorstellung, daß die irdische Stadt Jerusalem nicht dieselbe sei wie die
himmlische. Diese ist im Voraus bereitet seit der Zeit, als Gott den Entschluß faßte, das Paradies zu schaffen, und sie wird jetzt geoffenbart wie
auch das Paradies (II Baruch 4). Das Paradies ist mit dem himmlischen
Jerusalem nicht identisch, aber gehört dazu, so, wie ein Königspalast oder
eine Königsstadt einen Paradiesgarten haben.
  Typisch ist auch die Gegenüberstellung von Paradies und Hölle als ein
rhetorisch wirksames Mittel, wenn der anonyme Prophet auf das eschatologische Weltgericht zu sprechen kommt (IV Esra 7:35–36, II Baruch 51).
Die beiden Apokalypsen enthalten aber keine nähere Schilderung des Paradieses. Wenn vom Endschicksal der Seligen und der Verdammten in der
Baruch-Apokalypse die Rede ist, wird jedoch gesagt, daß die weiten Räume
des Paradieses vor den Gerechten ausgebreitet werden (II Baruch 51:11).
Hier hören wir einen Wiederhall vom persischen Jagd-*paradeisos* mit seinen weiten Fluren. Man kann auch mit 59:8 vergleichen, wo Moses (und
Baruch) »die Größe des Paradieses« gezeigt wird. Die Apokalypse des Esra
gibt eine Andeutung an das Paradies als Garten in 6:3, wo die Schönheit
seiner Blumen erwähnt wird, und in 7:123 wird gesagt, daß die Früchte des
Paradieses unverweslich bleiben und Sättigung und Heilung schenken.
  Die Vision von Himmel und Hölle, die Gott besonderen Auserwählten verleiht, ist, wie wir sahen, schon in der Schilderung von den Reisen Henochs
bezeugt (1. Hen 14–36). Solche visionären Reisen werden in den folgenden

---

[116] Die Echtheitsfrage scheint mir weniger wichtig zu sein als der Umstand, daß
diese Aussage von den frühen Christen als Jesus-Wort betrachtet wurde.
[117] Irenaeus Adv. Haer. V,33,3 f.: *venient dies, in quibus vineae nascentur, singulae
decem millia palmitum habentes* u.s.w. Irenaeus paraphrasiert andere Jesus-Worte (oder
die Fortsetzung des Logions über den Weinstock), wo in ähnlicher Weise ein Weizen-
korn zehntausend Ähren erzeugen wird u.s.w (*similiter et granum tritici decem millia
spicarum generaturum …*). J. JEREMIAS 1955: 770–771 interpretiert dieses »sicher un-
echte Agraphon« als einen Ausdruck für das Eindringen von Paradiesaussagen der jüdischen Apokalyptik in die christliche Literatur. Nichts spricht aber gegen die Annahme,
daß solche Vorstellungen schon im ältesten Christentum verwurzelt waren.

Jahrhunderten ein beliebtes Thema in der jüdisch-christlichen Apokalyptik
und gehen letzlich auf mystisch-ekstatische Erfahrungen zurück. Die Erzählungen darüber werden meistens in den Rahmen eines Aufstiegs durch
mehrere Himmel (drei, fünf oder sieben sind bezeugt) gesetzt, oder von den
Visionären so erlebt (Test. Levi 2:5–5:7; 2 Hen 8–9; Apok Abr 21; 2 Kor
12:1–4; M. Chagiga 2). Im Testamentum Levi wird das Paradies auffälligerweise nicht explizit erwähnt, jedenfalls nicht in der griechischen Version,
die sich in der Zwölf Testamenten-Sammlung findet.[118]

Die Abraham-Apokalypse berichtet von einer Entrückung Abrahams zu
Gott in die Höhe, von wo aus er die ganze Schöpfung überblicken kann. Er
sieht auch »den Garten Eden« mit seinen Früchten, seiner Quelle, und seinen grünenden Bäumen und zugleich die Gerechten, ihre Speise und die
Stellen, wo sie sich ausruhen (Apok. Abr. 21). Nach dem zweiten Henochbuch Kap. 3–22, wo dem Seher die sieben Himmel gezeigt werden, ist das
Paradies im dritten Himmel belegt und wird als ein grünender und wohl-
duftender Garten mit einer Vielfalt von Bäumen, die immer Frucht tragen,
geschildert. Vier Ströme fließen ruhig dem Paradies entlang. Zwei Bäume
werden besonders erwähnt: der Baum des Lebens und ein Ölbaum, der
immer Öl von sich gibt. Henoch erfährt, daß dieser gesegnete Ort den Gerechten bereitet ist (2 Hen 8–9).

In diese Tradition von ekstatisch-mystischen Himmelsreisen gehören auch
die Aussagen von Paulus im 2 Kor 12:1–5. Paulus berichtet, wie er in den
dritten Himmel entrückt wurde. Er fügt hinzu, daß ins Paradies (*eis ton
paradeison*) entrückt wurde[119] und dort unsagbare Worte hörte, die einem
Menschen nicht gestattet sind zu enthüllen. Der Gedanke an göttliche Of-
fenbarungen im Paradies mag etwas sonderbar erscheinen, aber fügt sich
trotzdem in die Tradition jüdischer Himmelsreisen gut ein, die in einer
Enthüllung göttlicher Geheimnisse an den Seher gipfeln, wie sie z.B. Henoch
und Levi zuteil wurden (1 Hen 15–16, Test. Levi 5:1–2), wenngleich dies
nicht im Paradies geschah, sondern beim Thron Gottes im höchsten Himmel. Die jüdische Vorstellung, daß die Gerechten nach ihrem Tod ins Paradies kommen, liegt dem Jesus-Logion im Lukas- Evangelium zu Grunde,
wonach Jesus dem bußfertigen Schächer verspricht, daß dieser heute mit
ihm im Paradies (*en tō paradeisō*) sein werde (Luk 23:43). Zugleich wird

[118] Die Funde in der Kairo-Geniza und in Qumrân von aramäischen Fragmenten
haben gezeigt, daß dem griechischen Testamentum Levi ein älterer Text zu Grunde liegt,
den man als das Apokryphon Levi bezeichnen kann, das anscheinend auch ins Griechische übersetzt wurde; siehe zu diesen Fragen HULTGÅRD 1981: 93–107.
[119] Wie JEREMIAS 1955:768 betont, geht nicht hervor, ob das Paradies im dritten
Himmel gelegen ist oder ob Paulus es an einer anderen Stelle schaute.

hier zum Ausdruck gebracht, daß im Zwischenzustand, vor der Auferstehung und dem Endgericht, die Gerechten mit dem Messias in Gemeinschaft im Paradies leben sollen.[120]

Schließlich sei auch der Gedanke an das Grab als Vorhalle des Paradieses erwähnt. In einer christlichen Inschrift aus Syrien wird das Grabmal als »Vorhallen des Paradieses (*propylaia paradeisou*) für diejenigen, die gerecht gelebt haben«, bezeichnet. Es wird außerdem betont, daß ohne Grabmal niemand Anteil am Paradies haben wird.[121]

Der frühe Islam

Im Vergleich mit den knappen Beschreibungen des Paradieses in den kanonischen Texten des Judentums und Christentums erscheint im Koran ein volleres Bild vom Paradies als ein Garten der Wonne und Fruchtbarkeit. Der am häufigsten gebrauchte Terminus im Koran für das Paradies ist einfach *djanna* »Garten«. Unter den anderen Namen des Paradieses, wie *'adn* »Eden« (Sure 61:12) und *dār al-salām* »Wohnung des Friedens« (Sure 6:127;10:25), kommt an zwei Stellen auch das Wort *firdaws* vor, das auf das persische *paridaiza* zurückgeht. In Sure 23:11 heißt es von den Gläubigen: »(sie) die das Paradies (*al-firdaws*) erben und (ewig) darin weilen werden« und in Sure 18:107: »denjenigen (aber), die glauben und tun, was recht ist, werden die Gärten des Paradieses (*djannat al-firdaws*) als Quartier zuteil«.[122] Die arabische Form wurde wahrscheinlich nicht direkt aus dem Persischen entlehnt, sondern wurde durch das syrische Christentum vermittelt, das gewöhnlicherweise die Bezeichnung *pardaisā* für das Paradies verwendete. Der Koran erwähnt den Paradiesgarten oder die Paradiesgärten an mehreren Stellen.[123] Die Sure 47:15 (16–17) betont:

Das Paradies (*djanna*), das den Gottesfürchtigen versprochen ist, ist so beschaffen: In ihm sind Bäche mit Wasser, das nicht faul ist, andere mit Milch, deren Geschmack sich nicht verändert, andere mit Wein, den zu trinken ein Genuß ist, und (wieder) andere mit geläutertem Honig. Sie (die Gottesfürchtigen) haben darin allerlei Früchte und Barmherzigkeit von ihrem Herrn (zu erwarten).

---

[120] Vgl. dazu JEREMIAS 1955:768–769, der jedoch den Unterschied zur jüdischen Apokalyptik betont. Die Bilderreden (1. Hen 37–71) zeigen dieselbe Zurückhaltung in der Schilderung von den paradiesischen Wonnen wie das Neue Testament.
[121] Inschrift von Ma'râta Nr. 1558 in JALABERT-MOUTERDE, *Les inscriptions grecques et latines de la Syrie et Palestine.*
[122] Die Zitate aus dem Koran sind der deutschen Übersetzung von PARET entnommen.
[123] Siehe dazu auch GARDET 1965.

Noch mehr Einzelheiten geben die Suren 55:46–77 und 56:11–40, die lebhaft und ausführlich die Schönheit und Wonnen der Paradiesgärten schil-
dern. Bäume von verschiedener Art geben Schatten und tragen viele und
köstliche Früchte, die so tief hängen, daß man sie leicht pflücken kann.
Sprudelnde Quellen fließen durch die Gärten. Die Gläubigen liegen behag-
lich auf Sesseln, während junge Knaben sie bedienen mit einem Getränk,
von dem sie weder Kopfweh bekommen noch betrunken werden. Schöne
weibliche Wesen, großäugige Huris, die vor ihnen weder Mensch noch
Dschinn entjungfert haben, werden ihnen als Gattinnen gegeben. Die Frage
nach dem Ursprung der koranischen Schilderungen vom Paradies und seiner
Wonne ist von mehreren Forschern gestellt worden. Man hat auf den schematischen Charakter dieser Beschreibungen hingewiesen und daraus den
Schluß gezogen, daß es ganz bestimmte Vorbilder gegeben haben muß. Die
auffälligen Ähnlichkeiten der koranischen Paradiesaussagen mit den Schilderungen, die der syrische Prediger und Theologe Afrem in seinen Paradies-
hymnen gibt, wurden zuerst von H. Grimme notiert und dann in systema-
tischer Weise von T. Andrae ausgearbeitet.[124] Nach Andrae hat Afrem gerade
in seinen Paradies-Schilderungen der christlich-orientalischen Volksfröm-
migkeit freien Lauf gewährt, und viele Einzelheiten der Bilder Afrems finden sich im Koran wieder. Der Einfluß von Afrem und dem syrischen Christentum auf Muhammed und die Jenseitsvorstellungen des Korans läßt sich
schwerlich von der Hand weisen.[125] Eine andere Erklärung vom Ursprung
der Paradiesaussagen im Koran gibt Carra de Vaux, der die Bildmäßigkeit
dieser Aussagen betont und in ihnen die Abhängigkeit von bildlichen Darstellungen erkennt. Muhammed oder sein Lehrer hätten christliche Miniaturen oder Mosaike gesehen, die das Paradies abbildeten, und dabei die
Engelgestalten als junge Männer oder Mädchen interpretiert.[126] Es dürften
wohl eher verbale Traditionen sein, die Muhammed beeinflußt haben, die
nicht nur auf jüdisch-christliche Überlieferung beschränkt gewesen sind.
Auffallende Ähnlichkeiten mit der iranischen Eschatologie können gleichfalls nachgewiesen werden, die nicht nur den Charakter des Paradieses als
eines fruchtbaren Gartens betreffen, sondern gewisse Einzelzüge der koranischen Paradies-Schilderungen haben ihre nächsten Parallelen in den Pahlavi-
Texten. So verhält es sich z. B. mit den Huris, denn die Vorstellung, daß im
Jenseits die Liebe zwischen Männern und Frauen sich fortsetzen werde, ist
der iranischen Eschatologie eigen (Bd. 34:24; PR 48:101 und WZ 35:52).

---

[124] GRIMME 1895: 160 N.9 und ANDRAE 1926: 146–152
[125] Siehe dazu besonders ANDRAE 1926: 196–206 und WIDENGREN 1969: 447–448.
[126] CARRA DE VAUX 1953:88.

Weiter wird gesagt, wer in dieser Welt keine Frau hatte, wird im Paradies eine bekommen (PR 48:107).

VII. Rückblick

Die Vorstellung vom Paradies als Ort der Seligen und Jenseitsgarten hat eine lange Geschichte. Das Wort *paridaiza* ist iranischer Herkunft und bezeichnete bei den alten Persern ein bestimmtes kulturelles Phänomen – eine abgegrenzte Gartenanlage mit symbolisch-ritueller und politischer Bedeutung –, dessen Ursprünge zwar in der Hortikultur des Vorderen Orients wurzelten, das aber in Persien eine eigene Gestalt annahm. Dabei kam es einerseits zu architektonischen und funktionellen Neuerungen. Das Wort *paridaiza* und das damit bezeichnete kulturelle Phänomen fand in spätachämenidischer Zeit in benachbarten Ländern Verbreitung, womit eine Ausweitung der Verwendung des Begriffes einherging. Als ein entscheidender begriffsgeschichtlicher Impuls sollte sich dabei die Tatsache erweisen, daß die frühe griechische Pentateuchübersetzung den hebräischen Terminus *gan* im Schöpfungsbericht der Genesis mit dem Begriff *paradeisos* wiedergab. Auf diese Weise war der zuvor schon vom aramäisch-sprechenden Judentum beschrittene Weg für eine Eschatologisierung des Paradiesgartens im hellenistischen Judentum und im Christentum geebnet.[127] Im Zoroastrismus entwickelte sich der Begriff *pairidaiza* merkwürdigerweise nicht zu einer allgemeinen Bezeichnung für den Ort der Seligen. Nichtsdestoweniger blieb die Vorstellung von einem eschatologischem Garten in der Pahlavi-Literatur lebendig. Sie hat wohl auch das Bild des Paradieses im Koran beeinflußt.

Bibliographie

Ahn, G. 1992: Religiöse Herrscherlegitimation im achämenidischen Iran. Leiden 1992

Andrae, T. 1926: Der Ursprung des Islams und das Christentum. Uppsala 1926

Bartholomae, Ch. 1904: Altiranisches Wörterbuch. Strassburg 1904

Brandenstein, W. & Mayrhofer, M. 1964: Handbuch des Altpersischen. Wiesbaden 1964

---

[127] Vermutlich gab die iranische Eschatologie einen wichtigen Anstoß für die Herausbildung der jüdischen (und damit später auch der christlichen) Eschatologie im allgemeinen. Dieses Thema fällt aus dem Rahmen der vorliegenden Studie; vgl. dazu Hultgård 1978.

BRIANT, P. 1996: Histoire de l'empire perse de Cyrus à Alexandre. Paris 1996

BROCK-UTNE, A. 1936: Der Gottesgarten: eine vergleichende religionsgeschichtliche Studie. Oslo 1936

BROWN, S. C. 1993: Art. Ecbatana, Encyclopaedia Iranica, Bd. 6:80–84

CAQUOT, A. & PHILONENKO, M. 1987: La Bible. Écrits intertestamentaires. Introduction générale. Paris 1989

CARRA DE VAUX, B. 1953: Art. Djanna, Shorter Encyclopedia of Islam, ed. H.A.R. Gibb u. J.H. Kramers, Leiden 1953:88

CARROLL-SPILLECKE, M. 1989: KEPOS. Der antike griechische Garten. München 1989

COCQUERILLAT, D. 1973: Recherches sur le verger du temple campagnard de l'Akītu (KIRI ˈallat), Die Welt des Orients 7: 96–134

EBELING, E. 1959: Art. Garten, Reallexikon der Assyriologie 3: 147–150

FAUTH, W. 1979: Der königliche Gärtner und Jäger im Paradeisos. Beobachtungen zur Rolle des Herrschers in der vorderasiatischen Hortikultur, PERSICA VIII, 1979: 1–53

GARDET, L. 1965: Art. Djanna, The Encyclopedia of Islam. New edition. Vol. II, 447–452

GALLERY, L. M. 1978: The garden of Ancient Egypt, in: Immortal Egypt, ed. D. Schmandt-Besserat, 43–49

GIGNOUX, PH. 1969: L'enfer et le paradis d'après les sources pehlevies, Journal asiatique 256: 219–245

– 1991: Les inscriptions de Kirdir. Paris 1991

GIGNOUX, PH. & TAFAZZOLI, A. 1993: Anthologie de Zādspram. Édition critique du texte pehlevi, traduit et commenté. Paris 1993

GRIMME, H. 1895: Mohammed, Vol. II. Münster 1895

HÜBSCHMANN, H. 1897: Armenische Grammatik, Erster Teil: Armenische Etymologie. Leipzig 1897

HULTGÅRD, A. 1977, 1981: L'eschatologie des Testaments des Douze Patriarches. I. Interprétation des textes, II. Composition de l'ouvrage, textes et traductions. Uppsala 1977, 1981

– 1978: ›Das Judentum in der hellenistisch-römischen Zeit und die iranische Religion – ein religionsgeschichtliches Problem‹, in: Aufstieg und Niedergang der römischen Welt Bd. 19,1 ed. W. Haase, S. 512–590.

– 1985: Armenierna – religion, kultur och historia i gången tid, in Längtan till Ararat, red. G. Gunner, E. Lindberg. Uppsala 1985, 83–163

– 1993: ›Trône de Dieu et trône des justes dans les traditions de l'Iran ancien‹, in Le trône de Dieu, ed. M. Philonenko. Tübingen 1993:1–18

JACOBS, E. & HORNIG, E. 1979: Art. Gan, ThWAT II:35–41

JEREMIAS, J. 1955: Art. *paradeisos*. ThWNT, Bd. V: 763–771

KELLENS, J. 1994: L'eschatologie mazdéenne ancienne, in Irano-Judaica III. Studies relating to Jewish contacts with Persian culture throughout the ages, eds. S. Shaked and A. Netzer. Jerusalem 1994

– 1995: L'âme entre le cadavre et le paradis, in Journal Asiatique 283 (1995): 19–56

KENT, R. G. 1953: Old Persian. Grammar, Texts, Lexicon. 2nd rev. ed., New Haven 1987

KOCH, H. 1992: Es kündet Dareios der König …Vom Leben im persischen Großreich. Mainz/Rhein 1992

Der Koran. Übersetzung von R. Paret. Stuttgart 1966

Der Koran. Kommentar und Konkordanz von R. Paret. Stuttgart 1971

LECOQ, P. 1997: Les inscriptions de la Perse achéménide. Paris 1997

LOMMEL, H. 1927: Die Yäšt's des Awesta. Götingen u. Leipzig 1927

MASSON, É. 1967: Recherches sur les plus anciens emprunts sémitiques en grec. Paris 1967

MILIK, J. 1970: The Books of Enoch. Oxford 1970

MITTEIS, L. & WILCKENS, U. 1912: Grundzüge und Chrestomathie der Papyrus-kunde I. Historischer Teil. Berlin 1912

MOTTE, A. 1973: Prairies et Jardins dans la Grèce Antique. De la Religion à la Philosophie. Bruxelles 1973

MOYNIHAN E. B. 1980: Paradise as a Garden in Persia and Mughal India. London 1980

NICKELSBURG G. 1992: Art. Enoch, First Book of. The Anchor Bible Dictionary. Vol. 2: 508–516, New York 1992

OPPENHEIM. A. L. 1965: On Royal Gardens in Mesopotamia, JNES 24:328–333

– 1977: Ancient Mesopotamia. Revised edition completed by E. Reirer. Chicago 1977

PHILONENKO, M. 1968: Joseph et Aséneth. Introduction, texte critique, traduction et notes. Leiden 1968

PUECH, E. 1992: ›Fragments d'un apocryphe de Lévi et le personnage eschato-logique 4 QTestLévi c–d (?) et 4QAJa', in The Madrid Qumran Congress, ed. J.T. Barrera & L. V. Montaner, Leiden and Madrid 1992: 449–502

STORDALEN, T. 1998: Echoes of Eden. Genesis 2–3 and Symbolism of the Eden Garden in Biblical Hebrew Literature. Oslo 1998

STRONACH, D. 1978: Pasargadae: A report on the excavations conducted by the British Institute of Persian Studies from 1961 to 1963. Oxford 1978

– 1989: The Royal Garden at Pasargadae: Evolution and Legacy, in: Archaeologia Iranica et Orientalis. Miscellanea in honorem Louis Vanden Berghe, I–II. Gent 1989

THOMSON, R.W. 1978: Moses Khorenats'i History of the Armenians. Translation and Commentary on the Literary Sources. Cambridge, Massuchusetts 1978

WALSER, G. 1980: Persepolis. Die Königspfalz des Darius. Tübingen 1980

WESTERMANN, C. 1974: Genesis 1–11, Biblischer Kommentar I/1. Neukirchen-Vluyn 1974

WIDENGREN, G. 1951: The King and the Tree of Life in Ancient Near Eastern Religion. Uppsala 1951

– 1969: Religionsphänomenologie. Berlin 1969

WIESEHÖFER, J. 1994: Das antike Persien. München und Zürich 1994

WISEMAN, D.J. 1979: Mesopotamian Gardens. Anatolian Studies 137–144

Persepolis, Zoroastrianopolis, Metropolis: Städte und Tempel in der zoroastrischen Religionsgeschichte

Eine Skizze

von

MICHAEL STAUSBERG

Die folgenden Ausführungen sind aus vielen Gesprächen mit Jan Bergman hervorgegangen, die um den ›phänomenologischen‹ Zusammenhang von Stadt, Tempel und Paradies kreisten.[1] Da Anders Hultgård in seinem Beitrag bereits ausführlich auf die Religionsgeschichte des Paradieses eingeht, wird hier das Verhältnis von Stadt und Tempel anhand der zoroastrischen Religionsgeschichte in den Blick genommen. Methodisch schien es reizvoll, die ›phänomenologische‹ Ausgangskonstellation einmal nicht nur im wohldefinierten, etablierten Rahmen der antiken mediterranen bzw. altorientalischen Religionsgeschichte zu beleuchten, sondern sie anhand einer Fluchtlinie zoroastrischer Geschichte zeitlich und räumlich auszudehnen. In zeitlicher Hinsicht schien es wichtig, die Linie bis in die Moderne zu ziehen. In räumlicher Hinsicht wird der religionsgeographische Rahmen bis nach Indien ausgedehnt. Der Versuchung, das Szenario monographisch auszubreiten, wobei u.a. auch moderne iranische Städte zu behandeln wären, wurde bewußt zugunsten der Form einer Skizze widerstanden. Dementsprechend ist der Text auch nur sparsam mit Fußnoten bestückt.[2]

---

[1] Sein eigener, unvollendet gebliebener Beitrag zum Symposion war »Das Paradies: Vom Garten zur Stadt« betitelt.

[2] Insgesamt sei auf meine bald erscheinende zoroastrische Religionsgeschichte verwiesen: Die Religion Zarathuštras. Gegenwart, Geschichte, Rituale.

1. Von Zentralasien in den Alten Orient

In der religionsgeschichtlichen Forschung herrscht zwar ein gewisser Konsens über die herausragende religionsgeschichtliche Bedeutung Zarathuštras. In der Frage aber, worin Zarathuštras Beitrag zur Religionsgeschichte genau bestanden haben soll, scheiden sich die Geister. Diese Frage läßt sich natürlich nur entscheiden, wenn man Zarathuštra auf einen wohldefinierten religionshistorischen Kontext beziehen kann. Das wiederum setzt voraus, daß man in der Lage sein müßte, die Heimat und die Zeit Zarathuštras einigermaßen genau bestimmen zu können.

Während sich in der Datierungsfrage nun in den letzten beiden Jahrzehnten die Tendenz durchgesetzt zu haben scheint, Zarathuštra ungefähr um das Jahr 1000 v.u.Z. anzusetzen – ob sich dahinter eine gewissermaßen millenaristische Konzession an die stipulierte Bedeutung dieses Priesters verbirgt? –, ist man in der Lokalisierungsfrage noch nicht entscheidend weitergekommen. Stets werden neue Regionen ins Spiel gebracht. Ganz gleich aber, ob man, aus mehr oder weniger spekulativen Gründen, für Sistān, Choresmien, Baktrien oder sogar für die südrussischen Steppen votiert: In jeder der genannten Varianten – der Katalog ist übrigens unvollständig – befindet man sich weit östlich der altorientalischen Hochkulturen und außerhalb ihrer direkten historischen Einflußsphäre. Dieser Befund spiegelt sich in der ältesten zoroastrischen Literatur, den avestischen Texten wider. Hier unterscheidet man zwei Schichten: die ›älteren‹ und die ›jüngeren‹ Texte. Während die ›älteren‹ Texte vermutlich aus der Zeit Zarathuštras selbst stammen, handelt es sich bei den ›jüngeren‹ Texten um die Werke späterer Priester. Die Sozialstruktur und die religiösen Konzepte der avestischen Literatur, z.B. die Kosmogonie oder die Eschatologie, stehen dabei der älteren indischen Literatur, insbesondere den Veden, näher als der religiösen Welt des Alten Orients. Ganz gleich welche Hypothese man in der Frage nach der ›Heimat‹ Zarathuštras bevorzugt, so dürfte doch kein Zweifel daran bestehen, daß die älteste zoroastrische Literatur östlich der altorientalischen Hochkulturen entstanden ist.

Im Laufe der Zeit kam es allerdings zu einer Westwanderung der in den avestischen Texten faßbaren religiösen Konzeptionen. Konkret belegbar wird dieser Prozeß einerseits in griechischen Quellen, in denen sich einige ›avestische‹ Traditionen erkennen lassen,[3] und andererseits in den Inschriften der Achaimenidenherrscher, die zum Teil direkt auf avestische Konzep-

---

[3] Vgl. jetzt A. De Jong, Traditions of the Magi. Zoroastrianism in Greek & Latin Literature. Leiden, New York, Köln 1997 (Religions in the Graeco-Roman World 133).

te – z.B. Götter – Bezug nehmen. Diese Inschriften sind jedoch in erster Linie nicht religiös, sondern politisch motiviert. Denn sie dienen vor allem der propagandistischen Legitimation achaimenidischer Herrschaft, die sich allerdings im Rahmen religiöser Konzepte vollzieht.[4] Dabei läßt sich eine gewisse semantische Verschiebung theologischer Konzepte nicht übersehen, die ich an anderer Stelle als Politisierung religiöser Konzeptionen zu beschreiben versucht habe.[5] Im Rahmen dieses Prozesses übernimmt etwa die dominante Gottheit Ahura Mazdā ihr in den avestischen Texten noch fremde politische Funktionen, die sie als eine Nachfolgerin bestimmter altorientalischer Götter in Erscheinung treten lassen. Diese theologische Verschiebung ist ein Resultat der Assimilierung des avestischen Gottes an einen den avestischen Texten fremden kulturellen Kontext.

Zu diesem neuen Kontext gehören unter anderem Städte. Die avestischen Texte kennen zwar Orte, Regionen und Stätten, aber keine Städte; es fehlt sogar ein entsprechendes Wort. Städtebaulich haben die Perser das Erbe ihrer altorientalischen Vorgänger angetreten und dabei einige eigene Akzente gesetzt. Geradezu im Rang eines Symbols steht hier Persepolis. Architektonisch wurden hier zahlreiche altorientalische Stilelemente aufgegriffen, im Ganzen auf originelle Art und Weise kombiniert und um einige eigenständige Komponenten, z.B. die in sich symmetrischen, nach außen freistehenden Gebäude und die pavillonartige Palastarchitektur,[6] bereichert.

Diodor, ein Augenzeuge aus dem Umfeld Alexanders, berichtet Persepolis, »die *mētropolis* des Königreichs der Perser«, sei den Makedonen von Alexander als »verhaßteste unter allen Städten Asiens« [XVII,70,1] beschrieben worden, und er habe sie, außer den Palästen, seinen Soldaten zur Plünderung übergeben. Er fährt fort [XVII,70,2]: »Es war die reichste Stadt unter der Sonne, und die Privathäuser waren im Laufe der Zeit mit jeder Art von Wohlstand versehen worden.« Weitere Elemente der Beschreibung sind der riesige und auf der ganzen Welt berühmte Palast [XVII,70,3], die große, von einem dreifachen Mauerring umgebene Zitadelle [XVII,71,1–6] und, 4 Plethra entfernt im Osten, ein Berg, der sog. Königshügel, in dem sich die Gräber der Könige befinden [XVII,71,7]. Außerdem werden Residenzen der Könige und Feldherren sowie Schatzhäuser erwähnt [XVII,71,8]. Es

---

[4] Vgl. G. AHN, Religiöse Herrscherlegitimation im achämenidischen Iran. Die Voraussetzungen und die Struktur ihrer Argumentation. Leiden, Leuven 1992 (Acta Iranica 31).

[5] STAUSBERG, Die Religion Zarathuštras Kap. D 1.d.

[6] Vgl. P. CALMEYER, Die altorientalische Kunst im Reich der Achämeniden, in: B. Hrouda (Hg.), Der alte Orient, München 1991, 418–442.

wird Diodors Publikum nicht entgangen sein, daß in der reichsten Polis
unter der Sonne eines der Kernelemente einer funktionierenden Stadt (im
griechischen Sinne) fehlt: Abgesehen von der ausdrücklich nicht dem Kern
von Persepolis zugewiesenen Nekropole erwähnt Diodor keine Tempel
oder überhaupt religiöse Gebäude.

In der älteren Forschung konnte das Fehlen von spezifisch religiös-kulti-
schen Gebäuden durch die inzwischen heftig unter Beschuß geratene und
de facto aufgegebene These von einer rituellen Funktion der gesamten Anlage im Rahmen der stipulierten Neujahrsfeierlichkeiten kompensiert werden.[7] Die 1933/34 entdeckten und seither mehr und mehr erschlossenen
elamischen Tontäfelchen haben gezeigt, daß Persepolis nicht zuletzt als
Verwaltungszentrum diente. Die Verwaltungsdokumente bezeugen, daß die
achaimenidischen Behörden die kultische Verehrung einer Anzahl von iranischen (bzw. avestischen), elamischen und babylonischen Gottheiten or-
ganisiert und finanziert haben. Außerdem wurden Mittel für die rituelle
Verehrung von Bergen und Flüssen bereitgestellt. Für die Durchführung
der Rituale wurden vor allem Getreide, Wein und Früchte, nie aber Tiere
zugeteilt.[8] Leider erfährt man in den Tontäfelchen nichts über die Orte, an
denen diese Rituale stattfanden.

2. Tempel im Alten Iran

In den avestischen Texten gibt es ebenso wenig ein Wort für ›Tempel‹ oder
›Feuertempel‹ wie für ›Stadt‹. Die Tatsache, daß die Perser Städte gebaut
haben, führte aber offenbar nicht automatisch dazu, daß sie auch Tempel
errichtet hätten. Die Frage, wann und wo zoroastrische Priester erstmals
von der Möglichkeit Gebrauch machten, ihre Rituale in Tempeln zu zele-
brieren, muß m.E. nach wie vor als offen gelten.

Es kann als gesichert angesehen werden, daß es in frühachaimenidischer
Zeit noch keine Feuer-Tempel gab,[9] und in der Forschung scheint sich ein
gewisser Konsens gebildet zu haben, daß die Einführung von Tempeln in

[7] Vgl. H. SANCISI-WEERDENBURG, Nowruz in Persepolis, in: Achaemenid History 7
(1991) 173–201; CALMEYER, Die altorientalische Kunst im Reich der Achämeniden 425.
[8] Grundlegend: H. KOCH, Die religiösen Verhältnisse der Dareioszeit. Untersuchungen an Hand der elamischen Persepolistäfelchen, Wiesbaden 1977 (Göttinger Orientfor-
schungen 3/4); DIES., Götter und ihre Verehrung im achämenidischen Persien, in: Zeitschrift für Assyriologie 77 (1987) 239–278; DIES., Zur Religion der Achämeniden, in:
Zeitschrift für die Alttestamentliche Wissenschaft 100 (1988) 393–405.
[9] Vgl. z.B. DE JONG, Traditions of the Magi 345–346.

spätachaimenidischer Zeit erfolgt ist. Für diese These werden in der Regel zwei Hauptargumente geltend gemacht: Erstens spätere griechische Quellen, die sich entweder nicht direkt auf Tempel beziehen oder aber auf tempelartige Gebäude außerhalb des iranischen Kernlands, nämlich aus Kleinasien (Kappadokien, Lydien), und zweitens die Relikte einer Anlage aus der Residenzstadt Susa, deren Grundriß zwar Tempelanlagen aus späterer Zeit vorwegzunehmen scheint, ohne daß es aber direkte archäologische Indizien für eine sakrale oder rituelle Funktion dieses Gebäudes gäbe.[10] Auch die Deutung des Heiligtums von Pasargadai ist nicht unproblematisch. M.a.W.: Der Konsens der Forschung ruht auf einem wenig soliden Fundament.

Wenn man konsekrierte ›Feuer‹, ›Feueraltäre‹ und ›Feuertempel‹ konzeptionell sorgfältig voneinander unterscheidet, zeigt sich, daß sich das Bild sogar für die arsakidische Zeit nicht wesentlich verändert.[11] Nur eine einzige Anlage, auf dem Kuh-e Xwāja in Sistān gelegen, konnte von archäologischer Seite offenbar mehr oder weniger zweifelsfrei als Feuertempel identifiziert werden.[12] Erst für die sāsānidische Zeit spricht der archäologische Befund eine eindeutigere Sprache: Etwa 50 Ruinen wurden als Feuertempel gedeutet, und diese Ruinen finden sich fast ausnahmslos in der alten Persis, gerade dort also, wo uns aus früheren Epochen sichere Belege fehlen.[13] Das architektonische Grundmuster ist relativ einfach und besteht aus einem allseitig abgeschirmten Sanktuarium mit umgebenden oder anschließenden Räumlichkeiten; eine einfache Variante ist auf einem sāsānidischen Siegel zu erkennen[14] und entspricht der Minimalbeschreibung eines Feuerheiligtums, die in einem Pahlavi-Text aus dem späten 9. Jahrhundert, also bereits in nachsāsānidischer Zeit begegnet: »ein Feuer, das man auf [(s)einem] Thron *(abar gāh)* unter einer Kuppel *(andar gumbod)* gründet *(nišānēnd)*« [Wizīdagīhā ī Zādspram 29,3].[15] Der großartigste Ge-

---

[10] Vgl. Y. YAMAMOTO, The Zoroastrian Tempel Cult of Fire in Archeology and Literature I, in: Orient 15 (1979) 19–53, hier 37.

[11] Zum ganzen vgl. auch K. SCHIPPMANN, Die iranischen Feuerheiligtümer, Berlin, New York 1971 (Religionsgeschichtliche Versuche und Vorarbeiten 31), der 475 zu dem Ergebnis kommt: »Auf jeden Fall ist der gesicherte archäologische Befund für die achämenidische Zeit in Iran sehr dürftig … Ebenso bescheiden ist das Ergebnis, wenn man sich der *parthischen* Zeit zuwendet.«

[12] Vgl. YAMAMOTO, The Zoroastrian Tempel Cult of Fire I 43.

[13] Vgl. Y. YAMAMOTO, The Zoroastrian Tempel Cult of Fire in Archeology and Literature II, in: Orient 17 (1981) 67–104, hier 74.

[14] Vgl. YAMAMOTO, The Zoroastrian Tempel Cult of Fire II Abb. 34.

[15] Edition und französische Übersetzung: PH. GIGNOUX/A. TAFAZZOLI, Anthologie de Zādspram. Édition critique du texte pehlevi, Paris 1993 (Studia Iranica 13).

bäudekomplex aus sāsānidischer Zeit befindet sich allerdings im heutigen
Āẕarbāyjān und ist als Taxt-e Sulaimān (›Salomon's Thron‹) bekannt. Zu
dieser aus dem 6. Jahrhundert u.z. stammenden Anlage gehören zwei der
wohl größten sāsānidischen Feuertempel mit einer komplexen Raumkom-
position.[16]

Die These drängt sich auf, daß Tempel in der vorislamischen Geschichte
Irans, also von den Achaimeniden bis hin zu den Sāsāniden, keine bevor-
zugte Form königlicher Monumentalarchitektur darstellten; sie waren bestenfalls ein Teilaspekt repräsentativer Stadt- oder Palastanlagen. Die Städte
waren nur indirekt Städte der Götter, und in erster Linie Städte des Königs.
Das spiegelt sich u.a. in der Namensgebung. Man denke an Ardaxšīr Xwarrah (›Zum Ruhme Ardaxšīrs‹) oder Bīšābuhr (›die schöne [Stadt] Šabuhrs‹).
Die Sāsāniden sahen offenbar in den Bauten ihrer Vorgänger, der Achaimeniden, z.B. in Persepolis, bedeutsame, ja geradezu ›heilige Stätten‹, an
denen sie sich ihrerseits verewigten. Persepolis fungierte zur Zeit der
Sāsāniden nicht mehr als Stadt, sondern wurde offenbar als eine Art natio-
nale Gedenkstätte angesehen bzw. gestaltet.[17]

Mit den bisherigen Ausführungen soll nicht bestritten werden, daß ge-
weihte Feuer bzw. Feuerheiligtümer eine wichtige Rolle gerade in der Politik der Sāsāniden spielte. Zu viele Quellen unterschiedlichste Art bezeugen das. Es geht hier um etwas anderes: Das Verhältnis von Tempel und
Stadt, wobei man einschränkend hinzufügen muß, daß sich die Kenntnis
iranischer Städte, insbesondere aus vorislamischer Zeit, letztlich nur aus
einzelnen Bruchstücken zusammensetzt.[18] In theologisch verklärter Weise
kommt die politische Bedeutung der Feuerheiligtümer in einem Pahlavi-
Text aus nachsāsānidischer Zeit zum Ausdruck, der sich kurz mit den drei
berühmtesten Feuern auseinandersetzt: Ādur Farnbag, Ādur Gušnasp und
Ādur Burzēn Mihr.[19] Das 17. Kapitel des Pahlavi-Traktats *Bundahišn (Urschöpfung)* führt diese drei Feuer bis in die Zeit der Weltschöpfung zurück;

---

[16] Vgl. D. HUFF, Das Imamzadeh Sayyid Husain und E. Herzfelds Theorie über den
sasanidischen Feuertempel, in: Studia Iranica 11 (1982) 197–212, hier 207–208.

[17] Vgl. J. WIESEHÖFER, Die ›dunklen Jahrhunderte‹ der Persis. Untersuchungen zu
Geschichte und Kultur von Fārs in frühhellenistischer Zeit, München 1994 (Zetemata
90).

[18] Allgemein: H. GAUBE, Iranian Cities, New York 1979, der 21 betont: »Our present
knowledge of older Iranian urbanism consists of separate bits and pieces which at best
provide a kind of patchwork overview.« Vgl. auch die Artikel »Cities« in der Encyclopaedia Iranica 5 (1992).

[19] Die wichtigsten Informationen sind zusammengestellt bei M. BOYCE, Ādur Bur-
zēn-Mihr, in: Encyclopaedia Iranica 1 (1985) 472–473; DIES., Ādur Farnbāg, in: ebd.
473–475; DIES., Ādur Gušnasp, in: ebd. 475–476.

seither seien sie immer unter den Geschöpfen anwesend gewesen; der Text
nennt einige Beispiele dafür, wie diese Feuer bestimmten Herrschern, zum
Teil mythischer (Yima), zum Teil ›historischer‹ (Xusrō) Natur, hilfreich
beigestanden hätten. Immer läuft der Kurzbericht darauf hinaus, daß ein
Herrscher ein Feuer – je nachdem, wie man das Wort *dādgāh* versteht – an
einem geeigneten Ort bzw. in einem Tempel aufgestellt habe, und immer
befindet sich dieser Ort bzw. Tempel auf einem bestimmten Berg. Aus Münz-
Funden und einigen Pahlavi-Texten [z.B. WZ 3,24.85] hat die Forschung
geschlossen, daß der oben erwähnte Tempelkomplex Taxt-e Sulaimān in
Āzarbāyjān das Ādur Gušnasp-Heiligtum gewesen sei.[20] Es mangelt auch
nicht an Hypothesen zur Lokalisierung der beiden übrigen Feuer. Einige
Quellen aus nachsāsānidischer Zeit erwähnen eine Art Pilgerfahrt einzelner
Könige zu einem oder mehreren dieser Feuerheiligtümer. Bemerkenswert
ist, daß auch diese berühmten Heiligtümer, von denen sogar berichtet wird,
daß sie jeweils einen der drei Stände des Reiches repräsentierten, nicht in
repräsentativen Tempeln in Städten untergebracht wurden, sondern auf Bergen oder an Seen in der Provinz verblieben. Das kann nicht daran gelegen
haben, daß man sie nicht verlegen durfte, denn die Pahlavi-Texte erkennen
die Mobilität der Heiligtümer durchaus an.

In der jüngeren Forschung ist die Rekonstruktion eines Idealtypus der
islamischen Stadt, wie sie Gustav von Grunebaum in einem *Saeculum*-
Aufsatz aus dem Jahre 1955 so suggestiv umrissen hatte,[21] als orientali-
stisches Konstrukt unter Beschuß geraten.[22] Zum Zwecke der Kontrastie-
rung mag es vielleicht dennoch gestattet sein, sie auf schüchterne Weise zu
skizzieren: Diese Idealstadt ist kreisförmig angelegt; im Zentrum des Krei-
ses – oder auf der Hauptachse – befindet sich die Zentral- bzw. Freitagsmoschee, die mit dem wirtschaftlichen Zentrum, dem Bāzār, verbunden ist,
der seinerseits von den Wohnvierteln, den Maḥalla, eingerahmt ist, die in
sich weitgehend abgeschlossen sind und über ein kleines Einkaufszentrum
(bāzārča) sowie eine eigene Moschee verfügen.[23] Die kreisförmige Stadtanlage[24] findet sich auch in altiranischen Stadtkonzepten. Wenn man Hero-

---

[20] Vgl. z.B. H. HUMBACH, Ātur Gušnasp and Takht i Suleimān, in: Festschrift für
Wilhelm Eilers, Wiesbaden 1967, 189–190; SCHIPPMANN, Die iranischen Feuerheiligtümer 309–357.

[21] G.E. VON GRUNEBAUM, Die islamische Stadt, in: Saeculum 6 (1955) 138–153.

[22] Vgl. die Bestandsaufnahme bei E. WIRTH, Die orientalische Stadt. Ein Überblick
aufgrund jüngerer Forschungen zur materiellen Kultur, in: Saeculum 26 (1975) 45–94;
vgl. auch A.H. HOURANI und S.M. STERN (Hgg.), The Islamic City, Oxford 1970.

[23] Vgl. auch E. EHLERS, Cities III. Modern Urbanization and Modernization in Persia,
in: Encyclopaedia Iranica 5 (1992) 623–629, hier 623.

[24] Dazu allgemein N.J. JOHNSTON, Cities in the Round, Seattle, Washington 1983.

dot [I,98] glauben darf, dann war schon das medische Ekbatana – im Zentrum wieder kein Tempel, sondern Palast und Schatzhäuser – von mehreren Mauerringen eingekreist. Später findet man in Iran allerdings sowohl rechteckige bzw. quadratische hippodamische als auch runde Grundrisse: Ardaxšīrs Gründung Ardaxšīr Xwarrah in der Ebene von Fīrūzābād beispielsweise verfügt über einen kreisförmigen, Sābuhrs Gründung Bīšābuhr über einen vierseitigen Grundriss.[25]

Während die Freitagsmoschee allerdings – und das wird auch von Kritikern des Konstrukts der ›islamsichen‹ oder ›orientalischen‹ Stadt anerkannt – als permanentes Element des urbanen Horizonts[26] aus dem Zentrum der islamischen Stadtanlage nur schwer wegzudenken ist, liegen m.W. keine sicheren archäologischen Belege für die Annahme vor, daß die Moscheen hier einfach zoroastrische Heiligtümer substituieren würden.[27] Ein interessantes Beispiel ist die bereits mehrfach erwähnte Rundstadt Ardaxšīr Xwarrah: Genau im Zentrum der Anlage ragt noch heute ein imposanter Turm aus den Ruinen. Die Deutung des Gebäudes inklusive des Turms ist umstritten. Vermutlich handelt es sich um einen Palast.[28] Ganz anders eine diesmal von einem Sāsāniden zerstörte Rundstadt, die allerdings nicht nur in religiöser Hinsicht ein Fremdkörper in der iranischen Welt war: Hatra, wo wir einen Tempelbezirk in der Stadtmitte antreffen.[29] Interessanterweise ist in der Überlieferung auch von zwei Feuertempeln in Fīrūzābād die Rede, die sich anscheinend jedoch außerhalb der eigentlichen Rundstadt an zwei Quellen befanden.[30]

Quellen und Berge, sozusagen ›natürliche‹ Orte, scheinen sich somit eher dazu angeboten zu haben, Tempel anzulegen, als Städte. Das wird in gewisser Weise auch von der Tempelanlage des Taxt-e Sulaimān bestätigt:

---

[25] Vgl. X. DE PLANHOL, Cities I. Geographical Introduction, in: Encyclopaedia Iranica 5 (1992) 603–607, hier 605; GAUBE, Iranian Cities 24–28. Anregend und materialreich, aber methodisch problematisch ist das Büchlein von B. BRENTJES, Die Stadt des Yima. Weltbilder in der Architektur, Leipzig 1981.

[26] J. AUBIN, Eléments pour l'étude des agglomerations urbaines dans l'Ian medievale, in: The Islamic City 65–75, hier 73.

[27] Vgl. auch B. FINSTER, Frühe iranische Moscheen. Vom Beginn des Islam bis zur Zeit salğūqischer Herrschaft, Berlin 1994 (Archäologische Mitteilungen aus Iran, Ergänzungsband 19).

[28] So L. TRÜMPELMANN, Zwischen Persepolis und Firuzabad. Gräber, Paläste und Felsreliefs im alten Persien, Mainz 1992, 56–69. Für eine Deutung als Tempel votiert z.B. GAUBE, Iranian Cities 25 unter Berufung auf einen Aufsatz von A. STEIN aus dem Jahre 1936.

[29] Hatra wird hier deshalb erwähnt, weil die Stadt von GAUBE, Iranian Cities 25 als »most impressive example of a round Parthian city« bezeichnet wird.

[30] Vgl. TRÜMPELMANN, Zwischen Persepolis und Firuzabad 69–70.

»Schon die Luftaufnahmen vor den Ausgrabungen ließen erkennen, daß die Bauten innerhalb der ovalen Umfassungsmauer zwei Quadrate bildeten, von denen das nördliche die Tempelanlagen, das südliche den See als Zentrum enthielt.«[31] Die Archäologen kamen zur der Erkenntnis, daß »die Achse des Feuertempels durch den Mittelpunkt des Sees führt«,[32] und in einem Pahlavi-Text werden das Ādur Gušnasp und das Ādur Burzen-Mihr ausdrücklich mit zwei Seen in Verbindung gebracht, die gewissermaßen zur Urschöpfung gehörten [WZ 3,24]. Im 9. Jahrhundert nennt Masʿūdī zwar eine ganze Reihe von iranischen Städten, in denen zu verschiedenen Zeiten Feuertempel errichtet worden seien. Er berichtet in den meisten Fällen jedoch nichts über die Lage der Tempel, und dort, wo er Einzelheiten nennt, heißt es in der Regel, daß sich der entsprechende Tempel außerhalb (!) der Stadt befinde.

3. Garten und Stadt in der zoroastrischen Literatur

Der anscheinend nur rudimentären Herausbildung einer spezifisch urbanen religiösen Architektur im vorislamischen Iran entspricht die geringe Bedeutung der ›Stadt‹ in der religiösen Literatur der Zoroastrier. Das paßt dazu, daß in der zoroastrischen Literatur die Landwirtschaft als die ideale Wirtschaftsform gilt.[33] Nicht ganz zu Unrecht attestiert Max Weber dem Zoroastriertum (›Parsismus‹) »einen ausgeprägt agrarischen und infolgedessen in seinen sozialethischen Bestimmungen einen spezifisch antibürgerlichen Zug«.[34]

In seinem Beitrag hat Anders Hultgård darauf aufmerksam gemacht, daß das Motiv des eschatologischen Paradiesgartens auch in den zoroastrischen Schriften belegt ist. Eine recht alte und ausgiebige Jenseitsbeschreibung findet man im *Buch des gerechten Wirāz*. Auf seiner Jenseitsreise bekommt der Protagonist in Begleitung einiger Gottheiten die verschiedenen Himmelsregionen zu Gesicht. Der Garten ist hier allerdings nur eine Etappe auf der von Wirāz beschrittenen Jenseitsreise der Seele der Gerechten: Nachdem sie unterwegs zwischen delikat duftenden Pflanzen einhergeht [AWN

---

[31] D. Huff bei R. Naumann, Takht-i Sulaiman. Bericht über die Ausgrabungen 1965–1973, in: Archäologischer Anzeiger 1975, 109–204, hier 156.

[32] Naumann, Takht-i Sulaiman 128.

[33] Vgl. dazu im Kontext der Bedeutung der ›Paradiese‹ auch den Beitrag von Hultgård in diesem Band.

[34] M. Weber, Wirtschaft und Gesellschaft. Grundriss der verstehenden Soziologie, Tübingen 1972[5], 286.

4,7], gelangt die Seele schließlich in Himmelsregionen, die nur noch durch einen imposanten Lichtberg [AWN 12,1.8] charakterisiert werden können. Das ›Paradies‹ erweist sich als ein transstellares und -solares Lichtreich, das von Seelen in golden oder silbern glänzenden Kleidern bewohnt wird. An anderer Stelle hingegen wird der leuchtende Ort der Gerechten als Garten geschildert [AWN 15,10]. In Miniaturen, die eine neupersische Übersetzung des Pahlavi-Textes aus dem 17. Jahrhundert schmücken, wird diese Jenseitsikonographie konkretisiert: Die Seelen und die Götter werden anthropomorph dargestellt. Das Hintergrundszenario ist in der Regel eine gartenartige Berglandschaft (als Ausnahme: eine Art Karawanserei oder Palast für die Seelen der Hirten). Nur der Thron Ahura Mazdās ist leer: Die anikonische Präsenz ist hier ein Mittel theologischer Hierarchisierung der Beziehung von Ahura Mazdā zu den anderen Gottheiten.[35]

Das Motiv des urzeitlichen, mythischen Paradiesgartens allerdings kann in der zoroastrischen Theologie auf Kritik stoßen. Mardān-Farrox ī Ohrmazddād bezieht sich in seinem apologetischen Traktat mit dem Titel *Die zweifelzerstreuende Erklärung (Škand-gumānīg wizār)* zwar 13 Mal auf das Motiv des Paradiesgartens [XI 62,66,75,79; XIII 16,17,20,29,37,121, 136,141–142], aber immer als Bestandteil der Theologie der aus einer dualistischen Position heraus kritisierten monistischen Fremdreligionen, hier Islam und Judentum.[36] Immer geht es um das urzeitliche, nicht um das eschatologische Paradies. In Anschluß an seine Darstellung der jeweiligen Ur-Mythologie wirft der zoroastrische Theologe dann etwa die Frage auf, warum der islamische Gott diesen Garten *(bōyestān)* nicht so befestigt und uneinnehmbar gemacht habe, daß der Verführer hier gar nicht habe eindringen können [XI 79]. Auf analoge Weise wirft Mardān-Farrox ī Ohrmazddād die Frage auf, warum der jüdische Gott seinen Garten *(bōyestān)* nicht mit einer Mauer versehen habe, um die Schlange und andere Feinde am Eindringen zu hindern [XIII 142].

Die Stadtmetaphorik findet sich gelegentlich in einigen neupersischen zoroastrischen Texten aus dem Mittelalter bzw. der Frühen Neuzeit. Ein Text beschreibt die sieben Wunder, die Yima alias Jamšid in der Stadt *(šahrestān)* Balist konstruiert habe, die dann von Alexander alias Sikander Rumi zerstört worden seien.[37] Die ›Stadt Balist‹ ist hier allerdings offenbar ein

---

[35] Vgl. Zarathustra und die Mithras-Mysterien. Katalog der Sonderausstellung des Iran Museum im Museum Rade, Reinbek bei Hamburg 31.3. bis 27.6.1993, Bremen 1993, 92–93.

[36] Edition, Übersetzung, Kommentar bei J. DE MENASCE, Škand-gumānīk vičār. La solution décisive des doutes. Une apologétique mazdéenne du IXe siècle, Freiburg/ Schweiz 1945 (Collectanea Friburgensia 30).

[37] Vgl. M.R. UNVÂLÂ, Dârâb Hormazyâr's Rivâyat I–II, Bombay 1922, hier II 71–

Synonym für die Region Fārs, und eine Version des Textes in Versen beschreibt einen Palast, den König Jamšid in Pārs errichtet habe.[38] Hier handelt es sich offenbar um eine Reminiszenz an Taxt-e Jamšid, Jamšids Thron, bekanntlich einer der indigen-persischen Namen für Persepolis. Diese sieben Wunder – eine Lampe, eine Harfe, goldene Fliegen, eine Flasche, ein Fluß mit einer in ihm verborgenen Kuppel, die einen Thron enthält, und schließlich ein Gewölbe – werden sodann theologisch gedeutet. Von ›Stadtmetaphorik‹ läßt sich bei dieser mythischen Wunder-Stadt nur in sehr eingeschränktem Sinne sprechen.

Ergiebiger ist diesbezüglich ein Prolog zu einem wichtigen zoroastrischen Text aus der Frühen Neuzeit mit dem Titel *Ṣad dar*, was sich ebenso als *Hundert Kapitel* wie als *Hundert Pforten* übersetzen ließe. Der Prolog spielt mit diesem Doppelsinn und skizziert die Idee dessen, was man in Anlehnung an einen bekannten Text von Johann Valentin Andreae *(Christianopolis)* aus dem Jahre 1619 als ›Zoroastrianopolis‹ bezeichnen könnte. Zarathuštra selbst, heißt es hier, habe eine Stadt gebaut und dabei 100 Tore errichtet; wer durch eines dieser Tore den Weg in die Stadt finde, der gelange auch ins Paradies und werde von den Sünden befreit.[39]

Wie Johann Valentin Andreaes Christianopolis ist auch diese Zoroastrianopolis ein monoreligiöses Gebilde. Die Stadt hat zwar hundert Eingänge, die aber alle ins Innere *einer* Religion führen. Ausschließlich die Anhänger *einer* Religion erhalten Zutritt. Der Text richtet sich dementsprechend natürlich an ein rein zoroastrisches Publikum.

Spätestens seit dem Islamisierungsprozeß Irans und der Umsiedlung von Zoroastriern nach Indien entsprach das Bild der Zoroastrianopolis kaum der Realität. Es gibt einige Beispiele, die schön illustrieren, wie sich in nachsāsānidischer Zeit das Machtverhältnis in den älteren Städten zunehmend zugunsten der muslimischen Bevölkerung verschob und die Zoroastrier mehr und mehr in die Peripherie abgedrängt wurden, bis sie schließlich ganz aus dem Stadtbild verschwanden.[40] Noch in der jüngeren Vergangenheit läßt sich gerade für kleinere Siedlungen zeigen, daß fast unausweichlich Probleme auftraten, sobald sich auch nur ein oder zwei muslimische Familien in zuvor rein zoroastrischen Siedlungen ansiedelten. Fast immer kam es zu Konversionen, die weitere Übertritte nach sich zogen und mit

---

72; B.N. DHABHAR, The Persian Rivayats of Hormazyar Framarz and Others. Their Version with Introduction and Notes, Bombay 1932, 436–437.

[38] Vgl. UNVÂLÂ, Dârâb Hormazyâr's Rivâyat II 416.

[39] Text: B.N. DHABHAR, Saddar Naṣr and Saddar Bundehesh, Bombay 1909, iv, FN.

[40] Grundlegend jetzt J.K. CHOKSY, Conflict and Cooperation. Zoroastrian Subalterns and Muslim Elites in Medieval Iranian Society, New York 1997.

anderen Formen interreligiöser Konflikte und Schikanen einhergingen.[41] Hier bot erst die moderne Metropole Teheran Schutz.

Das alltägliche Zusammen- bzw., besser gesagt, Getrenntleben von Zoroastriern, Muslimen, Hindus, Christen, Juden usw. wurde nicht zuletzt von den jeweiligen Reinheitsgesetzen gesteuert, die Grenzen zogen, Innen und Außen definierten und dadurch Identität (sowie natürlich interne Differenzierungen) erzeugten.[42] Die Reinheitsgesetze der schiitischen Muslime und der Zoroastrier sind großteils reziprok exklusivistisch und beschränken interreligiöse Interaktion auf ein Mindestmaß. Die Struktur der ›orientalischen‹ bzw. ›islamischen‹ Stadt kam dieser Abgrenzungsstrategie insofern entgegen, als sie verschiedenen ethnischen oder religiösen Gruppierungen separate Stadtviertel zuwies bzw. zuweist. Die Alternative zu rein zoroastrischen Dörfern waren zoroastrische Stadtviertel, wie man sie etwa aus den zentraliranischen Städten Yazd oder Kermān kennt. Bis auf die unterschiedliche Sakralarchitektur und die Betonung des ›defensiven‹ Charakters der Häuser[43] unterscheiden sich die zoroastrischen dabei kaum von den muslimischen Stadtvierteln.

Dieselbe Tendenz zur Abgrenzung läßt sich auch für die indischen Zoroastrier, die sog. Pārsi, beobachten. So schreibt der niederländische Händler Wollebrand Geleynssen de Jongh in den 1620er Jahren über die Zoroastrier von Broach, einem Städtchen an der westindischen Küste: »Diese Gemeinschaft lebt in einem Stadtviertel zusammen, wobei sie im allgemeinen ihre Häuser eng aneinander bauen; im muslimischen Viertel findet man nur wenige ihrer Häuser.«[44] Der Christ vermerkt das Nichtvorhandensein von ›Kirchen‹ oder anderen Orten für den Gottesdienst, »außer einigen Zimmern in den Häusern der Priester«. An anderer Stelle verweist er allerdings auf die Existenz eines ›Gemeinschaftsfeuers‹, also eines Zentralheiligtums in ›Nossharij‹, d.i. Navsāri.[45] Wie andere Quellen zeigen, dürfte diese Beschreibung durchaus zutreffend gewesen sein.[46]

---

[41] Vgl. M. BOYCE, A Persian Stronghold of Zoroastrianism, Oxford 1977 (= Lanham 1989), 7–8.

[42] Zu den zoroastrischen Reinheitvorschriften und Reinigungritualen insgesamt vgl. J.K. CHOKSY, Triumph over Evil. Purity and Pollution in Zoroastrianism, Austin 1989.

[43] Vgl. M. BOYCE, The Zoroastrian Houses of Yazd, in: Iran and Islam in Memory of the late Vladimir Minorski, hg. von C.E. Bosworth, Edinburgh 1971, 125–147.

[44] Zit. bei N.K. FIRBY, European Travellers and their Perceptions of Zoroastrians in the 17th and 18th Centuries, Berlin 1988 (Archäologische Mitteilungen aus Iran, Ergänzungsband 14), 190.

[45] Zit. bei FIRBY, European Travellers 188 (meine Übersetzungen).

[46] Zum ganzen vgl. M.F. KOTWAL, Some Observations on the History of the Parsi *Dar-i Mihrs*, in: BSOAS 37 (1974) 664–669.

Die indischen Zoroastrier hatten etwa seit dem 12. oder 13. Jahrhundert in den Städten Gujarāts Fuß gefaßt. Diese Verstädterung hatte allerdings während der ersten Jahrhunderte nicht zur Errichtung von Feuertempeln in den einzelnen Städten geführt. Die einzige Ausnahme bildete Navsāri, wohin man auf Initiative eines reichen Laien im 15./16. Jahrhundert aus einem kleinen Provinzort ein geweihtes Feuer verlegt und in einem schönen (Wohn-) Haus untergebracht hatte.[47] An dieser Monopolstellung des Heiligtums von Navsāri sollte sich bis ins 18. Jahrhundert nichts ändern. Etwa seit dem späten 17. Jahrhundert wurden auch in einigen anderen Siedlungen Feuertempel geweiht, u.a. im Jahre 1727 in Broach, wo man 1777 sogar einen zweiten Feuertempel errichtete.

Der bereits erwähnte niederländische Händler Geleynssen de Jongh, der sich vor allem deshalb für die Pārsi interessierte, weil seine Handelskompanie mit einigen Mitgliedern dieser Religionsgemeinschaft Geschäftsbeziehungen unterhielt, notiert, daß ›diese Perser‹ die Christen gleich welcher Spielart oder Herkunft – Spanier, Engländer, Franzosen und Holländer – prinzipiell für unrein hielten. Da nach zoroastrischer Lehre einzig und allein die Zoroastrier gerettet würden, gingen sie davon aus, daß die Christen zur Hölle verdammt seien. Nicht-Zoroastriern sei es jedoch verboten, zum Zoroastriertum zu konvertieren. Umgekehrt sei es auch den Zoroastriern nicht erlaubt, eine andere Religion anzunehmen, weshalb sie große Ängste gegenüber den Christen hegten. (Vermutlich waren die Pārsi also schon mit christlichen Missionsansprüchen konfrontiert worden.) Wenn die Pārsi dennoch soziale und geschäftliche Beziehungen zu Christen pflegten, berichtet Geleynssen de Jongh, so geschehe das ihrem eigenen Bekunden nach lediglich, um ihren Lebensunterhalt zu verdienen,[48] ein Argument, mit dem sich die zoroastrischen Händler vermutlich auch religionsintern für das Übertreten der Religionsschranken rechtfertigten. Geleynssens Notiz scheint vor dem Hintergrund klerikal-zoroastrischer Quellen als durchaus plausibel. Die Notiz ist deshalb von Bedeutung, weil sie die gängige These entkräftet, die Pārsi hätten seit dem späten 18. Jahrhundert nicht zuletzt daher auf so bemerkenswerte Weise wirtschaftlich reüssiert, weil sie, im Unterschied vor allem zu den Hindus, nicht durch traditionelle Tabus oder ethischreligiöse Normen an der Herausbildung einer ökonomischen Rationalität

---

[47] Die Geschichte dieses Sakralfeuers bzw. Feuertempels wird in einem neupersischen Texte aus dem Jahre 1599 erzählt. Eine kritische Textedition fehlt. Für eine Ausgabe des persischen Texts vgl. z.B. R.B. PAYMASTER, Kisse-i Sanjân, Bombay 1915. Dort auch zwei Übersetzungen ins Englische und ins Gujarati.

[48] GELEYNSSEN DE JONGH, De Remonstrantie bei Firby, European Travellers 189.

gehindert worden seien.[49] Der Unterschied besteht m.E. nicht in der Nicht-
Existenz dieser Barrieren, sondern in der Tatsache ihrer frühzeitigen Über-
windung. Das wiederum scheint mit der Erosion priesterlicher Kontrolle
zusammenzuhängen, die wiederum von geographischen Verlagerungen und
wirtschaftlichen Entwicklungen nicht zu trennen ist. All diese Faktoren
führen uns nach Bombay. Mit Bombay begegnet uns zugleich ein völlig
anderer Typ von Stadt: die Kolonialstadt und Megalopolis.

4. Urbanisierung

Die Geschichte der indischen Zoroastrier-Gemeinde bzw.-Gemeinden ist –
wie bereits erwähnt – schon früh u.a. durch eine zunehmende Verstädterung
gekennzeichnet. Neben der Ansiedlung von Landbewohnern in den Städten
kam es dabei auch zu interurbanen Migrationsprozessen. Von nachhaltiger
Bedeutung war der Übergang von Surat, dem im 17. und 18. Jahrhundert
wichtigsten Handelszentrum an der indischen Westküste, nach Bombay.
Surat, wo es eine große Zoroastrier-Gemeinde gab, büßte im Laufe des 18.
Jahrhunderts aus mehreren Gründen seine Vorrangstellung ein – zugunsten
der südlich der älteren zoroastrischen Siedlungszentren gelegenen Kolonialstadt Bombay.[50]

Bombay hatte zwar schon seit mehreren Jahrhunderten eine kleinere Rolle
als Warenumschlagplatz gespielt. Eine neue Epoche der Stadtgeschichte
sollte jedoch langfristig anbrechen, als die Briten Bombay im Jahre 1662
von den Portugiesen übernahmen und die Ostindienkompanie begann, die
Stadt zu ihrem wichtigsten Stützpunkt an der indischen Westküste auszu-
bauen. Für den Erfolg dieses Konzepts war es entscheidend, Kompetenz
aus den älteren Zentren, vor allem aus Gujarāt, abzuwerben, wobei man
den Betroffenen das neue Zentrum natürlich attraktiv machen mußte. Neben der Hoffnung auf wirtschaftlichen Gewinn versprachen sich die Siedler
von einem Umzug vor allem Sicherheit. Dazu gehörte nicht zuletzt Religi-
onsfreiheit, die von der frühen britischen Regierung nachdrücklich gewährt
wurde, wodurch die beispielsweise von Geleynssen zum Ausdruck gebrach-

---

[49] Vgl. z.B. E. Kulke, The Parsees in India. A Minority as Agent of Social Change,
Neu Delhi 1978 (München 1974[1]), 252–253, 261.
[50] Zur Stadtgeschichte vgl. u.a. D. Kooiman, Bombay: From Fishing Village to Colonial Port City, in: Colonial Cities. Essays on Urbanism in a Colonial Context, hg. von
R.J. Ross und G.J. Telkamp, Dordrecht, Boston, Lancaster 1985 (Comparative Studies
in Overseas History 5), 207–230; M. Kosambi, Bombay in Transition. The Growth and
Social Ecology of a Colonial City, 1880–1980, Stockholm 1986 (ebd. 18–24 Diskussion
des Konzepts der ›Kolonialstadt‹).

ten Ängste der indigenen Religionen vor dem Missionsanspruch der Christen eingeschränkt, wenn auch nicht ganz ausgeräumt wurden. Die verschiedenen Religionsgemeinschaften regelten ihre inneren Angelegenheiten zunächst weitgehend selbst; die autonome Einheit von Jurisdiktion und Exekutive wurde erst später durch die Einführung des britischen Rechts beschränkt.

Die Stadt Bombay besteht nicht aus sieben Hügeln, sondern aus sieben Inseln, die nach und nach durch aufwendige Landgewinnungsmaßnahmen zu einer Halbinsel vereinigt und durch Viadukte mit dem Festland verbunden wurden. Bombay entwickelte sich im 19. Jahrhundert zum mit Abstand wichtigsten Wirtschaftszentrum des Subkontinents, und an dieser Erfolgsgeschichte hatten Pārsi nicht unerheblichen Anteil.[51] Der gewaltige Zustrom der Pārsi nach Bombay seit dem frühen 19. Jahrhundert führte dazu, daß sich die indischen Zoroastrier schon frühzeitig zu der bei weitem urbansten Religionsgemeinschaft des Subkontinents mauserten. Dem zweiten von den Kolonialbehörden durchgeführten indischen Zensus aus dem Jahre 1881 kann man entnehmen, daß mehr als 50% aller indischen Zoroastrier – die Gesamtzahl lag damals bei etwa 85.000 – in Bombay lebten. Die Urbanitätsrate der Pārsi, wobei man Städte wie Surat, Poona oder Calcutta mitrechnen muß, liegt seit der Mitte des 20. Jahrhunderts bei über 90%. Global gesehen sind die Zoroastrier vielleicht die urbanste Religionsgemeinschaft der Welt. Die Einwohnerzahl Bombays hatte um die Wende zum 20. Jahrhundert knapp die Millionenmarke erreicht, wodurch die Stadt zu den etwa 25 größten Städten der Welt zählte. Im Rahmen dieser Entwicklung verringerte sich der Anteil der Zoroastrier an der Gesamtbevölkerung drastisch: Hatten die Pārsi in einem Zensus des Fort-Distrikts aus dem frühen 19. Jahrhundert noch knapp die Hälfte der Einwohner gezählt, so ging ihr Anteil am Ende desselben Jahrhunderts auf knapp 10% zurück. Im Gefolge der Bevölkerungsexplosion der Stadt seit der indischen Unabhängigkeit verringerte sich diese Rate auf inzwischen weit unter 1%. Aus der Stadtgeschichte Bombays sind die Pārsi allerdings in wirtschaftlicher, politischer und künstlerischer Hinsicht nicht wegzudenken. Im Stadtbild der zentralen Viertel kommt das nicht zuletzt in den Statuen berühmter Pārsi zum Ausdruck, zu denen man aufblickt. Diese Denkmäler schaffen Erinnerung und Identität.

Im Unterschied zu den Metropolen der westlichen und islamischen Welt war Bombay schon in seiner Frühzeit nicht nur eine multikonfessionelle,

---

[51] Für einen kurzen Überblick vgl. J. HINNELLS, Bombay. The Zoroastrian Community, in: Encyclopedia Iranica 4 (1990) 339–346.

sondern eine multireligiöse Stadt. Bombay war nie eine Stadt Gottes, sondern immer eine Stadt der Götter, der Tempel, Moscheen, Kirchen und anderer Heiligtümer. Die interreligiösen Beziehungen scheinen in der Regel recht friedlich gewesen zu sein. Versuche einer massiven christlichen Missionierung, die durch eine Änderung der Charter der Ostindienkompanie in den Jahren 1813 und 1833 ermöglicht wurde, führten allerdings zu heftigen Spannungen zwischen der christlichen Kolonialregierung und den indigenen Religionsgemeinschaften.[52] Darüber hinaus kam es gelegentlich auch zu heftigen interreligiösen Ausschreitungen, so 1851 und 1874 zwischen Zoroastriern und Muslimen. In lebendigster Erinnerung sind die blutigen Konflikte zwischen Hindus und Muslimen aus dem Jahre 1992. Gerade der ökonomistische Grundkonsens der Bevölkerung – fast alle kamen und kommen wegen des Mammons nach Bombay, kaum einer wegen der Götter – führte dazu, daß diese Konflikte zumeist relativ schnell wieder geschäftsmäßiger Kooperation Platz machten.

In den gängigen religionssoziologischen Entwicklungstheoremen gilt Urbanisierung ähnlich wie Industrialisierung als Teilprozeß eines umfassenden Modernisierungsvorgangs, wozu man in der Regel auch Säkularisierung rechnet. Man könnte die Pārsi sogar als ein Musterbeispiel dieser Entwicklung anführen, denn seit dem späten 19. Jahrhundert ist beispielsweise ein weitgehender Zusammenbruch des Systems der Reinheitsrituale zu beobachten. Die früher allgemein verbindlichen Verhaltensvorschriften etwa zur Entsorgung von abgeschnittenen Haaren oder Fingernägeln usw. werden heutzutage nur noch in Ausnahmefällen beachtet, und zwar auch in klerikalen Familien.[53] Die Pflichten, stets Schuhe und Kopfbedeckung zu tragen, werden von vielen Zoroastriern nur noch selektiv – nämlich in rein religiösen Zusammenhängen – berücksichtigt. Die von Geleynssen im Broach der 1620er Jahre beobachtete Tendenzen der Zoroastrier zur Konstruktion von möglichst exklusiv zoroastrischen Wohnsiedlungen ist zwar unter veränderten Vorzeichen auch noch für das gegenwärtige Bombay charakteristisch, nicht aber – jedenfalls außerhalb strikt religiöser Zusammenhänge – die Restriktionen im Umgang mit Nicht-Zoroastriern. Es dürfte kaum Pārsi geben, die wirklich konsequent ausschließlich Lebensmittel verzehren, die von Zoroastriern hergestellt werden. Die Bevorzugung von Pārsi-Lebensmitteln hängt heutzutage eher mit kulinarischen Vorlieben als

---

[52] Im allgemeinen: V. GUPCHUP, Bombay. Social Change 1813–1857, Bombay 1993. Zu den Konflikten zwischen Missionaren und Zoroastriern vgl. M. STAUSBERG, John Wilson und der Zoroastrismus in Indien: Eine Fallstudie zur interreligiösen Kritik, in: Zeitschrift für Religionswissenschaft 5 (1997 (1998)) 87–114.

[53] Vgl. CHOKSY, Triumph over Evil.

mit religiösen Reinheitspraktiken zusammen. Pārsi-Gerichte sind ein Teil kultureller Identität und gehören zum Dekor von Pārsi-Hochzeiten oder -Initiationsritualen, aber eben nicht deshalb, weil die Rituale sonst in ritualistischer Hinsicht für ungültig erklärt würden.

Es wäre m.E. verfehlt, diese religionsgeschichtlichen Veränderungen, wie implizite oder explizite in der Forschung geschehen, etwas nostalgisch als unheilvolle Konsequenzen der Urbanisierung zu beschreiben, wobei dieser Prozeß etwas geradezu Zwangsläufiges annimmt.[54] Man darf nicht vergessen, daß die meisten Pārsi in einer bestimmten historischen Situation freiwillig den Schritt hin zu anderen Prioritäten gewagt haben. Vermutlich war es überdies weniger die urbane Situation als solche, sondern der in dieser Situation gegebene enge Kulturkontakt der Pārsi mit den Briten, der zu einer weitgehenden kulturellen Assimilation führte, in deren Konsequenz es lag, daß man etwa das Wasserklosett als kulturelle Errungenschaft übernahm, obwohl es vom Prinzip her den in der älteren zoroastrischen Priesterliteratur definierten Reinheitsvorschriften geradezu diametral entgegengesetzt ist.

Im Zuge jüngerer Forschungen zu Urbanisierungsvorgängen in der europäischen Religionsgeschichte kam es zu einer partiellen Revision älterer modernisierungstheoretischer bzw. sozialgeschichtlicher Selbstverständlichkeiten. Für Großbritannien wurde beispielsweise darauf aufmerksam gemacht, daß die Urbanisierung im späten 18. Jahrhundert mit einem Übergang von der Church of England bzw. Scotland zum Dissent einherging. Die Phase von 1780 bis 1850 wiederum war durch Massenkonversionen und die Entstehung neuer Sekten gekennzeichnet. Gleichzeitig spielten religiöse Themen eine so starke Rolle im öffentlichen Diskurs wie seit dem 17. Jahrhundert nicht mehr. Außerdem wurde darauf aufmerksam gemacht, daß sich der zunehmende Wohlstand bestimmter Schichten etwa in den Jahren 1840 bis 1870 in einer zuvor noch nie dagewesenen Flut von Kirchenneubauten niederschlug.[55] Erst relativ spät hat sich schließlich die Einsicht durchgesetzt, daß populär-religiöse Praktiken nicht nur eine Sache ländlicher Gebiete sind, sondern auch der modernen Großstädte.

---

[54] Vgl. z.B. J.R. HINNELLS, Zoroastrianism and the Parsis, London 1981, 69–70: »A religion which has overcome so many dangers and difficulties in the past may well triumph once again. But the last threat, the modern city, with its temptations, pressures and materialism, is a very big and real one.« Die moderne Stadt als solche stellt für Hinnells also a priori eine ›Bedrohung‹ der Religion dar!

[55] Vgl. H. McLEOD, Urbanisation and Religion in 19th Century Britain, in: Seelsorge und Diakonie in Berlin. Beiträge zum Verhältnis von Kirche und Großstadt im 19. und beginnenden 20. Jahrhundert, hg. von K. Elm und H.-D. Loock, Berlin, New York 1990, 63–80.

Analoge Erkenntnisse ließen sich auch für die indische Religionsgeschichte gewinnen. Die moderne Metropole bzw. Megapolis ist ein religiöser Markt ganz neuen Ausmaßes. Auf einem engen Gebiet konkurrieren die
unterschiedlichsten Religionen, die alle eine neue religiöse Infrastruktur
aufbauen und Teile ›ihrer‹ Stadt mit religiöser Bedeutung aufladen. Die
Wunder, die sich an bestimmten Orten ereignen, ziehen fast unweigerlich
Angehörige fremder Religionen an. Nicht umsonst sah sich die von den
reichen Händlern dominierte soziale Selbstverwaltungsinstanz der Pārsi,
das Bombay Parsi Panchayat, bereits im ersten Drittel des 19. Jahrhunderts
genötigt, mehrfach vehement gegen das religiöse Fremdgehen der Pārsi-
Frauen vorzugehen.[56] Man darf daraus natürlich nicht schließen, daß die
Männer ihrer Religion immer treu blieben. Gerade von Jamshedji Jijibhoy,
dem legendären Multimillionär, der in der Mitte des 19. Jahrhunderts die
Zoroastrier-Gemeinde von Bombay dominierte, heißt es, daß er den Segen
eines muslimischen Heiligen erbeten habe, dessen Mausoleum der Küste
vorgelagert ist, und das daher nur bei Ebbe zu betreten ist. Der sagenhafte
Reichtum, den Jamshedji Jijibhoy sich durch den China-Handel erworben
hat, soll auf die Fürsprache des Heiligen zurückgehen. Viele Zoroastrier
frequentieren regelmäßig bestimmte christliche Kirchen, und einige hin-
duistische Tempel sowie bestimmte Gurus oder Babas erfreuen sich heutzutage großer Popularität.

Ein Blick auf die ›sakrale Landschaft‹ der Bombay-Zoroastrier bringt
auch Brunnen bzw. Quellen in den Blick, deren Bedeutung für den Zoroastrismus man sonst gerne übersieht.[57] Am berühmtesten ist der 1723 ge-
gründete und später mit einer jugendstilartigen Überdachung versehene
Behram Bikka Well, an dem Zoroastrier noch heutzutage Gebete verrichten. Es gibt mehrere Pārsi-Brunnen, die für ihre Heilkraft berühmt waren;
umgekehrt gibt es mehrere Fälle, in denen Pārsi ernsthaft erkrankt sein
sollen, als ihre jeweiligen Brunnen stillgelegt wurden.[58]

---

[56] Vgl. J.R.B. JEEJEEBHOY, Communal Discipline among the Bombay Parsees in
Olden Times, in: M.P. Kharegat Memorial Volume I. A Symposium on Indo-Iranian and
Allied Subjects, Bombay 1953, 295–323.

[57] In Iran sind Quellen ein zentraler Bestandteil der zoroastrischen Wallfahrtsorte.

[58] Vgl. R.P. MASANI, Le folklore des puits dans l'Inde et spécialment à Bombay, in:
Revue de l'histoire des religions 104 (1931) 221–271.

5. Zoroastrische Bestattungsanlagen und Tempel in Bombay

Eine der charakteristischsten – und in Indien im Unterschied zu Iran bis auf
den heutigen Tag aufrecht erhaltenen – Praktiken der zoroastrischen Religion ist die Leichenaussetzung, die in Indien seit einigen Jahrhunderten in
hygienisch elaborierten, ummauerten, kreisrunden Bestattungsanlagen erfolgt, für die ein britischer Kolonialbeamter im frühen 19. Jahrhundert die
kongeniale Bezeichnung ›Türme des Schweigens‹ erfunden hat. Die erste
dieser Bestattungsanlagen wurde in Bombay im Jahre 1674 errichtet, und
zwar auf einem seinerzeit unbesiedelten Hügel, Malabar Hill, wo sich damals noch Hyänen und Schakale herumtrieben. Malabar Hill entwickelte
sich im Laufe des 19. und 20. Jahrhunderts allerdings zur Wohngegend der
Reichen. Die Bestattungsanlage befindet sich nicht in der Einöde, abgele-
gen von menschlichen Siedlungen, sondern inmitten einer der am dichtest
besiedeltsten Städte der Welt. Die ›Türme des Schweigens‹ gelten als eine
der Hauptattraktionen der Stadt. Die Anlage ist zwar nur für Pārsi zugänglich, wird aber in allen Reiseführern erwähnt. Konflikte sind unvermeidlich,
so etwa als ein Time-Life Buch im Jahre 1980 ein aus einem Helikopter
geschossenes Foto des Inneren eines ›Turms des Schweigens‹ veröffent-
lichte.[59] Die religionsgeschichtliche Kontinuität der Leichenaussetzung
kann allerdings nicht über einige Veränderungen hinwegtäuschen, die offenbar zum Teil mit der Urbanisierung zusammenhängen und sich, wie ich
abschließend zu zeigen versuchen werde, auf analoge Weise auch im Bereich der Tempel niederschlägt. Stichwörter sind hier Ent-Häuslichung und
Professionalisierung.

   Während nämlich der Großteil der religiösen Riten früher zu Hause stattfand und die Leiche dann in einer Prozession zur Aussetzungsanlage gebracht wurde, hat die Pārsi-Sozialbehörde, das Bombay Parsi Panchayat,[60]
inzwischen Leichenwagen in Betrieb genommen, die die Leichen direkt
zur Bestattungsanlage transportieren. Die religiösen Riten werden dort an
sog. Bunglis – das Wort ist eine Adaption von *bungalow* – durchgeführt,
und zwar weitgehend von professionellem Personal. Die Ersetzung der Prozessionen zu den Bestattungsanlagen durch die Leichenwagen hängt nicht
zuletzt mit den enormen Verkehrsproblemen der Megalopolis zusammen.

   Es gibt kaum einen Quadratmeter Boden, der in Bombay nicht in irgendeiner Form genutzt würde, sei es als Arbeits-, Wohn- oder Schlafplatz oder

---

[59] Vgl. D. MORAES, Bombay, Amsterdam 1979 (The Great Cities), 84.
[60] Für eine kurze Orientierung vgl. J.R. HINNELLS, Bombay Parsi Panchayat, in:
Encyclopedia Iranica 4 (1990) 349–350.

zum Austreten. Die Pārsi-Sozialbehörde ist daher gezwungen, das weitgehend unbebaute Territorium der Bestattungsanlage massiv vor Eindringlin-
gen und Übergriffen zu schützen. Das geschieht zum Teil durch das Anpflan-
zen von dichten Hecken. Im Jahre 1960 hat das Bombay Parsi Punchayat das
Gelände überdies mit circa 6.000 Bäumen aufgeforstet. Auch in den letzten
Jahren wurde eine massive Verschönerungsaktion initiiert, die das Anpflan-
zen zahlreicher Bäume mit sich führt. Das soll nicht zuletzt dazu dienen,
den für die Bestattung erforderlichen Geiern eine ökologische Nische zu
sichern.

Die Bestattungsanlage der Zoroastrier ist eine der wichtigsten Grünanlagen der Stadt. Das ist religionshistorisch insofern bemerkenswert, als die
Bestattungsanlagen den älteren Vorschriften zufolge an möglichst vegeta-
tionsarmen Orten angelegt werden sollen. Wie sehr sich damit auch der
imaginative Referenzrahmen verschoben hat, zeigt eine offizielle Publika-
tion des ehemaligen Vorsitzenden der Pārsi-Sozialbehörde, der die aufge-
forstete Bestattungsanlage als einen »veritablen Garten Eden« bezeichnet.[61]

Ein erster Feuertempel wurde in Bombay bereits im Jahre 1709 errichtet.
Ein zweiter folgte 1733, und schon 50 Jahre später wurde ein Tempel der
höchsten Kategorie errichtet, wodurch Bombay sich auch als erstrangiges
rituelles Zentrum in Indien zu etablieren begann. Bis zum zweiten Welt-
krieg sollte fortan kaum mehr ein Jahrzehnt vergehen, ohne daß in Bombay
ein neuer Tempel gegründet wurde. Nach 1783 wurden in folgenden Jahren
Tempel eingeweiht: 1784, 1790, 1796, 1803, 1805, 1808, 1816, 1822 (zwei
Stück), 1826, 1829, 1830, 1832, 1834 (zwei Stück), 1836, 1842, 1843,
1844, 1845 (zwei Stück), 1846 (ebenfalls zwei Stück), 1847 (wiederum
zwei Stück), 1848, 1851, 1857, 1858 (wieder zwei Stück), 1859, 1860,
1863 (diesmal sogar drei Stück), 1865 (wieder drei Stück), 1867 (›nur‹
zwei Stück), 1868, 1869, 1870, 1874, 1881, 1884 (nochmal zwei Stück),
1887, 1895, 1896, 1897, 1908, 1911, 1913, 1925, 1929, 1940 und 1941.
Heutzutage stehen den Zoroastriern in Bombay insgesamt vier Feuertempel
der höchsten Kategorie, deren Konsekration mehr als ein Jahr in Anspruch
nimmt, und 48 Tempel der niederen Kategorien zur Verfügung. Auf etwa
1.000 Zoroastrier kommt somit ein Tempel.

Die meisten dieser Tempel wurden von Privatleuten gestiftet. Dennoch
handelt es sich nicht um Privattempel. Die Welle der Tempelstiftungen ist
religionsökonomisch nur eine Teilmenge der Wohltaten, durch die sich zu
Reichtum gelangte Leute soziales Prestige und religiöse, d.h. individual-

---

[61] S.F. Desai, History of the Bombay Parsi Punchayet (1860–1960), Bombay 1977,
49.

eschatologische, Verdienste zu erwerben hofften.[62] Die Minimalanforderung
an die Tempelarchitektur wird in einem neupersischen Text aus der Frühen
Neuzeit wie folgt definiert: »Die Frage ist die: Wie macht man das Haus des
Feuertempels *(dar-e Mehr)*? Die Antwort ist die: Eine Kuppel für den Feuer-
raum *(ātaš-gāh)* mit vier Pforten muß gemacht werden ... Und es ist ange-
messen, den Zeremonienraum *(yazišn-xāna)* für die Priester *(dasturān)* rund-
herum und in der Nähe des Feuerraumes *(ātaš-xāna)* ... zu machen«.[63] Der
Tempel besteht also aus zwei Hauptkomponenten: Dem Feuer- und dem
Zeremonienraum. Im strikten Sinne sind diese beiden Funktionen jedoch
auch in rituell reinen Wohnhäusern – man denke an Geleynssens Priester-
Häuser – zu erfüllen: Eine kleine Kuppel für ein Feuer der zweithöchsten
Stufe kann auch in Privathäusern errichtet werden, und dasselbe gilt für die
Ausführung der höheren Zeremonien. Ritualistisch gesehen besteht also
für das Errichten von Tempeln zumindest der zweiten Stufe kein unbeding-
ter Bedarf. Daß es dennoch zum Bau der vielen Tempel kam, hängt mit
einem Prozeß der Ent-Häuslichung von Ritualen zusammen, deren Durchführung weitgehend aus den Privathäusern in die neugegründeten Tempel
verlagert wurde. Das wiederum wird nicht zuletzt daran gelegen haben, daß
man in der Großstadt die für die Durchführung der Rituale erforderliche
Reinheit der Wohnhäuser nicht mehr garantieren konnte; der erforderliche
Reinheitsgrad setzt u.a. voraus, daß sich kein Nicht-Zoroastrier in dem
entsprechenden Haus befindet, was sich dadurch gewährleisten ließ, daß
reiche Leute, also derselbe Personenkreis, der auch die Tempel stiftete, ihre
Angestellten zum Zoroastriertum übertreten ließen. Genau das ist allerdings seit dem späten 18. Jahrhundert in Bombay offenbar nicht mehr geschehen.

Die neuen Stadt-Tempel unterscheiden sich in mehrerer Hinsicht von
ihren Vorläufermodellen: In ihrer Struktur bieten sie – geradezu wie eine
Ritualfabrik – Raum für den simultanen Vollzug verschiedener Rituale;
dementsprechend sind sie recht großzügig angelegt. Es gibt keine Anzei-
chen dafür, daß die älteren Tempel aus nachsāsānidischer Zeit nach außen
hin durch eine repräsentative Ikonographie als Tempel kenntlich gemacht
wurden. Über die Gestaltung des Außenraums altiranischer Tempel ist so
gut wie nichts bekannt. Im islamisch dominierten Iran wollte man keine
Aufmerksamkeit erregen, und in Indien gab es ohnehin kaum Tempel. Über
eine religiöse Ikonographie der Tempel wird in älteren Quellen dement-

---

[62] Vgl. J.R. Hinnells, The Flowering of Zoroastrian Benevolence: Parsi Charities in
the 19th and 20th Century, in: Papers in Honour of Professor Mary Boyce I, Leiden 1985
(Acta Iranica 24), 261–326.

[63] Vgl. Unvâlâ, Dârâb Hormazyâr's Rivâyat II 18.

sprechend nichts berichtet.[64] Es ist demgegenüber ein auffälliger Zug der neueren Stadt-Tempel, daß sie von außen unmittelbar als zoroastrische bzw. Pārsi-Tempel zu erkennen sind. Die dazu erforderliche Erfindung einer religiösen Ikonographie erfolgte in Zusammenhang mit der Re-Konstruktion der Identität der Pārsi als legitime Nachfahren der ›alten Perser‹: Die Fassaden der Tempel integrieren – mitunter auf geradezu postmoderne Weise – Versatzstücke altiranischer Ruinen. Persepolis war zwar weder eine ›Stadt Gottes‹ noch eine Tempelanlage, ist aber in den Stadt-Tempeln des modernen Zoroastrismus gewissermaßen wieder auferstanden.

---

[64] Zum Problem vgl. auch M. Stausberg, Über religionsgeschichtliche Entwicklungen zarathuštrischer Ikonographien in Antike und Gegenwart, Ost und West, in: P. Schalk (Hg.) ›Being Religious and Living Through the Eyes‹. Studies in Religious Iconography and Iconology … in Honour of Professor Jan Bergman, Uppsala 1998 (Acta Universitatis Upsaliensis. Historia Religionum 14), 329–360.

ha-Morijja – Präfiguration der Gottesstadt Jerusalem (Genesis 22, 1–14.19)

Mit einem Anhang: Isaaks Opferung in der Synagoge von Dura Europos

von

Siegfried Mittmann

Was hat die Erzählung von der »Opferung« oder »Bindung« Isaaks in Gen 22[1] mit dem Thema »Gottesstadt« zu tun? Scheinbar nichts. Sie redet von einem unbebauten »Berg« in einem unbewohnten »Land«, das die menschlichen Akteure der Geschichte teils gar nicht betreten, teils umgehend wieder verlassen. Dennoch steht eine Stadt beherrschend im Hintergrund, auch wenn ihr Name nicht fällt, weil er aus Gründen der erzählerischen Fiktion nicht fallen darf – die Gottestadt des Alten Testaments, Jerusalem. Jerusalem mit dem Zionsberg als Sitz des himmlischen Herrschers und seines irdischen Repräsentanten ist das ätiologisch und theologisch entfaltete Generalthema dieser Abrahamserzählung.

Vor der näheren Begründung dieser These im Schlußteil unserer Untersuchung (III) sind zwei exegetische Voraussetzungen zu klären. Daß diese hintergründige und beziehungsreiche Erzählung bis heute nicht voll erschlossen ist, hat nicht zuletzt mit mangelnder Einsicht in ihren Aufbau zu tun. Dem ist zunächst (I) nachzugehen, sodann (II) dem scheinbar rätselhaften und deshalb stets vernachlässigten Namen ha-Morijja (V. 2), der, recht verstanden, geradezu das programmatische Schlüsselwort der Perikope ist.

---

[1] Daß V.15–18 redaktionell eingefügt wurde, ist *communis opinio,* von der nur Steins (1999, 219–222) jetzt abweicht. Er hält V.1–14.19 für ein Gebilde der Endredaktion des Pentateuch mit stark kompilatorischem Einschlag (s.u. S. 81f Anm. 23), das sich hinsichtlich der »literarischen Technik« von V.15–18 nicht unterscheide (222). Auf dieser Ebene ist literarkritisch schwer zu diskutieren, zumal Steins aufgrund seiner Sicht von V.1–14.19 die »literarkritischen Konventionen« hier für unzuständig erklärt (219). Hier rächt sich, daß Steins uns keine geschlossene Exegese des Textes vorlegt.

I

Die Erzählung ist überaus kunstvoll konstruiert, und was sie sagen will, erschließt sich erst über den Aufbau (vgl. die Übersicht S. 72 f). Sie setzt sich aus drei Hauptteilen zusammen (A, B und A'), die sich ihrerseits jeweils in drei Abschnitte gliedern (a–c). Die Komposition der Erzählung folgt dem Gesetz der konzentrischen Symmetrie: Die Außenteile A und A' sind eng aufeinander bezogen und rahmen den Mittelteil, der kompositorisch eine Sonderstellung einnimmt und das Geschehen zum dramatischen Höhepunkt führt, zugleich aber schon die Wende andeutet, die dann im dritten Teil zu ihrem Ziel gelangt.

Die Teile A und A' beginnen mit einem Dialog zwischen Gott bzw. dem Jahweengel und Abraham, bestehend aus Anrede, Antwort und Anordnung. Er setzt im ersten Falle das Geschehen in Gang, im zweiten leitet er die Wende ein. Die steigernde Doppelung der namentlichen Anrede im zweiten Redegang (»Abraham!« V. 1, »Abraham! Abraham!« V. 11) unterstreicht nicht nur die Dringlichkeit der Einhalt gebietenden Anordnung, sondern auch deren Gewicht. Dem ersten Redegang voraus geht eine Angabe über das Motiv der Opferanordnung: die Prüfung Abrahams (V. 1); der zweite greift darauf zurück in der abschließenden Begründung der göttlichen Intervention: Die Prüfung ist bestanden mit dem Erweis der Gottesfurcht durch die Nichtverweigerung des Sohnes (V. 12). Im Folgenden (V. 13–14.19) ist dann Abraham, wie in Teil A, allein die (re)agierende Person. Die beiden Außenteile sind auch im einzelnen aufeinander bezogen. Nur hier, in V. 2 und V. 14, erfolgen lokale Benennungen, klangverwandt (ha-Morijja – *JHWH yērāᵓæ*) und sachverbunden[2]; und nur an diesen beiden Stellen ist vom »Berg« die Rede, der sonst konstant *māqōm* »Kultort« genannt wird. Was die Teile A und A' schließlich noch verbindet, ist das Motiv des Erhebens der Augen (V. 4 und V. 13)[3]. Auch der Mittelteil (B) hat einen Dialog, der sich aber, wie die ganze Handlung, zwischen Sohn und Vater abspielt und im Zentrum dieses Abschnitts steht, damit zugleich im Zentrum der ganzen Erzählung. Seine Aussage ist deshalb von besonderer Bedeutung, wie überhaupt die Redepassagen den wesentlichen Gehalt der Erzählung zur Sprache bringen.

Der *erste Teil* ist in sich gegliedert und zusammengehalten durch das Zeitgerüst der drei Tage, in denen das Geschehen abläuft, vom Opferbefehl am ersten Tage über den Aufbruch am nächsten Morgen bis zur Ankunft vor dem Ziel am dritten Tag.

---

[2] Näheres s.u. S. 80.
[3] S. u. S. 71.

Dem Rätsel des 3. Tages (V. 4) kommt man nicht auf die Spur, indem man aus allen möglichen Stellen, wo das Alte Testament den »dritten Tag« oder »drei Tage(s-reisen)« erwähnt, eine immer und überall passende Allgemeinbedeutung herausdestilliert. Mit dem Zeitabschnitt der drei Tage wird hier nicht bloß »von einem bekannten Motiv Gebrauch« gemacht[4], das »die Frist zur Vorbereitung wichtiger Ereignisse« umschreibt[5]; und schon gar nicht ist die Dreizahl hier wie angeblich sonst »when used in connection with travel« lediglich »a typological number ... and not necessarily meant as an accurate description of the length of the journey«[6]. Was gemeint ist, verdeutlicht die nächstliegende Parallele 1 Sam 29,10–11; 30,1, in der sich exakt derselbe Dreischritt von Marschbefehl, Aufbruch am nächsten Morgen und Ankunft am dritten Tage vollzieht. Achis muß seinem Lehnsmann David und dessen Gefolge die Teilnahme am Kriegszug der Philister gegen Saul untersagen und gibt ihm den Befehl, am (nächsten) Morgen, und zwar bei Tagesanbruch, den Rückmarsch von Aphek (*Tell Rās el-ʿAin,* in der mittelpalästinischen Küstenregion) »zum Philisterlande« anzutreten, was David prompt und auf dem schnellsten Wege ausführt, so daß er schon »am dritten Tage« in seiner Lehnsstadt Ziklag ankommt. Selbst wenn man den Ort mit VOLKMAR FRITZ (1990) auf *Tell es-Sebaʿ,* rund 100 km Luftlinie südlich von Aphek, lokalisiert und nicht mit ALBRECHT ALT (1959 [1935]) auf dem ca. 15 km weiter nördlich gelegenen *Tell el-Ḫuwēlife,* war die Distanz für eine marschgeübte Truppe in zwei Tagen zu bewältigen, gemessen jedenfalls am durchschnittlichen Tagespensum eines *ḥaǧǧ,* das nach MUSILs Beobachtungen im nördlichen Ḥiǧāz 45–55 km betrug[7]. Das gilt auch, ungeachtet des Gebirgsaufstiegs, für die über 70 km (Luftlinie) zwischen Beerseba und Jerusalem, die Abraham nach Gen 21,33 und 22,19 zurückzulegen hatte[8]. So gesehen, ist dem Erzähler eine zumindest ungefähre Vorstellung von der räumlichen Distanz und ihrer zeitlichen Bewältigung durchaus zuzutrauen. In der Zeitangabe steckt auch eine räumliche Information. Worum es dabei geht, ergibt sich aus Jos 9,16–17. Josua und das bei Gilgal lagernde Israel schließen mit den angeblich von fernher gekommenen Gibeoniten einen »Bund« und müssen nach »drei Tagen« erfahren, daß jene »aus der Nähe waren« und »mitten unter ihm [scil. Israel] wohnten«. Man bricht, offenbar am nächsten Tage, auf und gelangt »am dritten Tage« zu den auf dem Gebirgskamm und westlich davon gelegenen Städten Gibeon, Kefira, Beerot und Kirjat Jearim. Für die Situation – ein Volkszug muß mit Mann und Troß einen rund 30 km langen Gebirgsaufstieg überwinden – ist die angegebene Zeit gewiß nicht unrealistisch. Aber nicht darauf kommt es dem Erzähler an. Was er veranschaulichen will und in V. 22 noch einmal unterstreicht, ist die relative Nähe der gibeonitischen Tetrapolis und deren Lage im Herzen des beanspruchten Landes. Das läßt fragen, ob nicht Gen 22 mit seiner Zeitangabe zumindest nebenher eine

---

[4] NEEF 1998, 57.

[5] WESTERMANN 1981, 439.

[6] KALIMI 1990, 347.

[7] GESE 1984a, 50.

[8] Zu Recht betont auch SEEBASS (1997, 200) gegen WESTERMANN (1981, 446) den ursprünglichen Zusammenhang zwischen Gen 21,33 und 22,19, der jetzt nur durch 21,34 und seinen redaktionellen Rückgriff auf 21,32 (Abraham im »Philisterland«) verdeckt werde. Gen. 21,33 rechne ich wie 22,1–14.19 zu J, im Anschluß an GESE und seine abgewogene Definition des Jahwisten (1991, 28–31.33).

ähnliche Absicht verfolgt, nämlich klarzustellen, daß der Berg im Lande ha-Morijja nicht etwa der – zum Namen an sich auch passende (s.u.) – ferne Wüstenberg Sinai ist, sondern der nahe und mitten im verheißenen Land gelegene Zionsberg. Daß das »Land ha-Morijja« Teil des Verheißungslandes ist, signalisiert schon die Formulierung »auf einem (bestimmten) Berge, den ich dir sagen werde«, die auf Gen 12,1b »zu dem Lande, das ich dir zeigen werde« rekurriert und damit andeutet, daß Abraham nun zum letzten und eigentlichen Ziel seines Weges gelangen soll. Auch der gleichlautende Aufbruchsbefehl *læk-leka̅* (Gen 12,1; 22,2) verbindet die beiden Perikopen. Es sei vorab schon angemerkt, daß das »Zeigen« bzw. »Sagen« hier auch das Moment der Erwählung enthält. Im Zusammenspiel der beiden Verben kommt damit zum Ausdruck, daß die Erwählung des »Landes« in der Erwählung des »Berges« ihre Krönung findet.

Im Gefüge des Ganzen bildet dieser erste Teil eine Art Exposition. Das gilt insbesondere für die Opferanordnung des einleitenden Redeabschnitts (Aa). In gewissermaßen parallelistischer Abfolge nennt sie zunächst die Opfermaterie (den einzigen, geliebten Sohn) und den Kultbereich (das Land ha-Morijja), sodann die Opferart (Brandopfer) und die spezielle Kultstätte (einer der Berge). Mit den Stichwörtern »Sohn« und »Berg« ist das Doppelthema der Erzählung angeschlagen. Expositionellen Charakter trägt auch die Aufbruchsszene des nächsten Abschnitts (Ab), der zunächst die Vorbereitungen für die Opferreise schildert, vom Satteln des Reittiers (Esel) über die Mitnahme des Begleitpersonals (»seine beiden Dienstburschen«) und des Sohnes bis zum Spalten des Opferholzes, sodann den Beginn der Reise vermeldet (»und er machte sich auf und ging«), mit einer Angabe des Ziels, die dem Ende des vorausgehenden Abschnitts entspricht, nur daß der Berg hier wie dann durchweg auch später mit dem funktionalen Terminus technicus *ma̅qo̅m* »Kultort« bezeichnet wird. Das Perfekt *ʾa̅mar* »(den Gott ihm) gesagt hatte« statt des Imperfekts *ʾo̅mar* »den ich dir sagen werde« ist, wie sich im Folgenden zeigen wird, nicht so zu verstehen, als sei dem Abraham inzwischen eine genauere Ortsbestimmung offenbart worden. Die Richtung der Reise und die ungefähre Lage war durch die Angabe »zum Land ha-Morijja« zunächst hinreichend bezeichnet, und darauf rekurriert das Perfekt *ʾa̅mar*. Der Attributsatz »den ihm Gott gesagt hatte«, noch einmal an zentraler Stelle (V. 9) wiederholt, will unterstreichen, daß es sich um einen von Gott bestimmten Ort handelt, einen Ort göttlicher Erwählung und Legitimation, wie es sich für einen – und besonders diesen – Kultort gehört. Daß die Erwähnung von Reittier und Dienstburschen nicht nur erzählerisches Beiwerk ist, um etwa Abrahams vornehmen Status zu illustrieren[9], zeigt zum Teil bereits der dritte Unterabschnitt (Ac), der in die

---

[9] In Begleitung zweier Dienstburschen reitet sonst nur noch der prominente Seher Bileam (Num 22,22), während der Levit vom Gebirge Ephraim (Ri 19,3 u.ö.), die Frau

Sichtnähe bzw. -ferne des Zielortes führt, wo es zu einer Scheidung von Dienstburschen samt Reittier kommt, sprachlich schön durch die Reimworte *kō* »(bleibt) hier« und *pō* »(wir gehen) dorthin« zum Ausdruck gebracht. Damit ist aber mehr als eine äußere Trennung vollzogen. Der Kultort ist nun in Sichtweite, aber immer noch fern, und damit ist, was dort sich vollziehen wird, dem unbefugten Blick der Burschen entzogen. Zugleich ist man an die Grenze des Bereichs gelangt, in den auch Abraham nicht hoch zu Esel, in quasi königlicher Pose, einreiten darf, an die Grenze des Landes ha-Morijja, von Jahwes zentralem Herrschaftsbereich, wie der Name uns lehren wird. Zu beachten ist noch die Wendung vom Augenerheben, die Abrahams Schau des fernen Kultortes einführt. Sie deutet ein »gesteigertes Sehen«[10] an, das mit einer realen Erkenntnis, affektiven Eingebung oder visionären Schau (Num 24,2; Jos 5,10; Ez 8,5; Sach 2,1; 5,1.5; 6,1) einhergehen kann. Hier besagt sie, daß nun der »Augenblick« gekommen ist, da Gott den Abraham auf den Kultort aufmerksam macht. Damit kommt ein prophetischer Zug in das Bild Abrahams, desgleichen am Ende des Abschnitts mit der Ankündigung »wir (!) wollen anbeten und zu euch zurückkehren«, die, vordergründig die wahre Absicht verschleiernd, das wirkliche Ende der Geschichte voraussagt. Und so endet denn auch die Erzählung mit den Worten »Da kehrte Abraham zurück zu den Dienstburschen etc.«, wobei Isaak selbstverständlich eingeschlossen ist, allerdings mit Absicht unerwähnt bleibt (s.u.).

Prophetisch hintergründig und nicht eine vordergründige Ausflucht ist, wie wir sehen werden, auch die zentrale Aussage des *Mittelteils,* Abrahams doppelsinnige Antwort »Gott wird sich ein Schaf zum Brandopfer ersehen, mein/meinen Sohn«. Das Geschehen dieses Teils spielt sich zur Gänze zwischen Sohn und Vater ab, auf ihrem Weg zum Kultort und an diesem selbst. Die beiden Wegpassagen sind miteinander verklammert durch die jeweils abschließende Feststellung »und es gingen die beiden miteinander«, die nicht nur ein äußeres Miteinander, sondern vor allem die innere Übereinstimmung zum Ausdruck bringt, also auch die Zustimmung Isaaks[11], der durchaus versteht, was vorgeht und was Abrahams Antwort – zumindest vordergründig – meint. Durchgängiges Leitmotiv aller drei Unterabschnitte sind die Opfermittel Holz, Feuer und Messer. Dem Sohn wird zu Beginn das Holz als Traglast aufgelegt (*śīm*), auf das er am Ende seinerseits

---

von Schunem (2Kön 4,24) und der junge, esellose Saul (1Sam 9,3 u.ö.) mit nur einem *na'ar* vorlieb nehmen müssen.

[10] H. J. KRAUS, zitiert nach STENDEBACH 1989, 39.

[11] Isaaks aktive Beteiligung hat zum Teil auch die frühe jüdische Auslegung schon herausgestellt.

Aufbau von Genesis 22, 1–14.19

A a
α 1 Und es geschah nach diesen Geschichten,
da versuchte Gott den Abraham, und er sagte zu ihm: »Abraham!«. Und er sagte: »Hier bin ich.«

β 2 Und er sagte: »Nimm doch deinen Sohn, deinen einzigen, den du liebst, den Isaak, und gehe du zum Lande ha-Morija und bringe ihn dort als Brandopfer dar auf einem der Berge, den ich dir sagen werde.

b α 3 Da machte sich Abraham früh am Morgen auf, sattelte seinen Esel, nahm seine beiden Dienstburschen mit sich und seinen Sohn Isaak und spaltete Holzscheite zum Brandopfer.

β Und er machte sich auf und ging zu dem (Kult-) Ort, den Gott ihm gesagt hatte.

c α 4 Am dritten Tag aber erhob Abraham seine Augen und sah den (Kult-)Ort von ferne.

β 5 Da sagte Abraham zu seinen Dienstburschen: »Bleibt ihr hier mit dem Esel! Ich aber und der Knabe, wir wollen dorthin gehen und anbeten und zu euch zurückkehren.«

B a α 6 Und Abraham nahm die Holzscheite des Brandopfers und legte sie seinem Sohn Isaak auf; und er nahm in seine Hand das Feuer und das Schlachtmesser.

β Und so gingen die beiden miteinander.

b α 7 Da sagte Isaak zu seinem Vater Abraham und sagte: »Mein Vater!« Da sagte er: »Hier bin ich, mein Sohn!« Da sagte er: »Siehe, (da sind) das Feuer und die Holzscheite! Wo aber ist das Schaf für das Brandopfer?«

A Die gottbefohlene Opferreise (V. 1–5)
  a Die göttliche Prüfung: Anordnung des Sohnesopfers (V. 1–2)
     Prüfung Abrahams
     α Motiv der Opferanordnung
     β Opferanordnung
     Opfermaterie: einziger Sohn, heiliger Bereich: Land ha-Morija,
     Opferart: Brandopfer, Kultort: gottgenannter Berg
  b Der Aufbruch am Morgen (V. 3)
     α Vorbereitung der Opferreise
        Reittier und Burschen, Sohn und Holz
     β Antritt der Opferreise
        Aufbruch zum gottgenannten Kultort
  c Der Zwischenhalt am dritten Tag (V. 4–5)
     α Abrahams Schau des Kultorts
        Aufmerkende Augenerhebung – »von ferne«
     β Abrahams Trennungsverfügung und Vorausschau der Wiedervereinigung
        Trennung von Reittier und Burschen zum Zwecke der Gottesverehrung, »prophetische« Ansage der Rückkehr von Vater und Sohn

B Der Opfergang und das versuchte Sohnesopfer (V. 6–10)
  a Der Aufbruch zum Opfergang (V. 6)
     α Verteilung der Opfermittel
        Holz auf den Sohn,
        Schlachtmesser und Feuer in der Hand des Vaters
     β Der gemeinsame Opfergang
        »So gingen die beiden miteinander«
  b Der Dialog beim Opfergang (V. 7–8)
     α Erörterug der Opfermaterie
        »Provozierende« Frage des Sohnes nach dem Opfertier;

8 Da sagte Abraham: »Gott wird sich ein Schaf für das Brandopfer (er)sehen, mein(en) Sohn.
β   Und so gingen die beiden miteinander.
c
α 9 Und sie kamen zu dem (Kult-)Ort, den Gott ihm gesagt hatte, und dort baute Abraham den Altar, schichtete die Holzscheite auf, band seinen Sohn Isaak und legte ihn auf den Altar, oben auf die Holzscheite.
β 10 Dann streckte Abraham seine Hand aus und nahm das Messer, um seinen Sohn zu schlachten.

A' a α 11 Da rief der Engel Jahwes vom Himmel herab und sagte: »Abraham! Abraham!« Er aber sagte: »Hier bin ich.«
12 Und er sagte: »Strecke deine Hand nicht aus gegen den Knaben und tue ihm nichts an.
β Denn nun weiß ich, daß du gottesfürchtig bist und mir deinen Sohn, deinen einzigen, nicht vorenthalten hast.«
b α 13 Da hob Abraham seine Augen auf und sah, und siehe, ein Widder war hinten verfangen im Gestrüpp mit seinen Hörnern.
β Da ging Abraham hin, nahm den Widder und brachte ihn als Brandopfer dar anstelle seines Sohnes.
c α 14 Und Abraham nannte diesen Ort mit Namen »Jahwe wird (er)sehen«, von dem man heute sagt »auf dem Berg, da Jahwe sich sehen läßt«.
β 19 Und Abraham kehrte zu seinen Dienstburschen zurück, und sie machten sich auf und gingen miteinander nach Beerseba. Und Abraham blieb in Beerseba wohnen.

»prophetisch« doppeldeutiger Hinweis des Vaters auf die göttliche Wahl/Erwählung des Opfertiers
β *Gemeinsamer Opfergang*
»So gingen die beiden miteinander«
c *Der Versuch des Sohnesopfers (V. 9–10)*
α *Ankunft und Opfervorbereitung*
Am gottgenannten Kultort,
Altarbau und Aufschichtung des Holzes,
Bindung des Sohnes und Deponierung auf das Holz
β *Versuch der Opferung*
Griff der Hand zum Schlachtmesser

A' *Der göttliche Einspruch und das Ersatzopfer (V. 11–14.19)*
a *Das Schlachtungsverbot des Jahweengels nach bestandener Prüfung (V. 11–12)*
α *Verbot der Schlachtung und Schutzgebot*
Keine handgreifliche Tätlichkeit gegenüber dem Knaben, seine Unantastbarkeit und Schutzbefohlenheit
β *Begründung des Schlachtungsverbots*
Abrahams bewährte Gottesfurcht
– die Nichtverweigerung des einzigen Sohnes
b *Das Ersatzopfer des Widders (V. 13)*
α *Abrahams Schau des Opfertieres*
Aufmerkende Augenerhebung – der im Gestrüpp verfangene Widder
β *Der Vollzug des Ersatzopfers*
Herbeischaffung und Brandopfer des Widders »anstelle seines Sohnes«
c *Benennung des Kultorts und Rückkehr (V. 14.19)*
α *Die Namengebung – damals und »heute«*
»Jahwe sieht« – »Auf dem Berge, da Jahwe sich sehen läßt«
β *Abrahams Rückkehr und gemeinsame Rückreise*
Rückkehr zu den Burschen – »Sie gingen miteinander nach Beerseba«

gelegt (*śīm*) wird; und Holz samt Feuer lösen die Frage nach der Opfermaterie bei dem Sohne aus, der unter dem Holz bereits seine Opferrolle zu
ahnen beginnt.

Der *dritte Teil* greift, wie angedeutet, weitgehend auf den ersten zurück.
Die einleitende Redepassage (A'a) modifiziert die Opferanordnung des ersten Teils und konstatiert das Bestehen der Prüfung. Der zweite Unterteil
(A'b) berichtet von der Vollendung des abgebrochenen Sohnesopfers durch
das Ersatzopfer eines Widders. Zwar wird damit das Hauptmotiv des Mittelteiles aufgenommen, und der Umstand, daß der Widder mit seinen Hörnern im Gebüsch verfangen war, ist eine Analogie zur Bindung Isaaks[12]; die
Phraseologie allerdings greift auf den ersten Teil zurück. Wie bei dem in
der Ferne auftauchenden Kultort erhebt Abraham wiederum seine Augen
und erkennt nun erst den Widder, den er dann anstelle des Sohnes als Brandopfer darbringt. In diesem Ersatzopfer findet die Forderung des Sohnesopfers ihre reale Erfüllung, nachdem sich ihr tieferer Sinn, die völlige Hingabe des Sohnes, bereits auf einer anderen, höheren Ebene vollzogen hat
(s.u.). Abraham hat die Prüfung bestanden, indem er Jahwe seinen Sohn
nicht vorenthielt; der Sohn Abrahams ist zu Gottes Sohn geworden. Daß
dies das eigentliche Thema der Erzählung ist, wird später noch zu zeigen
sein. Der Schluß endlich – »Da kehrte Abraham zu seinen Dienstburschen
zurück, und sie erhoben sich und gingen miteinander nach Beerseba« (V. 19)
– bringt die Erfüllung dessen, was Abraham am Ende des ersten Teiles
vorausschauend ankündigte: »… wir wollen zu euch zurückkehren« (V. 5).
Natürlich kehrt Abraham nicht allein, nicht ohne Isaak zurück. Der Singular ist hier so wenig exklusiv wie in der Aussage »Und Abraham erhob sich
und ging zu dem Kultort …« V. 3, die von V. 19 in pluralischer Abwandlung aufgenommen wird. Im übrigen läßt die Formulierung »und sie gingen
miteinander«, die auf das Miteinandergehen von Abraham und Isaak in V. 6
und V. 8 zurückweist, keinen Zweifel an Isaaks Anwesenheit. Dennoch hat
die Nichterwähnung Isaaks ihren Sinn. Mit ihrem beredten Schweigen bringt
sie zum Ausdruck, daß Isaak nun nicht mehr Abraham, sondern Jahwe gehört, auch wenn er als noch nicht mündiger Junge oder Jungmann (*naʿar*
V. 5.12) vorerst Abrahams Obhut anvertraut bleibt. Letzteres ergibt sich
aus der Engelsrede V. 12. Nach dem Einhalt gebietenden »Strecke nicht aus
deine Hand gegen den Knaben« wirkt die Fortsetzung »und tue ihm nichts

---

[12] Auf spätantiken Bilddarstellungen ist der Widder, um diesen Bezug zu verdeutli-
chen, an einen Baum *gebunden,* so etwa in einer christlichen Grabkapelle des 4. Jh.s n.
Chr. im ägyptischen *el-Bagawāt* (vgl. GOODENOUGH 1964, Vol. 9, 73; Vol. 11, Fig. 71)
und auf dem Bodenmosaik der Synagoge von *Bēt ʾAlfā* aus dem 6. Jh. n. Chr. (s. unsere
Abb. 2 und STEMBERGER 1999, 149, Abb. 1).

an« auf den ersten Blick ziemlich nichtssagend, was aber durchaus nicht zutrifft.

Zwei Parallelen erhellen den eigentümlichen Sinn dieser Aussage. In 2Sam 13, 2 scheut der nach seiner Schwester Tamar liebeskranke Königssohn Amnon zunächst davor zurück, sich an ihr zu vergehen; »denn sie war eine Jungfrau, und es erschien Amnon unmöglich[13], *ihr etwas anzutun*«. Sie war gewissermaßen unberührbar. Noch aufschlußreicher ist Jer 39, 11f: »Und Nebukadnezar, der König von Babel, hatte dem Nebusaradan, dem Obersten der Leibwache, folgenden Jeremia betreffenden Befehl mitgegeben: Nimm ihn und habe ein Auge auf ihn und *tue ihm nichts Böses an*, sondern verfahre mit ihm, wie er dir sagen wird.« Die Anweisung »tue ihm nichts Böses an« untersagt dem Befehlsempfänger nicht irgendeine persönliche Gewalttat an Jeremia, sondern legt ihm die Gesamtverantwortung für dessen Sicherheit und Wohlergehen auf.

Aus diesen Beispielen ergibt sich für Gen 22,12, daß der Befehl »und tue ihm nichts an« keineswegs eine nur das aktuelle Schlachtungsverbot unterstreichende Floskel ist, sondern eine auf die Zukunft gerichtete Anordnung, die Isaak für unantastbar und Abraham zu dessen Schutzpatron erklärt. Unantastbar aber ist Isaak aufgrund seines neuen, durch das Opfer erworbenen Status, der auch dem Vater eine neue Rolle zuweist.

II

Bevor wir uns dem Hauptanliegen von Gen 22 zuwenden, ist ein Nebenmotiv zu betrachten, das gleichwohl der Schlüssel zum rechten und vollen Verständnis der Erzählung ist. Gemeint sind die Benennungen des zentralen Bereichs und Ortes des Geschehens in V. 2 und V. 14, insbesondere der Name »ha-Morijja« V. 2, der auch in 2Chr 3,1 erscheint und von der Forschung durchweg als quantité négligeable behandelt wird.

Die unentwegt diskutierte Frage nach dem Abhängigkeitsverhältnis zwischen Gen 22,2 (»zum Land ha-Morijja«) und 2Chr 3,1 (»auf dem Berg ha-Morijja«) erweist sich bei genauerem Hinsehen als Scheinproblem. Zunächst ist festzustellen, was 2Chr 3,1 sagt, und zwar in seiner hebräisch vorgegebenen Textform, die schon die alten Übersetzer glaubten verbessern zu müssen. Schwierigkeiten bereiten bis heute die beiden aufeinanderfolgenden ʾăšær-Sätze nach der Eingangspassage »Und Salomo begann

---

[13] Wörtlich »und es war zu wunderbar in den Augen Amnons«. Nach V. 12 handelt es sich um eine Schandtat, von der gilt, daß »man so in Israel nicht handelt«, d.h. daß man sich damit außerhalb der elementaren Regeln der religiösen und sozialen Ordnung Israels stellt.

mit dem Bau des Hauses Jahwes in Jerusalem auf dem Berg ha-Morijja«.
Der erste dieser Attributsätze, ʾăšær nirʾā lᵉdāwīd ʾābīhū, heißt nicht »der/
wo er (scil. Jahwe) erschien dem David, seinem Vater«. Die ergänzende
Übersetzung der Septuaginta οὗ ὤφθη κύριος τῷ Δαυιδ πατρὶ αὐτοῦ offenbart das Dilemma dieser Interpretation: Das vermeintliche Bezugswort
»Jahwe« steht zu weit entfernt und als Genitiv in allzu unbetonter Position,
so daß LXX es wiederholen oder interpretierend einfügen mußte. Targum
spricht von der Erscheinung des Jahweengels *(tmn ʾtgly mlʾkʾ dyhwh ldwyd),*
offenbar in freiem Rückgriff auf Gen 22. *rāʾā* hat hier, wie EHRLICH (1914,
356) schon erkannte, die Bedeutung »ausersehen« im Sinne der Erwählung,
nicht anders als in Gen 22,8; und die Formulierung »(der Berg ha-Morijja,)
der ausersehen wurde« ist offensichtlich von Gen 22 her inspiriert, wo die
Benennungen des *māqōm*(-Berges) mit der Wurzel *rāʾā* – »[er]sieht« bzw.
»(Jahwe) läßt sich sehen« V.14 – spielen. Auch von daher legt es sich nahe,
das Nifʿal *nirʾā* in 2Chr 3,1 als *passivum divinum* aufzufassen. *lᵉdāwīd*
heißt dann nicht, was ohnehin nicht möglich wäre, »von David«[14], sondern
»im Hinblick auf David«. Der erste Attributsatz lautet also: »(auf dem Berg
ha-Morijja,) der ausersehen wurde im Blick auf David, seinen Vater«. Was
David tat, sagt der zweite ʾăšær-Satz, und konkretisiert damit das *lᵉdāwīd*
des ersten: ʾăšær hēkīn bimqōm dāwīd. Entgegen dem Votum der Versionen
und der neuzeitlichen Textkritiker ist *bimqōm* nicht als Bezugswort vor die
Relativpartikel zu versetzen, schon deshalb nicht, weil niemand und nichts
erklären kann, wie es von dort an seine jetzige Stelle gelangt sein soll. Das
Rätsel löst sich, wenn man die Präposition nicht als lokales *bᵉ*, sondern als
Beth essentiae[15] auffaßt und übersetzt: »den (*scil.* den Berg) David als Kultort bereitet hatte«. *kūn* hif. im kulttechnischen Sinne erscheint in den Chronikbüchern überaus häufig, »massiert dort für Davids Vorbereitung und
Salomos Durchführung des Tempelbaus«[16]. In der Mehrzahl der Fälle geht es
dabei um Davids Bereitstellung von Mitteln, Material und Handwerkern für
den Bau des Gotteshauses (1Chr 22,5.14; 28,2; 29,2.3.16; 2Chr 2,6). Zuvor
aber »bereitete« David der »Lade Gottes/Jahwes« eine »Stätte« *(māqōm),*
wobei er ihr ein Zelt aufschlug (1Chr 15,1.3; vgl. auch 15,12; 2Chr 1,4).
Ebendies meint analog 2Chr 3,1, die Bereitstellung des Berges ha-Morijja
als »Stätte« für den Tempel. Im Hintergrund steht dabei, wie die Fortsetzung »auf der Tenne des Jebusiters Ornan« zeigt, 1Chr 21,18–22,1 (‖ 2Sam
24,18–25), wo berichtet wird, wie David auf Befehl des Jahweengels »die

---

[14] So etwa RUDOLPH 1955, 200.
[15] Vgl. dazu JENNI 1992, 79 ff.
[16] KOCH 1984, 102.

Stätte der Tenne« (21,22) bzw. »die Stätte« (21,25) von Ornan kaufte, darauf einen Altar baute und unter Anrufung Jahwes Brand- und Dankopfer darbrachte, worauf Jahwe mit Feuer antwortete, »das vom Himmel auf den Brandopferaltar herabfuhr ›und das Brandopfer verzehrte‹« (21,28), und worauf wiederum David proklamierend konstatierte: »Dies ist das Haus des Gottes Jahwe, und dies ›der‹ Altar für das Brandopfer Israels« (22,1). Mit diesem Akt, der gewissermaßen das Opfer Abrahams wiederholt und nach dem Vorbild des Gottesdienst und -volk restituierenden Eliaopfers auf dem Karmel sich vollzieht, wird die Tenne auf dem Berg ha-Morijja »als *māqōm*« im Sinne eines *templum* und der Tempelstätte konstituiert. *māqōm* ist in 2Chr 3,1 ähnlich absolut gebraucht wie der Ausdruck *hammāqōm hazzæ* in den Tempelweihreden (2Chr 6,20.21.26.40; 7,12.15). In Gedanken ist natürlich im Rückbezug auf V.1a zu ergänzen »(als *māqōm*) für das Jahwehaus«.

2Chr 3,1 erinnert zu Beginn des Tempelbauberichts noch einmal an die Grundvoraussetzungen des Unternehmens, die göttliche Erwählung und die davidische Inauguration der heiligen Stätte, und spielt dabei auf die betreffenden Traditionen an, in einer äußerst verdichteten Sprache, die die Sache aber präzis auf den Punkt bringt. Die beiden deutlichsten Traditionssignale, die parallelen Standortbestimmungen »auf dem Berg ha-Morijja« (vgl. Gen 22) und »auf der Tenne des Jebusiters Ornan« (vgl. 2Sam 24,17 ff ‖ 1Chron 21,15 ff), inkludieren die beiden ebenfalls parallelen *ʾăšær*-Sätze, die sich syntaktisch zwar auf *har hammōriyyā* beziehen, sachlich aber jeweils einer Ortsbestimmung zugeordnet sind, so daß sich ein symmetrisches Gefüge ergibt, stilistisch auch durch die asyndetische Gegenüberstellung der beiden Attributsätze. 1Chr 3,1 komprimiert gewissermaßen Gen 22 auf die Kernaussage, in freier Verwendung tragender Begriffe der Erzählung. Das ist *einerseits* die Erwählung des Zionberges, der, in Gen 22,2 Teil des »Landes ha-Morijja«, hier verkürzt »Berg ha-Morijja« genannt und dessen Erwählung, wie gezeigt, unter Aufnahme des Gen 22 durchziehenden Leitworts *rāʾā* zum Ausdruck gebracht wird. Es geht *andererseits* um die Bedeutung, die dieser Akt »im Blick auf David« hat, d.h. durch David und für David gewinnt. Durch David erfolgte die grundlegende, wenngleich noch partielle Realisierung der Zionserwählung, durch ihn wurde der Berg (wieder) zum *māqōm*, zur »Stätte« für den Tempel, mit dessen Bau dann Salomo vollendete, was mit Abraham und David begann. Dabei ging es freilich um mehr als den Tempelbau. Nach 1Chr 22,6 ff durfte noch nicht David, der Mann des kriegerischen Blutvergießens, den Tempel bauen, sondern erst der erwählte (1Chr 28,5) Sohn und Friedenskönig Salomo, dem deshalb die göttliche Verheißung Jahwes galt: »Er wird meinem Namen ein Haus bauen,

und er wird mein Sohn sein, und ich werde ihm Vater sein und den Thron
seines Königtums über Israel für immer festmachen« (V. 10). Zugleich sollte sich so die David einst gegebene Erwählungszusage erfüllen, »für immer
König über Israel« zu sein (1Chr 28,4). All dies hat 2Chr 3,1 zweifellos auch
im Auge mit der sehr offen formulierten Aussage, der Berg ha-Morijja, auf
dem nun Salomo den Tempelbau beginnt, sei ausersehen worden »im Blick
auf David, seinen Vater«, wobei die Apposition »seinen Vater«, betont
durch die Endstellung, ein Leitwort der Gen 22 dominierenden Vater-Sohn-
Thematik aufnimmt. Daß der Chronist uns mit seinen deutenden Anspielungen auf Gen 22 den hermeneutischen Schlüssel für den hintergründigen
Sinngehalt der Abrahamserzählung in die Hand gibt, ist leider nie bemerkt
worden. Darauf ist später noch genauer einzugehen. Hier bleibt im Blick auf
unsere Ausgangsfrage festzuhalten, daß der erste ʾăsær-Satz *durchgängig*
auf Gen 22 Bezug nimmt, und zwar in einer nur dem verständlichen Art und
Absicht, der Gen 22 mithört. Undenkbar daher die Annahme, Gen 22 sei aus
diesem Nebensätzchen herausgesponnen.

Ebenso deutlich wie die sekundäre Herkunft und Zusammensetzung der
Wortverbindung »Berg ha-Morijja« in 2Chr 3,1 ist in Gen 22,2 die ursprüngliche Verwurzelung der Bezeichnung »Land ha-Morijja«, die hier
nicht herausgebrochen werden kann, ohne das innere Gefüge und die äußeren Bezüge der Erzählung empfindlich zu stören. Von einem Land zu sprechen, entspringt, wie angedeutet, der Absicht, Knechte und Esel vom »Berg«
und dem, was sich dort abspielen soll, fernzuhalten, als Abraham ihn »von
fern« erblickt, offensichtlich an der Grenze des »Landes ha-Morijja«. Die
äußerste Sichtdistanz zum Berg markiert so etwas wie eine Temenosgrenze,
die Unbefugten den Zugang zum heiligen Bereich und auch den Blick auf
das Geschehen in seinem Zentrum verwehrt. Im territorialen Sinne aber ist
sie natürlich die Gebietsgrenze der »Gottesstadt« (Ps 48) Jerusalem, die
hier als Stadt noch nicht in Erscheinung treten darf. Auch die namentliche
Nennung des »Landes« ist ein integrierendes Moment der Erzählung, formal wie sachlich. Sie ist das einleitende Pendant zur Benennung des Berges
V. 14, in der die Erzählung gipfelt. Zu den Bezügen, die Gen 12 und 22,2
miteinander verbinden, gehören nicht nur der Aufbruchsbefehl *læk-leⁿkā*
und die Zielangabe »zu dem Land«, vielmehr greift auch der Landesname
ha-Morijja zurück auf Gen 12 und wird von daher erst voll verständlich.
Das führt uns endlich zu der von den Auslegern sträflich vernachlässigten
Frage nach der Bedeutung dieses Namens. Sie hätte schon deshalb erhöhte
Beachtung verdient, weil der Name offensichtlich künstlich gebildet ist,
also eine bestimmte und zweifellos gewichtige Aussage enthält.

Die masoretische Form *mōriyyā*, deren Punktierung schon mangels sinn-
voller Alternativen nicht zu bezweifeln ist, kann, formal betrachtet, zweier-
lei darstellen, nämlich das feminine Partizip Hif. von *yrh* oder das maskuline
Partizip Hif. desselben Verbs mit dem theophoren Element *-yā* (= *YHWH*)[17].
Bei dem Verbum kann es sich nur um *yrh* III »Weisung erteilen, lehren«
handeln; denn weder *yrh* I Hif. »werfen, schießen« noch *yrh* II Hif. »trän-
ken« ergibt hier einen Sinn. *ʾæræs hammōriyyā* hieße dann entweder »das
Land der Weisung Erteilenden« oder »das Land(, wo) der Weisung Erteilende Jahwe (ist)«. Im zweiten Fall entspräche die Konstruktusverbindung
von Appellativum und selbständigem Satz bzw. Satznamen der Benennung
des Berges in V. 14 (»auf dem Berg[, wo] Jahwe erscheint«); und wegen
dieser Analogie gebührt der zweiten Möglichkeit entschieden der Vorzug.
Im andern Falle müßte die ungenannte weibliche Größe mit Jerusalem identifiziert werden, was unwahrscheinlich ist. Ein weiteres Argument kommt
hinzu, wenn man der nie gestellten Frage nachgeht, wie der Erzähler auf
den Namen *hammōriyyā* kam.

Wie oben angedeutet, steht dahinter wiederum Gen 12, genauer V. 6f.
Abrahams erste Haltestation »im Land« war der *māqōm* Sichem, genauer
das Baumheiligtum *ʾēlōn mōrǣ,* wo ihm Jahwe erschien und für seine Nachkommen die Gabe »dieses Landes« verhieß, worauf Abraham »Jahwe, der
ihm erschienen war« dort einen Altar baute. Worum es dem Jahwisten dabei
geht, hat am prägnantesten HARTMUT GESE (1991, 33f) formuliert: »Abraham stößt bei seiner Nord-Süd-Route von Harran aus auf das als bestehend
vorausgesetzte Baumheiligtum von Sichem, das nun durch die JHWH-Er-
scheinung mit der Landgabeverheißung geheiligt wird. Für die atl. Tradition ist dabei die Verbindung gerade dieses Heiligtums mit dem Siedlungsland Israels fest gegeben, so daß die in Sichem ausgesprochene Verheißung
›dieses‹ Land‹ eindeutig ist. … Allein in diesem Heiligtum liegt nach der
Tradition das anfängliche sakrale Zentrum des Siedlungslandes vor, und so
ist es geradezu notwendig, daß hier sich der das Siedlungsland verheißende
JHWH offenbart.« Nach GESE (1991, 33) überträgt der Jahwist damit auf
Abraham proleptisch die ältere Jakobsüberlieferung, wonach Jakob es ist,
»der das Heiligtum von Sichem außerhalb der Stadt durch Kauf erworben
und hier den Kult des Gottes Israel begründet hat (33,19f; nach 48,22 kriegs-
rechtlich erworben hat!)«. *ʾēlōn mōrǣ* wird herkömmlich und gewiß zu
Recht mit »Wahrsagerterebinthe, Orakeleiche« wiedergegeben, das Be-
stimmungswort *mōrǣ* also ebenfalls als substantiviertes Partizip Hif. von
yrh III aufgefaßt. Nimmt man noch das Motiv der Erscheinung Jahwes
hinzu, so ist die bewußte Parallelisierung von Gen 12,6f und 22,2.14 mit
Händen zu greifen. Für den Jahwisten ist der *mōrǣ* dieses Baumheiligtums

natürlich niemand anderer als Jahwe, der sich dem Abraham an diesem *māqōm* mit der Verheißung der Landgabe offenbarte. Das gilt dann aber auch für den Namen ha-Morijja. Gen 12,6f bringt *indirekt* zum Ausdruck, was der Name *hammōriyyā* verbaliter sagt: »Der Weisung Erteilende (ist) Jahwe.« Diese Differenz ist durchaus zu beachten, denn sie markiert einen Rangunterschied. Das Sichemheiligtum ist das aus der kanaanäischen Vor- und Väterzeit übernommene und dann jahwisierte Kultzentrum des Landes, wo Jahwe speziell dem Abraham mit einer speziellen Offenbarung einmal erschien. Das »Land ha-Morijja« mit seinem *māqōm* dagegen ist der erst und allein von Jahwe erwählte Heiligtumsbereich, wo Jahwe, wie wir sehen werden, in einem absoluten Sinne erscheint und Weisung erteilt.

Den Zusammenhang von Weisung und Erscheinung deuten die Lokalbenennungen ha-Morijja V. 2 und *JHWH yērā'æ* schon durch ihre partielle Assonanz an, die einen wortspielhaften Bezug herstellt[18]; und daß die beiden Benennungen aufeinander bezogen sind, zeigt auch der Umstand, daß nur an diesen zwei Stellen vom »Berg« die Rede ist. Hinzu kommt mit dem »Namen« *JHWH yir'æ* »Jahwe wird (er)sehen« V. 14, auf den schon der Zentralsatz der Erzählung V. 8ab anspielt, der Aspekt der Erwählung des zu opfernden bzw. geopferten Sohnes Abrahams. Im Folgenden ist darzulegen, wie die Aspekte der Erscheinung, Weisung und Erwählung Jahwes auf dem *māqōm*-Berg miteinander zusammenhängen. Es wird sich zeigen, daß die Namen von V. 2 und V. 14 einschließlich der Namensanspielung in V. 8 die Erzählung nicht nur kompositorisch, sondern auch thematisch verklammern.

III

Worum geht es in Gen 22? Diese Frage deutet ein Problem an, das die kritische Exegese von jeher irritierte[19]: die »thematische Vieldeutigkeit« oder »Mehrdimensionalität«, die der Erzählung angeblich eignet. Zwar stellte kaum jemand das Phänomen als solches in Frage; doch die Meinungen über Zahl und Art der Themen und über die Gründe der Themenvielfalt waren und sind geteilt. War der Fall für die literarkritisch und überlieferungsgeschichtlich orientierte Forschung mit der Annahme eines längeren

---

[17] Das *dāgēš* im *yōd* würde im ersten Falle sekundäre, im anderen wohl echte Gemination anzeigen.

[18] Er würde zerstört, wenn man das Endstück des Namens ha-Morijja nicht als theophores Element auffassen würde. Insofern stützt auch er unsere Deutung des Namens.

[19] Vgl. die Überblicke bei NEEF 1998, 17–24 und STEINS 1999, 114–116.

Werdens und Wachsens des Textes im Prinzip gelöst, hat die zunehmende Einsicht in den »hoch artifizielle(n)«[20] und somit einheitlichen Charakter des Textes diesen Ausweg versperrt. Das Problem spitzte sich damit unabweislich zu auf die Frage nach dem inneren Zusammenhang der Themen, der man sich allerdings beharrlich entzog. BLUMS (1984, 321) Feststellung, es »laufen in Gen 22 mehrere alternative Linien nebeneinanderher, ohne damit freilich die Einheit des Ganzen zu beeinträchtigen«, ist, was den zweiten Teil der Aussage betrifft, eine leere Behauptung. Das zeigt sich nicht zuletzt an der Unvereinbarkeit der leitenden Intentionen, die BLUM und in seinem Gefolge VEIJOLA (1988, 154) dem Autor unterstellen: einerseits ein starkes religionsgeschichtliches oder kultätiologisches Interesse an Jerusalem als gottbestimmtem Opferplatz, andererseits die dominante Ausrichtung auf die »theologische Thematik«[21] der Prüfung und des Gehorsams bzw. Vertrauens Abrahams[22]. Nach so viel vergeblicher Mühe ist es endlich an der Zeit, die *petitio principii* der ganzen Diskussion, die selbstverständliche Annahme einer thematischen Mehrgleisigkeit, in Frage zu stellen und nach dem Punkt zu suchen, an dem die Linien zusammenlaufen[23].

---

[20] STEINS 1999, 114.

[21] BLUM 1984, 326.

[22] BLUM (1984, 321) spricht auch von der »Sinnkomplexität des Textes« und nennt »vier thematische Aspekte …: 1. die Prüfung Abrahams, 2. das Vertrauen Abrahams, 3. der heilige Ort, 4. das Kindesopfer«.

[23] Nicht eingehen kann und muß ich hier auf die »kanonische Auslegung« oder »kanonisch-intertextuelle Lektüre« von GEORG STEINS (1999), der den anvisierten Punkt, sofern man noch von einem solchen sprechen kann, außerhalb des Textes sucht: »Nach den vorangehenden Analysen ist der Ansatzpunkt einer Integration der thematischen Vielfalt in der Mitte der Tora, in der Sinaiperikope, zu suchen. Gen 22,1–19 verbindet die zwei wichtigsten Konzeptionen der Tora für das Gottesverhältnis Israels und bezieht sie auf Abraham: zum einen den deuteronomistischen Grundgedanken der Gottesbegegnung im Gesetz, zum anderen das priesterliche Modell der Gotteserfahrung im Kult. Beide Konzeptionen sind bereits in der Endgestalt der Sinai-Perikope zusammengeführt, Gen 22 setzt aber die Tendenz zur Bündelung der zentralen theologischen Konzeptionen fort und vollbringt eine erstaunliche Integrationsleistung. Damit ist auch anzunehmen, daß Gen 22 nicht mehr in den lebendigen Traditionsströmen steht, sondern eine ›literarische‹ Arbeit darstellt, die aus einem schon weit entwickelten Literaturbestand ›herauswächst‹ und in diesem als Fortschreibung aufgenommen wird. Gen 22,1–19 konnte insofern als Sinaiprolepse, als vorgezogene Mitte der Tora, angesprochen werden. … Das Besondere in Gen 22 besteht darin, daß es sich nicht wie etwa in Gen 18,19 und 26,3–5 um punktuelle Erweiterungen bereits vorhandener Erzählungen handelt, sondern eine eigene Erzählung für einen vorliegenden Zusammenhang in enger Anlehnung an diesen und zugleich unter Berücksichtigung des ganzen Pentateuch geschaffen wird« (218). Gen 22 ist also eine »späte Erweiterung eines schon sehr weit entwickelten Pentateuch, in dem die priesterliche und die deuteronomistische Tradition schon längst zusammengeführt« sind (223). STEINS ist offenbar geneigt, die Erzählung als Produkt der heute heiß diskutierten Endredaktion des Pentateuch anzusehen (223). Seine These

Diesem Ziel entscheidend nähergebracht hat uns die komprimierte Auslegung von HARTMUT GESE in seinem literar- und überlieferungsgeschichtlich weit ausgreifenden Aufsatz »Die Komposition der Abrahamserzählung« (1991, 40–43). Danach ist der Generalschlüssel für das Verständnis der jahwistischen Abrahamserzählung, der GESE auch Gen 22,1–14.19 zurechnet, die Einsicht in den proleptischen Charakter des Erzählten: »Für den Jahwisten ist Abraham der Beginn der Heilsgeschichte, das *principium*, in dem und in dessen Leben sich abbildet alles, was für Israels Heilsgeschichte konstitutiv ist« (49). Dabei sind die Rahmenstücke Gen 12,1–3 und 22,1–14.19 von besonderer Bedeutung, und zwar insofern, als sie in jenen Anfängen der Heilsgeschichte bereits das Ziel durchscheinen lassen. Was der Jahwist eingangs verheißt – das große Volk, den großen Namen, den Segen aller Welt –, wird sich im davidischen »Zionskönigtum« erfüllen; und »am Ende der Abrahamsgeschichte« kehrt er gewissermaßen zum Anfang zurück, indem »er die Zionsprolepse lehrt und so die Gestaltung des Abrahamsbildes voll abrundet« (43). »Zionsprolepse« meint die vorauslaufende Begründung des Zionsheiligtums, das »eine verborgene und nur Abraham bekannte Kultstätte« bleiben muß, bis David sie »dem allgemeinen JHWH-Kult wieder eröffnen« wird (42).

In der Tat kann kein Zweifel daran bestehen, daß es hier um den Zion geht. Zweimal, zu Anfang (V. 2) und gegen Ende (V. 14) der Erzählung, also in exponierter Stellung, ist die Rede vom Berg. Der Berg im Lande ha-Morijja wird eingangs (V. 2) volltönend und geheimisvoll (»auf einem der Berge, den ich dir sagen werde«) eingeführt und erscheint dann leitmotivisch durchgehend nicht weniger als viermal unter der funktionalen Bezeichnung *māqōm* »Kultort«, mit deutlichen Anspielungen auf den Zion als Ort der göttlichen Erwählung und Offenbarung. Zweimal folgt dem Wort der Attributsatz »den ihm Gott gesagt hatte« (V. 3.9). Könnte man im ersten Fall (V. 3, Aufbruch) noch an einen bloßen Rückverweis auf V. 2 denken, zeigt die stereotype Wiederholung in V. 9 (Ankunft), daß mehr gemeint ist, mehr auch als eine gliedernde Markierung des Weges, den Abraham zu gehen hat; die Wendung bringt vor allem die göttliche Bestimmung des Zielorts wie der dorthin führenden Bewegung zum Ausdruck, Bestimmung im Sinne der erwählenden (»einer der Berge«) und offenbarenden (»sagen«) Verfügung. Die anderen beiden Male hat der Begriff *māqōm* bei sich

---

steht und fällt mit der Tragfähigkeit der vielen »intertextuellen« Pentateuchbezüge, die er glaubt aufweisen zu können. Man vermißt auch den Versuch, den Text im Ganzen und als Ganzheit zu exegesieren. Damit entzieht sich STEINS der Aufgabe, die Erzählung zunächst einmal aus sich heraus zu verstehen.

das Verb *rā'ā* »sehen«, und zwar in drei unterschiedlichen Formen und Bedeutungen: Abraham »sah« den *māqōm* mit quasi prophetischem Blick (V. 4, vgl. V. 13), und er nannte ihn »Jahwe (er)sieht« bzw. »auf dem Berge, da Jahwe sich sehen läßt« (V. 14). Auch hier sind Erwählung und Offenbarung die Momente, die den Berg als *māqōm* kennzeichnen und auszeichnen.

Zweifellos geht es auch um den Zions*kult* – die Erzählung kreist ja um Abrahams *Opfer* –, und zwar um den Zionskult als letztgültige Ausprägung und damit einzig wahre Gestalt des Jahwekultes. Es ist in dieser Hinsicht bezeichnend, »daß der Jahwist Abraham nur hier bei dieser Zionsprolepse wirklich opfern läßt, während an den anderen Kultstätten nur von der Namensanrufung gesprochen wird«[24]. Aber was kennzeichnet »den einzig wahren Zionskult«[25] als solchen? Nicht das Sohnesopfer im vordergründigen Sinn der blutigen Darbietung. Unter Verweis auf das Beispiel des Königs von Moab, der, belagert von Israel, in höchster Not seinen erstgeborenen Sohn und Nachfolger auf der Mauer als Brandopfer darbrachte (2Kön 3,27), stellt GESE zu Recht fest, daß »Israel … in seiner Umwelt diese letzte religiöse Hingabe selbst erfahren« konnte, daß die »Forderung an Abraham in Gen 22 … also durchaus einem allgemein empfundenen wenigstens theoretischen letzten göttlichen Anspruch an den Menschen« entsprach (1991, 41; vgl. auch MÜLLER 1997). Das Proprium des Zionskultes ist deshalb auch nicht die von Abraham bewiesene Gottesfurcht (V. 12), die, in eine furchtbare Zerreißprobe gestellt und bereit zur letzten blutigen Konsequenz, alles andere ist »als irgendeine Art von Vertrauen auf Gottes gnädige Führung oder ein gläubiges Sich-Halten an Gott«[26] – die einleitende Mitteilung, daß »Gott den Abraham versuchte« (V. 1), orientiert zwar den Leser, aber nicht den Abraham. Was hätte Abraham mit dieser Gottesfurcht denn mehr geleistet als jener König von Moab, dessen Sohnesopfer durchaus auch seine göttliche Anerkennung fand: »Da kam ein großer (göttlicher) Zorn über Israel, und sie zogen ab von ihm und kehrten zurück in ›ihr‹ Land« (2Kön 3,27). Abrahams Gottesfurcht ist darum nicht das Ziel der Erzählung, auch nicht das »theologische Thema«, jedenfalls nicht, wenn man sie isoliert und abstrahiert.

Das verbietet schon der Text. Die Engelrede endet ja nicht mit dem Urteil Jahwes »denn jetzt weiß ich, daß du gottesfürchtig bist« (V. 12), sondern fährt explizierend und konkretisierend fort »und hast mir nicht vorenthalten deinen Sohn, deinen einzigen«. Auf dieser Aussage liegt das ganze

---

[24] GESE 1991, 42.

[25] *op. cit.*

[26] STEINS 1999, 178.

Schwergewicht der Endstellung, hier erst ist das Ziel der Rede erreicht. Diese unlösbare Verbindung der beiden Begründungssätze wird neuerdings wortreich beschworen[27]; auffällig wortkarg aber wird man, sobald es darum geht zu sagen, was denn das Nicht-Vorenthalten des Sohnes bedeute. Unausgesprochen wird vorausgesetzt, daß der Wille schon für die Tat gelte, die Gottesfurcht das Äquivalent des Sohnesopfers sei. Das aber entspricht nicht dem Wortlaut. Es macht auch das nachfolgende Widderopfer überflüssig, das eine Art Ersatz für das blutige Sohnesopfer ist, wobei die Intervention durch niemand Geringeren als den Jahweengel deutlich macht, daß dieses Verbot grundsätzliche Geltung hat und den Zionskult auch in dieser Hinsicht über die Stufe der allgemeinen Gotteserfahrung und -verehrung emporhebt. Doch annulliert das Widderopfer nicht einfach das bis an den Rand der Schlachtung geführte Sohnesopfer. Es ist der rituelle Nachvollzug und damit die Besiegelung dessen, was der Satz »du hast mir nicht vorenthalten deinen Sohn, deinen einzigen« feststellt: eine reale und totale Übereignung.

Der Schlußsatz der Engelrede blieb den neuzeitlichen Auslegern nicht zuletzt deshalb ein Rätsel, weil sie die Rolle übersahen, die das Sohnesmotiv in dieser Erzählung spielt. »Sohn« ist ihr häufigstes Leitwort; es fällt nicht weniger als 9mal, und mit einer Ausnahme wird es selbst dem Namen Isaak noch beigefügt. Isaak ist denn auch – das hat die frühe jüdische Auslegung bereits gesehen[28] – der eigentliche »Held« der Erzählung, in den Rahmenpartien und vollends im Mittelteil, der ganz auf ihn hin ausgerichtet ist und ihn schon damit in den Mittelpunkt der Erzählung stellt. Nur hier tut der sonst stumme Sohn den Mund auf, und zwar mit der – ausdrücklich an den »Vater« (2mal) gerichteten – Frage nach dem Opfertier (V. 7). Abrahams Antwort, im Zentrum der ganzen Komposition, ist der Schlüsselsatz der Erzählung: »Gott wird sich ein Schaf ersehen zum Brandopfer, mein(en) Sohn« (V. 8). Das ist in der eigentümlich verhüllenden Sprache dieser Perikope, die beim letzten Wort absichtsvoll zwischen Vokativ (»mein Sohn«) und Akkusativ (»meinen Sohn«) oszilliert, eine doppelsinnige Erwählungsaussage, die vordergründig auf das Opfertier abzielt, letztlich und eigentlich aber auf den Sohn, dessen Erwählung (»ersehen«) in der geheimnisvollen Bereitstellung des Widders ihre Entsprechung findet, wie die Übereignung des Sohnes im Opfer des Tieres. Der Schlußsatz der Engelrede besagt dann in seiner letzten Konsequenz, wie schon angedeutet: Abrahams

---

[27] Vgl. STEINS 1999, 177f (Lit.).
[28] Vgl. KUNDERT 1998, *passim.*

Sohn ist zum Sohne Gottes geworden. Das zielt proleptisch auf das Herz-stück der Jerusalemer Königstheologie[29].

Vom Vater-Sohn-Verhältnis zwischen Jahwe und dem davidischen König spricht das Alte Testament verschiedentlich und auf verschiedene Weise. An den ursprüng-lichen Haftort dieser Vorstellung führt uns am nächsten Ps 2,7 heran, mit dem Zitat des Orakelbescheids, den Jahwe am Tage der Inthronisation an den Davididen ergehen läßt: »Mein Sohn bist du, *ich* habe dich heute geboren/gezeugt«. Damit korrespondiert die vorausgehende Selbstaussage des Davididen (V. 6): »Ich aber wurde ›geschaffen‹[30] als ›sein‹[31] König auf dem Zion, ›seinem‹[32] heiligen Berg«. In ähnlicher Form und Sprache zitiert oder imitiert Ps 110, 3 ein entsprechendes Gottesorakel: »Auf heiligem ›Bergland‹ (dem Zion), aus dem Mutterleib, aus ›der Morgenröte‹ (des heutigen Thronbesteigungstages) habe ich dich geboren.«[33] Auch wenn hier die Begriffe »Sohn« und »gebären/zeugen«, wie vor allem das »heute« des Inthronisationsaktes zeigt, nicht im Sinne einer physischen Vaterschaft mißverstanden werden darf, sind sie doch mehr als »ein auf die Ebene der Meta-pher transponiertes mythisches Element«[34]. Wie das parallele »erschaffen« in V. 6 meinen sie die reale Überführung in die neue Existenz- und Rechtsform des univer-salen Herrschers zur Rechten Gottes (Ps 110,1) auf dem Zion, eingesetzt »durch den auf dem Zion thronenden Weltenkönig, der hier in diese Welt und Erde eingetreten war und Wohnung genommen hatte«[35]. Die Vorstellung von der Gottessohnschaft des auf dem Zion residierenden und repräsentierenden Davididen hat einen familien- und bodenrechtlichen Hintergrund, den Psalm 132, ein Text von hohem Alter[36], entfaltet. Davids Schwur, nicht zu ruhen, bis er »eine Kultstätte *(māqōm)* für Jahwe, eine Wohnstatt für den Starken Jakobs finden« (V. 5) werde, und die Erfüllung dieser Zusage durch die Überführung des göttlichen Macht- und Präsenzsymbols der Lade nach Jerusalem (V. 6–9) beantwortet Jahwe seinerseits mit einem Schwur, einer eidlichen Garantie der Davidsdynastie (V. 11), und be-gründet ihn mit seiner Erwählung des Zion als Thronsitz (V.13f). So wird Jahwe auf dem Zion, dem Grundbesitz der Davidsfamilie, zum eigentlichen Grundherrn, der Zion zum Weltenthron und der dort inthronisierte Davidide zum irdischen Stellvertreter des göttlichen Weltenherrschers. Ps 2 führt diese Konzeption um einen Schritt weiter, vom Dynastieschwur zur Gottessohnproklamation. Den Zu-

---

[29] Im Folgenden (S. 85–88) stütze ich mich im Wesentlichen auf HARTMUT GESES grundlegende Ausführungen zu Sache (1984b und c sowie 1989, 129–131).

[30] Statt *nāsaktī* lies *neṣakkōtī* (1. sg. pf. nif. von skk II). Vgl. GESE 1984c, 138 f. kritisch dazu KRONHOLM 1986, 844 f.

[31] So mit LXX.

[32] So mit LXX.

[33] Übersetzung nach GESE 1989, 130, Begründung bei GESE 1984c, 137 f.

[34] DONNER 1969, 114.

[35] GESE 1984c, 138.

[36] Auf Ps 132 spielen Micha (2,10≈132,14; 3,12≈132,6) und Jesaja (28,12≈132,14) an. Ps 132,12 ist ein Einschub. Er knüpft, gut deuteronomistisch, den Fortbestand der davidischen Dynastie und Herrschaft an die Bedingung der Bundes- bzw. Gesetzes-wahrung, und er durchbricht die parallelistische Dichotomie der strophischen Struktur des Psalms. Er darf also nicht zur Datierung des Psalms herangezogen werden.

sammenhang wie den qualitativen Unterschied expliziert auf seine Weise der wohl
exilische Psalm 89, der einerseits vom unverbrüchlichen Treuebund spricht, den
Jahwe mit David geschlossen hat (V. 4–5.29–38), andererseits Jahwe im deklarato-
rischen Ichstil sagen läßt (V. 27 f): »Er wird mich anrufen: Mein Vater bist du, mein
Gott und der Fels meines Heils! Und ich mache ihn zum Erstgeborenen, zum Höchsten im Blick auf die Könige der Erde.« »Vater« und »Erstgeborener« charakteri-
sieren hier den Davididen indirekt als Gottessohn, dazu das Gottesprädikat ʿælyōn
»Höchster«, »das nur an dieser Stelle für einen Menschen gebraucht wird«[37]. Gegenüber den »Königen der Erde« nimmt der Davidide also eine quasi göttliche
Suprematsstellung ein; zu Jahwe dagegen steht er in einem unlösbaren Kindschafts-,
exklusiven Gottes- und unangreifbaren Schutzverhältnis. Zugleich ist die mytholo-
gisch gefärbte Gottessohnideologie, wie sie in Ps 2 und 110 zur Sprache kommt,
in die Vorstellung eines gleichsam menschlichen Vater-Sohn-Verhältnisses übergegangen und einbezogen in die Konzeption des Davidsbundes, von dem Ps 89
nicht weniger als viermal spricht (V. 4.29.35.40). Jahwe hat ihr zufolge David,
seinem »Erwählten« (V. 4), den immerwährenden Bestand der Dynastie eidlich
garantiert, allerdings dessen »Söhnen« (V. 31) bei mangelndem Gesetzesgehorsam
auch die väterliche Züchtigung mit »Rute« und »Schlägen« (V. 33) – aber eben
nicht mehr als sie – angedroht. Die Bedingung der Gesetzesobservanz ist hier also
ihrerseits bedingt durch die Unverbrüchlichkeit des göttlichen Gnadenschwurs.
Diese – deuteronomistische – Haltung nimmt auch 2Sam 7,14f ein: »*Ich* will ihm
[Salomo] Vater sein, und *er* soll mir Sohn sein, den ich, wenn er sich versündigt,
mit Menschenrute und menschlichen Schlägen züchtigen werde.« In der chronistischen Parallele 1Chr 17,12–14 ist daraus eine bedingungslose Zusage von unwi-
derruflicher Geltung geworden: »Er soll mir ein Haus bauen, und ich werde seinen
Thron für immer befestigen. Ich werde ihm Vater sein, und er soll mir Sohn sein,
und ich werde ihm meine Gnade nicht entziehen, wie ich sie deinem [Davids]
Vorgänger entzogen habe, sondern werde ihn für immer über mein Haus und über
mein Königtum bestellen, und sein Thron soll für immer feststehen.« Anders die
nachchronistische Erweiterung 1Chr 28,7b–10, die diese Aussage radikal modifiziert. In Bezug auf Salomo, den Jahwe »erwählt« habe, »daß er auf dem Thron des
Königtums Jahwes über Israel sitze« (V. 5), habe Jahwe dem David sagen lassen:
»Dein Sohn Salomo, der soll mein Haus und meine Vorhöfe bauen, denn ihn habe
ich mir als Sohn erwählt, und ich werde ihm Vater sein und sein Königtum für
immer festmachen, wenn er dabei bleibt, meine Gebote und Gesetze zu halten …«
(V. 6–7). Dem entsprechen im Folgenden (V. 9) die an Salomo gerichtete Mahnung
Davids, Gott »mit ungeteiltem Herzen und williger Seele zu dienen«, und die Warnung, Gott nicht zu verlassen, der ihn sonst für immer verwerfen werde. Der Gesetzesgehorsam ist hier die *conditio sine qua non* des davidischen Königtums[38].
    Bei allem Wandel, den die Gottessohnvorstellung in den vorgeführten Texten
zeigt, bleibt die konzeptionelle Grundlage weitgehend konstant: die unlösbare Ver-

---

[37] HAAG 1973, 679.
[38] Im selben Sinne 1Chr 22,10–13 und 2Chr 7,17 f. Zum sekundären Charakter von
1Chr 22,10–13; 28,7b–10 vgl. MOSIS 1973, 90–92. Zu der von MOSIS (89–94) im Anschluß an RUDOLPH aufgestellten These, der Chronist kenne keine Dynastiezusage und
beschränke die Nathansverheißung von 2Sam 7 auf Salomo, vgl. die Kritik von IM
1985, 119–129.

bindung von Zionserwählung und Dynastieverheißung. Die Erwählung des Zion zum Wohn- und Thronsitz Jahwes schließt die dynastische Sicherung der davidischen Herrschaft auf dem Zion ein und führt so zu einem Mit- und Ineinander von menschlichem und göttlichem Königtum. Die Dynastieverheißung entspringt allerdings nicht einem boden- und familienrechtlichen Automatismus, sondern beruht, auch und gerade nach Ps 132, auf einem Verdienste Davids, auf der eidlichen Selbstverpflichtung der Heiligtumsbegründung für die Lade und den Jahwekult und auf der Erfüllung dieses Schwurs, die ein Akt der Übereignung des Grundbesitzes der Familie Davids und damit letztlich der Familie selbst ist. Davids Initiative schränkte an sich Jahwes Freiheit der Erwählung des Zion wie der Davididen nicht ein, barg aber die Gefahr in sich, in diesem Sinne mißverstanden zu werden. Diese Gefahr hat man in der Folgezeit erkannt und mit der Autorität prophetischer Offenbarung in der deuteronomistischen Erzählung 2Sam 7 zu bannen versucht. Davids eigenmächtige Absicht, Jahwe anstelle des Ladezeltes ein »Haus« als Wohnsitz zu bauen (V. 5), verbietet Jahwe und setzt dagegen seinen eigenen freien Entschluß, der wiederum beides, Zion und davidisches Königtum, umschließt: »Die Initiative zum Tempelbau ergreift Jahwe, indem er David ein Haus baut [V. 11], d.h. Salomo auf den Thron setzt und ihn den Tempel bauen läßt.«[39] Im selben Atemzuge wird die Dynastiezusage auf Salomo übertragen, um sicherzustellen, daß sie nicht »ein Lohn des frommen Davidswerkes, der Zionsgründung« ist, sondern »sola gratia« erfolgt[40]. Ungeachtet dieser theologischen Gewichtsverschiebung vom verdienstlichen Menschenwerk auf den souveränen Gottesentscheid bleibt die Verbindung von Heiligtumsgründung und Begründung der Davididenherrschaft auf dem Zion erhalten. Die Verlagerung der Dynastieverheißung auf Salomo durchbricht auch den genealogischen Automatismus, der aus einer relativ offenen Formulierung wie Ps 132,11 herausgelesen werden konnte (»Geschworen hat Jahwe dem David Treue, von der er sich nicht abkehrt: Von der Frucht deines Leibes werde ich auf den Thron setzen.«), als habe sich Jahwe ein für allemal einem menschlichen Erb- und Nachfolgegesetz unterworfen. Daß auch nach Ps 132 Jahwe es ist, der die Inthronisationsgewalt ausübt (V.11) und schöpferisch die Lebenskraft der Dynastie erhält (»Dort [auf dem Zion] lasse ich sprossen ein Horn dem David« V.17), räumt nicht völlig die Möglichkeit eines deterministischen Mißverständnisses aus, das Jahwe zum bloßen Garanten der davidischen Herrschaft degradiert und den Davididen zum Konkurrenten des göttlichen Königs erhebt. Die Antwort auf die Fragen, die hier aufbrechen, ist das Theologumenon vom Gottessohn, das, wie und woher immer es aus der Umwelt angeregt sein mochte, in Jerusalem seine ganz eigene Gestalt erhielt. Schon die »mythologische« Frühform der Vorstellung, die die Inthronisation als Zeugung oder Geburt umschrieb, stellte damit klar, daß der Davidide das, was er war, nur Jahwe verdankte und nur in schlechthinniger Abhängigkeit von Jahwe sein und bleiben konnte. Jeder davidische König war als solcher ein Neugeborener, bedurfte ungeachtet seiner davidischen Abkunft der besonderen göttlichen Legitimation, die allein zählte. Das Prädikat »Erwählter« bringt diesen Sachverhalt auf den Nenner. Als Gottessohn war der König im repräsentativen Sinn identisch mit Jahwe, ein Organ und Mittler seiner Herrschaft,

[39] GESE 1984b, 127.
[40] GESE, *op. cit.*

somit aber auch völlig unterstellt der *patria potestas*, was vor allem die deute-
ronomistisch-chronistische Ausprägung der Vater-Sohn-Vorstellung andeutet.

Welch kritische Sprengkraft die Gottessohnvorstellung im negativen Fall freilich auch entwickeln konnte, zeigt das – m. E. echte – Jesajawort 9,5f, wo die
(natürliche) Geburt eines »Kindes«, die (göttliche) Gabe eines zu inthronisieren-
den »Sohnes« angekündigt wird, die Geburt eines neuen, David überbietenden und
die davidische Dynastie ersetzenden Heilskönigs, der gemäß seinen Thronnamen
Wunderrat, Gottheld, Ewigvater, Friedefürst »über den Thron Davids und über
dessen Königreich« eine Herrschaft ewigen Friedens auf der Basis von Recht und
Gerechtigkeit bringen wird. »Damit rücken beide Vorstellungen von der Geburt des
Zionskönigs, die Vorstellung von der physischen Geburt und die von der Inthronisation als Gottesgeburt, in eine starke Nähe zueinander.«[41]

Die wesentlichen Momente der Jerusalemer Königstheologie, die wir so-
eben Revue passieren ließen, finden sich, mit Händen zu greifen, auch in
Gen 22,1–14.19. Wiederholt spielt die Erzählung an auf die Erwählung
sowohl des Zion wie des Zionskönigs, auch wenn das Wort *bāḥar* »erwäh-
len« hier nicht fällt – es durfte hier noch nicht fallen, weil sich die Erwählung erst bei David realisieren sollte. Der Berg im Lande ha-Morijja ist ein
von Jahwe bestimmter *māqōm*, den Jahwe dem Abraham »sagen« wird
bzw. »gesagt« hat. Diese auf die Erwählung vorausweisende Offenbarung
des Zion geschieht im Zuge der Opferbegehung, mit der Abrahams Sohn
zum Sohne Gottes wird. Dafür hat ihn Gott »ersehen«, und zwar »für sich«
(Gen 22,8); und mit Bezug darauf heißt der Berg »Jahwe wird ersehen«
(V.14). Zionserwählung und Gottessohnschaft bilden also auch nach hiesi-
ger Sicht von Anfang an ein Ganzes.

Isaaks Erhöhung ist auch hier in gewisser Weise Abrahams Verdienst.
Aber es besteht doch ein entscheidender Unterschied zu Ps 132, darüber
hinaus sogar ein Gegensatz. Die Initiative geht nicht von Abraham aus,
sondern von Gott. Gott fordert, was er berechtigt ist zu fordern, und Abraham tut, was ihm als Menschen zukommt, auch wenn es durchaus nicht
selbstverständlich ist: Abraham »gehorcht der Stimme« Gottes (Gen 22,18)
und ermöglicht Gott, indem er ihm den Sohn nicht vorenthält, die Realisierung der Sohneserwählung. Das stellt Davids frommes Verdienst als solches in Frage und nimmt ihm alle Bedeutung. Was sich bei David und den
Davididen, Salomo voran, vollzieht, ist in Abraham und Isaak längst prä-
figuriert und prästabilisiert. Diese Rückbindung an Abraham und Isaak, die
das davidische Königtum in der anfänglichen Heilsgeschichte Israels gewissermaßen aufgehen läßt, impliziert eine bedrohliche Konsequenz: Versagt
die Davidsdynastie, kann sie ersetzt werden, ohne daß das Zionskönigtum in

---

[41] GESE 1984c, 141f. Dort (140–143) Näheres zu der oben übernommenen Interpretation von Jes 9,5f und dem Zusammenhang mit Jes 7.

seinem Bestand davon berührt wird, ersetzt durch einen David redivivus aus dem Samen Abrahams, also nicht zwangsläufig »aus der Leibesfrucht« (Ps 132,11) Davids. Abrahams Opfer war das Fundament, auf dem das Königtum ruhte, und Abrahams Nachkomme(n), im weiteren Sinne also Israel, der Fundus, aus dem es notfalls erneuert werden konnte. In der Tendenz entspricht das Jes 9,5f (und Jes7).

Abraham und Isaak auf dem Berg im Lande ha-Morijja sind das Urbild des Jerusalemer Königtums, damit auch das kritische Vorbild, das die Davididen lehrt, worauf Gottessohnschaft letztlich beruht – auf Gottesfurcht im Sinne der absoluten Hingabe bis zur Selbsthingabe an Gott. Dabei geht es nicht nur um einen inneren Vorgang. Der kultische Vollzug oder Nachvollzug des Sohnesopfers durch das Ersatzopfer des Widders gehört unabdingbar dazu; und in dieser Verbindung ist das Opfer Abrahams eine ideale und paradigmatische Retrojektion des Zionskultes. Zu Recht stellte GESE die Frage nach der Besonderheit dieses Opfers (1991, 41f): »Das eigentlich Merkwürdige an dem Inhalt von c. 22 ist die Bindung dieses äußersten und letzten kultischen Aktes an ein genau bezeichnetes Heiligtum ... Und von diesem Heiligtum gilt nun, daß das hier dargebrachte Opfer – der Widder ist die einfachste, die normale Form des Brandopfers – diejenige religiöse Hingabe und damit Gottesnähe beinhaltet, die die letzte und äußerste Hingabe des Menschen darstellen würde.« Doch ist damit, wie schon angedeutet, die Eigenheit des Zionskultes noch nicht voll erfaßt. Der Opferakt wird ja nicht nur an einem »genau definierte(n) Heiligtum« (*op. cit.*, 41) vollzogen, es sind vor allem auch bestimmte und Bestimmtes repräsentierende Personen mit im Spiel. Entscheidend ist noch nicht, daß hier ein Opfer unüberbietbarer Hingabe dargebracht wird, sondern daß Abrahams Sohn bzw. der Davidide hingegeben und zu Jahwes Eigentum, zu Gottes Sohn wird. Das Opfer Abrahams begründet also die Gottessohnschaft der künftigen Könige auf dem Throne Davids; demgemäß ist der das Abrahamsopfer nachvollziehende Zionskult die Grundlage des Zionskönigtums und das Hohepriestertum *secundum ordinem Abraham*[42] ein integrierendes Element dieses Königtums. Die gottesfürchtige (Selbst-)Hingabe nach dem Beispiel Abrahams und Isaaks ist kritisches Prinzip (*Prüfung* Abrahams!) des Zionskultes und -königtums auch noch in einem anderen Sinn. Sie betrifft nicht nur, wie im Falle des Königs von Moab, einen außerordentlichen, in höchster Not vollzogenen Einzelakt, sondern die gesamte Existenz. Nur so, in dieser steten Ganzhingabe an Gott und seinen Willen war der Davidssproß auf dem Zion Gottessohn, nur so – das ist wohl mitzuhören – blieb er es.

---

[42] Also nicht *secundum ordinem Melchisedech* (Ps 109,4 Vulgata).

Hingabe an Gott – das führt zu der Frage, wie Gott sich bzw. seinen Willen dem »Sohn« vermittelte, wie der himmlische König und sein irdischer Repräsentant zu der Übereinstimmung gelangen konnten, die das Vater-Sohn-Verhältnis impliziert. Die Erzählung deutet auch dies an. Mehrfach zeigen sich prophetische Züge im Bilde Abrahams: Abraham empfängt Gottes Anruf und Befehl, er »sieht« (und erkennt) »von fern« den Berg, den Gott ihm »sagen« wollte und dann auch insgeheim »gesagt hatte« (V. 2–4), er kündigt im voraus die gemeinsame Rückkehr mit Isaak (V. 5) und in doppeldeutiger Sprache die göttliche Wahl/Erwählung des Opfertieres/Sohnes (V. 8) an. Im entscheidenden Moment spricht der Jahweengel, der Jahwe selbst repräsentiert, mehr noch: seine Erscheinungsgestalt darstellt, und bezeichnenderweise ruft er vom Himmel herab. Anders als in Ps 132 ist der Zion also nicht der Ruhe-, Wohn- und Thronort Jahwes, die Stätte seiner irdischen Einwohnung, sondern der »Berg, da Jahwe sich sehen läßt« (V. 14), der Ort seiner temporären Erscheinung, die wahrnehmbar aber nur der visionären Schau ist, wie Jes 6 lehrt. Prophetische Inspiration, Vision oder Audition ist hier also das Medium der göttlichen Willenskundgabe[43], wie übrigens auch anderweitig beim Jahwisten[44].

In diesem Zusammenhang ist auch der Name ha-Morijja wieder aufzugreifen. Mit seiner Bedeutung »Der Weisung Erteilende (ist) Jahwe« bildet er, wie wir sahen, das Gegenstück zum Namen *ʾēlōn mōrǣ* »Wahrsagerterebinthe, Oraklereiche«, dem Namen des althergebrachten Heiligtums bei Sichem, wo Jahwe sich dem Abraham mit einer speziellen Verheißung, der Landzusage für die Nachkommen offenbarte (Gen 12,6f). Eine ganz andere Dimension hat demgegenüber der *māqōm* auf dem Berg im Land ha-Morijja, dem Ort der Sohneserwählung und der Erscheinung Jahwes katexochen (V. 14). Hier erscheint Jahwe nicht nur einmal und nur zugunsten Israels, sondern permanent als Herrscher der Welt. Das eben besagt der im Eingangsbefehl der Erzählung programmatisch genannte Name ha-Morijja. Daß er in diesem Sinne zu verstehen ist, bestätigt ungeachtet seines sehr viel späteren Ursprungs das eschatologische Heilswort Jes 2,2–5 || Mi 4,1–5: Am »Ende der Tage« strömen die Völker von selbst zu dem sichtbar über alle Gipfel erhöhten »Berg Jahwes/des Hauses Jahwes«, um sich von

[43] Prototyp und Paradigma in der David-/Salomoüberlieferung ist der Prophet Gad.

[44] Vgl. SCHMITT 1989, im Blick auf die jahwistische Plagenerzählung, wo Mose in der Art eines Propheten redet und handelt. Kein Zufall ist gewiß auch die Gemeinsamkeit des eigentümlichen Verstockungsmotivs bei Jesaja und dem jahwistischen Plagenerzähler. Nimmt man noch das »jesajanisch« radikale Ideal des Zionskönigtums in Gen 22 hinzu, so läßt dies alles zumindest fragen, ob der Jahwist Jesaja nicht auch zeitlich nahesteht.

Jahwe »über seine Wege unterweisen« zu lassen (*yōrēnū*!); »denn vom
Zion geht aus die *Tora* und das Wort Jahwes von Jerusalem« (V. 3), das
Wort der Unterweisung (*tōrā*), mit dem Jahwe die Völker richtend und
schlichtend regiert und zum ewigen Frieden führt, so daß sie ihre Schwerter
zu Pflugscharen und ihre Lanzen zu Winzermessern umschmieden, das
Schwert nicht mehr erheben und den Krieg nicht mehr erlernen.

Das ist im Kern – nur eschatologisch überhöht –, was der Beginn der
jahwistischen Abrahamserzählung Gen 12, 1–3 mit der Verheißung meint,
die dem Abraham zuteil wird in Verbindung mit dem Befehl, aus Land,
Verwandtschaft und Familie fortzuziehen in ein ihm unbekanntes Land –
die Verheißung, ihn zu einem großen Volk zu machen, seinen Namen groß
werden zu lassen und durch ihn alle Sippen der Erde zu segnen. Wie längst
gesehen, spielen die Ausdrücke »großes Volk« und »großer Name« an auf
Davids Reich und Ruhm, desgleichen die Segenszusage auf die Wirkung,
die dem ideologischen Anspruch nach vom weltumfassenden Zionskönigtum ausgeht[45], wobei uns Gen 22 lehrt, daß es um die Weltherrschaft geht,
die der auf dem Zion erscheinende Gott durch sein weisendes Wort und die
Vermittlung des Davididen ausübt. Geht es in Gen 12,1–3 also um die
weltweite *Wirkung* des davidischen Königtums (Außenaspekt), so in Gen
22,1–14.19 um seine *Begründung* auf dem Zion (Innenaspekt). Ursprung
und Urbild dieses Königtums aber ist in beiden Fällen der gehorsame Abraham, der Heimat und Familie für die Verheißung der Weltherrschaft aufgibt
und seinen Sohn für die künftige Gottesherrschaft hingibt. So reichen Anfang und Ende der jahwistischen Abrahamserzählung einander die Hand.

Es bleibt zum Schluß die Eingangsfrage nach der Stadt Gottes in Gen 22.
Wie schon angedeutet, ist der »Berg« der göttlichen Erwählung und Erscheinung darin keine isolierte Größe. Er erhebt sich im »*Lande* ha-Morijja«,
und diese Angabe enthält einen Doppelhinweis auf Jerusalem. »Land« steht
für die künftige »Stadt« Jerusalem (s. o. S. 71.78), die als heilsgeschichtlich
anfängliche Gründung Gottes und des Erzvaters damals noch nicht existie-
ren durfte. Der Landesname ha-Morijja spielt nicht nur lautlich auf »Jerusalem« an, sondern auch inhaltlich. Mit dem, was er aussagt, kennzeichnet
er die Stadt, geschichtlich die »Stadt Davids«, als Residenz des göttlichen
Königs. Lag auch die Stadt Jerusalem noch in der Zukunft, so war nun doch
immerhin konstituiert, was Jerusalem zur Gottesstadt machte: der gott-
bestimmte Berg, Ort der königlichen Erscheinung und Weisung Jahwes
und Stätte seiner Verehrung. Er ist die Gottesstadt *in nuce*, ganz im Sinne
von Ps 48,2–3: »Groß ist Jahwe und sehr zu preisen in der Stadt unseres

---

[45] Vgl. GESE 1991, 32 f (Lit.).

Gottes. Sein heiliger Berg ist schön an Erhebung, Wonne der ganzen Erde,
der Berg Zion im äußersten Norden, die Stadt des Großkönigs.« Hier ist der
Zion, wie in Jes 2,2–4 ‖ Mi 4,1–4, der kosmische Weltenberg, der »Nabel
der Erde« (Ez 38,12), der Ort von Jahwes irdischem (Tempel-)Palast, der,
Ebenbild des himmlischen Palastes, mit diesem in mythischer Einheit die
Himmel und Erde verbindende *axis mundi* bildet, die die kosmische Ordnung der Welt im Innersten zusammenhält[46]. Die Stabilisierung dieser Ordnung war, soweit es die Menschenwelt betraf, das Amt, das der König auf
dem Throne Davids in der Gottesstadt Jerusalem wahrzunehmen hatte, als
Hoherpriester des wahren Zionskultes und als inthronisierter »Sohn« des
göttlichen Weltenherrschers, allen Völkern zum »Segen«.

Anhang: Isaaks Opferung in der Synagoge von Dura Europos

Unter den frühjüdischen Bilddarstellungen der ʿAqēdat Yiṣḥāk ist die Malerei
über der Toranische der Synagoge von Dura Europos die älteste[47], schönste
und in einem tieferen Sinne textnächste Version. In ihrer auf die wesentlichen Motive konzentrierten und komprimierten Form bietet sie nicht nur
eine Illustration des Textes, sondern auch eine über die Erzählung hinaus-
greifende Interpretation, die allerdings bis heute nicht voll erschlossen ist.
Rätselhaft blieb das in Gen 22 nicht erwähnte Zelt mit einer menschlichen
Gestalt im offenen Eingang, das die obere rechte Ecke des Opferszena-
riums einnimmt. Des Rätsels Lösung ergibt sich nun aus unserer Exegese
von Gen 22,1–14.19 und 2Chr 3,1.
    Betrachten wir zunächst das Bild (Abb. 1)[48]. Es nimmt die rechte Seite
des Paneels ein, dessen Zentrum dominant der tempelgestalte Toraschrein
füllt, links flankiert von Lulab, Etrog und Leuchter. Die sechs figuralen
Elemente der Opferszene sind, doppelreihig und gegeneinander versetzt,
dreifach übereinandergestaffelt. Gleichsam die Basis bildet der Widder, der
mit einem Vorderbein, dem Bug und der Schnauze einen zurückgebogenen
Baumstamm und mit dem Kopf fast dessen Krone[49] berührt, offenbar um

---

[46] Zur altorientalischen Vorstellung von Omphalos und Weltenachse in diesem Sach-
zusammenhang vgl. MAUL 1997.
[47] Gegen Mitte des 3. Jh.s n.Chr. Zu den Darstellungen der Opferung Isaaks auf den
Mosaikfußböden der spätantiken Synagogen von *Bēt ʾAlfā* (Abb. 2) und Sepphoris vgl.
STEMBERGER 1999, *passim* (Lit.).
[48] Vgl. KRAELING 1956, 54–62, Pl. XVI.XXIV.LI; GOODENOUGH 1964, Vol. 9, 67–
77; Vol. 11, Pl. I.III und Fig. 66.
[49] Auch die Targume Neofiti und Pseudo-Jonathan »übersetzen«, gewiß im Gefolge
einer älteren Auslegungstradition, den biblischen Busch in einen Baum (vgl. MANNS

anzudeuten, daß er im Gezweig verfangen ist. Widder und Baum repräsentieren den Schlußteil der Erzählung, in dem Abraham seine Augen erhebt und den Widder »hinten«, d.h. im Realsinn »hinter sich«, erblickt. Demgemäß kehrt die über dem Widder stehende Figur des Abraham dem Tier den Rücken zu, in der Rechten das aufwärts gerichtete Messer, bereit, den Sohn zu schlachten, der auf dem links neben und über Abraham emporragenden Altar liegt. Die mittlere Ebene des Bildes illustriert damit den Schluß des Mittelteiles der Erzählung: »Als sie an den Ort gekommen waren, den Gott ihm gesagt hatte, baute Abraham dort den Altar, schichtete das Holz auf, band seinen Sohn Isaak und legte ihn oben auf den Altar auf das Holz« (V. 9). Der gebundene Isaak ist über eine Lage von Holzscheiten gebogen, mit leicht herabhängendem Oberköper, die Arme nicht sichtbar, ein wehrloses Bündel. Auch diese Gestalt kehrt dem Betrachter die Rückseite zu. Der Altar berührt mit dem oberen Sims und rechten Horn die linke Basisecke des in den Winkel des Paneels gesetzten Zeltes, in dem, wie angedeutet, eine nach innen gewandte Gestalt steht[50], eine Art Pendant zu dem unter dem Zeltboden stehenden Abraham. Die erhöhte Position des Altars rückt Isaak dicht an das Zelt heran und unter die geöffnete Gotteshand, die neben dem Zeltdach aus einer Wolke herausragt.

Was ist das für ein Zelt? Und wer ist die Gestalt in seinem Innern? Die Forschung fand bisher nur spekulative Antworten auf diese Frage[51]. Schon der Umstand, daß alle drei Gestalten auf das Zelt hin orientiert sind, zeigt im Verein mit der vom Zelt her ausgestreckten Hand Gottes die besondere Bedeutung und sakrale Dignität des Gegenstandes an. Schon deshalb kann es nichts anderes sein als das Zelt, in dem David die nach Jerusalem überführte Lade unter Darbringung von Brand- und Heilsopfern aufstellte (2Sam 6,17; 1Chr 15,1; 16,1), der Vorläufer des salomonischen Tempels, in dem die Lade ihren endgültigen Standort fand. Auf dem Bilde bringt der das Zelt

---

1995, 76), wohl nach dem Vorbild der abrahamitischen Baumheiligtümer von Sichem und Mamre und vielleicht auch veranlaßt durch die partielle Übereinstimmung der Namen ʼēlōn mōræ und hammōriyyā (s. o. S. 79f.90).

[50] Im räumlichen Kontext der Synagoge sind alle menschlichen Figuren der Morijja-Szene nach Jerusalem hin ausgerichtet.

[51] Der Strauß der Meinungen, den ST. CLAIR (1986) mitsamt einem eigenen Vorschlag präsentiert, könnte bunter nicht sein: Abraham vor seinem Haus in Beeseba, Abraham als Begründer des Laubhüttenfestes (Jubiläen 16 und 18) vor seiner Laubhütte (ST. CLAIR), Sara vor ihrem Zelt, einer der beiden Dienstburschen Abrahams vor einem Zelt, der Jebusiter Ornan vor seinem Haus, das »Haus Gottes« auf dem Berg ha-Morijja, die »Kammer« (ḥuppā) oder »Hütte (sukkā) der künftigen Wohn- und Thronstätte des Messias. Alle diese Deutungen leiden daran, daß sie gar keinen oder keinen direkten Anhalt in Gen 22,1–19, 2Chr 3,1 und der späteren Auslegungstradition haben.

und den Tempelschrein verbindende Altar diesen Zusammenhang augen-
fällig zur Geltung. Die Überführung der Lade samt deren vorläufiger Deponierung im Zelt war der grundlegende Akt der Maßnahmen, durch die David,
mit Gen 22 und 2Chr 3 zu sprechen, den »Berg ha-Morijja« »als Kultstätte
(*māqōm*) begründete«, den »Berg im Lande ha-Morijja«, der von Jahwe für
das Isaakopfer »im Blick auf David ausersehen« war. Das Wandbild der
Synagoge von Dura Europos kombiniert in gleicher Weise Gen 22,1–19 mit
2Chr 3,1 und veranschaulicht konkretisierend die allgemein gehaltene Aussage des Chronisten über Davids Heiligtumsbegründung auf dem Berg ha-
Morijja durch die Darstellung der Ladeüberführung, genauer: ihrer Auf-
stellung im Zelt durch David. Die vielumrätselte Gestalt im Zelteingang ist
also niemand anderer als David, auf den hin der Zion schon zu Abrahams
Zeit erwählt worden war und der Abrahams Vermächtnis erfüllte, indem er
den Jahwekult auf dem Zion wiedereröffnete, er nun aber nicht mehr im
Verborgenen, sondern vor und zugunsten aller Welt.

Bibliographie

ALT, A. 1995: Saruhen, Ziklag, Horma, Gerar, in Kleine Schriften zur Geschichte
    des Volkes Israel, III, München, 409–435 (=JPOS 15 [1935], 294–324).
BLUM, E. 1984: Die Komposition der Vätergeschichte, WMANT 57, Neukirchen-
    Vluyn.
DONNER, H. 1969: Adoption oder Legitimation? Erwägungen zur Adoption im
    Alten Testament auf dem Hintergrund der altorientalischen Rechte, OrAnt 8,
    87–119.
EHRLICH, A. B. 1914 (1968): Randglossen zur hebräischen Bibel, 7. Band, Leipzig
    1914, Repr. Nachdruck Hildesheim 1968.
FRITZ, V. 1990: Der Beitrag der Archäologie zur historischen Topographie Palästi-
    nas am Beispiel von Ziklag, ZDPV 106, 78–85.
GESE, H. 1984a: Τὸ δὲ ῾Αγὰρ Σινὰ ὄρος ἐστὶν ἐν τῇ ᾽Αραβίᾳ (Gal 4,25), in Vom
    Sinai zum Zion. Alttestamentliche Beiträge zur biblischen Theologie, 2. Aufl.,
    BEvTh 64, München, 49–62.
 – 1984b: Der Davidsbund und die Zionserwählung, in Vom Sinai zum Zion. Alttes-
    tamentliche Beiträge zur biblischen Theologie, 2. Aufl., BEvTh 64, München,
    113–129.
 – 1984c: Natus ex virgine, in Vom Sinai zum Zion. Alttestamentliche Beiträge zur
    biblischen Theologie, 2. Auflage, BEvTh 64, München, 130–146.
 – 1989: Der Messias, in Zur biblischen Theologie, 3. Aufl., Tübingen, 128–151.
 – 1991: Die Komposition der Abrahamserzählung, in Alttestamentliche Studien,
    Tübingen, 29–51.
GOODENOUGH, E. R. 1964: Jewish Symbols in the Greco-Roman Period, Volume 9
    und 11, Bollingen Series XXXVII, New York/N.Y.
HAAG, H. u.a. 1973: Art. *ben*, ThWAT I, Stuttgart u.a., 668–682.

IM, T.-S. 1985: Das Davidbild in den Chronikbüchern, EHS.T 263, Frankfurt a.M. u.a.

JENNI, E. 1992: Die hebräischen Präpositionen, Band 1: Die Präposition Beth. Stuttgart u.a.

KALIMI, I. 1990: The Land of Moriah, Mount Moriah, and the Site of Solomon's Temple in Biblical Historiography, HThR 83, 345–362.

KOCH, K. 1984: Art. *kûn*, ThWAT IV, Stuttgart u.a., 95–107.

KRAELING, C. H. 1956: The Excavations at Dura-Europos, Final Report VIII/1: The Synagogue, New Haven/Conn.

KRONHOLM, T. 1986: Art. sākak, ThWAT V, Stuttgart u.a., 838–856.

KUNDERT, L. 1998: Die Opferung/Bindung Isaaks, Bd. 1: Gen 22,1–19 im Alten Testament, im Frühjudentum und im Neuen Testament; Bd. 2: Gen 22,1–19 in frühen rabbinischen Texten, WMANT 78; 79, Neukirchen-Vluyn.

LACK, R. 1975: Le sacrifice d'Isaak – Analyse structurale de la couche élohiste dans Gn 22, Bib 56, 1–12.

MANNS, F. 1995: The Targum of Gen 22, in DERS. (*ed.*), The Sacrifice of Isaac in the Three Monotheistic Religions, SBFA 41, Jerusalem, 69–80; 185–190: Appendix mit Übersetzungen von Targum Pseudo-Jonathan und Neofiti Gen 22.

MAUL, ST. M. 1997: Die altorientalische Hauptstadt – Abbild und Nabel der Welt, in G. WILHELM (*ed.*), Die orientalische Stadt. Kontinuität, Wandel, Bruch, Saarbrücken, 109–124.

MOSIS, R. 1973: Untersuchungen zur Theologie des chronistischen Geschichtswerkes, FThSt 92, Freiburg u.a.

MÜLLER, H.-P. 1997: Genesis 22 und das *mlk*-Opfer, BZ 41, 237–246.

NEEF, H.-D. 1998: Die Prüfung Abrahams. Eine exegetisch-theologische Studie zu Gen 22, 1–19, AzTh 90, Stuttgart.

RUDOLPH, W. 1955: Chronikbücher, HAT I/21, Tübingen.

SCHMITT, H.-CH. 1989: Tradition der Prophetenbücher in den Schichten der Plagenerzählung Ex 7,1–11,10, in V. FRITZ u.a. (*ed.*), Prophet und Prophetenbuch. Festschrift für Otto Kaiser zum 65. Geburtstag, BZAW 185, Berlin u.a., 196–216.

SEEBASS, H. 1997: Genesis, Band 2,1, Vätergeschichte (11,27–22,24), Neukirchen-Vluyn.

SKA, J. L. 1988: Gn 22, 1–19. Essai sur les niveaux de lecture, Bib 69, 324–339.

ST. CLAIR, A. 1986: The Torah Shrine at Dura-Europos: A Re-evaluation, JAC 29, 109–117, Taf. 13–15.

STEINS, G. 1999: Die »Bindung Isaaks« im Kanon (Gen 22). Grundlagen und Programm einer kanonisch-intertextuellen Lektüre. Mit einer Spezialbibliographie zu Gen 22, Herders Biblische Studien 20, Freiburg i. Br. u.a.

STEMBERGER, G. 1999: Biblische Darstellungen auf Mosaikfußböden spätantiker Synagogen, JBTh 13 (1998): Die Macht der Bilder, Neukirchen-Vluyn, 145–170.

STENDEBACH, F. J. 1989: Art. ʿajin, ThWAT VI, Stuttgart u.a, 31–48.

VEIJOLA, T. 1988: Das Opfer des Abraham. Paradigma des Glaubens aus dem nachexilischen Zeitalter, ZThK 85, 129–164.

WESTERMANN, C. 1981. Genesis. 2. Teilband: Genesis 12–36, BK.AT I/2, Neukirchen-Vluyn.

Abb. 1

Paneel über der Toranische der Synagoge von Dura Europos
(3. Jh. n. Chr.) (Zeichnung Margit Sauer)

Abb. 2
Isaaks Opferung auf dem Mosaikfußboden der Synagoge
von Bēt ʾAlfā (6. Jh. n. Chr.) (Zeichnung Margit Sauer)

Die Stätte, die der Herr erwählt

von

STIG NORIN

Die Stadt Gottes im Alten Testament

Der Begriff Stadt Gottes oder Stadt Jahwes kommt im Alten Testament nur an acht Belegstellen vor. Fünf davon stehen in den Psalmen: Ps 46,5; 48,2.9; 87,3 und Ps 101,8. Es sind einige der bekanntesten Davids- und Zionspsalmen, dazu ein Psalm, in dem der Betende seine Unzufriedenheit mit allen Ungerechten im Land und in der Stadt Jahwes verkündet. Ferner begegnen wir der »Stadt Jahwes« in Jes 60,14, wo wir über die zukünftige Herrlichkeit Zions lesen: »Man wird dich die Stadt Jahwes nennen.« An sämtlichen fünf Stellen wird die Stadt Gottes also klar mit Jerusalem und Zion identifiziert. Die übrigen zwei Stellen sind 2Sam 10,12 und seine Parallele 1Chr 19,13. Hier finden wir die Pluralform עָרֵי אֱלֹהֵינוּ »die Städte unseres Gottes«. Joab fordert seinen Bruder Absai auf, für das Volk und »für die Städte unseres Gottes« zu kämpfen. Es war also möglich, auch andere Orte als Jerusalem »Stadt Gottes« zu nennen.

Die erwählte Stätte

Die Kultzentralisierungsformel הַמָּקוֹם אֲשֶׁר־יִבְחַר יהוה »die Stätte, die JHWH erwählt«, hat 24 Belegstellen im Alten Testament. Von diesen stehen alle außer dreien, und zwar Dtn 31,11; Jos 9,27 und Neh 1,9, in dem sogenannten deuteronomischen Gesetz Dtn 12–26.[1] Diese drei Stellen besagen, daß das Gesetz »jeweils nach sieben Jahren« ausgerufen werden soll (Dtn 31,10–11), daß die Gibeoniten Wasserschöpfer an der erwählten Stätte

---

[1] Neun dieser Stellen haben auch die Fortsetzung: »daß sein Name daselbst wohne«. Wir werden nicht auf die Frage eingehen, ob wir es hier mit einem Zusatz der »deuteronomistischen Namenstheologie« zu tun haben (siehe METTINGER 1982, 133; ferner VON RAD 1947, 25 f. und KELLER 1996, 170). DE VAUX behauptete (1967, 219–228), daß der Ausdruck שֵׁם שָׁכַן mit dem akkadischen *šumam šakanum* »in Besitz nehmen« zusammenhängt.

werden sollen (Jos 9,27) und daß Nehemia in seinem Sündenbekenntnis mit
Hinweis auf Dtn 30,1 betete: »Gedenke doch des Wortes, das du deinem
Knecht Mose geboten hast: ich will euch bringen an den Ort, den ich erwählt habe, damit mein Name dort wohne« (Neh 1,8–9). Zudem findet sich
derselbe Gedanke in 2Chr 7,12: וּבָחַרְתִּי בַּמָּקוֹם הַזֶּה לִי לְבֵית זֶבַח.

Die erwählte Stätte ist erstens der Ort aller Opfer, weshalb das Gesetz auch
einige Sonderbestimmungen für Profanschlachtung enthält. Diese Stätte ist
es zugleich, wohin man alle drei Jahre den Zehnten bringen soll (Dtn 14,28).
Man spart jedes Jahr ein Zehntel des Ertrags, sowohl an Getreide als auch
an Tieren, und alle drei Jahre wird es zu der erwählten Stätte gebracht, um
dort ein kleines Fest mit dem Haushalt zu feiern, zu dem auch die Personen
ohne Grundbesitz wie Leviten, Fremde, Waisen und Witwen eingeladen
werden sollen. Wenn die Stätte weit entfernt ist, kann man den Ertrag auch
verkaufen, um andere Lebensmittel bei der Ankunft an der erwählten Stätte
zu kaufen.

Auch das Erstlingsopfer bringt man dar und ißt es an der Stätte, die Jahwe
erwählt hat. Dreimal im Jahr soll man dorthin eine Wallfahrt machen, um die
drei großen Feste zu feiern (Dtn 16).

Die Leviten, die weder Anteil noch Erbe an Gundbesitz in Israel haben,
können zur Stätte kommen, um Dienst zu tun, womit sie auch ihre Versorgung sichern (Dtn 18). In diesem Zusammenhang ist zu erwähnen, daß die
Stätte nicht nur eine kultische Funktion hatte, sondern in gewissem Maß
auch administrativen und juridischen Zwecken diente. Die levitischen Priester der erwählten Stätte fungierten als Obergericht, dem man die Fälle
vorlegte, die in den Lokalgerichten nicht entschieden werden konnten.

Nun erweckt die deuteronomische Kultzentralisierung viele Fragen, von
denen wir hier einige erörtern müssen. Wo ist die erwählte Stätte zu lokali-
sieren? Ist von Anfang an Jerusalem damit gemeint, oder ist diese Identifikation sekundär? Welches Verhältnis besteht zwischen Jerusalem und der
erwählten Stätte? Ferner: Wie verhält sich das Gesetz zu Josias Kultre-
form? Ist das Gesetz die Voraussetzung der Reform Josias oder die Frucht
seiner Maßnahmen? Besteht ein Zusammenhang zwischen dem deuteronomischen Gesetz und dem gefundenen Buch? Wurde wirklich ein Buch
gefunden, oder haben wir es hier mit einer reinen Fiktion zu tun?

Methodisch steht der Forscher vor der Wahl, entweder den geschichtlichen Hintergrund des Textes historisch-diachron zu analysieren oder narra-
tologisch von der Gestalt des Textes auszugehen. Im letzteren Fall muß
man jedoch ebenfalls die Urgestalt von der Endgestalt des Textes unterscheiden. Im Folgenden werde ich diese verschiedenen Aspekte berück-
sichtigen, aber zugleich versuchen, sie auseinanderzuhalten.

Meines Erachtens erklärt sich nämlich die Vielzahl der in der Forschung vertretenen Meinungen zu diesem Text daraus, daß es nicht immer ganz klar ist, auf welcher Ebene des Überlieferungssprozesses man sich befindet, und folglich auch entprechend, was man eigentlich untersucht. Eine gute Ausgangsbasis jeder Textauslegung ist zunächst die Ebene, auf welcher der ganze Komplex Gen – 2 Kön eine durchgehende Erzählung darstellt.

Die Erzählung als Ganzheit

Mit dieser Ebene der Schlußredaktion wollen wir uns zuerst befassen, dann nach dem Alter der verschiedenen Motive fragen und – soweit möglich – einige der historischen Probleme erörtern.

Von der klassischen Exegese in der Nachfolge WELLHAUSENS haben wir gelernt, daß das Deuteronomium die Kultzentralisierung fordert, während die Priesterschrift sie voraussetzt. In der Sicht der Gesamterzählung ist es aber eindeutig so, daß das Volk Israel vor der Landnahme eine in sich stark konzentrierte Gruppe war. Der Verfasser der Priesterschrift sieht Israel als ein Lager, das vollzählig um das Zeltheiligtum versammelt war. Das Volk kommt als eine geschlossene Gruppe in das Wüstengefilde Moabs, wo Mose den als »Deuteronomium« präsentierten Gesetzesvortrag hält.

Nun stand Israel unmittelbar vor seinem Eintritt in das Land Kanaan und damit auch vor neuen Versuchungen, unter denen die der Assimilierung an die Kanaanäer die gefährlichste war. Israel würde zukünftig nicht mehr als eine Gruppe oder Gemeinde um das Zeltheiligtum herum gelagert sein, sondern verstreut im Lande leben. Es würde die Kultivierung des Landes erlernen, aber der Versuchung widerstehen müssen, wie die Kanaanäer an den lokalen Kultplätzen zu opfern. Darum wird ihm geboten, sich in Zukunft mindestens dreimal im Jahr zum Gottesdienst zu versammeln, und zwar an einer Stätte, die Gott erwählt.

Aus der Sicht des biblischen Verfassers ist somit das Gebot der Kultzentralisierung ein organischer Bestandteil der Erzählungsabfolge. In der Wüste ergab sich die Zentralisierung von selbst, beim Eintritt in das Land aber war sie eine für den Bestand des Volkes notwendige Forderung. Nun gibt es in dem Gesetz Dtn 12–26 keinen Hinweis, wo diese erwählte Stätte zu finden ist. Unmittelbar davor aber, in Dtn 11,29, erscheinen die Berge Garizim und Ebal als Orte von Segen und Fluch, und im Anschluß daran berichtet Dtn 27 von einem Altar und einem Opfer am Berge Ebal. Folglich können jene Berge zumindest hier die erwählte Stätte sein. An eben diesem Ort baut Josua nach Jos 8,30 einen Altar und bringt Brandopfer dar. Daß

das Kultzentralisierungsgesetz im Josuabuch wirksam ist, zeigt sich an der
Mühe, mit der man zu beweisen sucht, daß der Altar am Jordan in Jos 22
kein Opferaltar ist. Im Richterbuch werden zentralisierte Opfer in Bokim
(Ri 2,5) und bei Betel (Ri 20,26; 21,19) dargebracht. Bei Gideon und Jefta
aber befinden wir uns in einer ganz anderen Welt.

In den Samuel- und Königsbüchern thematisiert eine Kette von Erzählungen – von der Lade Jahwes (1Sam 1–7; 2Sam 6,13), Davids Kauf der
Tenne Araunas (2Sam 24) und Salomos Tempelbau (1Kön 6–8) – den zentralisierten Kultus. Vor dem Tempelbau begegnen wir nichtzentralisierten
Opfern, die der Erzähler anerkennt, in Gilgal (1Sam 10,8; 11,15; 15,21) und
Betlehem (1Sam 16,5). Der Ort, an dem Absalom opfert (2Sam 15,12),
wird nicht deutlich genannt. König Salomo opfert in 1Kön 3,4 nicht bei der
Lade in Jerusalem, sondern auf der Höhe von Gibeon. Nach dem Tempelbau sind aber alle Opfer außerhalb des Tempels in den Augen des Verfassers
illegitim. Eine Ausnahme bildet nur das Opfer Elias auf dem Berge Karmel
(1Kön 18).

Die Überführung der Lade in den Tempel von Jerusalem (1Kön 8) ist
auch der Zeitpunkt, an dem die erwählte Stätte zur erwählten Stadt wird.
1Kön 8,16 betont, daß der Herr keine Stadt erwählt habe, damit dort für
seinen Namen ein »Haus« gebaut werde. In den Versen 44 und 48 dagegen
wird die Erwählung der Stadt vorausgesetzt. Die Septuaginta sowie der
Paralleltext der Chronikbücher (2Chr 6,6) mildern diesen Widerspruch durch
den harmonisierenden Zusatz »aber Jerusalem habe ich erwählt«[2]. Jerusalem wird in 1Kön 11,13.32.36; 14,21 sowie in 2Kön 21,7; 23,27 ausdrücklich als die erwählte Stadt bezeichnet. Folglich ist der Begriff »die erwählte
Stadt« als Bezeichnung für Jerusalem nicht sehr häufig. Nach der Zeit Salomos bis zur Zeit Josias, des neuen Davids, kommt er nur einmal vor. Jerusalem als die erwählte Stadt findet sich schließlich auch in Sach 1,17; 2,16;
3,2. Die Stellen in den Chronikbüchern beschränken sich auf Parallelstel-
len zu den bereits erwähnten Königsbuchstellen.

In 2Kön 22 begegnen wir dann der Erzählung von dem im Tempel gefundenen Gesetzbuch, das der Prophetin Hulda gebracht wurde und den König
veranlaßte, seine Kleider zu zerreißen und eine religiöse Reform durchzu-
führen, mit dem Ziel, Jerusalem von allem heidnischen Kult und seinen
Kultgegenständen zu reinigen, den Kult auf den Höhen in Juda zu beenden,

---

[2] Wie GERLEMAN gezeigt hat, gehen die Bücher der Chronik auf eine andere Version
der Königsbücher zurück (GERLEMAN 1948, 12). Diesen Text, der auch in verschiedenen Handschriften aus Qumran identifiziert wurde, hat LXX Reg gleichfalls benutzt.
Siehe LEMKE 1965, 362.

schließlich auch den Kult in Betel und auf den Höhen des Nordreichs abzuschaffen. Den Höhenpriestern Judas wurde erlaubt, mit ihren Brüdern in Jerusalem ungesäuertes Brot zu essen, während im Norden die Höhenpriester getötet wurden.

Das aufgefundene Buch

Von der Zeit der Kirchenväter an wurde das aufgefundene Buch von den meisten Forschern mit dem Deuteronomium oder zumindest mit wesentlichen Teilen davon identifiziert.[3] Den Grundstein der kritischen Deuteronomiumforschung legte DE WETTE. In seiner Dissertation (*Dissertatio Critica etc.*) stellte er nicht nur fest, daß das aufgefundene Buch das Deuteronomium war, sondern erkannte auch, daß es nicht von Mose stammte, sondern eher eine Zusammenfassung der vorausgehenden vier Bücher im Horizont der Bedürfnisse einer späteren Zeit darstellte.[4]

Kriterien für jene Identifikation sind natürlich die Aufforderung zur Kultzentralisation sowie die Art der Religion, die abgeschafft werden sollte. Hinzu kommt die Tatsache, daß das Deuteronomium das einzige Buch des Pentateuch ist, welches wie 2Kön 22–23 die Begriffe דִּבְרֵי הַתּוֹרָה und סֵפֶר הַתּוֹרָה benutzt.[5]

Viele Forscher, darunter ALT, VON RAD und NICHOLSON, behaupteten, daß das Buch aus dem Norden stammte. Flüchtlinge – nach VON RAD Landleviten –, die nach dem Zusammenbruch des Nordreichs ins Südreich kamen, hätten die deuteronomistischen Überlieferungen mitgebracht. Das Deuteronomium sei im Norden geschrieben und später, während der Zeit Josias, im Tempel entdeckt worden.[6]

Wenn aber das Buch im Norden entstand, wird der Kultzentralisierungsanspruch von Jerusalem ein Problem. Nach VON RAD wird jedoch diese Forderung des Deuteronomiums in allen Teilen vorausgesetzt und muß ursprünglich nicht auf Jerusalem beschränkt gewesen sein.[7] Nach TENGSTRÖM, der den Ebal als die ersterwählte Stätte betrachtet, kann es nicht in der Absicht des Geschichtsschreibers gelegen haben, daß das Gebot des zentralisierten Opferkultes erst nach der Überführung der Lade nach Jerusalem gelten sollte.[8] NICHOLSON dagegen sieht den Zentralisierungsanspruch im

---

[3] Vgl. NICHOLSON 1967, 1f; SMEND 1958, 36.
[4] DE WETTE 1805; SMEND 1958, 34f; ROGERSON 1992, 39f.
[5] סֵפֶר הַתּוֹרָה: Dtn 28,61; 29,20; 30,10; 31,26; 2Kön 22,8.11 (sowie 2Kön 14,6). דִּבְרֵי הַתּוֹרָה: Dtn 17,19; 27,3.8.26; 28,58; 29,28; 31,12.24; 32,46; 2.Kön 23,24.
[6] VON RAD 1964, 18; NICHOLSON 1967, 94; ALT 1953, 273.
[7] VON RAD 1964, 11.19.
[8] TENGSTRÖM 1994, 9.

Zusammenhang mit den Jerusalemer Kulttraditionen.[9] Daß das aufgefundene Buch oder zumindest sein Hauptteil das Deuteronomium war, nennt HARAN einen Eckstein der modernen Bibelforschung. Nach HARAN wurde das Buch erst kurz vor seiner Entdeckung geschrieben.[10]

Nun ist aber diese Identifikation nicht unproblematisch. MAYES, der in seinem Kommentar feststellt, der Bericht von der Buchauffindung sei fiktiv, betont, daß die vordeuteronomistische Schicht in 2 Kön 22–23 niemals auf das Gesetzbuch hinweist. Er hält es auch für unwahrscheinlich, daß die Reform nur auf Grund eines Buchfundes durchgeführt wurde.[11]

Auch nach HOFFMANN sind »Kultreformen« ein Grundelement in der Geschichte Israels. Veränderungen des Kults wurden in den Augen der Deuteronomisten zu Kultreformen mit der Absicht, ein Programm für den nachexilischen Kampf gegen heidnische Elemente zu schaffen. Demnach wurde der Fundbericht in einer Situation formuliert, in der die Autorität des Deuteronomiums schon unbestritten war.[12] Auch wenn der Fundbericht eine fiktive Komposition sei, bewahre er dennoch die Erinnerung an den Ursprung der deuteronomistischen Bewegung, die HOFFMANN, wie früher NOTH und NICHOLSON, auf vertriebene Landpriester und Leviten zurückführt, die nach dem Jahr 722 nach Jerusalem kamen.[13] Mit dieser Fiktion wollten die Deuteronomisten die späte Veröffentlichung eines Gesetzbuchs erklären, das angeblich schon mosaischen Ursprungs war.[14]

WENHAM behauptet, Dtn 27 sei der deutlichste Schlüssel zur Herkunft des Buches, und da Dtn 27 Opfer auf dem Berg Ebal fordere, könne das Deuteronomium kaum als ein Programm für Josias Reform gedient haben.[15] WENHAM stellt aber die nordisraelitische Herkunft des Buches in Frage. Auch wenn Dtn 27 auf eine Herkunft aus dem Norden hinweise, sei es nicht leicht, für die Zeit nach der Reichsteilung eine Situation zu finden, in der Überlieferungen aus dem Norden in Jerusalem anerkannt werden konnten. Da die These einer Herkunft aus dem Nordreich eng mit der Amphiktyoniehypothese zusammenhängt, gibt es meines Erachtens heute kaum noch Veranlassung, an dieser Meinung festzuhalten. Nach WENHAM haben wir es eher mit einem Dokument aus dem Süden, und zwar aus der

---

[9] NICHOLSON 1967, 95.
[10] HARAN 1978, 137–138.
[11] MAYES 1979, 100.
[12] HOFFMANN 1980, 198.318–319.
[13] HOFFMANN 1980, 268.
[14] HOFFMANN 1980, 198.
[15] WENHAM 1993, 106.

Zeit vor der Reichsteilung, zu tun.[16] In dieser Zeit hatte Sichem immer noch eine feste Stellung, auch im Süden.

Eine etwas andere Lösung des Problems bietet ELEONORE REUTER an. Sie stellt fest, daß der Zusammenhang zwischen der Reform und dem Deuteronomium kaum von der Hand zu weisen ist, und erörtert die Frage, ob das Deuteronomium Auslöser oder Produkt der Reform war.[17] Sie kommt zu dem Ergebnis, daß die Verbindung zwischen Josias Reformmaßnahmen und dem Deuteronomium nicht eng genug ist, um die Reform auf dieses Werk zurückzuführen.[18] Aber ein Buch sei doch gefunden worden, allerdings nicht das Deuteronomium, sondern das mit diesem eng verwandte Bundesbuch, d.h. Ex 20,22–23,33. Hier finden wir, als einzigen Beleg im Pentateuch, den Ausdruck סֵפֶר הַבְּרִית (Ex 24,7), dem wir auch in 2 Kön 23,2.21 begegnen.[19] Auch wenn viel dafür spricht, daß das Bundesbuch Vorlage des Deuteronomiums war, ist eine Verwandschaft zwischen dem Bundesbuch und Josias Reform schwer auszumachen.

Nach AHLSTRÖM ist die Funderzählung von 2 Kön 22 f ein Bericht, der entweder direkt aus der Kanzlei des Königs Josia kommt oder ein Produkt der nachexilischen Zeit ist, mit dem der Erzähler das Gesetz seiner eigenen Zeit in der josianischen Reform verankern wollte. In acht Punkten meint AHLSTRÖM, Unterschiede zwischen dem aufgefundenen Buch, wie es die Huldaerzählung beschreibt, und dem Deuteronomium finden zu können, Divergenzen die hinreichend belegen, daß das »Gesetzbuch« der josianischen Zeit weder ein Teil des Deuteronomiums noch irgendeines anderen biblischen Buches war.[20]

Wie viele seiner Vorgänger trifft jedoch AHLSTRÖM nicht die notwendige Unterscheidung zwischen der textuellen Ebene, d.h. dem, was der Verfasser von 2 Kön 22 seinen Lesern vermitteln wollte, und der geschichtlichen Ebene, dem also, was historisch damals geschah.

---

[16] WENHAM 1993, 108.

[17] REUTER 1993, 28.

[18] REUTER 1993, 255.

[19] REUTER 1993, 193. 248 f. 256–258.

[20] AHLSTRÖM 1993, 775–777: (1) Welcher Teil des Deuteronomiums sollte Josia veranlaßt haben, seine Kleider zu zerreißen (2 Kön 22,11)? (2) Die Huldaweissagung erweckt den Eindruck, daß das aufgefundene Buch prophetisch war. Der einzige Teil des Buches, der der Huldaweissagung entspricht, ist Dtn 28, der jedoch nach AHLSTRÖM nachexilisch ist. (3) Weder die Huldaweissagung noch das Deuteronomium enthalten eine Begründung für die Absetzung und Tötung der Priester. (4) Hulda sagt nichts über die offiziellen Heiligtümer des Reiches. (5) Im Gegensatz zu 2 Kön 23,1–3 erwähnt Hulda keine Gesetze. (6) Hulda erwähnt keine Passahfeier und keine Götter des Landes. (7) Die Huldaweissagung läßt darauf schließen, daß das Buch kurz war. (8) Ist es wahrscheinlich, daß die Priester die Kultgesetze vergessen hatten?

Meines Erachtens hat man bei einem solchen Vergleich sowohl mit diesem Unterschied als auch mit vier Parametern im Text zu rechnen. Das sind erstens die Erzählung vom Fund des Buches und der Reaktion des Königs nach dessen Verlesung in 2Kön 8–11, zweitens das »Huldaorakel« mit der Beschreibung des Buches in 2Kön 22,14–20, drittens das Deuteronomium oder das deuteronomische Gesetz, dessen Umfang nicht ohne weiteres festzustellen ist, und schließlich viertens die josianischen Reformmaßnahmen. Die Frage ist nun, welche Ähnlichkeiten und Unterschiede zwischen diesen vier Parametern auf der geschichtlichen und auf der erzähltechnischen Ebene vorliegen.

Geschichtliche Erwägungen

Es besteht kein Grund, mit HOFFMANN den Fundbericht wegen des Fehlens literarischer Vorstufen als eine rein literarische Fiktion zu betrachten.[21] Was 2Kön 22,20 über Josias Tod »in Frieden« aussagt, erweckt den klaren Eindruck, daß 2Kön 22 in der einen oder anderen Form geschichtlich in der Zeit vor dem Tode des Königs Josias verwurzelt ist.[22] Eine ganz andere Frage ist natürlich, was eigentlich gefunden wurde. Zwar ist die Auffindung vermeintlich alter verschwundener Bücher ein Motiv, das der Stärkung ihrer Autorität dienen soll, kein unbekanntes Phänomen in der Welt der Religionen. Belege dafür finden wir in Rom, in Ägypten sowie im alten Hettiterreich.[23] Anderseits war es im Vorderen Orient nicht ungewöhnlich, Dokumente verschiedener Art bei der Grundsteinlegung von Heiligtümern zu deponieren.[24]

Es ist also nicht unwahrscheinlich, daß irgendein Dokument bei der Arbeit am Tempel gefunden wurde. Es wird aber kein Wort über den Inhalt dieses Buches gesagt, nur über die Reaktion des Königs, der seine Kleider zerriß, womit er allem Anschein nach seine Verzweiflung und Unschlüssigkeit darüber, was zu tun sei, zeigte.[25] Die Auffindung des Dokuments ver-

---

[21] HOFFMANN 1980, 200.268.

[22] Nach HOFFMANN 1980, 183–187, bezieht sich das Wort »mit Frieden« nur auf das Begräbnis des Königs.

[23] Siehe BERTHOLET 1949, 42–43 für Rom und Ägypten. WEINFELD 1992, 175 für das Hettiterreich.

[24] ELLIS 1968; siehe bes. S. 103–107 zu den Tafelfunden aus neuassyrischer Zeit.

[25] Es scheint, als ob Verzweiflung und Unschlüssigkeit in schwierigen Situationen, in die man unvorbereitet und unerwartet gerät, das Zerreißen der Kleider auslösen. Vgl. Gen 37,29; Num 14,6; Ri 11,35; 2Sam 1,2; 1,11; 2Sam 3,31; 13,31; 1Kön 21,27; 2Kön 2,12; 5,7.8; 6,30; 11,14; 18,37; 19,1; 22,11.19; Jes 36,22; 37,1; Jer. 36,24; 41,5; Joel 2,13; Est 4,1; Ezra 9,3.5; 2Chr 23,13; 34,19.27.

setzt den König in eine Situation, die er nicht beherrscht, weshalb er die Hilfe seiner Beamten sucht, die ihrerseits die Prophetin Hulda befragen.

Hulda wird als eine Prophetin dargestellt und in 2Kön 22,14 sehr genau vorgestellt:

»... der Frau Schallums, des Sohnes Tikwas, des Sohnes des Harhas, des Hüters der Kleider, und sie wohnte in Jerusalem im zweiten Bezirk der Stadt.«

Die Bezeichnung der »zweite Bezirk«, hebräisch מִשְׁנֶה, kommt leider sonst nur zweimal vor, in Neh 11,9 und Zeph 1,10. Nun bezweifelt HOFFMANN, mit Hinweis auf KENYONS Untersuchungen, daß dieser Teil der Stadt, der auf dem Südwesthügel von Jerusalem lag, in der damaligen Zeit bewohnt war.[26] Obwohl KENYONS Sondagen hier keine Spuren menschlicher Wohnungen nachweisen konnten, ist doch das letzte Wort in dieser Frage noch nicht gesprochen. KENYONS Untersuchungen beschränkten sich auf einen sehr kleinen Bereich. Eine Komplikation bildet zweifellos die sogenannte »breite Mauer« AVIGADS, die nach Westen umbiegt und somit den Südwesthügel einzuschließen scheint. Nach GEVA ist es zumindest unwahrscheinlich, daß man eine Mauer dieser Größe gebaut hat, ohne den strategisch wichtigen Gipfel des Südwesthügels einzuschließen.[27]

Allem Anschein nach haben wir also keine Veranlassung, Huldas Existenz als einer historischen Person zu bezweifeln. Was 2Kön 22,20 über Josias Tod aussagt, muß vor der Schlacht zu Megiddo geschrieben sein, und damit ist auch die Huldaweissagung als vorexilisch anzusehen. Auch wenn die Niederschrift der Huldaerzählung nachexilisch anzusetzen wäre, dürfte sie dennoch nicht lange nach den tatsächlichen Ereignissen verfaßt worden sein. In dieser Zeit müssen noch hinreichend viele Personen gelebt haben, die eine rein fiktive Erzählung als solche entlarven konnten.

Nach dem Huldaorakel können wir eigentlich nur zwei Dinge über das aufgefundene Buch sagen: Es enthielt eine Unheilsweissagung über Jerusalem und sah die Ursache dieses Unheils im Fremdgötterdienst und im Opfern für andere Götter (2Kön 22,16–17). Josia dagegen wird nicht von dem Unheil betroffen werden, sondern in Frieden in sein Grab kommen. Hier fällt kein Wort von Kultzentralisierung oder Passahfeier. Es ist unmöglich, über die Huldaerzählung den Inhalt des Buches näher zu bestimmen. Die doppelte Lesung des Buchs (V.8 und 10) und der Besuch bei

---

[26] HOFFMANN 1980, 199 mit Hinweis auf KENYON, Jerusalem. Die heilige Stadt von David bis zu den Kreuzzügen. Ausgrabungen 1961–1967 (mir leider nicht zugänglich). Siehe auch z.B. KENYON 1974, 147.

[27] GEVA 1979, 84–91 und DERS. 1983, 55–70, ferner WEIPPERT 1988, 589–593. Siehe auch NORIN, 1998, 41.

Hulda könnten vermuten lassen, daß der Umfang des Dokuments nicht allzu groß war. Der einzige Teil des Deuteronomiums, dem die Unheilsweissagung entspricht, ist Dtn 28. Man kann aber ebensogut an irgendeine Gerichtsprophetie denken.

Was also das Verhältnis zwischen 2Kön 22 und dem Deuteronomium betrifft, so ist zunächst festzustellen, daß das aufgefundene Buch nicht das sog. deuteronomische Gesetz Kap. 12–26 gewesen sein kann. In 2Kön 22 gibt es nichts, was auf die kultischen und sozialen Verordnungen in Dtn 12– 26 anspielt. Über das Alter des Deuteronomiums läßt sich schwer etwas historisch Sicheres sagen. Die Theorien einer Frühdatierung, die eine Herkunft aus dem Norden voraussetzen, scheinen zu sehr von der heute kaum noch vertretbaren Amphiktyoniehypothese abhängig zu sein. Andererseits ist auch AHLSTRÖMs Behauptung, das Deuteronomium setze eine geschlossene Gesellschaft voraus, die es nicht vor der Zeit Esras gegeben hat, nicht hinreichend motiviert.[28]

Wie wir zuvor feststellten, ist es aber sehr wahrscheinlich, daß ein Dokument im Tempel gefunden wurde. Daß ein Buch, welcher Art auch immer, wirklich gefunden wurde, ist meiner Meinung nach die wahrscheinlichste Voraussetzung der Huldaerzählung. Es besteht kein Anlaß, mit HOFFMANN die Huldaerzählung auf Grund ihres Detailreichtums als Fiktion zu betrachten.[29] Das Auftreten dieser sonst unbekannten Frau in der Erzählung wäre schwer zu erklären, wenn sie ganz ohne historischen Hintergrund wäre.

In diesem Zusammenhang legt es sich nahe, auf die von FRANKENA und OTTO nachgewiesenen großen und teilweise wörtlichen Übereinstimmungen zwischen neuassyrischen Loyalitätseiden und bestimmten Kapiteln des Deuteronomiums hinzuweisen. So sind Dtn 13 und Dtn 28 direkte Übersetzungen des Loyalitätseides für Assarhaddon aus dem Jahre 672.[30] Nach FRANKENA ist es wahrscheinlich, daß Manasse als assyrischer Vasall solch einem Loyalitätseid unterworfen war und daß es auch eine Abschrift des Eides in Jerusalem gab.[31] Als das Assyrerreich gegen Ende des 7. Jh. schwächer wurde, lag es nahe, ein Dokument zu verfassen, das Juda wieder zu JHWHs Vasall machte. Der Bund zwischen JHWH und Juda ist somit ein direktes Gegenstück zum Bund zwischen dem Assyrerreich und Juda.

Wenn ein Dokument dieser Art im Tempel gefunden wurde, liegt der Gedanke nahe, daß dieses Dokument später durch Zusätze vor allem aus

---

[28] AHLSTRÖM 1993, 775.
[29] HOFFMANN 1980, 200.
[30] FRANKENA 1965, 144–145; OTTO 1997, 325–333; OTTO 1998, 37–46.
[31] FRANKENA 1965, 151.

dem Bundesbuch zum Buche Deuteronomium wurde.[32] In diesem Zusammenhang läßt sich mit OTTO auch die Kultzentralisierung in Jerusalem leicht erklären. Wie der Gott Assur außer der Stadt Assur keine offizielle Kultstätte hatte, so kann auch JHWH nur an einem Ort, und zwar in seiner Stadt Jerusalem, kultisch verehrt werden.[33]

Wenn das Deuteronomium erst später auf den heutigen Umfang erweitert wurde, erklärt es sich, daß Josia in 2Kön 23 nur mit kultischen Maßnahmen befaßt war.[34] Seine Hauptaufgabe war es, Israel nach einer langen assyrischen Herrschaft als unabhängigen Staat wiederherzustellen und dabei auch JHWH in seine Stellung als Nationalgott wieder einzusetzen. Insofern hatte auch die Kultzentralisierung eine antiassyrische Spitze.

Wenn also Josias Reform Teil eines Restitutionswerkes nach dem Ende der assyrischen Vasallität war, so folgt daraus, daß das Kultzentralisierungsgesetz im Deuteronomium niemals ein anderes Ziel als Jerusalem gehabt hat. Diese Kultzentralisierung ist aber nicht etwas völlig Neues. Die Redaktoren des Deuteronomiums konnten leicht an entsprechende Formulierungen im Buche Exodus anknüpfen. So heißt es in Ex 23,20: וְלַהֲבִיאֲךָ אֶל־הַמָּקוֹם אֲשֶׁר הֲכִנֹתִי, und im Altargesetz (Ex 20,24): בְּכָל־הַמָּקוֹם אֲשֶׁר אַזְכִּיר אֶת־שְׁמִי.

Eine Tendenz zur Kultzentralisierung finden wir auch in den Prophezeiungen des Amos gegen die verschiedenen Kultstätten des Nordreichs. Wie REUTER im Anschluß an HELGA WEIPPERT feststellt, war die Kultzentralisierung des Königs Josia Teil einer Bewegung, die sich durch die ganze Eisenzeit II hinzog.[35] WEIPPERT sieht diese Bewegung im Zusammenhang mit der Ablösung der bronzezeitlichen Stadtstaaten durch Nationalstaaten.[36]

Auch wenn man HOFFMANN nicht in allen Einzelheiten zustimmen kann, dürfte er doch darin recht haben, daß Josias sogenannte religiöse Reform mit der Entfernung aller assyrischen Kultsymbole historisch eher als eine politische Aktion zu bewerten ist.[37]

---

[32] Daß das Deuteronomium in seiner Urform auf das Bundesbuch zurückgeht, behauptete auch LOHFINK 1963, 496.

[33] OTTO 1998, 48.

[34] Hier haben wir m. E. auch einen Schlüssel für das Verhältnis zwischen König Josia und dem Jeremiabuch. Jeremia konnte niemals mit Josias Reform zufrieden sein, weil dieser den sozialen Aspekt der deuteronomistischen Ideale nicht berücksichtigte. Josias Reformmaßnahmen lagen sozusagen mehr auf der nationalen als auf der sozialen Ebene.

[35] REUTER 1993, 211.

[36] WEIPPERT 1988, 447.

[37] HOFFMANN 1980, 268.

Text und Ideologie

Wir gehen nun von der Geschichte zur Textanalyse über und fragen, was die Redaktoren des Deuteronomiums und die von 2Kön mit ihren Texten vermitteln wollten.

Was den Fund des Buches betrifft, stellten wir fest, daß eine Schrift der einen oder anderen Art wahrscheinlich wirklich entdeckt wurde und daß diese Schrift wohl ein jahwistisches Gegenstück zum assyrischen Loyalitätseid war, das später schrittweise zu dem vorliegenden Buch Deuteronomium ausgestaltet wurde. Welchen Eindruck will uns aber 2Kön 22–23 von dem aufgefundenen Buch vermitteln?

Dieses Buch wird mit den folgenden Begriffen bezeichnet: סֵפֶר הַתּוֹרָה (2Kön 22,8.11), סֵפֶר הַבְּרִית (2Kön 23,2.21), דִּבְרֵי הַתּוֹרָה (2Kön 23,24). Wie bereits erwähnt, findet sich der Begriff סֵפֶר הַבְּרִית innerhalb des Pentateuch nur in Ex 24, die anderen Begriffe kommen nur im Deuteronomium vor, סֵפֶר הַתּוֹרָה jedoch nur in Dtn 28–31. Der Begriff סֵפֶר תּוֹרַת־מֹשֶׁה erscheint auch in 2Kön 14,6, als Hinweis auf Dtn 24,16.[38]

Die erste Aussage über dieses Buch ist Safans Wort in 2Kön 22,8: סֵפֶר הַתּוֹרָה מָצָאתִי. Derselbe Ausdruck סֵפֶר הַתּוֹרָה fällt auch in 2Kön 22,11, nachdem der König die Worte des Buchs gehört hatte. Im Deuteronomium steht diese Formulierung in Dtn 28,61; 29,20; 30,10 und 31,26.[39] Diese Stellen gehören nun nicht zum sogenannten deuteronomistischen Gesetz (Dtn 9–26), auch nicht zu dem Teil von Dtn 28, der mit dem assyrischen Loyalitätseid übereinstimmt, sondern zu den abschließenden Kapiteln des Deuteronomiums. Besonders interessant ist Dtn 31,26 mit der Aussage, daß das Buch neben der Lade des Bundes liegen soll. Das Buch sollte also in der unmittelbaren Nähe der Bundeslade, in der die zwölf Gebote nach Dtn 10,2 und 1Kön 8,9 aufbewahrt wurden, deponiert werden. Offenbar will der Endredaktor des Deuteronomiums hier das Buch mit dem zur Zeit Josias aufgefundenen Buch identifizieren. Eine andere Frage ist es jedoch, ob diese Identifikation in 2Kön 22 zu finden ist.

2Kön 22 besteht aus drei deutlich unterscheidbaren Teilen. Den Anfang des Kapitels bilden die mit 2Kön 12,1–15 nahe verwandten Verse 1–7. Das Kapitel endet mit der Huldaerzählung V.14–20, dazwischen stehen die vermittelnden Verse 8–13. Von besonderer Bedeutung sind hier die JHWH-haltigen Personennamen. Sie verteilen sich folgendermaßen:[40]

---

[38] Außerdem in Jos 8,31; 23,6; Neh 8,1.
[39] Übrige Belegstellen: Jos 1,8; 8,31.34; 23,6; 24,26; 2Kön 14,6; Neh 8,1.3.8.18; 9,3; 2Chr 17,9; 34,14.15.
[40] Vgl. Norin 1986, 117f.

V.1	עֲדָיָה , יֹאשִׁיָּהוּ
V.3	**אֲצַלְיָהוּ** , יֹאשִׁיָּהוּ
V.4	חִלְקִיָּהוּ
V.8a	חִלְקִיָּהוּ
V.8b	חִלְקִיָּה
V.10	חִלְקִיָּה
V.12	מִיכָיָה , עֲשָׂיָה , חִלְקִיָּה
V.14	עֲשָׂיָה חִלְקִיָּה

Sieht man ab von den Namen עֲדָיָה und עֲשָׂיָה, die immer in der Kurzform geschrieben werden, so fällt auf, daß die Verse 8–13 im Unterschied zum übrigen Kapitel die Kurzform (יָ-) vorziehen. Wahrscheinlich können wir zwischen einem älteren Teil des Kapitels mit der Huldaweissagung und einem späteren Teil, V.8–12, mit dem auf das Deuteronomium bezogenen Ausdruck סֵפֶר הַתּוֹרָה unterscheiden. Der Endredaktor des Kapitels scheint also davon überzeugt zu sein, daß das aufgefundene Buch das Deuteronomium war. Die Huldaweissagung dagegen bezieht sich auf einen anderen Fund.

In 2Kön 23,24, der deuteronomistischen Endnotiz zur Regierungszeit Josias, wird das aufgefundende Buch als דִּבְרֵי הַתּוֹרָה bezeichnet, ein Begriff, der innerhalb des Pentateuch nur im Deuteronomium vorkommt. Es dürfte klar sein, daß der Verfasser jener Schlußnotiz das Deuteronomium in der einen oder anderen Form im Blick hatte.

Ein dritter Schlüsselbegriff, dem wir in diesem Zusammenhang begegnen, ist סֵפֶר הַבְּרִית. Ihn finden wir zu Anfang wie am Ende des Reformberichts (2Kön 23,2.21), in dem es um die Reinigung des Landes von außerisraelitischer und besonders assyrischer Gottesverehrung geht.[41] Ob aber der Verfasser hier mit סֵפֶר הַבְּרִית auf das Deuteronomium abzielt, ist nicht ganz sicher. Mit ELEONORE REUTER wäre eher zu fragen, ob hier nicht ein Hinweis auf Ex 24,7 und damit auf das Bundesbuch vorliegt.[42]

Das deuteronomistische Gesetz zerfällt deutlich in zwei Teile: Zum einen sind es die Gesetze, die mit dem Kult und den Priestern zu tun haben und unter denen das Kultzentralisierungsgesetz ein integrierender Teil ist (Dtn 12,1–18,8). Zum anderen haben wir hier eine Sammlung von Gesetzen verschiedener Art, deren Schwerpunkt bei den Sozialgesetzen liegt.[43]

---

[41] Wenn auch die Frage nach dem assyrischen Einfluß auf die Religion in Juda zu dieser Zeit gegenwärtig noch nicht endgültig beantwortet ist, schließe ich mich hier den Forschern an, die 2Kön 23 als Zeugnis für den assyrischen Einfluß betrachten. Siehe z.B. WEINFELD 1972, 133–154; HOLLENSTEIN 1977, 330; DELCOR 1981, 95–104. Vgl. auch SPIECKERMANN 1992, 216–221.

[42] REUTER 1993, 249.

[43] Vgl. u. Appendix.

Josias Reformmaßnahmen in 2Kön 23 umfaßten folgende Punkte:

(1) Entfernung des Fremdgötterkults aus dem Tempel (23,4)
(2) Ausrottung von Baalskult und assyrischem Kult aus Juda[44] (23,5 ff.; 10 ff.)
(3) Verunreinigung der Kulthöhen in Juda (23,8)
(4) Versorgung der Höhenpriester aus Juda mit ungesäuertem Brot (23,9)
(5) Zerstörung des Altars in Betel (23,15)
(6) Zerstörung der Gräber in Betel (23,16)
(7) Zertörung der Kultstätte in Samarien (23,19)
(8) Tötung der Höhenpriester in Samarien (23,20)
(9) Feier des Passah (23,21–23)
(10) Ausrottung von Geisterbeschwörern, Zeichendeutern, Abgöttern und Götzen in Juda (23,24)

Ein Vergleich dieser zehn Punkte mit dem deuteronomistischen Gesetz zeigt, daß die Übereinstimmung ziemlich groß ist. Gemäß den Anordnungen im ersten Teil des deuteronomistischen Gesetzes führte Josia die Zentralisierung des JHWH-Kultes und die Ausrottung des Fremdkultes durch, wobei der Kult Samarias, d.h. des alten Nordreichs, hier als Fremdkult gilt. Wie LOHFINK bemerkt hat, steht die Aussage der Zentralisierung des JHWH-Kultes (V.8–9) hier im Zentrum einer *inclusio*-Konstruktion, bei der die Ausrottung des Fremdkults den Inhalt des umschließenden Rahmens bildet.[45]

Ob Josia einige der sozialen Gesetze des Deuteronomiums durchgeführt hat, wissen wir nicht. Die von ALT und anderen behauptete Herkunft des Deuteronomiums aus dem Norden ist nicht sehr wahrscheinlich. Dann müßten sämtliche JHWH-Priester des Nordreichs nach dem Jahre 721 nach Jerusalem gekommen und zur Zeit Josias nur Fremdgötterpriester dort zurückgeblieben sein. Nach dem deuteronomistischen Geschichtswerk wurden jedoch im Norden nicht nur Fremdgötter verehrt, sondern auch JHWH, der Gott Israels.

---

[44] Viele Einzelheiten, wie Aschera als Himmelskönigin, das Himmelsheer, das *mlk*-Opfer, das Rauchopfer, die Altäre auf den Dächern und die Pferde, die der Sonne geweiht wurden, sprechen dafür, daß die assyrische Religion während der Zeit des Königs Manasse einen großen Einfluß auf den Kult in Juda hatte. Auf diese Frage werde ich in einem anderen Zusammenhang zurückkommen. Viele Forscher haben sich mit diesem Problem beschäftigt. Ich weise hier nur auf SPIECKERMAN, 1982, 322–372 (bes. die Zusammenfassung S. 369–372) hin. Einwände gegen SPIECKERMANN hat u.a. HOLLOWAY 1992, 534–536 erhoben.
[45] LOHFINK 1985, S.39.

Das textuelle Verhältnis zwischen dem gefundenen Buch, der Hulda-erzählung, dem Deuteronomium und Josias Reform ist nun am ehesten folgendermaßen zu erklären:

Die Huldaweissagung, die Josias gewaltsamen Tod nicht voraussetzt, scheint eine alte Überlieferung zu sein. Wie Huldaorakel und Deuteronomium oder Reform sich zueinander verhalten, bleibt ziemlich unklar. Die Beziehungen zwischen Huldabuch und Deuteronomium sind nicht stark, weder positiv noch negativ. Dagegen ist deutlich, daß der deuteronomistische Redaktor von 2Kön eine Verbindung zwischen dem Deuteronomium und Josias Maßnahmen herstellen wollte.

Wenn aber der Redaktor der Königsbücher die Reform Josias mit dem Deuteronomium verbinden wollte, stellt sich sofort die Frage nach der Herkunft des Deuteronomiums und seines Kultzentralisierungsgesetzes. Hatte das Deuteronomium eine eigene Geschichte schon vor der josianischen Reform, oder wurde das Buch erst später geschrieben? Mit diesem Problem hängt unsere zu Beginn gestellte Frage eng zusammen: War die erwählte Stätte des Deuteronomiums von Anfang an Jerusalem, oder gibt es eine Vorgeschichte?

Jede Diskussion über biblische Datierungsfragen leidet daran, daß es wenig biblisches Vergleichsmaterial gibt, das älter als das 7. Jahrhundert v. Chr. ist. Auch wenn der Mangel an JHWH-haltigen Personennamen im Pentateuch als Kriterium für ein gewisses Alter gelten kann, so trägt er hier nichts aus, da die Zahl der Personennamen im Deuteronomium sehr begrenzt ist, besonders in Dtn 12–26. Das deuteronomistische Gesetz ist nicht ohne Beziehung zum Bundesbuch Ex 20,23 – 23, aber als Ganzes hat es sich nicht direkt aus diesem Korpus entwickelt. Viele Einzelgesetze scheinen ihre Wurzeln im Bundesbuch zu haben, aber die Gesamtdisposition ist eine andere.[46]

Der Fremdkult mit seiner Verehrung der Aschera und der Astralgötter, gegen den das deuteronomistische Gesetz polemisiert, scheint mit unserem Bild der Religion des 7. Jahrhunderts gut übereinzustimmen. Terminologisch ist der Ausdruck בָּחַרְתִּי אֶת־יְרוּשָׁלַ͏ִם (2Kön 21,7) und יְרוּשָׁלַ͏ִם אֲשֶׁר בָּחַרְתִּי (2Kön 23,27) mit der Kultzentralisationsformel הַמָּקוֹם אֲשֶׁר־יִבְחַר יְהוָה verwandt. Am nächsten liegt deshalb die Annahme, daß das Deuteronomium im Anschluß an Josias Reform geschrieben wurde.

Es ist nicht viel, was sich in 2Kön 22–23 auf das Deuteronomium als Ganzes bezieht, nämlich nicht mehr als einige einzelne Worte. Doch

---

[46] Vgl. BRAULIK, der in einer Reihe von Studien den Dekalog als Dispositionsprinzip für Dtn 12–26 vorgeschlagen hat. Siehe z.B. BRAULIK 1985 sowie BRAULIK 1991.

scheint es, als ob das aufgefundene Buch, auf welches das Huldaorakel anspielt, mit Dtn 13 und 28 identisch ist, wo von Segen, Fluch und Gericht die Rede ist. Diese Kapitel, die nach OTTO einen Loyalitätseid für JHWH bilden[47], wurden dann später, unter dem Einfluß des mit Ex 21–23 mehr oder weniger identischen Bundesbuches und der anti-assyrischen Reformmaßnahmen Josias zum Buch Deuteronomium erweitert. Dann erklären sich auch die gegenseitigen Anspielungen zwischen Dtn 28–31 (bes 31,26) und 2Kön 22–23.

Daraus können wir folgern, daß die Kultzentralisierungsformel הַמָּקוֹם אֲשֶׁר־יִבְחַר יְהוָה, im Deuteronomium niemals etwas anderes als Jerusalem meinte.

Wenn das Wort בחר mit Gott als Subjekt steht, sind öfters einzelne Menschen oder das Volk Israel das Objekt. Wo es sich aber auf Stätten bezieht, läßt sich eine Entwicklung von einem unbestimmten הַמָּקוֹם über »die Stadt« (1Kön 8,44.48) zu Jerusalem (1Kön 11,13.32.36; 14,21; 2Kön 21,7; 23,27) und Zion (Ps 78,68; 132,13) erkennen.

Ergebnisse

In unseren Erwägungen zu den historischen Vorgängen stellten wir fest, daß wahrscheinlich zur Zeit Josias wirklich ein Dokument gefunden wurde, das aber nicht das Deuteronomium sein kann. Dagegen spricht viel dafür, daß wir es hier mit einem israelitischen Gegenstück zu den assyrischen Loyalitätseiden zu tun haben, und zwar mit Dtn 13 und 28 in irgendeiner Form.

Unsere Erwägungen zu Text und Ideologie zeigen dagegen, daß sowohl das vorliegende Deuteronomium als auch die Endgestalt des Textes in 2Kön 22–23 voraussetzen, daß das aufgefundene Buch tatsächlich das Deuteronomium war. Daraus ergibt sich, daß sich das Deuteronomium ausgehend von einem Kern in Dtn 13 und 28 unter der Einwirkung von Josias eigentlich politisch bedingten Reformmaßnahmen, aber auch von den Gesetzen des Bundesbuchs Ex 21–23 wahrscheinlich im Exil oder in frühnachexilischer Zeit zu seiner Letztgestalt entwickelt hat. Damit ist auch gesagt, daß die »erwählte Stätte« höchstwahrscheinlich immer Jerusalem war.

Daß die deuteronomistische Kultzentralisationsformel הַמָּקוֹם אֲשֶׁר יִבְחַר יְהוָה אֱלֹהֶיךָ לָשׂוּם שְׁמוֹ שָׁם aus dem 6. Jahrhundert stammt, spricht natürlich nicht gegen DE VAUXs Behauptung, sie habe ihre sprachlichen Wurzeln in akkadischen Formulierungen wie *šumam šakanum* »in Besitz nehmen«.[48]

---

[47] OTTO 1997, 331.
[48] DE VAUX 1967, 219–228.

Im deuteronomistischen Gesetz scheint derselbe Ausdruck nach VON RAD theologisch mit einer veränderten und sublimierteren Auffassung von Jahwes Gegenwart im Tempel zusammenzuhängen.[49] Diesen Gedanken haben METTINGER und KELLER später weiterentwickelt.[50]

Wenn nun aber die Kultzentralisierungsformel sich immer auf Jerusalem bezogen hat, wie sollen wir dann die Erwähnung der Orte Ebal und Garizim unmittelbar vor und nach Dtn 12–26 verstehen? Wie ist es möglich, daß solche Angaben in einer Schrift auftauchen, welche die Josianische Reform unterstützen sollte?

Wie eingangs dargelegt, ist das ganze Buch von dessen Redaktor in einen vormonarchischen Kontext mit Mose als Sprecher eingeordnet. Dieselbe Hand, die den Schluß der Königsbücher redigierte, hat auch die mehr oder weniger fiktive Geschichte von der Wüstenwanderung, der Landnahme und vom Anfang der Königszeit komponiert. Dieser Redaktor war in erster Linie von theologischen Gründen und Zielen bestimmt, doch müssen wir auch damit rechnen, daß ihm gewisse historische Fakten nicht unbekannt waren, wie etwa die Tatsache, daß es einmal eine Zeit vor Jerusalem gab.

Appendix – Übersicht zu Dtn 12–26

12,1–28	Kultzentralisierung und Profanschlachtung	*an der erwählten Stätte (12,5.11.14.18.21.26)*
12,29–13,18	Fremdgötterdienst	
14,1–21	Die Heiligkeit Israels	
14,22–29	Abgabe des Zehnten	*an der erwählten Stätte (14,23–25)*
15,1–18	Erlaßjahr	
15,19–23	Erstgeburt	*an der erwählten Stätte (15,20)*
16,1–17	Feste	*an der erwählten Stätte (15,2.6.7.11.15.16)*
16,18–17,7	Richter	
17,8–13	Oberrichter	*an der erwählten Stätte (17,8.10)*
17,14–20	König	
18,1–8	Versorgung der Priester	*an der erwählten Stätte (18,6)*
18,9–22	Der neue Prophet	
19,1–13	Freistädte	
19,14–21	Zeugen	
20,1–9	Krieg	
20,10–20	Kriegführung und Bann	
21,1–9	Ungelöster Mordfall Tötung der jungen Kuh	*offenbar kein Opfer.*

---

[49] VON RAD 1947, 25f.
[50] METTINGER 1982, 133. Siehe auch KELLER 1996, 170.

21,10–23	Frauen und Söhne	
22,1–12	Respekt vor dem Leben	
22,13–20	Ehe und Ehebruch	
23,1–25	Die Gemeinde, Reinheit, Aborte, Sklaven, Zinsen	
24,1–3	Ehescheidung	
24,4–25,4	Aussatz, Pfändung, Lohn, Nachlese	
25,5–12	Leviratsehe	
25,13–16	Gewicht	
25,17–19	Amalek	
26,1–11	Erstlingsopfer	*an der erwählten Stätte (26,2)*
26,12–19	Der Zehnte und Schlußwort	

Literatur

AHLSTRÖM, GÖSTA. 1993: The History of Ancient Palestine from the Plaeolothic Period to Alexander´s Conquest (JSOT Suppl. 146), Sheffield 1993.

ALT, ALBRECHT. 1953: Die Heimat des Deuteronomiums, Kleine Schriften II, München 1953, 250–275.

BERTHOLET, ALFRED. 1949: Die Macht der Schrift in Glauben und Aberglauben (Abhandlungen der Deutschen Akademie der Wissenschaften zu Berlin, Phil.-hist Klasse 1948, Nr.1), Berlin 1949.

BRAULIK, GEORG. 1985: Die Abfolge der Gesetze in Deuteronomium 12–26 und der Dekalog, in NORBERT LOHFINK (Hrsg.), Das Deuteronomium, Entstehung, Gestalt und Botschaft, Leuven 1985, 252–272.

– 1991: Die deuteronomischen Gesetze und der Dekalog (Stuttgarter Bibelstudien 145), Stuttgart 1991.

DELCOR, MATTHIAS. 1981: Les cultes étrangers en Israël au moment de la réforme de Josias d'après 2R 23, in A CAQUOT et M. DELCOR (Hrsg), Mélanges bibliques et orientaux en l'honneur de M. Henri Cazelles, AOAT 212, Neukirchen-Vluyn 1981, 91–123. Auch AOAT 228, 1990, 105–137.

ELLIS, RICHARD S. 1968: Foundation Deposits in Ancient Mesopotamia, New Haven and London 1968.

FRANKENA, R. 1965: The vassal-treaties of Esarhaddon and the dating of Deuteronomy, Oudtestamentische Studiën, Deel xiv, Leiden 1965, 122–154.

GEVA, HILLEL. 1979: The Western Boundary of Jerusalem at the End of the Monarchy, IEJ 29(1979), 84–91.

– 1983: Excavations in the Citadel of Jerusalem, IEJ 33(1983), 55–70.

GERLEMAN, GILLIS. 1948: Synoptic Studies in the Old Testament (Lunds Universitets Årsskrift, N.F. Avd 1, Bd 44, Nr 5), Lund 1948.

HARAN, M. 1978: Temple und Temple-Service in Ancient Israel, Oxford 1978.

HOFFMANN, HANS-DETLEF. 1980: Reform und Reformen, Untersuchungen zu einem Grundthema der deuteronomistischen Geschichtsschreibung, AThANT 66, Zürich 1980.

HOLLENSTEIN, HELMUT. 1997: Literarkritische Erwägungen zum Bericht über die Reformmaßnahmen Josias 2Kön xxiii 4ff, VT 27 (1977) 321–336.
HOLLOWAY, STEVEN W. 1992: The Case for Assyrian Religious Influence in Israel and Judah: Inference and Evidence, Chicago 1992 (UMI Dissertation Services).
KELLER, MARTIN. 1996: Untersuchungen zur deuteronomisch-deuteronomistischen Namenstheologie, BBB 105, Weinheim 1996.
KENYON, KATHLEEN M. 1974: Digging up Jerusalem, London 1974.
LEMKE, WERNER E. 1965: The Synoptic Problem in the Chronicler's History, HThR 58(1965), 349–363.
LOHFINK, N. 1963: Die Bundesurkunde des Königs Josias, Biblica 44 (1963), 261–288. 461–498.
– 1985: Zur neueren Diskussion über 2Kön 22–23, in NORBERT LOHFINK (Hrsg), Das Deuteronomium, Entstehung, Gestalt und Botschaft, Leuven 1985. Auch in NORBERT LOHFINK (Hrsg), Studien zum Deuteronomium und zur deuteronomistischen Literatur II, Stuttgart 1991, 179–207.
MAYES, A.D.H. 1979: Deuteronomy, NCB, London 1979.
METTINGER, TRYGGVE N.D. 1982: The Dethronement of Sabaoth, Studies in the Shem and Kabod Theologies, Coniectanea Biblica, OT Series 18, Lund 1982.
NICHOLSON, E.W. 1967: Deuteronomy and Tradition, Oxford 1967.
NORIN, STIG. 1986: Sein Name allein ist Hoch. Das JHWH-haltige Suffix althebräischer Personennamen untersucht mit besonderer Berücksichtigung der alttestamentlichen Redaktionsgeschichte, Coniectanea Biblica, OT Series 24, Malmö 1986.
– 1998: The Age of the Siloam Inscription and Hezekiah's Tunnel, VT 48 (1998), 37–48.
OTTO, ECKART. 1997: Das Deuteronomium als archimedischer Punkt der Pentateuchkritik auf dem Wege zu einer Neubegründung der de Wette'schen Hypothese, in M. VERVENNE / J. LUST (Hrsg), Deuteronomy and Deuteronomic Literature, Festschrift C.H.W. Brekelmans, Leuven 1997, 321–339.
– 1998: Die Ursprünge der Bundestheologie im Alten Testament und im Alten Orient, Zeitschrift für Altorientalische und Biblische Rechtsgeschichte 4 (1998), 1–84.
VON RAD, GERHARD. 1947: Deuteronomiumstudien, Forschungen zur Religion und Literatur des Alten und Neuen Testaments, NF 40.Heft, Göttingen 1947.
– 1964: Das fünfte Buch Mose, Deuteronomium, ATD 8, Göttingen 1964.
REUTER, ELEONORE. 1993: Kultzentralisation, BBB 87, Frankfurt am Main 1993.
ROGERSON, JOHN W. 1992: W.M.L. de Wette, Founder of Modern Biblical Criticism, JSOT Suppl 126, Sheffield 1992.
SMEND, RUDOLF. 1958: Wilhelm Martin Leberecht de Wettes Arbeit am Alten und am Neuen Testament, Basel 1958.
SPIECKERMANN, HERMANN. 1982: Juda unter Assur in der Sargonidenzeit, Göttingen 1982.
TENGSTRÖM, SVEN. 1994: Mose, Sinai och Horeb. Bilden av Mose i Deuteronomium, in Religion och Bibel 53, Nathan Söderblom-Sällskapets Årsbok, Uppsala 1994, 3–24.
DE VAUX, R. 1967: Le lieu que Yahwé a choisi pour y établir son nom, in F. MAAS (Hrsg), Das Ferne und Nahe Wort, FS L. Rost, BZAW 105, Berlin 1967, 219–228.

WEINFELD, MOSHE. 1972: The Worship of Molech and the Queen of Heaven and its Background, UF 4(1972), 133–154.

– 1992: Deuteronomy, Book of, Art. The Anchor Bible Dictionary, Volume 2. New York 1992, 168–183.

WEIPPERT, HELGA. 1988: Palästina in vorhellenistischer Zeit, Handbuch der Archäologie, Vorderasien II, Band 1, München 1988.

WENHAM, GORDON. 1993: Deuteronomy and the Central Sanctuary, Tyndale Bulletin 22 (1971), 103–118. (Hier zitiert nach DUANE L. CHRISTENSEN (Hrsg), A Song of Power and the Power of Song, Winona Lake 1993, 94–108.)

DE WETTE, W.M.L. 1805: Dissertatio critico-exegetica qua Deuteronomium a prioribus Pentateuchi libris diversum, alius cujusdam recentioris auctoris opus esse monstratur. Halle 1805.

Le camp et la ville

L'arrière-plan vétéro-testamentaire d'une équation étonnante

par

JAN JOOSTEN

Camp et ville représentent, *a priori*, deux réalités bien distinctes. Le premier terme implique la mobilité et le séjour provisoire, il peut aussi se charger de connotations militaires; le deuxième souligne au contraire la stabilité, la perdurance et la vie paisible. L'équation entre le camp et la ville de Jérusalem, établie au détour d'une phrase en Apoc 20,9, a donc de quoi surprendre:

Ils (c.à.d., les armées de Satan) montèrent à la surface de la terre, et ils investirent le *camp* des saints et la *ville* bien-aimée.

L'identification du camp des saints avec la ville bien-aimée n'est ni préparée dans les chapitres précédents ni expliquée dans ce qui suit. Pour l'auteur de l'Apocalypse, il semble s'agir d'une idée connue. La même notion pourrait se trouver en Héb 13,11–14:

Car les corps des animaux dont le sang a été offert pour les péchés dans le sanctuaire par le souverain sacrificateur, sont brûlés hors du *camp*. C'est pourquoi Jésus aussi, pour sanctifier le peuple par son propre sang, a souffert hors de la porte. Sortons donc hors du *camp* pour aller à lui, en portant son opprobre. Car nous n'avons pas ici de *cité* permanente, mais nous cherchons celle qui est à venir.

Le terme de camp semble suggérer à l'auteur aux Hébreux celui de la ville: sortir du camp, c'est, en langage clair, sortir de la ville. A nouveau, l'identification ne reçoit aucun commentaire; l'équation entre le camp et la ville se présente comme une évidence[1].

Cette façon de s'exprimer pourrait s'éclairer par un recours à quelques textes émanant du Judaïsme contemporain. Dans l'Exposé Polémique de

---

[1] L'identification du camp avec la ville a généralement été reconnue par les exégètes, qui n'en manifestent pas moins une certaine perplexité quant à ses implications, cf., pour Apoc 20,9, PRIGENT 1981, p. 315; pour Héb 13,11–14, SPICQ 1977, p. 220–222.

Pratiques Sectaires découvert à Qumran, soit 4QMMT, nous lisons, dans des contextes halachiques:

[Au su]jet du texte [»Un homme qui abat dans le camp ou] à l'extérieur du camp un bœuf, un mouton, une chèvre […], nous estimons quant à nous que c'est le sanctuaire [qui est le Tabernacle, tente de la rencontre, et que *c'est Jé]rusalem qui est le camp* (4QMMT B 27–30).

Il ne faut pas faire entrer des chiens dans le camp sacré, car ils mangent quelques os du sanc[tuaire] ayant encore de la chair sur eux. *Or Jérusalem est le camp sacré* (מחנה הקדש) et c'est le lieu qu'Il a choisi parmi toutes les tribus [d'Israël], elle est la capitale des camps d'Israël (4QMMT B 58–62)[2].

L'assimilation du camp à la ville de Jérusalem est autrement plus lumineuse dans cet écrit que dans les passages néotestamentaires cités ci-dessus. Premièrement, l'identification du camp avec la ville de Jérusalem est revendiquée explicitement et avec force: on se trouve en présence d'une polémique[3]. De plus, le contexte révèle la raison d'être de l'équation. Il s'agit d'un concept halachique: c'est parce que Jérusalem est regardée comme »le camp« que la pureté rituelle doit y être observée. Enfin, le premier passage renvoie de façon claire, le deuxième de façon implicite, à l'arrière-plan vétéro-testamentaire de la notion de camp. Le »camp« auquel Jérusalem s'identifie n'est autre que le camp israélite lors du séjour dans le désert dont parle la Torah.

Bien avant la publication de 4QMMT, on avait réalisé l'importance que prend cette identification pour la secte qumranienne[4]. En effet, dans le Rouleau du Temple[5], les règles de pureté stipulées par la Torah en vue du camp sont systématiquement appliquées à la ville de Jérusalem[6]. Les affirmations explicites dans 4QMMT révèlent pour ainsi dire la clé herméneutique maniée par les auteurs du Rouleau du Temple.

Relevons encore que le Judaïsme rabbinique, s'il a généralement limité l'application des règles de pureté au seul Temple et aux prêtres, ne rejette pas pour autant l'idée selon laquelle le camp dont parle la Torah préfigure

---

[2] Texte reconstitué par QIMRON et STRUGNELL 1994, traduction française de CAQUOT 1996.

[3] L'auteur de 4QMMT semble s'opposer à l'approche qui voit dans le camp l'image du Temple, cf. ci-dessous.

[4] Cf. YADIN 1983, p. 278–285; QIMRON et STRUGNELL 1994, p. 143–146.

[5] L'appartenance du Rouleau du Temple à la littérature de la secte est discutée. On note que sur le point qui nous intéresse, 11QT s'aligne avec les rouleaux dont le caractère sectaire ne fait pas de doute.

[6] Cf. le tableau dans YADIN 1983, p. 282–285. Ce point de vue a été contesté par plusieurs spécialistes qui voient dans l'expression »ville du sanctuaire« (*'ir hamiqdash*) une référence au Temple et non à la ville de Jérusalem, cf. SCHIFFMAN 1998, avec renvois à la littérature. Les arguments de Schiffman ne semblent pas s'imposer.

la ville de Jérusalem[7]. L'identification se rencontre dans plusieurs écrits tannaïtes et pourrait bien, à l'intérieur même du courant pharisien-rabbinique, remonter à une époque relativement haute[8].

Si l'équation entre le camp et la ville était répandue dans le Judaïsme du second temple[9], on peut sans trop de témérité supposer qu'elle sous-tend aussi les passages de l'Apocalypse et d'Hébreux cités plus haut[10].

L'objectif de la présente étude ne sera pas d'analyser l'équation du camp et de la ville dans le Nouveau Testament ou dans le Judaïsme ancien, mais d'en explorer l'arrière-plan dans la Torah. En effet, le camp joue déjà le rôle de »concept halachique« dans les textes de l'Ancien Testament. Quel est ce rôle, et quelles en sont les implications historiques et théologiques – voilà les questions auxquelles nous voulons répondre.

Le »camp« dans l'Ancien Testament

Le mot *maHaneh*, »camp«, est attesté environ 214 fois dans la Bible hébraïque. Dérivé d'une racine signifiant »s'incliner, se coucher«[11], le nom désigne d'abord tout simplement le lieu où l'on s'établit, le campement. A partir de ce sens lexical plusieurs sens contextuels se développent, créant ainsi l'impression d'une certaine polysémie. Notons les emplois suivants:

– le mot peut désigner un camp nomade (p. ex. Gen 32,22);

– assez souvent il désigne un camp militaire (p. ex. 1 Sam 4,3);

– par métonymie, il peut prendre le sens d'armée (p. ex. Ez 1,24), même quand il s'agit d'une armée en plein combat (p. ex. 1 Rois 22,34);

– dans deux ou trois passages le mot *maHaneh* se réfère au territoire d'un groupe d'Israélites établis dans le pays (p. ex. Mahané Dan, Jug 13,25; cf., peut-être, Am 4,10)[12];

---

[7] La méthode rabbinique habituelle distingue trois camps: le camp de la Shekinah, qui est le Temple; le camp des Lévites, qui est le mont du Temple; le camp d'Israël, qui est la ville de Jérusalem. Cf., p. ex., les passages cités dans JASTROW 1903, s.v. מחנה.

[8] Cf. MAZAR et al. 1962, col. 805.

[9] Notons encore que cette équation trouve un écho chez Flavius Josèphe qui, dans sa paraphrase de Nomb 5,1–4, substitue la ville au camp dont parle le texte biblique, cf. Ant 3,261–264. A la lumière de Bell 5,227, l'expression »la ville« doit être interprétée comme une référence à Jérusalem.

[10] Pour le passage de l'Apocalypse, cela a déjà été observé par PHILONENKO 1997, p. 447–449.

[11] Cf. Jug 19,9 où le verbe se réfère au jour qui tombe.

[12] Cf. aussi Nomb 13,19 où il s'agit d'établissements cananéens; le texte n'est pas entièrement assuré dans ce passage, la leçon du Pentateuque samaritain pourrait être préférée (cf. HAL, s.v.).

– dans les Chroniques, les expressions »camps des Lévites« et »camps de YHWH« désignent parfois différentes parties du Temple (cf. 1 Chr 9,18; 2 Chr 31,2).

La polysémie qui caractérise les emplois bibliques se retrouve dans l'hébreu post-biblique de Qumran[13]; elle est pour l'essentiel calquée par l'équivalent standard de la Septante, παρεμβολή.

Ce rapide survol lexicologique nous servira de mise en garde: il ne s'agira pas de mettre en avant tel ou tel aspect – notamment l'aspect militaire[14] – au dépens d'autres. En même temps, il convient de remarquer que dans notre étude l'intérêt ne porte pas sur un mot mais sur un concept: le camp en tant qu'il a pu devenir une image de la ville de Jérusalem. Toutes les occurrences du vocable *maHaneh* ne seront donc pas à retenir.

Pour notre propos, les passages pertinents sont ceux qui concernent le camp israélite lors du séjour dans le désert, avant l'ocupation du pays promis. Dans les livres d'Exode-Deutéronome, le camp des Israélites est mentionné 65 fois[15]. Il se présente tantôt comme une habitation (p. ex. Deut 29,10), tantôt comme un camp militaire (p. ex. Nomb 1–3, cf. Jos 6,11). L'image du camp israélite est commune à plusieurs sources du Pentateuque: elle se rencontre dans les textes non-sacerdotaux du Tétrateuque[16], dans le Deutéronome[17], et dans les textes sacerdotaux[18]. Ces derniers sont cependant les seuls à donner à la notion de camp un rôle juridique et théologique incontestable[19]. Ce sont donc ceux-ci qui dans un premier temps vont faire l'objet de notre étude.

Notre point de départ dans les textes néotestamentaires et qumraniens impose cependant un détour par un passage que l'exégèse postérieure a tiré, de force, dans le sillage des textes sacerdotaux, à savoir Deut 23,10–15. Nous nous tournerons vers ce texte dans un deuxième temps.

---

[13] En dehors des passages signalés ci-dessus, le mot se trouve notamment dans le sens de »camp militaire« dans le Rouleau de la guerre (p. ex., 1QM 6,10; 16,3); dans le sens d'établissement (sectaire?) dans le Document de Damas (p. ex., CD 12,22–13,5).

[14] Cf., p. ex., le dictionnaire de W. Bauer s.v. παρεμβολή, et FENSHAM 1963, qui ne considèrent le camp en Héb 13,11.13 et en Apoc 20,9 que sous l'angle militaire.

[15] Ce chiffre n'inclut pas les références aux camps des tribus individuelles en Nomb 2 et 10.

[16] Cf., p. ex., Ex 19,16.17; 32,17.19.26.27; 33,7.11; Nomb 11,1.9.26.27.30.32; 12, 14.15.

[17] Cf. Deut 2,14.15; 29,10; ces versets n'appartiennent pas à la strate la plus ancienne du livre. La notion du camp fait défaut dans le code deutéronomique (Deut 12–26), cf. ci-dessous, dans la section sur Deut 23,10–15.

[18] Cf. les renvois dans la section suivante.

[19] Cf., cependant, Nomb 12,10.14–15; et, en dehors du Pentateuque, le cas remarquable de Jos 6,23.

Le camp dans les lois sacerdotales

Le camp israélite est mentionné environ 36 fois dans les textes sacerdotaux du Pentateuque[20]. La grande majorité de ces passages ont un caractère législatif, qu'il s'agisse de lois au sens propre ou de récits exemplaires. Un survol de ces passages sera suivi d'une discussion des cas les plus significatifs, à savoir les cas qui concernent l'exclusion du camp. Finalement, quelques remarques sur le caractère paradigmatique du camp seront proposées.

Les règles concernant le camp

Les 29 occurrences où le terme de camp joue un rôle dans la casuistique légale se ramènent aisément à dix types de règle, présentés dans le tableau suivant:

Passages	*Règle*
1. Ex 29,14; Lév 4,12.21; 8,17; 9,11; 16,28	Les restes de la victime du »sacrifice pour le péché« (*HaTTat*), dont le sang et d'autres parties ont fait l'objet de diverses manipulations, sont brûlés hors du camp.
2. Nomb 19,3.7.9	La vache rousse est brûlée hors du camp; ses cendres sont conservées hors du camp, dans un endroit pur.
3. Lév 16,26.28	L'homme qui envoie le bouc émissaire dans le désert lave ses vêtements avant de rentrer au camp.
4. Lév 6,4	Le prêtre emporte les cendres grasses de l'holocauste (*'olah*) hors du camp, dans un endroit pur.
5. Lév 13,46; 14,3.8	Le lépreux établit sa demeure hors du camp; le rite de purification, après sa guérison, se passe hors du camp; ensuite il rentre au camp.
6. Nomb 5,2.3.4	Toute personne affectée de lèpre, d'un écoulement ou souillée par un mort est envoyée hors du camp; l'éxécution de ce commandement est mentionnée expressément.
7. Nomb 31,12.13.19.24	Les guerriers israélites au retour de l'expédition contre Madian doivent rester hors du camp pendant sept jours, ensuite, après les rites de purification, ils rentreront au camp.
8. Lév 10,4.5	Les dépouilles de Nadav et d'Avihou, morts en apportant un feu étranger à YHWH, doivent être emportés de devant le sanctuaire hors du camp; l'éxécution de ce commandement est mentionnée expressément.

---

[20] Sans compter les références aux camps des tribus individuelles en Nomb 2 et 10.

9. Lév 24,14.23; Nomb 15,35.36	Une personne condamnée à mort est lapidée hors du camp; l'éxécution de ce commandement est mentionnée expressément.
10. Lév 17,1–7	L'abattage profane d'un bœuf, d'un agneau ou d'une chèvre est interdit aux Israélites, que ce soit dans le camp ou hors du camp.

Cette liste appelle quelques remarques générales:

– Dans ces passages législatifs, le camp se présente davantage comme un lieu d'habitation que comme un camp militaire. Ceci ressort clairement des textes impliquant que le camp contient des femmes autant que des hommes[21]. Notons encore qu'en Nomb 31, l'armée israélite (v 14 *Hayil*, v 21 *çaba'*) se distingue nettement du camp. Aussi, aucun des passages ne donne des indices qui amènent à y voir un aspect militaire.

– Nonobstant leur diversité, ces lois concernent toutes le problème de la pureté rituelle. C'est pour maintenir la pureté du camp que les restes des sacrifices pour le péché et des holocaustes sont évacués; que les cendres de la vache rousse sont fabriquées et conservées hors du camp; que l'homme qui a envoyé le bouc émissaire doit laver ses vêtements avant de rentrer; que les personnes atteintes d'un haut degré d'impureté sont exclues du camp; que les dépouilles sont enterrées et que la peine de mort est exécutée hors du camp; enfin, que tout abbattage doit se faire de façon rituelle devant la Tente de la Rencontre et sous contrôle des prêtres. L'idée sous-jacente est celle de la présence de YHWH au milieu du camp, dans la Demeure (*mishkan*) ou Tente de la Rencontre (*'ohel mo'ed*). Ce principe s'énonce d'ailleurs explicitement en Nomb 5,3 »… afin qu'ils ne rendent pas impur le camp au milieu duquel je demeure«[22].

– Les textes sacerdotaux ne vont cependant jamais jusqu'à dire que le camp lui-même serait, ou devrait être, saint. L'exigence à laquelle le camp est soumis est celle de la pureté. On a souvent invoqué l'image des cercles concentriques pour illustrer cet aspect de la pensée sacerdotale: au centre se trouve le sanctuaire, qui est saint; le sanctuaire est entouré par le camp, qui est pur; en dehors du camp se trouve un troisième domaine dont la pureté n'est pas garantie[23].

Si l'exigence de pureté est claire, elle pose toutefois la question du degré d'impureté tolérée. Il existe en effet des types d'impureté qui n'empêchent

---

[21] Cf., p. ex., Lév 13,2 (la torah concerne *'adam*, l'être humain, homme ou femme); Nomb 5,3 (»homme ou femme«); en Lév 17,3 l'expression »de la maison d'Israël« inclut également les femmes, cf. JOOSTEN 1996a, p. 34.

[22] Cf. Lév 15,31; Nomb 19,13.

[23] C'est hors du camp qu'on rencontre les démons, cf. Lév 17,7; d'autre part, il se trouve des lieux purs en dehors du camp, cf. Lév 4,12.

pas de résider dans le camp. De fait, on constate une certaine fluctuation dans les règles sur l'exclusion du camp.

Les personnes exclues du camp

Selon Nomb 5,1–4, trois types de personnes doivent être exclues du camp: la personne atteinte d'une maladie de la peau[24], la personne atteinte d'un écoulement des organes sexuels et la personne contaminée par le contact avec un cadavre. Les trois catégories sont généralement considérées comme des cas d'impureté grave. Pourtant, elles ne sont pas traitées de la même façon dans tous les textes.

Par rapport au lépreux, la loi ne change pas[25]. Déjà en Lév 13,46, il est stipulé »sa demeure sera hors du camp«, et cette exigence est confirmée par les directives en Lév 14,3ss d'après lesquelles le prêtre doit sortir du camp pour effectuer le rite de purification; ensuite seulement le lépreux rentrera au camp (v 8)[26]. Que la lèpre constitue une source d'impureté grave impliquant l'exclusion est une notion traditionnelle attestée également par d'autres textes: Miriam, frappée de lèpre, est bannie du camp pendant sept jours (Nomb 12,15); lors du siège de Samarie, quatre lépreux se trouvent à la porte de la ville (2 Rois 7,3); Ozias, frappé de lèpre, habite dans une maison isolée jusqu'à sa mort (2 Rois 15,5 par.). La contribution des auteurs sacerdotaux se limite donc vraisemblablement au fait d'avoir élevé au rang de loi une coutume pratiquée depuis les temps anciens[27].

En ce qui concerne la personne impure suite au contact avec un mort, les données sont plus diverses. Que la dépouille d'un être humain soit une source puissante d'impureté fait le consensus tant des textes sacerdotaux que des textes non sacerdotaux[28]. Mais que le dégré d'impureté qui résulte du contact avec un cadavre impose l'exclusion, voilà ce qui n'est pas certain. D'après Nomb 5,1–4 l'exclusion est ordonnée par Dieu et appliquée sur le champ. L'exigence de Nomb 5 est confirmée par Nomb 31,19, où

---

[24] Pour la nature de *çara'at*, cf. l'article de SEIDL 1989 (avec bibliographie).

[25] Seul cas douteux: Lév 22,4 où il est dit que le prêtre lépreux ne mangera pas des offrandes. Cette règle implique-t-elle que le prêtre réside dans le camp?

[26] Le seul étonnement que fait surgir Nomb 5,1–4 est qu'il soit nécessaire de réitérer l'ordre d'exclure les lépreux et de l'exécuter: si la loi donnée en Lév 13 avait été appliquée, aucun lépreux n'aurait dû se trouver dans le camp. Moïse a-t-il été laxiste dans l'application de la loi? Notons que selon Lév 13,1, la torah révélée à Moïse et à Aaron ne doit pas, comme habituellement, être transmise aux Israélites (cf. JOOSTEN 1996b, p. 78, n. 16).

[27] Notons que déjà pour Deut 24,8, la réglementation par rapport à la lèpre est du ressort des prêtres lévites.

[28] Cf., p. ex., Lév 21,1–4.11; Nomb 6,6–12; Ez 9,7; Deut 21,23; 2 Rois 23,14.

Moïse ordonne aux guerriers israélites, au retour de l'expédition contre Madian, de camper hors du camp pendant sept jours. La raison expresse de cette exclusion est la purification nécessaire après avoir tué un homme ou touché un mort. D'autre part, Nomb 19,11–19 semble impliquer que celui qui s'est souillé au contact d'un cadavre peut rester dans le camp à condition de se purifier à l'aide des cendres de la vache rousse. Ces indications divergentes pourraient s'expliquer dans une logique narrative: selon Nomb 5,1–4, les impurs par suite du contact avec un mort sont exclus du camp; ensuite, selon Nomb 19, une procédure est instaurée pour permettre que ces personnes restent dans le camp; mais le cas raconté en Nomb 31 fait exception à cause du grand nombre de personnes concernées et du haut degré d'impureté encouru: la règle d'origine est donc maintenue[29].

Le cas de la personne atteinte d'un écoulement des organes sexuels (*zav*) est encore plus problématique. Concrètement, la règle semble viser autant les personnes atteintes d'un écoulement pathologique que les femmes lors de la menstruation. Nul doute que de tels écoulements rendent impurs: cela est attesté à la fois par les textes sacerdotaux et non sacerdotaux[30]. Cependant, l'exclusion du camp pour cette catégorie de personnes n'est stipulée qu'en Nomb 5[31]. Quant à Lév 15, le chapitre fondamental qui règle toutes les questions du *zav* dans le détail, il ne souffle mot concernant l'exclusion. D'après cette torah, l'état d'impureté du *zav* est d'un degré moindre et permet de demeurer dans le camp. La contradiction entre Lév 15 et Nomb 5,2 s'explique difficilement dans une perspective narrative: qu'est-ce qui justifierait cette soudaine innovation, abrogeant la règle établie soigneusement auparavant? Il est vraisemblable que les deux textes font écho à un débat. Les rédacteurs sacerdotaux n'ont pas su effacer les positions divergentes à ce sujet prises à l'intérieur même de leur école[32].

Les règles de pureté, et d'exclusion de personnes impures, devaient être observées non seulement durant la période du désert mais encore après. C'est là que surgit la question de savoir à quoi correspond le camp du désert dans la réalité postérieure. Quel est, pour les Israélites auxquels s'adresse la

---

[29] Au-delà de cette logique narrative il est possible que les indications divergentes traduisent des points de vue différents à l'intérieur de l'école sacerdotale (cf. ci-dessous).

[30] Cf. Lév 15; Ez 22,10; 2 Sam 11,2–4. Le terme *niddah* qui signifie à l'origine la menstruation (p. ex. en Lév 12,2.5, cf. HAL), devient une métaphore de l'impureté (p. ex. Esd 9,11).

[31] En Deut 23,11 il ne s'agit pas du même »camp«, cf. ci-dessous.

[32] Ce genre de différences à l'intérieur de l'école sacerdotale n'est pas inconnu, cf. p. ex. Lév 15,24 et Lév 20,18.

loi, cet espace dont la pureté doit être gardée, et hors duquel il faut exclure les porteurs d'impureté?

La dimension paradigmatique du camp dans les lois sacerdotales

Les textes sacerdotaux ne promulguent pas la loi divine: ils racontent comment celle-ci fut donnée, par qui et à qui, dans quelles circonstances et à quel moment, avec quels antécédents et quelles retombées. Cette présentation particulière de la loi demande d'être prise en compte. On aurait tort de voir dans les textes sacerdotaux la simple évocation d'une époque révolue, une époque idéale où le peuple marchait selon les commandements de son Dieu. En dépit de la projection dans un lointain passé, il s'agit bel et bien d'une législation contraignante, non seulement pour les ancêtres mais aussi pour la génération postérieure à qui les textes sont adressés. D'autre part, on se tromperait tout autant à vouloir expliquer la teneur des lois directement en fonction de l'auditoire visé, en faisant fi du cadre narratif. Car c'est ce cadre qui établit l'autorité, la raison d'être et la visée de la loi. Dans la rédaction sacerdotale, loi et récit vont ensemble. L'enchevêtrement littéraire traduit une interdépendance logique. L'histoire racontée fournit l'étiologie de la loi, et la pratique de la loi atteste la véracité du récit[33].

A la lumière de ce qui vient d'être dit, le camp dessiné dans les textes sacerdotaux ne saurait être une simple donnée narrative décrivant la vie des Israélites dans un lointain passé[34]. D'ailleurs, plusieurs éléments dans les passages énumérés ci-dessus confirment que l'image du campement israélite dans le désert a été conçue comme un modèle. Ainsi, les ancêtres séjournant dans le camp jouent le rôle d'exemples: ils sont présentés comme exécutant promptement et scrupuleusement toute directive donnée par YHWH (cf. Lév 24,23; Nomb 5,4). Quant aux règles énoncées en vue du camp, elles doivent garder leur validité après l'installation dans le pays promis: »ce sera pour vous une prescription perpétuelle« (Lév 16,34; 17,7; etc.).

Le camp remplit donc une fonction paradigmatique. Mais par rapport à quoi? Un espace habité par les Israélites, dominé par la présence de YHWH dans le sanctuaire situé en son centre, et ordonné jusque dans les détails par

---

[33] En dépit de nombreuses études distinguant un *Grundschrift* narratif et des passages législatifs ajoutés postérieurement, loi et récit sont indissociables dans la strate sacerdotale du Pentateuque. Cf. GARCÍA LÓPEZ 1999; JOOSTEN 2000.

[34] La portée paradigmatique du camp dans les textes sacerdotaux est occasionnellement niée, cf., p. ex., KRAUS 1954, p. 23–37 (Kraus reprend une idée émise par KUSCHKE 1951, p. 105).

les lois divines – à quoi était-on censé appliquer cette image? Plusieurs
hypothèses ont été avancées dans la recherche historico-critique. Wellhausen voyait dans le camp sacerdotal une figure de la ville de Jérusalem:

> Il (le Code Sacerdotal) a constamment en pensée Jérusalem et le Temple sans pour-
> tant les nommer ni l'un ni l'autre, mais en nommant à leur place le camp dans le
> désert et le tabernacle mosaïque[35].

L'intention des lois mentionnant le camp serait alors de régler la vie dans la
ville du sanctuaire durant l'époque post-exilique[36].

D'autres ont vu dans le caractère provisoire et mobile du camp une indi-
cation que les auteurs sacerdotaux visent en réalité la communauté juive en
exil ou lors du retour[37]. Le camp dans le désert serait une image des juifs
préparant le retour vers le pays promis.

Les deux hypothèses dépendent dans une grande mesure de la datation
des textes: si on date le gros des textes sacerdotaux de l'exil babylonien, on
fait correspondre le camp à une réalité exilique; si l'essentiel de la composition sacerdotale se place dans l'époque perse, on cherchera le référent
du camp dans cette époque. Mais l'exégèse ne doit pas être l'otage de la
datation. Une lecture attentive des textes mène à une autre explication[38]. On
trouve des éléments qui, dans les textes eux-mêmes, font entrevoir l'intention paradigmatique du camp. Notons tout d'abord les indices qui permettent d'identifier le camp comme la figure d'une ville:

1. Certaines règles prescrites pour le camp sont connues pour avoir été
appliquées aux villes israélites:

– dans les textes sacerdotaux, les lépreux sont exclus du camp; dans un texte narratif, 2 Rois 7,3ss, on apprend que les lépreux séjournent à la porte de la ville de
Samarie;
– dans les textes sacerdotaux, la peine capitale est exécutée hors du camp; selon un
texte narratif, 1 Rois 21,13, elle est exécutée hors de la ville d'Izréel.

---

[35] Er (der Priesterkodex) hat immer Jerusalem und den Tempel vor Augen und nennt
beides doch niemals, sondern statt dessen das Lager der Wüste und die mosaische Stifts-
hütte. Cf. WELLHAUSEN 1886, p. 169–170.
[36] Ainsi Wellhausen reprend à son compte l'interprétation juive traditionnelle (cf. ci-
dessus, n. 7). Puisque Wellhausen connaissait la littérature rabbinique, il n'est pas exclu
d'y voir la source, non déclarée et peut-être inconsciente, de son idée.
[37] Cf. p. ex. HELFMEYER 1982, p. 14. D'après ce point de vue, la notion de la présence
de YHWH au milieu du camp, dans le sanctuaire, demanderait à être spiritualisée, cf., la
conclusion explicite de GAMMIE 1989, p. 17. D'autre part, on trouve un chercheur qui
postule, sur la base de l'image de la Tente de Rencontre, un projet d'érection d'un
sanctuaire en Babylonie parmi les exilés, cf. ELLIGER 1952, p. 197–198.
[38] L'essentiel de la thèse défendue ici a été avancé par KAUFMANN 1930, p. 6.

Si les auteurs sacerdotaux ont ainsi projeté des coutumes citadines sur le camp dans le désert, il est permis de penser qu'ils ont imaginé ce dernier comme la figure d'une ville.

2. En Lév 13–14, la personne atteinte de lèpre est expulsée hors du camp (*miHuç lammaHane*, Lév 13,46; 14,3.8); mais dans la suite du texte, où il s'agit de maisons atteintes de »lèpre«, la maison est démolie et évacuée *hors de la ville* (*miHuç la'ir*, Lév 14,45, cf. v 40.41). Il semble bien qu'ici le voile soit levé sur le code mis en œuvre dans la loi sacerdotale: tant que possible on parle en termes de camp, mais la question des maisons force un discours en langage clair. Le camp – cet espace dont la pureté doit être sauvegardée à tout pris – c'est la ville.

Ces indices sont suffisamment clairs pour écarter la thèse qui voit dans le camp une image de la communauté des exilés en Babylonie. Donnent-ils pour autant raison à ceux qui voient dans le camp une figure de Jérusalem? Il semble que non. La procédure stipulée en Lév 14 est valable pour n'importe quelle maison »dans le pays de Canaan que je vous donne en propriété« (Lév 14,34). Le premier indice aussi nous amène à voir dans le camp une image de toute ville située dans le pays des Israélites. Mais dans ce cas, comment interpréter la notion de la présence de YHWH au milieu du camp, dans son sanctuaire[39]? La question trouve une réponse dans d'autres passages où c'est le pays tout entier qui correspond au camp[40]. Notons, p. ex., Nomb 35,34 où le meurtre doit être puni de peur que le pays soit profané:

> Tu ne souilleras pas *le pays* où vous habitez, au milieu duquel je demeure, car je suis le SEIGNEUR et je demeure au milieu des fils d'Israël.

Ce verset est à comparer avec la motivation donnée en Nomb 5,3 pour l'exclusion des personnes impures:

> Qu'ils ne souillent pas *le camp* des fils d'Israël au milieu desquels je demeure.

---

[39] Kaufmann résoud le problème en supposant que toute ville possédait un sanctuaire: le Code Sacerdotal date de l'époque pré-josianique, cf. KAUFMANN 1930. Mais une telle multiplicité de temples n'est nulle part stipulée dans les textes sacerdotaux; on a plutôt l'impression que les auteurs sacerdotaux prônent un sanctuaire unique, cf. HARAN 1978, p. 144–145. En Lév 26,31 on voit, cependant, que l'auteur connaît l'existence de plusieurs temples de YHWH dans le pays d'Israël.

[40] Dans le Code de Sainteté (Lév 17–26), la correspondance entre le camp et le pays est plus pertinente que celle entre le camp et la ville, cf. JOOSTEN 1996a, p. 145–148. Si le Code de Sainteté met ainsi un accent différent des autres textes sacerdotaux, cela pourrait s'expliquer par le fait que ce Code émane d'une école sacerdotale provinciale, cf. JOOSTEN 1996a, p. 163–164.

Ainsi, dans le pays comme dans le camp, la pureté est exigée en vue de la présence de YHWH qui demeure au milieu des Israélites. Ce principe explique pourquoi les règles du camp ne s'appliquent pas à la ville du Temple seulement, mais à toute ville dans le pays d'Israël[41]. Toute souillure dans un établissement israélite met en péril la sainteté du sanctuaire central[42]. Partout où s'installent les Israélites est le camp: même si leur ville est éloignée du Temple, YHWH habite au milieu d'eux[43].

*

Longtemps avant la naissance de la critique historique, la visée paradigmatique du camp avait été perçue par les lecteurs de la Torah. Toutefois, ce qui pour les modernes est une question exégétique, avait pour les anciens une autre importance; il s'agissait, en effet, pour eux d'une règle d'herméneutique permettant d'appliquer la législation et la théologie de la Torah à leur propre réalité historique. C'est ainsi qu'un courant dans le judaïsme du deuxième temple a opéré l'équation »le camp, c'est Jérusalem«. Au regard des réalités contemporaines, cette interprétation semble plutôt légitime, même si elle n'est pas pleinement en accord avec les indications textuelles[44].

Le camp dans le Deutéronome

Dans le Deutéronome, le camp israélite dans le désert est mentionné trois fois (Deut 2,14.15; 29,10). Dans aucun de ces passages le terme n'apparaît comme un concept législatif ou théologique; il s'agit tout simplement d'un élément descriptif par rapport à la situation du peuple avant l'occupation du

---

[41] En Lév 14,10–32, il est commandé au lépreux après sa guérison d'apporter une offrande dans la Tente de Rencontre. A moins d'épouser les conclusions de Kaufmann (ci-dessus n. 39), on supposera ici un téléscopage de plusieurs règles, dû au caractère fictionnel du texte. En réalité, celui qui guérissait de sa lèpre devait rentrer dans sa propre ville (v 8), et offrir, le huitième jour, un sacrifice au Temple dans la ville sanctuaire. Il est évidemment impossible de savoir dans quelle mesure ces règles sacerdotales ont jamais été appliquées.

[42] Selon la théologie sacerdotale, l'impureté se conçoit comme une force dynamique capable, dans certains cas, de souiller le sanctuaire à distance. Cf., p. ex., Lév 20,3; MILGROM 1976.

[43] Dans les limites, toutefois, du pays. Pour l'étendue du pays dans l'idéologie sacerdotale, cf. Nomb 34,1–12.

[44] Notons cependant que le point de vue des textes de Qumran n'est pas monolithique. Si Jérusalem est »le camp«, les autres villes israélites sont, elles aussi, des »camps«, cf. 4QMMT 62, cité ci-dessus, et 11QT 48,14–17.

pays. Dans le code législatif en Deut 12–26, à la différence des lois sacerdotales, la notion de camp dans le désert ne joue aucun rôle. Ceci n'est pas un hasard. De fait, donner au camp une fonction paradigmatique serait impossible dans la perspective deutéronomique. Dans le Deutéronome, la situation des Israélites au désert est décrite en termes fort négatifs: loin d'être un modèle pour les générations postérieures, l'entité israélite avant l'occupation du pays se caractérise par l'anarchie:

Voici les prescriptions et les ordonnances que vous observerez et que vous mettrez en pratique, *dans le pays* que l'Eternel, le Dieu de vos pères, te donne pour que vous en preniez possession. (…) *Vous n'agirez donc pas conformément à tout ce que nous faisons maintenant ici, où chacun fait ce qui lui semble bon* (Deut 12,1.8).

Il est clair que dans une telle optique, la fonction exemplaire du camp n'a pas sa place.

Pour le Deutéronome, la nécessité d'observer la loi est intimement liée à l'occupation du pays[45]; dessiner le camp israélite comme un modèle de la mise en pratique de la loi divine, à la façon des textes sacerdotaux, serait une absurdité.

Deutéronome 23,10–15

Pourtant, il existe un passage dans le Deutéronome où le camp israélite devient l'objet d'une réglementation et d'un développement théologique. Ce passage a souvent été associé, dans l'antiquité et dans la littérature exégétique moderne, aux textes sacerdotaux énumérés ci-dessus, en dépit de différences fondamentales. Examinons donc ce passage de plus près:

Lorsque tu sortiras pour camper contre tes ennemis, garde-toi de toute chose mauvaise. S'il y a chez toi un homme qui ne soit pas pur, par suite d'un accident nocturne, il sortira du camp et ne rentrera pas au milieu du camp; sur le soir il se lavera dans l'eau, puis au coucher du soleil il pourra rentrer au milieu du camp. Tu auras un endroit à l'écart hors du camp, et c'est là dehors que tu sortiras. Tu auras parmi ton bagage un outil, et quand tu t'accroupiras au dehors, tu feras un creux, puis tu reviendras après avoir couvert tes excréments. Car l'Eternel, ton Dieu, marche au milieu de ton camp pour te protéger et pour livrer tes ennemis devant toi: ton camp sera donc saint, afin que l'Eternel ne voie chez toi rien d'inconvenant et qu'il ne se détourne pas de toi (Deut 23,10–15).

---

[45] Cf., p. ex., CRÜSEMANN 1992, p. 235–322, et en part. p. 256–259. Les seuls passages qui semblent contredire le fait que le pays est le lieu d'application des lois sont ceux qui exigent la pratique de la loi comme une condition préalable à l'entrée dans le pays (Deut 6,18; 8, 1; 11,8.22–25; 16,20). Pour ces passages, cf. maintenant SONNET 1997, p. 91.

Par son style et par sa thématique, ce passage s'apparente à une série d'autres péricopes dans le Deutéronome: Deut 20,1–4 le discours du prêtre à l'approche du combat; 20,5–9 les exemptions du service militaire; 20,10–20 le siège des villes; 21,10–14 la prisonnière de guerre; 24,5 l'exemption de l'homme nouvellement marié. Ces lois concernant les campagnes militaires d'Israël sont, pour la plupart, animées par un esprit d'humanisme éclairé qui est l'un des éléments caractéristiques du Deutéronome[46]. Il est possible que ces lois aient fait partie d'une collection existante d'où elles auraient été tirées par les rédacteurs du Code deutéronomique. Dans ce cas il semblerait que la source soit plus ou moins contemporaine du texte qui l'a intégrée. Au niveau de la péricope en question, il n'y a guère d'indications mettant en doute l'intégrité du texte.

Ces versets se rattachent, à n'en pas douter, à une idéologie traditionnelle, israélite et orientale, de la guerre[47]. Evoquons deux points saillants.

1. La règle de la sainteté du camp correspond à l'exigence de sainteté incombant aux guerriers. Ce motif sous-tend le discours de David quand il demande le pain consacré au sanctuaire de Nob: »Toute femme nous est interdite comme auparavant quand je partais en guerre. Les armes de mes jeunes gens sont consacrées …« (1 S 21,4–7). On pourra comparer également l'expression figée »consacrer la guerre«, c.-à-d. »déclarer la guerre« (Mi 3,5 etc.), et la désignation des guerriers comme »consacrés« (Es 13,3). En Israël, la guerre était considérée comme l'affaire de YHWH, et tout ce qui y avait trait participait à sa sainteté.

2. La notion selon laquelle YHWH marche dans le camp prolonge manifestement l'ancienne idée de la présence de la divinité au milieu de l'armée israélite telle qu'elle s'exprime de façon emblématique dans le récit de 1 Sam 4: »Lorsque l'arche de l'alliance de l'Eternel entra dans le camp, tout Israël lança une grande clameur … Les Philistins furent dans la crainte car, dirent-ils, Dieu est arrivé au camp« (1 S 4,5–7)[48].

Tout en observant ces continuités, on constate des différences par rapport à la tradition. Les anciennes idées ont été transformées dans la présentation deutéronomique. La sélection des règles de pureté imposées par l'exigence de sainteté a de quoi étonner. Il est vrai que la pollution nocturne était considérée traditionellement comme une souillure[49]; on est dans la sphère de l'abstention de relations sexuelles des guerriers, suffisamment attestée

---

[46] Cf. ROFÉ 1985.
[47] Cf. VON RAD 1951; WEIPPERT 1972; OTTO 1994.
[48] Cf. aussi 2 Sam 11,11; Nomb 14,44.
[49] Cf. Lév 15,16.

dans l'Ancien Testament[50]. Par contre la conception selon laquelle les ex-créments humains constituent une souillure paraît relever de l'innovation[51]. Ce qui est à l'origine de la règle de l' »endroit à l'écart« *(yād)* n'est pas, semble-t-il, un tabou primitif, mais la sensibilité éclairée, »moderne«, du mouvement qui a produit le Deutéronome. Ainsi notre passage participe à ce que R. Otto a appelé la rationnalisation de la notion de sainteté[52]: est saint ce qui est propre et net. Par là même on s'éloigne de la mentalité traditionnelle.

Une autre différence concerne la conception de la présence de YHWH au milieu du camp. Cette notion a subi un processus de démythologisation. Si dans l'idée ancienne, la présence de YHWH était symbolisée – ou, plus précisément, concrétisée – par un objet cultuel, l'arche de l'alliance, le Deutéronome emploie l'expression traditionnelle »marcher au milieu«[53] dans un sens abstrait: Dieu est présent au mileu du camp de façon spiri-tuelle, sans besoin de support matériel. Cette interprétation peut paraître ténue au regard du seul passage de Dt 23,10–15 – après tout, la présence de l'arche pourrait être supposé implicitement. Mais la teneur générale du livre montre qu'il n'en est rien. Il manque en effet toute référence à l'arche en tant que siège ou marche-pied de Dieu dans le code deutéronomique. Au contraire: l'arche est une simple boîte destinée à conserver les tables de la loi[54]. Inversément, le Deutéronome insiste généralement sur la présence spirituelle, non-médiatisée, de YHWH au milieu de son peuple[55]. C'est cette même idée qui sous-tend Deut 23,15.

Le camp de Deut 23,10–15 et la ville de Jérusalem

Là où le Deutéronome s'éloigne des notions anciennes, il se différencie aussi des textes sacerdotaux. Dans la tradition sacerdotale, les sources d'im-pureté restent proches de la vision traditionnelle[56]; et la présence de YHWH y est conçue très concrètement et toujours en rapport avec le sanctuaire[57].

---

[50] Cf. 1 Sam 21,5; peut-être aussi 2 Sam 11,11.

[51] Cf., cependant, Ez 4,12.15 (voir MILGROM 1991, p. 767).

[52] Cf. OTTO 1921.

[53] En parlant de Dieu, le terme (héb. *hithallek*) se réfère traditionnellement aux péré-grinations de l'arche dans sa tente, cf. 2 Sam 7,6–7. Il est difficile de savoir quelle est la conception qui sous-tend l'emploi du même verbe en Lév 26,12.

[54] Deut 10,1–5; cf. WEINFELD 1972, p. 208–209.

[55] Cf., p. ex., BRAULIK 1994, p. 14–18.

[56] Voir ci-dessus dans la section sur les lois d'exclusion dans les textes sacerdotaux.

[57] Cf., p. ex., BLUM 1990, p. 297–298. Une différence révélatrice se trouve dans l'emploi de l'expression »devant YHWH« *(lifne YHWH)*: dans les textes sacerdotaux cette phrase implique toujours que l'on se trouve dans le temple (cf. HARAN 1978, p. 26),

Une troisième différence, plus pertinente pour notre propos, concerne la visée du camp. Le camp dont parle Dt 23,10–15 n'est pas celui des israélites séjournant dans le désert à la veille de l'occupation du pays: il s'agit littéralement et exclusivement d'un camp militaire lors d'une campagne israélite après l'installation dans le pays. La préoccupation dont témoigne le passage est que les israélites observent la propreté et la décence en temps de guerre. On a grande peine à déceler des éléments qui inviteraient à une interprétation allégorique, ou même simplement paradigmatique de ces versets.

Cependant, et le fait est frappant, ce passage a connu une interprétation actualisante, appliquant l'image du camp à la ville de Jérusalem, au même titre que les passages sacerdotaux signalés ci-dessus[58]. Comment expliquer ce phénomène? Les règles concrètes stipulées en Deut 23,10–15 rendaient son application à une ville extrêmement difficile – il n'est guère commode d'avoir les latrines en dehors de la ville. Il fallait des idéalistes de l'observation comme les Qumraniens pour envisager cette pratique. Mais il fallait aussi une herméneutique qui l'exige, et l'on voit mal, à partir du Deutéronome, ce qui a pu donner naissance à une telle herméneutique.

Sans doute la meilleure explication est-elle de supposer que la péricope du Deutéronome a été attirée dans l'orbite des textes sacerdotaux après coup. Les Juifs à l'époque du second temple ne distinguaient pas entre une source D et une source P qu'il fallait interpréter chacune selon sa propre cohérence: pour eux la Torah était une. Ainsi, dès que la formule »le camp, c'est Jérusalem« se fût imposé pour les passages sacerdotaux mentionnant le camp, son application à Deut 23, où le même terme se trouvait, ne pouvait tarder à se faire.

Un avantage accessoire de cette opération était situé dans l'affirmation de la sainteté du camp. La sainteté de Jérusalem n'est exprimée nulle part dans le Pentateuque[59]. L'identification du camp de Deut 23,10–15 avec la ville permettait de l'asseoir de façon incontestable sur un passage de la Torah. On aurait tort de trouver là la raison d'être de l'équation; mais, après que l'équation eut été établie par un autre biais, l'affirmation »ton camp sera saint« constituait un gain considérable.

---

tandis que le Deutéronome l'utilise aussi dans un sens plus large (cf., p. ex., Deut 24,4.13). Cf., plus généralement, FOWLER 1987.

[58] Cf. 11QT 46,13–16. La notion de la sainteté du camp exprimée en 4 QMMT B60 dérive, elle aussi, de Deut 23,10–15.

[59] La notion se trouve en Es 52,1.

Conclusions

Le survol présenté ci-dessus n'a rien d'exhaustif. Rien n'a été dit sur les éventuels antécédents de la conception sacerdotale dans les traditions anciennes[60], ni sur ses retombées dans les livres des Chroniques[61]. Il s'est agi, simplement, de mettre au jour le point d'origine de l'identification du camp dont parle le Pentateuque avec la ville de Jérusalem.

A vrai dire, cette identification est partiellement demandée par les textes appartenant à la strate sacerdotale du Pentateuque. L'idéologie du camp telle qu'elle est développée dans ces textes, et les règles formulées en vue de la vie israélite dans le camp, demandent manifestement une application à une réalité postérieure, une réalité contemporaine de ceux à qui le texte s'adresse. Dans le milieu d'origine des textes sacerdotaux, le camp devait préfigurer n'importe quelle ville dans le pays occupé par Israël. Toutefois, pour un lecteur juif de l'époque hellénistique, l'option de voir dans le camp une préfiguration de la ville de Jérusalem doit être qualifiée de raisonnable.

On ne peut pas en dire autant pour Dt 23,10–15, où l'application paradigmatique du camp à la ville de Jérusalem ne correspond d'aucune manière à la visée du texte. Pour cette péricope l'équation du camp avec la ville résulte de l'approche exégétique de la Torah durant la période hellénistique, une approche qui visait à l'harmonisation de la législation divine. Si le camp est une image de la ville dans le Lévitique et dans les Nombres, il doit en être de même dans le Deutéronome. Cette exégèse quelque peu forcée permettait en outre d'affirmer le principe de la sainteté de Jérusalem.

Bibliographie

BLUM E. 1990, Studien zur Komposition des Pentateuchs, BZAW 189, Berlin 1990.
BRAULIK G. 1994, Wisdom, Divine Presence and Law. Reflections on the Kerygma of Deut 4:5–8, in The Theology of Deuteronomy. Collected Essays of Georg Braulik, O.S.B., BIBAL Collected Essays 2, N. Richland Hills TX 1994, 1–24, 199–214 (version allemande: Weisheit, Gottesnähe und Gesetz – Zum Kerygma von Deuteronomium 4,5–8, in Studien zum Pentateuch, FS Walter Kornfeld, G. Braulik, Hg., Wien 1977, 165–195).

---

[60] Si Nomb 12,14–15 est pré-sacerdotal, et si le camp y joue le rôle de modèle, ce passage pourrait montrer que la conception sacerdotale développe un motif plus ancien.

[61] En 1 Chr 9,18; 2 Chr 31,2 le terme »camp« désigne le Temple. Peut-être s'agit-il de l'écho d'une approche qui voulait restreindre au Temple les règles de pureté imposées au camp dans le Pentateuque (cf. l'approche rabbinique évoquée ci-dessus dans l'introduction).

CAQUOT A. 1996, Un exposé polémique de pratiques sectaires (4Q MMT), RHPR 76 (1996) 257–276.

CRÜSEMANN F. 1992, Die Tora. Theologie und Sozialgeschichte des alttestamentlichen Gesetzes, München 1992.

ELLIGER K. 1952, Sinn und Ursprung der priesterlichen Geschichtserzählung, in K. Elliger, Kleine Schriften zum Alten Testament, TBAT 32, München 1966, 174–198 (nouvelle impression de ZThK 49 [1952], 121–143).

FENSHAM F. C. 1963, »Camp« in the New Testament and Milhamah, Revue de Qumran 4 (1963), 557–562.

FOWLER M. D. 1987, The Meaning of *lipnê YHWH* in the Old Testament, ZAW 99 (1987), 384–390.

GAMMIE J. G. 1989, Holiness in Israel, Overtures to Biblical Theology, Minneapolis MN 1989.

GARCÍA LÓPEZ F. 1999, Narración y ley en los escritos sacerdotales del Pentateuco, Estudios Bíblicos 57 (1999) 271–287.

HARAN M. 1978, Temples and Temple-Service in Ancient Israel. An inquiry into the Character of Cult Phenomena and the Historical Setting of the Priestly School, Oxford 1978.

HELFMEYER F. J. 1982, art. חנה, TWAT III, Stuttgart 1982, 4–19.

JASTROW M. 1903, A Dictionary of the Targumim, the Talmud Babli and Yerushalmi, and the Midrashic Literature, New York 1950 (1ère édition 1903)

JOOSTEN J. 1996a, People and Land in the Holiness Code. An Exegetical Study of the Ideational Framework of the Law in Leviticus 17–26, SVT 67, Leiden 1996.

JOOSTEN J. 1996b, Moïse a-t-il recelé le Code de Sainteté?, BN 84 (1996) 75–86.

JOOSTEN J. 2000, L'imbrication des codes législatifs dans le récit du Pentateuque. Le cas du »Code de Sainteté« (Lévitique 17–26), in Actes du colloque du CRPOGA: La codification des lois dans l'antiquité (27–29 novembre 1997), éd. E. Lévi, Paris 2000, 125–140.

KAUFMANN J. 1930, Probleme der israelitisch-jüdischen Religionsgeschichte, ZAW 48 (1930) 23–43.

KRAUS H. J. 1954, Gottesdienst in Israel, München 1954.

KUSCHKE A. 1951, Die Lagervorstellung der priesterschriftlichen Erzählung. Eine überlieferungsgeschichtliche Studie, ZAW 63 (1951) 74–105.

MAZAR B. et al. 1962, art. מחנה Ençiqlopediah Miqra'it, vol. 4, Jérusalem 1962, 801–805.

MILGROM J. 1976, Israel's Sanctuary: The Priestly »Picture of Dorian Gray«, RB 83 (1976) 390–399.

MILGROM J. 1991, Leviticus 1–16, Anchor Bible, New York 1991.

OTTO E. 1994, Das Kriegslager – Die Wiege der altisraelitischen JHWH-Religion? Tendenzen der Kriegsüberwindung im Alten Testament und ihre Begründungen, in Nachdenken über Israel, Bibel und Theologie, FS K. D. Schunck, M. Niemann et al., Hg., BEAT 37, Frankfurt 1994, 331–347.

OTTO R. 1921, Das Heilige. Über das Irrationale in der Idee des Göttlichen und sein Verhältnis zum Rationalen, Breslau 1921[6].

PHILONENKO M. 1997, ›Dehors les Chiens‹ (Apocalypse 22.16 et 4QMMT B 58–62), NTS 43 (1997), 445–450.

PRIGENT P. 1981, L'apocalypse de Saint Jean, Commentaire du Nouveau Testament XIV, Lausanne 1981.

RAD G. VON 1951, Der heilige Krieg im alten Israel, Zürich 1951.

QIMRON & STRUGNELL, Qumran Cave 4, V, *Miqsat Ma'ase ha-Torah*, DJD X, Oxford 1994.

ROFÉ A. 1985, The Laws of Warfare in the Book of Deuteronomy: Their Origins, Intent and Positivity, JSOT 32 (1985) 23–44.

SCHIFFMAN L. H. 1998, *Ir Ha-miqdash* and its Meaning in the Temple Scroll and Other Qumran Texts, in Sanctity of Time and Space in Tradition and Modernity, ed. by A Houtman et al., JCPS 1, Leiden 1998, 95–109.

SEIDL T. 1989, art. צרעת, TWAT VI, 1127–1133, Stuttgart 1989.

SONNET J.-P. 1997, The Book within the Book. Writing in Deuteronomy, Biblical Interpretation Series 14, Leiden 1997.

SPICQ C. 1977, L'épître aux Hébreux, Sources Bibliques, Paris 1977.

WEINFELD M. 1972, Deuteronomy and the Deuteronomic School, Oxford 1972.

WEIPPERT M. 1972, »Heiliger Krieg« in Israel und Assyrien: Kritische Anmerkungen zu Gerhard von Rads Konzept des »Heiligen Krieges im Alten Israel«, ZAW 84 (1972) 460–493.

WELLHAUSEN J. 1886, Prolegomena zur Geschichte Israels, Berlin 1886[3.]

YADIN Y. 1983, The Temple Scroll, I, Jerusalem 1983.

La Nouvelle Jérusalem et le *Vara* de Yima

par

MARC PHILONENKO

Les chapitres 21 à 22 de l'*Apocalypse de Jean* donnent une description de la Nouvelle Jérusalem qui compte trois volets: 21, 1–6ᵃ; 21, 9–27; 22, 1–5. Le sujet est donc repris trois fois. On trouve, en outre, quelques doublets; le plus significatif étant celui formé par *Apocalypse* 22, 5 et 21, 23.25. Nous y reviendrons.

Comme l'ont observé tous les commentateurs, la description de la Nouvelle Jérusalem est toute entière faite à partir de citations des Prophètes, tout particulièrement d'*Esaïe*, d'*Ezéchiel* et de *Zacharie*.

Ainsi en *Apocalypse* 21, 1 »je vis un nouveau ciel et une nouvelle terre« est tirée d'*Esaïe* 65, 17; en 21, 2 »prête comme une épouse« renvoit à *Esaïe* 61, 10; en 21, 4, »il essuiera toute larme de leurs yeux« est une citation d'*Esaïe* 25, 8; en 21, 4 »la mort ne sera plus« est tiré d'*Esaïe* 25, 8; en 21, 11, »elle avait la gloire de Dieu« fait allusion à *Esaïe* 60, 1.19; en 21, 15–17, la description de la ville sainte qui descend des cieux et ses mensurations est tirée, pour l'essentiel, d'*Ezéchiel* 40, 3–43; en 21, 19, il est précisé que les murailles de la ville »étaient ornées de pierres précieuses«: le détail vient d'*Esaïe* 54, 11–12[1]; en 21, 23, il est dit que la ville n'a besoin ni du soleil ni de la lune: détail tiré d'*Esaïe* 60, 19–20; en 21, 25, on rapporte que »les portes ne se fermeront pas pendant le jour«: le trait provient d'*Esaïe* 60, 11. L'importance des allusions à *Esaïe* 60 est frappante.

Si l'on met bout à bout les citations de l'Ancien Testament faites par l'auteur de l'Apocalypse johannique dans les chapitres 21 et 22 aucune description cohérente ne s'en dégage.

On a cru que l'auteur »avant la rédaction de son ouvrage s'était constitué un florilège de textes se rapportant à la gloire de Jérusalem«[2] ou. comme l'a souligné Flusser, qu'il dépendait d'une tradition midrashique[3]. Cette se-

---

[1] Comparer *Tobit* 13, 15–17 (S).
[2] COMBLIN, 1953, p. 19.
[3] FLUSSER, 1988.

conde hypothèse nous paraît plus vraisemblable puisque l'on peut retrouver dans la littérature pseudépigraphique des traces de ce midrash.

Il est ainsi rapporté dans le *Livre des Antiquités bibliques* du pseudo-Philon qu'au jour du jugement, »les justes n'auront pas besoin de la lumière du soleil, ni de la splendeur de la lune, car la lumière des pierres très précieuses sera leur lumière«[4]. Comme le remarque fort bien Jean Hadot, dans une note à sa traduction, l'idée que les pierres précieuses remplaceront le soleil et la lune à la fin des temps est inspirée d'*Esaïe* 60, 19–20. On la retrouve, d'une certaine manière, dans l'*Apocalypse de Jean* 21, 23, où la Jérusalem céleste, dont les murs sont faits de douze pierres précieuses, »n'a pas besoin du soleil ni de la lune«[5].

Les rapprochements avec *IV Esdras* sont précis. On lit ainsi:

»L'épouse, la ville apparaîtra,
et on verra la terre, aujourd'hui cachée«[6],

que l'on rapprochera d'*Esaïe* 61, 10.

Dans *IV Esdras*, aussi, il est dit du jour du jugement:

»Tel sera ce jour:
sans soleil, sans lune ni étoiles,
sans nuage, sans tonnerre ni éclairs,
sans vent, sans eau ni air;
sans ténèbres, sans soir ni matin,
sans été, sans printemps ni chaleur,
sans hiver, sans gelée ni froid;
sans grêle, sans pluie ni rosée,
sans midi, sans nuit ni aurore,
sans éclat, sans clarté ni lumière,
si ce n'est la splendeur de la clarté du Très-Haut, grâce
à laquelle tous commenceront à voir ce qui leur est
destiné. Ce Jour, en effet, durera une semaine d'années.«[7]

L'allusion à *Esaïe* 60, 19 est patente.

On peut aussi renvoyer aux *Oracles sibyllins*: »Réjouis-toi, ô vierge, exulte, car il t'a donné une joie éternelle, Celui qui a créé le ciel et la terre; il résidera en toi et il sera pour toi une lumière immortelle«[8]. L'allusion à *Esaïe* 60, 19 est transparente.

Dans ces textes pseudépigraphiques ›on relève des allusions au texte biblique et spécialement à *Esaïe* 60, alors que les chapitres 21 et 22 de l'*Apoca-

---

[4] *Livre des Antiquités bibliques* 26, 13.
[5] HADOT, 1999, p. 1310, note.
[6] *IV Esdras* 7, 26.
[7] *IV Esdras* 7, 39–43.
[8] *Oracles sibyllins* 3, 785–787.

lypse de Jean sont rehaussés de citations expresses. On est donc amené à penser que le texte biblique n'a pas pour l'auteur de l'*Apocalypse* un rôle illustratif, mais justificatif.

Dès 1903, H. Gunkel avait parfaitement observé que la description de la Nouvelle Jérusalem est bien celle de la Cité céleste, mais qu'elle est tout autant celle de la véritable patrie des hommes pieux[9].

Seuls auront accès à la Nouvelle Jérusalem ceux qui sont inscrits dans le livre de l'Agneau (21, 27), et ils régneront aux siècles des siècles (22, 5). Les habitants de cette ville ne connaîtront ni deuil ni cri ni douleur (21, 4); la mort aura disparu (21, 4). Tous vivront dans la concorde (22, 3). Il n'y aura plus de nuit (21, 23; 22, 5); les hommes n'auront plus besoin de la lumière des torches (22, 5), car le Seigneur Dieu les éclairera (22, 5).

L'évocation de cette régien, bien qu'elle puisse paraître, pour l'essentiel, comme un patchwork de citations de l'Ancien Testament, en particulier d'*Esaïe* 60, ne correspond à nulle contrée que le lecteur des écrits bibliques aurait visitée.

Un détail est particulièrement frappant: dans cette cité idéale, il n'y a pas de nuit.

L'examen du doublet formé par *Apocalypse* 22, 5 et 21, 23.25 revêt ici une réelle importance.

On lit en *Apocalypse* 22, 5: »La nuit ne sera plus, et ils n'auront besoin ni de la lumière d'une lampe ni de la lumière du soleil, parce que le Seigneur Dieu les éclairera.« Ce qui est conforme à la lettre et à l'esprit d'*Esaïe* 60, 19–20.

En *Apocalypse* 21, 23, il est rapporté: »La ville n'a besoin ni du soleil ni de la lune pour y briller, car la gloire de Dieu l'éclaire, et l'Agneau est son flambeau.«

Le verset 25, lui, fait problème:

»Ses portes – il s'agit des portes de Jérusalem – ne se fermeront pas pendant le jour, car il n'y aura pas de nuit.« Le texte d'*Esaïe* 60, 11 qui est sous-jacent au verset 25 donne en hébreu et en grec: »On tiendra les portes ouvertes continuellement, elles ne seront fermées ni le jour ni la nuit.« Ce qui est assez différent.

A. Loisy parle de »retouche maladroite« du texte d'*Esaïe*[10] et P. Prigent dénonce »un tour bien embarassé«[11], sans l'expliquer pour autant. La raison en est que l'auteur de l'*Apocalypse de Jean* tient à affirmer qu' »il n'aura plus de nuit«.

---

[9] GUNKEL, 1903, p. 51.
[10] LOISY, 1923, p. 382.
[11] PRIGENT, 1981, p. 319.

Le trait, comme R. H. Charles[12] l'a indiqué, est étranger à la Bible. L'exégète est donc enclin à penser que l'auteur de l'*Apocalypse* dépend ici d'une source mythique étrangère où ce motif figurait. Les multiples citations des écrits prophétiques n'ont pour effet que de naturaliser des éléments exogènes.

L'auteur du *Livre des Secrets d'Hénoch*, comme on va le voir, a puisé à cette source, sans avoir éprouvé le moindre besoin d'apporter une justification scripturaire au tableau.

Deux chapitres du *Livre des Secrets d'Hénoch* entrent en ligne de compte: *II Hénoch* 58, 4–59,1 et II *Hénoch* 65, 4–7. Citons d'abord le premier de ces textes. Dieu a »visité« la terre une première fois, lors de la création; il la visitera une seconde fois à la fin des temps: »Car il fit l'homme maître de tous ses biens: sur eux, il n'y aura pas de jugement pour toute âme vivante, mais pour l'homme seul. Pour toutes les âmes des bêtes, il y a dans le grand Siècle un seul lieu et un seul parc et un seul pacage. Car l'âme des animaux, que le Seigneur a faite, ne sera pas enfermée jusqu'au jugement. Toutes les âmes accusent l'homme: celui qui paît mal l'âme des bêtes est inique pour sa propre âme; mais qui amène un sacrifice de bêtes pures, c'est guérison, il guérit son âme, et qui apporte un sacrifice d'oiseaux purs, c'est guérison, il guérit son âme.«

C'est à Rudolph Otto que revient le mérite d'avoir reconnu en ce passage un écho de la célèbre Gâthâ de l'âme du Bœuf[13]:

»L'âme du bœuf s'est plainte auprès de vous:
Pour qui m'avez-vous créée? Qui m'a façonnée?
La fureur, la violence, la cruauté et la tyrannie m'oppriment.
Je n'ai d'autre pasteur que vous: procurez-moi donc de bons pâturages.«[14]

Charles, qui néglige de renvoyer à la Gâthâ de l'âme du Bœuf, cite, avec raison, le chapitre 13 du *Vendidad* sur le traitement des animaux[15].

Il reste, toutefois, un élément dont l'intérêt n'a pas, à notre connaissance, été relevé jusqu'ici, et cet élément est essentiel.

L'auteur du *Livre des Secrets d'Hénoch* rapporte: »Pour toutes les âmes des bêtes, il y a dans le grand Siècle un seul lieu et un seul parc et un seul pacage«[16]. Cette donnée ne doit rien à la Bible, mais c'est une évidente allusion à la légende iranienne de Yima, le Premier Homme et le Premier

---

[12] CHARLES, 1920, II, p. 210.
[13] OTTO, 1940, p. 153.
[14] *Yasna* 29, 1 (traduction Duchesne-Guillemin, 1948, p. 195).
[15] CHARLES, 1913, II, p. 464, note.
[16] *II Hénoch* 58, 5.

Roi[17]. Selon ce mythe que l'on trouve exposé au deuxième chapitre du *Videvdat*, Yima fit construire, sur l'ordre d'Ahura Mazda un enclos fortifié qui devait protéger, contre l'hiver de Markusan, les animaux de toute espèce et la race humaine[18].

»Il n'y avait là ni difforme par devant, ni difforme par derrière, ni impuissant ni égaré, ni méchant ni trompeur, ni rancunier ni jaloux, ni homme aux dents mal faites, ni lépreux qu'il faut isoler, ni aucun des signes dont Ahriman marque le corps des mortels«[19].

A la question »quelles sont les lumières qui éclairent dans le Vara qu'a fait Yima?«[20] Ahura Mazda répondit: »Les lumières faites d'elles-mêmes et des lumières faites dans le monde. La seule chose qui manque là, c'est la vue des étoiles, de la lune et du soleil et une année ne semble qu'un jour«[21].

Dans le quinzième *Yasht*, il est dit que sous le règne de Yima »il n'y avait ni froidure ni chaleur, il n'y avait ni vieillesse ni mort ni envie crée par les démons«[22].

La structure architecturale du *Vara* n'est pas facile à se représenter. C'est un bâtiment carré, souterrain, là où le soleil, la lune ni les étoiles ne brillent[23].

A. Hultgård, avec ingéniosité, a rapproché de ces descriptions un passage de l'*Anabase* de Xénophon décrivant les demeures arméniennes: »Les habitations étaient souterraines; leurs ouvertures ressemblaient à celle d'un puits, mais en bas elles étaient larges. On avait creusé des entrées pour le bétail et les gens descendaient par une échelle. Dans ces demeures, il y avait des chèvres, des moutons, des bœufs, de la volaille et les petits de ces animaux«[24].

Nous pouvons maintenant aborder le second passage du *Livre des Secrets d'Hénoch*:

»Quand s'achèvera toute la création que le Seigneur a faite, et que tout homme ira au grand Jugement du Seigneur, alors les temps périront, et il n'y aura plus d'années, ni mois ni jours et heures ne seront plus comptés,

---

[17] Voir là-dessus, CHRISTENSEN, 1934, II.
[18] Voir WIDENGREN; 1961, p. 264 et 1965, p. 53.
[19] *Videvdat*, II, 37; pour la traduction voir DARMESTETER, 1892–1893, II, p. 29; CHRISTENSEN, 1934, II, p. 37; WIDENGREN, 1961, p. 273.
[20] *Videvdat*, II,; pour la traduction voir DARMESTETER, 1892–1893, II, p. 29–30; CHRISTENSEN, 1934, II, p. 18.
[21] *Videvdat*, II, 40; pour la traduction voir DARMESTETER, 1892–1893, II, p. 30; CHRISTENSEN, 1934, II, p. 18.
[22] *Yašt* 15, 16; pour la traduction voir DARMESTETER, 1892–1893, II, P. 584; CHRISTENSEN, 1934, II, p. 113.
[23] Voir WIDENGREN, 1961, p. 23 et 1965, p. 53.
[24] HULTGÅRD, 1985, p. 116.

mais il restera un seul siècle. Et tous les justes qui échapperont au grand Jugement du Seigneur s'uniront au grand Siècle, et le Siècle en même temps s'unira aux justes, et ils seront éternels. Et il n'y aura plus en eux fatigue ni souffrance ni affliction ni menace de violence ni contrainte, ni nuit ni ténèbres, mais ils auront une grande lumière pour toujours et une muraille indestructible, et ils auront un grand paradis, abri d'un séjour éternel. Heureux les justes qui échapperont au grand Jugement du Seigneur, parce que leurs visages resplendiront comme le soleil.«[25]

Cette description reprend, à n'en pas douter, celle de la vie des Bienheureux dans le *Vara* de Yima.

Relevons dans le *Livre des Secrets d'Hénoch* les motifs iraniens les plus caractéristiques qui se retrouvent dans les chapitres 21 et 22 de l'*Apocalypse johannique*. Le plus topique est, sans nul doute, que l'apocalyticien juif affirme qu' »il n'aura plus ni nuit ni ténèbres, mais qu'ils auront une grande lumière.« A rapprocher d'*Apocalypse* 22, 5; 21, 23.25. L'idée exprimée par *II Hénoch*, selon laquelle »il n'y aura plus en eux ni fatigue ni souffrance ni affliction ni menace de violence ni contrainte« a son répondant en *Apocalypse* 21, 4. »La muraille indestructible«, qui est celle du *Vara*, fait songer au »mur« d'*Apocalypse* 21, 12. 14. 15. 17. 18. 19.

Dès lors, on comprend ce qui a présidé au choix des citations vétérotestamentaires dans la description de la vie des justes en *Apocalypse* 21 et 22: c'est la légende du *Vara* de Yima qui a guidé la formation du florilège dont témoigne l'*Apocalypse de Jean*. C'est, en effet, dans le cadre de la légende iranienne seulement que ces citations trouvent un contexte idéologique cohérent.

Il est très vraisemblable que l'adaptation du mythe iranien s'est faite en milieu juif avant que d'être reprise par l'auteur de l'*Apocalypse*.

La légende iranienne du roi Yima a trouvé, en effet, indépendamment de l'*Apocalypse de Jean* divers échos dans l'apocalyptique juive ou chrétienne, comme l'ont montré Böklen[26] et Bousset-Gressmann[27].

Dans la *Narration de Zosime*, les Bienheureux déclarent: »La terre où nous sommes est éclairée d'une admirable lumière, elle ne connaît ni les ténèbres ni la nuit«[28].

Dans l'*Apocalypse de Sophonie*, le visionnaire dit à l'ange du Seigneur: »N'y a-t-il pas en cet endroit de ténèbre ou de nuit?« L'ange répond: »Non,

---

[25] II *Hénoch* 65, 4–7.
[26] Böklen, 1902, p. 140–144.
[27] Bousset-Gressmann, 1926, p. 490.
[28] *Narration de Zosime* 11, 5 (syriaque).

car dans le lieu où sont les justes et les saints, il n'y a pas de ténèbre, mais ils sont dans la lumière en tout temps«[29].

D'autres pièces sont à verser au dossier. Dans l'*Histoire véritable* de Lucien de Samosate, la cité des Bienheureux, que l'on a depuis longtemps rapprochée de la Nouvelle Jérusalem de l'*Apocalypse*, »est entièrement d'or et la muraille qui l'entoure d'émeraudes; il y a sept portes, toutes d'une seule pièce, en bois de cannelle«. Lucien précise plus loin: »Aucun des habitants de la ville ne vieillit, mais chacun reste à l'âge qu'il avait en arrivant. Il ne fait jamais nuit dans ce pays, ni jamais tout à fait plein jour; la lumière qui l'environne est pareille à la clarté de l'aube avant l'aurore, lorsque le soleil ne s'est pas encore levé. Ils ne connaissent aussi qu'une seule saison de l'année; car chez eux, c'est toujours le printemps et il n'y souffle qu'un seul vent, qui est le zéphyr«[30].

Au IVe siècle, Aphraate, le Sage persan, dans sa vingt-deuxième *Homélie*, sur »la Mort et les derniers temps«, donne, comme en un diptyque, une évocation de la contrée des justes, qui est un fidèle écho du mythe du Vara de Yima: »En cette contrée, il n'est ni manque ni indigence, ni désir ni enfantement, ni fin ni destruction ni mort, ni achèvement ni vieillissement, ni haine ni rage ni jalousie, ni fatigue ni peine, ni ténèbre ni nuit ni mensonge«[31].

Les qualités négatives de la contrée des justes sont équilibrées par des qualités positives: »Il convient à l'orateur d'user d'images, et d'appeler cette contrée demeure de Dieu, contrée de vie et contrée parfaite, contrée de lumière et contrée de splendeur, sabbat de Dieu et jour de repos, repos des justes et délices des pieux, demeure et séjour des justes et des saints, contrée de notre espérance et temple de notre ferme confiance, contrée de notre trésor, contrée qui efface notre peine, écarte nos angoisses et balaie nos gémissements«[32]. L'historien Tabarî (IXe siècle) nous a conservé le souvenir d'une région mystérieuse que sa description permet de désigner comme »la Terre aux cités d'émeraude«. Dans cette contrée il n'y a »ni soleil ni lune ni étoiles«. H. Corbin a eu raison d'y trouver, comme un reflet du Vara de Yima[33].

En cette description de la Nouvelle Jérusalem, offerte dans le dernier livre du Nouveau Testament, ce sont les prophètes de l'Ancienne Alliance,

---

[29] *Apocalypse de Sophonie* 2, 6–7.
[30] LUCIEN, *Histoire véritable*, 2, 11–12 (traduction GRIMAL, 1958, p. 1368–1369). Comparer Virgile, *Enéide*, 6, 640–641).
[31] Aphraate, *Homélie* 22 (traduction PIERRE, 1989, II, p. 856).
[32] Aphraate, *Homélie* 22 (traduction PIERRE, 1989, II, p. 857).
[33] CORBIN, 1960, p. 125–126.

Esaïe, Ezéchiel, Zacharie qui parlent. L'auteur de l'*Apocalypse de Jean* se met à leur écoute et transmet leurs oracles. La structure de l'ensemble lui a été suggérée par le mythe iranien du *Vara* de Yima que s'était appropriée, avant lui, l'apocalyptique juive.

C'est le génie de l'auteur de l'Apocalypse johannique d'avoir construit un édifice grandiose qui a traversé les siècles.

Bibliographie

BÖKLEN, E. 1902: *Die Verwandtschaft der jüdisch-christlichen mit der parsischen Eschatologie*, Göttingen 1902.

BOUSSET, W. 1906: *Die Offenbarung Johannis*[2], Göttingen 1906.

BOUSSET, W. – GRESSMANN, H. 1926: *Die Religion des Judentums im späthellenistischen Zeitalter*[3], Tübingen 1926.

CHARLES, R. H. 1913: *Apocrypha and Pseudepigrapha of the Old Testament*, I–II, Oxford 1913.

CHARLES, R. H. 1920: *A Critical and Exegetical Commentary on The Revelation of St-John*, I–II, Edinbourgh 1920.

COMBLIN, J. 1953: *La Liturgie de la Nouvelle Jérusalem*, Louvain 1953.

CORBIN, H. 1960: *Terre céleste et corps de résurrection*, Paris 1960.

DUCHESNE-GUILLEMIN, J. 1948: *Zoroastre. Etude critique avec une traduction commentée des Gâtha*, Paris 1948.

CHRISTENSEN, A. 1934: *Les Types du premier Homme et du premier Roi dans l'histoire légendaire des Iraniens*, II, Leyde 1934.

DARMESTETER, J. 1892–1893: *Le Zend Avesta*, I-III, Paris 1892–1893.

DUPONT-SOMMER, A. – PHILONENKO, M. 1999: *Ecrits intertestamentaires*, Paris 1999.

FLUSSER, D. 1988: »No Temple in the City«, dans *Judaism and the Origins of Christianity*, Jérusalem 1988, p. 454–465.

GRIMAL, P. 1958: *Romans grecs et latins*, Paris 1958.

GUNKEL, H. 1903: *Zum religionsgeschichtlichen Verständnis des Neuen Testaments*, Göttingen 1903.

HADOT, J. 1996: »Livre des Antiquités bibliques«, dans Dupont-Sommer, A. – Philonenko, M. *Ecrits intertestamentaires*, Paris 1999, p. 1227–1392.

HULTGÅRD, A. 1985: »Armenierna-religion-kultur och historia i gången tid« dans Gunner, G. – Lindberg, E. *Längtan till Ararat*, Göterborg 1985, p. 83–160.

LOISY, A. 1923: *L'Apocalypse de Jean*, Paris 1923.

PIERRE, M.-J. 1988–1989: *Aphraate, le Sage Persan, Les Exposés*, I-II, Paris 1988–1989.

PRIGENT, P. 1981: *L'Apocalypse de Saint Jean*, Lausanne 1981.

OTTO, R. 1940: *Reich Gottes und Menschensohn*[2], Munich 1940.

WIDENGREN, G. 1961: *Iranische Geisteswelt*, Baden-Baden 1961.

– 1965: *Die Religionen Irans*, Stuttgart 1965.

Royaume de Dieu, Temple et Cité de Dieu dans la prédication de Jésus et à la lumière de Matthieu 5,13–16

par

CHRISTIAN GRAPPE

I. L'annonce par Jésus de la bonne nouvelle du Royaume et les catégories du Temple (et de la Cité de Dieu)

1. Le concept de Royaume (ou de Règne) de Dieu dans l'Ancien Testament

L'origine et le développement du concept de Royaume (ou de Règne) de Dieu a fait l'objet ces dernières années d'approches à la fois novatrices et suggestives de la part de B. Chilton[1], qui s'est appuyé notamment sur le livre des *Psaumes*. Nous partirons ici de la grille d'analyse qu'il propose. Elle prend en compte le fait que les *Psaumes*, conçus pour nombre d'entre eux en fonction de la liturgie du Temple, développent du Royaume (ou du Règne) une conception tout imprégnée de ce que le sanctuaire, lieu de la mystérieuse présence divine qu'est destiné à accueillir son trône, se situe au cœur dudit Royaume en tant que Temple et palais à la fois[2].

Chilton distingue cinq coordonnées[3] (ou dimensions[4]) – nous parlerons ici, dans un premier temps, d'harmoniques – de la notion de Royaume:

– L'harmonique eschatologique, illustrée notamment par le *Ps* 96 et qu'il définit dans la tension entre deux qualificatifs: proche (ou prochain) et final (ou ultime). C'est qu'il n'y a pas de contraste absolu entre Royaume (ou Règne) présent et Royaume (ou Règne) futur. »Le futur couronne ce qui est maintenant, de même que ce qui est maintenant dresse le trône pour espérer le futur«[5].

---

[1] CHILTON 1996.
[2] Cette double fonction du sanctuaire est bien exprimée par le mot הֵיכָל qui signifie à la fois palais et temple.
[3] CHILTON 1996, 31–42.
[4] *In* NEUSNER – CHILTON, 1998, 136–137.
[5] CHILTON 1996, 34.

– L'harmonique de transcendance, illustrée notamment par le *Ps* 145,10–21 et qu'il définit par la tension entre deux qualificatifs: puissant et immanent. C'est qu'il n'y a pas de limite pour le Royaume, célébré dans le Temple, mais qui a vocation à pénétrer toute chose. Sa force dynamique est telle que même ceux qui ne le reconnaissent pas finiront par le célébrer.

– L'harmonique du jugement, illustrée notamment par le *Ps* 9–10, et qui, incluse dans les deux premières, introduit en plus une dimension éthique. Chilton la définit dans la tension entre deux qualificatifs: exigeant et parfait (sans faute). C'est qu'une exigence de justice caractérise le présent, justice conçue comme anticipation de la perfection à venir et qui met en jeu la responsabilité de la personne.

– L'harmonique de pureté, illustrée notamment par le *Ps* 24, et que Chilton définit entre les deux qualificatifs »pur« et »saint«. Elle résulte quant à elle d'un mouvement d'appropriation par Dieu, dans le présent, de ce qu'Il a désigné par avance comme lui appartenant. Elle inclut l'idée d'un »pèlerinage vers le sanctuaire où Dieu aspire lui-même à être un pèlerin«[6].

– L'harmonique de rayonnement, illustrée notamment par le *Ps* 47, et définie à la fois par une association à un lieu particulier et un caractère inclusif. C'est que le Royaume, qui n'est associé qu'à deux lieux (le Temple et les cieux[7]), a vocation à englober finalement tous les peuples parce que sa venue est inéluctable.

Les cinq harmoniques ainsi définies par Chilton nous semblent bien rendre compte des aspects multiples du concept de Royaume (ou de Règne) de Dieu. Et l'approche qu'il propose nous paraît d'autant plus intéressante qu'elle est à la fois souple et différenciée. Il reconnaît que, dans certains cas, un aspect unique est envisagé alors que, dans d'autres, plusieurs se trouvent imbriqués[8]. Il insiste également sur le fait que, selon la (ou les) harmonique(s) mise(s) en œuvre ou privilégiée(s), il convient de prendre en compte l'aspect (ou les aspects) qui est (ou sont) envisagé(s) de façon plus particulière avant de chercher d'éventuelles tensions ou contradictions avec d'autres passages qui traitent à leur tour du Royaume (ou du Règne). Dans ces conditions, le débat relatif à la question de savoir s'il convient de raisonner en termes de Règne ou de Royaume se trouve relativisé ou, plus fondamentalement, replacé sous un éclairage plus conforme à la réalité des faits. L'association du concept de Royaume (ou de Règne) au culte terrestre ou céleste rendu tant dans le Temple de Jérusalem que dans le sanctuaire céleste manifeste que la dimension spatiale ne peut être abandonnée sans

---

[6] CHILTON 1996, 40.
[7] Ainsi *Ps* 93.
[8] Ainsi, notamment, CHILTON 1996, 42.

Harmonique	A la fois	Illustration	Présentation
Eschatologique	prochain final	Ps 96	Pas de contraste absolu mais tension et imbrication entre Royaume présent et Royaume futur
Transcendant	puissant immanent	Ps 145	Pas de limites pour le Royaume, célébré déjà dans le Temple. Même ceux qui ne le reconnaissent pas finiront par le célébrer
du Jugement	exigent sans faute	Ps 9–10	Exigence de justice conçue comme une anticipation de la perfection à venir (mise en jeu de la responsabilité de la personne)
de pureté	pur saint	Ps 24	Résulte d'un mouvement d'appropriation par Dieu de ce qu'Il a désigné par avance comme lui appartenant (idée d'un pèlerinage vers le lieu où Dieu Lui-même aspire à être pèlerin)
de rayonnement	lié à un lieu inclusif	Ps 47	Le Royaume, associé uniquement à deux lieux (le Temple et les cieux), doit englober tous les peuples. Sa venue est inéluctable.

Tableau 1: Les harmoniques du concept de Royaume (ou de Règne) de Dieu dans le livre des Psaumes selon B. CHILTON

trahir le concept. Il est d'ailleurs nécessaire de conserver cette dimension spatiale pour pouvoir rendre compte de l'harmonique de rayonnement, dans son association à un lieu particulier, mais aussi de tout ce qui relève d'une dimension rituelle, cultuelle, et l'on pensera ici tout particulièrement aux harmoniques de pureté et de jugement. Mais, par ailleurs, la dynamique inhérente au concept, en lien surtout avec les harmoniques de rayonnement – celle-ci étant envisagée cette fois dans sa dimension inclusive – et de transcendance, manifeste qu'il en va aussi de la Royauté et du Règne de Dieu.

A la lumière de tout cela, il nous semble possible de réorganiser les harmoniques de Chilton, après en avoir rebaptisé certaines, selon une perspective légèrement différente. Cela nous permettra de mettre en évidence les trois grandes dimensions autour desquelles elles se déploient, à savoir les dimensions spatiale, temporelle et cultuelle.

La dimension spatiale sera définie à la fois autour de l'harmonique de transcendance (entre transcendance et immanence) et autour de l'harmo-

nique de rayonnement (entre perspective centripète [organisation autour
d'un lieu, qu'il s'agisse du sanctuaire terrestre ou du sanctuaire céleste] et
perspective centrifuge). La dimension temporelle sera définie par l'harmonique eschatologique, tendue qu'elle est entre le déjà et le pas encore.
Quant à la dimension cultuelle, elle sera définie à la fois autour de l'harmonique de purification, qui met en jeu tant la notion de Jugement que celle
d'exigence (rituelle et éthique), et de l'harmonique de communion qui résulte de la conjonction du mouvement (premier) de Dieu vers les siens et du
mouvement des siens vers Dieu.

Dimension spatiale	Dimension temporelle	Dimension cultuelle
définie à la fois par	définie par	définie à la fois par
une harmonique	l'harmonique	une harmonique
de transcendance	eschatologique	de purification
entre transcendance et immanence	entre le déjà et le pas encore	entre le jugement et l'exigence (rituelle, éthique)
et une harmonique		et une harmonique
de rayonnement		de communion
entre perspective centripète et dynamique centrifuge		entre mouvement de Dieu vers les siens et mouvement des siens vers Dieu

Tableau 2: Réorganisation proposée des harmoniques de Chilton

On ajoutera ici enfin que, si les *Psaumes* ont joué un rôle dans la liturgie du
sanctuaire, ceux du Royaume (ou du Règne) paraissent avoir été liés plus
précisément, et à date ancienne, à la liturgie du sabbat[9], liturgie à l'occasion
de laquelle le chant de psaumes était de mise[10].

2. La prédication, par Jésus, de l'irruption du Royaume de Dieu

Pour cerner de plus près la notion de Royaume (ou de Règne) de Dieu dans
la prédication de Jésus, nous prendrons en compte l'ensemble des passages
des évangiles[11] dans lesquels elle apparaît.

---

[9] C'est ce qu'atteste plus particulièrement le *Ps* 92 (Septante, traductions latines, tradition rabbinique). Voir sur tout cela la démonstration de SCHWEMER 1991, 49–52.

[10] Voir à cet égard, *11QPs^a* 27,7 qui parle des 52 psaumes écrits par David pour les sabbats.

[11] En ce qui concerne l'*Evangile selon Thomas*, nous n'avons retenu qu'un *logion*.

L'immense majorité de ces passages sont des paroles de Jésus. Mais il en est quelques autres qui sont soit des paroles attribuées à d'autres personnages (*Mt* 20,21; *Lc* 1,33; 14,15), soit des sommaires relatifs à l'activité du Maître (*Mt* 4,23; 9,35; *Lc* 9,11), soit enfin des segments narratifs dans lesquels sont attribués, au discours indirect, des propos au Nazaréen (*Lc* 9,2) ou à d'autres (*Lc* 19,11).

Notre attention se fixera surtout sur les paroles de Jésus, mais nous ne dédaignerons pas telle ou telle autre occurrence qui pourrait s'avérer révélatrice ou éclairante[12].

Un premier repérage fait apparaître d'emblée combien la dimension spatiale du Royaume de Dieu est présente. On entre dans le Royaume (*Mc* 9,47; *Mc* 10,15 // *Lc* 18,17; *Mc* 10,23 // *Mt* 19,23 // *Lc* 18,24; *Mc* 10,24; *Mc* 10,25 // *Mt* 19,24 // *Lc* 18,25; *Mt* 5,20; 7,21; 18,3; [21,31]; 23,13; *Lc* 23,42; *Jn* 3,5; [*EvTh* 114]), on peut s'y trouver (*Mc* 14,25 // *Mt* 26,29 et *Lc* 22,18; *Mt* 5,19 [2 x]; *Mt* 11,11 // *Lc* 7,28; *Mt* 13,43; *Mt* 18,1.4; 20,21; *Lc* 14,15; 22,16; *22,30), y festoyer (*Mt* 8,11 // *Lc* 13,28–29), en être expulsé (*Mt* 8,12; 13,41) ou en être plus ou moins loin (*Mc* 12,34; *EvTh* 86). Des clés permettent d'en réglementer l'accès (*Mt* 16,19) que certains sont accusés de verrouiller (*Mt* 23,13). Dans cette perspective, le Royaume de

---

Les autres sont soit parallèles à des *logia* synoptiques dans lesquels il est également question du Royaume (*logion* 20 // *Mc* 4,30–32, 46 // *Mt* 11,11; 54 // *Lc* 6,20; 57 // *Mt* 13,24–30; 76 // *Mt* 13,45–46; 96 // *Mt* 13,33; 113 // *Lc* 17,20–21), soit proches de paroles présentes dans les synoptiques mais qui n'y traitent pas explicitement du Royaume (ainsi: le *logion* 98 évoque la thématique de *Lc* 11,21–22, si le grand personnage qui y est décrit est à comparer à l'homme fort du troisième évangile, et se rapproche de la thématique de *Mt* 12,28 // *Lc* 11,20 [illustration de l'harmonique de purification]; le logion 99 est parallèle *Mc* 3,31–35 tout en reformulant la parole de Jésus en fonction de l'harmonique de purification envisagé sous l'angle de l'effectuation nécessaire de la volonté du Père pour accéder au Royaume; le *logion* 107 est parallèle à *Mt* 18,12–13 et *Lc* 15,3–7 sans pour autant revêtir la dimension de purification conférée qu'illustre la parabole de Jésus en *Mt* et *Lc*), soit trop marqués par les spéculations du milieu porteur pour pouvoir éclairer notre enquête. Ainsi le *logion* 3 qui pourrait illustrer l'harmonique de transcendance (tout particulièrement dans le registre de l'immanence [cf *Lc* 17,21]); le *logion* 22 qui évoque dans un premier temps MT 18,1–3 mais place ensuite sur la bouche de Jésus des propos qui fournissent de la parole une interprétation typée; le *logion* 49. D'autres demeurent difficiles à classer tout en paraissant peu susceptibles de remonter au Jésus historique (27; 97).

[12] Nous ne nous interrogerons pas systématiquement ici pour savoir si oui ou non chaque logion est susceptible de remonter au Jésus historique, préférant privilégier le témoignage des évangiles dans sa globalité. Nous nous proposons de mettre à l'épreuve les résultats obtenus, en les comparant à des aspects tenus le plus souvent pour caractéristiques de l'activité et du message du Jésus historique, dans une monographie à paraître.

Dieu peut apparaître, ainsi que l'a bien vu E. Lohmeyer, comme«la maison ou encore la Cité de Dieu«[13].

Ce repérage fait apparaître aussi que les harmoniques envisagées plus haut permettent de rendre compte de l'immense majorité des logia concernés, ce qui montre leur pertinence sur le plan heuristique.

Nous envisagerons ces harmoniques successivement, en fonction des trois dimensions spatiale, temporelle et cultuelle que nous avons discernées.

A. Dimension spatiale

1. Harmonique de transcendance

L'harmonique de transcendance fait apparaître une large prédominance de passages qui privilégient la dimension immanente du Royaume (ou du Règne en l'occurrence). Cela est vrai de différentes paraboles telles que celles du bon grain et de l'ivraie (*Mt* 13,24–30), du trésor (*Mt* 13,44), de la perle (*Mt* 13,45–46) et du maître qui engage des ouvriers pour sa vigne (*Mt* 20,1). Cela est vrai également de tous les passages dans lesquels il est précisé que le Royaume de Dieu s'est approché (*Mc* 1,15 // *Mt* 4,17; *Mt* 10,7; *Lc* 10,9.11), qu'il est survenu (*Mt* 12,28 // *Lc* 11,20). Cela est vrai aussi des passages dans lesquels la mention qui est faite de la prédication de la bonne nouvelle par Jésus est associée au rappel des guérisons (*Mt* 4,23; 9,35; *Lc* 9,2.11; 10,9) et des exorcismes qu'il a réalisés (*Lc* 8,1–2). Ces guérisons et ces exorcismes apparaissent comme des signes de l'irruption du Royaume ici et maintenant. Tout particulièrement révélateur à cet égard est *Mt* 12,28 // *Lc* 11,20, *logion* qui signale que le Royaume est déjà immanent, présent de manière concrète dans l'action de Jésus expulsant les démons[14]. Quant au dit qu'ont conservé *Mt* 11,12 et *Lc* 16,16, il fait valoir aussi, à sa manière et quelle que soit la façon dont on l'interprète, l'immanence du Royaume. Il en va de même de *Lc* 17,21 qui apporte, à la suite de *Lc* 17,20 qui pouvait suggérer une impossibilité d'observer le Royaume du fait même de sa transcendance, une réponse tout aussi inattendue qu'immanente à la question de savoir où se trouve ledit Royaume. Les deux *logia* johanniques articulent pour leur part transcendance et immanence dans la mesure où, pour voir le Royaume (ici-bas), il faut précisément naître d'En-Haut et dans la mesure où l'engendrement par l'eau et l'Esprit – qui renvoie à une pratique, sans

---

[13] LOHMEYER 1942, 72.

[14] Ainsi CHILTON 1996, 73, qui renvoie aussi sur le même thème au logion 86 de l'*Evangile selon Thomas:* »Jésus dit: ›Celui qui est près de moi est près du feu, et celui qui est loin de moi est loin du Royaume‹«. Sur ce logion, voir notamment HENGEL 1997.

doute rituelle et baptismale, immanente – permet d'accéder ici-bas dans le Royaume.

En ce qui concerne à présent la transcendance proprement dite, elle n'est évoquée qu'en quelques passages: *Mt* 16,19; *Mt* 20,21, texte qui suppose une représentation très concrète du Royaume avec des trônes (cf aussi *Mt* 19,28 et //); des *logia* qui relèvent par ailleurs de l'harmonique de communion (*Mc* 14,25 et //; *Lc* 22,16.30; *Lc* 23,42). Et encore convient-il de demeurer prudent. Le caractère eschatologique de la plupart des paroles concernées est bien plus affirmé que leur dimension extramondaine et il n'est pas explicitement dit que le Royaume ici visé se situe dans la sphère céleste. Il pourrait également s'agir d'un monde renouvelé[15]. Seul *Mt* 16,19 repose clairement sur un univers de représentation à deux niveaux, terrestre et céleste. L'accent réside sur le fait que ce qui sera lié ou délié sur la terre, à l'intérieur de la communauté-Temple[16], le sera aussi dans les cieux, lieu du Royaume dont l'accès apparaît cependant bien terrestre!

2. Harmonique de rayonnement

Au sein de cette harmonique, la dynamique centrifuge du Royaume (ou du Règne) prédomine. Elle est exprimée par toute une série de paraboles du Royaume, à commencer par les paraboles de croissance (parabole de la semence qui pousse d'elle-même [*Mc* 4,26–29]; parabole du grain de moutarde qui, étant la plus petite de toutes les graines, devient une plante plus grande que toutes les plantes du potager et peut abriter tous les oiseaux du ciel [*Mc* 4,30–32 et //]; parabole du levain que l'on cache dans la pâte et qui la fait lever tout entière [*Mt* 13,33 et //]). D'autres de ces paraboles manifestent que le Royaume va dépasser les frontières qui lui étaient classiquement attribuées pour englober les exclus (*Mt* 22,1–10), être donné à un nouveau peuple (*Mt* 21,43) et accueillir toujours à nouveau ceux qui sont prêts à travailler dans la vigne (*Mt* 20,1–15). Le *logion* de *Mt* 24,14 précise même que l'annonce de la bonne nouvelle à toutes les nations constituera le préalable à la fin tandis que la parole énigmatique de *Mt* 11,12 // *Lc* 16,16. qui tourne pour sa part le regard non pas vers la fin mais vers le début, peut signifier soit que, depuis Jean Baptiste, le Royaume des cieux prévaut (*Mt* 11,12), animé qu'il est par une dynamique, centrifuge, d'inexorable marche en avant[17], soit qu'il fait l'objet d'assaut de la part des violents qui, dans une perspective centripète cette fois, cherchent à s'en emparer. La venue du

---

[15] On pensera ici à l'emploi du vocable παλιγγενεσία (nouvelle création) en *Mt* 19,28.

[16] Sur ce point, Grappe, 1992, p. 93–115 et 164–172.

[17] Ainsi notamment, CHILTON 1987, 203–230; 1996, 94–96.

Royaume avec puissance qu'envisage *Mc* 9,1 pourrait relever pour sa part de la dynamique centrifuge du Royaume, à moins que seule l'harmonique eschatologique ne doive être présente à l'arrière-plan de cette parole.

En ce qui concerne la dynamique centripète, on ne peut manquer de relever une absence: le Temple n'est jamais cité comme le lieu du pèlerinage eschatologique. C'est le Royaume des cieux (ou de Dieu) qui s'y substitue dans le *logion* de *Mt* 8,11 // *Lc* 13,28–29. Par ailleurs, et dans le présent, deux *logia* laissent entendre que c'est à Jésus lui-même qu'il convient de venir (*Mc* 10,14 et //: »laissez venir à moi les petits enfants […] car c'est à leurs semblables qu'est le Royaume de Dieu« et *EvTh* 82: »Celui qui est près de moi est près du feu, et celui qui est loin de moi est loin du Royaume«). Le Nazaréen se substitue ainsi de quelque manière au sanctuaire, élément fondamental dont nous aurons encore à mesurer la portée.

B. Dimension temporelle

Harmonique eschatologique

On notera d'abord l'importance de la dimension du »déjà«, dimension qui n'est pas sans lien avec la catégorie d'immanence, car proclamer que le Royaume de Dieu s'est approché (*Mc* 1,15 // *Mt* 4,17; *Mt* 10,7; *Lc* 10,9.11), qu'il est survenu (*Mt* 12,28 // *Lc* 11,20), qu'il fait l'objet d'assaut (*Mt* 11,12 // *Lc* 16,16), c'est affirmer tout à la fois qu'il est là (dimension spatiale) et qu'il est présent (dimension temporelle) (ainsi *Lc* 17,21)[18]. Cet aspect du »déjà« est suggéré aussi par des paraboles qui indiquent soit que le Royaume des cieux peut être trouvé ici et maintenant (perle et trésor cachés: *Mt* 13,44 et 13,45–46), soit qu'il peut être retiré dès à présent aux uns pour être confié aux autres (*Mt* 21,43), soit encore que ceux qui se sont repentis y devancent ceux qui se croyaient justes (*Mt* 21,28–32). Un *logion* tel *Lc* 12,32 laisse aussi entendre que le Royaume est donné dès à présent par le Père tandis que la similitude de *Mt* 13,52 exprime à sa manière que le Royaume vient déjà imprégner de sa nouveauté l'enseignement de ceux qui en sont les disciples.

Cela dit, et l'on ne s'en étonnera pas, l'horizon du »pas encore« demeure également présent, notamment dans des *logia* dont l'horizon s'avère souvent, par delà l'attente du Royaume (*Lc* 23,51), résolument eschatologique, que l'horizon soit celui de la fin (*Lc* 21,31), du jugement dernier (*Mt* 13,41*), d'un accès futur dans le Royaume (*Mt* 7,21), d'une vision (plénière) dudit

---

[18] On aurait pu mentionner encore ici les passages dans lesquels guérisons et ces exorcismes apparaissent comme des signes de de l'irruption du Royaume ici et maintenant (*Lc* 8,1–2; 9,2.11; 10,9).

Royaume (*Mc* 9,1 et //), du festin eschatologique (*Mc* 14,25 et //; *Mt* 8,11–12 [// *Lc* 13,18–19]; *Mt* 25,1–13; *Lc* 14,15; 22,16), de la glorification ou de l'exaltation des justes (*Mt* 13,43; 20,21; *Lc* 22,29–30*).

Enfin, assez souvent, est perceptible une tension entre »déjà« et »pas encore«. Ainsi dans les paraboles de croissance qui placent le regard entre semailles et moisson (*Mc* 4,26–29; *Mt* 13,24–30), ou entre graine et plante épanouie (*Mc* 4,30–32 et //). Ainsi dans d'autres paraboles qui introduisent une tension entre lancer des filets dans la mer et tri de ces filets sur le rivage (*Mt* 13,47–50), embauche des journaliers pour travailler dans la vigne et rétribution de ces ouvriers à la fin de la journée (*Mt* 20,1–16). Ainsi aussi en *Lc* 18,29 où sont mis en contraste renoncement présent en raison-même du Royaume de Dieu et récompense à venir. Ainsi encore en *Mt* 16,19 où il est suggéré que l'accès au Royaume des cieux se joue dans le présent communautaire. Ainsi enfin en *Mt* 25,34 où le Royaume promis en héritage est dit préparé depuis le commencement du monde!

On ne s'étonnera pas, dans ces conditions, que, dans un certain nombre de cas, on puisse hésiter entre une compréhension présente ou eschatologique, les deux harmoniques s'appelant sans doute l'une l'autre comme dans la demande du Notre Père: »Que ton Règne (ou que ton Royaume) vienne« (*Mt* 6,10 // *Lc* 11,2). Mais n'en est-il pas déjà de même pour la célèbre formule »le Royaume (ou le Règne) de Dieu s'est approché« (*Mc* 1,15 // *Mt* 4,17; *Mt* 10,7; *Lc* 10,9.11) qui laisse entendre tout à la fois que le Royaume est déjà en marche, que les trois coups ont retenti et qu'il s'apprête à envahir toute la scène?

C. Dimension communielle, cultuelle

1. Harmonique de purification

Tournons-nous à présent vers l'harmonique de purification. Exigence et jugement, entre lesquels elle oscille, apparaissent indissolublement liés. De fait, c'est à l'horizon du Jugement que l'exigence se fait jour. La purification est nécessaire pour que le Royaume soit, de manière ultime et à jamais, lumière. C'est ce que révèle admirablement *Mt* 13,41 qui décrit, avec la phase de l'extirpation de tous les scandales du Royaume du Fils de l'Homme, le préalable au resplendissement des justes dans le Royaume de leur Père (*Mt* 13,43). En attendant, la conversion est requise (*Mc* 1,15 et //).

Dans le détail, des obstacles sont envisagés qui entravent l'accès au Royaume, à commencer par les richesses (*Mc* 10,23–25 et //). Positivement, il s'agit d'accueillir le Royaume de Dieu comme un enfant (*Mc* 10,15 et //), de devenir comme ces enfants (*Mt* 18,3), de se faire petit (*Mt* 18,4), de chercher la justice du Royaume (*Mt* 5,10.19.20; *Mt* 6,33 et //), de porter du fruit (*Mt* 7,21; 21,43), de satisfaire au double commandement d'amour (*Mc* 12,34), de veiller (*Mt* 25,1–13) et de se vêtir pour la fête (*Mt* 22,2.11–13). Mais il s'agit aussi de renoncer à ses biens (*Lc* 18,29 et, dans le même sens, *Mt* 13,44 et 45–46) voire, si nécessaire, à une partie de soi-même (*Mc* 9,47; *Mt* 19,12) et de ne plus se retourner une fois que l'on s'est mis en marche (*Lc* 9,60.62). L'exigence du Royaume est ainsi clairement signifiée, exigence qui se fait d'autant plus pressante que le Jugement menace (*Mc* 9,47; *Mt* 8,12; 13,47–51; 18,23) et qu'il convient de tout mettre en œuvre pour recevoir le Royaume en héritage (*Mt* 25,34).

Une logique de la rétribution est ainsi bien perceptible qui fait de l'exigence le corollaire du Jugement, de la purification le préalable à toute forme de communion. Mais certains passages pointent dans une autre direction, qui mettent en exergue non pas la purification qui est acquise par l'individu mais la purification qui lui conférée, offerte. De fait le mystère du Royaume est donné (*Mc* 4,11 et //) et sa prédication s'accompagne tant de guérisons (*Mt* 4,23; 9,35) que d'expulsion des démons (*Mt* 12,28 // *Lc* 11,20) qui relèvent d'une purification octroyée sans contrepartie. De même la parabole du roi qui voulut régler ses comptes révèle un Souverain miséricordieux (*Mt* 13,23–27) et celle des deux fils un Maître tout disposé à accueillir en son Royaume ceux qui s'en savaient éloignés et que la plupart considérait comme en étant exclus (*Mt* 21,31).

Finalement, les deux *logia* johanniques illustrent à la fois l'exigence requise et la purification conférée, dans la mesure où le préalable à la vision du Royaume ou à l'entrée en son sein est justement quelque chose qui relève de la grâce conférée, à travers les motifs de la nouvelle naissance (*Jn* 3,3) et du don de l'Esprit (*Jn* 3,5).

Avant de quitter cette harmonique, nous voudrions insister sur un dernier point, essentiel. Comme en ce qui concernait l'harmonique de rayonnement, mais de manière plus frappante encore ici, la référence au Temple est absente. Or on aurait pu imaginer aisément qu'il soit question des nombreux rites de purification qui y étaient accomplis. Il n'y est fait allusion qu'une fois dans l'entretien entre le scribe et Jésus. Et au scribe, qui lui dit en substance que le double commandement vaut mieux que tous les holocaustes et tous les sacrifices, Jésus répond précisément qu'il n'est pas loin du Royaume de Dieu (*Mc* 12,34). On voit bien ainsi que la purification envisagée est indépendante du sanctuaire mais on devine aussi que, acquise ou conférée, elle pourra se substituer à celle qu'étaient censés procurer le Temple et ses rites.

2. *Harmonique de communion*

Certains passages illustrent plus particulièrement le mouvement de Dieu vers les siens qui rend possible cette communion. Ainsi ceux qui font valoir que le Royaume (ou le Règne) de Dieu s'est approché (*Mc* 1,15 et //), que son mystère a été donné à ceux du dedans (*Mc* 4,11 et //), qu'il est au cœur de la »bonne nouvelle« (*Mt* 4,23). Ainsi aussi *Mt* 5,3 qui stipule que, en leur octroyant l'Esprit Saint, Dieu donne aux siens accès au Royaume et à sa communion[19].

Toutefois d'autres *logia* envisagent de manière concomitante mouvement des siens vers Dieu et mouvement de Dieu vers les siens. Tel est le cas de la béatitude des persécutés à cause de la justice qui, tournés vers Dieu, le voient à Son tour Se tourner vers eux en leur octroyant le Royaume (*Mt* 5,10). Dans une perspective assez semblable, quoique le mouvement de Dieu vers les siens apparaisse cette fois premier, *Jn* 3,3 et 3,5 font valoir que seule la nouvelle naissance, qui résulte de ce mouvement, rend possible l'accès (3,5) et la communion, sous forme de vision, au Royaume (3,3).

Cette communion, *Mt* 13,43 l'envisage sous l'aspect de la participation des justes à la gloire du Père. Toutefois, quand elle est décrite, elle l'est le plus souvent à travers l'image du festin eschatologique ou messianique (*Mc* 14,25 et //; *Mt* 8,11 et //; *Lc* 14,15; 22,16.30) ou la métaphore des noces (*Mt* 22,2; 25,1–12), *Mt* 8,11 figurant tout particulièrement le mouvement des siens vers Dieu.

La commensalité ainsi envisagée est précisément la forme de communion qui était rendue possible dans le sanctuaire, entre Dieu et son peuple, par le culte sacrificiel. Mais, on le constatera une nouvelle fois, il n'est pas question ici du sanctuaire.

D. Conclusion

Il apparaît au terme de ce parcours que, dans la prédication de Jésus telle que la présentent les évangiles, le Royaume de Dieu, dans ses différentes dimensions, spatiale, temporelle et de communion, réinvestit les catégories

---

[19] L'interprétation de cette béatitude a été éclairée de manière décisive par la publication de *4Q521*, apocalypse qui décrit les temps messianiques et les bienfaits qui en résulteront pour les pieux, les justes et les pauvres, termes qui sont autant de désignations des membres du parti essénien dont la maison-mère se trouvait, rappelons-le, précisément à Qumrân. Parmi les bienfaits envisagés figurent notamment ceux-ci: »(…) le Seigneur visitera les pieux et, les justes, Il les appellera par le(ur) nom et sur les pauvres planera son Esprit et, les fidèles, Il les renouvellera par sa puissance« (l. 5–6). Les pauvres paraissent donc désigner les membres de la communauté (voir ainsi *Ro* 15,26; *Gal* 2,10) et l'expression »les pauvres en Esprit« désigner cette communauté qui se trouve au bénéfice de l'Esprit.

qui avaient été mises en œuvre dans le culte du Temple. Ces catégories, Jésus les déploie indépendamment du sanctuaire terrestre mais en lien avec sa propre personne, son propre message et sa propre action. Ainsi se trouve amorcée une dynamique nouvelle au sein de laquelle l'annonce du Royaume se substitue au Temple et à son culte tout en en assumant et en en récapitulant les diverses fonctions. Désormais, le Royaume apparaît comme une sphère dont le centre n'est plus nulle part, en dehors de la personne, du message et de l'action de celui qui en est le héraut, mais une sphère dont la circonférence est partout[20].

II. Matthieu 5,13–16:
La traduction matthéenne de la Bonne Nouvelle du Royaume dans les catégories de la Cité de Dieu (et du Temple)

C'est dans la perspective que nous avons tracée jusque là que nous nous situerons afin d'aborder *Matthieu* 5,13–16. Nous nous efforcerons d'étayer ici l'hypothèse selon laquelle ce passage clé du premier évangile pourrait nous livrer une traduction, dans des catégories quelque peu nouvelles, de la prédication par Jésus de la bonne nouvelle de l'irruption du Royaume.

1. Nature et importance rédactionnelles de Matthieu 5,13–16

Il est, dès l'abord, clair que *Mt* 5,13–16 nous livre le point de vue de l'évangéliste plutôt que la prédication du Jésus historique. La formulation si caractéristique des deux logia sur le sel et sur la lumière (»vous êtes …«) et leur assemblage sont, en effet, imputables à la rédaction matthéenne[21]. Rappelons simplement ici que les paroles relatives au sel et à la lampe apparaissent séparément chez Marc et chez Luc, la première ayant un parallèle en *Mc* 9,49–40 et en *Lc* 14,34–35, la seconde, en *Mc* 4,21–22 et en *Lc* 8,16–17; 11,33. Tout indique que ces *logia* étaient bien distincts et que c'est Matthieu, ou le courant de tradition dont il dépend, qui les a rapprochés, retouchés et placés à cet endroit[22]. Il faut même constater, en ce qui concerne la parole relative au sel, que l'évangéliste a largement transformé une sévère mise en garde adressée aux disciples en en faisant d'abord une affir-

---

[20] Nous reprenons ainsi tout en la paraphrasant une formule que CHILTON 1996, 101, façonne en se référant à Origène, *De oratione* 23.
[21] Ainsi, notamment, DUPONT 1958, 83–86; SCHNACKENBURG 1964, 365; SOUCEK 1963, 173; SCHNEIDER 1970, 201; BULTMANN 1973, 122.127).
[22] DUPONT 1973, 320

mation de leur vocation. La menace contenue dans le logion est elle-même atténuée. Si Luc a conservé la finale brève qui fait miroiter l'horizon du châtiment eschatologique, Matthieu a ajouté un segment de phrase qui laisse entendre que, si les disciples ne sont pas fidèles à leur vocation (être le sel de la terre), les hommes fouleront ce sel aux pieds[23].

Il convient également de noter que *Mt* 5,13–16 occupe une place essentielle à la charnière du Sermon sur la Montagne et doit, en toute logique, être d'une importance toute particulière. Il vient en effet clore la section consacrée à la proclamation de la bonne nouvelle du Royaume avant que ne s'ouvre, par un autre passage fondamental, *Mt* 5,17–20, la section consacrée aux exigences du Royaume, à sa justice. *Mt* 5,13–16 joue ainsi un rôle de pont entre les béatitudes et la partie proprement parénétique du sermon[24]. Il définit, de fait, »la mission et le but de la communauté«[25], tout en contenant un avertissement destiné aux disciples qui sont mis en garde contre une perte de leur propre identité et un abandon de leur vocation.

Si l'on envisage le Sermon sur la Montagne dans son ensemble, on constate encore que *Mt* 5,13–16 trouve un écho dans la finale dudit sermon et dans les mises en garde contenues plus particulièrement en 7,13–14, où est présenté le schéma des deux voies, et en 7,24–27, où est narrée la double parabole exhortant à bâtir sur le roc[26].

Mais des liens peuvent être établis avec d'autres passages du premier évangile.

Il s'agit d'abord de *Mt* 4,16 où Jésus lui-même apparaît, en accomplissement d'*Es* 9,1, comme la lumière qui s'est levée en faveur du peuple qui se trouvait dans les ténèbres, alors qu'en 5,14 ce sont les disciples qui reçoivent vocation d'être lumière du monde[27].

---

[23] Ainsi, DUPONT 1958, 93, n. 1.

[24] DONALDSON 1985, 117, parle pour sa part de »pont entre les béatitudes et le reste du sermon«, alors que SOUCEK 1963, 178 parlait déjà de »pont entre les promesses des béatitudes et les exigences des antithèses«. Dans le même sens, voir aussi DUMBRELL 1981, 18; BETZ 1995, 165.

[25] BETZ 1995, 165.

[26] LUZ 1985, 186, propose ainsi, pour l'ensemble du sermon, un schéma d'organisation concentrique qui fait notamment correspondre 5,11–16 et 7,13–20. Il est suivi par PATTE 1987, 65, qui associe les deux passages autour du thème commun de »la vocation des disciples«. Pour BETZ 1995, 165, qui ne reconnaît pas de schéma d'organisation concentrique, le double mandatement des versets 13–16 a son pendant dans le schéma des »deux voies« présent à travers l'ensemble du Sermon sur la Montagne, culminant en 7,13–23, et dans la double parabole de 7,24–27 qui lui sert d'épilogue.

[27] Ainsi SCHNEIDER 1970, 201; DUMBRELL 1981, 15; FRANKEMÖLLE 1994, 215.217, qui note, entre les deux passages, une tension entre lumière d'Israël et lumière du monde, entre particularisme et universalisme du salut; GUNDRY, 1994, 76.

Il s'agit encore de *Mt* 16,18, un rapprochement pouvant être effectué entre la ville sise sur la montagne de *Mt* 5,14 et la communauté fondée sur la pierre[28], les métaphores de la cité et de la construction de Dieu étant respectivement appliquées aux disciples. Le rapprochement thématique peut être en l'occurrence renforcé par un parallèle sur le plan formel. Les deux versets s'inscrivent dans deux sections – en l'occurrence *Mt* 5,11–20 et 16,17–28 – qui obéissent au même schéma d'organisation avec la commune présence d'un macarisme, d'une affirmation en »tu« ou en »vous«, d'une promesse suivie d'un ordre et de recommandations relatives à l'entrée dans le Royaume[29].

Autre passage avec lequel *Mt* 5,13–16 peut être mis en parallèle au sein du premier évangile, *Mt* 28,16–20, avec l'ordre intimé par le Ressuscité de faire de toutes les nations ses disciples. Dans les deux cas, l'universalisme matthéen s'exprime, et la conception centripète qui se fait jour en 5,14 est complétée par la conception centrifuge qui prévaut en 28,19[30].

Ainsi notre passage apparaît-il bien, relié qu'il est à d'autres qui jouent un rôle fondamental au sein de la narration matthéenne, comme un texte clé. Tout invite à penser qu'il revêt une signification particulière et requiert une interprétation autre que banale.

Mais, avant de nous pencher sur sa signification, précisons encore, toujours du point de vue rédactionnel, ceci. Le fait que les images du sel, de la lumière, de la ville et de la lampe, soient désormais associées, n'est pas sans incidence car ces images doivent pointer ensemble dans la même direction[31]. Il convient, dans ces conditions, de s'efforcer de trouver leur dénominateur commun.

---

[28] Ce rapprochement est effectué par JEREMIAS 1973, 312, et SCHWEIZER, 1986, 60.

[29] Ainsi SCHWEIZER 1984, 25–26.

[30] Ainsi TRILLING 1959, 118. Dans le même sens, SOUCEK 1963, 175 (à propos de 5,13–16): »Il en va ici de la possibilité, du courage et du devoir de la mission. Matthieu pense plus précisément à cette obligation concrète – l'ordre du Seigneur ressuscité en Mt 28,18–20 est déjà ici à l'horizon«; DUMBRELL 1981, 18: »il faut se souvenir que cette mission initiale aux disciples (celle d'être lumière du monde) trouve son impulsion finale à la fin de l'évangile dans l'ordre missionnaire universel délivré sur la ›montagne du monde‹ en *Mt* 28,16–20«; FRANKEMÖLLE 1994, 215.

[31] ZUMSTEIN 1977, 424, écrit ainsi: »le sel et la lumière, la ville et la lampe sont des images couplées. Dès lors, elles portent le même accent. Il n'est donc pas indiqué d'insister sur telle ou telle propriété du sel; il faut plutôt se demander: quel sens y-a-t-il à décrire conjointement la condition du disciple par les images de la lumière et du sel«. Toujours selon lui: »les notions de sel de la terre et de lumière du monde se subsument dans la catégorie du témoignage. De même qu'Israël avait reçu la vocation d'être le témoin de Yahvé parmi les hommes, ainsi le disciple est sel de la terre et lumière du monde dans la mesure où il est le porteur de la révélation divine parmi les hommes (426–427)«. Comme la suite de notre développement le montrera, nous estimons pour

2. En quête d'une cohérence thématique de Matthieu 5,13–16

Depuis von Rad[32], l'image de la ville située sur la montagne est couramment interprétée en lien avec la métaphore de la Jérusalem eschatologique promise à éclairer les nations qui afflueront vers elle[33]. Pour défendre cette thèse, von Rad s'est appuyé sur *Es* 2,1–4; 60,1–22 et, accessoirement, sur *Ag* 2,6–9, tout en signalant que d'autres textes encore pouvaient être topiques, notamment *Tobit* 13,9–18; 14,5–7.

Certains cependant demeurent prudents, face à cette hypothèse, faisant valoir qu'il est question, en *Mt* 5,14, d'«une ville« et non de »la ville«[34]. D'autres la rejettent[35].

Nous voudrions pour notre part à présent reprendre brièvement le dossier en faisant une place à la littérature intertestamentaire et vérifier de la sorte si, à partir des rapprochements que l'on peut effectuer, une interprétation cohérente de *Mt* 5,13–16 peut être proposée qui s'articule sur l'hypothèse proposée par von Rad.

De fait, les métaphores qui se succèdent dans ces quatre versets pourraient n'être pas sans lien, comme le montreront les comparaisons de détail, et faire apparaître la communauté comme la véritable Jérusalem (et le véritable sanctuaire) appelée à rayonner devant les hommes.

Pour ce qui est de la formule de *Mt* 5,13 («Vous êtes le sel de la terre«), on relèvera que le sel apparaît plus spécifiquement comme élément indispensable au sacrifice[36]. Il fait d'ailleurs l'objet d'une valorisation particulière à travers le concept d'une alliance de sel, déjà présent en *Lév* 2,13, mais qui semble avoir connu des développements spécifiques dans certains milieux, comme l'atteste au premier chef *Rouleau du Temple* 20,14 (= *11Q19* 20,13–14 + *11Q20*, fragment 7, lignes 1–2): »[13] Sur toutes vos offrandes vous mettrez du sel et tu ne feras [14] jamais cesser l'alliance de sel«[37].

---

notre part que la catégorie du témoignage n'est pas forcément celle qui les résume le mieux.

[32] von RAD 1949, qui concluait ainsi son propos: »la communauté eschatologique des disciples est la ville sur la montagne et sa lumière doit être visible du monde entier« (p. 447).

[33] Ainsi, notamment, SCHNACKENBURG 1964, 379; TRILLING 1964, 142; JEREMIAS 1975, 137.213.287; CAMPBELL 1978; DUMBRELL 1981, 14–16; SCHWEIZER 1984, 27 [avec prudence toutefois]; STRECKER 1984, 53; HARRINGTON 1991, 80–81; HAGNER 1993, 100; BETZ 1995, 161–162.

[34] Parmi eux, SCHWEIZER 1973, 60; DAVIES – ALLISON, 1988, 475 et GUNDRY 1994, 77.

[35] Tel est le cas de ZUMSTEIN, 1977, 424–425, LUZ 1985, 223 et SIM 1996, 141.

[36] Ainsi notamment *Testament de Lévi* 9,14; 18 2B 29.37.52.

[37] Traduction empruntée à A. CAQUOT *in* DUPONT-SOMMER – PHILONENKO 1985, 81. Voir encore *Jubilés* 21,11 et targum du Pseudo-Jonathan de *Lévitique* 2,13. On ajoutera

En ce qui concerne la formule de *Mt* 5,14 («»Vous êtes la lumière du monde«), Billerbeck[38] a fait valoir que, dans la littérature rabbinique, l'image de la lumière du monde est appliquée à Dieu, à des individus particuliers, à Israël, à la Torah, au Temple et à Jérusalem.

Pour ce qui est des figures individuelles, il a relevé qu'Adam[39] et Johannan ben Zakkai[40] sont l'un et l'autre appelés »lumière du monde«. Il en est de même pour Israël[41], et pour Jérusalem[42], dans des passages qui, tous, s'appuient sur *Es* 60,3.

De son côté, le *Talmud de Babylone, Baba Batra* 4a, joue de manière très intéressante sur l'expression en l'appliquant, d'une part, collectivement aux rabbins et, d'autre part, au Temple. Hérode, qui a fait exécuter des rabbins et veut faire amende honorable, s'y entend en effet répondre: »Puisque tu as éteint la lumière du monde [car les rabbins sont appelés ainsi] comme il est écrit: car le commandement est une lumière et le commandement une lampe (*Pr* 6,23), va maintenant et occupe toi de la lumière du monde [qui est le Temple au sujet duquel] il est écrit: »Et toutes les nations sont éclairées par lui' (*Es* 2,2)«. Le passage montre qu'il n'y a pas d'abîme infranchissable entre l'application de l'image à un ou des personnages et son emploi en lien avec une institution.

Enfin, différents personnages sont appelés »lumière d'Israël« ou »lampe d'Israël« que ce soit Esther et Mardochée[43], Rabbi Johannan ben Zakkaï[44], Rabbi Acha[45], Siméon, fils de Rabbi (Yehuda ha-nasi)[46].

On peut ajouter au dossier réuni par Billerbeck différents passages de la littérature intertestamentaire, dans lesquels des personnages ou des groupes de personnages sont appelés à illuminer le peuple ou les nations.

Ce sont essentiellement des prêtres et plusieurs textes apparaissent ici d'un intérêt tout particulier.

---

que le sel est célébré, en tant qu'élément indispensable à la vie, en *Siracide* 39,26 (»Voici l'essentiel de tout besoin pour la vie de l'homme: l'eau, le feu, le fer et le sel, la fleur de froment de feu, l'huile et le vêtement, le sang de la grappe, l'huile et le vêtement«), tout comme il l'est par ailleurs chez Pline, *Histoire naturelle* XXXI,45 (»rien n'est plus utile que le sel et le soleil«). Il apparaît encore, en *Testament de Salomon* 18,34, comme un ingrédient pouvant entrer dans des rituels d'exorcisme.

[38] BILLERBECK 1926, 237–238.

[39] *Talmud de Jérusalem Sabbat* 2,5[b], 40.

[40] *Abbot de Rabbi Nathan* 25.

[41] *Midrash Rabba sur le Cantique des Cantiques* 1,3 (85[a]); 1,15 (94[a]).

[42] *Genèse Rabba* 59,5: »Jérusalem est la lumière du monde, comme il est dit: ›Et les nations marcheront à sa lumière‹ (*Esaïe* 60,3)«.

[43] *Midrash sur les Psaumes* 22 § 3 (91[a]).

[44] *Talmud de Babylone Berakhot* 28[b].

[45] *Talmud de Jérusalem Shabbat* 6,8[c],61.

[46] *Talmud de Babylone Arakhin* 10[a].

Il s'agit d'abord de *Testament de Lévi* 14,3–4, qui insiste sur la responsabilité des fils de Lévi envers les nations et les met en garde contre tout manquement à leur mission qui vise à l'illumination de tout homme: »³ Le ciel est plus pur que la terre: vous aussi, les flambeaux d'Israël, soyez plus purs que les nations. ⁴ Mais, si vous êtes plongés dans les ténèbres de l'impiété, que feront les nations qui vivent dans l'aveuglement? Vous attirerez alors la malédiction sur notre race, car la lumière de la Loi, qui a été donnée pour illuminer tout homme, vous aurez voulu la supprimer en enseignant des commandements contraires aux décrets de Dieu«[47].

Il s'agit ensuite de *II Baruch* 77. Au peuple qui s'adresse à Baruch en ces termes: »¹³ (…) les pasteurs d'Israël ont péri, les flambeaux qui éclairaient sont éteints et les sources où nous buvions ont arrêté leur cours. ¹⁴ Mais nous, nous avons été abandonnés dans les ténèbres, dans l'épaisseur de la forêt et dans la soif du désert«, ce dernier rétorque: »¹⁵ Les pasteurs, les flambeaux et les sources venaient de la Loi, et, même si nous passons, la Loi demeure. ¹⁶ Si donc vous regardez vers la Loi et si vous êtes soigneusement attentifs à la sagesse, le flambeau ne s'éteindra pas, le pasteur ne s'éloignera pas et la source ne tarira pas«[48].

Il s'agit enfin du *Livre des Bénédictions* (= *1QSb*) 4,27 dans lequel est consignée une bénédiction qui s'adresse à chaque prêtre en particulier: »Qu'Il fasse de toi un objet de sainte[té] parmi Son peuple et un flambeau [ ] [pour briller] sur le monde dans la Connaissance et illuminer la face de beaucoup«[49].

Ce sont aussi, de manière plus globale, les fils de justice ou de lumière, comme dans le *Règlement de la Guerre* (*1QM*) 1,8–9: »⁸ Alors [les fils de just]ice éclaireront toutes les extrémités du monde, de façon progressive, jusqu'à ce que soient consommés tous les moments des ténèbres. Puis, au moment de Dieu, Sa sublime grandeur brillera durant tous les temps ⁹ [des siècles] pour le bonheur et la bénédiction; la gloire et la joie et la longueur des jours (seront données) à tous les fils de lumière«[50], ou la communauté tout entière comme en *Hymnes* (*1QH*) 6,17–18: »il [le Rejeton s'épanouissant en plantation éternelle] sera une source de lumière, telle une fontaine éternelle, inépuisable«[51].

Ce peut-être enfin un individu. Ainsi, le Maître de Justice, qui s'écrie en *Hymnes* (*1QH*) 4,27: »par moi, Tu as illuminé la face de beaucoup et Tu les

---

[47] Traduction M. PHILONENKO, *in* DUPONT-SOMMER – PHILONENKO 1987, 850.
[48] Traduction J. HADOT, *in* DUPONT-SOMMER – PHILONENKO 1987, 1546–1547.
[49] Traduction A. DUPONT-SOMMER, *in* DUPONT-SOMMER – PHILONENKO 1987, 56.
[50] Traduction A. DUPONT-SOMMER, *in* DUPONT-SOMMER – PHILONENKO 1987, 193.
[51] Traduction A. DUPONT-SOMMER, *in* DUPONT-SOMMER – PHILONENKO 1987, 256.

a fait croître jusqu'à ce qu'ils fussent innombrables«[52]. Ainsi aussi Lévi qui, en *Testament de Lévi* 4,3, reçoit la promesse suivante: »Lumière de Connaissance, tu resplendiras en Jacob, et tu seras comme le soleil pour toute la descendance d'Israël«[53]. Ainsi également le Messie Prêtre, selon *4Q541*, fragment 9, 3–5: »Son soleil éternel éclairera, sa lumière éclairera par toutes les extrémités de la terre et éclairera les ténèbres. Alors les ténèbres passeront (loin) de la terre, et l'obscurité (loin) de l'aride«[54], et selon *Testament de Lévi* 18,3–4: »Son astre se lèvera dans le ciel comme celui d'un roi, resplendissant de la lumière de la Connaissance, comme le soleil brille en plein jour, et il sera magnifié dans le monde entier. Il resplendira comme le soleil sur la terre, il supprimera toutes les ténèbres de dessous le ciel, et la paix régnera sur toute la terre«[55]. Ainsi encore Jérémie qui, dans l'*Histoire de la Captivité à Babylone*, est appelé à la fois la »lampe d'Israël« (6,6; 12,12) et la »lumière du peuple« (12,12). Ainsi enfin David, dont il est dit en *Psaumes pseudo-davidiques* (*11Q05*), 27, 2 qu'il fut »une lumière semblable à la lumière du soleil«[56].

Comme nous l'avons signalé d'emblée, la plupart des personnages évoqués ainsi collectivement ou individuellement comme lumière du peuple ou des nations, sont des figures sacerdotales. Il faut se souvenir en effet que la communauté des fils de justice ou de lumière, dont le noyau se trouvait à Qumrân, était elle-même une communauté sacerdotale qui revendiquait la dignité de communauté-sanctuaire et qui vénérait, en le Maître de Justice, un prêtre éminent. Il y a là un élément qui nous paraît devoir être retenu, même si telle figure prophétique ou royale a aussi pu se voir appliquer la métaphore.

On ne s'étonnera pas, à la lumière des considérations qui précèdent, que Jérusalem aussi ait pu être célébrée, dans la littérature intertestamentaire, comme cité lumineuse en tant que ville sacerdotale s'il en est, puisque ville du Temple et de la mystérieuse présence de Dieu. Ainsi, a contrario, en *II Baruch* 10,12: »Et toi, soleil, retiens la lumière de tes rayons, et toi, lune, éteins l'abondance de ta lumière! Pourquoi la lumière se lèverait-elle encore, puisque la lumière de Sion est éteinte«[57]. Ainsi aussi dans l'exemple que nous produirons à présent et qui illustre également le motif de la ville sise sur la montagne et qui ne peut être cachée.

---

[52] Traduction A. DUPONT-SOMMER, *in* DUPONT-SOMMER – PHILONENKO 1987, 248. Voir encore *Hymnes* [*1QH*] 9,26–27.

[53] Traduction M. PHILONENKO, *in* DUPONT-SOMMER – PHILONENKO 1987, 839.

[54] Traduction CAQUOT 1998, 15*.

[55] Traduction M. PHILONENKO, *in* DUPONT-SOMMER – PHILONENKO 1987, 854.

[56] Traduction A. DUPONT-SOMMER, *in* DUPONT-SOMMER – PHILONENKO 1987, 330.

[57] Traduction J. HADOT, *in* DUPONT-SOMMER – PHILONENKO 1987, 1488.

Il s'agit d'*Oracles sibyllins* V,420–427. Jérusalem y est décrite, dans un oracle qui a trait à sa restauration eschatologique, en ces termes: »[420] Mais la cité où Dieu avait mis Son amour, Il l'a rendue [421] plus brillante que les étoiles, que le soleil et que la lune. [422] Il l'a ornée et Il a fait un sanctuaire [ ] [423] matériel glorieux et magnifique et a construit [424] sur de nombreux stades une grande, une immense tour [425] qui atteignait jusqu'aux nuages mêmes et apparaissait aux yeux de tous, [426] de sorte que tous les fidèles, que tous les justes avaient [427] la délectable vision de la gloire du Dieu éternel«[58].

Conformément à l'intuition de von Rad et à la lumière de ce nouveau parallèle, il convient bien d'envisager, nous semble-t-il, que la communauté des disciples est assimilée, en *Mt* 5,14, à la Ville Sainte, destinée à resplendir aux yeux de tous.

Dans cette perspective, on notera tout l'intérêt d'un passage comme *1QpMichée* (*1Q14*), fragments 8–10,3–9 où se trouve commenté *Mi* 1,5–6. Le document qumrânien est certes lacunaire mais on s'accorde très largement pour en combler les blancs et pour le comprendre de la manière suivante: »[3] [... *Quels sont les hauts lieux de Juda? N'est-ce pas Jé]rusa[lem? Je vais faire de Samarie]* [4] [*une ruine dans la campagne, une terre à vignes*]. L'explication de ceci concerne le Prophète de mensonge [5] [qui est celui qui égare les] simples. Et *quels sont les hauts lieux de Juda?* [6] [*N'est-ce pas Jérusalem?* L'explication de ceci con]cerne le Maître de Justice qui est celui qui [7] [enseigne la Loi] à son [Conseil] et à t[ou]s ceux qui s'offrent pour être agrégés aux élus [8] [de Dieu, pratiquant la Loi] dans le conseil de la Communauté, qui seront sauvés du jour du [9] [Jugement]«[59].

On peut constater que le Maître de Justice et la communauté rassemblée autour de lui y sont assimilés à la véritable Jérusalem et aux hauts lieux de Juda[60]. Il y a là un nouvel élément qui peut plaider en faveur de l'hypothèse selon laquelle la communauté des disciples, présentée comme lumière du monde puis comparée à une ville sise sur la montagne qui ne saurait être cachée, est assimilée elle aussi à la nouvelle et véritable Sion.

Mais poursuivons nos investigations plus avant. Si la métaphore mise en œuvre au verset 14 peut être rapportée à Jérusalem, l'imagerie déployée au verset 15 peut, pour sa part, évoquer le Temple. De fait, lampes (λύχνος) et candélabre (λυχνία) s'y trouvaient associés dans le célèbre chandelier à sept branches, et le vocable λυχνία désigne systématiquement ce chandelier dans la Septante (sauf en *IV Rois* 4,10). Certes, le terme s'appliquait

---

[58]   Traduction V. Nikiprowetsky, *in* Dupont-Sommer – Philonenko 1987, 1134.
[59]   Traduction Milik 1955, 78.
[60]   En ce sens, déjà, Gärtner 1965, 24, suivi globalement par Campbell, 1978, 350.

aussi à des luminaires à usage profane[61], mais il conservait assurément sa signification technique. C'est ce qu'attestent notamment Eupolème[62], le *Livre des Antiquités bibliques* 11,15 et surtout *IV Esdras* 10,22. La formulation de ce dernier passage, que nous replacerons dans le contexte plus large de *IV Esdras* 10,21–22, permet d'ailleurs d'envisager un autre parallèle avec celle de *Mt* 5,16: »Notre sanctuaire est abandonné, notre autel renversé, notre temple détruit. Nos harpes gisent à terre, nos hymnes se sont tus, nos fêtes ont cessé, la lumière de notre chandelier est éteinte (*lumen candelabri nostri extinctum est*), l'arche de notre alliance pillée, nos objets sacrés souillés et le nom prononcé sur nous profané«[63]. Associée à Jérusalem et au sanctuaire, la lumière, qui émane notamment du chandelier, rayonne sur toute la ville et bien au-delà.

Et tel est justement l'appel adressé aux disciples en *Mt* 5,16: »Que votre lumière brille devant les hommes«. Il peut être interprété, on l'aura compris, en fonction de la lumière devant émaner de la Jérusalem nouvelle et diffusée déjà, au sein du sanctuaire, par le chandelier à sept branches.

Mais il peut également être compris, au vu des textes que l'on peut envisager en parallèle, en fonction de la lumière associée au don de la Loi. De fait, à plusieurs endroits et tout particulièrement dans le *Livre des Antiquités bibliques*, ce don est assimilé à celui de la lumière au monde ou aux élus. Ainsi en *Livre des Antiquités bibliques* 11,1: »Je donnerai la lumière au monde et J'illuminerai les lieux inhabités. J'établirai mon alliance avec les fils des hommes et Je glorifierai mon peuple plus que toutes les nations. Pour lui, Je ferai voir les hauteurs éternelles qui seront pour lui une lumière mais pour les impies une punition«, mais aussi 12,2, où Aaron s'adresse au peuple en ces termes: »Moïse reviendra et il nous apportera le jugement, le grand jugement, il fera luire pour nous la Loi et il nous montrera la magnificence de Dieu par sa bouche en établissant les commandements pour notre race«, ou 15,6, passage dans lequel l'évocation suivante de la geste

---

[61] Ainsi en *Testament d'Abraham* 4,2–3 et *Testament de Job* 32,9, passages où il se trouve en association avec λύχνος.

[62] D'après Eusèbe de Césarée, *Préparation évangélique* IX,34,7.8.15.

[63] Traduction P. GEOLTRAIN, *in* DUPONT-SOMMER – PHILONENKO 1987, 1443.
Sans qu'il y ait analogie au sens strict mais simplement recours à de mêmes images, on pourra encore rapprocher *Mt* 5,15 de *Joseph et Aséneth* 6,2 (recension longue). L'arrivée de Joseph sur un char y est décrite en ces termes: »et maintenant voici, le soleil vient à nous du ciel dans son char et il est entré aujourd'hui dans notre maison (εἰς τὴν οἰκίαν ἡμῶν) et il luit en elle comme une lumière sur la terre (καὶ λάμπει εἰς αὐτὴν ὡς φῶς ἐπὶ τῆς γῆς)« (6,2). Certes le contexte est tout à fait différent, mais un personnage est ici célébré de quelque manière comme lumière du monde et le macrocosme se trouve envisagé en même temps que le microcosme que représente la maison comme en *Mt*5,14–15.

exodale est placée sur la bouche de Dieu: »Je les ai conduits devant moi au Sinaï. J'ai fait pencher les cieux et Je suis descendu pour allumer le flambeau pour mon peuple et pour fixer les limites de la création«[64].

Mais ces deux arrière-plans ne sont pas forcément contradictoires. Le premier s'inscrit dans la logique des versets 13–15, que nous avons suivis pas à pas, et le second annonce la problématique qui sera centrale dans les verset 17–20. Mais, surtout, l'accomplissement eschatologique sur la Montagne sainte, le pèlerinage du peuple et des nations vers Sion aux derniers jours, était conçu notamment sous l'angle d'une quête de la Loi[65]. *Es* 2,3 n'annonçait-t-il pas déjà que des peuples nombreux »diront: venez et montons à la montagne de Yahvé, à la maison du Dieu de Jacob, pour qu'Il nous instruise de Ses voies et que nous marchions sur Ses chemins. Car de Sion provient la Loi et de Jérusalem la Parole de Yahvé«[66]. Et les *Oracles sibyllins* ne prophétisent-ils pas à leur tour que »toutes les villes et toutes les îles diront: (…) Venez, prosternons-nous tous et supplions le Roi immortel, le grand Dieu qui toujours existe. Envoyons des offrandes au Temple puisqu'il n'est d'autre souverain que Dieu. Méditons tous la Loi du Très-Haut«[67]. De son côté, le livre des *Jubilés* envisage le rassemblement eschatologique du peuple, autour du sanctuaire rebâti par Dieu, dans une entière fidélité aux commandements[68], tandis que différents textes rabbiniques annoncent, en lien avec *Es* 2,3, que le Mont Sion sera, lors des temps messianiques, la source de la Loi pour Israël[69].

Dès lors, il est tout à fait envisageable que l'appel à briller devant les hommes adressé ici à la communauté des disciples puisse renvoyer ces disciples tant à leur vocation d'être Cité de Dieu, privilège qui résulte de l'annonce de la bonne nouvelle du Royaume, qu'à leur responsabilité d'accomplir la Loi conformément à l'interprétation qu'en fournit Jésus, responsabilité qui relève de l'exigence du Royaume.

---

[64] Nous avons emprunté la traduction de ces passages à J. HADOT, *in* DUPONT-SOMMER – PHILONENKO 1987, 1262.1267.1275.

Voir encore, dans la même perspective, *II Baruch* 17,4: »Il [Moïse] a apporté la Loi à la race de Jacob, il a allumé le flambeau pour la nation d'Israël« (p. 1495); 77,15.

[65] DONALDSON 1985, 117 insiste fort judicieusement sur ce point, tout en invoquant à l'appui de son propos les textes que nous allons citer à présent.

[66] Traduction J. KOENIG, *in* DHORME 1955, 9.

[67] *Oracles sibyllins* III,710.716–719 (traduction V. NIKIPROWETSKY, *in* DUPONT-SOMMER – PHILONENKO 1987, 1090).

[68] *Jubilés* 1,15–18; 22–25.

[69] Parmi les textes cités par DONALDSON, 1985, 255, n. 62, *Lévitique Rabba* 24,4, *Pesiqta rabbati* 41,2, *Sifré Deutéronome* § 1, apparaissent plus pertinents que *Talmud de Babylone Baba Batra* 21a.

Conclusion

Il apparaît, au terme de notre itinéraire, que la thématique de *Mt* 5,13–16 est cohérente. Le passage est articulé autour de la métaphore de la Cité de Dieu, cité envisagée non seulement pour elle-même mais aussi en référence au sanctuaire et à ses habitants appelés à rayonner devant les hommes. La communauté, nouvelle Jérusalem, a, dans le présent, vocation et devoir de rayonnement, et ce pour que les hommes glorifient Dieu et soient entraînés dans une dynamique communielle.

Il nous semble bien, en conséquence, que Matthieu réinterprète ici les catégories fondamentales de la prédication du Royaume dans une perspective qui en assume les trois dimensions spatiale, temporelle et communielle. Dimension spatiale avec l'appel au rayonnement, qui vise à insuffler dans l'immanence une dynamique centripète en direction de la Cité de Dieu; dimension temporelle avec une insistance sur le présent; dimension cultuelle avec son harmonique d'exigence – il convient, pour les disciples, de faire briller leur lumière devant les hommes – et avec son harmonique de communion – c'est à Dieu que les hommes pourront ainsi rendre gloire. Mais, en insistant sur la responsabilité de la communauté qui, à la suite du Maître (*Mt* 4,16), est chargée d'être lumière, l'auteur du premier évangile introduit une dimension ecclésiologique là où l'accentuation initiale était plutôt christologique, théologique et eschatologique. La communauté, et avec elle l'Eglise, a désormais à prendre le relais du Christ, comme lieu où s'incarne le Royaume jusqu'au plein accomplissement de ce dernier. Et si, dans la prédication de Jésus, l'annonce du Royaume s'était substituée au Temple et à son culte tout en en assumant et en en récapitulant les diverses dimensions, c'est à présent l'image de la Cité de Dieu qui intervient en premier lieu pour décrire la vocation et la responsabilité des disciples.

On pourra ajouter, sans trahir la conviction de l'évangéliste mais en recourant au langage de l'*Apocalypse*, que cette responsabilité et cette vocation vaudront jusqu'à l'avènement de la Jérusalem céleste où il n'y aura plus d'autre Temple ni d'autre lumière, ni d'autre flambeau que la seule présence du Seigneur, le Dieu Tout-puissant, et de l'Agneau (*Ap* 21,22–23).

Bibliographie

BERGER, P.R. 1980: »Die Stadt auf dem Berge. Zum kulturhistorischen Hintergrund von Mt 5,14«, in *Wort in der Zeit. Neutestamentliche Studien*. Festgabe für K. H.

Rengstorf zum 75. Geburtstag hrsg. von W. Haubech und M. Bachmann, Leiden, 1980, p. 82–85.

BETZ, H. D. 1995: *The Sermon on the Mount. A Commnentary on the Sermon on the Mount, including the Sermon on the Plain (Matthieu 5:3–7:27 and Luke 6:20–49)* (Hermeneia), Minneapolis, 1995.

BILLERBECK, P. 1926: (Strack H. L.) – Billerbeck P., *Kommentar zum Neuen Testament aus Talmud und Midrasch. Erster (Doppel-)Band. Das Evangelium nach Matthäus*, München, 1926.

BULTMANN, R. 1973: *L'histoire de la tradition synoptique* suivie du complément de 1971 traduit de l'allemand par A. Malet, Paris, 1973.

CAMPBELL, K. M. 1978: »The New Jerusalem in Matthew 5,14«, *Scottish Journal of Theology* 31, 1978, p. 335–363.

CAQUOT, A. 1998: »Les testaments qoumrâniens des pères du sacerdoce«, *RHPhR* 78, 1998, p. 3*–26*.

CHARLESWORTH, J. H. 1985: *The Old Testament Pseudepigrapha. Volume 2. Expansions of the »Old Testament« and Legends, Wisdom and Philosophical Literature, Prayer, Psalms, and Odes, Fragments of Lost Judeo-Hellenistic Works* edited by J. H. Charlesworth, London, 1985.

CHILTON, B. D. 1987: *God in Strength. Jesus' Announcement of the Kingdom* (The Biblical Seminar), Sheffield, 1987.

– 1996: *Pure Kingdom. Jesus' Vision of God* (Studying the Historical Jesus), Grand Rapids, 1996.

DAVIES, W. D. 1966: *The Setting of the Sermon on the Mount*, Cambridge, 1966.

DAVIES W. D. – ALLISON D. C.: *A Critical and Exegetical Commentary on the Gospel according to Saint Matthew in Three Volumes. Volume I. Introduction and Commentary on Matthew I–VII* (International Critical Commentary), Edinburgh, 1988.

DHORME, E. 1959: *La Bible. Ancien Testament. II.* Edition publiée sous la direction d'E. Dhorme (Bibliothèque de la Pléiade), Paris, 1959.

DONALDSON, T. L. 1985: *Jesus on the Mountain. A Study in Matthean Theology* (JSNT.SS 8), Sheffield, 1985.

DUMBRELL, W. J. 1981: »The Logic of the Role of the Law in Matthew 5,1–20«, *Novum Testamentum* 23, 1981, p. 1–21.

DUPONT, J. 1958: *Les béatitudes. Tome I. Le problème littéraire. Les deux versions du Sermon sur la montagne et des Béatitudes* (Etudes bibliques), deuxième édition, Paris, Gabalda, 1958.

– 1973, *Les béatitudes. Tome III. Les évangélistes.* Nouvelle édition entièrement refondue (Etudes bibliques), Paris, Gabalda, 1973.

DUPONT-SOMMER, A. – PHILONENKO, M. 1987: *La Bible. Ecrits intertestamentaires.* Edition publiée sous la direction d'A. Dupont-Sommer et M. Philonenko (Bibliothèque de la Pléiade), Paris, 1987.

FRANKEMÖLLE, H. 1994: *Matthäus: Kommentar 1*, Düsseldorf, 1994.

GÄRTNER, B. 1965: *The Temple and Community in Qumran and the New Testament. A Comparative Study in the Temple Symbolism of the Qumran Texts and The New Testament* (SNTS.MS 1), Cambridge, 1965.

GRAPPE, Ch. 1992: *D'un Temple à l'autre. Pierre et l'Eglise primitive de Jérusalem* (Etudes d'Histoire et de Philosophie Religieuses 71), Paris, 1992.

GUNDRY, R. H. 1994, *Matthew. A Commentary on His Handbook for a Mixed Church under Persecution*, second edition, Grand Rapids, 1994.

HAGNER, D. A. 1993: *Matthew 1–13* (Word Biblical Commentary 33A), Dallas, 1993.

HARRINGTON, D. J. 1991, *The Gospel of Matthew* (Sacra Pagina Series 1), Collegeville, 1991.

HENGEL, M. 1997, »Der Finger und die Herrschaft Gottes in Lk 11,20«, in *La Main de Dieu. Die Hand Gottes* (WUNT 94), Tübingen, p. 87–106.

JEREMIAS, Joachim 1970: *Les paroles inconnues de Jésus*. Traduit de l'allemand par R. Henning (Lectio Divina 62), Paris, Cerf, 1970
– 1975: *Théologie du Nouveau Testament. Première partie. La prédication de Jésus*. Traduit de l'allemand par J. Alzin et A. Liefooghe (Lectio divina 76), Paris, 1975.

LOHMEYER, E., 1942, *Kultus und Evangelium*, Göttingen, 1942.

LUZ, U. 1985: *Das Evangelium nach Matthäus* (Evangelisch-Katholischer Kommentar zum Neuen Testament I:1), Zürich-Einsiedeln-Köln, 1985.

MILIK, J. 1955: *Qumran Cave 1* by D. Barthélémy and J. T. Milik (Discoveries in the Judaean Desert 1), Oxford, 1955.

NEUSNER, J. – CHILTON, B. 1998: *Jewish-Christian Debates: God, Kingdom, Messiah*, Minneapolis, 1998.

PATTE, D. 1987, *The Gospel according to Matthew. A Structural Commentary on Matthew's Faith*, Philadelphia, 1987.

RAD, G. von 1949: »Die Stadt auf dem Berge«, *Evangelische Theologie* 8, 1948–1949, p. 439–447.

SCHNACKENBURG, R. 1964: »›Ihr seid das Salz der Erde, das Licht der Welt‹. Zu Matthäus 5,13–16«, in *Mélanges E. Tisserant. Vol. I. Ecriture sainte – Ancien Orient* (Studi e Testi 231), Città del Vaticano, 1964, p. 365–387.

SCHNEIDER, G.1970: »Das Bildwort von der Lampe. Zur Traditionsgeschichte eines Jesus-Wortes«, *Zeitschrift für die neutestamentliche Wissenschaft* 61, 1970, p. 183–209.

SCHWEIZER, E. 1973: *Das Evangelium nach Matthäus. Übersetzt und erklärt* (Das Neue Testament Deutsch 2), Göttingen, 1973.
– 1984: *Die Bergpredigt* (Kleine Vandenhoeck-Reihe 1481), Göttingen, 1984.

SCHWEMER, A. M. 1991: »Gott als König und seine Königsherrschaft in den Sabbatliedern aus Qumran, in *Königsherrschaft Gottes und himmlischer Kult im Judentum, Urchristentum und in der hellenistischen Welt* (hrsg. von M. Hengel und A. M. Schwemer) (WUNT 55), Tübingen, Mohr, 1991, pp. 45–118.

SIM, D. C., *Apocalyptic Eschatology in the Gospel of Matthew*, Cambridge, 1996.

SOUCEK, J. B. 1963: »Salz der Erde und Licht der Welt. Zur Exegese von Matth. 5,13–16«, *Theologische Zeitschrift* 19, 1963, p. 169–179.

STRECKER, G. 1984, *Die Bergpredigt. Ein exegetischer Kommentar*, Göttingen, 1984.

TRILLING, W. 1959 et/ou 64: *Das wahre Israel. Studien zur Theologie des Matthäusevangeliums*, Jena, 1959; München, 1964.

ZUMSTEIN, J. 1977: *La condition du croyant dans l'Evangile selon Matthieu* (Orbis biblicus et orientalis 16), Fribourg – Göttingen, 1977.

Repérage et classification, en fonction des harmoniques envisagées, des passages évangéliques relatifs au Royaume de Dieu

Référence			Thématique	Harmonique
Mc	Mt	Lc		
1,15	4,17		ἦλθεν ὁ Ἰησοῦς εἰς τὴν Γαλιλαίαν κηρύσσων τὸ εὐαγγέλιον τοῦ θεοῦ· πεπλήρωται ὁ καιρὸς καὶ ἤγγικεν ἡ βασιλεία τοῦ θεοῦ· μετανοεῖτε καὶ πιστεύετε ἐν τῷ εὐαγγελίῳ	Comm (D/s) + Esch (déjà) + Transc (imm) + Pur (ex)
4,11	13,11	8,10	καὶ ἔλεγεν αὐτοῖς· ὑμῖν τὸ μυστήριον δέδοται τῆς βασιλείας τοῦ θεοῦ· ἐκείνοις δὲ τοῖς ἔξω ἐν παραβολαῖς τὰ πάντα γίνεται, 12 ἵνα βλέποντες βλέπωσιν καὶ μὴ ἴδωσιν, καὶ ἀκούοντες ἀκούωσιν καὶ μὴ συνιῶσιν, μήποτε ἐπιστρέψωσιν καὶ ἀφεθῇ αὐτοῖς. ἐκείνοις δὲ οὐ δέδοται.	Comm (D/s) + Pur (jgt)
4,26			Parabole de la semence qui pousse d'elle-même: οὕτως ἐστὶν ἡ βασιλεία τοῦ θεοῦ ὡς ἄνθρωπος βάλῃ τὸν σπόρον ἐπὶ τῆς γῆς	Ray (cf) + Esch (déjà + pe)
4,30	13,31	13,18	Parabole du grain de moutarde: ὁμοία ἐστὶν ἡ βασιλεία τῶν οὐρανῶν κόκκῳ σινάπεως...	Ray (cf) + Esch (déjà + pe)
9,1	(16,28)	9,27	εἰσίν τινες τῶν ὧδε ἑστώτων οἵτινες οὐ μὴ γεύσωνται θανάτου ἕως ἂν ἴδωσιν τὴν βασιλείαν τοῦ θεοῦ [ἐληλυθυῖαν ἐν δυνάμει (Mc seul)]	Esch (pe) [Ray (cf)]
9,47			καὶ ἐὰν ὁ ὀφθαλμός σου σκανδαλίζῃ σε, ἔκβαλε αὐτόν· καλόν σέ ἐστιν μονόφθαλμον εἰσελθεῖν εἰς τὴν βασιλείαν τοῦ θεοῦ ἢ δύο ὀφθαλμοὺς ἔχοντα βληθῆναι εἰς τὴν γέενναν	Pur (ex + jgt)
10,14	19,14	18,16	ἄφετε τὰ παιδία ἔρχεσθαι πρός με, μὴ κωλύετε αὐτά, τῶν γὰρ τοιούτων ἐστὶν ἡ βασιλεία τοῦ θεοῦ	Ray (cp)
10,15		18,17	ἀμὴν λέγω ὑμῖν, ὃς ἂν μὴ δέξηται τὴν βασιλείαν τοῦ θεοῦ ὡς παιδίον, οὐ μὴ εἰσέλθῃ εἰς αὐτήν.	Pur (ex)
10,23	19,23	18,24	πῶς δυσκόλως οἱ τὰ χρήματα ἔχοντες εἰς τὴν βασιλείαν τοῦ θεοῦ εἰσελεύσονται	Pur (ex)

172 *Christian Grappe*

Référence			Thématique	Harmonique
Mc	Mt	Lc		
10,24			τέκνα, πῶς δύσκολόν ἐστιν εἰς τὴν βασιλείαν τοῦ θεοῦ εἰσελθεῖν	Pur (ex)
10,25	19,24	18,25	εὐκοπώτερον ἐστιν κάμηλον διὰ [τῆς] τρυμαλιᾶς [τῆς] ῥαφίδος διελθεῖν ἢ πλούσιον εἰς τὴν βασιλείαν τοῦ θεοῦ εἰσελθεῖν.	Pur (ex)
12,34			Scribe: Le double commandement vaut mieux que tous les holocaustes et tous les sacrifices. Jésus: οὐ μακρὰν εἶ ἀπὸ τῆς βασιλείας τοῦ θεοῦ	Pur (ex)
14,25	26,29	22,18	οὐκέτι οὐ μὴ πίω ἐκ τοῦ γενήματος τῆς ἀμπέλου ἕως τῆς ἡμέρας ἐκείνης ὅταν αὐτὸ πίνω καινὸν ἐν τῇ βασιλείᾳ τοῦ θεοῦ	Esch (pe) + Comm + Trans (t)
	4,23		° κηρύσσων τὸ εὐαγγέλιον τῆς βασιλείας καὶ θεραπεύων πᾶσαν νόσον καὶ πᾶσαν μαλακίαν ἐν τῷ λαῷ	Comm (D/s) + Pur + Trans (imm)
	5,3	6,20	Μακάριοι οἱ πτωχοὶ τῷ πνεύματι, ὅτι αὐτῶν ἐστιν ἡ βασιλεία τῶν οὐρανῶν	Comm (D/s)
	5,10		μακάριοι οἱ δεδιωγμένοι ἕνεκεν δικαιοσύνης, ὅτι αὐτῶν ἐστιν ἡ βασιλεία τῶν οὐρανῶν	Pur (ex) + Comm (s/D + D/s)
	5,19		ὃς ἐὰν οὖν λύσῃ μίαν τῶν ἐντολῶν τούτων τῶν ἐλαχίστων καὶ διδάξῃ οὕτως τοὺς ἀνθρώπους, ἐλάχιστος κληθήσεται ἐν τῇ βασιλείᾳ τῶν οὐρανῶν·	Pur (ex)
	5,19		ὃς δ’ ἂν ποιήσῃ καὶ διδάξῃ, οὗτος μέγας κληθήσεται ἐν τῇ βασιλείᾳ τῶν οὐρανῶν.	Pur (ex)
	5,20		ἐὰν μὴ περισσεύσῃ ὑμῶν ἡ δικαιοσύνη πλεῖον τῶν γραμματέων καὶ Φαρισαίων, οὐ μὴ εἰσέλθητε εἰς τὴν βασιλείαν τῶν οὐρανῶν	Pur (ex)
	6,10	11,2	ἐλθέτω ἡ βασιλεία σου	Trans (imm.) + Esch
	(6,13)		car c’est à Toi qu’appartiennent le Règne, la puissance et la gloire	(Esch [déjà])
	6,33	12,31	ζητεῖτε δὲ πρῶτον τὴν βασιλείαν [τοῦ θεοῦ] καὶ τὴν δικαιοσύνην αὐτοῦ, καὶ ταῦτα πάντα προστεθήσεται ὑμῖν	Pur (ex)
	7,21		Οὐ πᾶς ὁ λέγων μοι· κύριε κύριε, εἰσελεύσεται εἰς τὴν βασιλείαν τῶν	Pur (ex) + Esch (pe)

Référence			Thématique	Harmonique
Mc	Mt	Lc		
			οὐρανῶν, ἀλλ᾽ ὁ ποιῶν τὸ θέλημα τοῦ πατρός μου τοῦ ἐν τοῖς οὐρανοῖς	
	8,11s	13,28s	πολλοὶ ἀπὸ ἀνατολῶν καὶ δυσμῶν ἥξουσιν καὶ ἀνακλιθήσονται μετὰ Ἀβραὰμ καὶ Ἰσαὰκ καὶ Ἰακὼβ ἐν τῇ βασιλείᾳ τῶν οὐρανῶν, οἱ δὲ υἱοὶ τῆς βασιλείας ἐκβληθήσονται εἰς τὸ σκότος τὸ ἐξώτερον· ἐκεῖ ἔσται ὁ κλαυθμὸς	Ray (cp) + Esch (pe) + Comm + Pur (jgt)
	9,35		° κηρύσσων τὸ εὐαγγέλιον τῆς βασιλείας καὶ θεραπεύων πᾶσαν νόσον καὶ πᾶσαν μαλακίαν	Pur + Trans (imm)
	10,7		κηρύσσετε λέγοντες ὅτι ἤγγικεν ἡ βασιλεία τῶν οὐρανῶν	Esch (déjà) + Trans (imm)
	11,11	7,28	οὐκ ἐγήγερται ἐν γεννητοῖς γυναικῶν μείζων Ἰωάννου τοῦ βαπτιστοῦ· ὁ δὲ μικρότερος ἐν τῇ βασιλείᾳ τῶν οὐρανῶν μείζων αὐτοῦ ἐστιν	Esch (déjà) + Comm (?)
	11,12		ἀπὸ δὲ τῶν ἡμερῶν Ἰωάννου τοῦ βαπτιστοῦ ἕως ἄρτι ἡ βασιλεία τῶν οὐρανῶν βιάζεται (passif: souffre violence) (moyen: prévaut) καὶ βιασταὶ ἁρπάζουσιν αὐτήν	Esch (déjà) Transc (imm.) Ray (cf) Ray (cp)
		16,16	Ὁ νόμος καὶ οἱ προφῆται μέχρι Ἰωάννου· ἀπὸ τότε ἡ βασιλεία τοῦ θεοῦ εὐαγγελίζεται καὶ πᾶς εἰς αὐτὴν βιάζεται (y entre en force [ou s'en prévaut])	Esch (déjà) Ray (cp)
	12,28	11,20	εἰ δὲ ἐν πνεύματι (δακτύλῳ) θεοῦ ἐγὼ ἐκβάλλω τὰ δαιμόνια, ἄρα ἔφθασεν ἐφ᾽ ὑμᾶς ἡ βασιλεία τοῦ θεοῦ	Pur + Trans (imm.) + Esch (déjà)
	13,24		Parabole du bon grain et de l'ivraie: ὡμοιώθη ἡ βασιλεία τῶν οὐρανῶν ἀνθρώπῳ σπείραντι καλὸν σπέρμα ἐν τῷ ἀγρῷ αὐτοῦ	Trans (imm) + Esch (déjà + pe) + Pur (jgt)
	13,33	13,20	ὁμοία ἐστὶν ἡ βασιλεία τῶν οὐρανῶν ζύμῃ	Ray (cf)
	13,38		τὸ δὲ καλὸν σπέρμα οὗτοί εἰσιν οἱ υἱοὶ τῆς βασιλείας	
	13,41		* ἀποστελεῖ ὁ υἱὸς τοῦ ἀνθρώπου τοὺς ἀγγέλους αὐτοῦ, καὶ συλλέξουσιν ἐκ τῆς βασιλείας αὐτοῦ πάντα τὰ	Pur (Jgt) + Esch (pe)

Référence			Thématique	Harmonique
Mc	Mt	Lc		
			σκάνδαλα καὶ τοὺς ποιοῦντας τὴν ἀνομίαν	
	13,43		τότε οἱ δίκαιοι ἐκλάμψουσιν ὡς ὁ ἥλιος ἐν τῇ βασιλείᾳ τοῦ πατρὸς αὐτῶν	Comm + Esch (pe)
	13,44		Ὁμοία ἐστὶν ἡ βασιλεία τῶν οὐρανῶν θησαυρῷ κεκρυμμένῳ ἐν τῷ ἀγρῷ, ὃν εὑρὼν ἄνθρωπος ἔκρυψεν, καὶ ἀπὸ τῆς χαρᾶς αὐτοῦ ὑπάγει καὶ πωλεῖ πάντα ὅσα ἔχει καὶ ἀγοράζει τὸν ἀγρὸν ἐκεῖνον	Esch (déjà) + Pur (ex) + Trans (imm)
	13,45		Πάλιν ὁμοία ἐστὶν ἡ βασιλεία τῶν οὐρανῶν ἀνθρώπῳ ἐμπόρῳ ζητοῦντι καλοὺς μαργαρίτας	Esch (déjà) + Pur (ex) + Trans (imm)
	13,47		Πάλιν ὁμοία ἐστὶν ἡ βασιλεία τῶν οὐρανῶν σαγήνῃ βληθείσῃ εἰς τὴν θάλασσαν καὶ ἐκ παντὸς γένους συναγαγούσῃ	Pur (Jgt) + Esch (déjà + pe)
	13,52		πᾶς γραμματεὺς μαθητευθεὶς τῇ βασιλείᾳ τῶν οὐρανῶν ὅμοιός ἐστιν ἀνθρώπῳ οἰκοδεσπότῃ, ὅστις ἐκβάλλει ἐκ τοῦ θησαυροῦ αὐτοῦ καινὰ καὶ παλαιά	Esch (déjà)
	16,19		δώσω σοι τὰς κλεῖδας τῆς βασιλείας τῶν οὐρανῶν, καὶ ὃ ἐὰν δήσῃς ἐπὶ τῆς γῆς ἔσται δεδεμένον ἐν τοῖς οὐρανοῖς, καὶ ὃ ἐὰν λύσῃς ἐπὶ τῆς γῆς ἔσται λελυμένον ἐν τοῖς οὐρανοῖς	Pur (jgt) + Esch (déjà + pe) + Trans (t + imm)
	16,28		* εἰσίν τινες τῶν ὧδε ἑστώτων οἵτινες οὐ μὴ γεύσωνται θανάτου ἕως ἂν ἴδωσιν τὸν υἱὸν τοῦ ἀνθρώπου ἐρχόμενον ἐν τῇ βασιλείᾳ αὐτοῦ	
	18,1		▢ τίς ἄρα μείζων ἐστὶν ἐν τῇ βασιλείᾳ τῶν οὐρανῶν;	
	18,3		ἐὰν μὴ στραφῆτε καὶ γένησθε ὡς τὰ παιδία, οὐ μὴ εἰσέλθητε εἰς τὴν βασιλείαν τῶν οὐρανῶν	Pur (ex)
	18,4		ὅστις οὖν ταπεινώσει ἑαυτὸν ὡς τὸ παιδίον τοῦτο, οὗτός ἐστιν ὁ μείζων ἐν τῇ βασιλείᾳ τῶν οὐρανῶν	
	18,23		Parabole du débiteur impitoyable: ὡμοιώθη ἡ βασιλεία τῶν οὐρανῶν ἀνθρώπῳ βασιλεῖ, ὃς ἠθέλησεν συνᾶραι λόγον μετὰ τῶν δούλων αὐτοῦ	Pur (ex + jgt)

Référence			Thématique	Harmonique
Mc	Mt	Lc		
	19,12		εἰσὶν εὐνοῦχοι οἵτινες εὐνούχισαν ἑαυτοὺς διὰ τὴν βασιλείαν τῶν οὐρανῶν	Pur (ex)
	20,1		Parabole du propriétaire qui engage des ouvriers pour sa vigne Ὁμοία γάρ ἐστιν ἡ βασιλεία τῶν οὐρανῶν ἀνθρώπῳ οἰκοδεσπότῃ, ὅστις ἐξῆλθεν ἅμα πρωῒ μισθώσασθαι ἐργάτας εἰς τὸν ἀμπελῶνα αὐτοῦ	Trans (imm) + Esch (déjà + pe) Ray (cp)
	20,21		❑ * εἰπὲ ἵνα καθίσωσιν οὗτοι οἱ δύο υἱοί μου εἷς ἐκ δεξιῶν σου καὶ εἷς ἐξ εὐωνύμων σου ἐν τῇ βασιλείᾳ σου	Esch (pe) + Trans (t)
	21,31		Parabole des deux fils: τίς ἐκ τῶν δύο ἐποίησεν τὸ θέλημα τοῦ πατρός; λέγουσιν· ὁ πρῶτος. λέγει αὐτοῖς ὁ Ἰησοῦς· ἀμὴν λέγω ὑμῖν ὅτι οἱ τελῶναι καὶ αἱ πόρναι προάγουσιν ὑμᾶς εἰς τὴν βασιλείαν τοῦ θεοῦ	Pur (ex) + Esch (déjà)
	21,43		Parabole des métayers révoltés: ἀρθήσεται ἀφ᾽ ὑμῶν ἡ βασιλεία τοῦ θεοῦ καὶ δοθήσεται ἔθνει ποιοῦντι τοὺς καρποὺς αὐτῆς	Esch (déjà) + Ray (cf) + Pur (ex)
	22,2		Parabole du festin nuptial: ὡμοιώθη ἡ βασιλεία τῶν οὐρανῶν ἀνθρώπῳ βασιλεῖ, ὅστις ἐποίησεν γάμους τῷ υἱῷ αὐτοῦ	Comm + Pur (ex) + Ray (cf)
	23,13		Οὐαὶ δὲ ὑμῖν, γραμματεῖς καὶ Φαρισαῖοι ὑποκριταί, ὅτι κλείετε τὴν βασιλείαν τῶν οὐρανῶν ἔμπροσθεν τῶν ἀνθρώπων· ὑμεῖς γὰρ οὐκ εἰσέρχεσθε οὐδὲ τοὺς εἰσερχομένους ἀφίετε εἰσελθεῖν	Pur (jgt)
	24,14		καὶ κηρυχθήσεται τοῦτο τὸ εὐαγγέλιον τῆς βασιλείας ἐν ὅλῃ τῇ οἰκουμένῃ εἰς μαρτύριον πᾶσιν τοῖς ἔθνεσιν, καὶ τότε ἥξει τὸ τέλος	Ray (cf) + Esch (déjà + pe)
	25,1		Parabole des dix vierges: Τότε ὁμοιωθήσεται ἡ βασιλεία τῶν οὐρανῶν δέκα παρθένοις, αἵτινες λαβοῦσαι τὰς λαμπάδας ἑαυτῶν ἐξῆλθον εἰς ὑπάντησιν τοῦ νυμφίου	Pur (ex) + Comm + Esch (pe)
	25,34		Le jugement dernier: τότε ἐρεῖ ὁ βασιλεὺς τοῖς ἐκ δεξιῶν αὐτοῦ· δεῦτε οἱ εὐλογημένοι τοῦ	Pur (Jgt) + Esch (déjà + pe)

Référence			Thématique	Harmonique
Mc	Mt	Lc		
			πατρός μου, κληρονομήσατε τὴν ἡτοιμασμένην ὑμῖν βασιλείαν ἀπὸ καταβολῆς κόσμου	
		1,33	□ * βασιλεύσει ἐπὶ τὸν οἶκον Ἰακὼβ εἰς τοὺς αἰῶνας καὶ τῆς βασιλείας αὐτοῦ οὐκ ἔσται τέλος	
		4,43	καὶ ταῖς ἑτέραις πόλεσιν εὐαγγελίσασθαί με δεῖ τὴν βασιλείαν τοῦ θεοῦ, ὅτι ἐπὶ τοῦτο ἀπεστάλην	Trans (imm)
		8,1	καὶ αὐτὸς διώδευεν κατὰ πόλιν καὶ κώμην κηρύσσων καὶ εὐαγγελιζόμενος τὴν βασιλείαν τοῦ θεοῦ καὶ οἱ δώδεκα σὺν αὐτῷ	Trans (imm)
		9,2	° ἀπέστειλεν αὐτοὺς κηρύσσειν τὴν βασιλείαν τοῦ θεοῦ καὶ ἰᾶσθαι [τοὺς ἀσθενεῖς]	Trans (imm)
		9,11	° ἐλάλει αὐτοῖς περὶ τῆς βασιλείας τοῦ θεοῦ, καὶ τοὺς χρείαν ἔχοντας θεραπείας ἰᾶτο	Trans (imm)
		9,60	59 Εἶπεν δὲ πρὸς ἕτερον· ἀκολούθει μοι. ὁ δὲ εἶπεν· [κύριε,] ἐπίτρεψόν μοι ἀπελθόντι πρῶτον θάψαι τὸν πατέρα μου. 60 εἶπεν δὲ αὐτῷ· ἄφες τοὺς νεκροὺς θάψαι τοὺς ἑαυτῶν νεκρούς, σὺ δὲ ἀπελθὼν διάγγελλε τὴν βασιλείαν τοῦ θεοῦ	Pur (ex)
		9,62	61 Εἶπεν δὲ καὶ ἕτερος· ἀκολουθήσω σοι, κύριε· πρῶτον δὲ ἐπίτρεψόν μοι ἀποτάξασθαι τοῖς εἰς τὸν οἶκόν μου. 62 οὐδεὶς ἐπιβαλὼν τὴν χεῖρα ἐπ᾽ ἄροτρον καὶ βλέπων εἰς τὰ ὀπίσω εὔθετός ἐστιν τῇ βασιλείᾳ τοῦ θεοῦ	Pur (ex)
		10,9	θεραπεύετε τοὺς ἐν αὐτῇ ἀσθενεῖς καὶ λέγετε αὐτοῖς· ἤγγικεν ἐφ᾽ ὑμᾶς ἡ βασιλεία τοῦ θεοῦ	Trans (imm) + Esch (déjà)
		10,11	λέγετε αὐτοῖς· ἤγγικεν ἐφ᾽ ὑμᾶς ἡ βασιλεία τοῦ θεοῦ	Trans (imm) + Esch (déjà)
		12,32	Μὴ φοβοῦ, τὸ μικρὸν ποίμνιον, ὅτι εὐδόκησεν ὁ πατὴρ ὑμῶν δοῦναι ὑμῖν τὴν βασιλείαν	Esch (déjà)
		14,15	□ Ἀκούσας δέ τις τῶν συνανακειμένων ταῦτα εἶπεν αὐτῷ· μακάριος ὅστις φάγεται ἄρτον ἐν τῇ βασιλείᾳ τοῦ θεοῦ	Comm + Esch (pe)

Référence			Thématique	Harmonique
Mc	Mt	Lc		
		17,20	□ Ἐπερωτηθεὶς δὲ ὑπὸ τῶν Φαρισαίων πότε ἔρχεται ἡ βασιλεία τοῦ θεοῦ ἀπεκρίθη αὐτοῖς καὶ εἶπεν· οὐκ ἔρχεται ἡ βασιλεία τοῦ θεοῦ μετὰ παρατηρήσεως,	Transc (t?) + Esch (pe)
		17,21	οὐδὲ ἐροῦσιν· ἰδοὺ ὧδε ἤ· ἐκεῖ, ἰδοὺ γὰρ ἡ βασιλεία τοῦ θεοῦ ἐντὸς ὑμῶν ἐστιν	Trans (imm) + Esch (déjà)
		18,29	ἀμὴν λέγω ὑμῖν ὅτι οὐδείς ἐστιν ὃς ἀφῆκεν οἰκίαν ἢ γυναῖκα ἢ ἀδελφοὺς ἢ γονεῖς ἢ τέκνα ἕνεκεν τῆς βασιλείας τοῦ θεοῦ, ὃς οὐχὶ μὴ [ἀπο]λάβῃ πολλαπλασίονα ἐν τῷ καιρῷ τούτῳ καὶ ἐν τῷ αἰῶνι τῷ ἐρχομένῳ ζωὴν αἰώνιον	Pur (ex) + Esch (déjà + pe)
		19,11	□ εἶπεν παραβολὴν διὰ τὸ ἐγγὺς εἶναι Ἰερουσαλὴμ αὐτὸν καὶ δοκεῖν αὐτοὺς ὅτι παραχρῆμα μέλλει ἡ βασιλεία τοῦ θεοῦ ἀναφαίνεσθαι	Esch Trans (imm)
		21,31	οὕτως καὶ ὑμεῖς, ὅταν ἴδητε ταῦτα γινόμενα, γινώσκετε ὅτι ἐγγύς ἐστιν ἡ βασιλεία τοῦ θεοῦ	Esch (pe)
		22,16	λέγω γὰρ ὑμῖν ὅτι οὐ μὴ φάγω αὐτὸ ἕως ὅτου πληρωθῇ ἐν τῇ βασιλείᾳ τοῦ θεοῦ	Comm + Esch (pe) + Trans (t)
		22,29	καγὼ διατίθεμαι ὑμῖν καθὼς διέθετο μοι ὁ πατήρ μου βασιλείαν,	Esch
		22,30	* ἵνα ἔσθητε καὶ πίνητε ἐπὶ τῆς τραπέζης μου ἐν τῇ βασιλείᾳ μου, καὶ καθήσεσθε ἐπὶ θρόνων τὰς δώδεκα φυλὰς κρίνοντες τοῦ Ἰσραήλ	Comm + Trans (t)
		23,42	* μνήσθητί μου ὅταν ἔλθῃς εἰς τὴν βασιλείαν σου	Esch (pe) + Trans (t)
		23,51	Joseph d'Arimathée ὃς προσεδέχετο τὴν βασιλείαν τοῦ θεοῦ	Esch (pe)
Jn 3,3			ἐὰν μή τις γεννηθῇ ἄνωθεν, οὐ δύναται ἰδεῖν τὴν βασιλείαν τοῦ θεοῦ	Pur (ex) + Trans (imm + t) + Esch (déjà) + Comm (D/s + s/D)
Jn 3,5			ἐὰν μή τις γεννηθῇ ἐξ ὕδατος καὶ πνεύματος, οὐ δύναται εἰσελθεῖν εἰς	Pur (ex) + Esch (déjà)

Référence			Thématique	Harmonique
Mc	Mt	Lc		
			τὴν βασιλείαν τοῦ θεοῦ	+ Trans (imm)
				+ Comm
EvTh 82			Celui qui est près de moi est près du feu; et celui qui est loin de moi est loin du Royaume	Ray (cp)
				+ Trans (imm)

Légende:

Trans (t) et trans (imm): harmonique de transcendance (aspects respectifs de la transcendance [t] et de l'immanence [imm]).

Ray (cp) et Ray (cf): harmonique de rayonnement (respectivement dans ses aspects centripète [cp] et centrifuge [cf])

Esch (déjà) et esch (pe): harmonique eschatologique (aspects respectifs du déjà et du pas encore [pe])

Pur (jgt) et Pur (ex): harmonique de purification (aspects respectifs du jugement [jgt] et de l'exigence [ex])

Comm (D/s) etCom (s/D): harmonique de communion (aspects respectifs du mouvement de Dieu vers les siens (D/s) et du mouvement des siens vers Dieu (s/D))

*: passages dans lesquels il est question en fait non du Royaume de Dieu mais du Royaume de Jésus ou du Fils de l'Homme

°: sommaires ou sutures rédactionnelles

□: paroles relatives au Royaume prononcées par d'autres que Jésus

Tableaux, par harmoniques successives considérées, des passages évangéliques relatifs au Royaume de Dieu

A. *Harmonique de transcendance*

Référence			Thématique	Harmonique
Mc	Mt	Lc		
1,15	4,17		ἦλθεν ὁ Ἰησοῦς εἰς τὴν Γαλιλαίαν κηρύσσων το εὐαγγέλιον τοῦ θεοῦ· πεπλήρωται ὁ καιρὸς καὶ ἤγγικεν ἡ βασιλεία τοῦ θεοῦ· μετανοεῖτε καὶ πιστεύετε ἐν τῷ εὐαγγελίῳ	Comm (D/s) + Esch (déjà) + Transc (imm) + Pur (ex)
14,25	26,29	22,18	οὐκέτι οὐ μὴ πίω ἐκ τοῦ γενήματος τῆς ἀμπέλου ἕως τῆς ἡμέρας ἐκείνης ὅταν αὐτὸ πίνω καινὸν ἐν τῇ βασιλείᾳ τοῦ θεοῦ	Esch (pe) + Comm + Trans (t)
	4,23		° κηρύσσων τὸ εὐαγγέλιον τῆς βασιλείας καὶ θεραπεύων πᾶσαν νόσον καὶ πᾶσαν μαλακίαν ἐν τῷ λαῷ	Comm (D/s) + Pur + Trans (imm)
	6,10	11,2	ἐλθέτω ἡ βασιλεία σου	Trans (imm.) + Esch
	9,35		° κηρύσσων τὸ εὐαγγέλιον τῆς βασιλείας καὶ θεραπεύων πᾶσαν νόσον καὶ πᾶσαν μαλακίαν	Pur + Trans (imm)
	10,7		κηρύσσετε λέγοντες ὅτι ἤγγικεν ἡ βασιλεία τῶν οὐρανῶν	Esch (déjà) + Trans (imm)
	11,12		ἀπὸ δὲ τῶν ἡμερῶν Ἰωάννου τοῦ βαπτιστοῦ ἕως ἄρτι ἡ βασιλεία τῶν οὐρανῶν βιάζεται (passif: souffre violence) (moyen: prévaut) καὶ βιασταὶ ἁρπάζουσιν αὐτήν	Esch (déjà) Transc (imm.) Ray (cf) Ray (cp)
		16,16	῾Ο νόμος καὶ οἱ προφῆται μέχρι Ἰωάννου· ἀπὸ τότε ἡ βασιλεία τοῦ θεοῦ εὐαγγελίζεται καὶ πᾶς εἰς αὐτὴν βιάζεται (y entre en force [ou s'en prévaut])	Esch (déjà) Ray (cp)
	12,28	11,20	εἰ δὲ ἐν πνεύματι (δακτύλῳ) θεοῦ ἐγὼ ἐκβάλλω τα δαιμόνια, ἄρα ἔφθασεν ἐφ' ὑμᾶς ἡ βασιλεία τοῦ θεοῦ	Pur + Trans (imm.) + Esch (déjà)
	13,24		Parabole du bon grain et de l'ivraie: ὡμοιώθη ἡ βασιλεία τῶν οὐρανῶν ἀνθρώπῳ σπείραντι καλὸν σπέρμα ἐν τῷ ἀγρῷ αὐτοῦ	Trans (imm) + Esch (déjà + pe) + Pur (jgt)

Référence			Thématique	Harmonique
Mc	Mt	Lc		
	13,44		Ὁμοία ἐστὶν ἡ βασιλεία τῶν οὐρανῶν θησαυρῷ κεκρυμμένῳ ἐν τῷ ἀγρῷ, ὃν εὑρὼν ἄνθρωπος ἔκρυψεν, καὶ ἀπὸ τῆς χαρᾶς αὐτοῦ ὑπάγει καὶ πωλεῖ πάντα ὅσα ἔχει καὶ ἀγοράζει τὸν ἀγρὸν ἐκεῖνον	Esch (déjà) + Pur (ex) + Trans (imm)
	13,45		Πάλιν ὁμοία ἐστὶν ἡ βασιλεία τῶν οὐρανῶν ἀνθρώπῳ ἐμπόρῳ ζητοῦντι καλοὺς μαργαρίτας	Esch (déjà) + Pur (ex) + Trans (imm)
	16,19		δώσω σοι τὰς κλεῖδας τῆς βασιλείας τῶν οὐρανῶν, καὶ ὃ ἐὰν δήσῃς ἐπὶ τῆς γῆς ἔσται δεδεμένον ἐν τοῖς οὐρανοῖς, καὶ ὃ ἐὰν λύσῃς ἐπὶ τῆς γῆς ἔσται λελυμένον ἐν τοῖς οὐρανοῖς	Pur (jgt) + Esch (déjà + pe) + Trans (t + imm)
	20,1		Parabole du propriétaire qui engage des ouvriers pour sa vigne Ὁμοία γάρ ἐστιν ἡ βασιλεία τῶν οὐρανῶν ἀνθρώπῳ οἰκοδεσπότῃ, ὅστις ἐξῆλθεν ἅμα πρωῒ μισθώσασθαι ἐργάτας εἰς τὸν ἀμπελῶνα αὐτοῦ	Trans (imm) + Esch (déjà + pe) Ray (cp)
	20,21		□ * εἰπὲ ἵνα καθίσωσιν οὗτοι οἱ δύο υἱοί μου εἷς ἐκ δεξιῶν σου καὶ εἷς ἐξ εὐωνύμων σου ἐν τῇ βασιλείᾳ σου	Esch (pe) + Trans (t)
		4,43	καὶ ταῖς ἑτέραις πόλεσιν εὐαγγελίσασθαί με δεῖ τὴν βασιλείαν τοῦ θεοῦ, ὅτι ἐπὶ τοῦτο ἀπεστάλην	Trans (imm)
		8,1	καὶ αὐτὸς διώδευεν κατὰ πόλιν καὶ κώμην κηρύσσων καὶ εὐαγγελιζόμενος τὴν βασιλείαν τοῦ θεοῦ καὶ οἱ δώδεκα σὺν αὐτῷ	Trans (imm)
		9,2	° ἀπέστειλεν αὐτοὺς κηρύσσειν τὴν βασιλείαν τοῦ θεοῦ καὶ ἰᾶσθαι [τοὺς ἀσθενεῖς]	Trans (imm)
		9,11	° ἐλάλει αὐτοῖς περὶ τῆς βασιλείας τοῦ θεοῦ, καὶ τοὺς χρείαν ἔχοντας θεραπείας ἰᾶτο	Trans (imm)
		10,9	θεραπεύετε τοὺς ἐν αὐτῇ ἀσθενεῖς καὶ λέγετε αὐτοῖς· ἤγγικεν ἐφ᾽ ὑμᾶς ἡ βασιλεία τοῦ θεοῦ	Trans (imm) + Esch (déjà)
		10,11	λέγετε αὐτοῖς· ἤγγικεν ἐφ᾽ ὑμᾶς ἡ βασιλεία τοῦ θεοῦ	Trans (imm) + Esch (déjà)
		17,20	□ Ἐπερωτηθεὶς δὲ ὑπὸ τῶν Φαρισαίων πότε ἔρχεται ἡ βασιλεία τοῦ θεοῦ	Transc (t?) + Esch (pe)

Référence			Thématique	Harmonique
Mc	Mt	Lc		
			ἀπεκρίθη αὐτοῖς καὶ εἶπεν· οὐκ ἔρχεται ἡ βασιλεία τοῦ θεοῦ μετὰ παρατηρήσεως,	
		17,21	οὐδὲ ἐροῦσιν· ἰδοὺ ὧδε ἤ· ἐκεῖ, ἰδοὺ γὰρ ἡ βασιλεία τοῦ θεοῦ ἐντὸς ὑμῶν ἐστιν	Trans (imm) + Esch (déjà)
		19,11	□ εἶπεν παραβολὴν διὰ τὸ ἐγγὺς εἶναι Ἰερουσαλὴμ αὐτὸν καὶ δοκεῖν αὐτοὺς ὅτι παραχρῆμα μέλλει ἡ βασιλεία τοῦ θεοῦ ἀναφαίνεσθαι	Esch + Trans (imm)
		22,16	λέγω γὰρ ὑμῖν ὅτι οὐ μὴ φάγω αὐτὸ ἕως ὅτου πληρωθῇ ἐν τῇ βασιλείᾳ τοῦ θεοῦ	Comm + Esch (pe) + Trans (t)
		22,30	* ἵνα ἔσθητε καὶ πίνητε ἐπὶ τῆς τραπέζης μου ἐν τῇ βασιλείᾳ μου, καὶ καθήσεσθε ἐπὶ θρόνων τὰς δώδεκα φυλὰς κρίνοντες τοῦ Ἰσραήλ	Comm + Trans (t)
		23,42	* μνήσθητί μου ὅταν ἔλθῃς εἰς τὴν βασιλείαν σου	Esch (pe) + Trans (t)
Jn 3,3			ἐὰν μή τις γεννηθῇ ἄνωθεν, οὐ δύναται ἰδεῖν τὴν βασιλείαν τοῦ θεοῦ	Pur (ex) + Trans (imm + t) + Esch (déjà) + Comm (D/s + s/D)
Jn 3,5			ἐὰν μή τις γεννηθῇ ἐξ ὕδατος καὶ πνεύματος, οὐ δύναται εἰσελθεῖν εἰς τὴν βασιλείαν τοῦ θεοῦ	Pur (ex) + Esch (déjà) + Trans (imm) + Comm
EvTh 82			Celui qui est près de moi est près du feu; et celui qui est loin de moi est loin du Royaume	Ray (cp) + Trans (imm)

B. Harmonique de rayonnement

Référence			Thématique	Harmonique
Mc	Mt	Lc		
4,26			Parabole de la semence qui pousse d'elle-même: οὕτως ἐστὶν ἡ βασιλεία τοῦ θεοῦ ὡς ἄνθρωπος βάλῃ τὸν σπόρον ἐπὶ τῆς γῆς	Ray (cf) + Esch (déjà + pe)
4,30	13,31	13,18	Parabole du grain de moutarde: ὁμοία ἐστὶν ἡ βασιλεία τῶν οὐρανῶν κόκκῳ σινάπεως...	Ray (cf) + Esch (déjà + pe)
9,1	(16,28)	9,27	εἰσίν τινες τῶν ὧδε ἑστώτων οἵτινες οὐ μὴ γεύσωνται θανάτου ἕως ἂν ἴδωσιν τὴν βασιλείαν τοῦ θεοῦ [ἐληλυθυῖαν ἐν δυνάμει (Mc seul)]	Esch (pe) + [Ray (cf)]
10,14	19,14	18,16	ἄφετε τὰ παιδία ἔρχεσθαι πρός με, μὴ κωλύετε αὐτά, τῶν γὰρ τοιούτων ἐστὶν ἡ βασιλεία τοῦ θεοῦ	Ray (cp)
	8,11s	13,28s	πολλοὶ ἀπὸ ἀνατολῶν καὶ δυσμῶν ἥξουσιν καὶ ἀνακλιθήσονται μετὰ Ἀβραὰμ καὶ Ἰσαὰκ καὶ Ἰακὼβ ἐν τῇ βασιλείᾳ τῶν οὐρανῶν, οἱ δὲ υἱοὶ τῆς βασιλείας ἐκβληθήσονται εἰς τὸ σκότος τὸ ἐξώτερον· ἐκεῖ ἔσται ὁ κλαυθμὸς	Ray (cp) + Esch (pe) + Comm + Pur (jgt)
	11,12		ἀπὸ δὲ τῶν ἡμερῶν Ἰωάννου τοῦ βαπτιστοῦ ἕως ἄρτι ἡ βασιλεία τῶν οὐρανῶν βιάζεται (passif: souffre violence) (moyen: prévaut) καὶ βιασταὶ ἁρπάζουσιν αὐτήν	Esch (déjà) Transc (imm.) Ray (cf) Ray (cp)
		16,16	Ὁ νόμος καὶ οἱ προφῆται μέχρι Ἰωάννου· ἀπὸ τότε ἡ βασιλεία τοῦ θεοῦ εὐαγγελίζεται καὶ πᾶς εἰς αὐτὴν βιάζεται (y entre en force [ou s'en prévaut])	Esch (déjà) Ray (cp)
	13,33	13,20	ὁμοία ἐστὶν ἡ βασιλεία τῶν οὐρανῶν ζύμῃ	Ray (cf)
	20,1		Parabole du propriétaire qui engage des ouvriers pour sa vigne Ὁμοία γάρ ἐστιν ἡ βασιλεία τῶν οὐρανῶν ἀνθρώπῳ οἰκοδεσπότῃ, ὅστις ἐξῆλθεν ἅμα πρωῒ μισθώσασθαι ἐργάτας εἰς τὸν ἀμπελῶνα αὐτοῦ	Trans (imm) + Esch (déjà + pe) Ray (cp)
	21,43		Parabole des métayers révoltés: ἀρθήσεται ἀφ᾽ ὑμῶν ἡ βασιλεία τοῦ	Esch (déjà) + Ray (cf)

Référence			Thématique	Harmonique
Mc	Mt	Lc		
			θεοῦ καὶ δοθήσεται ἔθνει ποιοῦντι τοὺς καρποὺς αὐτῆς	+ Pur (ex)
	22,2		Parabole du festin nuptial: ὡμοιώθη ἡ βασιλεία τῶν οὐρανῶν ἀνθρώπῳ βασιλεῖ, ὅστις ἐποίησεν γάμους τῷ υἱῷ αὐτοῦ	Comm + Pur (ex) + Ray (cf)
	24,14		καὶ κηρυχθήσεται τοῦτο τὸ εὐαγγέλιον τῆς βασιλείας ἐν ὅλῃ τῇ οἰκουμένῃ εἰς μαρτύριον πᾶσιν τοῖς ἔθνεσιν, καὶ τότε ἥξει τὸ τέλος	Ray (cf) + Esch (déjà + pe)
EvTh 82			Celui qui est près de moi est près du feu; et celui qui est loin de moi est loin du Royaume	Ray (cp) + Trans (imm)

C. Harmonique eschatologique

Référence			Thématique	Harmonique
Mc	Mt	Lc		
1,15	4,17		ἦλθεν ὁ Ἰησοῦς εἰς τὴν Γαλιλαίαν κηρύσσων το\ εὐαγγέλιον τοῦ θεοῦ· πεπλήρωται ὁ καιρὸς καὶ ἤγγικεν ἡ βασιλεία τοῦ θεοῦ· μετανοεῖτε καὶ πιστεύετε ἐν τῷ εὐαγγελίῳ	Comm (D/s) + Esch (déjà) + Transc (imm) + Pur (ex)
4,26			Parabole de la semence qui pousse d'elle-même: οὕτως ἐστὶν ἡ βασιλεία τοῦ θεοῦ ὡς ἄνθρωπος βάλῃ τὸν σπόρον ἐπὶ τῆς γῆς	Ray (cf) + Esch (déjà + pe)
4,30	13,31	13,18	Parabole du grain de moutarde: ὁμοία ἐστὶν ἡ βασιλεία τῶν οὐρανῶν κόκκῳ σινάπεως …	Ray (cf) + Esch (déjà + pe)
9,1	(16,28)	9,27	εἰσίν τινες τῶν ὧδε ἑστώτων οἵτινες οὐ μὴ γεύσωνται θανάτου ἕως ἂν ἴδωσιν τὴν βασιλείαν τοῦ θεοῦ [ἐληλυθυῖαν ἐν δυνάμει (Mc seul)]	Esch (pe) [Ray (cf)]
14,25	26,29	22,18	οὐκέτι οὐ μὴ πίω ἐκ τοῦ γενήματος τῆς ἀμπέλου ἕως τῆς ἡμέρας ἐκείνης ὅταν αὐτὸ πίνω καινὸν ἐν τῇ βασιλείᾳ τοῦ θεοῦ	Esch (pe) + Comm + Trans (t)
	6,10	11,2	ἐλθέτω ἡ βασιλεία σου	Trans (imm.) + Esch

Référence			Thématique	Harmonique
Mc	Mt	Lc		
	(6,13)		car c'est à Toi qu'appartiennent le Règne, la puissance et la gloire	(Esch [déjà])
	7,21		Οὐ πᾶς ὁ λέγων μοι· κύριε κύριε, εἰσελεύσεται εἰς τὴν βασιλείαν τῶν οὐρανῶν, ἀλλ᾽ ὁ ποιῶν τὸ θέλημα τοῦ πατρός μου τοῦ ἐν τοῖς οὐρανοῖς	Pur (ex) + Esch (pe)
	8,11s	13,28s	πολλοὶ ἀπὸ ἀνατολῶν καὶ δυσμῶν ἥξουσιν καὶ ἀνακλιθήσονται μετὰ Ἀβραὰμ καὶ Ἰσαὰκ καὶ Ἰακὼβ ἐν τῇ βασιλείᾳ τῶν οὐρανῶν, οἱ δὲ υἱοὶ τῆς βασιλείας ἐκβληθήσονται εἰς τὸ σκότος τὸ ἐξώτερον· ἐκεῖ ἔσται ὁ κλαυθμὸς	Ray (cp) + Esch (pe) + Comm + Pur (jgt)
	10,7		κηρύσσετε λέγοντες ὅτι ἤγγικεν ἡ βασιλεία τῶν οὐρανῶν	Esch (déjà) + Trans (imm)
	11,11	7,28	οὐκ ἐγήγερται ἐν γεννητοῖς γυναικῶν μείζων Ἰωάννου τοῦ βαπτιστοῦ· ὁ δὲ μικρότερος ἐν τῇ βασιλείᾳ τῶν οὐρανῶν μείζων αὐτοῦ ἐστιν	Esch (déjà) + Comm (?)
	11,12		ἀπὸ δὲ τῶν ἡμερῶν Ἰωάννου τοῦ βαπτιστοῦ ἕως ἄρτι ἡ βασιλεία τῶν οὐρανῶν βιάζεται (passif: souffre violence) (moyen: prévaut) καὶ βιασταὶ ἁρπάζουσιν αὐτήν	Esch (déjà) Transc (imm.) Ray (cf) Ray (cp)
		16,16	῾Ο νόμος καὶ οἱ προφῆται μέχρι Ἰωάννου· ἀπὸ τότε ἡ βασιλεία τοῦ θεοῦ εὐαγγελίζεται καὶ πᾶς εἰς αὐτὴν βιάζεται (y entre en force [ou s'en prévaut])	Esch (déjà) Ray (cp)
	12,28	11,20	εἰ δὲ ἐν πνεύματι (δακτύλῳ) θεοῦ ἐγὼ ἐκβάλλω τα δαιμόνια, ἄρα ἔφθασεν ἐφ᾽ ὑμᾶς ἡ βασιλεία τοῦ θεοῦ	Pur + Trans (imm.) + Esch (déjà)
	13,24		Parabole du bon grain et de l'ivraie: ὡμοιώθη ἡ βασιλεία τῶν οὐρανῶν ἀνθρώπῳ σπείραντι καλὸν σπέρμα ἐν τῷ ἀγρῷ αὐτοῦ	Trans (imm) + Esch (déjà + pe) + Pur (jgt)
	13,41		* ἀποστελεῖ ὁ υἱὸς τοῦ ἀνθρώπου τοὺς ἀγγέλους αὐτοῦ, καὶ συλλέξουσιν ἐκ τῆς βασιλείας αὐτοῦ πάντα τὰ σκάνδαλα καὶ τοὺς ποιοῦντας τὴν ἀνομίαν	Pur (Jgt) + Esch (pe)
	13,43		τότε οἱ δίκαιοι ἐκλάμψουσιν ὡς ὁ ἥλιος ἐν τῇ βασιλείᾳ τοῦ πατρὸς αὐτῶν	Comm + Esch (pe)

Référence			Thématique	Harmonique
Mc	Mt	Lc		
	13,44		Ὁμοία ἐστὶν ἡ βασιλεία τῶν οὐρανῶν θησαυρῷ κεκρυμμένῳ ἐν τῷ ἀγρῷ, ὃν εὑρὼν ἄνθρωπος ἔκρυψεν, καὶ ἀπὸ τῆς χαρᾶς αὐτοῦ ὑπάγει καὶ πωλεῖ πάντα ὅσα ἔχει καὶ ἀγοράζει τὸν ἀγρὸν ἐκεῖνον	Esch (déjà) + Pur (ex) + Trans (imm)
	13,45		Πάλιν ὁμοία ἐστὶν ἡ βασιλεία τῶν οὐρανῶν ἀνθρώπῳ ἐμπόρῳ ζητοῦντι καλοὺς μαργαρίτας	Esch (déjà) + Pur (ex) + Trans (imm)
	13,47		Πάλιν ὁμοία ἐστὶν ἡ βασιλεία τῶν οὐρανῶν σαγήνῃ βληθείσῃ εἰς τὴν θάλασσαν καὶ ἐκ παντὸς γένους συναγαγούσῃ	Pur (Jgt) + Esch (déjà + pe)
	13,52		πᾶς γραμματεὺς μαθητευθεὶς τῇ βασιλείᾳ τῶν οὐρανῶν ὅμοιός ἐστιν ἀνθρώπῳ οἰκοδεσπότῃ, ὅστις ἐκβάλλει ἐκ τοῦ θησαυροῦ αὐτοῦ καινὰ καὶ παλαιά	Esch (déjà)
	16,19		δώσω σοι τὰς κλεῖδας τῆς βασιλείας τῶν οὐρανῶν, καὶ ὃ ἐὰν δήσῃς ἐπὶ τῆς γῆς ἔσται δεδεμένον ἐν τοῖς οὐρανοῖς, καὶ ὃ ἐὰν λύσῃς ἐπὶ τῆς γῆς ἔσται λελυμένον ἐν τοῖς οὐρανοῖς	Pur (jgt) + Esch (déjà + pe) + Trans + imm)
	20,1		Parabole du propriétaire qui engage des ouvriers pour sa vigne Ὁμοία γὰρ ἐστιν ἡ βασιλεία τῶν οὐρανῶν ἀνθρώπῳ οἰκοδεσπότῃ, ὅστις ἐξῆλθεν ἅμα πρωῒ μισθώσασθαι ἐργάτας εἰς τὸν ἀμπελῶνα αὐτοῦ	Trans (imm) + Esch (déjà + pe) Ray (cp)
	20,21		▢ * εἰπὲ ἵνα καθίσωσιν οὗτοι οἱ δύο υἱοί μου εἷς ἐκ δεξιῶν σου καὶ εἷς ἐξ εὐωνύμων σου ἐν τῇ βασιλείᾳ σου	Esch (pe) + Trans (t)
	21,31		Parabole des deux fils: τίς ἐκ τῶν δύο ἐποίησεν τὸ θέλημα τοῦ πατρός; λέγουσιν· ὁ πρῶτος. λέγει αὐτοῖς ὁ Ἰησοῦς· ἀμὴν λέγω ὑμῖν ὅτι οἱ τελῶναι καὶ αἱ πόρναι προάγουσιν ὑμᾶς εἰς τὴν βασιλείαν τοῦ θεοῦ	Pur (ex) + Esch (déjà)
	21,43		Parabole des métayers révoltés: ἀρθήσεται ἀφ᾽ ὑμῶν ἡ βασιλεία τοῦ θεοῦ καὶ δοθήσεται ἔθνει ποιοῦντι τοὺς καρποὺς αὐτῆς	Esch (déjà) + Ray (cf) + Pur (ex)

Référence			Thématique	Harmonique
Mc	Mt	Lc		
	24,14		καὶ κηρυχθήσεται τοῦτο τὸ εὐαγγέλιον τῆς βασιλείας ἐν ὅλῃ τῇ οἰκουμένῃ εἰς μαρτύριον πᾶσιν τοῖς ἔθνεσιν, καὶ τότε ἥξει τὸ τέλος	Ray (cf) + Esch (déjà + pe)
	25,1		Parabole des dix vierges: Τότε ὁμοιωθήσεται ἡ βασιλεία τῶν οὐρανῶν δέκα παρθένοις, αἵτινες λαβοῦσαι τὰς λαμπάδας ἑαυτῶν ἐξῆλθον εἰς ὑπάντησιν τοῦ νυμφίου	Pur (ex) + Comm + Esch (pe)
	25,34		Le jugement dernier: τότε ἐρεῖ ὁ βασιλεὺς τοῖς ἐκ δεξιῶν αὐτοῦ· δεῦτε οἱ εὐλογημένοι τοῦ πατρός μου, κληρονομήσατε τὴν ἡτοιμασμένην ὑμῖν βασιλείαν ἀπὸ καταβολῆς κόσμου	Pur (Jgt) + Esch (déjà + pe)
		10,9	θεραπεύετε τοὺς ἐν αὐτῇ ἀσθενεῖς καὶ λέγετε αὐτοῖς· ἤγγικεν ἐφ᾽ ὑμᾶς ἡ βασιλεία τοῦ θεοῦ	Trans (imm) + Esch (déjà)
		10,11	λέγετε αὐτοῖς· ἤγγικεν ἐφ᾽ ὑμᾶς ἡ βασιλεία τοῦ θεοῦ	Trans (imm) + Esch (déjà)
		12,32	Μὴ φοβοῦ, τὸ μικρὸν ποίμνιον, ὅτι εὐδόκησεν ὁ πατὴρ ὑμῶν δοῦναι ὑμῖν τὴν βασιλείαν	Esch (déjà)
		14,15	□ Ἀκούσας δέ τις τῶν συνανακειμένων ταῦτα εἶπεν αὐτῷ· μακάριος ὅστις φάγεται ἄρτον ἐν τῇ βασιλείᾳ τοῦ θεοῦ	Comm + Esch (pe)
		17,20	□ Ἐπερωτηθεὶς δὲ ὑπὸ τῶν Φαρισαίων πότε ἔρχεται ἡ βασιλεία τοῦ θεοῦ ἀπεκρίθη αὐτοῖς καὶ εἶπεν· οὐκ ἔρχεται ἡ βασιλεία τοῦ θεοῦ μετὰ παρατηρήσεως,	Transc (t?) + Esch (pe)
		17,21	οὐδὲ ἐροῦσιν· ἰδοὺ ὧδε ἤ· ἐκεῖ, ἰδοὺ γὰρ ἡ βασιλεία τοῦ θεοῦ ἐντὸς ὑμῶν ἐστιν	Trans (imm) + Esch (déjà)
		18,29	ἀμὴν λέγω ὑμῖν ὅτι οὐδείς ἐστιν ὃς ἀφῆκεν οἰκίαν ἢ γυναῖκα ἢ ἀδελφοὺς ἢ γονεῖς ἢ τέκνα ἕνεκεν τῆς βασιλείας τοῦ θεοῦ, ὃς οὐχὶ μὴ [ἀπο]λάβῃ πολλαπλασίονα ἐν τῷ καιρῷ τούτῳ καὶ ἐν τῷ αἰῶνι τῷ ἐρχομένῳ ζωὴν αἰώνιον	Pur (ex) + Esch (déjà + pe)
		19,11	□ εἶπεν παραβολὴν διὰ τὸ ἐγγὺς εἶναι Ἰερουσαλὴμ αὐτὸν καὶ δοκεῖν αὐτοὺς	Esch + Trans (imm)

Référence			Thématique	Harmonique
Mc	Mt	Lc		
			ὅτι παραχρῆμα μέλλει ἡ βασιλεία τοῦ θεοῦ ἀναφαίνεσθαι	
		21,31	οὕτως καὶ ὑμεῖς, ὅταν ἴδητε ταῦτα γινόμενα, γινώσκετε ὅτι ἐγγύς ἐστιν ἡ βασιλεία τοῦ θεοῦ	Esch (pe)
		22,16	λέγω γὰρ ὑμῖν ὅτι οὐ μὴ φάγω αὐτὸ ἕως ὅτου πληρωθῇ ἐν τῇ βασιλείᾳ τοῦ θεοῦ	Comm + Esch (pe) + Trans (t)
		22,29	καγὼ διατίθεμαι ὑμῖν καθὼς διέθετο μοι ὁ πατήρ μου βασιλείαν,	Esch
		22,30	* ἵνα ἔσθητε καὶ πίνητε ἐπὶ τῆς τραπέζης μου ἐν τῇ βασιλείᾳ μου, καὶ καθήσεσθε ἐπὶ θρόνων τὰς δώδεκα φυλὰς κρίνοντες τοῦ Ἰσραήλ	Comm + Trans (t)
		23,42	* μνήσθητί μου ὅταν ἔλθῃς εἰς τὴν βασιλείαν σου	Esch (pe) + Trans (t)
		23,51	Joseph d'Arimathée ὃς προσεδέχετο τὴν βασιλείαν τοῦ θεοῦ	Esch (pe)
Jn 3,3			ἐὰν μή τις γεννηθῇ ἄνωθεν, οὐ δύναται ἰδεῖν τὴν βασιλείαν τοῦ θεοῦ	Pur (ex) + Trans (imm + t) + Esch (déjà) + Comm (D/s + s/D)
Jn 3,5			ἐὰν μή τις γεννηθῇ ἐξ ὕδατος καὶ πνεύματος, οὐ δύναται εἰσελθεῖν εἰς τὴν βασιλείαν τοῦ θεοῦ	Pur (ex) + Esch (déjà) + Trans (imm) + Comm

Référence			Thématique	Harmonique
Mc	Mt	Lc		
	5,19		ὃς ἐὰν οὖν λύσῃ μίαν τῶν ἐντολῶν τούτων τῶν ἐλαχίστων καὶ διδάξῃ οὕτως τοὺς ἀνθρώπους, ἐλάχιστος κληθήσεται ἐν τῇ βασιλείᾳ τῶν οὐρανῶν·	Pur (ex)
	5,19		ὃς δ᾽ ἂν ποιήσῃ καὶ διδάξῃ, οὗτος μέγας κληθήσεται ἐν τῇ βασιλείᾳ τῶν οὐρανῶν.	Pur (ex)
	5,20		ἐὰν μὴ περισσεύσῃ ὑμῶν ἡ δικαιοσύνη πλεῖον τῶν γραμματέων καὶ Φαρισαίων, οὐ μὴ εἰσέλθητε εἰς τὴν βασιλείαν τῶν οὐρανῶν	Pur (ex)
	6,33	12,31	ζητεῖτε δὲ πρῶτον τὴν βασιλείαν [τοῦ θεοῦ] καὶ τὴν δικαιοσύνην αὐτοῦ, καὶ ταῦτα πάντα προστεθήσεται ὑμῖν	Pur (ex)
	7,21		Οὐ πᾶς ὁ λέγων μοι· κύριε κύριε, εἰσελεύσεται εἰς τὴν βασιλείαν τῶν οὐρανῶν, ἀλλ᾽ ὁ ποιῶν τὸ θέλημα τοῦ πατρός μου τοῦ ἐν τοῖς οὐρανοῖς	Pur (ex) + Esch (pe)
	8,11s	13,28s	πολλοὶ ἀπὸ ἀνατολῶν καὶ δυσμῶν ἥξουσιν καὶ ἀνακλιθήσονται μετὰ Ἀβραὰμ καὶ Ἰσαὰκ καὶ Ἰακὼβ ἐν τῇ βασιλείᾳ τῶν οὐρανῶν, οἱ δὲ υἱοὶ τῆς βασιλείας ἐκβληθήσονται εἰς τὸ σκότος τὸ ἐξώτερον· ἐκεῖ ἔσται ὁ κλαυθμὸς	Ray (cp) + Esch (pe) + Comm + Pur (jgt)
	9,35		° κηρύσσων τὸ εὐαγγέλιον τῆς βασιλείας καὶ θεραπεύων πᾶσαν νόσον καὶ πᾶσαν μαλακίαν	Pur + Trans (imm)
	12,28	11,20	εἰ δὲ ἐν πνεύματι (δακτύλῳ) θεοῦ ἐγὼ ἐκβάλλω τὰ δαιμόνια, ἄρα ἔφθασεν ἐφ᾽ ὑμᾶς ἡ βασιλεία τοῦ θεοῦ	Pur + Trans (imm.) + Esch (déjà)
	13,24		Parabole du bon grain et de l'ivraie: ὡμοιώθη ἡ βασιλεία τῶν οὐρανῶν ἀνθρώπῳ σπείραντι καλὸν σπέρμα ἐν τῷ ἀγρῷ αὐτοῦ	Trans (imm) + Esch (déjà + pe) + Pur (jgt)
	13,41		* ἀποστελεῖ ὁ υἱὸς τοῦ ἀνθρώπου τοὺς ἀγγέλους αὐτοῦ, καὶ συλλέξουσιν ἐκ τῆς βασιλείας αὐτοῦ πάντα τὰ σκάνδαλα καὶ τοὺς ποιοῦντας τὴν ἀνομίαν	Pur (Jgt) + Esch (pe)
	13,44		Ὁμοία ἐστὶν ἡ βασιλεία τῶν οὐρανῶν θησαυρῷ κεκρυμμένῳ ἐν τῷ ἀγρῷ, ὃν εὑρὼν ἄνθρωπος ἔκρυψεν, καὶ ἀπὸ τῆς	Esch (déjà) + Pur (ex) + Trans (imm)

Référence			Thématique	Harmonique
Mc	Mt	Lc		
			χαρᾶς αὐτοῦ ὑπάγει καὶ πωλεῖ πάντα ὅσα ἔχει καὶ ἀγοράζει τὸν ἀγρὸν ἐκεῖνον	
	13,45		Πάλιν ὁμοία ἐστὶν ἡ βασιλεία τῶν οὐρανῶν ἀνθρώπῳ ἐμπόρῳ ζητοῦντι καλοὺς μαργαρίτας	Esch (déjà) + Pur (ex) + Trans (imm)
	13,47		Πάλιν ὁμοία ἐστὶν ἡ βασιλεία τῶν οὐρανῶν σαγήνῃ βληθείσῃ εἰς τὴν θάλασσαν καὶ ἐκ παντὸς γένους συναγαγούσῃ	Pur (Jgt) + Esch (déjà + pe)
	16,19		δώσω σοι τὰς κλεῖδας τῆς βασιλείας τῶν οὐρανῶν, καὶ ὃ ἐὰν δήσῃς ἐπὶ τῆς γῆς ἔσται δεδεμένον ἐν τοῖς οὐρανοῖς, καὶ ὃ ἐὰν λύσῃς ἐπὶ τῆς γῆς ἔσται λελυμένον ἐν τοῖς οὐρανοῖς	Pur (jgt) + Esch (déjà + pe) + Trans (t + imm)
	18,3		ἐὰν μὴ στραφῆτε καὶ γένησθε ὡς τὰ παιδία, οὐ μὴ εἰσέλθητε εἰς τὴν βασιλείαν τῶν οὐρανῶν	Pur (ex)
	18,4		ὅστις οὖν ταπεινώσει ἑαυτὸν ὡς τὸ παιδίον τοῦτο, οὗτός ἐστιν ὁ μείζων ἐν τῇ βασιλείᾳ τῶν οὐρανῶν	
	18,23		Parabole du débiteur impitoyable: ὡμοιώθη ἡ βασιλεία τῶν οὐρανῶν ἀνθρώπῳ βασιλεῖ, ὃς ἠθέλησεν συνᾶραι λόγον μετὰ τῶν δούλων αὐτοῦ	Pur (ex + jgt)
	19,12		εἰσὶν εὐνοῦχοι οἵτινες εὐνούχισαν ἑαυτοὺς διὰ τὴν βασιλείαν τῶν οὐρανῶν	Pur (ex)
	21,31		Parabole des deux fils: τίς ἐκ τῶν δύο ἐποίησεν τὸ θέλημα τοῦ πατρός; λέγουσιν· ὁ πρῶτος. λέγει αὐτοῖς ὁ Ἰησοῦς· ἀμὴν λέγω ὑμῖν ὅτι οἱ τελῶναι καὶ αἱ πόρναι προάγουσιν ὑμᾶς εἰς τὴν βασιλείαν τοῦ θεοῦ	Pur (ex) + Esch (déjà)
	21,43		Parabole des métayers révoltés: ἀρθήσεται ἀφ' ὑμῶν ἡ βασιλεία τοῦ θεοῦ καὶ δοθήσεται ἔθνει ποιοῦντι τοὺς καρποὺς αὐτῆς	Esch (déjà) + Ray (cf) + Pur (ex)
	22,2		Parabole du festin nuptial: ὡμοιώθη ἡ βασιλεία τῶν οὐρανῶν ἀνθρώπῳ βασιλεῖ, ὅστις ἐποίησεν γάμους τῷ υἱῷ αὐτοῦ	Comm + Pur (ex) + Ray (cf)
	23,13		Οὐαὶ δὲ ὑμῖν, γραμματεῖς καὶ Φαρισαῖοι ὑποκριταί, ὅτι κλείετε τὴν	Pur (jgt)

Référence			Thématique	Harmonique
Mc	Mt	Lc		
			βασιλείαν τῶν οὐρανῶν ἔμπροσθεν τῶν ἀνθρώπων· ὑμεῖς γὰρ οὐκ εἰσέρχεσθε οὐδὲ τοὺς εἰσερχομένους ἀφίετε εἰσελθεῖν	
	25,1		Parabole des dix vierges: Τότε ὁμοιωθήσεται ἡ βασιλεία τῶν οὐρανῶν δέκα παρθένοις, αἵτινες λαβοῦσαι τὰς λαμπάδας ἑαυτῶν ἐξῆλθον εἰς ὑπάντησιν τοῦ νυμφίου	Pur (ex) + Comm + Esch (pe)
	25,34		Le jugement dernier: τότε ἐρεῖ ὁ βασιλεὺς τοῖς ἐκ δεξιῶν αὐτοῦ· δεῦτε οἱ εὐλογημένοι τοῦ πατρός μου, κληρονομήσατε τὴν ἡτοιμασμένην ὑμῖν βασιλείαν ἀπὸ καταβολῆς κόσμου	Pur (Jgt) + Esch (déjà + pe)
		9,60	⁵⁹ Εἶπεν δὲ πρὸς ἕτερον· ἀκολούθει μοι. ὁ δὲ εἶπεν· [κύριε,] ἐπίτρεψόν μοι ἀπελθόντι πρῶτον θάψαι τὸν πατέρα μου. ⁶⁰ εἶπεν δὲ αὐτῷ· ἄφες τοὺς νεκροὺς θάψαι τοὺς ἑαυτῶν νεκρούς, σὺ δὲ ἀπελθὼν διάγγελλε τὴν βασιλείαν τοῦ θεοῦ	Pur (ex)
		9,62	⁶¹ Εἶπεν δὲ καὶ ἕτερος· ἀκολουθήσω σοι, κύριε· πρῶτον δὲ ἐπίτρεψόν μοι ἀποτάξασθαι τοῖς εἰς τὸν οἶκόν μου. ⁶² οὐδεὶς ἐπιβαλὼν τὴν χεῖρα ἐπ' ἄροτρον καὶ βλέπων εἰς τὰ ὀπίσω εὔθετός ἐστιν τῇ βασιλείᾳ τοῦ θεοῦ	Pur (ex)
		18,29	ἀμὴν λέγω ὑμῖν ὅτι οὐδείς ἐστιν ὃς ἀφῆκεν οἰκίαν ἢ γυναῖκα ἢ ἀδελφοὺς ἢ γονεῖς ἢ τέκνα ἕνεκεν τῆς βασιλείας τοῦ θεοῦ, ὃς οὐχὶ μὴ [ἀπο]λάβῃ πολλαπλασίονα ἐν τῷ καιρῷ τούτῳ καὶ ἐν τῷ αἰῶνι τῷ ἐρχομένῳ ζωὴν αἰώνιον	Pur (ex) + Esch (déjà + pe)
Jn 3,3			ἐὰν μή τις γεννηθῇ ἄνωθεν, οὐ δύναται ἰδεῖν τὴν βασιλείαν τοῦ θεοῦ	Pur (ex) + Trans (imm + t) + Esch (déjà) + Comm (D/s + s/D)
Jn 3,5			ἐὰν μή τις γεννηθῇ ἐξ ὕδατος καὶ πνεύματος, οὐ δύναται εἰσελθεῖν εἰς τὴν βασιλείαν τοῦ θεοῦ	Pur (ex) + Esch (déjà) + Trans (imm) + Comm

E. Harmonique de communion

Référence			Thématique	Harmonique
Mc	Mt	Lc		
1,15	4,17		ἦλθεν ὁ Ἰησοῦς εἰς τὴν Γαλιλαίαν κηρύσσων τὸ εὐαγγέλιον τοῦ θεοῦ· πεπλήρωται ὁ καιρὸς καὶ ἤγγικεν ἡ βασιλεία τοῦ θεοῦ· μετανοεῖτε καὶ πιστεύετε ἐν τῷ εὐαγγελίῳ	Comm (D/s) + Esch (déjà) + Transc (imm) + Pur (ex)
4,11	13,11	8,10	καὶ ἔλεγεν αὐτοῖς· ὑμῖν τὸ μυστήριον δέδοται τῆς βασιλείας τοῦ θεοῦ· ἐκείνοις δὲ τοῖς ἔξω ἐν παραβολαῖς τὰ πάντα γίνεται, 12 ἵνα βλέποντες βλέπωσιν καὶ μὴ ἴδωσιν, καὶ ἀκούοντες ἀκούωσιν καὶ μὴ συνιῶσιν, μήποτε ἐπιστρέψωσιν καὶ ἀφεθῇ αὐτοῖς. ἐκείνοις δὲ οὐ δέδοται.	Comm (D/s) + Pur (jgt)
14,25	26,29	22,18	οὐκέτι οὐ μὴ πίω ἐκ τοῦ γενήματος τῆς ἀμπέλου ἕως τῆς ἡμέρας ἐκείνης ὅταν αὐτὸ πίνω καινὸν ἐν τῇ βασιλείᾳ τοῦ θεοῦ	Esch (pe) + Comm + Trans (t)
		4,23	° κηρύσσων τὸ εὐαγγέλιον τῆς βασιλείας καὶ θεραπεύων πᾶσαν νόσον καὶ πᾶσαν μαλακίαν ἐν τῷ λαῷ	Comm (D/s) + Pur + Trans (imm)
	5,3	6,20	Μακάριοι οἱ πτωχοὶ τῷ πνεύματι, ὅτι αὐτῶν ἐστιν ἡ βασιλεία τῶν οὐρανῶν	Comm (D/s)
	5,10		μακάριοι οἱ δεδιωγμένοι ἕνεκεν δικαιοσύνης, ὅτι αὐτῶν ἐστιν ἡ βασιλεία τῶν οὐρανῶν	Pur (ex) + Comm (s/D + D/s)
	8,11s	13,28s	πολλοὶ ἀπὸ ἀνατολῶν καὶ δυσμῶν ἥξουσιν καὶ ἀνακλιθήσονται μετὰ Ἀβραὰμ καὶ Ἰσαὰκ καὶ Ἰακὼβ ἐν τῇ βασιλείᾳ τῶν οὐρανῶν, οἱ δὲ υἱοὶ τῆς βασιλείας ἐκβληθήσονται εἰς τὸ σκότος τὸ ἐξώτερον· ἐκεῖ ἔσται ὁ κλαυθμὸς	Ray (cp) + Esch (pe) + Comm + Pur (jgt)
	11,11	7,28	οὐκ ἐγήγερται ἐν γεννητοῖς γυναικῶν μείζων Ἰωάννου τοῦ βαπτιστοῦ· ὁ δὲ μικρότερος ἐν τῇ βασιλείᾳ τῶν οὐρανῶν μείζων αὐτοῦ ἐστιν	Esch (déjà) + Comm (?)
	13,43		τότε οἱ δίκαιοι ἐκλάμψουσιν ὡς ὁ ἥλιος ἐν τῇ βασιλείᾳ τοῦ πατρὸς αὐτῶν	Comm + Esch (pe)
	22,2		Parabole du festin nuptial: ὡμοιώθη ἡ βασιλεία τῶν οὐρανῶν ἀνθρώπῳ βασιλεῖ, ὅστις ἐποίησεν γάμους τῷ υἱῷ αὐτοῦ	Comm + Pur (ex) + Ray (cf)

Référence			Thématique	Harmonique
Mc	Mt	Lc		
	25,1		Parabole des dix vierges: Τότε ὁμοιωθήσεται ἡ βασιλεία τῶν οὐρανῶν δέκα παρθένοις, αἵτινες λαβοῦσαι τὰς λαμπάδας ἑαυτῶν ἐξῆλθον εἰς ὑπάντησιν τοῦ νυμφίου	Pur (ex) + Comm + Esch (pe)
		14,15	□ Ἀκούσας δέ τις τῶν συνανακειμένων ταῦτα εἶπεν αὐτῷ· μακάριος ὅστις φάγεται ἄρτον ἐν τῇ βασιλείᾳ τοῦ θεοῦ	Comm + Esch (pe)
		22,16	λέγω γὰρ ὑμῖν ὅτι οὐ μὴ φάγω αὐτὸ ἕως ὅτου πληρωθῇ ἐν τῇ βασιλείᾳ τοῦ θεοῦ	Comm + Esch (pe) + Trans (t)
		22,30	* ἵνα ἔσθητε καὶ πίνητε ἐπὶ τῆς τραπέζης μου ἐν τῇ βασιλείᾳ μου, καὶ καθήσεσθε ἐπὶ θρόνων τὰς δώδεκα φυλὰς κρίνοντες τοῦ Ἰσραήλ	Comm + Trans (t)
Jn 3,3			ἐὰν μή τις γεννηθῇ ἄνωθεν, οὐ δύναται ἰδεῖν τὴν βασιλείαν τοῦ θεοῦ	Pur (ex) + Trans (imm + t) + Esch (déjà) + Comm (D/s + s/D)
Jn 3,5			ἐὰν μή τις γεννηθῇ ἐξ ὕδατος καὶ πνεύματος, οὐ δύναται εἰσελθεῖν εἰς τὴν βασιλείαν τοῦ θεοῦ	Pur (ex) + Esch (déjà) + Trans (imm) + Comm

Himmlische Stadt und himmlisches Bürgerrecht bei Paulus (Gal 4,26 und Phil 3,20)*

von

ANNA MARIA SCHWEMER

»Das obere Jerusalem ist eine freie (Stadt),
die ist unsere Mutter(stadt).« (Gal 4,26)

»Unser Bürgerrecht befindet sich gegenwärtig in den Himmeln,
von wo wir den Erlöser erwarten, unseren Herrn Jesus Christus.« (Phil 3,20)

In Gal 4,26 steht das freie »obere Jerusalem« im Gegensatz zum irdischen jetzigen Jerusalem, das – versklavt unter dem Gesetz – dem Sinai entspricht. In Phil 3,20 besteht der Gegensatz zwischen dem Besitz des himmlischen Bürgerrechts der an Christus Glaubenden und der Warnung vor seinem Verlust, wenn diese sich Verführern anschließen, die ihnen Speisegebote und Beschneidung predigen. Paulus will den Gemeinden in (Süd-)Galatien[1] und der Gemeinde in Philippi[2] die Gewißheit ihrer himmlischen »Heimat«, die Gewißheit ihrer durch Christus geschenkten Zugehörigkeit zu den freien Kindern Gottes einschärfen, damit sie sich nicht verleiten lassen, nach einem anderen, zusätzlichen Heilsweg zu dem im Glauben an Christus geschenkten zu suchen – wie wenn der Kreuzestod Jesu »umsonst« geschehen sei. Die Härte der paulinischen Polemik wurde gerade in jüngster Zeit wieder beklagt. So kann Wolfgang Kraus Gal 4,21–31 nur als eine Vorstufe zu den besseren Einsichten in Röm 9–11 sehen[3] und verweist halb zustimmend auf Schoeps, der betonte, wie erbärmlich die paulinische Exegese im Vergleich mit der wohldurchdachten Hermeneutik der Rabbinen aussehe.[4] In

---

* Herrn Professor Dr. Hartmut Gese zum 70. Geburtstag.
[1] Vgl. u. Anm. 9.
[2] Zu den Briefteilungshypothesen s. u. Anm. 162.170.
[3] W. KRAUS 1996, 241–245: »In der paulinischen Theologie eine einheitliche Sicht Israels finden zu wollen, ohne mit Entwicklungen und Umbrüchen zu rechnen, ist mir aufgrund von Gal 4,21–31 im Vergleich zu Röm 9–11 nicht möglich« (244 Anm. 285); vgl. 343f; ähnlich GNILKA 1996, 226ff.
[4] SCHOEPS 1959, 252 Anm. 1 sprach von »wüster hellenistischer Spekulationsmi-

Phil 3,20 ff beurteilt Kraus die paulinische Schärfe als psychologisch verständlich, theologisch jedoch problematisch. Doch ist es ratsam, die diffizil-
professionelle rabbinische Schriftgelehrsamkeit und die scheinbar schlichte
Auslegung alttestamentlicher Schriften in früherer Zeit gegeneinander aus-
zuspielen oder dem Apostel die theologische Kompetenz streitig zu machen?[5] Gerade Gal 4,21–31 ist alles andere als schlicht und stellt uns vor
einige Rätsel; schon die Varianten der Textüberlieferung spiegeln die Mü-
hen der Tradenten beim Verständnis dieses Abschnittes. Eine tour de force
nannten Dunn u. a. diese Exegese des Paulus, virtuos, aber keine nüchterne
Auslegung.[6] In eine ganz andere Richtung weist dagegen die Sicht Hartmut
Geses: Um die Polarität zwischen irdischem und himmlischem Jerusalem
bei Paulus zu verstehen, müssen wir die Bedeutung von Jes 51; 54; 66 und
Ps 87 ernstnehmen: »Wenn Paulus in Gal 4,21 ff vom Sinai, vom irdischen
und himmlischen Jerusalem spricht, steht er durchaus in der Tradition des
Alten Testaments.«[7] Es kommt darauf an, diesen Traditionsweg zu erhellen, um Paulus sachgemäß auszulegen. Dann erübrigt sich alles Klagen
über die uns peinlich gewordene Polemik des Apostels.

Nun hängen beide Stellen, Gal 4,26 und Phil 3,20, – wie zu Recht immer
wieder betont wurde und wird[8] – eng miteinander zusammen. Wir müssen
sie jedoch zunächst getrennt von einander betrachten.

---

drasch« und »Verstoß gegen die Grundregel rabbinischer Hermeneutik«. Interessant ist
sein Verweis auf Pes. R. Kahana, Piska 22 (BRAUDE/KAPSTEIN S. 345), wo in einer
Auslegung zu Jes 61,10 gegen die paulinische Hagar-Sara-Allegorie polemisiert wird.

[5] Weil es ihm um die Gültigkeit seines Apostolats gehe, werde er unsachlich, so W.
KRAUS 1996, 345.

[6] DUNN 1993, 97; vgl. ECKSTEIN 1996, 247: »für jüdisches und judaistisches Verständnis ungeheuerliche(n) Auslegung«.

[7] H. GESE 1974, 7; ausführlicher DERS. 1977, 83: »Auch in den Einzelheiten seiner
Argumentation steht Paulus ganz in der alttestamentlichen Tradition. So übernimmt er
das Schema Sinai und eschatologischer Zion und bezieht darauf die Polarität Hagar und
Sara (Gal 4,21 ff): der bei Hegra, dem Ort Hagars, gelegene Sinai und das apokalyptische Jerusalem, ›unser aller Mutter‹ (Jes 54,1 ff; 66,5 ff; Ps 87).«

[8] S. schon Tertullian, Adv. Marc. 3,24,3 f, der beide Stellen zusammen zitiert; dazu
den Beitrag von M. HENGEL u. S. 279; vgl. auch VOLLENWEIDER 1989, 297; FELDMEIER
1992, 81; W. KRAUS 1996, 343; gegen SÖLLNER 1998, 168 f, der annimmt, das »obere
Jerusalem« könne nichts mit dem »himmlischen Bürgerrecht« zu tun haben, weil in Phil
3,20 die himmlische Stadt nicht erwähnt werde. Dieses Fehlurteil ist typisch für SÖLL-
NERS Ausführungen zum eschatologischen und himmlischen Jerusalem.

1. Die himmlische Stadt in Gal 4,26

1.1 Der historische Hintergrund der Auseinandersetzung

Ca. im Jahr 55/56 – zwischen dem 1. und dem 2. Korintherbrief – schreibt Paulus von Ephesus aus an die Gemeinden in Galatien, die er zusammen mit Barnabas auf der sogenannten 1. Missionsreise etwa um 46 gegründet und die er rund ein Jahr vorher auf der Reise von Antiochien nach Ephesus, nach dem antiochenischen Zwischenfall, wieder besucht hatte.[9] Da von Palästina kommende ›judaistische‹ Missionare die galatischen Gemeinden verunsichern, die den Heidenchristen die Beschneidung und wohl die Einhaltung des Ritualgesetzes insgesamt als heilsnotwendig predigen, d. h. den rechtlichen Übertritt zum Judentum fordern, sieht Paulus sein missionarisches Werk, ja die »Wahrheit« seiner Botschaft überhaupt, bedroht und greift mit einer geharnischten Epistel in die Situation ein. Er schildert zunächst die Vorgeschichte der Auseinandersetzungen: Den Ursprung seines Apostolats in der ἀποκάλυψις Ἰησοῦ Χριστοῦ, auf die seine Berufung und Sendung zur Mission unter den Völkern durch Gott und den Auferstandenen zurückgeht, die ihn vom Eiferer für das Gesetz und Verfolger der Gemeinde Christi zum »Apostel für die Völker« bestimmte und der er die grundsätzliche Einsicht des alleinigen Heils in Christus für alle Sünder, Juden wie Heiden, verdankte. Weiter gehört zur Vorgeschichte die Klärung der Beschneidungsfrage auf dem Apostelkonzil in Jerusalem Herbst 48/ Frühjahr 49 und der für Paulus ungünstig verlaufene sogenannte Antiochener Zwischenfall, bei dem es äußerlich um die Nötigung zur Einhaltung der jüdischen Speisegebote ging, damit Juden- und Heidenchristen gemeinsam essen und zusammen das Herrenmahl feiern können, wo Paulus jedoch ein grundsätzliches Problem erkennt: Wird der Mensch gerechtfertigt dadurch, daß er die Vorschriften des Gesetzes vollständig einhält, d. h. sich auch beschneiden läßt, oder allein durch den Glauben an Christus? Darauf folgt ab 3,1 die thematische Behandlung der Frage: »Wer ist ein wahres Kind Abrahams, Erbe der Verheißung und hat den Geist empfangen?« unter dem leitenden Thema des Verhältnisses von Gesetz und Verheißung. Gal 4,21–31 entspricht mit der Aufnahme des Abrahamthemas wiederum 3,6–18.29 und schließt mit einer anschaulichen allegorischen Exegese diese grundsätzliche theologische Argumentation ab.[10]

---

[9] Zum südgalatischen Ansatz vgl. RIESNER 1994, 256f.351f; SCOTT 1995, 181–215; BREYTENBACH 1996; SCHWEMER 1998, 173–176; HENGEL/SCHWEMER 1998, 301f.401ff.

[10] Wie in 3,1–5 führt in 4,8–20 ein Vergleich des Verhaltens der Galater einst, als sie zum Glauben kamen, im Gegensatz zu der Situation jetzt, wo Paulus abermals von

1.2 Der sachliche Kontext: Die Hagar-Sara-Allegorese Gal 4,21–31

In diesem Abschnitt, der hinführt zum Spitzensatz des ganzen Briefes als einer »Magna Charta« christlicher Freiheit 5,1: »Zur Freiheit hat uns Christus befreit«, vor der am Ende des Briefes stehenden Paränese, fragt Paulus die Galater: »Sagt mir, die ihr unter dem Gesetz sein wollt, *hört* ihr das Gesetz nicht?« Er fordert zum rechten Verstehen der Schrift auf.[11] Man muß die Schrift[12] verstehen, um ihr wirklich gehorchen zu können. Ist die Beschneidung der Heidenchristen *wirklich* das Gebot der Schrift?

Zuvor hatte Paulus seinen theologischen Beweisgang unterbrochen und in 4,1ff neu eingesetzt mit persönlichen Erinnerungen und dem Wunsch, bei den Galatern zu sein, damit er seine Redeweise ändern könne, denn er gesteht ein, daß er ratlos ist, wie er die Galater am besten überzeugen könnte. So geht er über in ein anderes Genos, man bezeichnet es zumeist als Midrasch,[13] wir könnten es auch eine aufs äußerste zusammengedrängte Predigt nennen.

Paulus erklärt: Wenn die Schrift von zwei Frauen Abrahams erzählt,[14] redet sie allegorisch, d.h. sie ist vielschichtig und will in ihrer Tiefendimension wahrgenommen werden. Diese Allegorese ist im Sinne des Paulus nicht sein eigenes beliebiges Spiel, denn mit der Allegorese erzählt die Schrift anhand von Prototypen wie es sich in Wirklichkeit verhält, nämlich daß die Sinai-Diatheke die Verheißung an Abraham nicht aufhebt.[15] So spricht sie im ›Literalsinn‹ von den beiden Söhnen, die Abraham erhielt, d.h. die ihm geschenkt wurden, wie Zahn richtig betonte[16]: Ismael von

---

Geburtswehen gepeinigt wird, »bis Christus Gestalt gewinnt« in seinen Kindern, auf das Abrahamthema hin.

[11] Der Anklang an das Shemaʿ ist sekundär und spielt hier wohl keine Rolle. Gegen MUSSNER 1981, 317.

[12] Paulus gebraucht hier νόμος im Sinne von γραφή; s. auch HOFIUS 1989, 66 Anm. 56.

[13] Vgl. die bei VOLLENWEIDER 1989, 292 Anm. 36 genannte Lit. Die Annahme einer aus Antiochia am Orontes übernommenen exegetischen »Schultradition«, so BECKER 1976, 55.58; vgl. BECKER 1992, 115f: die »wie die typologisch-allegorische ... Gegenüberstellung von altem und neuem Bund ... nicht glatt in das paulinische Denken eingeordnet werden könne(n)«, ist recht unwahrscheinlich. Einmal wissen wir über die angebliche »antiochenische Schultradition« sehr wenig, s. HENGEL/SCHWEMER 1998, 423–461 u.ö., zum anderen geht es hier nicht um den Gegensatz zwischen altem und neuem Bund, dazu u. Anm. 21.

[14] Das Problem, daß Abraham gleichzeitig zwei Frauen hatte, ist für den in pharisäischer Gelehrsamkeit geschulten und selbst ehelos lebenden Paulus nicht zu unterschätzen. Auch das fordert zur Allegorese auf!

[15] Vgl. ECKSTEIN 1996, 178.187ff.

[16] Der Aorist ἔσχεν ist hier punktuell zu verstehen, er bereitet die Auslegung auf die beiden διαθῆκαι vor; vgl. ZAHN 1990, 228; weil MUSSNER 1981, 318 dies nicht beach-

Hagar, der Sklavin, und Isaak von der Freien, Sara. Paulus entwickelt dazu zwei »Kette(n) allegorischer Gleichsetzungen«[17], die er antithetisch einander gegenüberstellt. Die Antithese wird nicht in allen Gliedern exakt aufgezählt, sondern rasch mit deutlichen Auslassungen, wie es Paulus ja in seinen Briefen häufig tut, durchgeführt.[18] Den Sohn der Sklavin hatte Abraham κατὰ σάρκα, auf natürliche Weise, gezeugt, den Sohn der Freien, der durch ihr Alter unfruchtbaren Sara, dagegen aufgrund der Verheißung, d.h. auf pneumatisch wunderbare Weise. Damit sagt die Schrift jedoch auf allegorische Weise mehr: Es sind in tieferem Sinne zwei διαθῆκαι (Verfügungen, Schenkungen)[19] gemeint, die eine διαθήκη ist – wie Paulus zuvor in Gal 3,15–18 erläutert hat – der Bund vom Sinai, verkörpert in der Gestalt der Hagar, und die andere ist Abrahams Bund der Verheißung nach Gen 15 (vgl. 17,19ff) in Gestalt der Sara.

Eine etwas anders ausgerichtete allegorische Auslegung des Bundesschlusses mit Isaak und des Segens für Ismael finden wir bei Philo: Den Bundesschluß mit Isaak deutet er auf die freudige, spontane Erfüllung des Gesetzes, d.h. die Beschneidung des Herzens, Ismael dagegen auf die Propädeutik und das enzyklopädische Wissen.[20]

Nach Paulus stellen die beiden Stammmütter zwei διαθῆκαι dar.[21] Der Beschneidungsbund gebiert in die Sklaverei, denn Hagar ist mit dem Sinai (-bund) gleichzusetzen: Mit Hagar nämlich ist der Berg Sinai gemeint.[22]

---

tet, kommt er zu der unmöglichen Schlußfolgerung: »Verheißung und Gesetz haben doch nicht denselben Urheber!« Das Gesetz wurde anders vermittelt als die Verheißung, geht aber doch auf Gott zurück (Gal 3,19f). Vgl. dagegen ECKSTEIN 1996, 187.

[17] KOCH 1986, 205 spricht von einer Kette; es sind jedoch zwei; so richtig im Anschluß an LIETZMANN: H.-D. BETZ 1988, 422.

[18] Diese Knappheit setzt die ausführlichere mündliche Schriftauslegung und Predigt als bekannt bei den Empfängern voraus. Man darf in diese Elipsen nicht zuviel hineingeheimnissen.

[19] ECKSTEIN 1996, 171–178.185 verweist auf das griechische und rabbinische Recht; διατίθημι als juristischer Terminus für eine »Verfügung« bzw. für eine »Schenkung zu Lebzeiten« des Erblassers ist jedoch auch in P Yadin 19 Z. 22f, einer jüdischen Urkunde aus dem Jahr 128 n. Chr., belegt; s. dazu SCHWEMER 1996b, 74.

[20] Vgl. SCHWEMER 1996b, 98 zu Philo, LegAll 3,85f; Mut 263. Zu Röm 2,29 vgl. u. S. 201.

[21] Gegen KOCH 1986, 205f führt Paulus die »Sara-Allegorese« im Gegensatz zur »Hagar-Allegorese« nicht unvollständig aus, weil ihm die καινὴ διαθήκη der »Abendmahlsparadosis« dazwischen gekommen ist. Paulus bleibt im Bild, die Zwischenglieder, das Ausfüllen der ›Lücken‹, setzt er nach den Ausführungen über Verheißung und Gesetz als selbstverständlich voraus. S. auch W. KRAUS 1996, 240ff.

[22] Vgl. KOCH 1986, 208 Anm. 18: »Die Einleitung mit τό zeigt, daß Pls eine Begriffsdeutung geben will. Der Sinn ist also: Mit ›Hagar‹ ist der Berg Sinai in Arabien gemeint.« Da Berge ›an sich‹ – mit der Ausnahme der »Tochter Zion« – maskulin sind, ist zur Deutung des Sinai als διαθήκη und Mutter mit Kindern die Gleichsetzung mit der

Diese kühne Identifikation muß Paulus in aller Kürze erläutern und gibt dafür einen geographischen Grund an: Der Berg Sinai liegt in Arabien bei der Stadt Hagar[23]/Hegra[24]. Arabien ist das Land der Nabatäer, die als die wichtigsten Nachfahren Ismaels in frühjüdischer Zeit betrachtet wurden, was auch für Paulus selbstverständlich ist. Die ungewöhnliche Identifizierung des Sinai mit dem ›Hausberg‹ von Hegra, der südlichen Metropole des Nabatäerreichs, in der z. Zt. des Paulus Juden inschriftlich belegt sind,[25] verdankt er einer Lokaltradition, die er möglicherweise bei seinem Arabienaufenthalt erhielt, den er in Gal 1,17 erwähnt.[26] Der Stadtname Hagar/ Hegra bedeutet also Sinai, so wie Zion und Jerusalem wechselseitig verwendet werden können. Man darf in V. 25a »Hagar« nicht aus dem Text streichen, die Abänderung von Hagar zur Konjunktion γάρ ist eine sekundäre Banalisierung.[27] Im textkritischen Problem spiegelt sich die sachliche Frage: Handelt es sich etwa um eine rein geographische Bemerkung, die für die Allegorese »funktionslos« ist?[28]

Besonders anstößig wirkt für heutige Ohren die Zuordnung der Reihung Hagar-Ismael-Sinai-jetziges Jerusalem. Sie wird von Paulus zunächst wieder geographisch begründet: Hagar/Sinai liegt auf derselben Linie (συστοιχεῖ), gewissermaßen dem gleichen Längengrad, wie Jerusalem. Diese Sicht verdankt der Apostel eigener Anschauung durch seinen Arabienaufenthalt und der frühjüdischen Landkarte: Nach Jub 8,19 liegt der Sinai in gerader Linie südlich vom Nabel der Welt, dem irdischen Jerusalem, dessen Mitte der Zion bildet. Der Sinai korrespondiert im Jubiläenbuch mit dem Zion aber nicht nur geographisch, sondern entspricht ihm auch als heiliger Berg und als alter Ort des Heiligtums.[29] Paulus begründet analog mit der irdischen,

---

Stadt Hegra nicht nebensächlich. Städte sind feminin (dazu u. S. 203). Vgl. dagegen die Auslegung der »Berge« von Jes 52,7 im Midrasch 11Q Melch 16 f auf die männlichen (!) Propheten bzw. ihre Bücher.

[23] Zur Bedeutung des Namens »Hagar« = Stadt und deren Lokalisierung, s. KNAUF 1991, Sp. 9 f.

[24] Zu Hegra = Mada'in Salih s. H. GESE 1974, 49–62; HENGEL/ SCHWEMER 1998, 186–194; ebd. besonders den Beitrag von KNAUF 1998, 470–476.

[25] Dazu KNAUF 1998, 470.

[26] Vgl. HENGEL/SCHWEMER 1998, 174 ff. 183–194 u. ö.

[27] Gegen MUSSNER 1981, 322–324; VOLLENWEIDER 1989, 287 Anm. 11.

[28] So KOCH 1986, 208 Anm. 19.

[29] Vgl. SCOTT 1995, 139 f. Noah erkennt mit Freuden bei der Einteilung der Welt, daß die heiligen Orte der Erde alle im Gebiet Sems liegen: »Und er erkannte, daß der Garten Eden das Heilige des Heiligen sei und Wohnung des Herrn und der Berg Sinai die Mitte der Wüste und der Berg Sion die Mitte des Nabels der Erde. Und diese drei, dieses gegenüber jenem, sind zu Heiligtümern geschaffen.« (Übersetzung BERGER 1981, 372 f). Diese Trias bzw. Vierheit (der Paradiesesberg erscheint doppelt 4,25) wird aufgehoben durch den neuen Zion: »Er wird geheiligt sein in der Neuen Schöpfung zur Heiligung

geographischen Lage die allegorische Auslegung: Hagar/Sinai korrespondieren nicht nur geographisch, sondern auch sachlich dem jetzigen Jerusalem, das wie Hagar und ihre Nachkommen nun mit seinen Kindern in Sklaverei lebt, d. h. unter dem Gesetz vom Sinai »dient«.

Hagar galt in frühjüdischer Zeit als Proselytin. Philo kann sie nicht genug rühmen für ihren Anschluß an das Gottesvolk.[30] Paulus wählt den Typos »Mutter Hagar« auch aus diesem Grunde bewußt: Genauso wie Hagar Proselytin war und ihr Sohn beschnitten wurde, wollen nun seine judaistischen Gegner die galatischen Heidenchristen zu Proselyten machen. Sofern die judaistischen Gegner des Paulus aus Palästina kamen (vgl. Gal 2,12), könnte man ihnen auch vorwerfen, sie würden den Heidenchristen, selbst wenn diese sich beschneiden ließen, keine völlige Gleichberechtigung zugestehen. Im heiligen Land standen die Proselyten längst nicht in so hohem Ansehen wie in der Diaspora und waren in zahlreichen Punkten benachteiligt.[31] Die Nachfahren Hagars und Ismaels waren selbstverständlich beschnitten. Ismael hatte das Zeichen der Beschneidung mit 13 Jahren erhalten, so wie sein Vater Abraham mit 99 Jahren.[32] Den Ismaeliten fehlte jedoch völlig die »Beschneidung des Herzens«, die innere Kenntnis des Willens Gottes, auf die es letztlich ankommt (Röm 2,29; vgl. o. Anm. 20).

Das irdische, jetzige – ἡ νῦν – Jerusalem mit seinen Kindern gehört wie Hagar und der mit ihr geographisch verbundene Sinai, der Beschneidungsbund und erst recht die στοιχεῖα τοῦ κόσμου (Gal 4,9f vgl. Kol 2,20) zum alten Äon, dem bösen gegenwärtigen Äon, der bald vergeht. Jesus Christus

---

der Erde« (4,25 vgl. 1,29; 50,5). In der ›alten‹ Schöpfung lagen alle Heiligtümer Gottes (neben den drei Hauptheiligtümern werden auch die anderen ›Opferstätten‹ erwähnt) im Gebiet Sems, dem Reich der Mitte, gruppiert um den Zion als Nabel der Welt. In der »erneuerten« Schöpfung werden sie konzentriert und aufgehoben im *einen* eschatologischen Heiligtum auf dem Zion; s. dazu u. S. 213 Anm. 82. Vgl. FREY 1997b, 272–279. äthHen 90,28 wird das »alte Haus«, das dem »neuen« Platz machen muß, an einen »bestimmten Ort im Süden des Landes« versetzt. Wahrscheinlich ist damit der Sinai gemeint, nicht das Hinnomtal, wie UHLIG 1984, 702 Anm. 28c vorschlägt. BLACK 1985, 278f zählt vier Möglichkeiten auf; u. a. den Sinai. Vgl. weiter u. Anm. 73.

[30] Philo, Abr 247–254; vgl. HENGEL/SCHWEMER 1998, 112 Anm. 457.

[31] Vgl. HENGEL/SCHWEMER 1998, 120f.307 Anm. 1279. Auch dieser Grund – der Hauptgrund war die Rechtfertigungslehre – wird den Zorn des Paulus auf die judaistischen Gegner erregt haben: Sie wollen euch »versklaven«, um sich rühmen zu können, Juden, die zwar in der Diaspora in den jüdischen Gemeinden Ansehen haben, aber in der »Heimat« zweiten Ranges (Ehebeschränkungen etc.) sind, gewonnen zu haben (vgl. Gal 2,15a; 5,10; 6,11ff).

[32] Man darf nicht wie W. KRAUS 1996, 244 mit der scharfen Abgrenzung gegenüber Ismael in Jub 15,26 die Sicht des Paulus erklären. Zu Ismael bei Paulus s. HENGEL/SCHWEMER 1998, 180–192.

jedoch hat sich »hingegeben für unsere Sünden, damit er uns herausreiße[33] aus dem gegenwärtigen bösen Äon, gemäß dem Willen Gottes, unseres Vaters« (Gal 1,4).[34] Damit kündigt Paulus im Präskript des Briefes das Thema von Knechtschaft und Befreiung an, dort mit Anspielung auf die Erwartung des eschatologischen Exodus, in unserem Abschnitt ausgeführt im Bild der eschatologischen Geburt durch die Mutter, das himmlische Jerusalem: Das eschatologische Geschehen von Tod und Auferweckung Jesu (Gal 1,1) ist der Beginn des neuen Exodus, dieser bringt die Befreiung aus der Knechtschaft unter Gesetz, Sünde und Tod,[35] und zugleich sind Tod und Auferstehung Jesu Grund der eschatologischen Geburt zur Freiheit, zur Freiheit als Neuer Schöpfung.

Die Schrift erzählt allegorisch von Hagar und Sara, damit die Galater den Befehl Gottes »wirf die Sklavin und ihren Sohn hinaus, denn der Sohn der Sklavin soll nicht mit dem Sohn der Freien zusammen erben« (Gal 4,30; Gen 21,10), beherzigen, auf ihre eigene Situation anwenden und den judaistischen Missionaren, die sie wie Ismael auf fleischliche Weise bekehren wollen, die Tür weisen. Das ist das durch die Situation in Galatien entstandene konkrete Ziel der Allegorie. Es ist eine allegorische Aussage, aber keineswegs fordert sie die Verwerfung Gesamtisraels und steht nicht im Widerspruch zu Röm 11,26![36]

Warum es sachlich und damit theologisch notwendig ist, Hagar/Ismael dem Sinaibund und dem jetzigen Jerusalem zuzuordnen, das mit seinen Kindern in der Sklaverei lebt, ergibt sich nicht nur daraus, daß für Paulus den in dieser Reihe Stehenden allen gemeinsam das δουλεύειν ist – vom Gefangensein unter dem Gesetz, dem Angeklagt- und Verurteiltwerden durch das Gesetz und seiner Funktion zwischen Verheißung und Evangelium war ja in Gal 2,16–4,7 schon die Rede –, sondern auch aus den Ausführungen über das »obere Jerusalem«.

---

[33] ἐξαιρέω mit Anklang an die Exodustradition: LXX Ex 3,8; 18,4.8–10; Jer 41,13; auch für die eschatologische Befreiung: Jes 31,5; 60,16. Bes. zur Verwendung in Sir 51,11 s. CIAMPA 1998, 61f Anm. 104.

[34] Das ist nicht nur belangloses »Formelgut«; gegen MUSSNER 1981, 50.

[35] Vgl. CIAMPA 1998, 61f.

[36] Gegen W. KRAUS 1996, 234–247.254.307. KRAUS blendet die konkrete Situation aus: »Das Bibelzitat [Gen 21,10] ist keine Aufforderung an die Galater, die Judaisten auszustoßen, sondern eher ein göttlicher Befehl an dessen Dienstengel und Ausdruck des Schicksals der jeweiligen Gruppe« (246), und beruft sich dafür auf BARRETT.

1.3 Das obere Jerusalem als »unsere Mutterstadt«

Dem »jetzigen«, ἡ νῦν, Jerusalem wird das obere entgegengesetzt: »Das obere Jerusalem ist eine freie (Stadt), die ist unsere Mutter(stadt)«. Paulus geht über vom allegorischen ›Midrasch‹ zur bekenntnisartigen These,[37] die mit Jes 54,1, dem expliziten Schriftzitat wörtlich der LXX entsprechend, begründet wird.

1.3.1 Die Stadt als Mutter

Die metaphorische Rede von der Stadt als Mutter mit ihren Kindern stand schon in der Reihe von Hagar-Hegra-Sinai-jetziges Jerusalem im Hintergrund. Sie ist Paulus durch die Tradition vorgegeben: Städte werden, obwohl der Form nach maskulin, in der hebräischen Sprache weiblich konstruiert.[38] Die Königin einer Stadt wird in der »altorientalischen Umwelt« mit der Mauerkrone dargestellt.[39] 2Sam 20,19 nennt Abel Bet-Maacha, eine mit Mauern umgebene Stadt, eine »Mutter in Israel« und »Erbe Jahwes«, die LXX übersetzt verdeutlichend mit μητρόπολις. Jerusalem bzw. sein Hausberg, die »Tochter Zion«, wird seit der Zeit des Exils als Mutter, gebärfähige junge Frau, Jungfrau (בתולה, παρθένος), Tochter (בת, θυγατήρ), als Frau in ihrer höchsten Blüte und Schönheit bezeichnet und so auch als Person angesprochen, aber auch andere Städte werden in den prophetischen Texten seit dieser Zeit als Frau beschrieben.[40] Der Kinderreichtum der Stadt sind ihre Bewohner, die Kinderlosigkeit bezeichnet ihre Zerstörung und die Zerstreuung derselben; sie sind des Schutzes der »Stadtmauer« und der Ernährung durch die Stadt, ihrer Lebensmöglichkeit, beraubt. Ihre Wiedergründung wird als Geburt neuer Kinder und damit als die Möglichkeit neuen Lebens bejubelt.[41] Auch Zion ist Mutter, gebiert ihre Kinder, sie tränkt sie mit ihren Brüsten (Jes 66,11). Das Bild der Ehe mit Jahwe wird

---

[37] Es war ja der Sinn der Allegorese des νόμος, den wahren Sachverhalt geheimnisvoll anzudeuten. Vgl. Koch 1986, 202.210. Zur Allegorese in den qumranischen Schriften vgl. schon O. Betz 1960, 176–182.

[38] Vgl. Fitzgerald 1972, 403–416; Ders. 1975, 167–183; Steck 1989, 261–281; Hermisson 1992, 169f (kritisch zu Fitzgerald).

[39] Zu den assyrischen Texten s. Lambert 1983, 82; weiter die Überlegungen von Hermisson 1992, loc. cit; jetzt Börker-Klähn 1997, 227–234.

[40] Vgl. Sidon Jes 23,12; zu Babel Jes 47,1ff.8; Hermisson 1992, loc. cit. Im Juditbuch – entstanden z. Zt. Johannes Hyrkans – steht dann der Name »Judit« symbolisch für das Gottesvolk; Judits Heimatstadt »Betulia« (abzuleiten von בתולה) ist Kryptogramm für die »Jungfrau Zion«/Jerusalem; angedeutet bei U. Mittmann-Richert 2000, 89f.94. Auf die Heldin konnte die Bezeichnung »Jungfrau« nicht übertragen werden, da sie als selbständige Person, d. h. als Witwe, ihre Rettungstat vollbringt.

[41] Zu Jes 54,1f s. u. S. 221f. Vgl. Jerusalem als ihrer Kinder beraubte Mutter und Witwe Thr 1,1f; Bar 4,8–20; 4Esr 10,7.20–23 u. ö.; die Umkehr der »Kinder« wird als

in vielfacher Weise verwendet, aber die Diskussion, ob Zion nun Gemahlin oder Tochter Gottes oder beides sei, fehlt, d.h. das Verhältnis wird nicht »biologisch« gesehen. Jes 62,5 finden wir den Doppelvergleich: »Wie der Jüngling der Jungfrau beiwohnt, so wohnen die Söhne mit Zion zusammen (LXX συνοικέω).« Und Gott freut sich am künftigen Jerusalem »wie der Bräutigam an der Braut«.[42] Ab hellenistischer Zeit gewinnt allgemein die Stadtgöttin als Tyche, als Personifizierung und Beschützerin der Stadt (und ihres Gründers und Herrschers), große Bedeutung – am stärksten in Syrien und Palästina.[43] Ihre Statuen und Münzen stellen sie als junge Frau mit der Mauerkrone dar, doch diese Art der Vergöttlichung wird Zion/Jerusalem bezeichnenderweise vorenthalten. Zion wird nicht bildlich dargestellt, sondern in hochpoetischen Psalmen wird seine eschatologische Herrlichkeit gepriesen.

Aus Qumran besitzen wir ein Zionslied (11Q5 XXII (= 4Q Ps 11^f VII–VIII)[44], das u.a. Jes 66,11 aufnimmt:

1 Groß ist deine Hoffnung, o Zion …
3 Friede wird kommen und die Sehnsucht nach deiner Erlösung.
  Wohnen soll Generation nach Generation in dir …
4 hungernd nach dem Tag deiner Erlösung.
  Über die Größe deiner Herrlichkeit sollen sie sich (dann) freuen
5 saugen sollen sie am Busen[45], deiner Herrlichkeit (Jes 66,11)
  sie sollen springen[46] über deine wunderbaren Plätze …
14 Nimm eine Vision, die über dich gesprochen wurde, an,
  die Träume von Propheten, erfleht für dich.

Deutlich wird unterschieden zwischen einem irdischen Zustand des Friedens, der den Hunger nach der endzeitlichen Erlösung erst recht wachsen läßt, nach deren Eintreten dann erst die Freude über die Herrlichkeit, die physisch in ihrer unbeschreiblichen Fülle »trinkbar«, »betretbar« und »sichtbar« wird, ausbricht. Vielleicht liegt hier schon die ideale Vorstellung einer

---

die endzeitliche Sammlung der Diaspora und Rückkehr zur Mutterstadt beschrieben Bar 4,21–37; 5,1–9; PsSal 11,2. Dazu Söllner 1998, 78–89.

[42] Vgl. Jes 50,1; 51,22; 54,1.4–8; 60,15; dazu den Beitrag von M. Hengel u. S. 255f.

[43] Vgl. zu den Darstellungen Meyer 1996, 243.254 (Lit.) u. Abb. 1–4.7–12. Zu den Tempelbauten Herodes' I. für Augustus und die Dea Roma in seinen ›Neugründungen‹ Cäsarea und Sebaste s. Hengel 1996, 58. Weiter den Beitrag von M. Hengel u. S. 264.

[44] Sanders 1965, 77; vgl. auch Schaper 1995, 100.

[45] Vgl. Clines 1996, 101 s. v. דד II = »teat« = »Zitze, Brust«; García Martinez 1994, 307: »breasts«; anders Sanders 1965, 78. »abundance«, dem folgt Söllner 1998, 100f »Überschwang«. Maier 1995, 338 emendiert zu זיו »Glanz«.

[46] Beim schwierigen Wort עכס ist von Jes 66 und vom Bild her eher an das Springen kleiner Kinder zu denken (mit Sanders und García Martinez) als an »flanieren« (so Söllner) oder »deinen Prunk tanzend klirren« (so Maier).

»Präexistenz«, wenn man diese als eine Existenz vor der Erschaffung der Welt und des Menschen in Gottes Plan definiert, vor. »Geträumt« haben davon die Propheten, indem sie in Visionen die künftige Stadt als gegenwärtig schauten.

Die Münzen im 1. Aufstand propagieren »Jerusalem ist heilig«, »Freiheit Zions«, »Erlösung Zions«;[47] »Jerusalem. Freiheit für Israel« proklamieren auch die Münzen Bar Kochbas[48], ohne Zion oder Jerusalem bildlich als »Frau« darzustellen.[49] Das künftige Jerusalem wird in den Himmel erhöht und ist nach syrBar 4,1ff seit der Erschaffung des Paradieses für die Erwählten bereitet. Gott hat es seinen Erwählten immer wieder gezeigt, und deshalb wird verstärkt nach der Zerstörung Jerusalems 70 n. Chr. sein Kommen auf die Erde sehnsüchtig erwartet.[50]

Von Zion/Jerusalem als dem Geburtsort aller, die sich zu Gott bekennen, die auf wunderbare Weise »geistlich« von dieser Mutter geboren werden, spricht schon der Zionspsalm 87: »wunderbare Dinge erzählt man von dir, o Stadt Gottes«… »Und von Zion wird gesagt: in ihr sind alle (jeder einzelne) geboren«.[51] Die LXX[52] bezieht die Aussage אִישׁ וְאִישׁ (jeder einzelne) abwei-

---

[47] Zu den Aufstandsmünzen s. SCHÜRER 1973, 605; MESHORER 1982, 96–131.122f: Die Aufschrift »Freiheit Zions« wird in den Jahren 67 und 68 verwendet und im 4. Jahr – in der Hoffnung auf das unmittelbare Eingreifen Gottes – geändert in »Erlösung Zions«.

[48] MILDENBERG 1984, 123: »Jerusalem. Jahr 1 der Erlösung Israels«; 169: »Jerusalem. Jahr 2 der Freiheit Israels« bzw. »Simʿon. Jahr 2 der Freiheit Israels«. Vgl. MILDENBERG 1998, 188f zu den Eleazarmünzen mit der Aufschrift: »Jahr 1 der Erlösung Israels«, »Jahr 2 der Freiheit Israels«, »Für die Freiheit Jerusalems«.

[49] Es finden sich im 1. Krieg: Kelch, Granatapfelzweig, Weinblatt, Festrauß für das Laubhüttenfest; die Bar Kochba-Münzen erweitern das Bildprogramm um zusätzliche Motive des Tempelkults: Trompeten, die Lade mit den Gesetzesrollen im eschatologischen Heiligtum. S. dazu MILDENBERG 1998, 168f.173f.189.227f u.ö. (dazu Tafeln LI–LXVI). Agrippa II. dagegen stellt die Tyche – für seine heidnischen Untertanen – auf seinen Münzen dar (MESHORER 1982, 77), und die römischen Judaea-capta-Münzen bilden bis ins Jahr 80/81 die trauernde »Frau« Judäa ab (190–198; Plate 35); dazu MATTINGLY 1976, 294 Nr. 308 vgl. Index 473.445. Im Bar Kochba-Aufstand wurden Münzen mit der Judaea-capta-Aufschrift überprägt (MILDENBERG 1998, 190; Tafel LIII), aber auch Münzen aus Gaza, die die Stadtgöttin als Tyche abbildeten, wurden zu Aufstandsmünzen umgeprägt, wobei »(die Juden) das Füllhorn der Stadtgötin … schließlich mit der Feile (tilgten)«, um die letzten heidnischen Reste zu beseitigen, was nicht vollständig gelang; s. MILDENBERG 1998, 180ff (Zitat: 182); vgl. Tafel LII Nr. 6–9; 386 Tafel LXV.

[50] Vgl. u. S. 217 zu syrBar.

[51] Dazu H. GESE 1977, 51.49: »Jerusalem, das Zionsheiligtum, ist die Mutter aller Gläubigen. Das ist mehr als ein Vergleich, es ist eine spirituelle Tatsache.« Vgl. jetzt ZENGER 1998, 23f.

[52] Dazu SCHAPER 1995, 99–101. Tertullian versteht Ps 87 als Prophetie der Inkarnation Christi und Gründung der Kirche aus Juden und Heiden; s. Adv. Marc. 4,13,6: *Hoc spectabat psalmus: et ecce allophyli et Tyrus et populus Aethiopum, isti fuerunt illic.*

chend vom masoretischen Text auf die Geburt des Messias (καὶ ἄνθρωπος ἐγενήθη ἐν αὐτῇ), nach seiner Geburt werden Menschen aus den Völkern (ἄνθρωπος kollektiv) Zion als Mutter ansprechen:

5 Μήτηρ Σιων, ἐρεῖ ἄνθρωπος,
   καὶ ἄνθρωπος ἐγενήθη ἐν αὐτῇ,
   καὶ αὐτὸς ἐθεμελίωσεν αὐτὴν ὁ ὕψιστος.

5 Mutter Zion, wird ein Mensch sagen,
   denn ›Mensch‹ wurde in ihr geboren.
   Denn er selbst hat sie gegründet, der Höchste.

Die direkte Anrede mit »Mutter« an Zion erscheint nur hier in der LXX. Der Gedanke der lokalen Entsprechung, der Paulus in der Hagar-«Allegorie« so wichtig war, scheint in Gal 4,26 zu fehlen, er ist jedoch in der Angabe Mutter = Mutterstadt implizit enthalten. Wie das irdische Jerusalem als Metropolis der weitgestreuten jüdischen Diapora gesehen wurde,[53] erscheint das obere Jerusalem als Metropolis der weitgestreuten christlichen Gemeinden. In Jes 1,26 LXX wird Jerusalem angeredet: »Und danach (μετὰ ταῦτα) wirst du genannt werden: Stadt der Gerechtigkeit, treue Mutterstadt Zion« (Πόλις δικαιοσύνης, μητρόπολις πιστὴ Σιων). Die LXX übersetzt עיר verdeutlichend mit μητρόπολις. »Und danach«, dieser Zeitpunkt ist für Paulus durch Tod und Auferstehung Jesu eingetreten, nun erfüllt sich die Heilsprophetie.[54] Die eschatologische Wende, der Anbruch des neuen Äon hat begonnen (Gal 1,1.4) durch Kreuz und Auferweckung

---

Mater Sion, dicit homo, et homo natus est in illa – quoniam deus homo natus est – et aedificauit eam – uoluntate patris –, ut scias ad eum tunc gentiles conuenisse, qui deus homo erat natus, aedificaturus ecclesiam ex uoluntate patris et allophylis quoque. Vgl. Tertullian, Adv. Prax. 27,5.10. Zum Bürgerrecht im eschatologischen Jerusalem s. u. S. 231.

[53] Vgl. Philo, Flacc 46; Leg 203.281.295.305.334; dazu den Beitrag von M. Hengel u. S. 255f Anm. 48. Apg 2 spricht Petrus in der »Pfingstrede« die in Jerusalem versammelte Menge als Bürger und Einwohner Jerusalems an 2,14: ἄνδρες Ἰουδαῖοι καὶ οἱ κατοικοῦντες Ἰερουσαλὴμ πάντες. In 2,5–11 wird beschrieben, daß es sich um Juden und Proselyten aus »jedem Volk unter dem Himmel« handelt, die sowohl in Jerusalem wie in der Diaspora Heimatrecht besitzen (5: εἰς Ἰερουσαλὴμ κατοικοῦντες Ἰουδαῖοι; 9: κατοικοῦντες τὴν Μεσοποταμίαν). Diese Unstimmigkeit rührt daher, daß Lukas in Apg 2,9–11 eine ältere Liste aufnimmt, s. dazu Hengel 2000.

[54] PsSal 17,30 (vgl. 17,22) bezieht Jes 1,26 auf die Aufgabe des Messias, Jerusalem durch Heiligkeit zu reinigen. Vgl. auch die eigenartige Notiz von der »Gründung Jerusalems« im Kerygma Petri (Clemens Alex., Strom 6,15,128,2 [fr. 4a Klostermann]): »wir fanden seine Parusie und den Tod und das Kreuz … und die Auferstehung und die Aufnahme in den Himmel vor der Gründung Jerusalems (πρὸ τοῦ Ἱεροσόλυμα κτισθῆναι), wie alles geschrieben steht …«. Hier ist wohl nicht an die eschatologische Neugründung des irdischen, sondern an die Gründung des himmlischen Jerusalems als »Kirche« gedacht. Vgl. o. Anm. 52 zu Tertullian.

Jesu. Deshalb ist das obere, künftige Jerusalem schon jetzt die treue Mutterstadt und steht dem jetzigen, irdischen Jerusalem antithetisch gegenüber. Bei Paulus bahnt sich die Vorstellung von der »Mutter Kirche« mit Macht an.[55]

1.4 Das »obere Jerusalem«

1.4.1 Das »obere« Jerusalem in der frühjüdischen Literatur

Man hat Paulus vorgeworfen, daß er – im Gegensatz zur alttestamentlich-jüdischen Tradition – die Antithese zwischen irdischem und himmlischem Jerusalem überspitzt hervorhebt. Jedoch das apokalyptische Konzept eines himmlischen Jerusalems beruht auf dem Gegensatz zum irdischen, das durch die Sünden seiner Bewohner und die Unreinheit und Unzulänglichkeit des irdischen Tempels gekennzeichnet ist.[56] Die Sehnsucht galt seit der nach-exilischen Zeit der zukünftigen, heiligen Stadt und ihrem vollkommenen Heiligtum.[57] Der »Trauer um Zion« und der Erniedrigung und Zerstörung

---

[55] Vgl. MUSSNER 1981, 326: »Auch ist dieses ›obere Jerusalem‹ nicht erst eine kommende Größe, weil sie ja bereits ›unsere Mutter‹ … ist … … … die Kirche lebt in einer realen, wenn auch unsichtbaren Gemeinschaft mit der himmlischen Welt.« Völlig unzureichend ist die Auskunft von SÖLLNER 1998, 169: »Tatbestand ist also, daß die Wendung ἄνω Ἰερουσαλήμ tatsächlich so etwas wie ein Fremdkörper innerhalb der Paulusbriefe bleibt und deshalb keinesfalls zum Zentrum paulinischer Theologie gerechnet werden darf.« Vgl. schon BECKER 1971, 27: »Alles Interesse ruht darauf, himmlisches Jerusalem und christliche Kirche zu verbinden. Das geschieht über den Begriff der Mutterschaft … Versteckt kommt darin zum Ausdruck, daß die jetzige Gemeinde schon endzeitlichen Charakter hat.« Paulus ist überzeugt, daß die christliche Gemeinde »endzeitlichen Charakter hat«, und bringt das unmißverständlich zur Sprache. Verkennt man wie SÖLLNER den Bezug des »oberen« Jerusalems zur endzeitlichen Heilsgemeinde, dann kann man in der paulinischen Theologie keinen Ort dafür finden. S. dazu weiter den Beitrag von M. HENGEL u. S. 263.271f.

[56] VOLLENWEIDER 1989, 295: »Das himmlische Jerusalem geht auf die Apokalyptik zurück, worin es freilich nicht in Antithese zum irdischen Jerusalem zu stehen kommt«. Der ersten Satzhälfte kann man zustimmen, denn sie enthält eine Selbstverständlichkeit, der zweiten muß man energisch widersprechen. VOLLENWEIDER bescheinigt »lediglich der Tier-Apokalypse« (äthHen 90,28) »eine verhaltene Entgegensetzung« und verweist auf die »kritische Reserve« gegenüber Tempel und Jerusalem im 2. Jh. v. Chr. Doch ist die Bezeichnung »unrein« für den Kult in einem Heiligtum »verhalten« und nun gar ausgedehnt auf die gesamte Tempelstadt? Verstärkt wird der Gegensatz durch den dualistischen Einfluß in der späteren Apokalyptik der frühen Chasidim und der Essener, dazu HENGEL 1988, 347f.395ff u. ö. Zur älteren Literatur vgl. SCHLIER 1962, 221 Anm. 5.

[57] THRAEDE 1995, Sp. 719: »J. wurde … zur ersehnten Stätte des dauernden Heils.« Zu den Motiven vgl. G. JEREMIAS 1963, 245–264; BÖCHER 1980, 106–120; weitere Literatur bei LAMIRANDE 1974, Sp. 944–958; THRAEDE 1995, Sp. 761–764; eine allzu knappe kritische Darstellung der Forschungsgeschichte bietet SÖLLNER 1998, 2–8.

Jerusalems steht die »Freude über Zion« im neuen Himmel und der neuen Erde in Jes 66 antithetisch gegenüber.[58]

Die Vorgeschichte des »himmlischen Jerusalems« beginnt im Grunde schon in der frühesten prophetisch-apokalyptischen Schrift des Alten Testaments. Sacharja kündigt – dtjes und spätdtn Theologie weiterführend – nicht nur die Neugründung Jerusalems nach dem Exil an,[59] sondern spricht auch von einer ganz und gar von Gott umhüllten Stadt, in der dieser auf wunderbare Weise zugleich ihr Zentrum bildet. Was uns als offensichtlicher Widerspruch erscheint, sind für Sacharja zwei Aspekte derselben Wirklichkeit.

Zuvor hatte der Prophet einen Mann mit einer Meßschnur erblickt, der beauftragt ist: »Auszumessen Jerusalem, um zu sehen, wie groß seine Breite und wie groß seine Länge sein wird.« D. h. er mißt die Maße der Fundamente der Stadtmauer.[60] Der angelus interpres sagt zu einem anderen Engel, der ihm entgegen kommt:

»Lauf, sage diesem Burschen[61]:
Offene Stadt soll Jerusalem sein wegen der Menge an Menschen und Vieh in seiner Mitte.
Und ich selbst werde für es, Spruch Jahwes, eine Mauer von Feuer sein ringsum, und zur Herrlichkeit werde ich sein in seiner Mitte.«[62]

Sacharja steigert damit die Erwartungen Ezechiels und die exilische Schekina-Theologie.[63] So steht am Anfang der jüdischen Apokalyptik die Got-

---

[58] Jes 66,10.22.

[59] In Sach 1,17 betont die Wiederholung von עוד die Neugründung Jerusalems.

[60] Deshalb fehlt eine Angabe über die Höhe der Stadt, die dann in Apk 21,16 hervorgehoben wird, um die neue Einheit von neuem Himmel und neuer Erde zu betonen. Vgl. den Beitrag von M. HENGEL u. S. 268. HANHART 1998, 137 ff bezieht die Aussage über die »Meßschnur« auf das irdische Jerusalem, während die »offene Stadt« mit ihrer unermeßlichen Größe, die Mauer des göttlichen Feuers und die Präsenz des göttlichen כבוד in ihrem Zentrum das »himmlische Jerusalem« beschreibe.

[61] Der Wechsel der Personen scheint verwirrend. HANHART 1998, 139.141 vermutet, es sei der Engel mit der Meßschnur gemeint und nicht der Prophet. Vgl. H. GESE 1974, 209 f.

[62] Sach 2,9; HANHART 1998, 146 (vgl. 91) sieht hier zum ersten Mal das »himmlische Jerusalem« in seinem »eigentlichen Wesen« beschrieben. Der späte rabbinische Midrasch (ShirR 7,5,3) vertritt eine ähnliche Sicht. In einer Diskussion der dicta probantia über die künftige Herrlichkeit Jerusalems wird betont, Jerusalem werde sich in die Höhe ausdehnen, bis es den Thron der Herrlichkeit Gottes erreiche (Jes 49,20); sie stellt die Weissagung Sach 2,9 ans Ende und damit an die Spitze: »R. Jose b. R. Jeremiah said: We have still not learnt the whole of the glory of Jerusalem. Whence do you learn its full glory? From [what is said of] its walls, as it says, *For I, saith the Lord, will be unto her a wall of fire round about.*« (Übersetzung: SIMON 1951, 288). Zur entgegengesetzten Vorstellung, dem Herabkommen des himmlischen Jerusalems, s. HENGEL u. S. 266 f.

[63] Vgl. Ez 37,37; Jes 60,1.19 f; mit »In deiner Mitte wird er wohnen; er wird unvergängliches Licht für dich sein« nimmt Sib 3,787 diese drei Verheißungen aus Ez, Sach

tesstadt als eine alle Vorstellungen sprengende Stätte der Gegenwart Gottes. Dem Propheten wird sie nicht gezeigt, er kann nur von ihr hören innerhalb der Vision; es wird auch nicht expressis verbis gesagt, daß sie im Himmel schon vorhanden sei.[64] Das künftige Jerusalem ist ausgezeichnet durch seine Größe ohne Begrenzung (d.h. offene Stadt ohne Mauer), die gewaltige Zahl seiner Bewohner, die Mensch und Tier[65] mit umfaßt. Göttliches Feuer umgibt es als Schutz und sein Zentrum bildet die Lichtherrlichkeit Gottes selbst. Damit übertrifft diese neue Stadt im Gegensatz zum irdischen Jerusalem alle Möglichkeiten irdischer Städte: durch ihr Maß und ihre völlige Eingeschlossenheit von innen und von außen durch Gott. Ihr Zentrum bildet nicht ein Tempel, sondern Gott selbst.[66] Muß das nicht als eine Antithese zum irdischen Jerusalem erscheinen? Nicht nur die Johannesapokalypse nimmt diese Prophetie auf, auch Paulus weiß, daß »dann« Gott alles in allen ist (1 Kor 15,28).[67] Könnte das nicht eine konsequente Fortführung der Prophetie Sacharjas sein?

Im *Wächterbuch* (äthHen 1–36) betritt Henoch in einer Vision zunächst das nach dem Fall der Wächter-Engel entvölkerte himmlische »Haus«, dessen Mauer aus Hagelsteinen besteht und das von Feuerzungen umgeben ist (14,9–14), das himmlische Jerusalem, und schreitet dann fort zu dem zweiten größeren und herrlicheren »Haus«, das aus Feuerzungen erbaut ist (14,15), in dem sich der Gottesthron, die Feuerflüsse, die heiligen Engel und die Herrlichkeit Gottes befinden.[68] Er gelangt in diesen himmlischen Tempel,

---

und Trito-Jes vereint auf; weiter Joel 4,17.21; Ps 135,21; Sir 24,7f.9–12 u.ö.; zur exilischen Schekina-Theologie s. JANOWSKI 1987, 165–193, der die Linie bis hin zu Joh 1,14 auszieht.

[64] Vgl. H. GESE 1974, 209f. In Apk 21 »erblickt« dagegen der Seher auf Patmos – im typischen Musivstil mit Anklängen an Jes und Sach wird dies geschildert – das zur Erde herabkommende himmlische Jerusalem. In der Beschreibung des »Neuen Jerusalem« aus Qumran, nur in dürftigen Fragmenten erhalten (dazu u. S. 213), wird ebenfalls die Sacharja-Vision aufgenommen durch das Motiv des »Maßnehmens«, das hyperrealistisch gesteigert wird. Für die spätere Zeit ist es selbstverständlich, daß die von Sacharja geschilderte Stadt nicht nur das neue, sondern auch das himmlische Jerusalem meint.

[65] Diese Einheit von Mensch und Tier betont auch – auf Ninive bezogen – Jona 3,7f. Zum Tierfrieden, der dann nicht nur die Haustiere, sondern auch die wilden Tiere und die für den Menschen besonders gefährlichen einschließt, vgl. Jes 11,6ff; 65,25; Sib 3,788–795; Philo, Praem 85–90; syrBar 73,6.

[66] Das wird in Apk 21,22 abgewandelt aufgenommen: Gott selbst und das Lamm bilden das Zentrum des vom Himmel kommenden neuen Jerusalem, deshalb hat es keinen Tempel.

[67] Die »Allformel« ist ganz griechisch formuliert und dennoch eine konsequente Fortführung der alttestamentlichen Prophetie; vgl. Röm 11,36; dazu Belege bei REICKE 1954, 890f; weiter den orphischen Text mit Kommentar im Derveni-Papyrus um 350–300 v. Chr., anonym veröffentlicht in: ZPE 47 (1982) 7, Col. XII.

[68] Zur deutschen Übersetzung s. UHLIG 1984, 538–541.

tritt vor den feurigen Gottesthron und erhält seinen Auftrag von Gott, den
flammendes Feuer umgibt. In c. 26 wird dann das irdische Jerusalem, der
Nabel der Welt geschildert, dessen »Berg« der Thronsitz Gottes auf Dauer
sein wird, »wenn er *herabkommt*, um die Erde mit Gutem heimzusuchen«
(25,3),[69] und wo den Gerechten der Paradiesesbaum übergeben wird »nach
dem großen Gericht« (25,4) »über die in Ewigkeit Verfluchten« (27,2), die
Feinde Gottes. Dieses letzte Gericht vollzieht sich vor den Augen der Gerechten, die Gott, »den Herrn der Herrlichkeit, den König der Welt«, preisen
wegen seiner Barmherzigkeit (27,3f).[70] Die Antithese besteht hier zwischen
der durch den Abfall der Engel »ohne Lebensfreude«, d.h. ohne Bewohner
toten, himmlischen Stadt und dem eschatologischen Jerusalem, dessen irdische Topographie ausdrücklich geschildert wird,[71] wo Gott sich auf seinem
Thron niederlassen wird und den gerechten Bewohnern Jerusalems, die
durch seine Barmherzigkeit im Gericht bestanden haben, mit dem Paradiesesbaum neues Leben gewährt.

Die spätere *Tier-Apokalypse* ergänzt das Wächterbuch und spricht vom
»alten Haus« (äthHen 90,28), dem unreinen Jerusalem der Zeit des Zweiten
Tempels (89,74), das mit all seinen Bestandteilen entfernt und in den Süden des Landes versetzt wird; dort liegt nach der henochschen Geographie
der Sinai,[72] aber auch das Hinnomtal.[73] Stattdessen bringt Gott ein »neues
Haus«, ein neues Jerusalem (vgl. TestLev 10,5) herbei, »größer und breiter« (90,29), »größer und höher« (90,36), in dem und um das sich alle guten
Tiere, die Juden und Heiden symbolisieren, zusammenfinden. Dieses neue
Jerusalem enthält keinen Tempel (»Turm«) mehr.[74] In einer anschließenden

---

[69] In äthHen 1,3–9 verläßt Gott seinen himmlischen Wohnsitz, erscheint jedoch auf
dem Berg Sinai zum eschatologischen Gericht; vgl. Dtn 33,2 (Theophanie); Ps 68 (in der
kultischen Feier sind Sinai, Zion und Himmel vereint); zu VitProph 2,10.12 s. Schwemer
1995, 212–215.221 ff.

[70] Übersetzung s. Uhlig 1984, 559–564. Vgl. Söllner 1998, 18–29.

[71] S. dazu Uhlig 1984, 562 Anm. 1a; Söllner 1998, 22–28. Dieser Aspekt wird in
der rabbinischen Literatur in abgewandelter Form wieder aufgegriffen: Gott verzichtet
darauf, seine himmlische Stadt zu betreten, solange die irdische zerstört ist. Vgl. dazu
Ego 1989, 143–147.

[72] Verwandt ist das Motiv von Jeremias Verbergen der Tempelgeräte im Nebo bzw.
Sinai, es enthält jedoch eine völlig entgegengesetzte Intention und unterstreicht die
Kontinuität zwischen erstem und eschatologischem Tempel, s. 2Makk 2,4–8; VitProph
2,9–14; dazu Schwemer 1995, 202–232.

[73] Vgl. Uhlig 1984, 702 Anm. 28 d. Dann wäre diese Aussage schärfer als Paulus. Er
wirft das jetzige Jerusalem ja nicht in die Hölle!

[74] Zum »Turm« vgl. 89,50a.66 f.73; 91,9 (heidnischer Tempel). Das »Heiligtum«
Moses wird nicht als »Turm« bezeichnet, sondern als »Wohnung«. Der Seher verläßt die
symbolische Redeweise (89,36), signalisiert durch die Verwandlung des Schafs in einen

Vision betritt Henoch das himmlische Jerusalem, das nicht mehr als entvöl-
kert beschrieben wird wie im Wächterbuch, sieht dort die Märtyrer, den
rituellen Vollzug des endzeitlichen Friedens, die Geburt des Messias und
die Umwandlung aller in weiße Bullen, d.h. in Gerechte. Die abschließende Mahnrede Henochs beschreibt dies ohne »Symbolsprache«: »Und d(ie)
Gerechte(n) werden aufstehen von ihrem Schlaf, und die Weisheit wird sich
erheben, und ihnen wird gegeben werden ...« (91,10). Es scheint mir eindeutig zu sein, daß für die Tierapokalypse die eschatologische Vollendung
sich auf Erden nach dem Gericht[75] vollzieht, aber im Himmel vom Seher
Henoch schon in der Urzeit geschaut wurde.[76]

In der jüngsten Schicht, den *Bilderreden*[77], wird dies weiter ergänzt (äth-
Hen 53,6): »Und danach wird der Gerechte und Erwählte das Haus seiner
Gemeindeversammlung erscheinen lassen – und von nun an wird sie (= seine
Gemeindeversammlung) nicht mehr gehindert werden, im Namen des Herrn
der Geister.«[78] Dieses »Haus seiner Gemeindeversammlung« wird nach
dem Gericht über »die Könige und Mächtigen der Erde« und die Sünder in
Erscheinung treten, wenn auch »die Gemeinde der Gerechten sichtbar wer-
den wird« (38,1), nachdem die Sünder gerichtet wurden,[79] die Gott und

---

Mann. BEYER 1984, 245 ergänzt richtig wie MILIK מ[שׁ]ן; vgl. BLACK 1985, 267; anders
UHLIG 1984, 689

[75] Das ja auch auf Erden stattfindet (90,20; 91,5–9).

[76] Zu den dualistischen temporalen, räumlichen und ontologischen Aspekten von
äthHen vgl. NICKELSBURG 1991.

[77] äthHen 38–71. Die Bilderreden sind jüdischen Ursprungs und wurden wahrscheinlich in der 1. Hälfte des 1. Jh.s n. Chr. in Palästina verfaßt. S. dazu vor allem BLACK
1985, 181–188.

[78] Zur Übersetzung s. UHLIG 1984, 597; BLACK 1985, 53.218 folgt einer anderen
Lesart und bezieht das »erscheinen« nur auf den Gerechten und Erwählten: »And after
this the Righteous and Elect One shall appear, and his congregations from now on shall
not be subject to interdict in the Name of the Lord of spirits«. Auf diese Parallele wies
schon SCHLIER 1962, 222 hin. SÖLLNER 1998, 37 Anm. 125 betont – wie immer zu
scharf trennend –, es könne nicht an eine »urbane« Größe gedacht sein, weil die Bilderreden sonst immer von der ganzen Erde sprächen. Dagegen ist einzuwenden: Die Bilderreden setzen die ältere Henochliteratur voraus und übernehmen ihre Symbolsprache.
Der Bau des Tempels und der Gottesstadt ist hier die Aufgabe des Messias. In der
apokalyptischen »Bildrede« wird verschlüsselt vom »Menschensohn« und dem »Haus
seiner Gemeindeversammlung« gesprochen, gemeint sind Gottes Messias, dessen Name
expressis verbis als »Henoch« entschlüsselt werden muß, denn es gab ja mehrere An-
wärter für dieses Amt, und die eschatologische Gottesstadt mit ihren Bewohnern und
ihrem Tempel, deren Identität jenseits alles Zweifels scheint und die deshalb einfach das
»Haus der Versammlung« genannt wird. Da nur die Gerechten das Endgericht überle-
ben, bevölkern sie die ganze Erde des neuen Äon.

[79] Der Beginn der Bilderreden in äthHen 38,1 nimmt schon ausdrücklich dieses Thema der »Gemeinde« auf. Diese ist verzeichnet in den »Büchern der Lebenden«; 47,3 f ist
wohl auf die himmlische Bürgerliste zu beziehen, denn »die Herzen der Heiligen wur-

»den Namen der Wohnung der Heiligen« bzw. »die Gemeinde der Gerechten« verleugnet haben.[80] Der »Gerechte und Erwählte« der Bilderreden ist
der »Menschensohn« als Gottes Messias, der alle verborgenen Schätze offenbaren wird (46,3), dessen Name vor der Erschaffung der Sterne des
Himmels vor Gott genannt wurde (48,3) und der damit erwählt und verborgen bei Gott existiert, bevor diese Weltzeit erschaffen wurde (48,6). Er ist
der endzeitliche Richter und wird mit Henoch identifiziert (71,14), bei dem
alle Gerechten in Ewigkeit ihre Wohnungen haben werden (71,16). Diese
»Wohnungen« und das »Haus seiner Gemeindeversammlung« entsprechen
den himmlischen »Wohnungen der Heiligen« und den »Ruheorten der Gerechten«, aber auch dem Ort des himmlischen Gottesdienstes, die Henoch
bei seiner Himmelsreise an ihrem verborgenen Ort erblickt hatte (39,5f).
Damals richtete er den Lobpreis an Gott, denn »… er weiß, bevor die Welt
geschaffen ist, was ewig ist und was sein wird von Generation zu Generation« (39,9). Erst später erfährt Henoch, daß er selbst dazu erwählt ist,
dieses himmlische Haus auf Erden zu offenbaren in der Weltzeit, die kommen wird, und daß dann alle Gerechten bei ihm wohnen werden (71,15.16).
– In dieser spätesten Schicht des 1. Henochbuches erscheint deutlich der
Gedanke der Präexistenz (des Namens) des Messias »Henoch«, des künftigen »Hauses seiner Gemeindeversammlung« und der »Wohnungen« der
Gerechten. Die ekklesiologisch-endzeitliche Deutung des »oberen Jerusalems« bei Paulus zeigt die größte zeitliche und inhaltliche Nähe zu dieser
Stufe der apokalyptisch-jüdischen Traditionsentwicklung und zugleich den
entscheidenden Unterschied: Er erwartet nicht Henoch als endzeitlichen
Richter, nicht die Offenbarung von Henochs »Haus der Gemeindeversammlung«, sondern die Parusie des gekreuzigten und zur Rechten Gottes erhöhten Christus und die endzeitliche Offenbarung der berufenen Kinder Gottes
durch ihre Umwandlung in die δόξα Christi.[81]

Im *Jubiläenbuch* – um 150 v. Chr. verfaßt – wird eine Konzeption für die
Neue Schöpfung entwickelt, die u. a. Vorstellungen des Wächterbuches aufnimmt. Hier werden alle einst Gott geheiligten Berge und Orte durch den
eschatologischen Zion ersetzt (1,28f; 4,25). Der Garten Eden bzw. der Paradiesesberg, Sinai und Zion bildeten in der alten Schöpfung die hervorra-

---

den voll Freude, weil die Zahl der Gerechten erreicht ist«; dazu UHLIG 1984, 589f.
BLACK 1985, 209 verweist auf Ps 69,28; äthHen 108,3, betont jedoch, daß in der apokalyptischen Literatur diese Bücher als Aufzeichnungen der guten und bösen Taten interpretiert werden (äthHen 89,61f; 90,14.22 u. ö.). Vgl. u. S. 231 Anm. 174.
  [80] Zum textkritischen Problem vgl. UHLIG 1984, 585 Anm. 1b.
  [81] Vgl. Röm 8,18–30; 2Kor 3,18; Phil 3,21; zur Messianologie der Bilderreden vgl.
HENGEL 1993, 161–164. Zur Präexistenz s. u. S. 226.

gend heiligen Orte, wobei der Garten Eden »das Heilige des Heiligen und
Wohnung des Herrn« (8,19) ist. Wenn der Garten Eden das Allerheiligste
ist, wo Gott wohnt, bildeten dann die beiden anderen Berge den vorderen
Tempelteil und den Vorhof? Doch der Zion, wo Gott »seinen Namen« wohnen ließ (1,10), wurde von den Israeliten entweiht. Nach ihrer endzeitlichen
Umkehr reinigt Gott sie mit Heiligem Geist (1,23f), die Schöpfung wird
erneuert und ein neues Heiligtum für die Ewigkeit (von Gott) erbaut auf
dem Zion, der dem Garten Eden, der als Tempel beschrieben wird, darin
entspricht, daß Gott selbst darin wohnen wird. An jenem Tage »werden
Zion und Jerusalem heilig sein« (1,28), »an dem geschaffen wird das Heiligtum des Herrn in Jerusalem auf dem Berge Sion« (1,29). Auch für das
Jubiläenbuch ist das Jerusalemer Heiligtum unvollständig und unrein; es
muß in der erneuerten Schöpfung ersetzt werden.[82]

In der apokalyptischen, aramäischen Schrift »*Das neue Jerusalem*«,[83]
die nicht in Qumran entstanden,[84] aber dort rezipiert wurde, wird das zukünftige Jerusalem näher beschrieben. Der Seher (ein ungenannt bleiben-
der Ahnherr Israels bzw. der Priesterschaft) wird durch eine Stadt geführt,
die – wie die Aufnahme von Sach 2 und Ez 40–48 zeigt – wohl als das
eschatologische Jerusalem zu verstehen ist, dennoch bleibt unklar, ob es als
im Himmel vorhanden gedacht ist.[85] Interessant sind nicht nur die gestei-
gerten, nicht mehr realistischen Ausmaße der Stadt, sondern vor allem das
Konzept, daß ihre Häuser alle gleich sind.[86] Es gibt keinen Unterschied

---

[82] Vgl. FREY 1997b, 272–277, dort vor allem zum textkritischen Problem des Para-
diesesberges; zur Entsprechung von urzeitlichem Heiligtum, dem Garten Eden, und
dem eschatologischen Heiligtum in Jerusalem s. jetzt VAN RUITEN 1999, 215–227; 218:
»the author of *Jubilees* speaks in a negative way of the Temple, wether it be the first or
the second«. (Hervorhebung v.R.) Zur Übersetzung s. BERGER 1981.

[83] Vgl. BEYER 1984, 214–222; BEYER 1994, 95–104; Fragmente dieser Schrift sind
mehrfach erhalten und werden gezählt als: 1 (1Q32), 2 (2Q24), 4 (4Q554.555), 5 (5Q15)
und schließlich 11Q18; dazu GARCÍA MARTÍNEZ 1998, 305–355; vgl. dort 308f zur
Beschreibung des Tempels und seines Kultes. Eine ausführliche Zusammenstellung der
früheren Veröffentlichungen bietet FREY 1999, Anm. 1. Die Funde in verschiedenen
Höhlen belegen doch wohl das Interesse an diesem Text.

[84] S. dazu FREY 1999; SCHIFFMANN 1999, 276f datiert: »most probably sometime in
the third century BCE«.

[85] SÖLLNER 1998, 141f unterstreicht, daß aus den Fragmenten nicht erkennbar werde, ob mit dieser utopischen Stadt das himmlische bzw. das eschatologische Jerusalem
beschrieben werde, obwohl auch er die Abhängigkeit von Ez 40–48 sieht (130f).

[86] Dieser »Entwurf« nimmt das Ideal einer griechisch-römischen Stadt auf, denn sie
bietet ein entsprechendes Straßensystem und ist mit gleichmäßigen *insulae* bebaut, also
gegliedert in Wohnblocks mit – je nach Rekonstruktion – 60 bzw. 120 zweigeschossigen
kleinen Häusern, Wohneinheiten (5Q15 Frg. 1 ii, 6.9.11), die MAIER 1995, 303 mit »Mai-
sonette(-Einheiten)« wiedergibt; vgl. dazu CHYUTIN 1997; SÖLLNER 1998, 132.136–

zwischen Armen und Reichen. Wie in Jes 54,12f; Tob 13,17; Apk 21,11.18–21 vgl. hebr. ApkElia 10,6 ist die Stadt aus Edelsteinen erbaut, ein Saphirtor wird erwähnt. Ist nicht auch hier die Antithese zum vorfindlichen Jerusalem hörbar?

Die Eschatologie dieser Schrift ist deutlich realistischer als die der qumranischen Frommen.[87] Deren Selbstverständnis kommt im *Jesajapescher* (4QpJes[d] 6f) zum Ausdruck: Jerusalems Fundamente aus Saphir (Jes 54,11) werden spiritualisiert auf den Rat der Gemeinschaft gedeutet. Die Zinnen aus Rubin und die Tore aus Edelsteinen (Jes 54,12) werden als die Anführer der Priesterschaft und der Laien verstanden. Der Dualismus, die gespannte Naherwartung und die Erfahrung der Gegenwart des Heils im Gottesdienst in der Gemeinschaft der Engel läßt auch die Gemeinde der essenischen Frommen in deutlichen Gegensatz zum »jetzigen« Jerusalem treten – ganz abgesehen von ihrer Trennung vom Jerusalemer Tempelkult. Die Pescherauslegung in Qumran kommt zeitlich, »methodisch« und sachlich Paulus sehr nahe.[88] Sie deutet die prophetischen Schriften auf die eschatologisch qualifizierte Gegenwart.

Weiter kann man auf die religiös-politischen Auseinandersetzungen seit der Makkabäerzeit um die Heiligkeit des Tempels und der Stadt hinweisen, die sich unter römischer Herrschaft zuspitzten.[89] Es ist kein Wunder, daß die prophetischen Schriften, die von der künftigen Herrlichkeit Jerusalems sprachen, fasziniert gelesen und neue Apokalypsen geschrieben wurden. Es überrascht nicht, daß Ez 42,15 in der LXX-Übersetzung[90] von einem himmlischen »Muster« ὑπόδειγμα des Tempels, das der Prophet ausmessen soll, spricht.[91] Doch auch für das himmlisch-zukünftige Jerusalem vermehren sich nun die Belege.

Wie selbstverständlich die Vorstellung einer himmlischen Stadt in der Diaspora vorhanden war und weiter entwickelt wurde, zeigt die Abwand-

---

139.141. Der Text stellt die nächste Parallele dar zu Joh 14,2: »Im Hause meines Vaters sind viele Wohnungen.« Vgl. STUHLMACHER 1999a, 248f.

[87] S. FREY 1999; vgl. jetzt SCHIFFMAN 1999, 267–284; BROOKE 1999, 285–301; GARCÍA MARTÍNEZ 1999, 303–319.

[88] Dazu G. JEREMIAS 1963, 84.245–248 (hier zu 1QH 6,24ff); O. BETZ 1960, 79.169. 176–182; DONFRIED 1974, 197; zur gottesdienstlichen Gemeinschaft mit den Engeln bei Paulus vgl. 1Kor 11,10 und u. Anm. 196.

[89] Vgl. HENGEL 1976, 211–229 zu den Versuchen, die Heiligkeit des Tempels zu wahren.

[90] Sie ist wahrscheinlich in die 1. Hälfte des 2. Jh.s zu datieren. Vgl. M. HARL in: DORIVAL/HARL/ /MUNNICH 1988, 111.

[91] Vgl. Ex 25,9.40 (תבנית); LXX V.9: παράδειγμα (vgl. 1Chr 28,11.12.18f); V. 40: κατὰ τὸν τύπον τὸν δεδειγμένον σοι. Zur rabbinischen Auslegung s. EGO 1989, 27–61.

lung in das Konzept vom göttlichen Logos als μητρόπολις und sicherste Zufluchtsstadt[92] und in das des κόσμος νοητός als μεγαλόπολις bei *Philo*[93]; apokalyptisch, d.h. ›konventioneller‹, äußern sich das *Testament Abrahams*[94], die *Testamente der Zwölf Patriarchen*, die jedoch eine palästinische Vorgeschichte haben,[95] das *slavische Henochbuch*[96] und die *5. Sibylle*[97]. Besonders interessant ist in unserem Zusammenhang die Auslegung von LXX Sach 2,10f(14f)[98] und Jes 54,15[99] in *Joseph und Aseneth*: Aseneth wird nach ihrer Bekehrung verwandelt, sie erhält einen neuen Namen –

---

[92] Fug 94; vgl. u. Anm. 102 zu Som 1,41.181; zu Conf 77f s.u. Anm. 161. Philo nimmt am stärksten stoisch-platonisierende Sprache und Gedanken auf; vgl. FELDMEIER 1992, 60–72; zur Wirkungsgeschichte Philos bei den Kirchenvätern vgl. z.B. Clemens Alex., Strom 1,72,2f; dazu THRAEDE 1995, 729–731.

[93] Sie ist die transzendente (Welt-)Stadt, die am 1. Schöpfungstag erschaffen wurde: Opif 19; 143f (zu ihren Bürgern); die sichtbare Welt ist nach ihrem Vorbild erschaffen und wird ebenfalls mit μεγαλόπολις bezeichnet: Jos 29; Mos 2,51; SpecLeg 1,34; Prov Frg. 2, 39.

[94] TestAbr A 2,3–6 sagt der Erzengel Michael zu Abraham: »Sei gegrüßt edler Freund des überhimmlischen Gottes (τοῦ θεοῦ ἐπουρανίου) ... Ich ... komme aus der großen Stadt (μεγάλης πόλεως). Von dem großen König wurde ich abgesandt.« Das Paradies ist in dieser Schrift der postmortale Aufenthaltsort der Gerechten vor dem letzten Gericht (B 10,2; A 11,10; 14,8; A 20,14). Sein Ort im Himmel wird jedoch nicht wie in 2Kor 12,3 und VitAd (gr) 37,5 mit dem dritten identifiziert. Zum »verborgenen« zwischenzeitlichen und zum endzeitlichen Paradies vgl. J. JEREMIAS 1954, 763–771; LOHSE 1964, 324f.

[95] TestLev 10,5 mit Verweis auf die Henochbücher; TestDan 5,12f:»Und die Heiligen werden in Eden ausruhen, und über das neue Jerusalem werden sich die Gerechten freuen, dieses wird die ewige Herrlichkeit Gottes sein. 13 Und Jerusalem wird nicht länger Verwüstung erdulden, noch Israel in Gefangenschaft bleiben, denn der Herr wird in ihrer Mitte sein [und mit den Menschen wandeln], und der Heilige Israels wird über ihnen König sein [in Erniedrigung und in Armut; und wer auf ihn vertraut, wird in Wahrheit im Himmel herrschen]«; nach ULRICHSEN 1991, 104ff ist der ganze Abschnitt 5,4–13 »sekundär«, das »neue Jerusalem« eindeutig christlich interpoliert. Für christliche Ergänzungen halte ich nur die Deutungen auf das Erdenleben Jesu in V. 13, die hier in Klammern zitiert sind. Vgl. BECKER 1980, 96; HOLLANDER/DE JONGE 1985, 286.289f. die es jedoch ablehnen, die christlichen Ergänzungen als solche zu identifizieren. Zum Garten Eden und seinem Bezug zum endzeitlichen Jerusalem s. jetzt VAN RUITEN 1999, 223.

[96] SlHen 55,2; dazu BÖTTRICH 1996, 980: Nur in der Langfassung P belegt; BÖTTRICH plädiert vorsichtig für Ursprünglichkeit. Die Erwartungen für das eschatologische »Jerusalem« werden zur Beschreibung des neuen Äons in slHen 65,8–10 verwendet, s.u. Anm. 157.

[97] Sib 5,250ff.424f; dazu MERKEL 1998, 1126.1132; SÖLLNER 1998, 297–302.

[98] τέρπου καὶ εὐφραίνου, θύγατερ Σιων, ... καὶ καταφεύξονται ἔθνη πολλὰ ἐπὶ τὸν κύριον.

[99] Gott verheißt Jerusalem: ἰδοὺ προσήλυτοι προσελεύσονταί σοι δι᾽ ἐμοῦ καὶ ἐπὶ σὲ καταφεύξονται.

»Stadt der Zuflucht« für alle Proselyten.[100] Zugleich wird sie durch ihren
Übertritt zum Judentum eine würdige Braut Josephs für alle Ewigkeit. Die
Heilsgemeinde der Proselyten wird als neue Zufluchtsstadt nach dem Vorbild Jerusalems und als Braut konzipiert, um ihre enge Verbindung mit dem
wahren Gott und seinem Volk zu beschreiben. Sie wird personifiziert in der
Gestalt Aseneths. Aseneth verdankt ihre Umwandlung der Fürbitte der
»Umkehr« (μετάνοια), der himmlischen »Tochter des Höchsten«. Auch
der Patriarch Levi »liebt« Aseneth, offenbart ihr als Prophet die Zukunft
und die von Gottes Finger geschriebenen Schriften (γράμματα) im Himmel, die das »Buch der Lebenden« (d.h. die himmlische Bürgerliste; vgl.
dazu u. Anm. 172.182) darstellen, und Aseneths himmlischen »Ort ihrer
Ruhe« mit seinen Mauern »gegründet über einem Felsen des siebten Himmels« (22,13), die himmlische Stadt. Hier besteht die Antithese vor allem
zwischen der heidnischen Götzenwelt und der Zuflucht zum wahren Gottesvolk. Aus der Diaspora haben wir Beispiele stärker platonisierender Vorstellungen über das »obere Jerusalem«. Doch sogar Philo hält an der endzeitlichen Hoffnung auf die wunderbare Rückkehr in das heilige Land fest,[101]
kann aber auch im Zusammenhang mit der Lehre von der Unsterblichkeit
der Seele von deren Heimkehr in die himmlische Mutterstadt sprechen.[102]
    Durch die Zerstörung Jerusalems 70 n. Chr. erhält die prophetische Weis-
sagung – vor allem die Jesajas und Jeremias – ganz neue Aktualität. Jetzt

---

[100] 15,6ff: »Sei getrost, Aseneth, die keusche Jungfrau! Siehe, ich habe dich heute
dem Joseph zur *Braut* gegeben, und er (selbst) wird sein dein Bräutigam in die Ewig-
keit-Zeit. Und dein Name wird nicht mehr gerufen werden Aseneth, sondern es wird
sein dein Name Stadt (der) Zuflucht, denn in dir werden Zuflucht nehmen viele Völker
zum Herrn dem Gott dem Höchsten ... im Namen der Umkehr. Denn Umkehr ist in den
Himmeln eine Tochter des Höchsten ...« (Übersetzung nach BURCHARD 1983, 675 f).
Vgl. 16,16: »Du wirst sein wie eine *ummauerte Mutterstadt* für alle, die Zuflucht nehmen zum Namen des Herrn, Gottes, des Königs der Ewigkeit« (vgl. auch 19,5.8); vgl.
auch die Verwandlung ihrer 7 Jungfrauen in Säulen der Stadt (8,9f; 17,6; 22,13). Dazu
FISCHER 1978, 115 ff; STANDHARTINGER 1994, 132 f.170; HUMPHREY 1995, 51–56; vgl.
weiter den Beitrag von M. HENGEL u. S. 259 Anm. 64 zu καταφυγή als terminus technicus für Proselyten und Gottesfürchtige.
[101] Praem 165–172. FREY 1997a, 410 verweist zur Erwartung der endzeitlichen Verherrlichung Israels bei Philo auf Praem 79–126; Exsecr 127–172; SpecLeg 1,208; Mos
2,263. Gegen FISCHER 1978, 184–213.
[102] In der allegorischen Auslegung (Som 1,41) von Gen 28,10 deutet er Harran als
μητρόπολις der sinnlichen Wahrnehmungen, der sichtbaren Welt; ihr entspricht die
μητρόπολις der transzendenten Welt; zu Gen 28,21 führt er in Som 1,181 aus: Gott, der
Vater, wird Mitleid mit der Seele haben: λύσειν τὰ δέσμα (den Körper) καὶ ἐλευθέραν
ἄχρι τῆς μητροπόλεως ἀσφαλῶς παραπέμπειν. Zu Fug 94 s. o. Anm. 92. Die Metaphorik erscheint verwandt mit Gal 4,26; doch das berechtigt nicht, Gal 4,26; Phil 3,20 und
1Thess 4,15ff für eine »hellenistische«, nicht-apokalyptische Sicht des Paulus zu rekla-
mieren; gegen H.-D. BETZ 1988, 424; WALTER 1997, 259f.

galt es angesichts der Katastrophe die eigene Sünde und Gottes Treue zu erkennen.[103]

Eindrücklich führt dies die *syrische Baruch-Apokalypse* mit dem Zitat von Jes 49 vor Augen. Baruch bezeichnete zuvor in seiner Klage um die Zerstörung Jerusalems diese dreimal als seine »Mutter«.[104] Gottes Treue erweist sich in der Existenz der himmlischen (Mutter-)Stadt, die in Zukunft auf Erden erscheinen wird: Gott spricht zum Prophetenschüler (4,1ff):

»Diese Stadt wird eine Zeitlang preisgegeben, das Volk wird eine Zeitlang gezüchtigt, und die Welt wird nicht vergessen werden,
Oder meinst du vielleicht, dies sei die Stadt, von der ich gesagt habe: ›In meine Handflächen habe ich dich gezeichnet‹ (Jes 49,16)?
Nicht ist es dieser Bau, der nun in euerer Mitte auferbaut.
Es ist bei mir, was offenbar werden wird, was hier schon seit der Zeit bereitet ward, in der das Paradies zu schaffen ich beschlossen hatte.
Und ich habe es Adam gezeigt, bevor er sündigte; als er aber das Gebot übertreten hatte, wurde es ihm weggenommen, genauso wie das Paradies.
Und danach zeigte ich es meinem Knecht Abraham, in der Nacht zwischen den Opferhälften.
Und weiter zeigte ich es Mose auf dem Berg Sinai, als ich ihm das Bild des Zeltes zeigte und aller seiner Geräte.
Siehe (so) ist es nun bewahrt bei mir gleichwie das Paradies.«[105]

Das syrische Baruchbuch erwartet, daß alle gerechten Israeliten, die das Gesetz halten, in der zukünftigen »neuen Welt« den »Trost Zions« erfahren und im neuerbauten Jerusalem in Ewigkeit leben werden.[106] »Sie werden sehen jene Welt, die noch unsichtbar für sie ist; sie werden sehen eine Zeit, die ihnen noch verborgen ist« (51,8). Nach der endzeitlichen Auferstehung und dem Gericht werden irdisches und himmlisches Jerusalem vereint, doch so, daß das im Himmel verborgene, präexistente Jerusalem die irdische, zerstörte Stadt ersetzt.[107] Wenn die »*Ankunft*« der Engel »angebrochen ist« (51,11f), sie auf die Erde gekommen sind, werden die Gerechten die Engel übertreffen, sie werden »auf den Höhen jener Welt« wohnen und das Paradies wird ihnen offen sein (51,10ff).[108]

---

[103] Vgl. 4Esr 7,26; 8,52; 10,54ff und 13,36.

[104] SyrBar 3,1–3; vgl. 10,16; 4Esr 10,7: »Zion, unser aller Mutter«.

[105] Vgl. syrBar 6,9; 32,4

[106] Vgl. syrBar 44,7.12.

[107] Während syrBar 77,9f darauf insistiert, daß nicht der »Ort«, das irdische Jerusalem, selbst gesündigt hat, sondern nur seine Bewohner (vgl. Bar 4,8–12), erhält in Apk das irdische Jerusalem, wo die beiden endzeitlichen prophetischen Zeugen getötet werden und auch »ihr Herr gekreuzigt wurde« (11,8), Züge Roms. Den eigentlichen Gegensatz zum himmlischen Jerusalem bildet so in Apk die Stadt Babylon/Rom. Vgl. weiter den Beitrag HENGEL u. S. 264 Anm. 89.

[108] Diese »Stätte der seligen Endvollendung« wird die Erde sein, zu der der Himmel

Vom syrischen Baruchbuch bzw. von mit diesem gemeinsamen Traditionen sind die *Paralipomena Jeremiae* abhängig. Hier wird nun wie bei Paulus der Ausdruck »oberes Jerusalem« explizit verwendet, der dann in den zahlreichen rabbinischen Belegen erscheint.[109] Wenn ParJer 5,34 Abimelech dem Greis wünscht: »Gott erleuchte dir den Weg in die obere Stadt Jerusalem«, wird mit ἄνω Jerusalem der endzeitliche Ort der Auferstandenen bezeichnet. Er wird unterschieden von der postmortalen κατάπαυσις bei Gott, die dem Schlaf gleicht (5,32), denn Abimelech schenkt dem Greis von den wunderbar frischen Feigen, dem »Symbol« der Auferstehung, zum Abschied. Geht damit der »Gedanke von der postmortalen Ruhe bei Gott zur Auferstehungsexistenz über«[110]? Es wird wohl damit zusammenhängen, daß der ursprüngliche jüdische Schluß dieser Schrift durch einen christlichen verdrängt wurde, daß wir am Ende in c. 9 bei Jeremias Tod nichts mehr von diesem oberen Jerusalem hören und erfahren, in welcher Weise es sich realisieren wird. Eine Spur hat sich in 8,9 erhalten. Jeremia sendet eine Botschaft zu den abtrünnigen Samaritanern: »Besinnt euch! Es kommt nämlich der Engel der Gerechtigkeit und er wird euch führen zu euerem Ort, dem hohen«, d.h. nach Jerusalem zum Tempelberg Moria. Auffällig erscheint weiter, daß Jeremia die Heimkehrer nicht einfach in das Land, sondern alle nach Jerusalem führt und dort vor seinem Tod sagt (9,5): »Und es möge für mich sorgen, Michael, der Erzengel der Gerechtigkeit, bis er die Gerechten hineinführt.«[111] Die Rückkehr des Volkes aus dem Exil nach Jerusalem hat schon eschatologische Bedeutung und weist auf die Auferstehung hin.[112]

Mit der Gegenüberstellung von »jetzigem« und »oberem« Jerusalem verschränkt Paulus zeitliche und räumliche Vorstellung. Das »obere Jerusa-

---

herabgekommen ist, wie die »Ankunft« der Engel zeigt, aber schon die Ladelegende verrät (syrBar 6,9); gegen BILL. III, 796.

[109] Vgl. BILL. III, 573.796. Zur Traditionsentwicklung innerhalb der rabbinischen Literatur s. EGO 1989. Die amoräischen Rabbinen ändern das apokalyptische Konzept, so daß die irdische Stadt Priorität vor der himmlischen erhält.

[110] WOLFF 1991, 152; vgl. HERZER 1994, 109–113.136.152.

[111] Zur Übersetzung vgl. SCHALLER 1998, 728f.749; 747 Anm. 9c zur Deutung des »hohen Ortes« für die bußwilligen Samaritaner auf den Jerusalemer Tempelberg (Gen 22; 2 Chr 3,1). Gegen WOLFF 1991 und HERZER 1994 bleibt m. E. in ParJer das »obere Jerusalem« nicht im Himmel, sondern wird sich endzeitlich auf Erden offenbaren. Dafür spricht auch die Gebetsanrede 9,6: In Gott ist die ganze Schöpfung (l. κτίσις mit äth, s. HERZER 1994, 153 Anm. 584) verborgen, bevor das Zukünftige eintritt, d. h. Michael die Gerechten »hineinführt«. Zudem ist beim christlichen Schluß in 9,10–32 vielleicht doch mit Erweiterungen und Abänderungen einer jüdischen Vorlage zu rechnen, die das Kommen Gottes und das Erscheinen des »oberen Jerusalems« als »Paradies« auf Erden beschrieb. Vgl. o. Anm. 29.82 und u. Anm. 157 zu slHen 65.

[112] HERZER 1994, 111–114.136.

lem« ist zugleich das künftige Jerusalem. Auch für Paulus bilden »zeitliche Zukunftshoffnung und räumliche Himmelssphärenvorstellungen« und »Heilsgegenwart und Heilserwartung« gerade bei der Vorstellung vom »oberen Jerusalem« keine sich ausschließenden Gegensätze; sie lassen sich auch sonst nicht reinlich auf hellenistisches und palästinisches Judentum verteilen.[113] Schon das palästinische Judentum stand lange vor der christlichen Zeit unter hellenistischem Einfluß, zudem kennen die griechische und römische Antike ebenfalls apokalyptische Hoffnungen.[114]

1.4 Die freie Stadt

Das Thema der christlichen Freiheit vom Sinai-Gesetz, dessen Funktion als »Verwahrung, Einschließung, als Zuchtmeister ... auf Christus hin«, durchzieht den Galaterbrief.[115] Entsprechend erhält das obere Jerusalem das Prädikat die »Freie«.

Das »jetzige« Jerusalem, das Paulus vor Augen hatte, war keine freie Stadt.[116] Wenn Paulus das obere Jerusalem »eine freie (Stadt)« nennt, so steht dahinter das Ideal der politisch freien Stadt, das sich in Griechenland entwickelt hatte.[117] Im Freiheitskampf gegen die Seleukiden wurde es von den Makkabäern für Jerusalem beansprucht.[118] Erst recht erhielt dieses Ideal im 1. und 2. jüdischen Krieg eine politisch-religiöse Dimension. Diese national-endzeitliche Hoffnung proklamieren die Aufstandsmünzen.[119] Josephus verwendet den Begriff ἐλευθερία, wenn er die (zelotische) Erwartung des eschatologischen Eingreifens Gottes zur Erlösung Israels beschreibt, aber er gebraucht ihn ebenso für den Exodus aus Ägypten und für das Ziel

---

[113] HENGEL 1988, 461; DERS. 1996, 314–343 (315ff betont scharf gegen FISCHER 1978 die »Vielfalt, ja Widersprüchlichkeit« der apokalyptischen Schriften in der Diaspora). KÜHNEL 1987, 56 möchte dagegen wieder »future« und »heavenly Jerusalem« als »two categories (or two stages)« des jüdischen eschatologischen Jerusalems stärker auseinander halten, doch es handelt sich um zwei Aspekte der *einen* Stadt, die wie gerade Paulus deutlich zeigt, nicht voneinander zu trennen sind.

[114] FREY 1997a, 410f.414f; gegen H.-D. BETZ 1988, 424; WALTER 1997, 234–280.

[115] 3,23f. Zitat: H. GESE 1974, 83. Vgl. HOFIUS 1989, 56.120 u.ö.; ausführlich ECKSTEIN 1996.

[116] SHERWIN-WHITE 1963, 37: »Jerusalem was quite certainly not a ›free city‹, but very much the opposite.« Auch die oberste juristische Instanz, das Synhedrium des Hohenpriesters, verfügte nicht mehr über die Kapitalgerichtsbarkeit.

[117] Vgl. RAAFLAUB 1998, Sp. 650ff (Lit.).

[118] 1Makk 2,11; 14,27 (für das Volk); 2Makk 2,22; 9,14; vgl. zur Vorgeschichte bei den hellenistischen Reformern HENGEL 1988, 138.506.513 u.ö.

[119] Vgl. HENGEL 1976, 114–123: »In allen drei Münztexten des ersten Aufstandes konnte so die Erfüllung der profetischen Verheißung zum Ausdruck kommen«: Jes 52,1f.9; zu den Münzen s.o. Anm. 47–49.

der Propheten, die in der Zeit vor dem 1. jüdischen Krieg ihre Scharen in
die Wüste führten, um ihnen dort die »Zeichen der Freiheit« zu zeigen, d. h.
die Wunder der Erlösung im neuen Exodus und den Anbruch von Gottes
endzeitlicher Königsherrschaft.[120]

Vom rechtlichen und politischen Nutzen des Rangs einer freien Stadt,
einer griechischen πόλις, hatten auch die Bewohner der galatischen Provinz eine konkrete Vorstellung, denn sie wußten, daß für sie ein solches
politisches Ideal in weiter Ferne lag. Die Römer hatten bei der Einrichtung
der Provinz die Verfassung der Städte neu geordnet, und diese wurden von
Augustus in römische Kolonien umgewandelt zum Schutz der römischen
Herrschaft.[121] Auch die bedeutendste unter ihnen, Antiochia in Phrygien an
der Grenze zu Pisidien, von der Strabo schreibt: »Die Römer befreiten die
Stadt von den Königen«[122], wurde unter Augustus eine römische Kolonie
und konnte erst später im 3. Jh. proklamieren, daß sie zu einer *socia Roma-
norum* aufgestiegen sei.[123] Die anderen Städte, in denen Paulus zusammen
mit Barnabas Gemeinden gegründet hatte, waren ebenfalls römische Kolonien, zumeist war ihre griechische Polisverfassung ganz in die einer römischen Colonia umgewandelt worden.[124] Eine Ausnahme bildete Ikonium,
hier regierte »im Bereich der alten phrygischen πόλις ... das Volk«.[125] Den
Rang von Stadtstaaten *civitates liberae et foederatae* erhielten in der weiteren Umgebung nur Athen und Rhodos.[126]

---

[120] Josephus, Bell 2,259f; Ant 20,167f; dazu HENGEL 1976, 119f. Vgl. o. zu Gal 1,4.

[121] Dazu ausführlich BREYTENBACH 1996, 109–112.159–167: Zunächst stützten sie
sich auf den Klientelkönig Amyntas, der im Kampf gegen die aufrührerischen Homo-
naden im Jahr 25 v. Chr. fiel; im selben Jahr wurde die Provinz Galatien gegründet. Das
πόλις-System scheint in Galatien nicht so gefestigt gewesen zu sein wie an der kleinasiatischen Küste, wo die Römer »Verträge mit der einflußreichen lokalen Aristokratie«
schlossen und die Stadträte regierten (109), doch die Kapitalgerichtsbarkeit lag auch
hier in den Händen der römischen Statthalter. Die Städte Galatiens waren nicht so mäch-
tig, daß die Römer ihnen zutrauten, sich aus eigener Kraft gegen die Begehrlichkeit der
Bergvölker des Taurus zu wehren, die Grenzen zu schützen und die römische Kontrolle
stellvertretend zu übernehmen.

[122] Strabo 12,8,14: Ῥωμαῖοι δ' ἠλευθέρωσαν τῶν βασιλέων. Vgl. LEVICK 1968,
Sp. 48–61.

[123] Vgl. NOLLÉ 1995, 350–370; RIESNER 1994, 245f.

[124] BREYTENBACH 1996, 45–52: In Antiochia waren die römischen Bürger in die
tribus Sergia eingeschrieben. In Ikonium dagegen war nur der Teil der Stadt, in dem
Veteranen lebten, einem römischen *duovir* unterstellt. Lystra war ebenfalls seit Augustus Colonia. Vgl. zu den *Civitates liberae* SHERWIN-WHITE 1963, 36f; GALSTERER
1997, Sp. 1224.

[125] BREYTENBACH 1996, 51.

[126] *Civitates liberae* hatten selbständige Jurisdiktion, vgl. SHERWIN-WHITE 1963,
36f.75; doch auch Rhodos wurde von Claudius 44 n. Chr. das Recht entzogen, römische

Doch wie der Zionspsalm aus Qumran, die Berichte des Josephus und die jüdischen Aufstandsmünzen zeigen, war der Begriff »Freiheit« zugleich für Juden und dann für Christen ein Äquivalent für die Befreiung schlechthin: die endzeitliche Erlösung. Von dieser Befreiung hatte Paulus im Briefpräskript mit Anklang an die Exodusüberlieferung als Rettung aus dem bösen Äon durch den sühnenden Kreuzestod Jesu gesprochen.[127]

1.5 Das Zitat von Jes 54,1

Um diese »freie« Mutterstadt zu beschreiben, zitiert Paulus die Schrift (Jes 54,1):

Freue dich, Unfruchtbare, die nicht geboren hat,
jauchze und rufe laut, die nicht in Wehen lag.
Denn viele Kinder hat die Einsame
mehr als die, die den Mann hat.

Paulus will mit seinem Zitat von Jes 54 die Galater nicht auf völlig Neues und Unbekanntes hinweisen. In diesem expliziten, ganz mit unserem LXX-Text übereinstimmenden Zitat, wieder durch γέγραπται γάρ[128] eingeleitet, liegt die Begründung[129] für das paulinische Verständnis des himmlischen Jerusalems, seiner Funktion als Mutterstadt, seiner Entsprechung zu Sara, der Freien, und ihren Kindern.

»Mit Hilfe des Zitats begründet Paulus ... nicht nur die implizit vorgenommene Gleichsetzung von Sara und der ἄνω Ἰερουσαλήμ, sondern auch die Aussage, daß sie μήτηρ ἡμῶν (unsere Mutter) ist. Wie für Sara, so gibt es auch für ... (das obere Jerusalem) keine Nachkommenschaft κατὰ σάρκα.«[130]

Bürger abzuurteilen. Tacitus, Ann 12,58,2 berichtet für das Jahr 53: *redditur Rhodiis libertas, adempta saepe aut firmata, prout bellis externis meruerant aut domi seditione deliquerant.*
[127] S. dazu o. Anm. 33.
[128] Mit γέγραπται γάρ wird keine neue allegorische Rede der Schrift eingeleitet. Es ist in der ganzen Argumentation ein Zwischenbeweis, der nicht allegorisch ist.
[129] Zu dieser Funktion von Zitaten bei Paulus s. HAYS 1989, 105–121: »It is Isaiah's metaphorical linkage of Abraham and Sarah with an eschatologically restored Jerusalem that warrents Paul's use of Jes 54:1. The effect of Paul's allusive use of the quotation, however can be better described the other way around: the citation of Jes 54:1 metaleptically evokes the whole rippling pool of promise found in the latter chapters of that prophetic book.« (120). – Natürlich nicht nur der letzten Kapitel, sondern des ganzen Jesajabuches. Speziell zu unserer Stelle: JOBES 1993, 299–320, doch JOBES bezieht das Gebären der unfruchtbaren Mutter und Stadt einseitig auf die Auferstehung Jesu.
[130] KOCH 1986, 209.

Die biologische Abstammung von Sara ist irrelevant, es kommt auf die Abstammung κατὰ πνεῦμα an.[131]

Paulus hat den Schriftbeleg treffend gewählt.[132] Jes 54 beschreibt die Herrlichkeit des »oberen Jerusalems« und wurde in Qumran ebenfalls auf die eigene Gemeinschaft gedeutet.[133] Durch die Anrede »Unfruchtbare« (עקרה; LXX στεῖρα) ruft der Prophet Saras Unfruchtbarkeit in Erinnerung Gen 11,30: »Sara aber war unfruchtbar (עקרה; LXX στεῖρα) und hatte kein Kind«.[134] Durch Motiventsprechung (Sara/Zion) ist Jes 54,1 für Paulus mit Jes 51,1ff eng verbunden:

> »Hört mich, die ihr nach Gerechtigkeit trachtet, die ihr den Herrn sucht.
> Blickt hin auf den harten[135] Felsen, aus dem ihr herausgehauen seid,
> und auf den Brunnenschacht, aus dem ihr gegraben seid.
> Seht auf Abraham eueren Vater und auf *Sara*, die euch unter Wehen gebar. ...
> Und jetzt werde ich dich trösten, Zion,
> und ich werde trösten all ihre Einsamkeit
> und ich werde ihre Einsamkeit machen wie einen Garten (παράδεισον) des Herrn.
> Freude und Jubel werden sie in ihr finden, Dank und die Stimme des Preises.«

So wie einst die unfruchtbare Sara durch Gottes Schöpfermacht geboren hat, so gebiert Zion in Jes 51 ein neues Volk und wird dadurch umgestaltet zum Gottesgarten, in dem der dankbare Jubel seiner Bewohner erschallt.

---

[131] Ähnlich argumentiert Paulus bei der Abrahamskindschaft κατὰ πνεῦμα, s. Gal 4,5; Röm 8,15.23; vgl. dazu SCOTT 1992, 121–186.221–266.

[132] Anders BARRETT 1976, 16: »Paul's use of Isa 54,1 is ... in a sense arbitrary; he takes from it what he brings from it.« Der Vorwurf fällt auf den großen Gelehrten zurück: Die Rechtfertigungslehre – wie BARRETT damals zu beweisen suchte – wollte Paulus mit diesem Zitat nicht begründen. Es wird weiter kein Zufall sein, daß Jes 54,1f direkt auf das 4. Gottesknechtslied folgt, dessen Auslegung auf den stellvertretenden Kreuzestod und die Auferweckung Jesu Paulus vorgegeben war, wie die Traditionsformeln 1Kor 15,3b und Röm 4,25 zeigen, und dessen Interpretation er eigenständig theologisch weiter entfaltet. S. dazu HOFIUS 1996, 117–123. Es ist gerahmt von den Zionsverheißungen Jes 51f und 54. In 2Clem werden die paulinischen Gedanken aufgenommen und fortgeführt: 1,8–2,3 bezieht Jes 54,1 auf die Erschaffung aus dem Nichts (vgl. Röm 4,17) und die Präexistenz der Kirche, denn »unfruchtbar war unsere Kirche, bevor ihr Kinder geboren wurden« (vgl. 2Clem 14,2 dazu u. Anm. 154); die zahlreichen Kinder werden mit antijüdischer Spitze als die Gläubigen gedeutet (νυνὶ δὲ πιστεύοντες πλείονες ἐγενόμεθα τῶν δοκούντων ἔχειν τὸν θεόν). Vgl. DONFRIED 1974, 107ff.194–200.

[133] Vgl. 4QpJes⁴ 6f; dazu o. S. 214.

[134] Gen 11,30: καὶ ἦν Σαρα στεῖρα (MT: עקרה) καὶ οὐκ ἐτεκνοποίει; Jes 54,1: Εὐφράνθητι, στεῖρα (MT: עקרה) ἡ οὐ τίκτουσα. Der Prosatext wird in poetische Anrede umgeformt. Vgl. auch Jes 66,9; Ps 113,9 (LXX: στεῖρα).

[135] LXX: τὴν στερεὰν πέτραν. Durch die Alliteration στερεά/ στεῖρα erklärt sich wohl die beabsichtigte Änderung der LXX gegenüber dem hebräischen Text, wo dieses »hart« nicht steht.

Diejenigen, die »nach Gerechtigkeit trachten« und »die nach dem Herrn suchen« (Jes 51,1), sind für Paulus nicht eingeschränkt auf das vorfindliche Israel.[136]

Doch Stichwort- und Motiventsprechungen (Geburt der Kinder Zions, LXX στεῖρα, Aufforderung zur Freude) weisen vor allem auch auf das eschatologische Schlußkapitel Jes 66 hin. Jes 66,9: »Sollte ich, der gebären läßt, den Schoß verschließen (עצרתי)?« Hier übersetzt die LXX: »οὐκ ἰδοὺ ἐγὼ γεννῶσαν καὶ στεῖραν ἐποίησεν; εἶπεν ὁ θεός.« »Siehe, habe ich nicht die Gebärende und die Unfruchtbare erschaffen? sprach Gott.« Paulus legt auch hier die Schrift streng nach der exegetischen Regel des Analogieschlusses der Gezara Schawa[137] aus. Er verwendet hier einen Bibeltext, der unserer LXX entspricht, und sieht den inneren Zusammenhang dieser Stellen. Jes 66,6 ff schildert die eschatologische Geburt der Kinder aus Zion, das Unverständnis Israels gegenüber dieser wunderbaren Erwartung (V. 9 προσδοκία) und beschreibt Jerusalem als Mutterstadt:

»Freue dich, Jerusalem, und feiert ein Fest in ihr, alle, die ihr sie liebt,
freut euch mit Freude, alle, die ihr um sie getrauert habt,
damit ihr saugt und erfüllt werdet vom Busen ihres Trostes,
damit ihr trinkt und gesättigt werdet vom Eingehen (LXX: εἰσόδου) in ihre
Herrlichkeit.«[138]

Das Schlußkapitel des Prophetenbuches schränkt die Kinder Jerusalems nicht ein auf die Israeliten; es enthält zudem eine Verheißung für die Völker.

66,19: »Gerettete Israeliten wird Gott senden zu den Völkern, nach Tharschisch/ Tarsus, Lud ... nach Griechenland und zu den fernen Inseln, damit sie den Völkern, Heiden, die den Namen Gottes nicht gehört hatten und seine Herrlichkeit nicht gesehen hatten, die Herrlichkeit Gottes verkündigen.«

Dieser Text hatte grundlegende Bedeutung für die Konzeption der weltweiten Mission des Paulus.[139] Seine Mission dient der Verheißung, daß der Unfruchtbaren viele Kinder geschenkt werden sollen. Deshalb zitiert er Jes 54,1: »*Freue* dich, Unfruchtbare«.

Das Motiv der Freude, der eschatologische Jubel über die Geburt der Kinder verbindet ebenfalls die Verheißung von Jes 54,1 mit Jes 51,3 und 66,10: Die Bewohner Jerusalems und die Mutterstadt sollen jubeln über die Herrlichkeit des »oberen Jerusalems«.

---

[136] So auch JOBES 1993, 307 f.
[137] Vgl. BARRETT 1976, 12. JOBES 1993, 305.310 ff.318 spricht im Anschluß an HAYS von »metalepsis«.
[138] Jes 66,10; vgl. o. S. 204 zu 11Q Zion.
[139] S. dazu RIESNER 1994, 455; SCOTT 1995, 246 Index zu Jes 66,19; HENGEL/ SCHWEMER 1998, 158 f u.ö.

Weil der Prophet Jesaja »allegorisch«, d.h. geheimnisvoll übertragen, von der Unfruchtbaren, der Sara/Jerusalem, spricht, behauptet Paulus mit allem Recht des kompetenten schriftgelehrten Apostels, daß die Schrift in der Hagar-Sara-Geschichte selbst schon allegorisch redet und all das, was bei Jesaja von der wunderbaren Geburt der Unfruchtbaren und dem Unverständnis, der Sünde, Verstockung und Gefangenschaft Jerusalems/Israels geschrieben steht, in der Genesis bereits angedeutet ist. Die Galater sollen verstehen, daß sie den Befehl Gottes: »Wirf die Sklavin hinaus« jetzt auf die judaistischen Missionare beziehen sollen (Gal 4,21).[140]

Die wunderbare Geburt aus Zion ist so für Paulus eine Verheißung für die Entstehung der Kirche aus allen Völkern, die sich jetzt erfüllt. »Die Gemeinde ist das himmlische Jerusalem«, sowie auch in Mt 5,14 und bereits in Qumran.[141] Für Paulus ist es die μητρόπολις, die Mutterstadt, die ihre vielen Töchterstädte, die einzelnen Gemeinden, verstreut über den Erdkreis besitzt. Den Aufbau der Einzelgemeinden kann Paulus in 1 Kor 3 auch mit dem Tempelbau vergleichen. Die Metaphorik steht nicht im Widerspruch. Tempel- und Stadtbau hängen seit alters zusammen.[142] Wenn Paulus die Kirche den Leib Christi, σῶμα Χριστοῦ, nennt, so beschreibt er unter einem anderen Aspekt, dem des lebendigen Organismus, die Eingliederung in den Heilsbereich Christi.[143]

Das »obere Jerusalem« ist für Paulus eine »Mutterstadt« κατὰ πνεῦμα, deren Einwohner durch Tod und Auferweckung Jesu Christi und durch die Predigt des Evangeliums von der in Christus geschehenen sühnenden Versöhnung, das Hören dieses Evangeliums, das Geschenk des Glaubens durch den Heiligen Geist und die darauffolgende Taufe »geboren« und in sie eingegliedert werden.[144] In dieser »Stadt« sind alle frei und gleich, denn in Christus gibt es »weder Jude noch Grieche, weder Sklave noch Freien, weder Mann noch Frau«.[145] In Christus, in seinem Heilsbereich, sind alle nationalen, sozialen und biologischen Unterschiede aufgehoben. Deshalb

---

[140] Dies ist, um es noch einmal zu betonen, keine Aussage über die Verwerfung Gesamtisraels und steht nicht im Widerspruch zu Röm 11,26! Vgl. o. Anm. 36; weiter HOFIUS 1989, 201f zu Röm 11. Auch die Rede von den beiden διαθῆκαι fand Paulus in der Schrift, denn Isaak wird die διαθήκη expressis verbis verheißen (Gen 17,21), aber auch Ismael empfing den Bund der Beschneidung.

[141] G. JEREMIAS 1963, 248. Zu den Bilderreden vgl. o. S. 211f; weiter zu slHen 65 u. Anm. 157.

[142] S. dazu den Beitrag von M. HENGEL u. S. 274.

[143] Vgl. M. GESE 1997, 176ff. Die Metapher ist nach M. GESE aus der »Stammvatervorstellung« abzuleiten.

[144] Gal 3,25; vgl. HOFIUS 1989, 148–174 (148).

[145] S. dazu HENGEL/SCHWEMER 1998, 439ff; vgl. auch die gleichen Häuser in »New Jerusalem« dazu o. S. 213 Anm. 86.

gilt weder die Beschneidung etwas noch die Unbeschnittenheit, sondern
»eine neue Schöpfung« (Gal 6,15). – Doch steht dies alles unter dem eschatologischen Vorbehalt: Das Heil darf nicht eigensüchtig machender Besitz
werden, der zur Selbstsicherheit verführt. Vor dem Abfall in den Unglauben
muß Paulus immer wieder warnen. Deshalb sind seine Ermahnungen an die
Gemeinden – wie in den anderen urchristlichen Schriften – so oft Erinnerung an den Anfang (gerade auch im Galaterbrief), als ihnen das Evangelium verkündigt und durch das Wort Gottes der Geist und der Glaube geschenkt wurde (Gal 3,2ff.25). Darum ist die Paränese so oft Taufparänese.

Über die Sphären des Himmels denkt Paulus in den traditionellen Bah-
nen frühjüdischer Apokalyptik und Mystik. Es ist der weite Raum Gottes
und seiner Engel mit mehreren Himmeln, jenseits der sichtbaren und ver-
gänglichen Welt (2Kor 4,8). Er selbst wurde bis in den dritten Himmel
entrückt, erkannte ihn als das Paradies und hörte ἄρρητα ῥήματα. Äußerst
unwillig teilt er dies den Korinthern mit, gezwungenermaßen, weil er sich
ausweisen muß, denn sie verlangen von ihm, daß er über seine Offenbarun-
gen und Visionen spricht. Dem unverschämten Drängen der Korinther verdanken wir diesen einzigartigen *autobiographischen* Entrückungsbericht
aus der Antike.[146] Bei seiner Berufung hatte sich ihm der Auferstandene in
seiner göttlichen Doxa offenbart (Gal 1,15f; 2Kor 4,6) und ihn beauftragt
mit der Sendung zu den Völkern. Die Himmel waren für Paulus eine durch
mystische Erlebnisse und inspirierte Schriftdeutung erfahrbare und erkenn-
bare Realität. Da für ihn die Gemeinschaft der Gläubigen – als der Leib
Christi – in einer ganz engen Beziehung zu Christus[147] steht, kann er die
ihm vorgegebene, den Galatern selbstverständlich bekannte Vorstellung vom
»oberen Jerusalem« anführen. Er setzt auch voraus, daß sie nachvollziehen
können, was er meint, wenn er Jes 54,1 dazu zitiert.[148]

---

[146] Vgl. HENGEL/SCHWEMER 1998, 355ff.

[147] Vgl. »Christus anziehen«, das σῶμα Christi. Vgl. dazu M. HENGEL u. S. 272ff.

[148] Die Epistula Apostolorum, entstanden um die Mitte des 2. Jh.s n. Chr., verbindet
dann die Berufung des Paulus zum Völkerapostel mit einer Erweiterung des Propheten-
zitats von Jes 54,1 und der Bezeichnung der Kirche als »neues Jerusalem« und »Braut«,
die im Gegensatz zum gefangenen »Zion« steht; hier spricht Christus über Paulus:
»In diesem Glauben wird er (stark) sein, damit erfüllt werde das Wort des Propheten,
der da spricht: Siehe, aus dem Land Syrien will ich zu rufen anfangen ein neues Jerusalem, und Zion will ich mir unterwerfen und es wird gefangen werden, und die Unfruchtbare, die keine Kinder hat, wird kinderreich sein und wird Tochter meines Vaters genannt werden, mir aber meine Braut ... Denn ... ich werde vom Himmel her mit ihm
reden, und es wird alles geschehen, wie ich es euch über ihn vorhergesagt habe.« (33
[44])
Übersetzung: HENNECKE/SCHNEEMELCHER 1987, 224. Schon SCHLIER 1962, 223 hat
auf diese Stelle zu Gal 4,26 hingewiesen.

Das »obere Jerusalem« ist dabei der Inbegriff des transzendenten Raumes, die Gottesstadt, wo Gott selbst »Mauer und Zentrum« ist (Sach 2)[149], wo der Gekreuzigte und Auferstandene zur Rechten Gottes thront. Dort ist der Ort der Märtyrer, die im Gegensatz zu denen, die in Frieden gestorben sind und in der Erde die kurze Zeit bis zur Parusie und zur Verwandlung schlafen, schon beim Herrn sind.[150] Phil 1,23 wünscht sich Paulus »beim Herrn« zu sein, d.h. er wünscht sich den Märtyrertod. Es ist der himmlische Ort, von dem her Christus bei der Parusie kommen wird (1 Thess 4,17; Röm 11,26; Phil 3,20).[151]

H. D. Betz schreibt in seinem Galaterkommentar[152]: Für Paulus ist das obere Jerusalem »präexistent und bleibt im Himmel; wer dort wohnen will, muß dorthin aufsteigen«. Dem muß man im entscheidenden Punkt widersprechen. Präexistenz im strengen Sinne kommt für Paulus nur Christus, dem Schöpfungsmittler, zu, das »obere Jerusalem« dagegen verdankt seine Existenz dem Anbruch der »Neuen Schöpfung«, καινὴ κτίσις. Insofern es schon immer in Gottes Heilsratschluß vorhanden war und die Zugehörigkeit zu dieser Gemeinschaft durch Gottes Vorherbestimmung entschieden ist, kann man es präexistent nennen.[153] Jes 49,16 wird Paulus wie syrBar 4,1–6 auf das »obere Jerusalem« bezogen, aber eben anders verstanden haben. Das »obere Jerusalem« des Paulus ist nicht einfach »präexistent« im Sinne der Präexistenz Christi, sondern verdankt sein Sein Gott, dem Schöpfer, und der Schöpfungsmittlerschaft Christi: »Gott der Vater, aus dem alles ist und wir auf ihn hin, und ein Herr Jesus Christus, durch den alles ist und wir durch ihn« (1 Kor 8,6). Das Konzept des himmlischen Jerusalems war Paulus durch die Tradition vorgegeben, aber er versteht es neu, indem er es – in gewisser Weise analog zum qumranischen Bezug auf die eigene Gemeinschaft oder dem der Bilderreden auf die endzeitliche Offenbarung Henochs und das »Haus der Versammlung der Gerechten« – als die »Heimat« der christlichen Gemeinden erkennt, die durch den Kreuzestod und

---

[149] Dazu o. S. 208; vgl. grHen 14,21f.

[150] Vgl. das »Paradies« in Lk 23,43: Jesus verheißt dem reumütigen Schächer, daß er als Gerechter, als Märtyrer stirbt; zugleich stirbt Jesus selbst wirklich und befindet sich vor der Auferstehung am Ort der Gerechten. Zur Aufnahme der Märtyrer in den Himmel gleich nach ihrem Leiden s. SCHWEMER 1999, 340f Anm. 97f.102.

[151] Zu Phil 3,20f s. u. 235f.; Röm 11,26 zitiert Jes 59,20f leicht abgewandelt: Aus (ἐκ) Zion wird der Retter kommen, statt LXX: ἕνεκεν. Paulus versteht unter diesem »Zion« wohl die himmlische Stadt. Vgl. dazu KÄSEMANN 1974, 304; STUHLMACHER 1989, 155; vorsichtig HOFIUS 1989, 196; SÖLLNER 1998, 168 Anm. 504 verkennt auch hier den Zusammenhang.

[152] H.-D. BETZ 1988, 424.

[153] LAMIRANDE 1974, Sp. 946 bemerkt richtig, diese Stadt ist nicht nur vorhanden, sondern entwickelt sich auch.

die Auferstehung Jesu Christi und den von Gott geschenkten *Glauben* an ihn als neue endzeitliche Gemeinschaft gegründet wurden.[154]

Dieses obere Jerusalem »bleibt« keineswegs einfach im Himmel. Nach 1Thess 4,13–17 werden die bei der Parusie noch lebenden zusammen mit den bereits verstorbenen, aber nun aus ihrem Todesschlaf auferstandenen Gläubigen zum Empfang, zur feierlichen Einholung Christi mit Wolken in die Luft entrückt. Christus kommt vom (höchsten) Himmel, deshalb werden die Gläubigen in die Luft (εἰς ἀέρα) entrückt, um ihm entsprechend dem Brauch der Apantesis ein Stück auf seinem Weg, d. h. in diesem Fall in die Höhe, entgegenzuziehen, um ihn im Lobpreis zu begrüßen und mit ihm zur Erde zu kommen, die wie eine Stadt beschrieben wird.[155] Das Herabkommen des himmlischen Jerusalems in Apk 21 konnte auch paulinischen Vorstellungen entsprechen. Paulus ist mehr apokalyptischer Realist als es die spätere platonisierend-idealistische Exegese wahrhaben wollte. Vielleicht rechnet 1Kor 15,23–28 mit einer Art messianischem Zwischenreich, wenn Gott seinem Sohn nach dessen Sieg über alle Feinde die Herrschaft

---

[154] JOBES 1993 insistiert hier allein auf der Auferstehung Christi als Neugeburt aus »der Unfruchtbaren« (vgl. o. Anm. 129). SÖLLNER 1998, 163–169 führt die verschiedenen Auslegungen für das obere Jerusalem in Gal 4,26 an, aber sein eigener Lösungsvorschlag, das »obere Jerusalem wird … (für Paulus) zu einem dreifachen Instrument«, es sei 1) »antitypologisch« erschlossen, um den »galatischen Heidenchristen die Abstammung von Sara plausibel zu machen«, 2) aus der Mutterschaftsmetaphorik gewinne »Paulus ein himmlisch verortetes Beweisargument für seine beschneidungsfreie Heidenmission«, und 3) »werden die Gegner auf schroffste Weise degradiert«, erfaßt die Beweisführung des Paulus nur unzureichend. Hier rächt es sich, daß SÖLLNER die Beziehungen zu Phil 3,20 und Röm 11,26, aber auch 1Thess 4,15.17 vernachlässigt. Deshalb kann er das ekklesiologische Element des himmlischen Jerusalems nicht wahrnehmen (165). So modern abstrakt – wie SÖLLNER meint – denkt Paulus gerade nicht. Zur späteren voll ausgebildeten Vorstellung von der Präexistenz der Kirche vgl. den Beitrag von M. HENGEL u. S. 276ff.; dort zur Erschaffung der »ersten, geistlichen Kirche« vor Sonne und Mond, die dann im »Fleische Christi offenbart wurde« in 2Clem 14,1–3; vgl. auch DONFRIED 1974, 160ff.192. Zu Philos Vorstellung von der Erschaffung der transzendenten Welt als »Megalopolis« und »Metropolis« am 1. Schöpfungstag vgl. o. Anm. 93.

[155] Zur ἀπάντησις bzw. ὑπάντησις vgl. z. B. Apg 28,15: aus Rom ziehen »Brüder« dem Paulus entgegen, die einen bis nach Forum Apii und die andern bis Tres Tabernae, um ihn zu empfangen; weiter die aus Jerusalem Jesus entgegenziehende Menge Joh 12,13; Mt 25,1.6: die Jungfrauen, die dem Bräutigam entgegenziehen; dazu HOLTZ 1990, 203f. Anders WALTER 1997, 260: »von einer ›Einholung‹ des Kyrios *auf die Erde* sagt der Text nichts« (Hervorhebung W.). Die Gläubigen würden vielmehr »in die himmlische Heimat eingehen«. Die Gläubigen werden jedoch deutlich nur eine kurze Strecke in die Luft entrückt, in die unterste Schicht unter dem Firmament, keineswegs in einen der Himmel, und der t. t. der »Einholung« zeigt eigentlich unmißverständlich, was das Ziel des Herabkommens Christi ist. Sonst müßte es heißen, Christus zöge mit allen Heiligen den Gläubigen zur ἀπάντησις entgegen.

übergibt, ihm alles zu Füßen legt – auch den letzten Feind, den Tod –, bevor dann der Sohn die Herrschaft zurückgibt und Gott »alles in allen« ist.[156] Der »Himmel« kommt auf die Erde auch in 1Kor 15 wie in 2Kor 5. Nach dem Gericht findet auf Erden dann die wunderbare Verwandlung der Menschen statt. Die Auskunft »wer dort wohnen will, muß dorthin aufsteigen«[157], mag ein verbreiteter antiker Gemeinplatz sein, widerspricht aber dem Realismus paulinischer Christologie, Soteriologie, Ekklesiologie und Eschatologie.

2. Das πολίτευμα in den Himmeln nach Phil 3,20

2.1 Der historische ›Kontext‹

Im wohl letzten uns erhaltenen Brief des Paulus[158] kommt er abrupt auf das Thema zu sprechen, das wir aus dem Galaterbrief kennen. Er drückt sich darin fast noch schärfer und drastischer aus als in Gal 5,12, wenn er zum wiederholten Mal zur Wachsamkeit gegenüber »diese(n) Hunde(n)«, »diese(r) Verschneidung« (Phil 3,2) warnt und schließlich »weinend« (Phil 3,18) sagt: Wer die jüdischen Speisegesetze, seinen Bauch, zum Gott macht, wer die Beschneidung, seine Genitalien, für seine δόξα hält und nicht Christus, der ist ein Feind des Kreuzes Christi, sein Ende ist das Verderben, d. h. er wird im Jüngsten Gericht nicht bestehen.[159] Für alle Erwählten gilt vielmehr (3,20f):

---

[156] Vgl. HENGEL 1993, 144f.

[157] H.-D. BETZ 1988, 424 mit Verweis auf slHen 55,2. Ähnlich auch WALTER s. o. Anm. 155. Doch sogar slHen hat keine streng räumlich-jenseitige Eschatologie, sondern erwartet den Tag des Endgerichts (65,3–7); vgl. FREY 1997a, 410 Anm. 121. Im »*einen*, großen Äon« sind der alte Himmel und die alte Erde, die »ganze sichtbare und unsichtbare Schöpfung«, vergangen, dann wird den Gerechten »das große *Licht* ... eine unzerstörbare *Mauer* sein (vgl. Sach 2) und das große unvergängliche *Paradies*. Denn alles Vergängliche vergeht, aber das Unvergängliche *kommt*. Und es wird die Obhut einer unvergänglichen *Wohnung* sein« (65,6–10) Hervorhebung A. M. S.; zur Übersetzung s. BÖTTRICH 1996, 996ff; SÖLLNER hat diese Stelle leider nicht beachtet und kommt zu dem Schluß, das himmlische Jerusalem habe »für die Adressaten« des slHen »keine unmittelbare Relevanz«.

[158] Möglicherweise ist Philemon später. Phil muß aus der Zeit der Gefangenschaft in Caesarea oder Rom stammen. Von einer ephesinischen Gefangenschaft, die Paulus in Lebensgefahr brachte, wissen wir sonst nichts. Paulus sieht die Möglichkeit, den Märtyrertod zu erleiden, unmittelbar vor sich (Phil 1,23); vgl. o. S. 226.

[159] HOFIUS 1989, 174 weist zu Recht darauf hin, daß Paulus hier prädestinatianisch denkt.

»Unser πολίτευμα liegt gegenwärtig vor in den Himmeln, von wo wir auch den Erlöser erwarten, den Herrn Jesus Christus, der den Leib unserer Niedrigkeit verwandeln wird, (so daß er) gleichgestaltig (wird) dem Leib seiner Herrlichkeit gemäß der Kraft, mit der er sich auch alles unterwerfen kann.«

2.2 Das πολίτευμα als Bürgerrecht, Verfassung oder »Reich«

Lebhaft wurde und wird darüber diskutiert, wie man πολίτευμα in Phil 3,20 zu verstehen hat. Heißt es einfach »Heimat«[160], oder »Reich«, ist also πολίτευμα im Sinne von πολιτεία[161] und βασιλεία τοῦ θεοῦ[162] zu verstehen, steht dieses πολίτευμα, das Paulus meint, im Gegensatz zu den als Vereinen verfaßten jüdischen πολιτεύματα, zur Verfassung von jüdischen Bevölkerungsgruppen innerhalb griechisch-römischer Städte, oder ist der Gebrauch von πολίτευμα im Phil 3,20 analog zum römischen Bürgerrecht aufzufassen und hat es nichts mit den in πολιτεύματα verfaßten jüdischen Diasporagemeinden zu tun?[163] Zu Recht setzt sich in den jüngsten Untersuchungen, wenn auch mit verschiedenen Begründungen, die Bedeutung »Bürgerrecht« durch.[164]

---

[160] LOHMEYER 1956, 157 f verweist auf die Bedeutung als »Organisation einer Gemeinschaft« und ihrer »Norm«, aber »der Inhalt des Wortes (ist) in ein Jenseits gerückt … ›Der Himmel‹ wird also zur Heimat der Seelen … die Gläubigen zu ›Pilgrimen‹ auf Erden, die nach ihrer himmlischen Heimat wallen.« SCHLIER 1980, 68: »Stadtgemeinde«, »Heimat«, »Himmelsstadt«; BEARE 1959, 136 f: »homeland«, πολίτευμα sei passend, weil die römische Kolonie Philippi eng mit Rom verbunden sei; mit Verweis auf Gal 4,26; Hebr 11,13.16; 1Petr 1,1; 2,11. WALTER 1997, 259: »So ist … zu erwägen, ob nicht unter πολίτευμα mehr als nur das himmlische Bürgerrecht, vielmehr die himmlische civitas (mit Verweis auf 4Esr 8,52) als bereitstehende ›Heimat‹ und erstrebtes Ziel des irdischen Lebens-Laufes des Glaubenden … zu verstehen ist.«

[161] Das war schon für LIGHTFOOT 1892, 156 (vgl. auch LOHMEYER 1956, 157) durch Philo belegt; Jos 69: ἀλλ᾽ οὐκ ἐγὼ δοῦλος, εὐπατρίδης δ᾽ εἰ καί τις ἄλλος ἐφιεμένος ἐγγραφῆς τῆς ἐν τῷ μεγίστῳ καὶ ἀρίστῳ πολιτεύματι τοῦδε τοῦ κόσμου; Conf 77 f: »Alle Menschen, die Mose als weise bezeichnet, sind Fremde (παροικοῦντες) in dieser Welt … Sie kehren aus ihren sichtbaren, sterblichen Körpern in ihren himmlischen Heimatort (πατρίδα … οὐράνιον χῶρον) zurück, wo sie ihr Bürgerrecht haben (ἐν ᾧ πολιτεύονται).« Die irdische Welt ist für die Weisen, d. h. im Kontext die Erzväter und alle wahren Juden, die Fremde. Zu weiteren Belegen bei Philo vgl. FELDMEIER 1992, 63–69.

[162] STRATHMANN 1959, 535: sowohl »Gemeinwesen« wie βασιλεία τῶν οὐρανῶν. SCHENK 1984, 287.322.324: »eine Parole der Gegner«, eine Auskunft, die z. T. heute noch als Allheilmittel für paulinische Rätsel gilt. SCHENK verstellt sich weiter durch seine Teilungshyphesen den Blick auf den wirklichen Sachverhalt.

[163] NIEBUHR 1992, 102 denkt an ein »Gemeinwesen«; ebenso U. B. MÜLLER 1993, 179 ff; vgl. dazu die Kritik von PILHOFER 1995, 128. W. KRAUS 1996, 344 betont im Anschluß an NIEBUHR den Gegensatz zum jüdischen πολίτευμα in Philippi, doch Juden spielten in Philippi nur eine marginale Rolle.

[164] LSJ, s. v. »citizenship«; so auch BRUCE 1993, 133; PORTEFAIX 1988, 139: »Paul's

Paulus stellt dieses himmlische πολίτευμα in schroffen Gegensatz zu jedem nur auf das Irdische gerichteten Streben und relativiert damit auch das Verlangen nach rechtlicher Sicherheit.[165] Wenn er in Phil 1,27 die Philipper ermahnt, ihr Leben »würdig des Evangeliums Christi zu führen« (πολιτεύεσθε)[166], so betont er zugleich, daß dieses Leben auch das Leiden um Christi willen einschließt (V. 29f). Gewiß wählt Paulus den rechtlich-politischen Begriff in beiden Fällen, weil er – wie die Gemeindeglieder in Philippi – weiß, wie wichtig es ist, im gegenwärtigen irdischen Leben eine einigermaßen zuverlässige Rechtsordnung zu haben,[167] zu einem πολίτευμα einer Polis, einem Verein, einer Bürgerschaft zu gehören und damit ein πολίτευμα als »Bürgerrecht« gleich welcher Art zu besitzen. Doch wahre Sicherheit, die vor dem Verdammungsurteil im Endgericht bewahrt, verleiht den Erwählten ihr himmlisches Bürgerrecht.[168] Es verleiht das »Wohnrecht« und die rechtlich vollgültige Zugehörigkeit zur himmlischen Stadt, der Mutterstadt, der μητρόπολις, der μήτηρ ἡμῶν, von der er in Gal 4,26 spricht, die damit zur ›Heimat‹ der christlichen Brüder und Schwestern wird. Paulus gibt weder einen Schriftbeweis für dieses himmlische πολίτευμα noch eine ausführliche Beschreibung, so wie er ja im Philipperbrief nicht mit der Schrift argumentiert, sondern an entscheidender Stelle christologische Texte – etwa ein Christuslied in Phil 2,6–11 – ausführlich zitiert.[169]
Eine klare Anspielung findet sich im übernächsten Satz (Phil 4,3)[170]: »meine übrigen Mitarbeiter, deren Namen im ›Buch des Lebens‹ (βίβλῳ

---

use of the word πολίτευμα ... might easily have paralleled the relationship between the capital of Rome and Colonia Julia Augusta Philippensis«; ähnlich O'BRIEN 1991, 469; PILHOFER 1995, 122–134 (s. dazu u. Anm. 191). Vgl. schon WENGER 1954, Sp. 779f, der jedoch schwankt zwischen der Bedeutung »Staat« und »Bürgerrecht«.

[165] Phil 3,19: τὰ ἐπίγεια φρονοῦντες.

[166] Vgl. PILHOFER 1995, 116.136ff.

[167] S. dazu HENGEL/SCHWEMER 1998, 95f.

[168] Es ist kein weiter Schritt zur Folgerung, daß die christlichen Gemeinden damit auf Erden zu »Beisassen« und »Fremden« werden; vgl. o. Anm. 160.161; dazu 1Petr 1,17; 2,11; 1Clem insc: ἡ ἐκκλησία τοῦ θεοῦ ἡ παροικοῦσα Ῥώμην τῇ ἐκκλησίᾳ τοῦ θεοῦ τῇ παροικούσῃ Κόρινθον; Polyk insc; 2Clem 5,1 u.ö.; weiter FELDMEIER 1992.

[169] KOCH 1986, 96 will dies auf die Situation der Gefangenschaft zurückführen, in der Paulus die ihm übliche Zitierweise aus schriftlichen Texten nicht möglich gewesen sei. Zu KOCHs irrigen Vorstellungen über die Schriftgelehrsamkeit des Paulus s. HENGEL 1991, 234ff. Die ältere Forschung sah in Phil 3,20f ebenfalls ein Christuslied vgl. z.B. LOHMEYER 1956, 157 »sechszeilige(r) Hymnus«; BECKER 1971, 27f: ein urchristliches Lied, das durch seine inhaltlichen Differenzen zur paulinischen Theologie und seine Sprache die nichtpaulinische Verfasserschaft verrate. Zu GÜTTGEMANNS, STRECKER u.a. s. schon GNILKA 1980, 208ff.

[170] Die Teilungshypothesen zum Phil trennen gerade diese beiden Stellen, deshalb wird der Zusammenhang übersehen; so z.B. GNILKA 1980, 202–210; KOCH 1986, 92–96 (zu SCHENK vgl. o. Anm. 162).

ζωῆς) verzeichnet sind«. Man hat dieses Buch des Lebens zu Recht mit dem himmlischen πολίτευμα verbunden.[171] Dieses »Buch des Lebens«[172], das Geburtsregister, wird im apokalyptischen Nachtrag Jes 4,3[173] auf die Endzeit bezogen:

»Und was übrig bleibt in Jerusalem … Heilige werden sie genannt werden, alle, die aufgeschrieben sind zum Leben in Jerusalem«.

Besonders in den Henochbüchern wird das »Buch der Lebenden« neben den »Tafeln des Himmels« erwähnt.[174] Dan 12,1 verbindet dieses »Buch«[175] mit der Auferstehung der Toten, die einen zum ewigen Leben, die anderen zum Verderben und die dritten zur ewigen Schande, aber das wahre Israel ist in diesem Buch verzeichnet und wird gerettet werden.[176] Paulus wird wohl auf Dan 12,1 anspielen, wenn er von der Schande und dem Verderben der einen und dem himmlischen Bürgerrecht und den Namen, die im Buch

---

[171] PORTEFAIX 1988, 139: »thus as the citizens of the Roman Empire were registered by authorities so the Christians were said to have their names written in the ›Book of Live‹ (Phil 4:3).« Ihr schließt sich PILHOFER 1995, 131f teilweise an: analog zum Verzeichnis der Bürger im Archiv in Rom und in Philippi spreche Paulus von einem himmlischen πολίτευμα, das er dann in 4,3 erwähne. Vgl. u. Anm. 191.

[172] Vgl. Ex 32,32 (Mose bittet Gott, ihn aus dem »Buch« zu streichen, wenn Gott Israel seine Sünden nicht vergibt; vgl. Röm 9,3); Ps 69,28; Ez 13,9; u. ö.; schon SCHRENK 1953, 618f Anm. 21 weist auch auf Ps LXX 86,6 hin: »die Bürgerliste der jüdischen Proselyten im Himmel«, das trifft auf JosAs 8,5; 12,15; 15,4f; 16,14 zu. Vgl. auch u. Anm. 182.

[173] STECK 1991, 28.197: datiert ihn in die Alexanderzeit (»zwischen 311und 302/1 v. Chr.«).

[174] Vgl. äthHen 47,3; 97,6, 104,1; 106,19; syrBar 73,1; 1Clem 45,8. Das »Buch des Lebens« und das »Buch«, in dem die Schicksalsbestimmungen aufgezeichnet werden (Ps 139,16; Dan 10,21), bzw. die Aufzeichnungen der menschlichen Taten (Dan 7,10; Mal 3,16; Jes 65,6 u.ö.) – die Vorstellungen gehen dann ineinander über – wird am Tag des Gerichts aufgeschlagen, vgl. HENGEL 1988, 366f; BLACK 1985, 209. Die himmlische »Bürgerliste« hat ihre Entsprechung in den in Jerusalem geführten Büchern der öffentlichen Geschlechtsregister des Volkes. Diese in Jerusalem in frühjüdischer Zeit – zumindest für die Priesterfamilien penibel – geführten Register (dazu Josephus, Vita 6) schlossen auch Ergänzungen für die berühmten Personen der Vergangenheit nicht aus und spielten in der legendären Biographie eine Rolle; vgl. SCHWEMER 1996a, 332ff.

[175] In der Terminologie steht Paulus Theodotion hier näher als LXX: Θ 12,1 … καὶ ἐν τῷ καιρῷ ἐκείνῳ σωθήσεται ὁ λαός σου, πᾶς ὁ εὑρεθεὶς γεγραμμένος ἐν τῇ βίβλῳ. 2 καὶ πολλοὶ τῶν καθευδόντων ἐν γῆς χώματι ἐξεγερθήσονται, οὗτοι εἰς ζωὴν αἰώνιον καὶ οὗτοι εἰς ὀνειδισμὸν καὶ εἰς αἰσχύνην αἰώνιον. Vgl. Lk 10,20; Apk 3,5; 13,8; 17,8; 20,12.15; 21,27; 22,19; die siebenfach versiegelte Urkunde in Apk 5 ist als dieses »Buch des Lebens« bzw. »Lebensbuch des Lammes« (13,8; 21,27) zu verstehen, s. jetzt HERZER 1999, 246f. Schon LIGHTFOOT 1903, 159 verwies u. a. auf Hermas Vis 2,1. Auch in 5,3f (II,1) ist das Buch, das Hermas ohne es zu verstehen Buchstabe für Buchstabe abschreibt, das Verzeichnis der Namen der »Erwählten«. Die anschließende Deutung geht dann auf die Bußfrist für die Heiden »bis zum jüngsten Tag«, für die Christen ist sie dagegen abgelaufen. – Von BROX 1991, 85.96f nicht klar erkannt.

[176] Vgl. HOFIUS 1989, 174.

des Lebens verzeichnet sind, der anderen spricht. In seiner Überzeugung, daß die Frevler der Verurteilung im jüngsten Gericht verfallen, ist Paulus dem AT verpflichtet. Eine ἀποκατάστασις πάντων lehrt er nicht. Doch warum versichert er gerade den Heidenchristen, daß ihr Bürgerrecht im Himmel verbrieft sei und die Namen seiner Mitarbeiter alle im Buch des Lebens eingetragen seien, wo doch dieses Buch des Lebens gerade Israels Geburtsregister ist, das in »Jerusalem« geführt wird?

Weil Paulus mit der Gemeinde in Philippi so eng verbunden ist, kann er im Brief vertraute Anspielungen verwenden. Paulus muß, wenn er in Phil 3,20 so selbstverständlich vom himmlischen πολίτευμα spricht, den Philippern die entsprechenden Begründungen und Schriftstellen schon längst zuvor mündlich (und schriftlich) dargelegt haben.[177]

Der schon erwähnte Psalm 87, LXX 86, wird öfter als Belegstelle zu Gal 4,26[178] genannt; es ist sehr wahrscheinlich, daß Paulus dort darauf anspielt, denn es ist die einzige Stelle in der LXX, wo gottesfürchtige Heiden Zion als »Mutter« anreden. Dieser späte Psalm, der die Zionstradition von Jes 66 fortführt, betont zugleich das Bürgerrecht der Gottesfürchtigen aus den Völkern in Jerusalem. Bereits im hebräischen Text führt Gott selbst das Geburtsregister der Völker und schreibt diejenigen, die sich zu ihm bekennen, als in Zion gebürtig ein, d.h. er macht sie zu Bürgern des »himmlischen« Jerusalems.[179] In der LXX wird dies noch deutlicher, da der masoretische Text stark entstellt und der ursprüngliche Wortlaut umstritten ist:

---

[177] Es sind nicht alle Briefe des Paulus an die Gemeinde erhalten; vgl. Polyk 3,2.

[178] H. Gese hat mehrfach auf diesen Text hingewiesen; vgl. H. Gese 1977, 49.51. 83.197; Ders. 1974, 138; Ders. 1991, 237.245; dazu o. Anm. 7.51. Gegen H.-J. Kraus 1966, 604f denkt der Psalm ursprünglich an die Feinde Israels, die zu »Bürgern« werden, nicht an die jüdische Diaspora. Vgl. Dahood 1968, 300; Tate 1990, 393; weiter Mussner 1981, 327 Anm. 54; Stuhlmacher 1999, 127; ders. 1999a, 169f mit Verweis auf Gese, der Ps 47; 87; 96; Sach 14,16–19 mit dem Laubhüttenfest als Feier des universalen Königtums Gottes verbindet. In der rabbinischen Literatur konzentrieren sich diese Themen auf das Neujahrsfest am 1. Tischri (Malkhijjot, Zikhronoth, Schopharoth), mit dem der Festmonat beginnt: Es ist der Gerichtstag, an dem alle Menschen vor Gott vorüberziehen wie Soldaten eines Heeres (mRH 1,2). Vgl. bRH 16b: »Drei Bücher werden geöffnet am Neujahrstag: eins der völlig Frevelhaften, eins der völlig Gerechten, eins der Mittelmäßigen. Die völlig Gerechten werden aufgeschrieben zum Leben …«. Zur literarischen Komposition der Korachpsalmen Ps 84–85.87–88, wobei sich Ps 84 und 87 eng entsprechen, vgl. Zenger 1998, 23f.

[179] Gal 4,26 und Phil 3,20 beziehen Ps 87,5f auf das »obere« Jerusalem und das himmlische Bürgerrecht, nicht auf das »jetzige« Jerusalem. Auch die Urgemeinde in Jerusalem ist für Paulus als solche nicht einfach die »geistliche Mutter der bekehrten Heiden« von Ps 87 (so Stuhlmacher 1999, 127), wenn diese einen solchen Anspruch vertreten hat, so widerspricht Paulus diesem mit der Betonung von ἄνω Jerusalem. Die Haltung des Paulus gegenüber der Jerusalemer Urgemeinde ist gerade in Gal sehr reserviert.

4 μνησθήσομαι Ρααβ καὶ Βαβυλῶνος τοῖς γινώσκουσιν με:
  καὶ ἰδοὺ ἀλλόφυλοι καὶ Τύρος καὶ λαὸς Αἰθιόπων,
  οὗτοι ἐγενήθησαν ἐκεῖ.
5 Μήτηρ Σιων, ἐρεῖ ἄνθρωπος,
  καὶ ἄνθρωπος ἐγενήθη ἐν αὐτῇ,
  καὶ αὐτὸς ἐθεμελίωσεν αὐτὴν ὁ ὕψιστος.
6 κύριος διηγήσεται ἐν γραφῇ λαῶν καὶ ἀρχόντων
  τούτων τῶν γεγενημένων ἐν αὐτῇ.
  διάψαλμα.
7 ὡς εὐφραινομένων πάντων ἡ κατοικία ἐν σοί.

4 Ich werde mich erinnern an Raab und Babylon zugunsten derjenigen, die mich
  kennen,
  und siehe die fremden Völker[180] und Tyros und das Volk der Äthiopen,
  diese wurden dort geboren.
5 Mutter Zion, wird ein Mensch sagen,
  denn ›Mensch‹ wurde in ihr geboren.
  Denn er selbst hat sie gegründet, der Höchste.
6 Der Herr wird erzählen in der Liste der Völker und Fürsten,
  (in der Liste) derjenigen, die in ihr geboren wurden.
  Diapsalma
7 Die Wohnung in dir wird sein wie (die Wohnung) aller, die sich freuen.[181]

Hebräischer und griechischer Text geben Paulus die Berechtigung, von
πολίτευμα zu sprechen, denn כְּתָ(וֹ)ב, γραφή, bedeutet an dieser Stelle
»Völker-, Bürgerliste, Abstammungsurkunde«.[182] Auch wenn hier – anders
als in Gal 4,26 – keine direkte Stichwortverbindung besteht, kann man
annehmen, daß Paulus dieser Psalm in seinem griechischen Wortlaut vertraut war.

Nach der LXX, die im Gegensatz zum MT messianisch ausgerichtet ist,
zählt der κύριος sowohl in der Liste der Völker wie im Geburtsregister
Jerusalems, diejenigen auf, die in Zion, der Mutterstadt, »geboren« sind.
Sicher geht Paulus für die Philipper wie für die Galater vom griechischen
Bibeltext aus. Sowohl ἄνθρωπος wie κύριος konnte Paulus auf Christus
beziehen.[183] Die Anrede derjenigen, die Gott kennen, an Zion mit »Mutter«

---

[180] In LXX dient ἀλλόφυλοι zumeist (wie hier) als Übersetzung für »Philister«; doch
in Jes 61,5 allgemein »Fremde«; 2Kön 8,28: »Syrer«.
[181] Für freundliche Hinweise zur Übersetzung danke ich Herrn Kollegen JOOSTEN,
Straßburg.
[182] LSJ s. v. »list«; GEL s. v. »written document«. Vgl. 1Makk 12,21 (eine Urkunde,
die die Verwandtschaft von Juden und Spartanern als Nachkommen Abrahams bestätigt). Wahrscheinlich bedeuten auch die in JosAs 22,13 von Gottes Finger geschriebenen Schriften das Buch der Lebenden (vgl. 15,4), das Levi neben den unaussprechlichen
Geheimnissen Gottes offenbart. In 22,13 und 15,4ff wird dieses Buch zusammen mit Aseneths Funktion als himmlische Zufluchtsstadt genannt.
[183] Zu ἄνθρωπος als Christustitel bei Paulus s. 1Kor 15,47f. Möglich ist, daß für

und die Geburt des Messias aus Zion in V. 5 ist gerahmt von den Aussagen über die Gott Kennenden aus den Völkern in V. 4 und V. 6. Diese sind sehr wohl *dort* in ihren Ländern geboren, aber sie werden, nachdem der Messias in Zion geboren, ebenfalls »geistlich« in Zion geboren und sind damit in die Bürgerliste der Stadt eingetragen. Darüber bricht – nach einem zur Aufmerksamkeit auffordernden »Diapsalma« – der eschatologische Jubel über ihre κατοικία, Wohnen/Wohnrecht in der Gottesstadt (vgl. V. 3: πόλις τοῦ θεοῦ) aus.

Es bestehen deutliche Bezüge von Ps 86 LXX zur Apostelgeschichte. Dafür spricht die seltsame Betonung des κατοικεῖν in Jerusalem von Juden und Proselyten aus allen Völkern in der Pfingstgeschichte, dann die Bekehrung des ersten gottesfürchtigen Heiden, eines Äthiopen, durch Philippus und die Mission des Philippus im »Philisterland« der Küstenebene unter Nennung von Gaza, Aschdod und Caesarea (Apg 8,26–40), weiter immer wieder die Betonung, daß auch hochstehende Personen lebhaftes Interesse an der neuen Botschaft haben.[184]

Sollte Paulus diese Verheißung übersehen haben? Rahab (Alexandrien?) und Babylon (Rom?), auch die Tyrer[185] und Äthiopen[186] mußte er anderen überlassen. Aber den ἀλλόφυλοι, denen aus den Völkern, die Gott kennen,[187] galt seine Mission. Er wandte sich an die Sympathisanten im Umkreis der Synagogengemeinden und vor allem an die »gottesfürchtigen« Heiden[188] und berichtet u. a. den Philippern vom missionarischen Erfolg »im ganzen Prätorium« (Phil 1,13). Wahrscheinlich ist Ps 86 LXX der in Phil 3,20; 4,3 im Hintergrund stehende und implizit in Gal 4,26 zitierte

---

Paulus Christus bestimmt, welche Völker »Wohnung« haben im »oberen Jerusalem«. Wir können und brauchen das nicht entscheiden, die Handlungseinheit von Vater und Sohn ist für Paulus – in einem solchen Fall – selbstverständlich.

[184] Diese Hinweise auf das Interesse vornehmer Personen (vgl. Apg 9,15; 10,1; 13,7–12; 17,12; 24,24ff; 25,13–26,32; 28,17) richten sich gewiß zunächst einmal an den »wertesten Theophilos« (und seine Freunde), dem das lukanische Doppelwerk gewidmet ist; – wenn sich damit die Verheißung des Psalmes erfüllt, so bestätigt sich damit zugleich der persönliche Optimismus, mit dem Lukas die Anfänge der christlichen Mission beschreibt.

[185] Doch vgl. den siebentägigen Besuch in der Gemeinde in Tyrus in Apg 21,3–7, wo ihm die »Jünger« raten διὰ τοῦ πνεύματος, nicht nach Jerusalem weiterzureisen, und ihm und seinen Begleitern zum Abschied schließlich die gesamte Gemeinde mit Frauen und Kindern das Geleit gibt bis zum Schiff. Wahrscheinlich wurde die Gemeinde von aus Jerusalem vertriebenen Hellenisten gegründet und war dem Apostel aus den 14 Jahren seiner Mission in Syrien und Kilikien bekannt. Vgl. HENGEL/SCHWEMER 1998, 397f.

[186] Apg 8,26–40.

[187] Vgl. Gal 4,9.

[188] Vgl. HENGEL/SCHWEMER 1998, 532 Index s. v. »Gottesfürchtige«; 539 Index s. v. »Sympathisanten«.

Schriftbeleg für die Verbindung zwischen himmlischer Mutterstadt und dem Bürgerrecht der Heiden, die Gott kennen, – ohne Beschneidung.

Der Apostel war ein »Schriftgelehrter«, und wir verstehen ihn besser, wenn wir die Anspielungen, die auf Ps 86 LXX als Schriftgrund für seine Ausführungen über das obere Jerusalem als Mutter(stadt) und das himmlische Bürgerrecht hinweisen, ernst nehmen. Wir kennen seine Exegese nur aus sieben Briefen, d. h. wir besitzen nur noch »Fragmente aus (s)einer rund dreißigjährigen Arbeit als Verkündiger ..., als theologischer Denker, Gemeindegründer und Seelsorger«[189]. Die einzelnen Briefe erhielten ihren jeweils besonderen Charakter durch die Situation, aus der sie entstanden, durch die unterschiedlichen Konflikte in den Gemeinden und die immer wieder ganz verschieden auftretenden Probleme, die es zu lösen galt. Zudem ist es kurzschlüssig, vom Apostel zu erwarten, daß er, wenn er denselben Zusammenhang bedenkt, immer auch genau den gleichen Wortlaut verwenden müßte.[190] Er wählt für die jeweilige Situation zielbewußt die treffende Formulierung.

Dennoch bleibt die naheliegende Annahme, daß hinter der Vorstellung des »oberen Jerusalems« als »unserer Mutter« und hinter dem »himmlischen Bürgerrecht« die Auslegung von Ps 86 LXX steht – um es ausdrücklich zu betonen – eine Hypothese. Aber sie erklärt das himmlische Bürgerrecht der Philipper noch klarer als ein allgemeiner Hinweis auf das »Buch des Lebens«,[191] das ja im Grunde nichts anderes ist als diese von Gott geführte himmlische Bürgerliste. Sie zeigt auch die theologische Verbindung zwischen Gal 4,26 und Phil 3,20 deutlicher als der bloße Hinweis auf die gemeinsame rechtlich-politische Terminologie.[192] Schließlich hilft sie, das Wirken des Apostels bei den Völkern zum Aufbau des »oberen Jerusalems«, zur Mutter Kirche, von der »alttestamentlichen Traditionsentwicklung«[193] her zu verstehen, und bestätigt zugleich Hartmut Geses Rat.

Paulus hat eine klare Vorstellung von der »Gottesstadt«, dem himmlischen Jerusalem, das bei der Parusie alle Glaubenden mit Christus vereini-

---

[189] HENGEL/SCHWEMER 1998, 3.

[190] Gegen SÖLLNER 1998, 168 f.

[191] PILHOFER 1995, 131f unterstreicht mit Verweis auf G. F. HAWTHORNE stark die Analogie zum römischen Bürgerrecht: Es »existiert ... im Archiv der Colonia Iulia Augusta Philippensis eine Liste der Bürger der Stadt, die ... zugleich römische Bürger sind. In analoger Weise besitzt auch das himmlische πολίτευμα ein ›Archiv‹, in dem die Namen der Bürger eingetragen sind. Paulus spricht von diesem ›Archiv‹ in Phil 4,3.«

[192] VOLLENWEIDER 1989, 299 (im Zusammenhang mit Gal 2,4) verweist auf die »politisch/militärische Metaphorik«. Vgl. auch SCHÄFKE 1979, 562 zu πολίτευμα und πολιτεύομαι. FELDMEIER 1992, 81.

[193] Zitat H. GESE 1977, 83; vgl. o. Anm. 7.

gen wird. Das unterstreicht der Nachsatz, der die zuversichtliche Hoffnung betont, daß dieses πολίτευμα »in den Himmeln« schon vorhanden ist,[194] »woher wir unseren Retter erwarten«.

3. Zusammenfassung und Ausblick

Wenn Paulus die himmlische Stadt und das himmlische Bürgerrecht scheinbar nur rasch und nebenbei streift, so muß man doch unterstreichen, daß beide Vorstellungen ein *wesentlicher Teil* seiner endzeitlich-christologisch geprägten Ekklesiologie sind.[195] Er kann diese Vorstellungen nur andeuten, weil er sie als bereits in seinen Gemeinden bekannt voraussetzt. Sie werden – als Weiterentwicklung des jüdischen Erbes – überhaupt urchristliches Gemeingut gewesen sein. So begegnen sie miteinander verknüpft und »vervollständigt« in Hebr 12,18–24, wo sie mit der gottesdienstlichen Vergegenwärtigung verbunden werden: Die Gemeinde tritt zum Berg Zion, der Stadt des lebendigen Gottes, zum »überhimmlischen« Jerusalem, zur Festversammlung und zur Ekklesia der Erstgeborenen, die aufgeschrieben sind in den Himmeln, zu Jesus, der der Mittler des Neuen Bundes ist, – ganz anders als einst am Sinai.[196] Auch hier finden wir die Polarität zwischen Sinai und Zion. Der Sinai wird zum Antitypus des wahren himmlischen Zions.[197]

Polykarp von Smyrna erinnerte die Philipper – ca. um 115–120 – daran, daß Paulus bei ihnen war und ihnen wichtige Briefe schrieb:

»[2]Denn weder ich noch meinesgleichen vermag der Weisheit des seligen und berühmten Paulus nahezukommen, der bei euch war, persönlich unter den damaligen Menschen, genau und zuverlässig das Wort von der Wahrheit lehrte, der euch aus der Ferne Briefe schrieb, durch die ihr, wenn ihr euch darin vertieft, erbaut werden könnt zu dem Glauben, der euch verliehen wurde. [3]Er ist ja unser aller *Mutter* – der

---

[194] Zur Nachwirkung dieser Terminologie in den Deuteropaulinen s. Eph 2,12.19: »Mitbürger der Heiligen und Hausgenossen Gottes«; vgl. Hofius 1992, 189 f, der dazu auf Ps 84(83),5 verweist; Feldmeier 1992, 82 f.

[195] Gegen Söllner 1998, 161–169. S. dagegen Mussner 1981, 326: der neue Äon und das neue Jerusalem sind »zwei ›apokalyptische‹ Grundideen pln. und deuteropln. Theologie«.

[196] Zur gottesdienstlichen Gemeinschaft mit den Engeln vgl. Hofius 1992, 172–196. Auch sie ist für Paulus eine selbstverständliche Vorstellung (1 Kor 11,10) und durch die frühjüdische Tradition vorgegeben.

[197] Vgl. zur Wirkungsgeschichte die christlichen Korrekturen in der Jeremia-Vita der VitProph 2,10; weiter bes. Ps-Cyprian, De montibus Sina et Sion; dazu Schwemer 1995, 160.211–215.

Glaube –, wobei die Hoffnung folgt, die Liebe zu Gott und (zu) Christus und zum Nächsten vorangeht.«[198]

Polykarp war nicht nur ein geschickter Diplomat, sondern – wie diese Briefpassage zeigt – auch ein zu Recht gerühmter apostolischer Lehrer. Die nachgeborenen Theologen[199] haben Paulus sehr wohl verstanden: Das unverdiente Geschenk des Glaubens ist die »Mutter«, denn dieser Glaube eröffnet den Weg in die »Mutterstadt«, die *civitas Dei*.

Man kann die »Virtuosität«, die theologische Tiefe der Exegese des Paulus nur bewundern und vom Vorwurf, er sei nicht »nüchtern«, muß man ihn freisprechen.[200] Die Metaphorik, die er verwendet, war weit verbreitet: die »freie (Stadt)«, Mutter(stadt) (μητρόπολις), das πολίτευμα entstammen der politischen Sprache.[201] Aber auch der σωτήρ oder die ἀπάντησις sind Begriffe des politischen Lebens. Über die Bilder und Farben des oberen Jerusalems schweigt Paulus sich aus. Dabei hätte doch gerade er, der Mystiker und Apokalyptiker war, farbenprächtig berichten können, wie es in der oberen Welt aussieht. Die Johannesapokalypse kann hier sehr viel mehr sagen. Doch die Gewißheit, daß sie aus dem oberen Zion ihren Retter erwarten, der sich mit den jetzt noch angefochtenen Gläubigen im kommenden Äon vereinen wird, die muß Paulus seinen Gemeinden immer wieder ins Herz prägen. Die Härte seiner Polemik entspricht seiner Überzeugung, daß der Herr bald kommt und mit ihm das Gericht, und sie entspringt dem

---

[198] 3,2 f. LIGHTFOOT 1892, 182 zu Gal 4,26 wies auf diese Stelle hin. Zur Übersetzung s. J. A. FISCHER 1981, 251 ff. Vgl. zur Funktion des Glaubens bei Paulus o. S. 224 Anm. 144 und S. 227 Anm. 154.

[199] Zur Auslegung von Gal 4,26 und Phil 3,20 in Eph s. o. Anm. 193; zu der von Tertullian, Irenaeus, Origenes, Euseb u. a. s. SCHÄFKE 1979, 562–572 und den Beitrag von M. HENGEL u. S. 275–279; zur weiteren Wirkungsgeschichte vgl. auch STROUMSA 1999, 297–314.

[200] S. dazu o. Anm. 6 zu DUNN.

[201] Das führte wie bei der Erwartung der βασιλεία τοῦ θεοῦ und des Reiches Christi (vgl. Joh 18,36–38; Hegesipp bei Euseb, h.e. 3,20,2 f; Justin, Apol 11; 116,2; 117,3) zum heidnischen Mißverständnis, die Christen redeten von einer irdischen Heimatstadt. Vgl. dazu bes. Euseb, MartPal 11,9–11 (SCHWARTZ GCS 9,2, 937): Die ägyptischen Christen geben in Caesarea auf der Rückreise aus Kilikien, wohin sie zu Bergwerksarbeit verurteilte Bekenner begleitet hatten, beim Verhör statt ihrer eigentlichen Namen Prophetennamen an, und der Wortführer nennt als Herkunftsort Jerusalem, das nur die Heimat der Christen sei und weit im Osten beim Aufgang der Sonne liege. Der Statthalter vermutet daraufhin, sie hätten eine den Römern feindliche Stadt im Osten gegründet. Sicher wollten sie u. a. mit diesen an sich wahren Auskünften ihre »irdische« Heimatgemeinde in Ägypten vor weiteren Verfolgungen schützen. Euseb verweist zur Erklärung auf Gal 4,26 und Hebr 12,22; s. dazu SCHÄFKE 1979, 367; STROUMSA 1999, 294 f, der jedoch versehentlich Pamphilos zum Sprecher macht; weiter den Beitrag von M. HENGEL u. S. 272 Anm. 128.

Wunsch, daß seine Gemeinden unversehrt das Ziel erreichen, in das Bild des Herrn verwandelt werden, so daß sie die göttliche Doxa ganz und gar umgestaltet (Phil 3,21); so wie einst Sacharja von der durch Gottes Feuer und seinen Kabod von außen und innen umgebenen Stadt sprach.

So gewiß »unser Retter aus den Himmeln kommen wird« (Phil 3,20), so gewiß wird er auch die Israeliten, die Brüder nach dem Fleisch, retten: Wenn bei der Parusie »aus Zion der Retter kommt«, wird er sich offenbaren, so daß auch das verstockte Israel ihn erblicken und erkennen kann, d. h. glauben. Dann werden ihm seine Sünden vergeben, der neue Bund geschenkt, und so »ganz Israel gerettet werden« (Röm 11,26 f). Die Spaltung, die in Gal 4,25 f aufbricht zwischen dem jetzigen irdischen Jerusalem, das unter dem Gesetz Sklavendienst tut, und der endzeitlichen Christusgemeinde, die – verstreut über den Erdkreis – im himmlischen Jerusalem ihre freie Metropolis sieht, wird bei der Parusie aufgehoben.

Bibliographie

Als Abkürzungen werden ergänzend zu TRE verwendet:
LSJ   Liddell/Scott/Jones, Greek-English Lexicon
GES   Lust/Eynikel/Hauspe, A Greek-English Lexicon of the Septuagint

BARRETT, C. K. 1976: The Allegory of Abraham, Sarah, and Hagar in the Arguments of Galatians, in: Rechtfertigung. FS E. Käsemann, hg. v. J. Friedrich, W. Pöhlmann und P. Stuhlmacher, Tübingen 1976, 1–16
BEARE, F. W. 1959: A Commentary on the Epistle to the Philippians, London 1959
BECKER, J. 1971: Erwägungen zu Phil 3,20–21, ThZ 27 (1971) 16–29
– 1976: Der Brief an die Galater, NTD 8, 14. Aufl. Göttingen 1976
– 1980: Die Testamente der zwölf Patriarchen, JSHRZ III/1, 2. Aufl. Gütersloh 1980
– 1992: Paulus. Der Apostel der Völker, 2. Aufl. Tübingen 1992
BERGER, K. 1981: Das Buch der Jubiläen, JSHRZ II/3, Gütersloh 1981
BETZ, H.-D. 1988: Der Galaterbrief. Ein Kommentar zum Brief des Apostels Paulus an die Gemeinden in Galatien, München 1988
BETZ, O. 1960: Offenbarung und Schriftforschung in der Qumransekte, Tübingen 1960
BEYER, K. 1984: Die aramäischen Texte vom Toten Meer, Göttingen 1984
– 1994: Die aramäischen Texte vom Toten Meer. Ergänzungsband, Göttingen 1994
BLACK, M. 1985: The Book of Enoch or I Enoch. A New English Edition with Commentary and Textual Notes, Leiden 1985
BÖCHER, O. 1980: Die Johannesapokalypse, EdF 41, Darmstadt 1980
BÖRKER-KLÄHN, J. 1997: Mauerkronenträgerinnen, in: Assyrien im Wandel der Zeiten, hg. v. H. Waetzold/ H. Hauptman, Heidelberger Studien zum Alten Orient 6, 1997, 227–234
BÖTTRICH, C. 1996: Das slavische Henochbuch, JSHRZ V/7, Gütersloh 1996

BREYTENBACH, C. 1996: Paulus und Barnabas in der Provinz Galatien. Studien zu Apostelgeschichte 13f.; 16,6.; 18,23 und den Adressaten des Galaterbriefes, AGAJU 38, Leiden/New York/Köln 1996

BROOKE, G. J. 1999: Miqdash Adam, Eden, and the Qumran Community, in: Gemeinde ohne Tempel. Community without Temple, hg. v. B. Ego, A. Lange und P. Pilhofer, WUNT 118, Tübingen 1999, 285–301

BROX, N. 1991: Der Hirt des Hermas, KAV 7, Göttingen 1991

BRUCE, F. F. 1993: Philippians. A New International Commentary, 2. Aufl. Peabody Mass. 1993

BURCHARD, C. 1983: Joseph und Aseneth, JSHRZ II/4, Gütersloh 1983

CHYUTIN, M. 1997: The New Jerusalem Scroll from Qumran. A Comprehensive Reconstruction, JSPE.S 25, Sheffield 1997

CIAMPA, R. E. 1998: The Presence and Function of Scripture in Galatians 1 and 2, WUNT II/102, Tübingen 1998

CLINES, D. J. A. u. a. 1996: The Dictionary of Classical Hebrew, III, Sheffield 1996

DAHOOD, M. 1968: Psalms II. 51–100, AncB 17, Garden City N. Y. 1968

DONFRIED, K. P. 1974: The Setting of Second Clement in Early Christianity, SNT 38, Leiden 1974

DORIVAL, G./ HARL, M./ MUNNICH, O. 1988: La Bible grecque des Septante. Du judaïsme hellénistique au christianisme ancien, ICA, Paris 1988

DUNN, J. D. G. 1993: The Theology of Paul's Letter to the Galatians, New Testament Theology, Cambridge 1993

ECKSTEIN, H. J. 1996: Verheißung und Gesetz. Eine exegetische Untersuchung zu Galater 2,15 – 4,7, WUNT 86, Tübingen 1996

EGO, B. 1989: Im Himmel wie auf Erden. Studien zum Verhältnis von himmlischer und irdischer Welt in der rabbinischen Literatur, WUNT II/34, Tübingen 1989

FELDMEIER, R. 1992: Fremde in einer entfremdeten Welt. Die Erschließung christlichen Selbstverständnisses und Weltverhältnisses durch die Kategorie der Fremde im 1. Petrusbrief, WUNT 64, Tübingen 1992

FISCHER, J. A. 1981: Die Apostolischen Väter, 8. Aufl. Darmstadt 1981

FISCHER, U. 1978: Eschatologie und Jenseitserwartung im hellenistischen Diasporajudentum, BZNW 44, Berlin 1978

FITZGERALD, A. 1972: The Mythological Background for the Presentation of Jerusalem as Queen and False Worship as Adultery in the OT, CBQ 34 (1972) 403–416
– 1975: BTWLT and BT as Titles for Capital Cities, CBQ 37 (1975) 167–183

FREY, J. 1997a: Die johanneische Eschatologie I. Ihre Probleme im Spiegel der Forschung seit Reimarus, WUNT 96, Tübingen 1997
– 1997b: Zum Weltbild im Jubiläenbuch, in: Studies in the Book of Jubilees, hg. v. Albani, F. Frey und A. Lange, TSAJ 65, Tübingen 1997, 261–292
– 1999: The New Jerusalem Text in Its Historical and Tradition-Historical Context, erscheint in: L. H. Schiffman/E. Tov/J. C. VanderKam (eds.), The Dead Sea Scrolls. Fifty Years after their Discovery, Proceedings of the International Congress, Jerusalem 1997, Jerusalem (Israel Exploration Society) 1999

GALSTERER, H. 1997: Art. Civitas, Der Neue Pauly. Enzyklopädie der Antike, 2, Stuttgart u. a. 1997, Sp. 1224–1226

GARCÍA MARTÍNEZ, F. 1994: The Dead Sea Scrolls Translated. The Qumran Texts in English, Leiden u. a. 1994
– 1998: Qumran Cave 11 II, 11Q2–18, 11Q20–31, DJD XXII, Oxford 1998

– 1999: Priestly Functions in a Community without Temple, in: Gemeinde ohne Tempel. Community without Temple, hg. v. B. Ego, A. Lange und P. Pilhofer, WUNT 118, Tübingen 1999, 303–319

GESE, H. 1974: Vom Sinai zum Zion. Alttestamentliche Beiträge zur biblischen Theologie, BEvTh 64, München 1974

– 1977: Zur biblischen Theologie. Alttestamentliche Vorträge, BEvTh 78, München 1977

– 1991: Alttestamentliche Studien, Tübingen 1991

GESE, M. Das Vermächtnis des Apostels. Die Rezeption der paulinischen Theologie im Epheserbrief, WUNT II/99, Tübingen 1997

GNILKA, J. 1980: Der Philipperbrief, HThK X,3, 3. Aufl. Freiburg u. a. 1980

– 1996: Paulus von Tarsus. Zeuge und Apostel, HThK.S 6, Freiburg u. a. 1996

HANHART, R. 1998: Sacharja, BKAT XIV/7,1, Neukirchen-Vluyn 1998

HAYS, R. B. 1989: Echoes of Scripture in the Letters of Paul, New Haven 1989

HENGEL, M. 1976: Die Zeloten. Untersuchungen zur jüdischen Freiheitsbewegung in der Zeit von Herodes I. bis 70 n. Chr., AGAJU 1, 2. Aufl. Leiden u. a. 1976

– 1988: Judentum und Hellenismus. Studien zu ihrer Begegnung unter besonderer Berücksichtigung Palästinas bis zur Mitte des 2. Jh.s v. Chr., WUNT 10, 3. Aufl. Tübingen 1988

– 1991: Der vorchristliche Paulus, in: Paulus und das antike Judentum. Tübingen-Durham-Symposium im Gedenken an den 50. Todestag von Adolf Schlatter, hg. v. M. Hengel/U. Heckel, WUNT 58, Tübingen 1991, 177–291

– 1993: »Setze dich zu meiner Rechten!« Die Inthronisation Christi zur Rechten Gottes und Ps 110,1, in: Le Throne de Dieu, ed. par M. Philonenko, Tübingen 1993, 108–194

– 1996: Judaica et Hellenistica. Kleine Schriften I, WUNT 90, Tübingen 1996

– 2000: Ἰουδαία in der geographischen Liste Apg 2,9–11 und Syrien als »Großjudäa«, RHPhR 80 (2000) 51–68

HENGEL, M. /SCHWEMER, A. M. 1998: Paulus zwischen Damaskus und Antiochien. Die unbekannten Jahre des Apostels. Mit einem Beitrag von E. A. KNAUF, WUNT 108, Tübingen 1998

HENNECKE/SCHNEEMELCHER 1987: Neutestamentliche Apokryphen in deutscher Übersetzung, hg. v. W. SCHNEEMELCHER, 5. Aufl. der von E. HENNECKE begründeten Sammlung, I. Evangelien, Tübingen 1987

HERMISSON, H.-J. 1992: Deuterojesaja, BKAT XI/9, Neukirchen-Vlyun 1992

HERZER, J. 1994: Die Paralipomena Jeremiae, TSAJ 43, Tübingen 1994

– 1999: Der erste apokalyptische Reiter und der König der Könige, NTS 45 (1999) 230–249

HOFIUS, O. 1989: Paulusstudien, WUNT 51, Tübingen 1989

– 1992: Gemeinschaft mit den Engeln im Gottesdienst der Kirche, ZThK 89 (1992) 172–196

– 1996: Das vierte Gottesknechtslied in den Briefen des Neuen Testaments, in: B. Janowski/P. Stuhlmacher (Hg.), Der leidende Gottesknecht. Jesaja 53 und seine Wirkungsgeschichte, FAT 14, Tübingen 1996, 107–127

HOLLANDER, H. W./JONGE, M. DE 1985: The Testaments of the Twelve Patriarchs, SVTP 8, Leiden 1985

HOLTZ, T. 1990: Der erste Brief an die Thessalonicher, EKK XIII, 2. durchgesehene Auflage, Zürich u. a. 1990

HUMPHREY, E. M. 1995: The Ladies and the Cities. Transformation and Apocalyptic Identity in Joseph and Aseneth, 4 Ezra, the Apocalypse and the Shephard of Hermas, JSP.S 17, Sheffield 1995

JANOWSKI, B. 1987: »Ich will in eurer Mitte wohnen«. Struktur und Genese der exilischen Schekina-Theologie, JBTh 2, Neukirchen-Vluyn 1987, 165–193

JEREMIAS, G. 1963: Der Lehrer der Gerechtigkeit, SUNT 2, Göttingen 1963

JEREMIAS, J. 1954: Art. παράδεισος, ThWNT V, Stuttgart 1954, 763–771

JOBES, K. H. 1993: Jerusalem, Our Mother: Metalepsis and Intertextuality in Galatians 4:21–31, WTJ 55 (1993) 299–320

KÄSEMANN, E. 1974: An die Römer, HNT 8a, 3. überarbeitete Aufl., Tübingen 1974

KNAUF, E. A. 1991: Art. Hagar und Hagriter, Neues Bibel-Lexikon, Lief. 6, 1991, Sp. 9–10

– 1998: Die Arabienreise des Apostels Paulus, in: M. HENGEL, A. M. SCHWEMER, Paulus zwischen Damaskus und Antiochien. Die unbekannten Jahre des Apostels. Mit einem Beitrag von E. A. KNAUF, WUNT 108, Tübingen 1998, 465–471

KOCH, D.-A. 1986: Die Schrift als Zeuge des Evangeliums. Untersuchungen zur Verwendung und zum Verständnis der Schrift bei Paulus, BHTh 69, Tübingen 1986

KRAUS, H.-J. 1966: Psalmen. 2. Teilband, BKAT XV/2, 3. Aufl. Neukirchen-Vluyn 1966

KRAUS, W. 1996: Das Volk Gottes. Zur Grundlegung der Ekklesiologie bei Paulus, WUNT 85, Tübingen 1996

KÜHNEL, B. 1987: From Earthly to the Heavenly Jerusalem. Representation of the Holy City in Christian Art of the First Millenium, RQ.S 42, Freiburg 1987

LAMBERT, G. 1983: The God Assur, IRAQ Vol. XLV, I, London 1983, 82–86

LAMIRANDE, E. 1974: Art. Jérusalem céleste, D.S. 7, Paris 1974, 944–958

LEVICK, B. M. 1968: Art. Antiocheia (Pisid.), PRE.S 11, Stuttgart 1968. Sp. 48–61

LIGHTFOOT, J. B. 1892: The Epistle of St Paul to the Galatians. A Revised Text With Introduction, Notes, and Dissertations, (1865) Repr. London u. a. 1892

– 1903: Saint Paul's Epistle to the Philippians. A Revised Text With Introduction, Notes, and Dissertations, (1868) Repr. London u. a. 1903

LOHMEYER, E. 1956: Der Brief an die Philipper, KEK 9, 11. Aufl. Göttingen 1956

LOHSE, B. 1964: Art. Σιών κτλ., ThWNT VII, Stuttgart 1964, 318–333

MAIER, J. 1995: Die Qumran-Essener. Die Texte vom Toten Meer I., München 1995

MATTINGLY, H./ CARSON, R. A. G. 1976: Coins of the Roman Empire in the British Museum, Vol. II: Vespasian to Domitian, 2. Aufl. London 1976

MERKEL, H. 1998: Sibyllinen, JSHRZ V/8, Gütersloh 1998

MESHORER, Y. 1982: Ancient Jewish Coinage. Volume II: Herod the Great through Bar Kochba, Jerusalem 1982

MEYER, M. 1996: »Neue« Bilder; in: Hellenismus. Akten des Internationalen Hellenismus-Kolloquiums 9.–14. März 1994 in Berlin, hg. v. B. Funck, Tübingen 1996, 243–254

MILDENBERG, L. 1984: The Coinage of the Bar Kokhba War, ed. by Patricia Erhart Mottahedek, Typos. Monographien zur antiken Numismatik VI, Aarau u. a. 1984

– 1998: Vestigia Leonis. Studien zur antiken Numismatik Israels, Palästinas und der östlichen Mittelmeerwelt, hg. v. U. Hübner und E. A. Knauf. NTOA 36, Freiburg Schweiz u. a. 1998

MITTMANN-RICHERT, Ulrike 2000: Einführung zu den historischen und legendarischen Erzählungen, Supplementa zu JSHRZ VI, Gütersloh 2000

MÜLLER, U. B. 1993: Der Brief des Paulus an die Philipper, ThHK 11/1, Leipzig 1993

MUSSNER, F. 1981: Der Galaterbrief, HThK IX, 4. Aufl. Freiburg u. a. 1981

NICKELSBURG, G. W. E. 1991: The Apocalyptic Construction of Reality in *1 Enoch*, in: Mysteries and Revelations. Apocalyptic Studies since the Uppsala Colloquium, ed. by J. J. Collins and J. H. Charlesworth, JSPE.S 9, Sheffield 1991, 51–64

NIEBUHR, K.-W. 1992: Heidenapostel aus Israel. Die jüdische Identität des Paulus nach ihrer Darstellung in seinen Briefen, WUNT 62, Tübingen 1992

NOLLÉ, J. 1995: Colonia und socia der Römer. Ein neuer Vorschlag zur Auflösung der Buchstaben ›SR‹ auf den Münzen von Antiocheia bei Pisidien, in: Ch. Schubert u.a. (Hg.), Rom und der griechische Osten, in: FS H. H. SCHMITT, Stuttgart 1995, 350–370

O'BRIEN, P. T. 1991: The Epistle to the Philippians, Grand Rapids Michigan 1991

PILHOFER, P. 1995: Philippi. Band I. Die erste christliche Gemeinde Europas, WUNT 87, Tübingen 1995

PORTEFAIX, L. 1988: Sisters Rejoice. Paul's Letter to the Philippians and Luke's Acts as Seen by First-century Philippian Women, CB.NT 20, Uppsala 1988

RAAFLAUB, K. 1998: Art. Freiheit, Der Neue Pauly. Enzyklopädie der Antike, 4, Stuttgart u. a. 1998, Sp. 650–652

REICKE, B. 1954: Art. πᾶς, ἅπας, ThWNT V, Stuttgart 1954, 885–895

RIESNER, R. 1994: Die Frühzeit des Apostels Paulus. Studien zur Chronologie, Missionsstrategie und Theologie, WUNT 71, Tübingen 1994

RUITEN, J.T.A.G.M. VAN 1997: The Interpretation of Genesis 6:1–12 in Jubilees 5:1–19, in Studies in the Book of Jubilees, hg. v. M. Albani, F. Frey und A. Lange, TSAJ 65, Tübingen 1997, 59–75

SANDERS, J. A. 1965: The Psalm Scroll of Qumran Cave 11 (11Q Psᵃ), DJDJ IV, Oxford 1965

SCHALLER, B. 1998: Paralipomena Jeremiou, JSHRZ I/8, Gütersloh 1998

SCHAPER, J. 1995: Eschatology in the Greek Psalter, WUNT II/76, Tübingen 1995

SCHÄFKE, W. 1979: Frühchristlicher Widerstand, ANRW II, 23.1, Berlin u. a. 1979, 460–723

SCHENK, W. 1984: Die Philipperbriefe des Paulus, Stuttgart u. a. 1984

SCHIFFMAN, L. H. 1999: The Qumran Community's Withdrawal from the Jerusalem Temple, in: Gemeinde ohne Tempel. Community without Temple, hg. v. B. Ego, A. Lange und P. Pilhofer, WUNT 118, Tübingen 1999, 267–284

SCHLIER, H. 1980: Der Philipperbrief, Einsiedeln 1980

SCHOEPS, H.-J. 1959: Paulus. Die Theologie des Apostels im Lichte der jüdischen Religionsgeschichte, Tübingen 1959

SCHRENK, G. 1953: Art. βίβλος, βιβλίον, ThWNT I, Stuttgart (1933) Ndr. 1953, 613–620

SCHÜRER, E. 1973: The History of the Jewish People in the Age of Jesus Christ (175 B.C. – A.D. 135) by Emil Schürer. A New English Version rev. and ed. by G. Vermes, Fergus Millar u.a., Vol. I, Edinburgh 1973

SCHWEMER, A. M. 1995: Studien zu den frühjüdischen Prophetenlegenden. Vitae Prophetarum I, TSAJ 49, Tübingen 1995

– 1996a: Studien zu den frühjüdischen Prophetenlegenden. Vitae Prophetarum II, TSAJ 50, 1996

– 1996b: Diatheke und Nomos in der jüdischen Diaspora, in: Bund und Tora, hg. v. F. Avemarie/H. Lichtenberger, WUNT 92, Tübingen 1996

- 1998: Paulus in Antiochien, BZ 199 (1998) 161–180
- 1999: Prophet, Zeuge und Märtyrer. Zur Entstehung des Märtyrerbegriffs im frühesten Christentum, ZThK 96 (1999) 320–350
SCOTT, J. M. 1992: Adoption as Sons of God. An Exegetical Investigation into the Background of ΥΙΟΘΕΣΙΑ in the Pauline Corpus, WUNT II/48, Tübingen 1992
- 1995: Paul and the Nations. The Old Testament and Jewish Background of Paul's Mission to the Nations with Special Reference to the Destiantion of Galatians, WUNT 84, Tübingen 1995
SHERWIN-WHITE, A. N. 1963: Roman Society and Roman Law in the New Testament, Oxford 1963
SIMON, M. 1951: Midrash Rabbah. Songs of Songs, transl. by M. S., London 1951
SÖLLNER, P. 1998: Jerusalem, die hochgebaute Stadt. Eschatologisches und Himmlisches Jerusalem im Frühjudentum und im frühen Christentum, TANZ 25, Tübingen u. a. 1998
STANDHARTINGER, A. 1994: Das Frauenbild im Judentum der hellenistischen Zeit. Ein Beitrag anhand von ›Joseph und Aseneth‹, AGJU 26, Leiden u. a. 1994
STECK, O. H. 1989: Zion als Gelände und Gestalt, ZThK 86 (1989) 261–281
- 1991: Der Abschluß der Prophetie im Alten Testament. Ein Versuch zur Frage der Vorgeschichte des Kanons, BThSt 17, Neukirchen u. a. 1991
STRATHMANN, H. 1959: Art. πόλις, πολίτης, πολιτεύομαι, πολιτεία, πολίτευμα, ThWNT VI, Stuttgart 1959, 516–535
STROUMSA, G. G. 1999: Barbarian Philosophy. The Religious Revolution of Early Christianity, WUNT 112, Tübingen 1999
STUHLMACHER, P. 1989: Die Stellung Jesu und des Paulus zu Jerusalem, ZThK 86 (1989) 140–156
- 1999: Zur missionsgeschichtlichen Bedeutung von Mt 28,16–20, EvTheol 59 (1999) 108–130
- 1999a: Biblische Theologie des Neuen Testaments, Bd. 2: Von der Paulusschule bis zur Johannesoffenbarung, Göttingen 1999
TATE, M. E. 1990: Psalms 51–100, Word Biblical Commentary, Dallas Texas 1990
THRAEDE, K. 1995: Art. Jerusalem II (Sinnbild), RAC 17, Stuttgart 1995, Sp. 718–764
UHLIG, S. 1984: Das äthiopische Henochbuch, JSHRZ V/6, Gütersloh 1984
ULRICHSEN, J. H. 1991: Die Grundschrift der Testamente der Zwölf Patriarchen, AUU.HR 10, Uppsala 1991
VOLLENWEIDER, S. 1989: Freiheit als neue Schöpfung. Eine Untersuchung zur Eleutheria bei Paulus und seiner Umwelt, FRLANT 147, Göttingen 1989
WALTER, N. 1997: Praeparatio Evangelica. Studien zur Umwelt, Exegese und Hermeneutik des Neuen Testaments, hg. v. W. Kraus und F. Wilk, WUNT 98, Tübingen 1997
WENGER, L. 1954: Art. Bürgerrecht, RAC 2, Stuttgart 1954, Sp. 778–789
WOLFF, C. 1991: Irdisches und himmlisches Jerusalem – Die Heilshoffnung in den Paralipomena Jeremiae, ZNW 82 (1991) 147–158
ZAHN, TH. 1990: Der Brief des Paulus an die Galater, ausgelegt von Th. Zahn. Mit einem Geleitwort von M. Hengel, Nachdr. d. 3., durchges. Aufl. aus d. Kommentar zum Neuen Testament, Leipzig u. a. 1922, Wuppertal u. a. 1990
ZENGER, E. 1998: Der Psalter als Buch, in: E. Zenger (Hg.), Der Psalter in Judentum und Christentum, Herders Biblische Studien 18, Freiburg u. a. 1998, 1–57

Die »auserwählte Herrin«, die »Braut«, die »Mutter« und die »Gottesstadt«

von

MARTIN HENGEL

1. Die auserwählte Herrin

»It is undeniable that *the most obscure word* in the Epistle has hitherto been the word κυρία in 2Joh 1«, stellte H. J. Gibbins in einem Aufsatz im Expositor 1905 fest,[1] und R. Bultmann sprach in seinem Kommentar zu den Johannesbriefen »von einer *Verlegenheit*, in die man durch die Nennung der Adressaten gesetzt wird: ἐκλεκτῇ κυρίᾳ«. Seine Lösung, daß der zweite Johannesbrief nur eine Fiktion sei, in der lediglich am Ende und am Schluß der echte dritte Johannesbrief nachgeahmt werde, vergrößert freilich nur die Verlegenheit,[2] denn mit dieser ungewöhnlichen Briefanrede des Adressaten unterscheidet sich 2Joh nicht nur vom dritten Brief, sondern fällt aus dem Rahmen der ganzen frühchristlichen Literatur heraus. Warum sollte ein unbekannter Fälscher eine so sonderbare Anrede wählen, bei deren Deutung schon der erste uns bekannte Ausleger, Clemens Alexandrinus,

---

[1] GIBBINS 1905, 413 (Hervorhebung M. H.). WESTCOTT 1883, 224 resigniert: »the problem of the address ist unsoluble with our present knowledge«.

[2] BULTMANN 1967, 103 f (Hervorhebung M. H.). In seinem Artikel ›Johannesbriefe‹, 1959, 839 f wird die fragwürdige Hypothese noch entschieden abgelehnt: »2.3Joh sind wirkliche Briefe; sie für Fiktionen zu halten (…) besteht kein Grund«. Daß sie »vom selben *Verfasser* geschrieben sind, wird nicht zu bezweifeln sein«. Mit Recht weist STRECKER, 1989, 313 diese und andere Vermutungen einer Fiktion zurück. Völlig abwegig ist die Argumentation von HEISE 1967, 164–170: »So vermuten wir also, daß der 2. Brief von einem Verfasser stammt, der unter dem Namen des Presbyters den 3. Brief wie überhaupt die johanneische Theologie im Sinne der offiziellen Kirche zu korrigieren suchte.« Hier geht noch das Gespenst eines der vielen ›pseudojohanneischen‹ kirchlichen Redaktoren und Textverfälscher um. »*Die* offizielle Kirche« gab es um 90–100 n.Chr. noch gar nicht. Auch der zweite Brief spricht ein konkretes brennendes Problem an. Zudem unterstützt manches die Annahme, daß der 2. und 3. Brief die frühesten literarischen Produkte des Corpus Johanneum sind, so schon HILGENFELD 1875, 681 f.; STRECKER 1989, 27 f; HENGEL 1993, 119–124.154–156.

ungewiß war,³ und die bis weit ins 19. Jh. hinein häufig auf fragwürdige Weise gedeutet wurde? Ein Fälscher hätte einen derartigen »fiktiven« Brief, wie alle anderen frühchristlichen pseudepigraphischen Briefe, mit einem anerkannten Namen versehen und ihn nicht einem anonymen, nicht mehr identifizierbaren »Presbyteros« zugeschrieben; auch ist 2Joh von seinem relativ dürftigen, aber zugleich eine konkrete Situation ansprechenden Inhalt her kaum ein, wie Bultmann meinte, von vornherein an eine Vielzahl von Gemeinden gerichteter »katholischer Brief«.⁴ Man darf auch einem polemischen Papyrusblatt nicht allzuviel an subtiler Reflexion zumuten. Der ›Presbyter‹ mußte klar und deutlich reden. Zudem ist der Brief für seine Kleinheit nicht schlecht bezeugt: Polykarp setzt ihn voraus, zitiert wird er erstmals von Irenäus.⁵

In Wirklichkeit stammen alle drei Johannesbriefe vom selben Autor, der erste dürfte ein Rundbrief sein, der an »johanneische Hausgemeinden« gerichtet wurde und den man vielleicht mit Begleitbriefen versandte, so daß Präskript und Briefschluß fehlen konnten. Die Alternative wäre, daß es sich um ein gottesdienstliches Leseexemplar handelt, bei dem Präskript und Briefschluß entfernt worden sind.⁶ Das zweite und dritte Schreiben sind

---

³ Hypotyposen in der Übersetzung Cassiodors, GCS 17,3,1970 ed. Stählin/ Früchtel, 215. Der Brief sei *ad virgines* (πρὸς παρθένους, vermutlich verlesen aus πρὸς Πάρθους) geschrieben. *Scripta vero ad quandam Babyloniam, ›Electam‹ nomine, significat autem electionem ecclesiae sanctae.* D. h. Clemens gibt schon eine doppelte, individuelle und kollektive Deutung. S. dazu auch ZAHN 1884, 99–103 Anm. 28, der vermutet, daß schon Clemens der Titel πρὸς Πάρθους vorlag. Die »Babylonierin« sei durch die Parallele 1Petr 5,13 bei Clemens hereingekommen, wobei er wohl auch ἡ ἐν Βαβυλῶνι συνεκλεκτή als weibliche Einzelperson verstanden hat und diese Adressatin als identisch mit der von 2Joh Angeredeten betrachtete, »woneben dann auch für eine allegorische Deutung auf die Kirche (…) Raum blieb« (102). Dagegen vermutete streng katholisch CHAPMAN 1904, der Titel habe πρὸς παρθένον gelautet, und der 2. und 3. Brief seien von dem Apostel an die Gemeinde in Rom gerichtet gewesen. Zu παρθένος als Bezeichnung für die Kirche s. u. Anm. 130.140.142.151–153.

⁴ So BULTMANN 1967, 104: »Daher legt sich die Vermutung nahe, daß der Verfasser sein Schreiben als sozusagen ›katholischen‹ Brief gedacht hat, den der Überbringer an alle in Frage kommenden Gemeinden zustellen sollte.« Gegen Ende des 2. Jh.s konnte 1Joh vielleicht in Kleinasien als »katholischer Brief« bezeichnet werden, aber sicher noch nicht der 2. Brief zu Beginn desselben. S. Euseb h. e. 5,18,9 und dazu HENGEL 1993, 102 Anm. 18. 159f: Der »Alte«, den ich auch für den Verfasser des ersten Briefes und des Evangeliums halte, wollte gewiß ein Lehrer mit Autorität sein, dessen Botschaft allen wirklichen Christen galt, aber gerade seine Briefe setzen ganz bestimmte Situationen in der Schule und zugleich in den mit ihm verbundenen Gemeinden in Kleinasien voraus. Selbst der Begriff der »καθολικὴ ἐκκλησία« war zu seiner Zeit – gegen Ende des 1. Jh.s – noch nicht erfunden. Er findet sich erst bei Ignatius Smyr 8,2 nach 110 n. Chr.

⁵ S. dazu HENGEL 1993, 135f. Zu Polykarp s. 73. 151; zu Irenäus 19f. 191. 151.

⁶ HENGEL 1993, 154.

dagegen wirkliche Briefe, der dritte hat den Charakter eines Privatbriefes an eine Einzelperson, der zweite ist *an eine einzelne Gemeinde* gerichtet.[7] Darüber besteht heute ein breiter Konsens, wie man ihn selten in der neutestamentlichen Disziplin findet. Man braucht nicht mehr darüber zu diskutieren, ob es sich bei der Adresse ἐκλεκτῇ κυρίᾳ καὶ τέκνοις αὐτῆς um eine vornehme Dame und Familienmutter handle, die dann ›Eklekte‹ oder ›Kyria‹ heißen könnte, oder um eine Unbekannte, die besonders höflich mit ›erwählte Herrin‹ angeredet werde.[8] Exegeten des vorigen Jahrhunderts verstiegen sich bis zu der Vermutung, man könnte die »auserwählte Herrin« und ihre »erwählte Schwester« (V.13) mit Martha (was aramäisch ja ›Herrin‹ heißt) und Maria oder gar mit der Mutter des Herrn identifizieren.[9]

Selbst ein Rundschreiben an verschiedene Gemeinden ist durch V.4 unwahrscheinlich gemacht, der lobend davon spricht, daß eine bestimmte Anzahl von Gliedern der angesprochenen Gemeinde, d. h. in der ›Familienmetaphorik‹ des Briefes »von deinen Kindern« (ἐκ τῶν τέκνων σου), »in der Wahrheit wandeln«, die mit dem Liebesgebot identisch ist. D. h. aber, daß eben dies bei anderen Gemeindegliedern offenbar nicht der Fall ist. Die »Kinder deiner auserwählten Schwester«, die am Ende des Briefes (V.13)

---

[7] HENGEL 1993, 134–150.

[8] Zur älteren Auslegung s. die Übersicht bei DÜSTERDIECK 1854, 474–482. LÜCKE 1836, 347–353 vermutete einen Frauennamen Kyria, vor ihm H. GROTIUS, J. J. WETTSTEIN u. a. eine Eklekte, H. RITMEIER 1706 (non vidi) dagegen ehrende Prädikate für eine ungenannte Frau, GROTIUS z. Stelle dachte an eine Jüdin in einer anderen Stadt, nicht in Ephesus. In einer ausführlichen Begründung, die die Argumente pro et contra abzuwägen versucht, übersetzt POGGEL 1896, wie die Vulg.: »eclectae Dominae«, einer »auserwählten (christlichen) Frau« (132). S. auch die älteren Einleitungen: So vor allem HILGENFELD 1875, 685f, der mit Nachdruck gegen nicht wenige Zeitgenossen betont, daß es sich nur um eine Einzelgemeinde handeln kann. Die individuelle Adressatin vertritt dagegen noch BLEEK/ MANGOLD 1886, 779f gegen HILGENFELD: »eine einzelne christliche Frau mit ihren Kindern (…) mit Namen Κυρία«; dagegen überzeugend HOLTZMANN 1886, 497–499 mit einem ausführlichen Literaturüberblick. Der Streit um die Auslegung geht schon auf die alte Kirche zurück. In den neueren Untersuchungen und Kommentaren herrscht dagegen Einigkeit. Grundlegend sind hier die Untersuchungen von GIBBINS 1902, 228–236 und 1905, 412–424, der vor allem auf die zahlreichen alttestamentlichen weiblichen Personifikationen Jerusalems und Israels, aber auch anderer Städte und Völker hinweist. S. weiter BRESKY 1906, 2–16; BROOKE 1912, 167–170; DODD 1946, 143–147; SCHNACKENBURG 1965, 306f; BROWN 1982, 651–655; LIEU 1986, 65–68; STRECKER 1989, 316–318.

[9] Martha: VOLKMAR 1876, 560 als fiktiver Bezug; Maria: KNAUER 1833, 452–458. Der Brief sei von Jerusalem nach Galiläa geschrieben. Die ›auserwählte Schwester‹ sei Maria, die des Klopas, die Kinder Jakob, Joses und Judas. V.4 drücke die Freude über ihre Bekehrung aus; dazu LÜCKE 1836, 352: »Darauf ist, soviel ich weiß, kein Alter gekommen, wie wohl es hergebracht war zu sagen: Μαρία κυρία ἑρμηνεύεται« (vgl. Theophylakt zu Lk 10, MPG 123, 854).

die »auserwählte Herrin« grüßen, sind dementsprechend die Glieder der
Gemeinde, von der aus der Presbyter seinen Brief schreibt, einer Gemein-
de, die hinter diesem mit besonderer Autorität ausgestatteten Lehrer steht.
D. h. die »auserwählte Herrin« ist zugleich die Mutter der Gläubigen.

Doch welchen Sinn soll diese auffallende, ja in der ganzen frühchristlichen Literatur völlig aus dem Rahmen fallende Adscriptio, ἐκλεκτῇ κυρίᾳ
καὶ τοῖς τέκνοις αὐτῆς, οὓς ἐγὼ ἀγαπῶ ἐν ἀληθείᾳ, haben? Das Wort
κυρία begegnet uns in der ganzen frühchristlichen Literatur nur noch in
den Visionen des Hermas, dort freilich in massiver Weise 23 mal jeweils als
mündliche Anrede. Auf diesen Ausnahmefall werden wir noch zurückkommen müssen.[10] Auch in der LXX ist es recht selten und bedeutet fast immer
nur die »Herrin« in ihrem Verhältnis zur Sklavin.[11]

Eines scheint mir deutlich zu sein: Es geht hier nicht um eine bloße
höfliche oder ehrerbietige Anrede an eine hohe Standesperson, etwa vergleichbar dem κράτιστε Θεόφιλε im Lukasprolog (1,3; vgl. Apg 23,26;
24,3; 26,25). Eine solche ergäbe im Kontext des Briefes, der sich an eine
Gemeinde richtet, keinen Sinn; dem »Alten« geht es mit dieser im Neuen
Testament einzigartigen Anrede um sehr viel mehr als um bloße Höflich-

---

[10] S. u. S. 275. Κυρία etwa ab dem 1./2. Jh. n. Chr. auf einzelnen ägyptischen Papyrusbriefen, s. ZILLIACUS 1985/86, 475; s. auch DERS. 1949, 34f (dort auch zur Anrede
κράτιστε). Zunächst ist es noch selten und beschränkt sich auf die Mutter (z. B. SGUÄ
10211: 1./2. Jh.) oder Respektspersonen (10278: 1. H. 2. Jh.; P Oxyr 3810: 2./3. Jh. in
der Adresse: Καλλίας Κυρίλλη τῇ κυρίᾳ χαίρειν, als Anrede innerhalb des Briefes
[Z. 10]: γράφω σοι οὖν, κυρία, und im Gruß am Ende [Z. 20] wird Kyrilla noch einmal
mit κυρία angesprochen); Ehegattin auf Grabinschrift: 1544 (2. Jh.); 2095. Später wird
es selbst auf die Tochter bezogen – z. B. P Oxyr 3815; 3992; 3998 (3./4. Jh.; 2. Jh.; 4.
Jh.). Das gilt auch für christliche Briefe ab dem 3. Jh., ähnlich wie Kyrios, und zwar
immer für nahe Verwandte – etwa Mutter (dazu jetzt POxyr 4493 1. H. 4. Jh.), Schwester,
Tante bzw. Kyrios für Vater oder Bruder (auch den Glaubensbruder), s. dazu NALDINI
1968: Nr. 8; 9; 11–13; 26; 34; 37. Im 4. Jh. wird κύριος allmählich von δεσπότης
verdrängt. Im 1. und 2. Jh. ist es noch keine gebräuchliche Anrede in christlichen Gemeinden. Im profanen Gebrauch des NT bedeutet es den Besitzer (Mk 12,9; Lk 16,3 von
Land; Eph 6,5 u. ö. von Sklaven) oder den Kaiser (Apg 25,26). Es ist nie bloße Standes-
anrede! Zu κυρία s. die wenigen Belege bei BAUER/ALAND 1988, 931 und bei MOULTON/
MILLIGAN 1930, 364. Der vielzitierte Gebrauch nach Epiktet Encheiridion 40 wird negativ beurteilt. Plut. mor. 271 E (nicht D) ist nicht Anrede, sondern Ausdruck der gleich-
berechtigten Herrschaftsgewalt. Um die Wende vom 1. zum 2. Jh. ist es noch keine
geläufige Höflichkeitsfloskel.
[11] Gen 16,4.8f; 3Reg 17,17; 4Reg 5,3; Ps 122 (MT 123); Jes 24,2; Prov 30,23 (LXX
24,58). In der Konkordanz der Pseudepigraphen von DENIS fehlt der Begriff ganz. In
den Akeldama-Gräbern sind dagegen zwei Frauen mit Namen Κυρία ἡ καὶ Κυρίλ(λ)η
(Burial Cave 2, Chamber B) und Κυρία (Burial Cave 3, Chamber B) auf Ossuarin-
schriften belegt; es handelt sich um die griechische Entsprechung zum aramäischen
Namen Martha; s. T. ILAN 1996, 57.63.

keit. Auch sind die in der Literatur angeführten Beispiele mit der Anrede κυρία in persönlichen Briefen bis zum 2. Jh. selten. Sie beziehen sich auf enge Familienangehörige und auf Briefe von Sklaven.[12] Im zweiten Johannesbrief muß eine tiefere, doch wohl theologisch zu interpretierende Bedeutung dahinterstehen, ein Tatbestand, der von vornherein gegen eine ›pseudepigraphische Fiktion‹ spricht. Im Gegensatz zu dem im Neuen Testament 718 mal in der Regel als Gottes- und Christustitel erscheinenden Maskulinum κύριος begegnet uns das entsprechende Femininum κυρία *nur* hier. Schon Theodor Zahn vermutete darum, daß in diesem ganz ungewöhnlichen Briefpräskript die κυρία *indirekt auf den κύριος hinweist*: »Die Gemeinde ist nicht nur Braut Christi,[13] sondern auch seine Gattin,[14] und was von der Gesamtkirche gilt, kann auch von der Einzelgemeinde gesagt werden,[15] nur daß sie nicht ›die Gattin‹, sondern an ihrem Teil ›Gattin des κύριος‹ ist, daher κυρία ohne Artikel.«[16] Zahn verweist in diesem Zusammenhang noch auf eine wenig beachtete »Analogie«, nämlich zu »dem poetischen Spiel«, welches in Cant 7,1 den Namen (bzw. die Herkunftsbezeichnung) der Braut Shûlammit an Sheᶫlômô angleicht.[17] Es ist dies je-

---

[12] Erst im 3. Jh. wird Kyrios in Briefen häufiger verwendet (s.o. Anm. 10), dasselbe mag auch für κυρία gelten: s. Ep. Africani ad Origenem SC 302, ed. N. de Lange p.514: χαῖρε κύριέ μου καὶ υἱὲ καὶ πάντα τιμιώτατε Ὠρίγενες. Hier handelt es sich wohl um eine von römischem literarischem Brauch beeinflußte Formel. Origenes schrieb seine Antwort kurz vor 250 n. Chr. (501); vgl. Fronto, epistulae, der die Briefe an seinen Schüler Kaiser Mark Aurel (bzw. Lucius Verus) mit einem *Domino (meo)* einleitet, während dieser mit *magistro meo* bzw. *magister optime* u.ä. antwortet, nicht jedoch in dem griechischen Brief. Selbst der Brief an die Mutter des Kaisers hat nur ein einfaches μητρὶ καίσαρος (ad M. Caes. II, 3.15 VAN DEN HOUT p. 3.15). Seine Gemahlin kann jedoch *Domina* genannt werden (V, 37 VAN DEN HOUT p. 75): *Dominam saluta*. Dies ist die standesgemäße Anrede des Princeps und seiner Gattin. Zur Einleitung des Africanusbriefes vgl. Ad Amicos II, 7 (van den Hout p. 189 Z. 10); vgl. auch den Brief Alexanders von Jerusalem an die Gemeinde in Antiochien, bei Euseb h.e. 6,11,6: κύριοί μου ἀδελφοί und den Brief Alexanders an Origenes, in dem er Pantänus und Clemens v. Alex. κύριος (μου) im Sinne von »Lehrer« nennt: Euseb h.e. 6,14,8. Vgl. noch Origenes, ep. ad Gregor. Thaum. (Philokalie 13,1), SC 148, ed. Crouzel 1969, 187: χαῖρε ἐν θεῷ, κύριέ μου σπουδαιότατε (...) υἱὲ Γρεγόριε.

[13] Joh 3,29; Apk 22,17 vgl. 21,2.9; Mt 10,25.

[14] Apk 19,7; 21,9; Eph 5,22–32 vgl. Röm 7,4; Apk 12,17.

[15] 2Kor 11,2.

[16] ZAHN 1907, II, 593 f. Vgl. etwas abgeschwächt SCHNELLE 1994, 504 (ᶟ1999, 455 f): »Die Gemeinde wird als κυρία bezeichnet, weil sie durch die Erwählung an der Herrschaft des Kyrios Jesus Christus Teil hat.« Im Bild bleibend könnte man sagen, weil sie in engster Lebensgemeinschaft mit dem Kyrios verbunden ist und es in der eschatologischen Vollendung noch mehr sein wird. Vgl. etwa auch Apk 3,21. WINDISCH/ PREISKER 1951, leugnet diesen christologischen Zusammenhang zu Unrecht.

[17] ZAHN 1907, II, 594; vgl. KOEHLER/ BAUMGARTNER/ STAMM, Lexikon³, 1338 f unter Verweis auf ROWLEY und RUDOLPH (c).

doch nicht der einzige Bezug auf das Hohelied. Das Attribut ἐκλεκτή charakterisiert im Hohenlied darüber hinaus zweimal die einzigartige Braut des Königs.[18] Auch von einer Schwester analog zur »erwählten Schwester« der Herrin am Schluß des Briefes in 2Joh 13 ist im Hohenlied am Ende die Rede.[19] Schließlich und endlich ist ein Grundthema des Briefes die ἀγάπη: »ὁ πρεσβύτερος ἐκλεκτῇ κυρίᾳ καὶ τοῖς τέκνοις αὐτῆς, οὓς ἐγὼ ἀγαπῶ ἐν ἀληθείᾳ, samt allen, die die Wahrheit erkannt haben«. In V. 5 wird die »Herrin« an das Gebot »von Anfang an« erinnert, »daß wir uns gegenseitig lieben sollen (ἵνα ἀγαπῶμεν ἀλλήλους)«. Bereits Hieronymus hat diese Beziehung zwischen dem Hohenlied und 2Joh 1, das er auf eine vornehme Gattin und Mutter bezieht, gesehen: Legimus in Carminum libro: ›Sexaginta sunt reginae, et octoginta concubinae (…) Una est columba mea, perfecta mea: una est matri suae *electa* genetrici suae‹. Ad quam scribit idem Ioannes epistulam ›Senior, electae dominae, et filiis eius‹. Der Kontext zeigt, daß Hieronymus auch gleichzeitig (wie schon Clemens v. Alex.) den Bezug auf die Kirche im Auge hat.[20]

Rendel Harris vermutete auf Grund eines Papyrusbriefes[21] an eine κυρία μου Σερήνια, bei der das Stichwort κυρία im Brief noch zweimal aufgenommen wird, im Anschluß an die Übersetzung von Grenfell und Hunt »my dear Serenia«, eine Art von seelsorgerlichem *Liebesbrief* an eine Proselytin und Witwe mit ihren Kindern.[22] So sehr er sich mit der älteren Auslegung in der Vermutung einer privaten Adressatin geirrt hat, hat er doch etwas Richtiges gesehen: Das Thema der ἀγάπη in der typisch johanneischen Einheit mit der ἀλήθεια[23] beherrscht den ersten Teil des Briefes, den man trotz der für manchen Ausleger ärgerlichen Passagen über die Verweigerung des Gastrechts gegenüber christologischen »Irrlehrern« (V. 9–11)

---

[18] Cant 6,9: μία ἐστὶν περιστερά μου, τελεία μου, μία ἐστὶν τῇ μητρὶ αὐτῆς, *ἐκλεκτή* ἐστιν τῇ τεκούσῃ αὐτῆς. Cant 6,10: καλὴ ὡς σελήνη, ἐκλεκτὴ ὡς ὁ ἥλιος. Vgl. zur »erwählten Taube« 4Esr 5,26; vgl. dazu GREEVEN 1959, 67.

[19] Cant 8,8; darüber hinaus wird die Anrede »Schwester« mehrfach auf die Braut selbst bezogen: 4,9 f.12; 5,1 f; sie selbst nennt den Bräutigam über 30 mal ἀδέλφιδος, s. dazu SCHLEUSNER 1820, I, 46 als Übersetzung von dôd »praecaeteris carum admodum dilectum«; vgl. dazu das für Joh einzigartige ἀδελφοί μου Joh 20,17; weiter Mt 28,10; Röm 8,29; Hebr 2,11.

[20] Ep. ad Geruchiam 123,11.

[21] P Oxyr 112; 3. Jh. n. Chr.; vgl. P Oxyr 300.

[22] HARRIS 1901, 194–203; vgl. dazu BROWN 1982, 652 f; BROOKE 1912, LXXXf. 167–170.

[23] V.1: οὓς ἐγὼ ἀγαπῶ ἐν ἀληθείᾳ. V.3: (…) καὶ παρὰ ᾽Ιησοῦ Χριστοῦ τοῦ υἱοῦ τοῦ πατρὸς ἐν ἀληθείᾳ καὶ ἀγάπῃ (…). V.6. καὶ αὕτη ἐστὶν ἡ ἀγάπη (…). Vgl. 1Joh 2,4 f; 3,15–22; 4,6 ff. Die Hyperkritik, die 2Joh theologische Schlichtheit vorwirft, übersieht die notwendigerweise knappe formelhafte Gestalt des Briefes.

durchaus als »Liebesbrief« bezeichnen könnte, freilich einen »Liebesbrief höherer Art«, so wie im Judentum seit den Qumranessenern und den Pharisäern und analog schon im frühen Christentum, bisher nachweisbar mit den Kommentaren Hippolyts und Origenes', das Hohelied als »Liebeslied höherer Art« betrachtet wurde.[24] Die Stichworte ἀγαπᾶν und ἀγάπη beziehen sich auf die *Liebe*, die von Gott, dem Vater, und Christus, dem Sohn des Vaters, ausgehend, den Briefschreiber und die hinter ihm stehende Gemeinde als die »auserwählte Schwester« (V. 13) mit der angeschriebenen Gemeinde als der »auserwählten Herrin« verbindet, die aber zugleich »alle, die die Wahrheit erkannt haben«, d. h. alle Glaubenden[25] zusammenschließt. M. a. W., die Liebe, von der in 2Joh 1–6 die Rede ist, geht – das entspricht ganz johanneischem Denken – von Gott bzw. dem Kyrios aus:[26] »daß ihr euch untereinander liebt, wie auch ich euch geliebt habe«[27]. Eine vergleichbare »leidenschaftliche« Briefanrede in Verbindung mit einer z. T. relativ einfachen Briefform finden wir nur noch in einzelnen Ignatianen, z. B. im Brief an die Trallianer; dort erscheint auch das Stichwort ἐκλεκτή, aber nicht κυρία.[28]

Der Liebe zwischen Salomo und Sulamit, König und königlicher Braut, im Hohenlied entspricht in der allegorischen Deutung im Judentum die zwischen dem Herrn und seinem erwählten Volk und im frühen Christentum die zwischen Christus und seiner Gemeinde. Dabei ist auffallend, daß im Urchristentum diese Liebe ohne Schwierigkeit von Gott auf Christus übertragen werden konnte. Der Vater und der Sohn können im eschatolo-

---

[24] Daß in Qumran 3 Fragmente von Canticumrollen gefunden wurden, beweist, daß dieser an sich profane Text dort bereits allegorisch ausgelegt wurde. S. die Übersicht von ULRICH 1989, 207–228. Später hat dann vor allem R. Aqiba für die »Kanonisierung« des Hohenlieds gekämpft; s. dazu BARTHÉLEMY 1985, 13–22; s. auch HENGEL 1993, 155 f, besonders Anm. 137.

[25] Die Johannesbriefe wie auch das Evangelium sind keine »halbsektiererischen« literarischen Produkte für einen engen esoterischen Zirkel, sondern vertreten einen Wahrheitsanspruch, der der ganzen Kirche gilt. S. HENGEL 1993, 159 ff. 164 ff. 223 f. 243. 249 f. In dem Sinne konnte man sie später darum am Ende doch »katholisch« nennen, aber das gilt im Grunde für nahezu die ganze urchristliche Literatur überhaupt. Sie hatte fast durchweg überregionale Bedeutung. Darum konnte sie auch in einem »Kanon« gesammelt werden.

[26] Vgl. V.3 das zweimalige παρά.

[27] Joh 13,34 vgl. 15,22 f.17. Daß der »Alte« 2Joh 5 statt von einem neuen Gebot von einem Gebot spricht, das »wir von Anfang an hatten«, entspricht der anderen Situation gegenüber den Abschiedsreden Jesu: Damals war es ein neues Gebot, die Gemeinde weiß jedoch, daß sie es seit Jesu Passion, d. h. »von Anfang an« besaß.

[28] Trall Praescr: ἠγαπημένῃ θεῷ, πατρὶ Ἰησοῦ Χριστοῦ, ἐκκλησίᾳ ἁγίᾳ τῇ οὔσῃ ἐν Τράλλεσιν τῆς Ἀσίας, ἐκλεκτῇ καὶ ἀξιοθέῳ. Vgl. auch Eph Praesrc: ἄτρεπτον ἡνωμένην καὶ ἐκλελεγμένην ἐν πάθει ἀληθινῷ.

gischen Offenbarungsvollzug als Einheit gesehen werden. Offenbar hat diese Metaphorik auch unseren Text beeinflußt.[29]

Die nächsten Parallelen sind beim zweimaligen Attribut ἐκλεκτή 2Joh 1.13, das den Brief wie eine Inclusio umrahmt und seine theologische Grundlage bildet, die mit den Johannesbriefen fast zeitgleiche Formulierung 1Petr 5,13 von der συνεκλεκτή (ergänze: ἐκκλησία) in Babylon, d. h. der Gemeinde in Rom, die zusammen mit Markus die »Auserwählten«[30] in Kleinasien grüßt, sowie die o. Anm. 28 genannte ehrende Anrede der Gemeinden von Tralles und Ephesus durch Ignatius in den Briefpräskripten. Hier wäre auch der Anfang der Aberkiosinschrift zu erwähnen: Ἐ]κλεκτῆς πόλεως ὁ πολεί[της] τοῦτ' ἐποίη[σα], der damit in guter kleinasiatischer Tradition nicht so sehr den Verstorbenen als Bürger seiner »auserwählten« Heimatstadt Hierapolis in Phrygien bezeichnen will, sondern den Bürger der himmlischen Stadt als »Jünger des reinen Hirten« (Z. 3: ὁ μαθητὴς ποιμένος ἁγνοῦ).[31] Die ganze Inschrift ist bewußt doppeldeutig gestaltet. Eine auf eine Einzelperson bezogene Parallele ist auch Röm 16,13: ἀσπάσεσθε Ροῦφον τὸν ἐκλεκτὸν ἐν κυρίῳ.[32] Auch die ἐκλεκτὴ κυρία trägt diese Würdebezeichnung allein ἐν κυρίῳ[33] in engster untrennbarer Verbindung mit dem Herrn selbst. Es ist vielleicht auch kein Zufall, daß Joh 1,34 Christus selbst als ἐκλεκτὸς θεοῦ[34] bezeichnet wurde: Die κυρία entspricht dem κύριος, der ἐκλεκτή Christus als der ἐκλεκτὸς θεοῦ. Auch die christo-

---

[29] Zu ἀγαπᾶν und ἀγάπη in Cant vgl. schon Cant 1,1–4 LXX, weiter die vierfache Wiederholung 3,1–4 (vgl. 1,7) und das christologisch zu deutende 8,6 f.

[30] 1Petr 1,1 vgl. 2,9. Zur Aberkiosinschrift (und der Vita Abercii, wo c. 77, p. 53 die Inschrift mit Ἐκλεκτῆς πόλεως πολίτης eingeleitet wird) s. auch u. S. 277 Anm. 152.

[31] Dabei ist zu bedenken, daß ›Hierosolyma‹ gerade für Juden und Christen die wahre ›Hierapolis‹, die eigentliche ›heilige Stadt‹ ist. S. dazu SCHÄFKE 1979, 566 f gegen WISCHMEYER 1980, 28. Bei Philo ist Jerusalem die ›heilige Stadt‹ schlechthin, s. HENGEL 1998, 124. Vgl. weiter die Verwendung von ἐκλεκτὴ πόλις in einem Grabepigramm des 1. Jh.s n. Chr. aus Mysien: bei PEEK 1955, Nr. 1160. S. 336 (die Lesung ist freilich nicht völlig gesichert und nach der Aberkiosinschrift ergänzt).

[32] In Röm 16,13 ist die sprachlich korrekte Nachstellung mit Artikel beachtenswert. Nur hier, bei Ignatius und in 2Joh 1 erscheint ἐκλεκτή auf die Gemeinde bzw. ein Gemeindeglied bezogen im Singular. Sonst ist immer nur von »Auserwählten« bzw. von Christus als dem »Auserwählten« schlechthin die Rede. Vgl. noch 1Clem 52,2 ὁ ἐκλεκτὸς Δαυίδ.

[33] Zur Formel im Corpus Johanneum im weiteren Sinne Apk 14,13 vgl. auch johanneisch voll entfaltet Joh 14,20; 17,21.23.

[34] Dies ist trotz der geringen Bezeugung eindeutig die lectio difficilior und gegenüber ὁ υἱός vorzuziehen: א* b e ff[2*] sy[s.c] Ambr; vgl. sa ff[2c] mit der kontaminierten Lesart electus filius bzw. a electus filius. S. auch METZGER (Hg.) 1971, 200. Sie wird jetzt zudem durch P Oxyr 4445 (P106) – aus dem 3. Jh. – bestätigt: ουτος εστιν ο [ε]κλεκ[τος του θυ]. Vgl. auch 1Petr 2,4.6; Lk 23,35 und dazu Jes 18,16.

logische Metaphorik von (königlichem) Bräutigam und Braut (Joh 3,29 und in der Johannesapokalypse) ist letztlich am besten aus der allegorischen Deutung des Hohenlieds zu erklären, die m. E. auch hinter dem ganz ungewöhnlichen Briefpräskript und dem Briefschluß 2Joh 1 und 13 steht. So wie Sulamit von Salomo, dem König[35], königliche, erhält die κυρία durch den Κύριος »göttliche« Würde.

2. Die κυρία πατρίς

Dieser Bezug zum – göttlichen – Kyrios[36] gibt der ἐκλεκτὴ κυρία einen einzigartigen Rang. Man könnte sagen, daß dieser Titel sie in die »himmlische Sphäre« erhebt. Hier besitzen wir aus dem geographischen Umfeld Palästinas eine ganze Reihe von sprachlichen Parallelen, in der Form von Inschriften, in denen ein menschliches Kollektiv, genauer, eine hellenistische Stadt, als κυρία πατρίς angesprochen wird und ihr damit »göttlicher Rang« zugesprochen wird. Auf zwei Texte und ihren Bezug auf 2Joh 1 hat als erster Franz Dölger aufmerksam gemacht.[37] In diesen Inschriften aus *Gerasa* in der Dekapolis werden für »das Heil der Kaiser« der »κυρία πατρίς« Standbilder errichtet, dabei ist die κυρία πατρίς mit der Tyche der Stadt, ihrer ›Glücksgöttin‹, man könnte auch sagen ihrer numinosen Verkörperung identisch.[38] Die Tyche als Stadtgöttin findet sich häufig auf Münzen, aber auch auf anderen bildlichen Darstellungen bzw. Statuen in Syrien und Palästina. Das hellenistische Vorbild dieser Darstellung war vor allem die von dem Lysippschüler Eutychides geschaffene Personifikation von Antiochia am Orontes, die auf dem Stadtberg Silpios sitzt, den Orontes zu

---

[35] βασιλεύς: Cant 1,4.17; 3,9.11 König Salomo; 7,5; 6,7ff (vgl. Sinaiticus zu 6,9; 7,1; 8,5) ist von βασιλίσσαι die Rede, denen die Braut gegenübergestellt wird.

[36] Vgl. Joh 20,28; Joh 1,17f; 10,30; 1Joh 5,20; zur Apokalypse vgl. HOFIUS 1996, 511–528.

[37] DÖLGER 1936, 211–217.

[38] S. WELLES 1938, 335–494. Insgesamt handelt es sich um sechs Inschriften mit κυρία: Nr. 15 (S. 382: wird die κυρία πατρίς sogar zweimal genannt; nach der Nennung »für das Heil« des Kaisers Antoninus Pius und seiner Kinder heißt es: »und für die Eintracht und das Wohlergehen des Rates und des Volkes« der Heimatstadt, κυρία πατρίς (καὶ ὁμονοίας καὶ ε[ὐ]δαιμονίας βουλῆς [κ]αὶ δήμου τῆς κυρίας πατ[ρ]ίδος), und ihr errichtete »Malchus, der Sohn des Demetrios, der Sohn des Malchus« auch die Standbilder, auf die sich die Weihinschrift bezieht: (τῇ κυρίᾳ πατρίδι ἐξ ἐπανγελίας αὐτοῦ τὰ ἀγάλματα ... ἀνέθηκεν); Nr. 119 (S. 418: »Für das Heil der Kaiser« ... τῇ κυρίᾳ πατρίδι); Nr. 121.122.134.137 haben jeweils noch zusätzlich die Überschrift Ἀγαθῇ τύχῃ (S. 418–423); weitere vier Widmungen sind ohne den Titel κυρίᾳ nur mit πατρίδι Nr. 10.38.52.54. DÖLGER erwähnte davon nur zwei nach JONES, JRS 20 (1930), 47. 52 Nr. 64. 70.

ihren Füßen hat und die Mauerkrone als Kopfschmuck trägt. Ein weiteres
Attribut dieser Stadtgöttinnen ist das Füllhorn. Nach einer neueren Untersuchung stehen hinter der Göttin mit der Mauerkrone assyrische bzw. he-
thitische Darstellungen von vergöttlichten Herrscherinnen einer Stadt. Als
Personifikation einer Polis in Syrien erscheint die Tyche in Syrien und Me-
sopotamien so auf zahlreichen Münzen seit dem 1. Jh. v. Chr.[39] Im südlichen
Syrien, Palästina, der Dekapolis bzw. der späteren Provinz Arabia verband
sich die Tyche der Stadt mit dem semitischen Glücksgott Gad bzw. mit der
städtischen Hauptgöttin wie Astarte, Allat, Anat, Atargatis, die ja auch alle
»Herrinnen« sind.[40] Auf eine weitere ähnliche Grabinschrift aus der Zeit des
Commodus in *Capitolias* wies S. Mittmann hin. Hier wird wieder »für das
Heil und langes Leben« des Kaisers und Kyrios (Σεβάστου κυρίου) aus
einem Testament ein Standbild τῇ κυρίᾳ πατρίδι gestiftet.[41] Noch aufschlußreicher sind vier Inschriften aus *Bostra*, der Hauptstadt der römischen
Provinz Arabien ab 106 n. Chr. Zwei enthalten eine Weihung des Ulpius
Pompeius Markus, eines Priesters der Μεγάλη Τύχη, d. h. der Stadtgöttin, an
die κυρίᾳ πατρίδι aus dem Jahre 217/218 n. Chr.[42] Die beiden anderen Inschriften stammen ebenfalls von zwei angesehenen Bürgern der Stadt, beide
ehemalige Priester des Kaiserkultes (ἀπὸ Φλάμενος), hohe städtische Be-
amte (ἀστυνομήσας), einer außerdem noch Ratsherr (βουλευτής), die jeweils einen Fackelträger (δᾳδοῦχος) der κυρίᾳ πατρίδι stiften.[43] Die κυρία
πατρίς in Bostra wird hier direkt mit der Stadtgöttin, der Μεγάλη Τύχη
identifiziert und besaß einen eigenen Kult. Es handelt sich dabei trotz des
römischen Bürgerrechts aller drei Spender, ihrer hohen städtischen Ämter
und der Beziehung zum Kaiserkult nicht um einen Ableger der Verehrung
der Göttin Roma, die in Syrien relativ selten verehrt und[44] – soweit ich sehe

---

[39] BÖRKER-KLÄHN 1997, 227–234 (Tafel 13.16); speziell zur Tyche von Antiochien,
die auch auf Münzen von Städten der Dekapolis erscheint, s. MEYER 1996, 243.254
[Lit.] u. Abb. 1–4.7–12; PROTTLUNG 1995; zur Göttin Tyche s. schon SOURDEL 1952,
49–52; zu einem Tychetempel im Ostjordanland und dem römischen Einfluß GROS 1967,
553 ff. Der Kult der Tyche ging teilweise eine Verbindung mit dem Kaiserkult ein, kann
aber nicht allein aus diesem bzw. dem der Dea Roma erklärt werden. Zur Tyche s. auch
HENGEL/ SCHWEMER 1998, 206 f.
[40] Zu dem Titel Kyrios bzw. Kyria im südlichen Syrien und Palästina s. HENGEL/
SCHWEMER 1998, 195–200 besonders Anm. 795. S. auch MILIK 1958, 246 ff die mṣb' dy
ḫr' im Sinne von »l'idole de la déesse Bọra« aus Petra »personnification du chef-lieu de
la Nabatène septentrionale«, dort noch weitere Beispiele.
[41] MITTMANN 1970, 169–171 (Tafeln IX–XI).
[42] SARTRE IGLS XIII,1 Nr. 9006/7. Der Priester ist römischer Bürger, sein Gentili-
cium weist auf Kaiser Trajan zurück. S. dazu den Kommentar S. 81.
[43] Op. cit. Nr. 9008/9. Die Herausgeber verweisen auf eine Weihung einer statua
lucifera an den Jupiter Heliopolitanus in Heliopolis-Baalbeck IGLS VI, 2716.
[44] S. dazu MELLOR 1984, 956 ff, 968 f; DERS. 1975, 94 ff; s. Anhang 207 ff., wo – im

– auch im Osten nie als κυρία angesprochen wird, sondern um den traditionellen Kult der Stadtgöttin als der numinosen Polis, der Provinzhauptstadt Bostra, ein Kult, der letztlich semitische Wurzeln besitzt (s. o. Anm. 39). Der Titel κυρία ist auch hier nicht einfach eine Höflichkeitsfloskel und erst recht nicht Ausdruck familiärer Vertrautheit wie in Papyrusbriefen ab dem 2./3. Jh. n. Chr. oder wie der lateinische Sprachgebrauch von dominus und domina seit der frühen bis mittleren Kaiserzeit,[45] sondern *ein religiöser Titel*, der die Polis als »numinoses«, ja »göttliches« Wesen anspricht. Eine israelitisch-jüdische Parallele ist die Personifikation Jerusalems als bat ṣijjôn (oder betûlat bat ṣijjôn).[46] Sie kann dabei als geographischer Ort mit räumlicher Ausdehnung wie als persönliche Gestalt erscheinen. Freilich wird die Heilige Stadt gerade nicht vergöttlicht. Sie ist von Gott erwählt, ist Ort seiner heilvollen Gegenwart, sie steht unter seinem Schutz und Gericht, ja sie wird von ihm wunderbar erneuert werden, aber sie wird niemals selbst Gegenstand des Kultes und göttlicher Verehrung; dem einen »Herrn« tritt keine »Herrin« zur Seite, denn es gibt keine Stadtgöttin von Jerusalem, die dem JHWH vom Zion als Parhedros zugeordnet ist, vergleichbar der ʿAnat Yahû und der ʿAnat Bethel im jüdischen Tempel von Elephantine um 400 v. Chr. Darauf, daß es Tendenzen in dieser Richtung im vorexilischen Jerusalem gab, mag die Verehrung der »Königin des Himmels« hinweisen, die Jer 7,18 und 44,17–29 vom Profeten so scharf verurteilt wird.[47]

Man wird so trotz der palästinischen Herkunft des Autors des Corpus Johanneum keinen unmittelbaren Einfluß der hellenistisch-semitischen Redeform von der Κυρία Πατρίς auf die ἐκλεκτὴ κυρία in 2Joh 1 annehmen dürfen. Es handelt sich vielmehr um eine auffallende Analogie: Ein Kollektiv, genauer eine bedeutende, ehrgeizige Polis, eine »Metropolis«, erhält eine »überirdisch-numinose« Würde und wird daher wie eine semitische Göttin als κυρία angesprochen und im Kult verehrt. Die nächste neutestamentliche Parallele für diese Vorstellung findet sich bei Paulus in Gal 4,26: »Das obere (d. h. das himmlische) Jerusalem ist eine freie (Stadt), welche unsere Mutter(stadt) ist.«[48] Hier verbindet sich die jesajanische

---

Gegensatz zu den zahlreichen Zeugnissen Kleinasiens – epigraphische Belege sehr selten sind (227: nur ein Beleg aus Emesa).

[45] S. dazu BANG 1921, 82–88. S. auch o. Anm. 12.

[46] OTTO 1989, 1010f. S. dazu FITZGERALD 1972, 403–416; DERS. 1975, 167–183. STECK 1989, 261–281: »Wesentlich ist, daß sie sich der Zuwendung von Lebenskraft durch Jahwe an die Stadt verdankt, die im Bestand einer Bindung zwischen beiden wurzelt, wie sie in der Ehemetaphorik unüberbietbar zum Ausdruck kommt«.

[47] S. dazu DAY, Art. Anat, DDD, 62–77 (71–75); zu Elephantine s. VAN DER TOORN 1992, 80–101; ACKERMAN 1992, 5–35.

[48] Jes 52, 1–7 wird die Befreiung und Verherrlichung Jerusalems durch den Anbruch der Gottesherrschaft geschildert. S. STECK 1989, 280: »Sie wird zur Königin hinsichtlich

eschatologische Verherrlichung Jerusalems bzw. des Zion mit dem griechischen Ideal der freien Polis, wobei, über den Text des Profeten hinausge-
hend, Jerusalem in die himmlische Welt Gottes versetzt wird. Wenn Paulus
unmittelbar zuvor spricht, daß das der Sklavin Saras, Hagar, und dem Sinai
entsprechende »gegenwärtige (d. h. irdische) Jerusalem« Sklavendienst tut
samt ihren Kindern (Gal 4,25: δουλεύει [...] μετὰ τῶν τέκνων αὐτῆς), so
haben wir darin die nächste sprachliche Entsprechung zu den Kindern der
auserwählten Herrin und ihrer Schwester, mit denen die einzelnen Glieder
der jeweiligen Gemeinden gemeint sind.[49] Die »auserwählte Herrin mit
ihren Kindern« ist in ihrer durch Christus vermittelten Würde über alles
Sklavenwesen erhaben.[50] Hinter diesem ganzen Vorstellungskomplex steht,
wie der Beitrag von Frau Schwemer zeigt, eine intensive Jesaja-Exegese
des Paulus, der seine Argumentation durch das nachfolgende Zitat aus Jes
54,1 (LXX) begründet: Das »himmlische Jerusalem«, die »endzeitliche
Gottesstadt« ist die scheinbar »kinderlose«, die »viele Kinder« erhält.

3. τῇ κυρίᾳ προσευχῇ

In Kleinasien, wo der Autor des Corpus Johanneum nach seiner Auswanderung aus Judäa in seiner späteren Lebenszeit etwa zwischen 66 und 100 n.
Chr. in Ephesus wirkte und eine Schule gründete,[51] die die kleinasiatische
Theologie zur führenden im 2. Jh. machte, und die auch in die Provinz
ausstrahlte, finden wir ebenfalls eigenartige Parallelen aus einem paganen
aber zugleich judaisierenden Milieu.[52] Es handelt sich einmal um eine Inschrift des 3. Jh.s aus Asmara, dem alten Amastris im westlichen Pontus
aus jener Gegend, in der der jüngere Plinius nach 110 n. Chr. die Christen
verfolgte. Sie gibt einige Rätel auf:

Θεῷ
ἀνεικέτῳ
Ἀσβαμεῖ κα[ὶ]

---

der Völkerwelt.« Zugleich war jedoch das Attribut »frei« bei den griechischen Städten des
römischen Reiches sehr begehrt, auf den Aufstandsmünzen nach 66 haben wir die Aufschrift ḥerût Ṣijjôn (Freiheit Zions), S. HENGEL 1976, 120–123; vgl. auch 2Makk 9,14;
1Makk 4,11. Zu Jerusalem als »Metropolis« s. schon Jes 1,26 LXX und häufig bei Philo,
Flacc 46; leg. 203.281.295.305.334. Vgl. dazu den Beitrag von SCHWEMER, 206.221ff.
[49] 2Joh 1 (...) καὶ τοῖς τέκνοις αὐτῆς; V.4 (...) ἐκ τῶν τέκνων σου; V.13 Ἀσπάζεταί
σε τὰ τέκνα τῆς ἀδελφῆς σου τῆς ἐκλεκτῆς.
[50] Aus dem Corpus Johanneum s. Joh 8,34f; 15,15.
[51] HENGEL 1993, 18f.34.53.110f.132.138.302ff.
[52] S. dazu HENGEL/ SCHWEMER 1998, 251–259.

ΓΗ (lies τῇ) *κυρίᾳ προσ-*
ευχῇ εὐξά-
μενος καὶ
ἐπιτυχὼν
ἀνάθημα Ἀυ-
ρήλιος Πρω-
τόκτητος
εὐχαριστή[ρι]ον

Sie befand sich auf einem schmalen Marmoraltar und wurde erstmals 1933 von Ernst Kalinka veröffentlicht.[53] Drei Jahre später ging der führende Epigraphiker Louis Robert auf diese Inschrift ein und bekräftigte die schon von Kalinka geäußerte Vermutung, daß statt des ganz ungewöhnlichen ΓΗ der Artikel ΤΗ, d.h. τῇ κυρίᾳ προσευχῇ zu lesen sei, wobei das Iota subscriptum für den Dativ in der Inschrift durchgehend fehlt: »Il me semble certain que l'epithète de κυρία n'est pas appliqué à une déesse dont il faudrait reconnaître le nom dans Γῆ, mais au mot suivant, et qu'il faut καὶ τῇ κυρίᾳ προσευχῇ. La dédicace est facile, comme si souvent, à la communauté (τῷ συνόδῳ, τοῖς μυσταῖς, τῷ κοινῷ, τῇ συναγωγῇ) en même temps qu'au dieu; et l'association reçoit l'epithète de κυρία. Il me semble difficile de ne pas voir dans l'emploi du terme προσευχή (...) une influence judaisante, qui n'est pas surprenante sur les côtes du Pont Euxin.«[54] Leider übersah er in seiner Wiedergabe den für die Deutung wesentlichen Beinamen des Gottes Ἀσβαμεῖ, wohl ein Hinweis auf den Zeus Asbamaios, abgeleitet von einer Quelle bei Tyana nahe der kappadokisch-kilikischen Grenze, der als Schützer des Eides galt. Dieser Fehler wurde von B. Lifshitz übernommen.[55] Das pagane Gottesepitheton macht eine direkte jüdische Herkunft unmöglich, wohl aber könnte diese Weihung von einem der mit dem Judentum sympathisierenden Heiden stammen, deren Spuren in Kleinasien besonders häufig sind.[56] Der Beiname Ἀσβαμεῖ muß nicht mehr bedeuteten, als daß der angesprochene Gott auf die Einhaltung von Eiden achtet. Für eine jüdische Herkunft spricht, daß der Ausdruck προσευχή erstmals in der LXX 114 mal, in der Regel für tefillah, erscheint und in der Diaspora zur Bezeichnung für den jüdischen Gottesdienstraum wird. Eindeutige heidnische Belege für dieses vermutlich von den Übersetzern für

---

[53] KALINKA 1933, 45–112, Nr.8 (61).
[54] ROBERT 1936, 237f. In DERS. 1958, 43 Anm. geht er noch einmal auf diese Inschrift ein.
[55] LIFSHITZ 1967, Nr. 35, 36f. S. schon meinen Hinweis in: HENGEL 1971, 179 Anm. 96; weiter HYLDAHL 1979, 396–398. Zu Asbamaios s. JESSEN u. RUGE 1896, Sp. 1598: Philostrat, vit. Apoll 1,6; Amm. Marc. 23,6,19; COOK 1965, 569.
[56] S. dazu HENGEL/ SCHWEMER 1998, 251–259.

das biblische Gebet geprägte Wort gibt es nicht.[57] Der von I. Levinskaya vorgetragene Gegenvorschlag zu dieser Lesung ist daher unwahrscheinlich. Sie vermutet als Text: Θεῷ / ἀνεικήτῳ / ᾿Ασβαμεῖ κα[ι] / Γῇ Κυρίᾳ προσευχὴ⟨ν⟩ εὐξά/μενος καὶ / ἐπιτυχών (…). Die Erdgöttin wird nie κυρία genannt, auch ist die Nachstellung des Titels κυρία ungewöhnlich, dasselbe gilt erst recht von der nach wie vor analogielosen Formel προσευχὴν εὐξάμενος,[58] die außerdem noch eine Korrektur von προσευχή zum Akkusativ προσευχήν erfordert. Der in späten Texten zuweilen bezeugte Wegfall des Schluß-Ny bezieht sich in den von I. Levinskaya beigebrachten Beispielen vor allem auf Personennamen.[59] In Wirklichkeit wird, wie ich schon 1971 betonte,[60] »neben der Gottheit auch ihr Versammlungsort – der eventuell gar die Bezeichnung des Kultvereins selbst bedeutet – geehrt«. Dem ist nichts hinzuzufügen. Versammlungsort und Kultgemeinde gehören zusammen.

Eine nordgalatische Inschrift, ebenfalls aus dem 3. Jh. n. Chr., hat eine ähnliche Erwähnung der Gottheit zusammen mit der als numinos betrachteten ›Proseuche‹, und bei ihr kann man sogar fragen, ob sie vielleicht wirklich jüdisch ist und nicht nur aus einem judaisierenden paganen Kultverein stammt: τῷ μεγάλῳ Θεῷ ῾Υψίστῳ καὶ ᾿Επουρανίῳ καὶ τοῖς ῾Αγίοις αὐτοῦ ᾿Ανγέλοις καὶ τῇ προσκυνητῇ αὐτοῦ Προσευχῇ τὰ ὧδε ἔργα γείνεται.[61] Die »verehrungswürdige Proseuche« kommt der κυρία προσευχή recht nahe.[62] In diesen judaisierenden paganen Kontext gehört auch eine Weihung aus Pisidien mit Altar und Säule: Θεῷ ῾Υψίστῳ καὶ ῾Αγείᾳ καταφυγῇ. Von der äußeren Form her scheint sie dem »höchsten Gott« und seiner

---

[57] S. die Zusammenstellung möglicher Belege bei LEVINSKAYA 1996, 213–225 [Lit.]. Die Inschrift aus Epidauros aus dem 4. Jh. v. Chr. mit dem dorischen τᾶς ποτευχᾶς ist in ihrer Bedeutung höchst unsicher. IG IV,1 ed. min. 106,27. Die Belege aus Olbia, Gorgippia und Panticapaeum sind jüdisch oder jüdisch beeinflußt. Der Einfluß jüdischen bzw. christlichen Sprachgebrauchs liegt auch in dem von LEVINSKAYA zitierten Privatbrief aus dem 3. Jh. n. Chr. vor, wo das Wort neben εὐχαί gebraucht wird (BGU IV, 1080 [op. cit. 213 Anm. 21]); dies gilt erst recht für Epiphanius Pan. 80,1,2–4; 2,1f über die Gebetshäuser der Messalianer, die den ›Pantokrator‹ verehren: s. HENGEL 1971, 179.
[58] Es heißt gerade nicht εὐχὴν εὐξάμενος. Der 213 Anm. 21 angeführte Papyus BGU IV, 1080 stellt nur εὐχὰς καὶ προσευχάς nebeneinander.
[59] LEVINSKAYA 1996, 233 [Lit.].
[60] HENGEL 1971, 179.
[61] MITCHELL 1982, No. 209B; SHEPPARD 1980, 77–101; cf. LEVINSKAYA 1996, 217; MILLAR 1986, 35; HENGEL 1998, 171f.
[62] Relativ häufig sind Formulierungen wie τῇ ἁγιοτάτῃ συναγωγῇ, CIJ II Nr. 754 = LIFSHITZ 1967, Nr. 28; vgl. auch in Ägypten CIJ II, 1435–37 = LIFSHITZ 1967, Nr. 88–99: τῷ ἁγίῳ τόπῳ: Hier werden Bezeichnungen für den Tempel auf die Synagoge übertragen.

Partnerin »Zuflucht« geweiht zu sein; in Wirklichkeit dürfte mit der »Heiligen Zuflucht« wie bei der »Herrin Proseuche« der Versammlungsort bzw. die Versammlung einer judaisierenden Gemeinde angesprochen sein, denn das Stichwort καταφυγή hat einen klaren alttestamentlichen Hintergrund.[63] Es kann zugleich als terminus technicus für Proselyten und Gottesfürchtige erscheinen.[64] Der Ort der Zuflucht ist zugleich der Ort der Rettung durch Gott, so wie die κυρία προσευχή bzw. die προσκυνητὴ προσευχή der Ort bzw. die Gemeinschaft ist, wo der eine wahre Gott auf rechte Weise angebetet und verehrt wird.

Die »numinose« Personifizierung einer religiösen Gemeinschaft und die ihres Versammlungsortes, beides muß nicht streng getrennt werden.[65] Im Grunde begegnet sie uns bereits im Alten Testament bei der Personifizierung von Israel, Jerusalem und Zion. Sie findet sich entsprechend vereinzelt wieder in judaisierenden Weihinschriften Kleinasiens, wobei in einem Fall sogar der Titel κυρία für die προσευχή nicht fehlt. Diese sonderbare Bezeichnung eines Kollektivs ist offenbar nicht nur auf einige Städte im Ostjordanland beschränkt, wobei im Gegensatz zu dort im jüdischen Bereich noch keine eigentliche »Vergöttlichung« geschieht.

4. Die Kyria und die Braut des Kyrios

Im 2Joh 1 ist mit der ἐκλεκτὴ κυρία so sicher die angeschriebene Gemeinde gemeint. Zwischen ihr und der Gesamtkirche besteht dabei wie schon bei Paulus kein grundsätzlicher Unterschied. Jede konkrete Einzelgemeinde verkörpert zugleich das ganze endzeitliche Gottesvolk. Das gilt auch für das Corpus Johanneum. Die »Jüngergemeinschaft« um Jesus bei den Abschiedsreden stellt in nuce bereits die ungeteilte eine Kirche dar. Das Stichwort ἐκκλησία fehlt zwar in 1Joh und 2Joh wie auch im Evangelium, begegnet uns aber dreimal in 3Joh 6.9.10. Dort grüßen am Ende die »Freunde« aus der Gemeinde des Alten, und der Empfänger erhält den Auftrag, seinerseits die Freunde in seiner Gemeinde namentlich zu grüßen. Der Alte ist so nicht eindeutig auf eine bestimmte ekklesiologische Begrifflichkeit fest-

---

[63] Ex 17,15: κύριός μου καταφυγή; vgl. 2Reg 22,3; 14 mal in den Psalmen; Jer 16,19; 2Makk 10,28; PsSal 5,2; 15,1.

[64] JosAs 12,13; 15,7; 17,6; weiter findet sich der Begriff 27 mal bei Philo; s. die Indices von LEISEGANG bzw. G. MAYER s.v.

[65] Auch die religiös verklärte Stadt ist an einen festen Ort gebunden und umfaßt zugleich die Gemeinschaft ihrer Bewohner. S. STECK 1989 über den geographischen Ort und die personifizierte Gemeinschaft ihrer Bürger.

gelegt, sondern kann in seinen Anredeformen und Metaphern trotz seines relativ schlichten Stils recht variabel sein.[66] In den bei W. Bauer angeführten älteren, vor allem aus Athen stammenden Belegen für eine κυρία ἐκκλησία[67] hat κυρία dagegen noch seine ursprüngliche adjektivische Bedeutung im Sinne einer besonders hervorgehobenen regelmäßigen »Hauptversammlung« des Demos von Athen und darf nicht wie in manchen Kommentaren im Sinne von »Herrin« verstanden werden.[68]

Die paganen Parallelen aus dem Ostjordanland, die judaisierenden aus Kleinasien, aber auch der indirekte Bezug auf die allegorische Deutung des Hohenlieds, das die geliebte Braut Sulamit als das Gottesvolk und Salomo als dessen göttlichen Herrn deutet, legen miteinander nahe, daß mit der Anrede ἐκλεκτὴ κυρία gerade nicht, wie oft behauptet, eine sachlich belanglose Höflichkeitsformel verwendet wird, sondern daß diese, wie schon oben betont, einen tieferen *christologischen* Sinn hat: *Die Gemeinde ist die endzeitliche Braut des Kyrios.* Israel als die Braut bzw. Ehegattin Gottes erscheint in vielfältiger Weise als ein wichtiges Motiv in der alttestamentlichen Profetie, und später begegnet uns die Weisheit als Gottes »Throngenossin« und »Lebensgefährtin« in der Sapientia Salomonis.[69] In neutestamentlicher Zeit wird diese Metaphorik verstärkt durch die auch im zeitgenössischen Judentum geübte allegorische Deutung des Hohenlieds mit seinem Zwiegespräch zwischen königlichem Bräutigam und Braut.[70]

Es ist eigenartigerweise das *Corpus Johanneum*, das u. a. diese Metaphorik aufnimmt, einmal im Evangelium und dann in verstärkter Form in der Apokalypse, die im weiteren Sinne ebenfalls noch dem johanneischen Schriftenkreis zugehört. In *Joh 3,27f* weist der Täufer seine Jünger zurecht, die ihm von Jesu Tauferfolgen und Anziehungskraft erzählen.[71] Er erwidert ihnen, daß er nicht der Messias sei, vielmehr nur vor jenem hergesandt sei;

---

[66] Vgl. Joh 11,11; 15,13–15. In 3,29 wird φίλος mit νυμφίος und νύμφη in Verbindung gebracht.

[67] BAUER/ ALAND 1988, 931.

[68] S. dazu KLAUCK 1990, 135–138 unter Verweis auf SWOBODA 1925, 171–173 u. a. und unter Heranziehung weiterer Quellenbelege; s. auch S. 136 Anm. 6 den Hinweis auf die Mißdeutung der Eintragung von W. BAUER in renommierten Kommentaren. Ergänze noch STRECKER 1989, 317. S. jetzt Errington 1995, 19–42, bes. 39–42 und SEG 45 (1995), 624f Nr. 2297.

[69] S. dazu BRATSIOTIS 1973, 246ff. Zur Weisheit s. Sap 9,4; 8,3. Vgl. o. S. 249f.254f. Zu älteren Formen einer Parhedros JHWHs s. o. Anm. 47.

[70] Zu νύμφη (kallah) s. Cant 4,8–12; 5,1 und die zahlreichen den Dialog in seiner Dramatik erläuternden Zusätze in Codex Sinaiticus und z. T. im Alexandrinus. M. E. könnten sie schon aus einer jüdischen Vorlage stammen.

[71] ἴδε οὗτος βαπτίζει καὶ πάντες ἔρχονται πρὸς αὐτόν. Vgl. 4,1: ὅτι Ἰησοῦς πλείονας μαθητὰς ποιεῖ καὶ βαπτίζει ἢ Ἰωάννης.

man könnte hinzufügen: um ihn zu bezeugen und seinen Weg zu bereiten.[72] »Bräutigam ist, wer die Braut hat. Der Freund aber des Bräutigams, der dasteht und auf ihn hört, freut sich herzlich über die Stimme des Bräutigams. Eben diese meine Freude hat sich erfüllt. Jener muß wachsen, ich aber muß abnehmen.«[73] Es handelt sich hier um einen Vergleich, der wohl auf den palästinisch-jüdischen Hochzeitsbrauch zurückgeht. Der »Freund« ist *der Brautführer*,[74] der eine besondere Vertrauensfunktion besitzt, der die Hochzeit vorbereitet und dem Bräutigam die Braut zuführt und zugleich die Hochzeitsfeierlichkeiten begleitet.[75] Diese Antwort des Täufers an seine protestierenden Jünger hat noch nichts mit dem gnostisch-paganen Mythos vom ἱερὸς γάμος zu tun, wie W. Bauer unter Hinweis auf W. Bousset und die religionsgeschichtliche Schule vermutete.[76] Es ist aber auch kein bloßer Vergleich ohne jede allegorische Bedeutung, wie bei Lagrange, der so urteilen muß, weil er es für ein echtes Täuferwort hält.[77] Lagrange weist jedoch im Zusammenhang mit der Freude des Bräutigams 3,21 zu recht auf

---

[72] Joh 1,20–23 vgl. 1,8; 5,35.

[73] Joh 3,29ff: ὁ ἔχων τὴν νύμφην νυμφίος ἐστίν· ὁ δὲ φίλος τοῦ νυμφίου ὁ ἑστηκὼς καὶ ἀκούων αὐτοῦ χαρᾷ χαίρει διὰ τὴν φωνὴν τοῦ νυμφίου. αὕτη οὖν ἡ χαρὰ ἡ ἐμὴ πεπλήρωται. ἐκεῖνον δεῖ αὐξάνειν, ἐμὲ δὲ ἐλαττοῦσθαι.

[74] Sôsbîn; s. JASTROW 1950, 1542; vgl. BILLERBECK I, 500–506 vgl. 45f; ABRAHAMS 1924, 213, der darauf hinweist, daß in rabbinischen Texten νύμφη als Lehnwort erscheint (njnpj), so u.a. in TgCant 4,8f vgl. JASTROW, op. cit. 905f. Zum Brautführer s. vor allem mSanh 3,5: Der Brautführer als exemplarischer Freund, der wegen Befangenheit nicht vor Gericht auftreten darf; weiter tKeth 1,4 (Z. 261) zu den Aufgaben der (bzw. des) Brautführer(s) in Judäa und Galiläa und für die frühere Zeit. S. auch 1Makk 9,39. Vgl. u. S. 273f zu Eph 5,25ff. Dazu jetzt ZIMMERMANN 1999, 123–130: »das Hören der Stimme des Bräutigams in Joh 3,29 (spielt) auf eine Erfüllung der Heilsverheißung in Jer 33 … (an)« (127). Johannes der Täufer fungiert im Joh als der Freund Jesu, der ihm als »Zeuge« die Jünger und die Gemeinde zuführt.

[75] ZIMMERMANN 1999, 125f. Die ältere Auslegung konzentrierte die Vertrauensfunktion auf die Hochzeitsnacht und den »Vollzug der Ehe«, s. SCHLATTER 1930, 108: »Stehend wartet er vor dem Brautgemach auf den jubelnden Ruf des Bräutigams«; vgl. BROWN 1966, 152. Das entsprang wohl doch der Phantasie der Ausleger. Vgl. dagegen Augustin, civ. Dei 6,9: *Quid impletur cubiculum turba numinum, quando et paranymphi inde discedunt?* Auch die Brautführer entfernen sich vom Brautgemach. Augustin verwendet dies als Argument gegen die römische Vorstellung von den die Hochzeit beschützenden Göttern. In ActThom 11 verlassen als letzte alle Brautführer das junge Paar auf den Befehl des Königs hin, und der Bräutigam findet danach zu seinem Erstaunen im Brautgemach hinter dem Vorhang neben der Braut Christus, der das Paar dann in die enkratitische Lebensweise einführt.

[76] BAUER 1933, 63.

[77] LAGRANGE 1925, 95. Eigenartigerweise schließt sich BULTMANN 1950, 126 Anm. 12, ganz LAGRANGE an und will keinen Zusammenhang zwischen dem »echte[n] Bildwort« und einer messianischen Deutung bzw. der jüdischen Deutung der »Gemeinde als Braut Gottes« (gegen SCHLATTER) sehen. Wie auch sonst in seinem Kommentar verkennt er den religionsgeschichtlichen Zusammenhang völlig.

Cant 3,11 hin.[78] Man könnte auch an Cant 8,13 LXX erinnern: ἑταῖροι προσέχοντες τῇ φωνῇ σου.[79] Dagegen betonte Th. Zahn mit guten Gründen den alttestamentlichen Hintergrund dieses Textes, wobei der Täufer die »Vorstellung des Bundes Gottes mit seinem Volk als eines Ehebundes (...) auf das Verhältnis des Messias zu seiner werdenden Gemeinde überträgt.«[80] Schnackenburg vermutet zwar bei dem Bild von »Bräutigam und Braut« im Munde des Täufers noch keinen Hinweis auf die »messianische« Gemeinde, da der Täufer nur »sein eigenes Verhältnis zu Jesus« veranschaulichen wolle, erkennt dann aber doch, daß »der Evangelist und die christliche Hörergemeinde (...) die ›Braut‹ auf die messianische Gemeinde« und den ›Bräutigam‹ auf den »Messias Jesus« gedeutet haben.[81] Der christologische Sinn von Joh 3,25–30 geht dahin, daß Jesus als der Messias und Gottessohn (oder im Bild gesprochen der »Bräutigam«) die wahre endzeitliche Gottesgemeinde als »die Braut« sammelt und sich mit ihr vereint. Darum »kommen alle zu ihm« (3,26), darum »machte und taufte er mehr Jünger als Johannes« (4,2). Er ist es, der »die Braut hat« (ὁ ἔχων τὴν νύμφην), nicht der Täufer, darum ist er der »Bräutigam«. Dementsprechend ist die Braut nicht mit der konkurrierenden Täufergemeinde identisch, der Täufer bereitet vielmehr als der von Gott gesandte Freund und »Brautführer« den Weg des »Bräutigams« durch sein Zeugnis vor. Vermutlich hat schon Jesus selbst die Metapher vom Bräutigam und von der Hochzeitsfreude auf seinen messianischen Dienst im Zusammenhang mit seiner Botschaft von der Gegenwart der Gottesherrschaft bezogen.[82]

---

[78] ἐξέλθατε καὶ ἴδετε ἐν τῷ βασιλεῖ Σαλωμων (...) ἐν ἡμέρᾳ νυμφεύσεως αὐτοῦ καὶ ἐν ἡμέρᾳ εὐφροσύνης καρδίας αὐτοῦ. Vgl. auch TgJes 61,10 »Siehe, er (Gott) hat mich bekleidet mit den Kleidern der Erlösung, mit einem Gewand der Gerechtigkeit hat er mich eingehüllt, wie der Bräutigam, der sich in seinem Brautgemach freut.«

[79] Zur Stimme des Geliebten, d.h. des Bräutigams, vgl. noch 2,8.14: ἀκούτισόν με τὴν φωνήν σου, ὅτι ἡ φωνή σου ἡδεῖα.

[80] ZAHN 1921, 221f; vgl. auch BERNARD 1928, I, 131 und WESTCOTT 1958, 59 zu Joh 3,28f.

[81] SCHNACKENBURG 1965, 453f. Ähnlich vorsichtig ist auch das Urteil von BARRETT 1978, 22f.

[82] Mk 2,18–20 = Mt 9,14–15; Lk 5,33–35. Es ist auffallend, daß nach Mk diese Antwort Jesu durch eine Anfrage der Johannesjünger und der Pharisäer ausgelöst wird. Sollte die Antwort Jesu bei Mk die johanneische Darstellung der Reaktion des Täufers auf die Anfrage seiner Jünger 3,27–30 u.a. mit beeinflußt haben? Zur Metaphorik s. noch Mt 25,1–10 und 22,2. Der viel zitierte Hinweis von J. JEREMIAS 1942, daß »die Allegorie Bräutigam/ Messias (...) dem AT und dem Spätjudentum unbekannt« sei, 1094f, besagt bei unserer ganz bruchstückhaften Kenntnis des antiken Judentums wenig und schließt keinesfalls aus, daß Jesus diese Metaphorik auf sich bezogen hat. Gerade weil das Judentum, soweit wir sehen, den Gebrauch dieser Metapher auf Gott und sein

Ihre Deutung auf den Messias Jesus tritt dann deutlich bei Paulus zu Tage, der sich in 2Kor 11,2 selbst die Rolle des Brautführers zulegt.[83] Ihr selbstverständlicher Gebrauch legt nahe, daß ein derartiger Sprachgebrauch in den paulinischen Gemeinden wohl bekannt war. In den Deuteropaulinen wird sie dann in Eph 5,22–32 weiter entfaltet:[84] Christus ist schon bei Paulus und seiner Schule als ›Bräutigam‹ des neuen endzeitlichen Gottesvolkes an die Stelle getreten, die im AT Gott selbst inne hatte. Wenn man diesen Hintergrund ernst nimmt, wird man schwerlich leugnen können, daß die in 2Joh 1 und 5 auftauchende Bezeichnung (ἐκλεκτὴ) κυρία für eine Gemeinde, die im Neuen Testament einzigartig ist, einen *christologischen* Ausgangspunkt besitzt und mit der Würde der Einzelgemeinde wie auch der Gesamtgemeinde – beides kann man nicht grundsätzlich trennen – als der vom Kyrios »erwählten Braut« zusammenhängt und daß diese Vorstellung nicht zuletzt auch dem johanneischen Corpus eigen ist. Die Einzelgemeinde ist die Form, in der sich die ganze Kirche Christi konkret darstellt. Dieser christologische Bezug wird noch deutlicher, wenn man 2Joh 7: οἱ μὴ ὁμολογοῦντες Ἰησοῦν Χριστὸν ἐρχόμενον ἐν σαρκὶ, futurisch auf die zukünftige Parusie bezieht, in der nach der Apokalypse die »Hochzeit« zwischen dem Kommenden und der Gemeinde als »Braut« geschieht. Diese wird ihm gleichgestaltet werden und »sehen, wie er ist«.[85] Dem Stichwort ἐκλεκτή entspricht, daß Johannes nicht weniger als Paulus eine massive prädestinatianische Erwählungslehre vertritt. Programmatisch ist dafür der Satz aus den Abschiedsreden: »Nicht ihr habt mich erwählt, sondern ich habe euch erwählt.«[86] Die ἐκλεκτὴ κυρία bezieht sich so auf Christus als den ἐκλεκτὸς θεοῦ[87] und Kyrios, der als solcher vor allem in den Auferstehungsberichten erscheint.[88]

Volk beschränkt hat, wäre sie dann Ausdruck seiner einzigartigen Verbindung mit dem Vater und seiner daraus resultierenden Vollmacht.

[83] ἡρμοσάμην γὰρ ὑμᾶς ἑνὶ ἀνδρὶ παρθένον ἁγνὴν παραστῆσαι τῷ Χριστῷ.

[84] S. dazu u. S. 273 f.

[85] 1Joh 3,2 f; zu 2Joh s. HENGEL 1993, 140–144.184 f.409–411. Vgl. Röm 8,29; Phil 3,21 f; 2 Kor 4,18. Zur johanneischen Christologie s. jetzt STUHLMACHER 1999, § 38.

[86] Joh 15,6 vgl. 6,70; 13,18; 18,19; zur Prädestination s. noch 6,37.39.44; 8,43 f; 10,29; 12,37–40; 17,2.12 ff. Zum Problem s. BERGMEIER 1980, 213 ff. BERGMEIER entfernt freilich zu Unrecht die Briefe vom Evangelium. Er beachtet dabei ihre besondere Form und Situation zu wenig. Man kann nicht von Postkarten die Entfaltung theologischer Fülle verlangen.

[87] Joh 1,34 s. o. Anm. 34; vgl. das ähnlich gelagerte Problem in Joh 1,18, wo sicher θεός statt υἱός zu lesen ist. Vgl. METZGER (Hg.) 1971, 200.

[88] In c. 1–13 ist das absolute ὁ κύριος noch relativ selten: 4,1; 6,23; 11,2; 13,13 vgl. dagegen 20,2.18.20.25.28; 21,7.12. Eine entscheidende christologische Klimax ist das Bekenntnis des Thomas 20,28.

5. Die Braut Christi und die Gottesstadt in der Apokalypse

Die Metaphorik von »Braut« und »Bräutigam« taucht dann wieder an entscheidender Stelle in der Johannesapokalypse auf, nämlich dort, wo diese
ihrer Klimax zustrebt. Und zwar in auffälliger doppelter Weise.
    5.1. An die himmlische Liturgie, mit der Apk 19 zunächst in hymnischer
Form den Vollzug von Gottes Gericht über die »Große Dirne« Babylon als
Beherrscherin und Verführerin der ganzen Welt feiert (und dabei an alttе-
stamentliche Vorbilder anknüpft),[89] schließt sich nahtlos der Preis des An-
bruchs der Gottesherrschaft an,[90] die in dem Satz gipfelt: »denn die Hochzeit des Lammes ist gekommen und seine Frau hat sich bereitet[91], und es
wurde ihr gegeben, daß sie sich in feine Leinwand, leuchtend weiß und rein
(βύσσινον λαμπρὸν καθαρόν), hülle. Denn die feine Leinwand sind die
Rechttaten der Heiligen.« Die Gemeinde als Braut Christi im himmlischen
Gewand der Heiligkeit und deren Hochzeit mit dem wiederkommenden
Christus, dessen Parusie unmittelbar darauf in einem martialischen Gemäl-

---

[89] 19,2f zur widergöttlichen Stadt Babylon; s. schon die Vorwegnahme ihres Falls
Apk 14,8 vgl. 16,19. S. überhaupt c. 17–19,10 und dazu jetzt den überaus gründlichen
Kommentar von AUNE 1998, 906–1040. Auch sie wird als luxuriöse Frau dargestellt,
die durch ihre πορνεία die ganze Welt verführt (17,3ff), und sie hat die Herrschaft über
die irdischen Herrscher der ganzen Welt (17,18): ἡ γυνὴ ἣν εἶδες ἔστιν ἡ πόλις ἡ μεγάλη
ἡ ἔχουσα βασιλείαν ἐπὶ τῶν βασιλέων τῆς γῆς. Als die »Mutter der Unzüchtigen und
der Greuel auf der Erde« ist sie zugleich die weibliche Entsprechung zum Antichristen,
dem Tier aus c. 13, das nach 17,15ff ihren Untergang herbeiführt. Die widergöttliche
Macht zerstört sich selbst. Sie thront auf den sieben Häuptern des Tieres, die mit den
sieben Hügeln Roms identisch sind: 17,9b. Eine Münze aus dem spanischen Tarraco z.
Zt. Vespasians zeigt die Roma als leichtgewandete Amazone auf den sieben Hügeln
sitzend, s. MATTINGLY/ CARSON 1976, 187 Nr. 774 Pl. 34,5; jetzt bei AUNE 1998, 920ff.
Apk 18 schildert in immer neuen Szenen ihre Vernichtung und die Klage über den mit
ihr untergegangenen Luxus und Reichtum. Der Autor hat dabei sicher auch die Personifizierung Roms als Dea Roma und ihren Kult im Sinn, die im 1. Jh. v. Chr. im griechischen Raum aufkam. Der Hymnus auf Rom, einer Lesbierin Melinno zugeschrieben,
nennt sie zur Zeit des Augustus oder Hadrians ἄνασσα, Herrin, erhebt sie in den Olymp,
läßt ihr durch die Moira dauernde Weltherrschaft geben, so daß selbst der alles umstür-
zende ›Aion‹, die Zeit, ihr zu Diensten steht. Als »*Herrin*« der Welt erscheint Rom bei
einzelnen lateinischen Dichtern seit Horaz. Zu Melinno s. Stobäus, flor. 3,7 (p. 312
Henze), dazu HOMMEL 1979, 310ff und, vor allem zur Datierung, ZUNTZ 1992, 53ff;
LLOYD-JONES/ PARSONS 1988, Nr. 541f. Der manierierte Stil paßt nicht ins 2. Jh. v. Chr.
sondern in die Kaiserzeit. Zur Domina Roma s. HOMMEL, op, cit. 272ff.
    [90] 19,6: ἐβασίλευσεν κύριος ὁ θεὸς ἡμῶν vgl. Ex 15,18; Ps 47(LXX 46),8; 93(92),1;
96(95),10; 97(96),1; 99(98),1; Sach 14,9 vgl. Apk 11,15.17. Vgl. AUNE 1998, 1028.
    [91] 19,7b: ὅτι ἦλθεν ὁ γάμος τοῦ ἀρνίου καὶ ἡ γυνὴ αὐτοῦ ἡτοίμασεν ἑαυτήν. Vgl.
Mt 22,2 (...) ἀνθρώπῳ βασιλεῖ, ὅστις ἐποίησεν γάμους τῷ υἱῷ αὐτοῦ. Der zweite
Korrektor von Sin, gig, cop (sa/bo) und Apringius Pacensis lesen in Apk 19,7b νύμφη
statt γύνη: eine verständliche Korrektur. Zur Sache AUNE 1998, 1029f.

de geschildert wird, stellt der Seher damit in schroffen Gegensatz zu der
›Dirne Babel‹, d. h. die den ganzen Erdkreis beherrschende und verführen-
de Stadt[92] Rom, deren Ende in Schande das letzte Geschehen einleitet: Der
deutende Schlußsatz, den, im Anschluß an Charles u. a., Lohmeyer[93] als
Glosse streichen will, gehört sachlich zum Text: Für den Seher besteht ein
notwendiger Zusammenhang zwischen Verklärung und Bewährung.[94] Die
künftige Ehegattin verkörpert »die Gemeinde der vollendeten Glaubenden«,[95] die dann in 21,2.9 mit dem himmlischen Jerusalem identifiziert
wird. An erster Stelle stehen hier die Märtyrer. Im folgenden Vers, dem
vierten Makarismus unter den sieben der Apokalypse: »Selig sind, die zum
Hochzeitsmahl des Lammes berufen sind«[96], verschiebt sich das Bild. Jetzt
erscheinen die Glaubenden als Gäste beim Hochzeitsmahl, ein aus der Jesus-
tradition in der Fassung des Mt vertrautes Bild.[97] Die »Berufenen« sind die
»Erwählten«. Dieser Zusammenhang wird in 17,14 sichtbar: »denn er ist
der Herr der Herren und der König der Könige und mit ihm sind die Berufenen und Erwählten und Getreuen«.[98] Trotz dieser verschiedenen Perspek-
tiven kann man von der Sache her mit R. H. Charles sagen: »The Guests and
the Bride are one and the same«[99]. Den bei aller Verschiedenheit der Aspekte
durchgehenden inneren Zusammenhang dieser Metaphorik, die in der Verkündigung Jesu mit dem Bildwort Jesu in Mk 2,19 ff beginnt, die in Mt
22,1 f angedeutet wird, die auch Paulus kennt, und die vor allem im Corpus
Johanneum fortgeführt wird, hat am eindrücklichsten Th. Zahn herausgear-

---

[92] ›Rom‹ blieb rechtlich gesehen in der frühen Kaiserzeit immer noch ein Stadtstaat.
In analoger Weise konnte die Stadt ›Jerusalem‹ das ganze Judentum als das Gottesvolk
verkörpern. S. dazu HENGEL 1998, 115–156.

[93] LOHMEYER 1953, 154 f. AUNE 1998, 1030 spricht von »an explanatory interpo-
lation«, die jedoch für notwendig gehalten wurde, weil nach 18,6 auch die Dirne Rom
»feine Leinwand« trage; dort tritt freilich »Purpur und Scharlach« hinzu. Derartige
Erklärungen finden wir jedoch öfter in der Apk: 1,20; 4,5; 8,3; 13,6 u. ö. Sie sind für den
Leser sinnvoll.

[94] Vgl. Apk 3,5: der νικῶν vgl. 3,18; 6,11; 7,9.13 f: die Märtyrer. Zur Metapher s.
auch TgJes 61,10; mᵉ᷍îl dᵉzakû ᶜᵉtpanî (...).

[95] LOHMEYER 1953, 156.

[96] 19,9: οἱ εἰς τὸ δεῖπνον τοῦ γάμου τοῦ ἀρνίου κεκλημένοι. Vgl. Mt 22,3: καλέσαι
τοὺς κεκλημένους εἰς τοὺς γάμους.

[97] Pl. γάμους: Mt 22,1–12: Hier ist freilich von der Braut nicht die Rede, vgl. auch
25,10; δεῖπνον: Lk 14,17 f. 24. Zur Sache vergleiche den Makarismus Lk 14,15 dazu
AUNE 1998, 1031 f. Das Gegenstück ist die makabre Einladung durch einen Engel an die
Vögel 19,17–21. Zur Metapher des eschatologischen Gast- oder Hochzeitsmahls s. AUNE
1998, 1032–1034.

[98] καὶ οἱ μετ’ αὐτοῦ κλητοὶ καὶ ἐκλεκτοὶ καὶ πιστοί; vgl. dagegen den Gegensatz Mt
20,16 und 22,14.

[99] CHARLES 1920, II, 129.

beitet: Er spannt den Bogen von der »Vorfreude« des Täufers »auf die
Hochzeit des Messias« über unseren Ausgangspunkt, »die auserwählte Herrin« von 2Joh 1, als Gattin des κύριος, deren »Kinder« die »Mitglieder
dieser Gemeinde«[100] sind, bis zu Apk 19,7–9 und c.21,2.9 und 22,17. Das
Bild von der Hochzeit des Lammes und von der verherrlichten irdisch-
himmlischen Braut bringt die einzigartige innige Gemeinschaft zwischen
Christus und den durch seinen Opfertod Erlösten zum Ausdruck. Sie entspricht der paulinischen eschatologischen Formel von σὺν Χριστῷ εἶναι,
hat ihre Entsprechung in den Abschiedsreden und in dem hohenpriester-
lichen Gebet Jesu[101] und gewinnt für den Apokalyptiker beispielhaften Charakter in den Märtyrern der letzten Verfolgungszeit, die der Seher – wohl im
Rückblick auf die neronische Verfolgung – in letzter Steigerung als unmittelbar bevorstehend erwartet.[102]

5.2. In der großen Vision Apk 21 und 22, in der sich das Werk des Sehers
vollendet, erscheint nun freilich die Braut nicht mehr als die zu Gott erhöhte *Gemeinde der Vollendeten*, insbesondere der Märtyrer,[103] *sondern wird
direkt mit dem himmlischen, neuen Jerusalem identifiziert*. Es begegnet uns
hier wieder der (Schein-)Gegensatz zwischen der »Herrin« bzw. »Braut«
als einer überirdischen, göttlich verklärten *»Gemeinschaft«* oder aber als
Ort der Vollendung, an dem diese Gemeinschaft versammelt ist. Offenbar
soll sie für den Seher *beides* sein. Der alte Himmel und die alte Erde sind
vergangen, sie mußten dem neuen Himmel und der neuen Erde, die sich
jetzt untrennbar miteinander verbinden (s. u.), Raum geben. Man könnte
auch sagen: Der Himmel ist damit auf die Erde gekommen. D. h. die seit der
Schöpfung nach Gen 1,1 bestehende Trennung zwischen Gott und seinen
Geschöpfen, die u. a. auch durch den Gegensatz von Himmel und Erde, der

---

[100] Vgl. noch 2Joh 4.13.

[101] Phil 1,23; 1Thess 4,17; vgl. das σὺν αὐτῷ ζήσωμεν 5,10; Röm 6,8; 2Kor 13,4
weiter 4,14. S. auch SIBER 1971; zu Joh s. 14,2; 17,24 u. u. S. 269 f Anm. 121.

[102] Vgl. den Hinweis auf den Loskauf durch das Blut des Lammes Apk 5,6.9; 7,14;
12,11; vgl. auch 7,17 und 14,1; dazu CHARLES 1920, I, 126: »This figure of marriage
denotes *the intimate and indissoluble communion of Christ with the Community, which
He has purchased with His own blood. This* communion is reached first in its *fulness by
the martyrs«* (Hervorhebung CHARLES). Zur neronischen Verfolgung s. die multitudo
ingens, von der Tacitus, ann 15,44,3 wohl übertreibend und von Livius 39,13,14 (bei der
Schilderung des Bacchanalienskandals) abhängig berichtet.

[103] Vgl. 6,9 ff; 12,1 f; 16,6; 18,20.24. Sie schließt m. E. auch die des Alten Bundes mit
ein. Nur so erklärt sich die große Zahl der 144.000 aus allen 12 Stämmen 7,4–8 (vgl.
14,1–3), wobei bezeichnenderweise der Stamm Dan 7,6c (s. jedoch 1854 pc bo) wegen
der Antichristtradition fehlt. Er wird durch Manasse ersetzt. Die Verbindung zum alten
Israel wird aber auch durch 15,3; 10,7; 16,6, vor allem aber in 21,12, den Namen der 12
Stämme auf den Grundsteinen der Stadt, sichtbar. Die θεμέλιοι der Gottesstadt werden
schon im Alten Bund gelegt. Zur Sache jetzt AUNE 1998, 1133–1194.

Wohnung Gottes und dem Wohnort der Menschen[104] bestimmt ist, wird jetzt aufgehoben. Diese Einheit von Gemeinde und Ort ist schon durch die profetische Weissagung vorgegeben: Jes 65,17 folgt auf die Verheißung der Erschaffung des neuen Himmels und der neuen Erde in V.18 als konkretisierende Konsequenz: »denn siehe, ich schaffe (bôre') *Jerusalem* ihm zum Jubel und *sein Volk* zum Frohlocken«[105]. Dort ist freilich noch nicht von einer Stadt im Himmel die Rede, obwohl diese Konsequenz schon naheliegt; zu beachten ist auch, daß zur Zeit der abschließenden Veröffentlichung der Apokalypse das irdische Jerusalem zerstört ist. Es wird nur in Apk 11,8 indirekt negativ angesprochen und nimmt dabei Züge Roms an.[106] Beim Zug von Gog und Magog 20,9 ist dagegen nur von der Einschließung »des Feldlagers der Heiligen und der geliebten Stadt« durch die Gottesfeinde die Rede, die Bezeichnung Jerusalem, die man hier eigentlich erwarten müßte, wird bewußt vermieden. Auch hier bezieht sich die παρεμβολὴ τῶν ἁγίων – man beachte die Voranstellung – und die πόλις ἠγαπημένη auf das wahre Gottesvolk, das mit Christus 1000 Jahre herrscht. Die naheliegende geographische Festlegung unterbleibt. Vom Wiederaufbau des zerstörten Jerusalem ist in dieser tausendjährigen Zwischenzeit im Gegensatz zur jüdischen messianischen Hoffnung gerade nicht die Rede. Die Bezeichnung Jerusalem bleibt allein dem *neuen, himmlischen* vorbehalten, sie allein ist die *Gottesstadt*,[107] »die aus dem Himmel von meinem Gott herabkommt«.[108] So schon die Verheißung an den »Überwinder« (ὁ νικῶν) im Sendschreiben an Philadelphia, das das positivste unter den sieben Mahnbriefen darstellt und in deutlichem Gegensatz zu den nachfolgenden steht.

---

[104] S. dazu die frevlerischen Versuche Gen 11,4ff und Jes 14, die von Babel ausgehen und diese gottgesetzte Distanz aufheben wollen.

[105] Jes 65,18b vgl. 66,22: »Denn wie der neue Himmel und die neue Erde, die ich schaffe, vor mir Bestand haben werden – spricht JHWH – so wird euer Geschlecht und euer Name vor mir bestehen.«

[106] Vgl. den Beitrag von SCHWEMER o.S. 217 Anm. 107.

[107] Apk 3,12: καὶ γράψω ἐπ' αὐτὸν ... τὸ ὄνομα τῆς πόλεως τοῦ θεοῦ μου, τῆς καινῆς Ἰερουσαλὴμ ἡ καταβαίνουσα ἐκ τοῦ οὐρανοῦ ἀπὸ τοῦ θεοῦ μου, καὶ τὸ ὄνομά μου τὸ καινόν. Die ältere rabbinische Tradition kennt später zwar ein »oberes (d.h. himmlisches) Jerusalem« (שֶׁל מַעְלָה י") als Entsprechung des irdischen, aber kein »Herabkommen« s. BILL. III, 573 zu Gal 4,26 und 796. Letzteres erscheint erst in ganz späten Midraschim und ist von der christlichen Eschatologie beeinflußt. S. dagegen 4Esra 7,26 und 13,36 und dazu SCHWEMER o. S. 217. πόλις τοῦ θεοῦ μου erscheint nur hier. Auch die Redeform vom »neuen« Jerusalem erscheint im AT und frühen Judentum außer in TDan 5,12 nicht, s. AUNE 1998, 1121. Dort könnte es christlichen Ursprungs sein.

[108] ἡ καταβαίνουσα ἐκ τοῦ οὐρανοῦ ἀπὸ τοῦ θεοῦ μου. Vgl. dagegen die entgegengesetzte Vorstellung in ShirR 7,5,3: Jerusalem wird sich ausbreiten nach allen Seiten. S.u. Anm. 113 u. S. 275ff.

Weit über die alttestamentliche Verheißung hinaus ist so in der Apokalypse das »*himmlische* Jerusalem« bereits vor seinem »Offenbarwerden« bei Gott gegenwärtig, ja es ist als himmlische Stadt, die zugleich das göttliche Urbild darstellt, im Grunde eine präexistente Größe. In der Schau des »neuen Himmels und der neuen Erde« sieht der Seher die »Heilige Stadt Jerusalem, die neue, herabfahrend aus dem Himmel, *von Gott her bereitet wie eine Braut ihrem Mann*.[109] In V.9 macht dann der angelus interpres deutlich, daß der »Mann der Braut«, Christus, *das Lamm* ist: »Komm hierher, ich zeige dir die Braut, die Frau des Lammes«[110]. Der Seher wird auf einen hohen Berg entrückt[111], »und er zeigte mir die heilige Stadt Jerusalem herabfahrend aus dem Himmel von Gott her, *die hatte die Herrlichkeit Gottes*.« Sie hat als die Braut Christi Anteil an der δόξα Gottes und des Bräutigams. Darauf folgt die Schilderung der Stadt in ihrer unsagbaren Pracht und märchenhaften Größe: ein Kubus von 120.000 Stadien, d.h. ca. 2400 km Länge, Breite *und Höhe* (21,16).[112] Der Seher will mit diesen ungeheuren, völlig »unüberschaubaren«, ja unwirklichen Ausmaßen die Stadt in ihrer unvorstellbaren Vollkommenheit und Fülle zum Ausdruck bringen, die den »neuen Himmel und die neue Erde« (21,1) zu einem Ganzen zusammenfaßt.[113] Ihr Herabkommen (καταβαίνειν) »vom Himmel her, von Gott« bedeutet gewissermaßen den »Himmel auf Erden«. Beide werden in ihr zur Einheit, das Trennende ist verschwunden, Gott selbst, und damit die Quelle allen Lichts, wohnt in ihr, die Gestirne sind überflüssig geworden. Die alte Aufteilung von Gen 1 gilt nicht mehr, dagegen werden Metaphern aus der Paradiesesschilderung von Gen 2,8–16 gerne verwendet. Die Darstellung

---

[109] Apk 21,2: καὶ τὴν πόλιν τὴν ἁγίαν Ἰερουσαλὴμ καινὴν εἶδον καταβαίνουσαν ἐκ τοῦ οὐρανοῦ ἀπὸ τοῦ θεοῦ ἡτοιμασμένην ὡς νύμφην κεκοσμημένην τῷ ἀνδρὶ αὐτῆς. Der 1. Teil wird fast gleichlautend wiederholt in 21,10. S. dazu AUNE 1998, 1120f. Vgl. Jes 61,10: Meine Seele soll den Herrn preisen (…) ὡς νύμφην κατεκόσμησεν κόσμῳ.

[110] δεῦρο, δείξω σοι τὴν νύμφην τὴν γυναῖκα τοῦ ἀρνίου. Die nächste Parallele außerhalb der Apk ist Joh 3,29. Grundlegend für das ›Lamm‹ ist sein Opfertod, 5,6.9.12; 13,8.

[111] Vgl. Mt 4,8; das Vorbild ist Moses Schau des heiligen Landes Dtn 3,27; 34,1.

[112] Bei der Minuskel 2329 und einigen Vulgatahandschriften ist das καὶ τὸ ὕψος wegen seines störenden Charakters ausgefallen.

[113] LOHMEYER 1953, 173 weist darauf hin, daß diese »drei Dimensionen … bei einer Stadt kaum vorstellbar (sind); wohl aber bei einem Gebäude«. AUNE 1998, 1161 bemerkt, daß der Zweite Tempel nach Esra 6,2f eine Höhe und Breite von 60 Ellen hatte und »(was) intended to be cubical in shape«. Dort weitere Spekulationen über die Größe des eschatologischen Jerusalems, s. dazu BILL. III, 849f. Die Größe in Apk 21,16 übertrifft alle diese Angaben. Vgl. die οἰκία τοῦ πατρός μου Joh 14,2 und die vielen Wohnungen. Die Mauer von 144 Ellen (ca. 70m s. LOHMEYER 1953) 21,17f wirkt demgegenüber völlig unproportional. Sie wie die Stadt selbst (21,11) ist aus Jaspis, dem Edelstein, dem gleichend Gottes Gestalt leuchtet (4,3).

der Bewohner der himmlischen Stadt tritt demgegenüber zurück und wird nur knapp skizziert. Entscheidend ist vielmehr im Neuen Jerusalem die Gegenwart Gottes und des Lammes selbst als Mittelpunkt der Erlösten.[114] Braut und Bräutigam sind jetzt auf ewig vereint. Die im hochpriesterlichen Gebet Joh 17,24 angesprochene Einheit ist vollendet: »Vater, ich will, daß wo ich bin, auch jene mit mir seien, die du mir gegeben hast, damit sie meine Herrlichkeit sehen, die du mir gegeben hast, weil du mich geliebt hast vor Grundlegung der Welt.« – Man darf hinzufügen: »und an dieser Herrlichkeit teilhaben«.[115]

Im Schlußwort des Sehers 22,17 erscheint die »Braut« noch einmal in anderem Zusammenhang: »Und der Geist und die Braut sprechen: ›komm!‹ und der zuhört soll sagen ›komm!‹.«[116] Damit wird um das baldige Kommen des Bräutigams gebeten. »Und wer dürstet, komme, wer es verlangt, der nehme Lebenswasser umsonst.« Die Beziehungen zum vierten Evangelium sind unübersehbar: In Joh 7,37 f fordert Jesus selbst die Durstigen auf zu kommen und verbindet dies mit der Verheißung des Geistes, in 4,10 ff offenbart er sich selbst als das Lebenswasser, in c. 14–16 ist es der Geist und Paraklet, der nach seinem Weggang bei der Gemeinde ist und sie in alle Wahrheit führt, u. a. soll er ihr die »kommenden Dinge« der eschatologischen Vollendung verkündigen.[117] Die Aufforderung des Geistes, der Christus selbst bei der irdischen Gemeinde vertritt, entspricht der Bitte sowohl der angefochtenen Kirche auf Erden, wie der vollendeten Gemeinde, die im Himmel auf ihre Vereinigung mit der irdischen wartet.

Dieser Bitte um das Kommen des Bräutigams, d.h. um die Parusie Christi,[118] sollen sich alle Zuhörer bei der gottesdienstlichen Lesung anschließen: »Amen, komm Herr Jesus«[119]. Das Motiv der himmlischen Gottesstadt als Wohnort der Glaubenstreuen klingt auch im Evangelium in 14,2f an: Das »Haus des Vaters«, d. h. das himmlische Heiligtum, das mit der ›Gottesstadt‹ identifiziert werden konnte, besteht aus »vielen Wohnungen«[120], und der

---

[114] 21,24ff; 22,3ff; zur Gottesgemeinschaft des Lammes s. HENGEL 1996a, 159–175; zur Christologie s. auch HOFIUS 1996, 511–528; STUHLMACHER 1996, 529–542.

[115] Vgl. 1Joh 3,2: ὅμοιοι αὐτῷ ἐσόμεθα. Vgl. Joh 14,3; 17,22–24; Röm 8,29f; Phil 3,21. Zur Bildsprache der Apk vgl. 21,23: ἡ γὰρ δόξα τοῦ θεοῦ ἐφώτισεν αὐτήν.

[116] καὶ τὸ πνεῦμα καὶ ἡ νύμφη λέγουσιν (...).

[117] Joh 16,13; s. dazu HENGEL 1993, Index z. St. 439; FREY 1997, 418; 2000, 190ff.

[118] Der Märtyrer bittet dagegen um seine Aufnahme in den Himmel und seine Verbindung mit dem erhöhten Christus; Apg 7,59; vgl. Phil 1,23; 2 Kor 5,8.

[119] Apk 22,20 vgl. 1,3 den Makarismus für die Vorlesung. Diese Bitte wird besonders im Herrenmahl laut: 1Kor 16,22; 11,26; Did 10,3.5f.

[120] ἐν τῇ οἰκίᾳ τοῦ πατρός μου μοναὶ πολλαί εἰσιν. Zu μονή s. HAUCK 1942, 583–585: der Ort des dauernden Aufenthaltes. Der Kubus der Gottesstadt von Apk 21,16 entspricht eher einem Palast oder einem Tempel als einer Stadt (vgl. o. Anm. 113).

abschiednehmende Christus verspricht den Jüngern und damit zugleich der künftigen Gemeinde, ihr dort einen »Ort«[121] zuzubereiten. Auch hier lassen sich Ort und Gemeinschaft nicht trennen. Diese Aufforderung an Christus als den »Bräutigam«: »komm …!« geschieht im Gottesdienst der Gemeinde, in ihrem sehnsüchtigen Gebet. Der Seher hatte seine ἀποκάλυψις in 1,3 mit dem Hinweis auf den Gottesdienst begonnen, in 22,17.20f schließt er damit.

Weder das Thema der Gemeinde als Frau und Braut, noch das ihres transzendenten »Urbildes« als himmlische Stadt haben die johanneische Schule und ihr Schulhaupt erfunden. Es ist hier nicht mehr der Ort, die Traditionsgeschichte dieser Motive ausführlich darzustellen. Hier kann ich auf den Beitrag von A. M. Schwemer verweisen. In der Apokalypse selbst erscheint neben der Braut und dem Bräutigam in c. 12 die »himmlische« Frau, ihre Bedrohung und mehrfache wunderbare Rettung. Sie gebiert ein zu Gott entrücktes Kind, die Märtyrer, und hat noch andere Kinder, die auf Erden weiter verfolgt werden.[122] Auch hier ist in bizarren Bildern das wahre Gottesvolk angesprochen, aus dem die Märtyrer geboren und zu Gottes Thron entrückt werden, dessen irdische Angehörige aber bis zum beschlossenen Ende von den widergöttlichen Mächten verfolgt werden.

Die nächste Parallele zu Apk 21 und 22 begegnet uns im zeitlich nicht allzu weit entfernten Hebräerbrief,[123] hier freilich nicht als Zukunftsvision, sondern als Ausdruck der Gegenwart des Heils für die Gemeinde in typologischer Entgegensetzung zum Offenbarungsempfang unter Mose am Sinai:

»Ihr jedoch seid herzugetreten (προσεληλύθατε) zum Berg Zion und zur Stadt des lebendigen Gottes, dem himmlischen Jerusalem, und zu den Myriaden von Engeln,

---

[121] 14,2f: πορεύομαι ἑτοιμάσαι τόπον ὑμῖν καὶ ἐὰν πορευθῶ καὶ ἑτοιμάσω τόπον ὑμῖν (…) vgl. Apk 12,6: ἔχει ἐκεῖ τόπον ἡτοιμασμένον ἀπὸ τοῦ θεοῦ. S. dazu SCHLATTER 1930, 292 und die dort aufgeführten rabbinischen Parallelen; weiter TestAbr A 20,14: Im Paradies sind die σκηναὶ τῶν δικαίων μου καὶ μοναὶ τῶν ἁγίων μου. TanchB ʾmwr § 9 p. 45a: R. Eleazer b. Menachem (um 330): »Jeder einzelne Gerechte hat eine Wohnung im Garten Eden für sich selbst.« Zu Joh 14,2f s. J. FREY, 2000, Index 565.

[122] Die Bildsprache der Apk ist schillernd und überaus variabel. Sie durchbricht jede logische Ordnung, ist aber dennoch sehr reflektiert. In der Regel wird das zu Gott entrückte Kind zumeist als »Messiaskind« gedeutet. Man könnte dafür auf die Legende vom Messias Menachem ben Hiskia als jüdische Parallele verweisen. Doch auch hier mischen sich die Traditionen, denn der gewaltsame Tod des Messiasprätendenten wird hier als Entrückung gedeutet. Vgl. SCHWEMER 1994, 108–157; DIES. 1999.

[123] Hebr 12,22–24. Schon Clemens Alex. und Origenes beziehen die »Gemeinde der Erstgeborenen« (ἐκκλησία πρωτοτόκων ἀπογεγραμμένων ἐν οὐρανοῖς) auf die Kirche. S. die Belege bei BEUMER 1942, 15f. Die Apokalypse hat wohl verschiedene Redaktionsstufen durchlaufen. Die erste erfolgte wahrscheinlich bald nach der neronischen Verfolgung. Ihre endgültige Verbreitung mag in die Spätzeit Domitians bzw. in die Nervas oder des frühen Trajan fallen.

zur Festversammlung und zur Gemeinde der Erstgeborenen, die aufgeschrieben sind im Himmel, und zu Gott, dem Richter aller, und zu den Geistern der vollendeten Gerechten und zu dem Mittler des neuen Bundes, Jesus, und zum Blut der Besprengung, das mächtiger ist als (das) Abels«.

Auffallend ist, daß hier im Gegensatz zur Apokalypse die Glaubenden schon jetzt Zugang zur himmlischen Gottesstadt haben, obwohl sie die »zukünftige Stadt«[124] noch erwarten. Der vor allem in der deutschen Exegese hochgespielte angeblich radikale Gegensatz zwischen »präsentischer und futurischer Eschatologie« stellt eine moderne dogmatische Fragestellung dar, für das Urchristentum bestand sie so noch nicht. Im Grunde ging es dabei um Aspekte, die u. a. auch mit der konkreten Situation zusammenhingen. Einen wesentlichen Punkt bildete hier die Perspektive der *Gewißheit*: Weil man sich im Glauben an die Heilstat Christi und damit in unverbrüchlicher Gemeinschaft mit ihm der heilvollen, nahen Zukunft Gottes *ganz gewiß* war, konnte man sie je und je schon als gegenwärtige Gabe beschreiben. Dies gilt für die johanneische Eschatologie ebenso wie für die des Hebräerbriefes.[125] D. h. diese Gewißheit, daß die Glaubenden als in die himmlische Bürgerliste eingeschriebene Bürger der himmlischen Stadt zu deren »Volksversammlung«, der ἐκκλησία πρωτοτόκων ἀπογεγραμμένων ἐν οὐρανοῖς,[126] gehören, besitzt für sie antizipatorischen Charakter: Das erwartete Heil ist *in dieser Gewißheit* bereits gegenwärtig. Es geht nicht einfach um eine »mystische« gegenwärtige Gottesgemeinschaft, vielmehr bestimmt die zukünftige Offenbarung der »ewigen Gottesstadt«, die im Himmel jetzt schon beherrschende Realität ist, die angefochtene irdische Gemeinschaft der Glaubenden. Der Sinai, der Berg der mosaischen Gesetzgebung, wird dabei, wie schon in Gal 4,24–26, zum Antitypos des »Zion« als dem Ort der Gottesgegenwart, der mit der himmlischen, wahren Heimat des Gottesvolkes identisch ist.

In *Gal 4* begegnet uns bereits bei Paulus das Motiv der himmlischen Stadt, das »obere Jerusalem«, dessen Bürger Freie sind und die zugleich die »Mutter(stadt)« aller Glaubenden ist. Dies fällt umso mehr auf, als auch das irdische Jerusalem und seine christliche Gemeinde, wie schon die Kollektenfrage zeigt, als Ausgangspunkt des christlichen Glaubens nicht be-

---

[124] Hebr 13,14: οὐ γὰρ ἔχομεν ὧδε μένουσαν πόλιν ἀλλὰ τὴν μέλλουσαν ἐπιζητοῦμεν; vgl. 11,14: πατρίς und 2,5: ἡ οἰκουμένη ἡ μέλλουσα.
[125] Zu Joh s. FREY, 1997; 1998; 2000; s. die Zusammenfassungen.
[126] Das apokalyptische Motiv des Eingeschriebenseins in der als himmlische Liste der Erwählten und Geretteten verstandenen Buchrolle begegnet uns schon in Dan 12,1: πᾶς ὁ γεγραμμένος ἐν βίβλῳ; vgl. Lk 10,20; Phil 4,3; Apk 13,8; 17,8; 20,12; 21,27; 22,19.

deutungslos ist.[127] Der Wortführer der fünf ägyptischen Christen, die auf der Rückreise aus Kilikien in Caesarea verhaftet und vor Gericht gestellt wurden und dort zusammen mit Pamphilos, dem Schüler und Nachfolger des Origenes, und einem Diakon aus »Aelia« als Märtyrer starben, antwortet auf die Frage des Statthalters, woher er stamme: »aus Jerusalem«, und auf die weitere Frage: »Wo liegt das?« mit »Es liegt weit gegen Osten und die aufgehende Sonne.« Er meinte das himmlische Jerusalem und verstand sich als dessen Bürger, das irdische hieß längst Aelia Capitolina und der Statthalter schien den alten Namen vergessen zu haben.[128]

Neben der ›Stadt Gottes‹ steht unverbunden in unterschiedlichem Kontext im 2. Korintherbrief das ganz andere Bild vom Apostel als *Braut*-werber oder -führer, der, vergleichbar »mit Gottes Eifer« für Israel im Alten Bund, jedes fremde Werben um die Christen in Korinth zurückweist, damit er die von ihm begründete Gemeinde, die *Verlobte Christi* als »*reine Jungfrau*« ihrem künftigen Mann zuführen kann. Dies Bild führt wieder auf die irdischen Realitäten nach dem Sündenfall zurück. Denn Paulus befürchtet, daß die korinthische Gemeinde sich wie Eva durch die Schlange verführen läßt.[129] »Denn noch ist die Hochzeit nicht gewesen, noch hat Christus seine Braut nicht heimgeführt. Noch lebt sie auf Erden unter Anfechtung und Gefahr. Um so mehr aber kommt Paulus die Aufgabe zu, über die Reinheit

---

[127] Gal 4,26 vgl. Phil 3,20 und dazu 4,3. Das »Buch des Lebens« ist die »Bürgerliste« des himmlischen πολίτευμα; vgl. den Beitrag von SCHWEMER, S. 230–233. Es handelt sich hier um die nächste Parallele zu Hebr 12,22–24: Das himmlische Jerusalem ist schon jetzt die wahre Heimatstadt der Glaubenden, wie die Gemeinde schon jetzt Braut Christi ist. Sie kann mit dem Garten Eden identifiziert werden und wird damit zu einer präexistenten Größe. Dies geschieht im Judentum wie bei den frühen Vätern. S. dazu S. 275 ff. Zum »oberen Jerusalem« in den rabbinischen Texten s. o. Anm. 107. Zur Bedeutung Jerusalems für Paulus s. STUHLMACHER 1989, 140–156 (152 f.).

[128] Euseb, mart. Pal. 11,9–11; s. dazu SCHÄFKE 1979, 567; STROUMSA 1999, 294, s. dort in seiner Studie »Mystical Jerusalem« (294–314) die reiche Wirkungsgeschichte dieser Vorstellung. Acta Perpetuae et Felicitatis 11–13 wird Saturus in seiner Vision zusammen mit vier Engeln »in den Osten getragen« (zur Lage des Paradieses im Osten s. Gen 2,8 LXX; vgl. auch Henochs Reise ins Paradies, äthHen c. 30–32 u.ö.), er kommt zu einem Garten und dann zu einer Stadt oder Palastmauer aus reinem Licht und zu einem Tor, das man in weißem Gewand durchschreitet (12,1: *Et uenimus prope locum cuius loci parietes tales erant quasi de luce aedificati; et ante ostium loci illius angeli quattuor stabant, qui introeuntes uestierunt stolas candidas*; vgl. Apk 19,8). Auch sie treten ein und hören innen das Trishagion. Außerhalb, im Paradiesesgarten, treffen sie später frühere Märtyrer. Hinter dieser Vision steht eine Interpretation von Apokalypsetexten besonders c. 4 und 21.

[129] 2Kor 11,2 f: ζηλῶ γὰρ ὑμᾶς θεοῦ ζήλῳ, ἡρμοσάμην γὰρ ὑμᾶς ἑνὶ ἀνδρὶ παρθένον ἁγνὴν παραστῆσαι τῷ Χριστῷ. S. o. S. 249 und LIETZMANN 1949, 144 f.

und Keuschheit der Braut, über ihre vollkommene Hingabe an Christus zu wachen.«[130]

Im deuteropaulinischen *Epheserbrief*, der zeitlich wohl der Endredaktion der Apokalypse und dem zweiten Johannesbrief nahe steht,[131] erscheint partiell vergleichbar mit der Apokalypse, sachlich jedoch wieder auf ganz andere Weise nebeneinander das Motiv der Kirche als *Braut* bzw. Gattin Christi und als der *Tempel* Gottes, der seinerseits wieder mit der *Gottesstadt*vorstellung verbunden werden kann. In der Antike überhaupt und erst recht in Jerusalem war der Tempel das eigentliche Zentrum der Stadt.[132] Braut, Gottesstadt und Heiligtum Gottes sind grundlegende ekklesiologische Metaphern, die je und je miteinander verbunden werden können. Zunächst wird in Eph 5 »die Darstellung der Gründung der Kirche« in drei Schritten beschrieben, »die als Akte des Brautzuführungsritus gedeutet werden«. Das Verhältnis Christi zur Kirche ist wie das des fürsorgenden Ehegatten zu seiner jüngst angetrauten Gemahlin. Wenn nach Gen 2,24 LXX Mann und Frau zu einer leiblichen Einheit verbunden sind, wobei der Mann »das Haupt der Frau« ist, so erscheint die Kirche selbst als »Leib Christi«[133] und dieser als ihr »Haupt«.[134] Nach 5,26f hat er sie durch das ›Brautbad‹ der Taufe geheiligt, damit sie »ohne Flecken oder Runzel … heilig und untade-

---

[130] M. GESE 1997.

[131] M. GESE, op. cit., 24 f. 64 f. 73–76. 84. 250–276, zeigt, daß der Epheserbrief die Paulusbriefe (bis vielleicht auf den Philipper- und Philemonbrief) kennt und verarbeitet hat. Sollte es sich bei dem unbekannten Autor, der in seinem Brief das »theologische Vermächtnis der Paulusschule« zusammenfaßt, um den Herausgeber der Paulusbriefsammlung etwa um 100 n. Chr. handeln? Dazu würde passen, daß der Herausgeber wohl auch die theologisch verwandte Doxologie Röm 16,25–27 hinzugefügt haben könnte. Vgl. zu Eph 5,21–33 auch THEOBALD 1990, 220–255, mit reicher Literatur zum Hieros Gamos. Seinem Fazit »Eph 5 kommt aus biblischer Überlieferung« unter Verweis auf GNILKA 1971 und dessen Exkurs ›Hieros Gamos‹ 290–294 kann man ohne Einschränkung zustimmen. Zu recht setzt THEOBALD über seine schöne Studie als Motto das Zitat Jes 62,5. GNILKA stellt unter Verweis auf 2Kor 11,2 fest: »Wenn hier die korinthische Gemeinde als Christi Verlobte angesprochen wird und der Apostel sich selbst als Brautführer bezeichnet, der die Braut dem Bräutigam zuführt, die am Tag der Parusie stattfinden soll, haben wir alle Elemente beisammen, die auch in Eph 5 vorhanden sind.« Die Hochzeit ist die Vollendung des eschatologischen Heilsgeschehens. Der spätere vielfältige gnostische Mythos ist seinerseits von der urchristlichen und jüdischen apokalyptischen Metaphorik abhängig; ein Verhältnis, das sich keinesfalls umkehren läßt. In diesem Zusammenhang sollte die Bedeutung der allegorischen Auslegung des Hohenlieds und seine – neue – christologische Interpretation mit ihren vielfältigen Wirkungen nicht unterschätzt werden.

[132] S. z.B. Polybius hist. 5,71,1 f s. STERN 1974, 1,112 ff §31; dazu HENGEL 1998, 117 Anm. 14.

[133] Eph 5,25–32, s. dazu M. GESE 1997, 208. S. auch Index S. 309 s. v. Braut.

[134] Eph 5,23.28–31. Zu κεφαλή s. 1,22.

lig sei« (ἄμωμος). Cant 4,7 sagt der Bräutigam: »Du bist schön, meine Freundin, und kein Tadel (μῶμος) ist an dir.« Das Motiv der Gottesstadt steht dagegen hinter der Formulierung von den Glaubenden als συμπολῖται ... καὶ οἰκεῖοι θεοῦ[135] wie auch hinter den unmittelbar darauffolgenden Aussagen von Bau, Tempel und Wohnort Gottes.[136] Hier werden überall paulinische (und letztlich jüdische) Traditionen selbständig weitergeführt und ausgestaltet.

Bei all diesen Texten, seien sie nun johanneisch, apokalyptisch-johanneisch, paulinisch oder deuteropaulinisch, zeigt sich unter immer wieder neuen Aspekten, wie sehr diese ekklesiologischen Metaphern, das ist das Neue gegenüber der jüdischen ›Muttertradition‹, von der Christologie und Soteriologie her zu interpretieren sind: Die κυρία verweist auf den Kyrios, die Braut auf Christus als den Bräutigam, die himmlische Stadt auf die Gegenwart Gottes und Christi und die Gemeinschaft mit ihnen.[137] Hinter diesen wirkungsmächtigen Bildern stehen zwei elementare Grundlagen menschlicher Existenz in der antiken Gesellschaft: Einmal die Ehe und Familie als soziale Basis und die Stadt als übergreifende kollektive Lebens-, Wohn-, Kult- und Schicksalsgemeinschaft. Zur Stadt aber gehören auch das Bauen und das Wohnen wie auch ein Heiligtum als eigentliches Zentrum. Bei der Metapher vom Tempel geht es um die Grundlegung und Errichtung durch Christus wie auch um dessen Einwohnung. Auffallend ist die Vielfältigkeit und Variabilität der Anwendung dieser Bilder von elementarer Kraft. Sie erscheinen in ganz verschiedenen literarischen Gattungen: Briefeingang, dialogische Erzählung, Vision, Paränese; sie passen auch in kein künstliches systematisches Schema und sind – wie schon gesagt – allesamt von alttestamentlich-jüdischen Vorbildern abhängig. Es geht in ihnen letztlich um die Erwählung, Sammlung, Bewahrung und Vollendung des endzeitlichen Gottesvolkes durch Christus sowie um die Gemeinschaft mit ihm. Sie können unter all diesen Formen die ganze Kirche, die Einzelgemeinde, wie auch den individuellen Glaubenden (etwa als Kind, freien Bürger, Baustein und Tempel) betreffen.

---

[135] Eph 2,19 vgl. auch das Bürgerrechtmotiv 2,12: ἀπηλλοτριωμένοι τῆς πολιτείας τοῦ Ἰσραὴλ καὶ ξένοι τῶν διαθηκῶν τῆς ἐπαγγελίας und dazu 3,6.

[136] 2,21 vgl. 4,12; 1Petr 2,5.

[137] In der Schilderung der himmlischen Stadt Hebr 12,22–24 bildet V.24 die christologische Klimax; in Gal 4,26 weist das Stichwort ἐλευθέρα weiter auf 5,1: »Zur Freiheit hat euch Christus frei gemacht.« Diese Konsistenz des christologischen Bezugs verbietet es von vornherein und grundsätzlich, von einer gegensätzlichen Vielheit neutestamentlicher Christologien zu sprechen. Das Gemeinsame ist in allen angeführten Texten trotz der Vielseitigkeit der sprachlichen Bilder sehr viel größer als das Trennende.

6. Zur Wirkungsgeschichte der Motive im 2. Jh. n. Chr.

Ihre Wirkungsgeschichte geht im 2. Jh. n. Chr. auf vielfältige Weise weiter. Hier möchte ich noch auf eine ganze Reihe von Beispielen hinweisen. Ausgangspunkt ist der *Hirte des Hermas*, in dem mehr als in allen anderen frühchristlichen Schriften die Ekklesiologie in Verbindung mit der Paränese im Mittelpunkt steht. Die Kirche erscheint dem Hermas gleich zu Beginn in weiblicher Gestalt – zuerst als vornehme Greisin »in leuchtendem Gewand«[138] – und wird von diesem, römischem Brauch entsprechend, über 20 mal als ϰυρία gegrüßt (ϰυρία, χαῖρε) und befragt. Ihr Alter soll einerseits auf ihre Schwäche, zugleich aber auf ihre Präexistenz hinweisen. Zunächst erscheint sie als Vermittlerin der Offenbarung mit einem Buch in der Hand, erst später wird ihm offenbart, daß sie nicht die Sibylle, sondern die Kirche ist.[139] Sie verjüngt sich von Vision zu Vision bis sie ihm »geschmückt als Jungfrau« erscheint, »als träte sie aus dem Brautgemach hervor.«[140] Die Metapher der πόλις erscheint in einem eindrücklichen Gleichnis, das die gegenwärtige bedrohliche Existenz in der fremden Stadt der gewissen Hoffnung auf die Rückkehr in die Heimatstadt gegenüberstellt:[141] »Ihr wißt, daß ihr, die Diener Gottes, in der Fremde wohnt (ἐπὶ ξένης ϰατοιϰεῖτε). Denn eure Stadt ist fern von dieser Stadt.« Darum gilt: »weil du in der Fremde wohnst, besorge dir nicht mehr, als dir zum Auskommen genügt, und sei bereit, wenn der Beherrscher dieser Stadt (ὁ δεσπότης ταύτης πόλεως)[142] dich als Gegner seines Gesetzes vertreiben will, aus seiner Stadt auszuwandern und in deine Stadt zu ziehen, um ohne Unterdrückung frohlockend deinem Gesetz zu gehorchen. Schaut also, daß ihr dem Herrn dient und ihn im Herzen habt.« Diese wie viele andere Texte im

---

[138] Vis I,2,2 (2,2): ϰαὶ ἦλθεν γυνὴ πρεσβῦτις ἐν ἱματισμῷ λαμπροτάτῳ; II,1,3 (5,3); 4,1 (8,1); III,1 (9,2f) u.ö. Die Darstellung der Kirche als Frau beruht auf vielfältiger frühchristlicher Tradition seit Paulus, sie bedarf bei Hermas keiner Erklärung mehr. Für das AT s.o. S. 248.251.255f.

[139] Vis II, 4,1 (8,1); IV, 2,1 (23,2); Sim IX, 1,1 (78,1): Der heilige Geist, der mit dem Sohn Gottes identisch ist, redete mit Hermas in der Gestalt der Kirche: Hier wird die Beziehung ϰύριος/ϰυρία besonders deutlich.

[140] Vis IV,2,1f (23,1f); 3,1 (24,1).

[141] Sim I,1–9 (50,1–9) vgl. auch Sim IX,12,5–7 (89,5ff) das Bild von der Stadt, die nur ein Tor hat: »so kann auch kein Mensch in die Gottesherrschaft eingehen, außer durch den Namen seines von ihm geliebten Sohnes«, ein Hinweis auf die Taufe.

[142] 50,6 vgl. 3: ὁ ϰύριος ταύτης πόλεως; 4: ὁ ϰύριος τῆς χώρας ταύτης: Damit ist der Kaiser gemeint, und es wird auf die sporadischen Verfolgungen unter Trajan (98–117) und vielleicht auch unter Hadrian (117–138) angespielt. Auf die »große zukünftige Trübsal« in der Gestalt des »Untiers« (θηρίον) weist die Offenbarung der »Jungfrau«-Kirche und »Herrin« hin, Vis IV, 2,1 (23,4f) vgl. schon Vis IV, 1 (22,6ff). S. dazu HENGEL 1996b, 358–391.

Hirten sind von der Rechtsunsicherheit und potentiellen Verfolgungssitua-
tion ab der Spätzeit Domitians bzw. der Herrschaft Trajans geprägt. Die
Vertreibung und Auswanderung aus der fremden Stadt meint in erster Linie
das drohende Martyrium, deutet aber doch auch auf die Möglichkeit des
Rückzugs aus der verführerischen bösen Welt in die Heilsgemeinde der
»Erwählten« hin, in der Gottes Gesetz gehorcht wird.[143] Das Werk hatte im
2. und 3. Jh. eine so große Wirkung, weil es die inneren und äußeren Nöte
der Gemeinden direkt in seelsorgerlicher Weise ansprach. Es ist nur konsequent, wenn jetzt die Kirche wie schon im Epheserbrief angedeutet und wie
das himmlische Jerusalem der Apokalypse als präexistente Größe[144], ja als
»erstes Geschöpf und Zweck der Schöpfung« erscheint, darin der jüdischen
Weisheit/Tora, dem Heiligtum, Eretz Israel und dem Garten Eden selbst
vergleichbar.[145] Die »reale« Präexistenz des Gottessohnes und Heilbringers
zieht die »ideelle« der an ihn Glaubenden, d. h. der von Uranfang an Erwählten und ihres Heilsortes, fast mit einer gewissen Notwendigkeit nach sich.

Dieses Motiv der *Präexistenz der Kirche* begegnet uns dann in breiterer
Entfaltung – vermutlich wieder in Rom – in *2Clem 14*, wo von der »ersten
geistlichen Kirche« die Rede ist, »die vor Sonne und Mond geschaffen ist«
(V.1), eine Aussage, die damit begründet wird, daß »die lebendige Kirche«
als »der Leib Christi« Gottes Schöpfung von Uranfang an gewesen sein
muß. Gen 1,27 weist mit dem »männlich und weiblich« auf Christus und
die Kirche hin, d. h. beide erscheinen als »Syzygie« (V.2). Das Alte Testament[146] und die Apostel bezeugen, daß die Kirche nicht nur eine gegenwärtige irdische Realität ist, sondern eine »von oben kommende«[147], »geistliche« (πνευματική).[148] Es ist unnötig hier und im Hirten des Hermas »ein
gnostisches Modell« anzunehmen.[149] In Wirklichkeit ist die gnostische Hy-
postase ›Ekklesia‹ die eigenwillige und ins Protologische gewendete Fort-
entwicklung eines urchristlichen Grundbegriffs. Hier wird, etwa bei den

---

[143] Vis IV, 3,4 (24,4): Τὸ δὲ χρυσοῦν μέρος ὑμεῖς ἐστε οἱ ἐκφύγοντες τὸν κόσμον
τοῦτον; 3,2 (24,2): τὸ μὲν μέλαν οὗτος ὁ κόσμος ἐστίν, ἐν ᾧ κατοικεῖτε. Die Bezeichnung ἐκλεκτοί erscheint häufig in Hermas.

[144] Vis II,4,1 (8,1); vgl. I,1,6 (1,6); I,3,4 (3,4) Bezug zu σοφία und πρόνοια; Sim
V,5,2 (58,2).

[145] Brox 1991, 105; vgl. Schimanowski 1985, 216f (zu mAb 3,14).221f (zu Sifre
Debarim 37).

[146] τὰ βιβλία τῶν προφητῶν, so mit Syr gegen H s. Wengst 1984, 256.

[147] ἄνωθεν (oder von Anfang an bestehende).

[148] S. dazu Lindemann 1992, 241: »Die Deutung erinnert an Eph 5,21–33; aber
deutlicher als dort sind Christus und die Kirche als präexistent dargestellt.«

[149] Gegen Frank 1975, 252, dem sich Wengst 1984, 275 Anm. 110, anschließt. S.
dagegen Markschies 1992, 384 Anm. 349 in der Auseinandersetzung mit Warns, ähnlich Lindemann, loc. cit.

Valentinianern[150] und verwandten Gruppen, auch die Vorstellung der himmlischen Braut und des »Brautgemachs« als ›Hieros Gamos‹ ganz neu in einer spekulativen Weise entfaltet, die mit der Verwendung dieser Vorstellung in den urchristlichen Texten nicht mehr allzu viel gemein hat, wobei der Anstoß dazu von der urchristlichen Metaphorik ausgeht, die dann exzessiv weiter entwickelt wurde. 2Clem 14 bereitet bestenfalls die ekklesiologische Spekulation der Schule Valentins etwa in der zweiten Hälfte des 2. Jh.s bei Ptolemäus u. a. vor. Sie ist ihrerseits wieder von Eph 5 und paulinischen Aussagen abhängig.

In der Auseinandersetzung mit dem innerkirchlichen, allmählich als »Häresie« empfundenen gnostischen Denken, gewinnt auch die paulinische Metapher der Kirche als παρθένος ἁγνή, um deren Reinheit er eifert (2Kor 11,2), eine Metapher, die aufs engste mit dem Brautmotiv verbunden ist, neue Bedeutung: Nach den Hypomnemata Hegesipps nannte man die (judenchristliche) Kirche Jerusalems bis zum Martyrium des Symeon, Sohn des Klopas und ein Vetter Jesu z. Zt. Trajans (ca. 107 n. Chr.), eine Jungfau, »denn (sie) war noch nicht durch nichtige Lehre verdorben«.[151] Auch in der Grabinschrift des Aberkios (216 n. Chr.) erscheint – neben der »erwählten Stadt« am Anfang (s. o. S. 252 Anm. 31) später noch – die »reine Jungfrau« und kann die jungfräuliche Mutter Jesu oder die Kirche bedeuten. Sie bzw. die dem Vielgereisten vorausziehende Pistis, der unverfälschte Glaube, bereitet ihm in den christlichen Gemeinden das eucharistische Mahl. Zuvor hatte er schon die römische Gemeinde unter Anspielung auf Ps 45 als »Königin mit goldenem Gewand und goldenen Schuhen« bezeichnet.[152] Im Brief der Gemeinde von Vienna und Lugdunum erlebte dagegen die Kirche als *jungfräuliche Mutter*[153] die »große Freude«, daß viele abgefallene

---

[150] Z.B. bei Ptolemaios nach Iren., adv. haer. 1,1,2: als 4. Syzygie im Pleroma Ἄνθρωπος καὶ Ἐκκλησία; vgl. 1,8,5; 1,11,1; 2,14,2. S. auch Clemens, Exc. ex Theod. 17,1; 21,3; 40; 41,2: Die Ekklesia ist vor der Grundlegung der Welt erwählt: 58,1.

[151] Euseb h.e. 4,22,4 διὰ τοῦτο ἐκάλουν τὴν ἐκκλησίαν παρθένον, οὔπω γὰρ ἔφθαρτο ἀκοαῖς ματαίαις; vgl. 3,32,7 in einer generalisierenden Paraphrase: παρθένος καθαρὰ καὶ ἀδιάφθορος ἔμεινεν ἡ ἐκκλησία.

[152] Text und Deutung nach WISCHMEYER 1980, 22–47; Text: S. 25 Z. 7–16. Die Verbindung von παρθένος, Pistis und Wiedergeburt durch die Taufe unter deutlichem Bezug auf Jes 7,14, d. h. die jungfräuliche Geburt des Erlösers durch Maria erscheint auch bei Irenäus, adv haer 4,33,4. Man wird bei diesem schillernden Sprachgebrauch an die γυνή von Apk 12,1–6 erinnert. Auch Diognet 12,8 »und Eva wird nicht verführt, sondern als Jungfrau geglaubt«, bezieht sich wohl auf die Kirche. Dagegen wird bei Irenäus die verführte Jungfrau Eva der im Glauben gehorsamen Maria als Antitypos gegenübergestellt: 3,22,3 f; 5,19,2. Auch die »Herrscherin« in Rom dürfte auf die dortige Gemeinde hinweisen. S. dazu den vereinfachten Prosatext in der Vita Abercii, ed. Nissen 1912, c. 77, p. 53 f.

[153] Euseb h.e. 5,1,45: πολλὴ χαρὰ τῇ παρθένῳ μητρί.

Christen durch das Vorbild der Märtyrer zum Glauben zurückfanden und
diesen vor dem Statthalter bekannten.

Eine eng verwandte, in die Zukunft weisende Vorstellung bringt *Tertullian* in der Einleitung zu seiner wohl frühesten, den Märtyrern gewidme-
ten Schrift ›Ad martyras‹ zum Ausdruck, wenn er von den Gaben spricht,
die seine Gemeinde in Karthago als *domina mater ecclesia* den im Gefäng-
nis Schmachtenden zuwendet. Er verwendet das Wort[154] ›Herrin‹ in seinem
Werk ganz selten, fast widerwillig insgesamt nur dreimal und nur an dieser
Stelle für die Kirche, vielleicht weil er den Begriff neben dem Dominus
Christus vermeiden wollte.[155] Diese Zurückhaltung gilt für die ganze uns
erhaltene frühe christliche Literatur des 1. und 2. Jh.s – mit Ausnahme des
Hermasbuches: Domina/κυρία erscheint weder bei den Apologeten noch
bei Irenaeus und Clemens Alexandrinus. Wie Joh 2,1 bleibt auch ad mart.
1,1 ein Unikum. Das Bild von der Kirche als Braut findet sich vom Alten
und Neuen Testament vorgegeben häufiger. Aber der Kontext dieser für ihn
ungewöhnlichen und zugleich zukunftsträchtigen Formulierung ist bedeut-
sam. Die »Herrin Mutter Kirche« versorgt die Gefangenen im Kerker, den
er als das »Haus des Teufels«, »in dem dieser seine Familie beisammen
hält«, bezeichnet. Sie sind dorthin gekommen, damit sie diesen mit dem
Beistand des Heiligen Geistes »auch in seinem Hause selbst überwinden«[156].
F. Dölger, der auf diese auffallende Formulierung am Anfang des schrift-
stellerischen Werks des ersten und vor Augustin größten lateinischen
christlichen Autors hinweist, vermutet, »daß dieser mit seinem feierlichen
Wort ›Herrin Mutter Kirche‹ keine persönliche Neubildung bietet, sondern
den Ausdruck einer bereits entwickelten christlichen Sondersprache.«[157]

Dies läßt sich jedoch m. E. nur für die *mater ecclesia* annehmen. In seiner
Auslegung der ersten Bitte des Vaterunsers sieht Tertullian in der Anrede
›Vater‹ einen Ausdruck der kindlichen Liebe (pietatis) und der väterlichen
Macht (potestatis). Doch »im Vater wird auch der Sohn angerufen, denn es
heißt: ›Ich und der Vater sind eins.‹[158] Nicht einmal die Mutter, die Kirche,

---

[154] Ad mart. 1,1.

[155] S. noch ad nat. 2,6: Die Natur der Götter nach heidnischem Glauben als »Herrin
über Hilfe und Schaden«; adv. Hermog. 6,3 gegen dessen Schrei von der *prima materia*:
Er macht sie damit zur *auctrix cum deo et domina cum deo*.

[156] Ad mart. 1,4: *Domus quidem diaboli est et carcer, in qua familiam suam continet.
Sed vos ideo in carcerem pervenistis et illum etiam in domo sua conculcetis.*

[157] DÖLGER 1936, 217f. Er führt noch einige spätere altkirchliche Belege an. Die
Redeform von der *Domina ecclesia* bleibt freilich sehr eingeschränkt, denn sie kann
nicht ›gleichberechtigt‹ neben dem Kyrios/Dominus stehen: Die Braut bleibt hier ange-
messener, aber die Beispiele des Hermas und 2Joh 1 zeigen doch Ansätze zu diesem
Sprachgebrauch.

[158] Joh 10,30.

wird übergangen, insofern im Sohne und im Vater die Mutter erkannt wird. Auf ihr beruht die Benennung Vater und Sohn.«[159] Hier erhält die Kirche eine wahrhaft dominante Position als Mittlerin, ja man ist versucht zu sagen als dritte Person der ›heiligen Familie‹ der Trinität, und sie hätte die Bezeichnung domina in diesem Zusammenhang wohl verdient.

Der andere Text bezieht sich auf das Herabkommen der Gottesstadt, der *civitas divini operis Ierusalem de caelo delata, quam apostolus matrem nostram designat.* Hier werden Apk 21 und Gal 4,26 verbunden. Hinzu tritt Phil 3,20: Wenn der Apostel verkündigt *et politeuma nostrum, id est municipatum, in caelis esse,* dann schreibt er dieses einer *civitas caelestis* zu. D.h. die Kirche als *Mutter* ist eine mit Gott selbst verbundene überirdisch-eschatologische Größe. In Judäa sei die Gottesstadt jüngst 40 Tage lang frühmorgens am Himmel sichtbar gewesen.[160] D.h. diese ist für Tertullian, die Montanisten, die Christen in Judäa wie schon für den Apokalyptiker und wohl auch für den Apostel Paulus eine echte himmlische Realität und nicht bloß eine theologische Metapher, auch wenn sie als himmlische Realität an keinen irdischen Ort mehr gebunden sein muß. Darum kann die himmlische Gottesstadt für die montanistischen Profetinnen Quintilla oder Priscilla (wenn wir Epiphanius glauben dürfen) im phrygischen Pepuza herabsteigen,[161] während der Montanist Tertullian die Parusie nach wie vor in Judäa erwartete. Für Origenes dagegen ist, in einer kritischen Auseinandersetzung mit den Montanisten, »jeder Gerechte«, d.h. jeder Christ, in Wirklichkeit »in Jerusalem« und nie »außer Jerusalem«, denn nach dem Jesuswort Lk 13,33 ist es unmöglich, daß einer, »der wegen des Wortes leidet«, sich außerhalb Jerusalems befinde. Der Glaubende, und besonders der Märtyrer, ist hier geistlich gesehen bereits Bewohner der Gottesstadt.[162]

---

[159] Or. 2,4–6: *Ne* mater *quidem* Ecclesia *praeteritur, si quidem in filio et patre mater recognoscitur, de qua constat patris et filii nomen.* Vgl. die Beziehung der »Herrin« Kirche zu Geist und Sohn Gottes bei Hermas o. Anm. 139.

[160] Adv. Marc. 3,24,3 f. Es fällt auf, daß sich der Montanist Tertullian hier vom phrygischen Montanismus unterscheidet, der das erwartete Herabkommen der Gottesstadt mit Pepuza verbindet. Auf eine Frage Typhons antwortete Justin, daß er im Gegensatz zu anderen Christen den Wiederaufbau Jerusalems im 1000-jährigen Reich erwarte (dial. 80,1–5).

[161] Epiphanius, Pan 48,14; 49,1. Nach der antimontanistischen Schrift des Apollonius (Euseb, h.e. 5,18,2) soll Montanus nur Pepuza und Tymion Jerusalem genannt und von überall her Menschen dort versammelt haben. S. MARKSCHIES u. S. 314–318.

[162] Comm. Mt (in Mt 22,34 – 27,63), GCS 38 ed. E. Klostermann/ E. Benz, 2. Aufl. hg. v. U. Treu 1976, p. 52 = R. E. Heine, The Montanist Oracles and Testimonia, PatMS 14, Macon CA 1989, 97 Nr. 75: *quaeramus, ne forte omnis iustus sit [in] Hierusalem et non ›extra Hierusalem‹ ›quoniam ›non capit‹ eum, qui est extra Hierusalem passionibus adfixi propter uerbum.* Darum kann auch der Wortführer der Gruppe der ägyptischen

Der vom irdischen Jerusalem losgelöste, gleichwohl realistische besondere Zusammenhang zwischen *himmlischer Mutter* und *zukünftiger Gottesstadt*, zwischen Gal 4,26 und Apk 21, begegnet uns bereits in der Schilderung
der Endereignisse im letzten Buch von adv. haer. des Irenäus. Es mag sich
hier um eine feste antignostische Auslegungstradition handeln, die paulinische und johanneische Apokalyptik miteinander verbindet: Das himmlische Jerusalem, von dem Jesaja (49,16) und Paulus sprechen, »das freie,
das unser aller Mutter ist«, hat nichts mit dem valentinianischen Äon im
Pleroma zu tun, sondern es ist dasselbe, das Johannes als vom Himmel
herabkommend geschaut hat »wie eine Braut geschmückt für ihren Mann,
und das ist das Zelt (tabernaculum = σκηνή) Gottes, in dem Gott selbst mit
den Menschen wohnen wird.«[163] Das irdische Jerusalem, »in dem sich die
Gerechten für die Unverweslichkeit üben und sich zum Heil vorbereiten, ist
dafür ein Bild, wie auch jenes Zelt, dessen Bild Mose auf dem Berg empfing.« D.h. hier »kann man nichts allegorisch deuten, vielmehr ist alles
sicher, wahr und wirklich, von Gott geschaffen zum Genuß der Gerechten
(*et nihil allegorisari potest, sed omnia firma et vera, et substantiam ha-
bentia, ad fruitionem hominum justorum a Deo facta*).« Das himmlische
Jerusalem ist das reale, das irdische nur seine Vorbereitung. Vermutlich
geht dieser betont realistisch klingende Zusammenhang von Gal 4,26 und
Apk 21 auf die ältere kleinasiatische Theologie des 2. Jh.s zurück.

Im Blick auf die weitere Zukunft der Kirche sollte *Mater Ecclesia* die
eigentlich beherrschende Metapher werden, wobei schon bei Cyprian der für
Irenäus und den späteren Montanisten Tertullian noch wesentliche eschatologische Bezug zurücktritt.[164] Für die kirchengeschichtliche Wirklichkeit
hat sie – bezogen auf die irdische »Heilsanstalt« – ein sehr viel stärkeres
Gewicht erhalten als die »Braut« und die »Gottesstadt«, der dann Augustin
ein unvergleichliches theologisches Denkmal setzte. »*Herrin*« *ist die Kirche
dabei immer auch geblieben, ja später noch mehr geworden*, »Herrin« freilich im Verlauf ihrer Geschichte auf eine oftmals allzu irdische Weise. Heute
ist sie kaum mehr »Herrin«. Ihr Wesen und ihre Würde als Braut Christi,
Mutter und »Gottesstadt« sollte sie dagegen mehr als bisher neu sichtbar
werden lassen.

Christen sich und seine Glaubensbrüder als Märtyrer vor dem Statthalter in Caesarea als
Bürger Jerusalems bezeichnen, s. o. Anm. 128. S. dazu auch STROUMSA 1999, 294f: »In
Christian thought patterns, the heavenly or new Jerusalem soon achieved autonomous
status, as it were, from the earthly Jerusalem, a phenomenon that has no parallel in
Jewish representations.« S. o. S. 266ff. zu Apk 21.

[163] Adv. haer. 5,35,2.
[164] Siehe dazu PLUMPE 1943.

Literaturverzeichnis

ABRAHAMS, I. 1924: Studies in Pharisaism and the Gospels, New York, 1924

ACKERMAN, S. 1992: Under Every Green Tree. Popular Religion in Sixth-Century Nidah, Atlanta 1992, 5–35

AUNE, D. E. 1998: Word Biblical Commentary, Vol 52c, Revelation 17–22, Dallas (Texas) 1998

BANG, M. 1921: Über den Gebrauch der Anrede *domine* im gemeinen Leben, in: L. Friedländer: Sittengeschichte Roms, 9./10. A., Leipzig 1921, Bd. IV, 82–88

BARRETT, C. K. 1978: The Gospel According to St. John, London 1978

BARTHÉLEMY, D. 1985: Comment le Cantique des Cantiques est-il devenu Canonique?, in: A. Caquot/ S. Legane/ M. Tardieu (eds.), Mélanges bibliques et orientaux en l'honneur de M.M. Delcor, AOAT 215, Neukirchen-Vluyn 1985, 13–22

BAUER, W. 1933: Das Johannesevangelium, HNT 6, Tübingen ³1933

BAUER, W./ ALAND, K. u. A. 1988: Wörterbuch zum Neuen Testament, Berlin u. a. ⁶1988

BERGMEIER, R. 1980: Glaube als Gabe nach Johannes, BWANT 112, Stuttgart u. a. 1980

BERNARD, J. H. 1928: The Gospel According to St. John, ICC, Edinburgh 1928

BEUMER, J. 1942: Die altchristliche Idee einer präexistenten Kirche und ihre theologische Auswertung. WiWei 9 (1942), 13–22

BLEEK J. F./ MANGOLD, W. 1886: Einleitung in das Neue Testament, Berlin ⁴1886

BÖRKER-KLÄHN, J. 1997: Mauerkronenträgerinnen, in: Assyrien im Wandel der Zeiten, hg. v. H. Waetzold/ H. Hauptman, Heidelberger Studien zum Alten Orient 6, 1997, 227–234

BRATSIOTIS, N. P. 1973: Art. אִישׁ, ThWAT 1, Stuttgart u. a. 1973, 238–252

BRESKY, B. 1906: Das Verhältnis des zweiten Johannesbriefes zum dritten, Münster i.W. 1906

BROOKE, A. E. 1912: Johannine Epistles, ICC, Edinburgh 1912

BROWN, R. E. 1966: The Gospel according to John I–XII, AncB, Garden City N. Y. 1966

BROWN, R. E. 1982: The Epistles of John, AncB 30, Garden City N. Y. 1982

BROX, N. 1991: Der Hirt des Hermas, KAV 7, Göttingen 1991

BULTMANN, R. 1950: Das Evangelium des Johannes, KEK, Göttingen ¹¹1950

BULTMANN, R. 1959: Art. Johannesbriefe, RGG³ 3, Tübingen 1959

BULTMANN, R. 1967: Die Johannesbriefe, KEK, Göttingen 1967

CHAPMAN, J. 1904: The Historical Setting of the Second and Third Epistles of St. John, JThS 5 (1904), 357–368.517–534

CHARLES, R. H. 1920: The Revelation of St. John, ICC, Edinburgh 1920

COOK, A. B. 1965: A Study in Ancient Religion. II: Zeus God of the Dark Sky, New York 1965

DAY, P. L. Art. Anat, Dictionary of Deities and Demons, Karel van der Toorn u. a. (ed.), Leiden 1995, 62–77

DODD, C. H. 1946: The Johannine Epistles, MNTC, New York u. a. 1946

DÖLGER, F. 1936: Domina Mater Ecclesia und die ›Herrin‹ im zweiten Johannesbrief, Antike und Christentum 5, 1936, 211–217

DÜSTERDIECK, F. 1854: Die johanneischen Briefe, Göttingen 1854, 474–482

ERRINGTON R. M. 1995: Ἐκκλησίας κυρίας γενομένης, Chiron 25 (1995), 19–42

FITZGERALD, A. 1972: The Mythological Background for the Presentation of Jerusalem as a Queen and False Worship as Adultery in the OT, CBQ 34 (1972), 403–416

FITZGERALD, A. 1975: BTWLT and BT as Titles for Capital Cities, CBQ 37 (1975), 167–183.

FRANK, A. 1975: Studien zur Ekklesiologie des Hirten, II Klemens, der Didache und der Ignatiusbriefe unter besonderer Berücksichtigung der Idee einer präexistenten Kirche, Diss. theol. München 1975

FREY, J. 1997: Die johanneische Eschatologie I: Ihre Probleme im Spiegel der Forschung, WUNT 96, Tübingen 1997

FREY, J. 1998: Die johanneische Eschatologie II: Das johanneische Zeitverständnis, WUNT 110, Tübingen 1998

FREY, J. 2000: Die johanneische Eschatologie III, WUNT 117, 2000.

GESE, M. 1997: Das Vermächtnis des Apostels. Die Rezeption der paulinischen Theologie im Epheserbrief, WUNT II/99, Tübingen 1997

GIBBINS H. J. 1902: The Problem of the Second Epistle of St. John, Exp. VI.[th] Ser 6 (1902), 228–236

GIBBINS, H. J. 1905: The Problem of the Second Epistle of St. John, Exp. VI.[th] Ser. 12 (1905), 412–424

GNILKA, J. 1971: Der Epheserbrief, HThK XX,2, Freiburg u. a. 1971

GREEVEN, H. 1959: Art. περιστερά, ThWNT 6, Stuttgart 63–72

GROS, P. 1967: Trois temples de la fortuna de Ier et IIe siècles de notre ère, MEFR 79 (1967), 503–566

HARRIS, R. 1901: The Problem of the Address in the Second Epistle of John, Exp. VI.[th] Ser. 3 (1901), No. XV, 194–203

HAUCK, F. 1942: Art. μονή, ThWNT 4, Stuttgart 1942, 583–585

HEISE, J. 1967: Bleiben. Menein in den Johanneischen Schriften, HUTh 8 (1967), 164–170

HENGEL, M. 1971: Proseuche und Synagoge, in: Tradition und Glaube. Festschrift K. G. Kuhn, Göttingen 1971, 157–184 = Judaica et Hellenistica. Kleine Schriften I, WUNT 90, Tübingen 1996, 171–195

HENGEL, M. 1976: Die Zeloten, in: AGAJU 1, -1976, 120–123

HENGEL, M. 1993: Die johanneische Frage, WUNT 67, Tübingen 1993

HENGEL, M. 1996a: Die Throngemeinschaft des Lammes mit Gott in der Johannesapokalypse, ThBtr 27 (1996), 159–175

HENGEL, M. 1996b: Hadrians Politik gegenüber Juden und Christen, in: ders., Judaica et Hellenistica. Kleine Schriften I, WUNT 90, Tübingen 1996, 358–391

HENGEL, M. 1998: Jerusalem als jüdische und hellenistische Stadt, in: ders., Judaica, Hellenistica et Christiana. Kleine Schriften II, WUNT 109, Tübingen 1998, 115–156

HENGEL, M./ SCHWEMER, A. M. 1998: Paulus zwischen Damaskus und Antiochien. Die unbekannten Jahre des Apostels, WUNT 108, Tübingen 1998

HILGENFELD, A. 1875: Historisch-kritische Einleitung in das Neue Testament, Fues/ Leipzig 1875.

HOFIUS, O. 1996: Das Zeugnis der Johannesoffenbarung von der Gottheit Jesu Christi, in: Geschichte – Tradition – Reflexion. Festschrift für Martin Hengel zum 70. Geburtstag, Bd. III, Frühes Christentum, Tübingen 1996, 511–528

HOLTZMANN, H. J. 1886: Lehrbuch der historisch-kritischen Einleitung in das Neue Testament, Tübingen 1886

HOMMEL, H. 1979: Domina Roma, in: H. Kloff (Hg.), Ideologie und Herrschaft in der Antike, WdF 528, 1979, 271–314

HYLDAHL, N. 1979: A Supposed Synagogue Inscription, NTS 25 (1979), 396–398

ILAN, T. 1996: The Ossuary and Sarcophagus Inscriptions, in: G. Avni and Z. Greenhut (ed.), The Akeldama Tombs. Three Burial Caves in the Kidron Valley, Jerusalem, Israel Antiquities Authority Reports, 1, Jerusalem 1996, 57–72

JASTROW 1950: Dictionary of the Targumim, the Talmud Babli and Yerushalmi, and the Midrashic Literature II, Brooklyn N. Y. 1950

JEREMIAS, J. 1942: Art. νύμφη, νυμφίος, ThWNT 4, Stuttgart 1942, 1092–1099

JESSEN, O. u. RUGE, W. 1896: Art. Asbamiaos, Real-Encyclopädie von Pauly-Wissowa 2, Stuttgart 1896

KALINKA, E. 1933: Aus Bithynien und Umgegend, JÖAI XVIII, Beiblatt 1933, 45–112.

KLAUCK, H.-J. 1990: κυρία ἐκκλησία in Bauers Wörterbuch und die Exegese des zweiten Johannesbriefes, ZNW 81 (1990), 135–138.

KNAUER, A. W. 1833: Ueber die Ἐκλεκτὴ Κυρία, an welche der zweite Brief Johannis gerichtet ist, ThStKr 6 (1833) 452–458.

KOEHLER L./ BAUMGARTNER, W./ STAMM, J. J. Hebräisches und aramäisches Lexikon zum A. T., Leiden u. a. 1967–1996

LAGRANGE, M.-J. 1925: Evangile selon Saint Jean, Paris 1925

LEVINSKAYA, I. 1996: The Book of Acts in its Diaspora Setting, in: The Book of Acts in its first Century Setting 5, Grand Rapids u. a. 1996

LIETZMANN, H. 1949: An die Korinther I/II, HNT 9, Tübingen 1949

LIEU, J. 1986: The Second and Third Epistles of John: History and Background, Edinburgh 1986

LIFSHITZ, B. 1967: Donateurs et fondateurs dans les Synagogues Juives, CRB 7, Paris 1967

LINDEMANN, A. 1992: Clemensbriefe, HAT 17, Tübingen 1992.

LLOYD-JONES H./ PARSONS, P. 1988: Supplementum Hellenisticum, Texte und Kommentare 11, Berlin 1988

LOHMEYER, E. 1953: Die Offenbarung des Johannes, HNT 16, Tübingen 1953

LÜCKE, F. 1836: Commentar über die Briefe des Evangelisten Johannes, Bonn 1836

MARKSCHIES, Chr. 1992: Valentinus Gnosticus?, WUNT 65, Tübingen 1992

MATTINGLY H./ CARSON, R. A. G. 1976: Coins of the Roman Empire in the British Museum II: Vespasian to Domitian, London [2]1976

MELLOR, R. 1975: ΘΕΑ ΡΩΜΗ. The Worship of the Goddess Roma in the Greek world, Hypomnemata 42, Göttingen 1975

MELLOR, R. 1984: The Goddess Roma, in: ANRW II 17,2, Berlin u. a. 1984, 950–1030

Metzger, B. M. (Hg.). 1971: A Textual Commentary on the Greek New Testament, London 1971

MEYER, M. 1996: »Neue« Bilder; in: B. Funck (Hg.), Hellenismus. Akten des Internationalen Hellenismus-Kolloquiums 9.–14. März 1994 in Berlin, Tübingen 1996

MILIK, J. T. 1958: Nouvelles inscriptions nabatéennes, Syria 35 (1958)

MILLAR F. 1986: in: E. Schürer, The History of the Jewish People in The Age of Jesus Christ (172 BC–AD 135) III, 1, Edinburgh 1986

Mitchell, S. 1982: Regional Epigraphic Catalogues of Asia Minor II: The Ankara District. The Inscriptions of North Galatia (Brit. hist. Arch. Ankara Monogr. 4; BAR Int. Ser. 135), 1982

Mittmann, S. 1970: Beiträge zur Siedlungs- und Territorialgeschichte des nördlichen Ostjordanlandes ADPV 2, Wiesbaden 1970

Moulton J.H./ Milligan, G. 1930: The Vocabulary of the Greek New Testament, London 1930

Naldini, M. 1968: Il Cristianismo in Egitto. Lettere private nei papiri dei secoli II – IV, Firenze 1968

Nissen, Th. (ed.), 1912: Vita Abercii, Leipzig 1912

Otto, E. 1989: Art. צִיּוֹן, ThWAT VI, Stuttgart u. a. 1989, 994–1028

Peek, W. 1955: Griechische Vers-Inschriften, Leipzig 1955

Plumpe, J.C. 1943: Mater Ecclesia. An Inquiry into the Concept of the Church as Mother in Early Christianity, SCA 5, Washington 1943

Poggel, H. 1896: Der zweite und dritte Brief des Apostels Johannes, Paderborn 1896

Prottlung, P. 1995: Darstellungen der hellenistischen Stadttyche, Charybdis 9, Münster 1995

Ritmeier, H. 1706: dissertatio de ἐκλεκτῇ κυρίᾳ, Helmstedt 1706

Robert, L. 1936: Les inscriptions grecques et latines de Sardes, RAr, 6. Ser. 7 (1936), 233–240

Robert, L. 1958: Inscriptions grecques de Sidè en Pamphylie, RPh, 3. Ser. 32 (1958), 15–53

Sartre M. IGLS XIII,1, Paris 1982

Schäfke, W. 1979: Frühchristlicher Widerstand, in: ANRW II, 23,1, Berlin u. a. 1979, 460–723

Schimanowski, G. 1985: Weisheit und Messias, WUNT II/17, Tübingen 1985

Schlatter, A. 1930: Der Evangelist Johannes, Stuttgart 1930

Schleusner, J. F. 1820: Novus Thesaurus … sive Lexicon in LXX, Leipzig 1820

Schnackenburg, R. 1965: Das Johannesevangelium 1.Teil, Freiburg u. a. 1965

Schnackenburg, R. 1965: Die Johannesbriefe, HThK, Freiburg u. a. ³1965

Schnelle, U. 1994 (³1999): Einleitung in das Neue Testament, UTB1830, Göttingen 1994

Schwemer, A. M. 1994: Elija als Araber. Die haggadischen Motive in der Legende vom Messias Menahem ben Hiskija (yBer 2,4 5a; EkhaR 1,16 § 51), in: Die Heiden, hg. v. R. Feldmeier/U. Heckel, WUNT 70, Tübingen 1994, 108–157

Schwemer, A. M. 1999: Prophet, Zeuge und Märtyrer. Zur Entstehung des Märtyrerbegriffs im frühesten Christentum, ZThK 96 (1999), 320–350

Sheppard, R. 1980: ›Pagan Cults of Angels in Roma Asia Minor‹, Talanta 12–13 (1980/1), 77–101

Siber, P. 1971: Mit Christus leben, AThANT 61, Zürich 1971

Sourdel, D. 1952: Les Cultes du Hauran à l'Epoque Romaine, hist. franc. d'archéol. de Beyrouth (Bibl. archéol. et hist. 53), Paris 1952

Steck, O. H. 1989: Zion als Gelände und Gestalt. Überlegungen zur Wahrnehmung Jerusalems als Stadt und Frau im Alten Testament, ZThK 86 (1989), 261–281

Stern, M. 1974: Greek and Latin Authors on Jews and Judaism, Jerusalem 1974

Strecker, G. 1989: Die Johannesbriefe, KEK 14, Göttingen 1989

Stroumsa, G. G. 1999: Barbarian Philosophy. The Religious Revolution of Early Christianity, WUNT 112, Tübingen 1999

STUHLMACHER, P. 1989: Die Stellung Jesu und des Paulus zu Jerusalem, ZThK 86 (1989), 140–156

STUHLMACHER, P. 1996: Das Lamm Gottes – eine Skizze, in: Geschichte – Tradition – Reflexion, Festschrift M. Hengel, Bd. III, Frühes Christentum, hg. v. H. Lichtenberger, Tübingen 1996, 529–542

STUHLMACHER, P. 1999: Biblische Theologie des Neuen Testaments II, Göttingen 1999

SWOBODA, H. 1925: Art. Kyria, Real-Encyclopädie von Pauly-Wissowa 12, Stuttgart 1925, 171–173

THEOBALD, M. 1990: Heilige Hochzeit. Motive des Mythos im Horizont von Eph 5,21–33; in: Metaphorik und Mythos im Neuen Testament, hg. v. K. Kertelge, QD 126, Freiburg 1990, 220–255

TOORN, K. VAN DER 1992: Anat-Yahu, Some other Deities and the Jews of Elephantine, Numen 39 (1992) 80–101

ULRICH, E. 1989: The Biblical Scrolls from Qumran, Cave 4, RdQ 14, Dez. 1989, No. 54, 207–228

VOLKMAR, G. 1876: Die Evangelien oder Marcus und die Synopsis der kanonischen und außerkanonischen Evangelien, ²1876

WELLES, C. B. 1938: Inscriptions of Gerasa, in: C. H. Kraeling, Gerasa, City of the Dekapolis, Baltimore 1938, 335–494

WENGST, K. 1984: Schriften des Urchristentums zweiter Teil, Darmstadt 1984

WESTCOTT, B. F. 1883: The Epistles of St. John, London u. a. 1883

WESTCOTT, B. F. 1958: The Gospel According to St. John, London 1958

WINDISCH, H./ PREISKER, H. 1951: Die katholischen Briefe HNT 15, Tübingen ³1951

WISCHMEYER, W. 1980: Die Aberkiosinschrift als Grabepigramm, JbAC 23 (1980) 22–47

ZAHN, Th. 1884: FGNK III: Supplementum Clementinum, Erlangen 1884

ZAHN, Th. 1907: Einleitung in das Neue Testament, Leipzig ³1907

ZAHN, Th. 1921: Das Evangelium des Johannes, Leipzig ⁵/⁶1921

ZILLIACUS, H. 1949: Untersuchungen zu den abstrakten Anredeformen und Höflichkeitstiteln im Griechischen, Comment. Hum. Litt. Soc. Scient. Fenn. 15,3, Helsingfors 1949

ZILLIACUS, H., 1985/86: Art. Anredeformen, RAC Suppl. Lief. 3/4

ZIMMERMANN, M. und R. 1999: Der Freund des Bräutigams (Joh 3,29): Deflorations- oder Christuszeuge, ZNW 90 (1999) 123–130

ZUNTZ, G. 1992: Aion in der Literatur der Kaiserzeit, Wiener Studien. Beiheft 2, Wien 1992, 53 f

La demeure divine dans le temple et sur l'autel chez Ignace d'Antioche

par

René Kieffer

Il est bien connu que les sept lettres d'Ignace[1] sont marquées par le désir qu'il a de témoigner du Christ et de donner sa vie à Rome. Il est facile de relever de nombreux textes qui expriment son union au Christ, qui le pousse à vouloir l'imiter dans sa passion jusqu'à subir le martyre[2].

Citons pour rappel quelques passages caractéristiques de la lettre aux Romains[3]: »Si vous défendez trop ma vie, il me faudra continuer ma course. Ne m'offrez rien de plus que de me laisser répandre mon sang en libation pour Dieu, puisque l'autel est prêt« (*Rm* 2,1 s.). »Lorsque le monde ne verra plus trace de ma chair, je serai un véritable disciple de Jésus. Suppliez le Christ pour que ces animaux fassent de moi une victime offerte à Dieu« (*Rm* 4,2). »Le supplice fera de moi un affranchi de Jésus-Christ et je ressusciterai en lui, libre« (*Rm* 4,3).

Ignace s'exprime d'une façon qui peut nous paraître aujourd'hui entachée de masochisme:

»J'écris, moi, à toutes les Eglises, et je fais savoir à tous que de grand coeur je mourrai pour Dieu, si vous ne m'en empêchez pas. Je vous en supplie, ne me portez pas une pitié importune. Laissez-moi devenir la pâture des bêtes: elles m'aideront

---

[1] Nous estimons que la démonstration de Lightfoot 1889 sur l'authenticité des sept lettres demeure toujours valable.

[2] On sait avec quelle véhémence Preiss 1938 a critiqué la mystique de l'imitation chez Ignace d'Antioche qui, selon lui, s'écarte des évangiles et de S. Paul. Celui-ci ne voulait pas imiter le Christ dans son martyre mais seulement participer à sa passion et à sa mort par une obéissance de serviteur de Dieu (voir surtout p. 386). En ce qui concerne Paul, on peut trouver une conception analogue chez Kittel 1933, p. 214 et Michaelis 1942. Très différente est la position de Larsson 1962 sur Paul, et de Camelot 1969 sur S. Ignace. Contrairement à Preiss, Kittel et Michaelis, S. Augustin disait dans *De sancta virginitate* 27, *P. L.* 40, col. 411: »Quid enim est sequi nisi imitari?«

[3] Nous utilisons la traduction de Queré 1980, sauf lorsque nous précisons un détail du texte grec. Pour les distinguer des épîtres de Paul, nous indiquons celles d'Ignace en italique.

à atteidre Dieu. Je suis son froment: moulu sous la dent des fauves, je deviendrai le pain pur du Christ« (*Rm* 4,1).

»Qu'elles fassent ma joie, les bêtes qui me sont destinées! Je souhaite qu'elles se ruent sur moi. Je les flatterai pour qu'elles me dévorent sur-le-champ, sans hésiter comme devant certains qu'elles ont craint de toucher. Et si elles n'ont pas envie de moi, je les forcerai« (*Rm* 5,2).

Ignace décrit à l'avance tous les supplices qu'il est prêt à affronter:

»Que nulle créature, visible ou invisible ne m'empêche de rejoindre Jésus-Christ. Feu, croix, meute de fauves, lacérations, écartèlements, os disloqués, membres arrachés, corps broyé, que les plus cruels supplices du diable m'accablent, je ne veux qu'atteindre Jésus-Christ« (*Rm* 5,3).

Le but qu'Ignace se propose est »d'atteindre Dieu« (*Rm* 4,1; θεοῦ ἐπι-τυχεῖν), »d'atteindre Jésus-Christ« (*Rm* 5,3; deux fois ἵνα Ἰησοῦ Χριστοῦ ἐπιτύχω), »de ressusciter en lui, libre« (*Rm* 4,3). Jamais Ignace ne décrit ce but comme étant la cité céleste ou la Jérusalem céleste, le sujet propre de notre conférence. Cependant, dans ses lettres cette cité céleste est présente dans la demeure de Dieu dans son Eglise.

On peut comparer la conception d'Ignace avec un passage de l'épître de Barnabé, écrite probablement quelque vingt ans plus tard[4]:

»Examinons s'il existe un temple pour Dieu. Oui, il en existe un et il est là où lui-même affirme le construire et l'orner … Il habite en nous, il ouvre la porte du temple, c'est-à-dire notre bouche, et nous donne le repentir. Et ainsi fait-il entrer dans le temple incorruptible ceux qui étaient enchaînés à la mort« (*Barn* 16,9).

Mais Ignace ne connaît pas le mépris de l'auteur de l'épître de Barnabé à l'égard de l'ancien temple juif (voir *Barn* 16,1–4), puisque pour lui la signification du temple et de l'autel juifs réside dans le corps concret du Christ et sa prolongation dans l'Eglise.

Nous voudrions dans cet article préciser comment il convient de comprendre la présence divine dans le temple et sur l'autel chez Ignace, comme une sorte de prisme du temple céleste[5]. La lettre aux Ephésiens sera notre point de départ et le centre de notre intérêt, avec le texte principal en 9,1 ss, complété par les indications sur le temple de Dieu en 15,3–16,1 et celles sur l'autel en 5,2.

Nous étudierons ensuite les nuances qu'y apporte la lettre aux Phila-delphiens, avec ses trois passages caractéristiques en 7,2; 9,1 et 4. Comme complément à notre étude nous considérerons les notices éparses en *Rm* 2,2; 4,2; *Magn* 7,2; *Trall* 7,2. Nous espérons ainsi pouvoir cerner de près

---

[4] Sur la date de l'épître et ses sources, voir surtout PRIGENT 1961.

[5] Nous nous inspirons en partie de la thèse de doctorat de LEGARTH 1992, mais notre intérêt est davantage iconographique.

l'iconographie qui détermine la symbolique du temple et de l'autel chez Ignace.

1. Temple et autel dans la lettre aux Ephésiens

Ignace écrit sa lettre aux Ephésiens de Smyrne, où il a rencontré des délégués de leur Eglise (*Eph* 21,1), en particulier l'évêque Onésime et le diacre Burrhus (*Eph* 1,3; 2,1). Il arrive de Syrie, »chargé de fers pour le Nom et l'espérance« qu'il partage avec les chrétiens d'Ephèse et est en route vers Rome (*Eph* 1,1; 21,2). Pour lui Rome devient, grâce au supplice qu'il y attend, la cité qui le fait accéder »au rang de disciple« véritable (*Eph* 1,1). Puisque le martyre lui permettra d'atteindre Dieu et le Christ (cf. *Rm* 4,1; 5,3), Rome est pour Ignace chargée de connotations positives et devient le symbole de son passage vers sa demeure véritable.

A. En *Eph* 6,2–10,3, Ignace s'en prend »à certaines gens« (*Eph* 7,1: τινες) qu'il semble avoir rencontrées à Smyrne[6], et qui ont essayé de colporter »leurs funestes doctrines« (*Eph* 9,1: ἔχοντες κακὴν διδαχήν) à Ephèse. C'est dans ce contexte polémique qu'Ignace présente sa théologie du temple de Dieu:

»Vous êtes les pierres du temple du Père. Vous avez été rassemblés (littéralement: vous êtes préparés) pour l'édifice de Dieu le Père. Vous avez été élevés jusqu'au faîte (littéralement:vous êtes élevés dans les hauteurs) par l'engin de Jésus-Christ, qui est la croix, et par le câble du Saint-Esprit. Vous avez été hissés par votre foi (littéralement: votre foi vous fait monter en haut), et la charité est le chemin qui vous conduit à Dieu (littéralement: qui vous conduit en haut vers Dieu). Mais vous êtes aussi tous des compagnons de route, qui portez Dieu et son temple, le Christ et les objets sacrés; vous n'êtes ornés que des commandements de Jésus-Christ. Aussi est-ce pour moi une joie et un honneur que de m'entretenir avec vous en cette lettre et de vous féliciter de ne rien aimer, dans votre nouvelle existence, que Dieu seul« (*Eph* 9,1 s.).

---

[6] Le mot ἐκεῖθεν en 9,1 est ambivalent. On peut traduire »j'ai connu des gens qui étaient de passage de là-bas«, c'est-à-dire d'Ephèse, ou bien »j'ai appris que des gens, venus de là-bas«, c'est-à-dire de l'impiété nommée ci-dessus, ou encore »d'ailleurs« (BAUER 1964, p. 87). LIGHTFOOT 1889 II,2, p. 52 pensait qu'Ignace, en écrivant aux Ephésiens, ne pouvait pas désigner leur ville par ἐκεῖθεν. Mais comme Ignace dans la suite parle de leur activité à Ephèse à laquelle les Ephésiens ont résisté, il est tout à fait possible qu'ils soient parvenus jusqu'à Smyrne. Sur cette question, voir aussi LEGARTH 1992, p. 139, note 1.

Les images qui figurent ici ont pu en partie être employées avant Ignace, peut-être même dans des milieux à tendance gnosticisante[7], mais l'ensemble du texte est marqué par un renouveau du vocabulaire[8].

Ce qui prime dans la conception qu'Ignace se fait du temple est son orientation vers Dieu. Les Ephésiens entrent dans l'édifice de Dieu le Père comme des pierres de son temple[9]. La croix de Jésus-Christ est un engin de la construction qui les élève dans les hauteurs, à l'aide du câble du Saint-Esprit. L'iconographie du temple est à la fois concrète et symbolique. Concrètes sont les pierres qui sont élevées grâce à un cable et à l'engin qui permet de les hisser et qui a la forme de la croix. Il se peut qu'Ignace pense même concrètement au bois qui est commun à l'engin et au bois de la croix. Mais la croix du Christ est en même temps un symbole de l'oeuvre du salut. Comme engin de levage elle relie entre eux le ciel et la terre.

Parallèlement à l'action de la croix du Christ et du cable du Saint-Esprit, Ignace envisage la foi et la charité chez les membres de l'Eglise comme des moyens pour eux d'être élevés: La foi des chrétiens les fait monter en haut et leur charité les conduit vers Dieu, l'auteur du temple. Aussi peut-on dire que grâce à la foi et à la charité, ils sont tous des compagnons de route vers le Dieu qu'ils portent déjà en eux comme temple. Puisque Dieu le Père et le Christ sont unis, les Ephésiens portent en eux aussi le Christ et les objets sacrés, qu'Ignace considère comme le symbole des commandements du Christ. Tout cela peut se résumer dans l'amour de Dieu qui marque toute l'existence du chrétien.

Ignace demeure vague dans sa description du temple. Quand en 9,1 il parle des pierres du temple, il semble se référer au temple à Jérusalem et à la tradition chrétienne, selon laquelle les fidèles sont des pierres dans l'édi-

---

[7] Sur la mythologie gnostique dans ce passage d'Ignace, voir SCHLIER 1929, pp. 110–124, VIELHAUER 1939, pp. 146s. et BARTSCH 1940, pp. 30s.

[8] A l'intérieur des lettres ignatiennes, les mots suivants sont des *hapax legomena*: ἀναγωγεύς, ἀναφέρειν, μηχανή, ναοφόρος, οἰκοδμή, προσομιλεῖν, σπείρειν, σύνοδος, σχοινίον, ὕψος, χριστοφόρος; voir LEGARTH 1992, p. 142, note 9.

[9] Ignace utilise toujours ναός, jamais τὸ ἱερόν, qui chez les apologètes peut désigner ou bien un temple païen ou le temple juif; voir LEGARTH 1992, p. 143 (et note 15). Il semble qu'en *Eph* 9,1; 15,3; *Magn* 7,2 et *Phld* 7,2, l'origine de la métaphore est celle du temple juif. Ignace ne connait pas la différentiation néo-testamentaire entre le sanctuaire (ναός) et l'ensemble du temple (τὸ ἱερόν). Il n'utilise pas non plus σκηνή, οἶκος θεοῦ (*Barn* 16,1.7; *2 Cl* 14,1) ou κατοικητήριον (*Barn* 6,15; 16,7s.). En *1 Cl* 29,3, dans une citation, S. Clément désigne les chrétiens avec l'expression ἅγια ἁγίων. Voir LEGARTH 1992, p. 144 (et note 16) et 147. Ignace affectionne les tournures »temple de Dieu« (ναὸς θεοῦ) et »temple du Père« (ναὸς πατρός). Une fois il applique l'expression juive τὰ ἅγια τῶν ἁγίων à Jésus (*Phld* 9,1; voir plus loin). Il connaît donc le temple juif à Jérusalem comme thème biblique.

fice de l'Eglise (cf. 1 Pi 2,5). En 9,2 par contre, il peut se référer ou bien à des processions païennes comme celles d'Ephèse, où l'on portait des objets sacrés et des statues en miniature du temple d'Artémis[10], ou encore plus généralement à des miniatures de temple qu'on utilisait comme amulettes[11].

Ce qui frappe dans notre texte, c'est que les chrétiens entrent collectivement comme pierres dans la construction du temple du Père, mais qu'ils sont à leur tour individuellement aussi des porteurs du temple. Le lien entre le chrétien comme pierre individuelle et le temple de Dieu ne se fait pas par l'intermédiaire du Christ, »pierre vivante« (1 Pi 2,4 s.) ou »pierre maîtresse« (Eph 2,19–22). Le chrétien porte le Christ et les objets sacrés, il est lui-même le temple de Dieu. Comme Ignace connaît la première épître de Paul aux Corinthiens, dont il cite explicitement deux passages dans notre lettre[12], il a pu s'inspirer de 1 Cor 3,9: »Vous êtes … la maison que Dieu construit«[13] et de 1 Cor 6,19: »Ne savez-vous pas que votre corps est le temple du Saint Esprit qui est en vous et qui vient de Dieu«. Le chrétien est en personne le temple et la maison que Dieu construit. En même temps, tous les chrétiens sont unis entre eux dans l'Eglise, qui à son tour est unie à Jésus-Christ, lui-même uni au Père (voir *Eph* 5,1).

On trouve chez Hermas une conception analogue, mais avec des accents différents. L'Eglise est décrite comme une tour (πύργος; *Herm*, Sim 9,13,1) et la maison de Dieu (ὁ οἶκος τοῦ θεοῦ; Sim 9,13,9; 9,14,1), et les chrétiens comme pierres dans cette tour que l'on est en train de construire. Mais Hermas introduit les thèmes de »la pierre unique« (μονόλιθος; *Herm*, Sim 9,9,7; 9,13,5) et du rocher auquel elle est unie (*Herm*, Sim 9,13,5), où l'on devine une référence aux textes néo-testamentaires qui considèrent Jésus comme la pierre fondamentale dans l'Eglise[14]. Malgré son christocentrisme, Ignace ne complète pas la métaphore des pierres individuelles par celles de la pierre unique ou du rocher.

Comme dans le contexte Ignace attaque les hérétiques, on comprend qu'il souligne l'importance de la foi et de la charité, ainsi que des commandements de Jésus-Christ. Plus loin il dira que ses adversaires »corrompent les maisons« (οἰκοφθόροι, *Eph 16,1*). L'Eglise conçue comme

---

[10] Sur les temples d'Artémis qu'on fabriquait à Ephèse, voir Actes 19,24.

[11] Voir surtout Dölger 1934.

[12] 1 Co 1,19s. en *Eph* 18,1 et 1 Co 6,9s. en *Eph* 16,1.

[13] Sur la maison que Dieu construit, voir Fridrichsen 1994, pp. 208 s. Fridrichsen commente Philon, *De Cherubim* 100 ss: »Das rechte irdische Haus des unsichtbaren Gottes ist die unsichtbare Seele« (p. 209).

[14] Voir à ce sujet Legarth 1992, p. 147, note 32.

temple du Père est par contre dominée par son amour de Dieu seul. Implicitement Ignace pense à une Eglise qui, contrairement aux hérétiques, est marquée par la saine doctrine qu'il leur expose. Cela fait penser à la monition adressée à Timothée: »Tu sauras comment te conduire dans la maison de Dieu, qui est l'Eglise du Dieu vivant, colonne et soutien de la vérité« (1 Tim 3,15).

Dans l'Eglise qui est ancrée dans la foi et la charité, le Père établit selon Ignace sa demeure, il ne le fait pas chez ceux qui propagent »leurs funestes doctrines« (*Eph* 9,1). Les chrétiens qui sont dès à présent les pierres du temple (ναός) sont en même temps destinés à être »préparés pour l'édifice de Dieu le Père« (ἡτοιμασμένοι εἰς οἰκοδομὴν τοῦ πατρός), ce qui introduit la perspective dynamique d'une réalité attendue. Même si ναός et οἰκοδομή désignent tous deux le temple[15], la proposition εἰς indique que la construction du Père s'étend au-delà du temple actuellement réalisée dans l'Eglise. En *Eph* 11,1a Ignace parle des derniers temps (ἔσχατοι καιροί), qui pour lui personnellement sont marqués par l'attente du martyre, mais pour les Ephésiens signifient leur préparation au jugement dernier: »libre à nous de redouter la colère demain« (*Eph* 11,1b). Même si l'attente de la venue du Seigneur est chez Ignace transformée en la joie de sa présence actuelle[16], il y a aussi chez lui un espace pour l'action future de Dieu. C'est dans cette perspective que nous voyons la construction du Père se développer jusqu'aux derniers temps.

Contrairement à *Hermas* Vis 3,2,1, Ignace n'utilise pas les mots sanctuaire, temple, ou construction divine pour désigner directement la demeure de Dieu au ciel. Néanmoins, dans la construction du Père il y a en plus de l'aspect terrestre, un aspect céleste: la construction s'étend jusqu'à Dieu le Père. De façon analogue Paul peut opposer »l'édifice, oeuvre de Dieu, une demeure éternelle dans les cieux« à notre demeure terrestre (2 Cor 5,1), mais Paul parle ici de chaque chrétien individuellement alors qu'Ignace envisage l'ensemble que forment les chrétiens dans l'Eglise.

Parallèlement à l'initiative de Dieu le Père, exprimée par ἡτοιμασμένοι, nous avons l'engin de la croix du Christ qui élève les Ephésiens dans les hauteurs (ἀναφερόμενοι εἰς τὰ ὕψη διὰ τῆς μηχανῆς Ἰησοῦ Χριστοῦ). Le Christ contribue ainsi par sa croix à la future demeure céleste des chrétiens. On rencontre cette perspective future aussi en *Magn* 9,1, où Ignace espère d'»être trouvé comme disciple du Christ« (ἵνα εὑρεθῶμεν μαθηταὶ Ἰησοῦ

---

[15] Pour la juxtaposition de ναόςet οἰκοδομή, Ignace peut s'être inspiré de 1 Co 3,9–17 et peut-être d'Eph 2,18–22; voir LEGARTH 1992, p. 155 s.

[16] Le mot παρουσία désigne en *Phld* 9,2 l'incarnation, tout comme en 2 Tm 1,10 ἐπιφάνεια.

Χριστοῦ), grâce à la mort salvifique du Christ[17]. Dans le langage biblique Dieu habite dans les hauteurs, il est »le plus haut« (ὕψιστος, par exemple en Gen 14,18–22; Ps 7,17; 9,2 etc.).

Même si Ignace ne parle jamais de la cité céleste, nous en avons l'équivalent ici dans la construction qui est en train de s'élever dans les hauteurs grâce à la croix du Christ. La croix agit dès à présent, mais elle permet aux chrétiens d'arriver à joindre Dieu le Père. L'action de l'Esprit renforce celle de la croix, en tenant l'Eglise, comme par un cable, dans son attente de l'accomplissement futur de la construction céleste.

B. En *Eph* 15,3–16,1 Ignace écrit:

»Rien n'échappe au Seigneur. Même nos secrets lui sont familiers. Agissons donc toujours comme s'il demeurait en nos coeurs. Alors nous deviendrons ses temples et lui-même sera en nous notre Dieu. Il l'est certes, et c'est ainsi qu'il paraîtra devant notre regard, si nous lui portons un juste amour. Ne vous y trompez pas, mes frères: ceux qui corrompent la maison[18] ›n'hériteront pas le royaume de Dieu‹«.

Ce texte indique clairement que pour Ignace le temple de Dieu est une métaphore de sa présence dans le coeur du croyant. En même temps Ignace attend le jugement futur par une allusion à 1 Cor 6,9 s. Il passe subtilement du temple à la maison (»ceux qui corrompent la maison«) et au royaume de Dieu. Le temple, la demeure de Dieu et la corruption de la maison appartiennent à la même »isotopie«[19] terrestre, mais le Royaume de Dieu relève du monde à venir.

Le Seigneur au début de 15,3 doit signifier le Christ dont il était parlé dans les versets précédents: il est »l'unique Maître« qui »parla et le monde fut«. »Même les oeuvres qu'il a faites dans le silence sont dignes du Père« (15,1). La conséquence en est que Dieu dans la suite du texte se rapporte à Jésus-Christ. Il habite chez les croyants comme dans ses temples (ναοί au pluriel en 15,3!). A la différence de 9,1ss, il s'agit à présent des temples du

---

[17] Voir le commentaire de Niederwimmer 1956, p. 67, cité chez Legarth 1992 p. 163, note 91: »Gerade dieser Begriff, das ›Erfundenwerden‹, zeigt, daß das Leben noch nicht in Gott aufgehoben, noch nicht vollendet ist, sondern noch ein Ziel hat, daß es noch auf das Ziel hin ausgerichtet ist, auf die Zukunft«. En Ga 2,17 et Ph 3,9 Paul utilise εὑρίσκεσθαι de la situation présente, cf. Kieffer 1982, p. 56.

[18] Nous nous écartons de Quere 1980 p. 118, qui avec plusieurs interprètes traduit: »ceux qui déshonorent des familles«. Legarth 1992, p. 308 ss montre avec raison qu'Ignace s'inspire ici probablement de 1 Co 3,17, où Paul parle de ceux qui détruisent le temple de Dieu. Les textes qui désignent les corrupteurs de la famille et des moeurs sont plus tardifs. Dans le contexte Ignace parle du temple et de ceux qui veulent le détruire, les hérétiques.

[19] Nous utilisons ici le mot »isotopie« au sens général d'itération d'un thème semblable. Pour des définitions plus techniques, voir Greimas – Courtes 1979.

Christ et non du temple ou de la construction du Père. Cela montre qu'Ignace ne se soucie plus des métaphores qu'il a élaborées en 9,1 ss. Sa haute christologie lui fait oublier la réalité qui ailleurs oriente le temple vers le Père[20].

C. La description du temple est en 5,2 complétée par la mention de l'autel: »Que nul ne s'y trompe: s'éloigner de l'autel (littéralement: n'être pas à l'intérieur de l'espace de l'autel), c'est se priver du pain de Dieu«. En 1 Cl 41,2 le mot θυσιαστήριον désigne clairement l'autel qui à Jérusalem se trouvait devant le temple proprement dit. Chez Ignace il est plus difficile de décider si le θυσιαστήριον est l'équivalent de la table eucharistique (τράπεζα κυρίου) dont parle Paul en 1 Cor 10,21, ou une allusion au culte juif à Jérusalem. La préposition ἐντός avec le génitif τοῦ θυσιαστηρίου suggère qu'il s'agit d'un espace spécial où se trouve l'autel. Comme Ignace utilise volontiers l'image du temple pour désigner la présence divine dans l'Eglise, il est probable que l'espace de l'autel se réfère dans une tradition chrétienne au temple juif et est peut-être en même temps une métaphore de l'Eglise qui célèbre l'eucharistie. Cette interprétation est confirmée par la juxtaposition du »temple« (ναός) et de »l'autel« (θυσιαστήριον) en *Magn* 7,2. Par son association avec l'autel, le »pain de Dieu« devient en *Eph* 5,2 une image du sacrifice de louange dans l'Eglise[21]. »Dieu« se rapporte au Christ, comme en Jn 6,33 qu'Ignace connaît probablement[22]. Tout comme en *Eph* 15,3–16,1, nous avons ici une interprétation christologique du sanctuaire, mais chez Ignace le Christ n'est jamais séparé du Père: »Quel n'est pas votre bonheur d'être unis à votre évêque comme l'Eglise l'est à Jésus-Christ et Jésus-Christ à son Père, dans un seul et même accord« (*Eph* 5,1).

Comment les chrétiens d'Ephèse, si habitués à voir différents temples païens dans leur propre ville, interprétaient-ils les allusions probables d'Ignace au culte juif? Il n'est pas sûr qu'ils fussent capables de les découvrir. Ils pouvaient aussi avoir des difficultés à concilier 9,1 ss, où ils sont censés être des pierres dans le temple du Père, avec 15,3–16,1, où ils sont les temples du Christ et 5,2 où ils sont assimilés à l'autel, avec comme nourriture le pain du Christ. La lecture de la lettre devait en tout cas les laisser perplexes.

---

[20] Nous pensons que LEGARTH 1992 p. 216, par suite de la présence du mot θεός, ramène trop facilement l'aspect christologique de notre texte au théocentrisme du temple chez Ignace. Dans les textes vraiment théocentriques comme 9,1ss, le temple est marqué par le Père et non par le Christ.

[21] Sur cet aspect sacrificiel, voir LEGARTH 1992, p. 239 ss.

[22] Voir aussi *Rm* 7,3 et KIEFFER 1992, p. 2235 s.

S'ils faisaient un effort pour rejoindre la pensée profonde d'Ignace, ils devaient penser que la distinction entre le Père et le Christ s'effaçait au profit de l'unité entre eux. Ils devaient se considérer indifféremment comme les temples du Père et du Christ. Le gain qu'ils en tiraient était que leur vie ici-bas était rehaussée par la divinité qui se plaisait à habiter chez eux grâce à la foi et à la charité.

Sans être déjà parvenus à la cité céleste, ils pouvaient considérer leur vie comme marquée par la présence du temple céleste. N'était-ce pas au fond ce qu'Ignace vivait lui-même en ce moment? En route vers Rome, la ville où Paul et Pierre ont donné leur vie, il se considérait comme un futur martyr du Christ qu'il voulait imiter dans sa mort et sa résurrection. Le chemin qu'il parcourt d'Asie vers Rome est comme une métaphore de la conception qu'il se fait de l'Eglise comme un édifice qui s'élève dans les hauteurs vers Dieu, indifféremment le Père ou le Christ.

2. Temple et autel dans la lettre aux Philadelphiens

Dans son introduction à la lettre aux Philadelphiens, l'évêque d'Antioche souligne que la concorde qui règne entre eux est ancrée dans la passion du Christ qui leur fait espérer d'être ressucités par lui. Ainsi dès le début une perspective céleste est dessinée. Tout comme dans d'autres lettres, il avertit ses destinataires à ne pas s'écarter de leur évêque et de l'unique eucharistie.

A. En particulier, Ignace met les Philadelphiens en garde contre ceux qui »prêchent le judaïsme«. Probablement il pense à ceux qui lors de son passage à Philadelphie disaient: »Ce que je ne trouve pas dans mes archives (= l'Ancien Testament[23]), je ne puis le croire dans l'Evangile« (*Phld* 8,2).

Ignace leur rappelle que c'est l'Esprit qui lui a fait dire en leur présence:

»Ne faites rien à l'insu de l'évêque, respectez (littéralement: gardez) votre corps (littéralement: votre chair) comme un temple de Dieu, aimez l'unité, fuyez les divisions, soyez les imitateurs de Jésus-Christ comme lui-même l'a été de son Père« (*Phld* 7,2).

Comme ce que l'Esprit révèle est en accord avec ce qu'Ignace dit ailleurs dans ses lettres, il ne convient pas d'insister trop sur son inspiration prophétique. Il suffit que lui-même considère cet enseignement en accord avec l'Esprit de Dieu. Il s'inspire d'ailleurs de Paul: »Ne savez-vous pas que

---

[23] Voir CAMELOT 1969, p. 127 s.

vous êtes le temple de Dieu et que l'Esprit de Dieu habite en vous?« (1 Cor 3,16).

Les Philadelphiens doivent garder chacun individuellement sa propre chair dans sa qualité spéciale de temple de Dieu. On trouve une considération analogue en *2 Cl* 9,3: »Il nous faut protéger la chair comme le temple de Dieu. Vous avez été appelés dans la chair; dans la chair aussi vous irez à lui«. A cause de sa théologie négative de la »chair«, Paul s'exprime autrement qu'Ignace et l'auteur de la second épître de Clément. Pour Paul, c'est le corps (σῶμα) qui est le temple de Dieu, non la chair (σάϱξ).

En insistant sur l'unité autour de l'évêque et de la célébration liturgique, Ignace montre que pour lui les destinataires sont individuellement les temples de Dieu dans la mesure où ils sont unis dans la même Eglise. C'est pourquoi il écrit dans la suite de notre texte:

> »J'ai fait tout ce que j'ai pu, en homme épris d'unité. Dieu n'habite pas là où sévissent disputes et colère. Mais le Seigneur pardonne à tous ceux qui se repentent, si le repentir les ramène à l'unité de Dieu et les réconcilie au sénat de l'évêque« (*Phld* 8,1).

Dans son idéologie, Ignace associe l'unité de Dieu à celle de l'Eglise autour de son évêque. La passion pour l'unité qu'il exprime ici et dans les autres lettres est entièrement déterminée par le but qu'il entrevoit pour l'Eglise, son unité en Dieu. Aussi les chrétiens ne peuvent-ils être individuellement les temples de Dieu qu'à la condition qu'ils forment ensemble une unité dans l'Eglise, elle-même véritable temple et demeure de Dieu.

En cela les Philadelphiens suivent l'enseignement du Christ (*Phld* 8,2) et imitent celui qui lui-même a été l'imitateur du Père (*Phld* 7,2). Probablement Ignace pense globalement à la vie du Christ, qui exprime une soumission au Père, origine de toute unité[24]. Nous sommes ici proches d'une perspective johannique, où le Christ vient du Père et dans son unité avec lui retourne à lui, en accord avec la mission qu'il a reçue de lui.

B. Le rapport entre le Christ et le Père est encore plus clairement exprimé en *Phld* 9,1:

> »Les prêtres étaient vénérables, mais le Grand Prêtre est bien au-dessus, qui se vit confier le Saint des Saints et qui fut seul introduit dans les secrets de Dieu. Il est la porte du Père, par où entrent Abraham, Isaac, Jacob, les prophètes, les apôtres et l'Evangile. Tout cela concourt à notre union avec Dieu«.

---

[24] Avec raison RICHARDSON 1935, p. 34, souligne cette obéissance dans l'unité avec le Père. Il n'est pas besoin ici de recourir à un hypothétique mythe du sauveur caché, descendu du ciel pour y remonter, comme le fait SCHLIER 1929, p. 32. Voir LEGARTH 1992, p. 199, note 41.

Dans ce texte, qui rejoint en partie la théologie de l'épître aux Hébreux, Ignace montre qu'au Christ est confié le Saint des Saints, non pas comme lieu de sacrifice, mais comme ce qui permet aux hommes d'avoir accès au Père. Les deux métaphores du Saint des Saints et de la porte[25] sont conjuguées pour exprimer l'action du médiateur entre les hommes et Dieu.

Ignace emploie des termes techniques du temple juif sans se soucier de leur connotation concrète. Tout comme le »temple« est détaché de son contexte concret, le »Saint des Saints« désigne avant tout une réalité spirituelle[26]. Le Saint des Saints du Temple à Jérusalem devient l'équivalent de la présence divine, ce qui est encore souligné par le fait que le Grand Prêtre fut introduit dans les secrets de Dieu. Il est difficile de savoir si les secrets de Dieu appartiennent au monde à venir, ou bien sont présents ici-bas. Probablement Ignace ne distingue pas entre les deux: le Saint des Saints et les secrets de Dieu établissent un lien entre les réalités terrestres et le monde céleste à venir. Ils sont une porte vers »notre union avec Dieu« (*Phld* 9,1), car »l'Evangile inaugure la vie éternelle« (*Phld* 9,2).

C. En *Phld* 4 Ignace écrit:

»Veillez à ne participer qu'à une seule eucharistie. Une en effet est la chair de notre Seigneur Jésus-Christ, un le calice qui nous unit à son sang, un l'autel, un aussi l'évêque avec son collège de presbytres et de diacres, mes compagnons de service. Et ainsi ferez-vous toutes choses en Dieu«.

De nouveau nous trouvons ici la mystique ignatienne de l'unité, qui cette fois-ci concerne l'eucharistie et le ministère. Ce qui nous intéresse ici, c'est de savoir comment il faut interpréter l'autel. S'agit-il d'une désignation directe de l'endroit où l'on célèbre l'eucharistie, ou bien est-ce une métaphore pour autre chose? Une comparaison avec l'emploi de θυσιαστήριον en *Magn* 7,2; *Eph* 5,2 et *Trall* 7,2 favorise une interprétation métaphorique, où l'autel désigne l'assemblée qui célèbre le culte chrétien[27]. Grâce à l'eucharistie, l'assemblée chrétienne est unifiée dans le Christ et »a part à la Passion« (*Phld* 3,3), et en conséquence à la Résurrection (cf. *Smyrn* 5,3).

La lettre aux Philadelphiens nous a fourni de nouvelles précisions sur la présence de Dieu dans l'Eglise: les chrétiens sont individuellement, dans leur chair, les temples de Dieu, à condition qu'ils forment ensemble une

---

[25] A notre avis, Ignace s'est inspiré en *Phld* 2,1 s. et 9,1 de Jn 10,7–10 et surtout de Jn 14,6. Voir KIEFFER, 1992, p. 2237.
[26] Voir une transposition spirituelle analogue dans la citation de *1 Cl* 29,3.
[27] Voir les auteurs qui plaident pour cette interprétation chez LEGARTH 1992, p. 260, note 12. Voir aussi plus haut en 1 C notre commentaire sur *Eph* 5,2.

unité dans l'Eglise, elle-même véritable temple de Dieu. Jésus est le médiateur entre les hommes et Dieu, puisqu'à lui a été confié le Saint des Saints et qu'il a été introduit dans les secrets de Dieu. C'est aussi lui qui par l'eucharistie nourrit »l'autel«, symbole de l'unité de l'assemblée chrétienne.

3. Temple et autel dans d'autres lettres

A. La lettre aux Romains est toute imprégnée de la pensée du martyre qu'Ignace attend à Rome. Il n'est dès lors pas étonnant qu'en *Rm* 2,2 ce martyre soit concrétisé par un emploi de la métaphore de l'autel (θυσιαστήριον) qui diffère de celui que nous avons rencontré ailleurs[28]: »Ne m'offrez rien de plus que de me laisser répandre mon sang en libation pour Dieu, puisque l'autel est prêt. Si vous défendez trop ma vie, il me faudra continuer ma course«. Avec une terminologie qui semble s'inspirer de Phil 2,16 s, Ignace considère le lieu du martyre métaphoriquement comme un autel, où il sacrifiera sa vie pour atteindre Dieu. La même pensée du martyre comme un sacrifice est exprimée en *Rm* 4,2, sans cependant la mention de l'autel: »Lorsque le monde ne verra plus trace de ma chair, je serai un véritable disciple de Jésus. Suppliez le Christ pour que ces animaux fassent de moi une victime (θυσία) offerte à Dieu«. C'est le seul emploi de θυσία chez Ignace[29]. Celui-ci considère le sacrifice de sa vie comme une imitation de la Passion du Christ (voir *Rm* 6,3). Il est la victime offerte sur un »autel« qui métaphoriquement désigne le lieu du martyre et relie la victime à Dieu. C'est Dieu qu'Ignace veut atteindre, comme il le dit en *Rm* 4,1: »Laissez-moi devenir la pâture des bêtes: elles m'aideront à atteindre Dieu«. Mais c'est grâce à la Passion du Christ et à l'eucharistie qu'il peut dire ensuite: »moulu sous la dent des fauves, je deviendrai le pain pur du Christ[30]«. Comme froment de Dieu, Ignace espère pouvoir atteindre Dieu après sa mort par une assimilation au pain pur du Christ. Par sa Passion, le Christ a ouvert au martyr un passage vers la réalité céleste.

B. En *Magn* 7,2 Ignace écrit: »Accourez tous (littéralement: comme) vers l'unique temple de Dieu, devant cet autel unique qu'est le seul Jésus-Christ, issu d'un seul Père et qui ne faisait qu'un en lui et qui est retourné à lui«. Le temple et l'autel se réfèrent probablement au temple juif à Jérusalem avec

---

[28] Voir plus haut 1 C et 2 C.

[29] En *Eph* 1,2 la leçon avec θυσία est douteuse.

[30] La tradition manuscrite est partagée entre »le pain pur du Christ« et »le pain pur de Dieu«. Peut-être le texte original était tout simplement: »je deviendrai un pain pur«.

son autel des holocaustes[31]. Mais comme le temple est ici une métaphore de la présence divine dans l'Eglise, l'autel ne désigne pas directement un autel concret, juif ou païen, mais Jésus-Christ. Le lien qui existe entre l'Eglise comme temple de Dieu et le Christ comme autel a probablement une signification ecclésiale: l'unité de l'Eglise est fondée sur l'unique autel qui est en son centre, Jésus-Christ. En tant qu'autel, l'Eglise est le lieu de la présence du Christ, tout comme le temple est le lieu de la présence de Dieu. Les deux présences sont conjuguées.

Que l'autel puisse, par extension, signifier aussi l'Eglise, nous en avons la preuve en *Trall* 7,2:

»Celui qui demeure à l'intérieur du sanctuaire (littéralement: de l'autel) est pur. Celui qui se tient en dehors ne l'est pas. Autrement dit, celui qui agit à l'insu de l'évêque, des presbytres et des diacres, celui-là n'a pas la conscience pure«.

Ici l'Eglise concrétisée dans ses ministres responsables de son unité, est opposée aux hérétiques qui »entremêlent leurs propres élucubrations à Jésus-Christ« (*Trall* 6,2). Pour Ignace, être en union avec l'autel qu'est le Christ ou être en union avec les représentants de l'Eglise revient au même, puisque Eglise est le lieu où habite le Christ.

Quelles précisions donnent ces textes épars? Ils montrent que certains aspects de la métaphore du temple peuvent aussi être exprimés par celle de l'autel, mais avec cette différence que le temple en général est le lieu de la présence de Dieu alors que l'autel désigne plutôt celle du Christ. De plus, l'autel peut dans le contexte du martyre aussi être une métaphore pour le lieu du sacrifice qui permet de rejoindre Dieu.

Conclusion

Le temple et l'autel sont chez Ignace d'Antioche de façon variée des métaphores de la présence de Dieu et du Christ dans l'Eglise. Mais comment comprendre cette présence? Est-ce que l'Eglise est dès ici-bas introduite dans les secrets de Dieu? Quand Dieu et le Christ habitent en elle, est-ce que l'on peut dire équivalemment que l'Eglise habite déjà dans la cité céleste? Comment comprendre une présence de Dieu ici-bas qui ne soit pas aussi une présence à Dieu dans le secret de son mystère?

Ignace ne se pose pas ces questions explicitement, mais le chemin qu'il parcourt d'Asie vers Rome, le lieu de son martyre et de celui de Paul et

---

[31] Dans le Nouveau Testament, θυσιαστήριον désigne en général l'autel des holo-caustes, sauf en Lc 1,11 où le mot est utilisé pour l'autel des encens.

Pierre, le fait vivre dès à présent dans la réalité divine qu'il espère obtenir après sa mort: il veut atteindre Dieu, atteindre le Christ. C'est pourquoi il considère les destinataires de ses lettres comme des compagnons de route, qui portent en eux Dieu et son temple, le Christ et les objets sacrés, et font partie de l'édifice qui doit parvenir jusqu'à Dieu le Père. Mais comment devons-nous concilier les temples individuels avec l'insistance d'Ignace sur l'unité autour de l'évêque pour que l'Eglise puisse être le temple de Dieu? Nous devinons ici certaines tensions dans la théologie de notre évêque, qui sont probablement dues aux doctrines hérétiques qu'il confronte concrètement. On peut même penser que la polémique véhémente contre ses adversaires a eu une influence décisive sur sa description de l'Eglise.

Pour décrire ce qu'il est en train de vivre, Ignace emploie un procédé métaphorique, où les réalités du temple et de l'autel, juifs ou païens, sont transformées en ce qu'ils sont censés symboliser, la réalité divine qu'il veut atteindre[32]. Le temple et l'autel deviennent des images transparentes et fonctionnent comme métaphores honorifiques qui peuvent facilement être remplacées par d'autres métaphores, comme par exemple celle du chemin vers Rome qu'Ignace parcourt actuellement pour atteindre Dieu. Les nuances que nous avons pu découvrir dans l'analyse des textes importent finalement moins que ce que le langage symbolique veut faire comprendre aux destinataires des lettres: l'importance primordiale de Dieu et du Christ, qui grâce à la foi et à la charité doit imprégner toute leur vie en vue de la rencontre après leur mort.

Bibliographie sélective

BARTSCH, H.- W. 1940: *Gnostisches Gut und Gemeindetradition bei Ignatius von Antiochien*, BFChTh 2,44, Gütersloh 1940

BAUER, W. 1964: *Rechtgläubigkeit und Ketzerei im ältesten Christentum*, BHTh 10, Tübingen ²1964

CAMELOT, T. 1969: *Ignace d'Antioche, Lettres*, SC 10, Paris ⁴1969

DÖLGER, F. J. 1934: Christophoros als Ehrentitel für Martyrer und Heilige im christlichen Altertum, AuC 4 1934, 73–80

FRIDRICHSEN, A. 1994: Exegetisches zu den Paulusbriefen, dans *Exegetical Writings, A Selection*, ed. C. C. Caragounis – T. Fornberg, Tübingen 1994, 203–210. L'original se trouve en *ThStKr* 102 (1930) 291–301

---

[32] On peut comparer ce procédé avec la »progressive métaphorisation« qui, dans l'évangile de Jean, est au service d'une haute christologie, cf. KIEFFER 1989, p. 105 ss. De façon analogue l'iconographie du temple et de l'autel chez Ignace est absorbée par la présence mystérieuse de Dieu et du Christ.

GREIMAS, A. J. – COURTÈS, J. 1979: *Sémiotique. Dictionnaire raisonné de la théorie du langage*, Paris 1979, 197–199

KIEFFER, R. 1982: *Foi et justification à Antioche. Interprétation d'un conflit (Ga 2,14–231)*, LD 111, Paris 1982

– 1989: *Le monde symbolique de saint Jean*, LD 137, Paris 1989

– 1992: Les premiers indices d'une réception de l'évangile de saint Jean, dans *The Four Gospels 1992. Festschrift F. Neirynck*, ed. F. Van Segbroeck – C. M. Tuckett – G. Van Belle – J. Verheyden, BETL 100, Leuven 1992, vol. 3, part 7, 2225–2238

KITTEL, G. 1933: Article ἀκολουθέω κτλ., *TWNT 1*, 210–216

LARSSON, E. 1962, *Christus als Vorbild*, ASNU 23, Uppsala 1962

LEGARTH, P. V. 1992: *Guds tempel. Tempelsymbolisme og kristologi hos Ignatius af Antiokia*, Århus 1992

LIGHTFOOT, J. B. 1889: *The Apostolic Fathers*, II,1–3, *S. Ignatius, S. Polycarp*, London 1889 (= Hildesheim – New York 1973)

MICHAELIS, W. 1942: Article μιμέομαι κτλ., *TWNT 4*, 661–678

NIEDERWIMMER, K. 1956: *Grundriß der Theologie des Ignatius von Antiochien*, Diss. Masch., Wien 1956

PREISS, T. 1938: La mystique de l'imitation du Christ et de l'unité chez Ignace d'Antioche, *RHPR* 18 (1938) 197–241

PRIGENT, P. 1961: *Les testimonia dans le christianisme primitif. L'Epître de Barnabé (I–XVI) et ses sources*, EtB, Paris 1961

QUERÉ, F. 1980: *Les pères apostoliques. Ecrits de la primitive Eglise*, Traduction et introduction de F. Queré, Paris 1980

RICHARDSON, C. C. 1935: *The Christianity of Ignatius of Antioch*, New York 1935.

SCHLIER, H. 1929: *Religionsgeschichtliche Untersuchungen zu den Ignatiusbriefen*, BZNW 8, Giessen 1929

VIELHAUER, P. 1939: *Oikodome. Das Bild vom Bau in der christlichen Literatur zum Neuen Testament bis Clemens Alexandrinus*, Karlsruhe-Durlach 1939. Umdruck: *Oikodome. Aufsätze zum Neuen Testament 2*, TB 65, München 1979, 1–168

Himmlisches und irdisches Jerusalem im antiken Christentum[1]

von

Christoph Markschies

Wollte man angesichts der großen Mengen von antiken Texten einerseits und moderner Sekundärliteratur andererseits das Thema »himmlisches und irdisches Jerusalem im antiken Christentum« auch nur einigermaßen erschöpfend behandeln, wäre eine umfangreiche Monographie zu schreiben[2]. Um den Rahmen eines Sammelbandes nicht allzusehr zu überschreiten, konzentrieren wir uns in diesem Beitrag auf zwei bislang weniger beachtete und daher auch kaum beantwortete Fragen: Welche Folgen für die Bedeutung des *irdischen* Jerusalem in der christlichen Theologie hatte die immer stärkere Konzentration eben dieser Theologie auf die Erwartung eines *himmlischen* Jerusalem? Und: Welche theologischen Folgen hatte eine besondere Entwicklung der Vorstellung vom *himmlischen* Jerusalem durch die Jahrhunderte, die ich mit dem etwas plakativen Stichwort »Reali-

---

[1] Der vorliegende Aufsatz geht auf einen Vortrag zurück, der im Wissenschaftskolleg zu Berlin geschrieben, im November 1998 auf einem Symposium für Pater Dr. Laurentius Klein OSB in Bonn gehalten wurde und mit den übrigen Beiträgen dieser Veranstaltung demnächst in der Reihe »Jerusalemer Theologisches Forum« erscheinen wird. Mein akademischer Lehrer Martin Hengel bat mich seinerzeit, diesen Text in erweiterter Form für den Sammelband zur Verfügung zu stellen, und gab mir dankenswerterweise viele interessante Hinweise und Kommentare zum Thema. Obwohl die Überarbeitung des ursprünglichen Manuskripts im Herbst 1999 in Jerusalem am dortigen »Institute for Advanced Studies« erfolgte, konnte ich Hengels Bitte, das Thema in seiner ganzen Breite zu behandeln und beispielsweise auch die Konzeption des Augustinus darzustellen, schon aus Raumgründen nicht erfüllen. Mir scheint freilich auch, daß angesichts der vorzüglichen Monographie von Herrn Kollegen Johannes van Oort gegenwärtig kein dringender Bedarf besteht, den nordafrikanischen Kirchenvater in unserem Zusammenhang ausführlicher zu behandeln, aber vgl. unten S. 327.

[2] Ich nenne allein drei Publikationen dieses Jahres, die mir bekannt geworden sind: Perrone 1999, 221–239; Stoltmann 1999, 128–310 (dort zu Augustinus: pp. 209–263) und Stroumsa 1999, 31–66; für weitere Literatur neben den in den folgenden Anmerkungen bibliographierten Titeln vgl. Lamirande 1974, 944–958 und Söllner 1998, 307–326.

tätsverlust«[3] umschreiben möchte: Welche Folgen hatte die immer stärkere
Ablösung der Vorstellung vom *himmlischen* Jerusalem vom konkreten irdischen Ort gleichen Namens in Palästina?

Man könnte ausführlicher zeigen, daß mit diesen beiden Fragen nach der
Bedeutung der Vorstellung vom *himmlischen* Jerusalem und seiner Beziehung auf den konkreten *irdischen* Ort gleichen Namens natürlich nicht unbedeutende Seitenthemen in den Blick genommen werden, sondern das
zentrale Problem christlicher Theologie mit dem Ort »Jerusalem« durch
alle Epochen hindurch, quer zu den theologischen Denkstilen und ungeachtet nationaler Besonderheiten, angesprochen ist. Ich beschränke freilich
das noch viel zu weite Themenfeld weiter und erläutere zunächst anhand
von ausgewählten Beispielen, wie sich in den ersten drei Jahrhunderten der
Akzent christlicher Theologie vom konkreten irdischen Jerusalem auf das
himmlische Jerusalem verschoben hat und die Vorstellung von einem himmlischen Jerusalem dabei nahezu jeden Bezug auf den konkreten irdischen
Ort gleichen Namens verloren hat – also das, was ich – wie gesagt: etwas
plakativ – als »Realitätsverlust« angesprochen habe. In einem zweiten Abschnitt möchte ich dann nach Motiven dieser Verschiebung und nach Gründen dieses Realitätsverlustes fragen. Abgeschlossen werden meine Überlegungen schließlich in einem dritten Abschnitt mit Bemerkungen zu den
theologischen Folgen jener beiden Entwicklungen im Bereich der christlichen Jerusalem-Vorstellung, die ich zunächst ja nur theologiegeschichtlich
zu explizieren versuche.

1. Vom irdischen zum himmlischen Jerusalem – ein Erkundungsgang zu einer theologischen Akzentverschiebung

Die Akzentverschiebung, um die es mir im folgenden Abschnitt geht und
die ich näher untersuchen möchte, kann man mit knappen Worten skizzieren: Der Galiläer Jesus von Nazareth besuchte offenbar zeitlebens die heilige Stadt Jerusalem zu allen Gelegenheiten, die ihm seine Religion vor-
schrieb, zu den Wallfahrtsfesten, und wurde schließlich im Zusammenhang

---

[3] STROUMSA 1999, 34.37 spricht von einer »Entortung« oder »Entwurzelung« der
Vorstellung: »In christlichen Denkstrukturen erlangte das himmlische oder neue Jerusalem rasch Unabhängigkeit vom irdischen Jerusalem, ein Phänomen ohne Parallele in
den jüdischen Interpretationen« (STROUMSA 1999, 32). Auch PERRONE beobachtet eine
»tendency to abandon any connection with land and places in favor of spiritualization«
(PERRONE 1999, 222).

eines solchen Wallfahrtsfestes hingerichtet; die Urgemeinde versammelte
sich nach seinem Schmachtod weiter in dieser Stadt Jerusalem und war –
jedenfalls nach dem Bericht des Lukas – zum Gebet »täglich einmütig
beieinander im Tempel« (Apg 2,46). Noch Paulus hoffte ganz konkret auf
den Erlöser, »der aus Zion kommen wird« (Jes 59,20; Röm 11,26), und
widmete einen nicht geringen Teil seiner missionarischen Arbeit der Kol-
lekte für die konkrete Jerusalemer Ortsgemeinde als »Dienst, den ich für
Jerusalem tue« (Röm 15,31). Freilich heißt es schon in Markus 13 οὐ μὴ
ἀφεθῇ ὧδε λίθος ἐπὶ λίθον ὃς οὐ μὴ καταλυθῇ (Mk 13,2; vgl. Lk 19,44).
In der nachneutestamentlichen antiken christlichen Literatur vor dem vierten Jahrhundert spielt das konkrete irdische Jerusalem kaum noch eine theologisch bedeutsame Rolle[4]; wenn von »Jerusalem« geredet wird und man
sich nicht gerade auf längst vergangene Ereignisse des Lebens Jesu bezieht,
ist zumeist das »himmlische Jerusalem«, die Gottesstadt der Christen, gemeint. Die Stadt Jerusalem ist also theologisch nicht nur »verdoppelt« worden, sondern es ist in der zweiten Generation der Christenheit zu einer
bedeutsamen Akzentverschiebung gekommen: für die Vergangenheit der
Heilsgeschichte hat eine Stadt in Palästina Bedeutung, für Gegenwart und
vor allem für Zukunft eine himmlische πόλις, die zwar den Namen »Jerusalem« trägt, aber mit der erstgenannten, wie wir gleich sehen werden,
kaum mehr etwas zu tun hat. Oder noch kürzer und frei nach einem vielfach
bemühten Diktum von Alfred Loisy: Jesus lebte im irdischen Jerusalem,
aber die antiken Christen hofften auf das himmlische Jerusalem.

Natürlich sage ich nichts Neues, wenn ich von dieser Akzentverschiebung rede[5]; mich interessiert im Folgenden auch eher, wie die Akzentverschiebung vom *irdischen* auf das *himmlische* Jerusalem dadurch verschärft
wird, daß dem »himmlischen« Jerusalem zunehmend sein Realitätsbezug

---

[4] NORBERT BROX versucht allerdings zu zeigen, daß es trotzdem wichtige Bedeutungen des »irdischen Jerusalem« für die Theologie der Kirchenväter gibt (BROX 1986,
162–168; ähnlich schon CHADWICK 1982, 7: »In a word, the original predominance of
Jerusalem in the thought of the Church did not die with the surrender to Titus' legions or
with the Hadrianic war«.) – freilich nennt er mit der normativen Orientierung an der
dortigen Urkirche einen Punkt, der wieder nur die Vergangenheit des Ortes betrifft. Es
bleiben die wenigen Hinweise auf eine Heilig-Land-Wallfahrt in vorkonstantinischer
Zeit (BROX 1986, 168–172), die wir hier freilich ausblenden. – Eine wirklich wichtige
und von BROX vollkommen übersehene Bedeutungsdimension des »irdischen« Jerusalem ist die Wirkung der städtischen Liturgie auf die Gottesdienstordnungen vieler anderer Kirchen, vgl. die Literaturnachweise bei HUNT 1998, 125 n. 86 und zuletzt JANERAS
1997, 20f.

[5] BROX 1986, 152f.; LAMIRANDE 1974, 944–958; MAZZUCCO 1983, 49–75; ROUSSEAU
1952, 378–388 sowie WILKEN 1992, 55–100.

abhanden kommt, zunehmend sein Bezug auf das konkrete irdische Jerusalem verloren geht.

Meiner Ansicht nach ist der zunehmende »Realitätsverlust« der Vorstellung von einem »himmlischen Jerusalem« in der antiken christlichen Theologie schon sehr früh angelegt, im Grunde schon im Neuen Testament – genauer an der Stelle, an der auch die »theologische Verdopplung« Jerusalems erstmals im christlichen Kontext bezeugt ist, im paulinischen Galaterbrief. Dort deutet der Apostel bekanntlich im Rahmen einer typologischen Auslegung[6] die beiden Frauen Abrahams auf ἡ νῦν Ἰερουσαλήμ und ἡ ἄνω Ἰερουσαλήμ (Gal 4,25 f.) und verwendet also das traditionelle jüdische Theologumenon von der Himmelsstadt, vom »himmlischen Jerusalem«, aber eben in einem ganz und gar nicht traditionellen Sinn. Man kann das sofort nachvollziehen, wenn man sich klarmacht, daß in jener Passage aus dem Galaterbrief mit der einen Stadt »Jerusalem« vom Apostel zugleich auch zwei Bundesschlüsse Gottes in einer doppelten Korrespondenzreihe aufgeführt werden[7]. Paulus etabliert an dieser Stelle im Interesse einer Argumentation gegen seine galatischen Gegner eine dualistische Polarität zwischen dem »jetzigen Jerusalem« und dem »Jerusalem oben«[8]. Paulus verwendet eine damals noch recht junge Vorstellung der jüdischen Apokalyptik[9], nämlich die vom »oberen Jerusalem«, und bedient sich trotz einer etwas eigenwilligen Terminologie geprägter jüdischer Vorstellungen[10],

---

[6] Zur Textstelle BARRETT 1976, 1–16, BETZ 1979, 239 (mit Literaturhinweisen in Anm. 7–9), SÖLLNER 1998, 143–169 und jetzt in diesem Bande SCHWEMER.

[7] Vgl. für den Begriff »Korrespondenzreihe« das griechische συστοιχεῖ aus Gal 4,25 und die sorgfältigen, aber inhaltlich unterschiedlichen Interpretationen bei BETZ 1979, 245 und SÖLLNER 1998, 148–153; für die Verbindung mit der Bundesthematik 4,24: αὗται (sc. die beiden Frauen Abrahams) γάρ εἰσιν δύο διαθῆκαι. Wir müssen an dieser Stelle nicht auf die exegetisch umstrittene Frage eingehen, *welcher* Bundesschluß mit der zweiten, von Paulus nicht explizierten διαθήκη gemeint ist.

[8] Nur wenn man als Hintergrund den in 2Kor 3 explizierten Gegensatz von *altem* und *neuem* Bund annimmt, kann man sagen: »This conclusion is one of Paul's sharpest attacks upon the Jews« (BETZ 1979, 246; ähnlich LOHSE 1964, 336), aber vgl. jetzt SÖLLNER 1998, 164f. mit Anm. 496–498. – Für die Einstellung des Apostels zum irdischen Jerusalem vgl. STUHLMACHER 1989, 140–156 und deutlich knapper STOLTMANN 1999, 87–89.

[9] Ohne Anspruch auf Vollständigkeit: (STRACK/)BILLERBECK 1928, 883–885 (Text). 919–931 (Belege); BOUSSET/GRESSMANN 1926, 283–285; LOHSE 1963, 244–249; SÖLLNER 1998, 161–169; SCHÜRER 1907, 625 f.; VOLZ 1934, 371–376 – das Thema ist hier im Band nun ausführlich behandelt von SCHWEMER (S. 207–219).

[10] Vgl. für ἡ νῦν Ἰερουσαλήμ den rabbinischen Ausdruck ירושלם של עולם הזה und für ἡ ἄνω Ἰερουσαλήμ die nicht ganz parallelen Ausdrücke ירושלם של עולם הבא bzw. ירושלם של מעלה ([STRACK/]BILLERBECK 1926, 573 und die Nachweise bei EGO 1989, 176 bzw. SÖLLNER 1998, 163 Anm. 494). – KARL LUDWIG SCHMIDT nennt in seinem

um sich in schroffer Form mit dem gegenwärtigen Jerusalem auseinander-
zusetzen, das mit seinen Kindern in der Knechtschaft des Gesetzes lebt
(Gal 4,25: δουλεύει γὰρ μετὰ τῶν τέκνων αὐτῆς). Schon bei Paulus verliert also die traditionelle Vorstellung von einem »oberen Jerusalem« viel
von ihrem Bezug auf die Realität des konkreten irdischen Jerusalem, weil
der Apostel einen scharfen Kontrast zwischen der christuswidrigen Realität
der Heiligen Stadt und der Christuskonformität der himmlischen Stadt und
ihrer Einwohner[11] sieht.

Diese Tendenz zum »Realitätsverlust« setzt sich nun auch in den späteren, nachpaulinischen Schriften des Neuen Testamentes fort – ungeachtet
aller Unterschiede, die zwischen den Autoren allein im Blick auf ihre Vorstellungen vom »himmlischen Jerusalem« bestehen.

Solche Akzentunterschiede zwischen den neutestamentlichen Autoren gehen
höchstwahrscheinlich auf die unterschiedlichen Ausprägungen des Theologumenons vom »himmlischen Jerusalem« im zeitgenössischen Judentum zurück: Hans
Dieter Betz hat versucht, drei Typen von Vorstellungen eines »oberen« oder »himmlischen« Jerusalem im apokalyptischen Judentum zu unterscheiden: Entweder werde der eschatologische Wiederaufbau des irdischen Jerusalem erwartet oder die
Ersetzung der irdischen Stadt durch ein neues, vom Himmel herabsteigendes Jerusalem oder schließlich der Aufstieg in ein präexistentes himmlisches Jerusalem[12].
Dabei kann in unserem Zusammenhang offenbleiben, ob Paulus tatsächlich einen
eschatologischen *Aufstieg* der Glaubenden zum präemundanen himmlischen Jerusalem erwartete (so Betz, anders Schwemer)[13] und ihm der Hebräerbrief darin mit

---

Aufsatz »Jerusalem als Urbild und Abbild« (SCHMIDT 1950, 224 Anm. 22) noch einen
einschlägigen Exkurs bei SCHÖTTGEN 1733.

[11] An dieser Stelle markiert BETZ 1979, 248 einen deutlichen Kontrast zur Auslegung von SCHLIER 1971, 223, der den Ausdruck auf den »neuen Äon, das himmlische
Jerusalem, schon gegenwärtig in der christlichen Kirche« interpretiert. Sieht man freilich auf den Kontext, dann wird schnell deutlich, daß hier unter ἡ ἄνω Ἰερουσαλήμ
offenbar doch keine irdisch gegenwärtige christliche »Gemeinde oder Gemeinschaft
von Menschen« verstanden wird (so noch [STRACK/]BILLERBECK 1926, 573 und in gewisser, freilich stark modifizierter Weise wieder SÖLLNER 1998, 166–169).

[12] H.D. BETZ nennt als Belege für die erste Form: Jes 54,10–12; 60–66; Ez 40–48;
Tob 13,9–18; 14,7; Jub 4,26; SyrBar 4,2–7; 32,2f. und OrSib V 420–433 (BETZ 1979,
246 Anm. 82). Für die zweite Form führt er (aaO. Anm. 83) an: 4Esra 7,26 (»Dann wird
die unsichtbare Stadt erscheinen«); 10,40–42.54 (»Denn es kann kein menschliches
Bauwerk an dem Ort bestehen, wo die Stadt des Höchsten sich zeigen soll«) sowie
ÄthHen 90,28f. und für die dritte schließlich SlavHen 55,2. – Natürlich darf man die
Unterschiede nicht überbetonen, sollte aber auch nicht alle Formen vermischen und dadurch Akzente verwischen. Eine deutlich andere Ordnung des Befundes bieten KÜHNEL
1987, 34–48 und SÖLLNER 1998, 303–305; ich kann auf diese Zusammenhänge hier
natürlich nicht eingehen.

[13] BETZ 1979, 246 (er verweist auf SlavHen 55,2); vgl. freilich zu diesem besonderen
Punkt die Klarstellungen von SCHWEMER in diesem Bande (S. 226ff.). – In unseren
Zusammenhang gehört wohl auch Phil 3,20 (ἡμῶν γὰρ τὸ πολίτευμα ἐν οὐρανοῖς

seiner Rede vom Ἰερουσαλὴμ ἐπουράνιος (Hebr 12,22) verwandt ist[14]. Sicher ist
jedenfalls, daß die Johannesoffenbarung das Bild vom *Abstieg* des himmlischen Jerusalem auf die Erde in bestimmten Formen christlicher Theologie beheimatet hat
(Apk 3,12/21,2: καινὴ Ἰερουσαλήμ ἡ καταβαίνουσα bzw. ἡ καινὴ Ἰερουσαλήμ)[15].

Während im Galaterbrief der gesetzeskritische Akzent, mit dem Paulus das
Bild vom »oberen Jerusalem« einführt, faktisch zu einem tiefen Graben
zwischen dem mehrheitlich jüdisch bewohnten Ort in Palästina und der von
Christen besiedelten Himmelsstadt führt, bewirkt diesen Effekt in der Johannesoffenbarung die Verbannung des Tempels, der sich im Zentrum der
irdischen Stadt befindet, aus der Himmelsstadt: Καὶ ναὸν οὐκ εἶδον ἐν
αὐτῇ / »Und ich sah keinen Tempel darin« (Apk 21,22). Und an diesem
Punkt unterscheidet sich wieder die christliche Vorstellung eines »himmlischen Jerusalem« vollkommen von der jüdischen: Für Juden wie für Heiden bildete der Tempel als Ort der besonderen Gegenwart Gottes die geographische und theologische Mitte der Stadt Jerusalem[16] und insofern natürlich
auch die Mitte des »oberen«, des »himmlischen Jerusalem«. Dieser enge
Zusammenhang zwischen der konkreten irdischen und der himmlischen
Stadt wurde auch dann in den verschiedenen Formen antiker jüdischer Theologie nicht aufgelöst, als der Tempel zerstört dalag und Juden das Betreten
der Heiligen Stadt verboten war[17]. Die Johannesapokalypse löst dagegen in
ähnlicher Weise wie Paulus, aber an einem anderen Punkt den Realitäts-

ὑπάρχει): Christen haben schon jetzt »Bürgerrecht« in dieser himmlischen Stadt; vgl.
SCHMIDT 1950, 209–211, SÖLLNER 1998, 168f. und jetzt SCHWEMER (S. 228–236).

[14] MICHEL 1966, 463f.; GRÄSSER 1997, 312–314. GRÄSSER begründet p. 313 Anm. 29,
warum er die Eschatologie des Hebräerbriefes an diesem Punkt nicht mit der der Johannesoffenbarung zusammenstellen will. Die Konzeptionen bei Paulus, im Hebräerbrief
und in der Offenbarung identifiziert beispielsweise STUHLMACHER in seinem Aufsatz
»Die Stellung Jesu und des Paulus zu Jerusalem. Versuch einer Erinnerung« (STUHL-
MACHER 1989, 153); vgl. auch HOFIUS 1970, 92, MACRAE 1980, 27–40 und SÖLLNER
1998, 185–187.

[15] Vgl. beispielsweise BOUSSET 1966, 453–455; KNOPF 1914, 213–219 und BERG-
MEIER 1984, 86–106 (mit einem Katalog von Parallelen zu Apk 21 auf p. 93–101; eine
kleinere Zahl später rabbinischer Parallelen nennt auch [STRACK/]BILLERBECK 1926,
796).

[16] Vgl. für den paganen Blickwinkel z.B. Polybius, hist. V 21,1f. (zitiert, übers. und
kommentiert bei STERN 1974, § 31, p. 112f.). – SÖLLNER zeigt in seiner Interpretation
von ÄthHen 26,1–6 schön, daß jedenfalls in dieser Passage des Wächterbuches »die
natürlichen topographischen Begebenheiten Jerusalems und dessen Umgebung eschatologisch offensichtlich unverändert fortbestehen werden« (SÖLLNER 1998, 24).

[17] Auf den Zusammenhang von irdischem und himmlischem Tempel muß schon deswegen geachtet werden, damit der immerwährende Kult nicht durch menschliche Hand-
lungen wie eben die Zerstörung des irdischen Tempels durch römische Truppen unterbrochen werden kann (vgl. dazu die bei B. EGO unter der Überschrift »Die himmlische
Welt als Ersatz« gesammelten Texte: EGO 1989, 17–26).

bezug[18] der Vorstellung von einem »himmlischen Jerusalem« auf den konkreten irdischen Ort gleichen Namens auf, indem sie die traditionellen Bilder vom endzeitlichen Tempel und der endzeitlichen Gottesstadt so zur »Verschmelzung« bringt, daß der Tempel in diesem Prozeß verschwindet (vgl. Apk 21,22). Gewiß kann man (mit Jürgen Roloff[19]) sagen, daß auf diese Weise das Bild der endzeitlichen Heilsgemeinde in der himmlischen Stadt »eine neue Tiefendimension hinzu« gewinnt: Das eschatologische Gemeinwesen der Johannesoffenbarung ist »in allen Lebensbezügen von Gott her geordnet«, die Trennung von festlicher Liturgie und ambivalentem Alltag ist nun aufgehoben. Auf der anderen Seite verliert das »himmlische Jerusalem« aber durch diese Entwicklung den wichtigsten Bezug, der es mit dem »irdischen Jerusalem« verbindet[20], es verliert seinen traditionellen »Realitätsbezug«. Da es nicht mehr vergänglich ist, hat es eine ganz neue Qualität von ›Realität‹ gewonnen.

Man könnte an dieser Stelle natürlich fragen, ob nicht auch im rabbinischen Judentum – bedingt durch die zweimalige Katastrophe des irdischen Jerusalem im ersten und zweiten nachchristlichen Jahrhundert – das »himmlische Jerusalem« zunehmend seine Verbindung mit dem konkreten irdischen Ort gleichen Namens verloren hat, eine Art antikes *Utopia*[21]; diese Frage kann ich hier freilich nicht verfolgen, zumal es natürlich auch gegenteilige Stimmen gibt[22].

Diese im Neuen Testament angelegte Entwicklung setzt sich in der antiken christlichen Literatur der folgenden beiden Jahrhunderte mit gesteigerter Intensität fort. Mir scheint, wenn wir uns nun dieser nachneutestamentlichen Literatur zuwenden, von daher wenig verwunderlich, wenn schlußendlich zwischen dem irdischen Jerusalem und der himmlischen Stadt gleichen Namens – von der unleugbaren Namensgleichheit einmal abgesehen

---

[18] MARTIN HENGEL machte mich (brieflich) mit Recht auf ein naheliegendes Mißverständnis des hier verwendeten Terminus »Realitätsverlust« aufmerksam: Das »himmlische Jerusalem« ist für den Autor der Apokalypse natürlich ›realer‹ als alles andere. Der Begriff »Realitätsverlust« setzt neuzeitliche Wertungen von Realität voraus.

[19] ROLOFF 1984, 203 f. und ausführlicher DERS. 1993, 85–106; vgl. jetzt SÖLLNER 1998, 188–261 (Lit.), bes. 224–239 und STOLTMANN 1999, 98 f. (Lit.).

[20] »Jo(hannes) übernimmt zwar die starke Bildhaftigkeit der jüdischen Hoffnung auf die Erscheinung einer glanzvollen Stadt des Heils, zeigt aber mit seiner Ausgestaltung dessen, daß er nicht einfach mehr an eine Stadt (…) denkt« (HOLTZ 1971, 193; vgl. auch EGO 1989, 16). SÖLLNER 1998, 230f. stellt jüdische Texte zusammen, in denen »auf die Konzeption eines eschatologischen Jerusalem« zurückgegriffen wird, aber »nicht von einem eschatologischen Tempel geredet wird« (aaO. 230).

[21] Anders KÜHNEL 1987, 44 f.; vgl. auch APTOWITZER 1931, 257–287 (hebräisch) und URBACH 1968, 158–164 (hebräisch).

[22] Nach R. Jochanan kann Gott das »himmlische Jerusalem« nur betreten, wenn er zuvor das irdische betreten kann (bTaan 5a); vgl. WILKEN 1992, 40 f.

– in den allermeisten Texten kaum mehr Beziehungen bestehen. Was im
»Hirten des Hermas«, einem Produkt schlichter Gemeindefrömmigkeit der
römischen Gemeinde des frühen zweiten Jahrhunderts, von der Stadt Rom
gesagt ist, gilt *mutatis mutandis* für den Zusammenhang beider Städte in
vielen anderen Texten der antiken christlichen Literatur: ἡ γὰρ πόλις ὑμῶν
μακράν ἐστιν ἀπὸ τῆς πόλεως ταύτης· »Denn eure Stadt ist fern von dieser
Stadt«[23].

Aber die Verschiebung des Akzentes vom irdischen auf das »himmlische« Jerusalem einerseits und der skizzierte »Realitätsverlust« andererseits
führten nicht nur dazu, daß zwischen beiden »Orten« keine erkennbaren
Beziehungen mehr bestanden, sondern hatten eine gezielte theologische
Entwertung der einstigen heiligen Stadt in der antiken christlichen Theologie zur Folge: Im Angesicht des himmlischen Jerusalem wurde das irdische
Jerusalem wertlos; niemand sagt das präziser als der kleinasiatische Bischof *Melito von Sardes* in seiner Passa-Predigt aus den siebziger Jahren
des zweiten Jahrhunderts:

»Wertvoll war der Tempel unten,
nun ist er wertlos wegen des Christus droben.
Wertvoll war das untere Jerusalem,
nun ist es wertlos wegen des oberen Jerusalem«[24].

Auch wenn der Bischof von Sardes in seiner Passa-Predigt nicht in diskur-
siver Rede entfaltet, was man unter dem »oberen Jerusalem« nun exakt zu
verstehen hat (im Rahmen einer Predigt, die aus vielen biblischen Anspielungen besteht, wohl auch gar nicht entfalten muß), gewinnt man angesichts des unmittelbaren Kontextes der zitierten Aussagen[25] den Eindruck,
daß die Rede vom »oberen Jerusalem« für ihn nicht mehr bedeutet als eine
letztlich beliebige Metapher für das Heil[26], der jeder konkrete Bezug auf die

---

[23] Hermas, sim. I 1,1 (GCS Hermas, 46,25 WHITTAKER); vgl. LEUTZSCH 1989,192–
208 und BROX 1991, 285.

[24] Melito, pass. 44 f. τίμιος ὁ κάτω ναός, νῦν δὲ ἄτιμος διὰ τὸν ἄνω Χριστόν· τίμιος
ἡ κάτω Ἰερουσαλήμ, νῦν δὲ ἄτιμος διὰ τὴν ἄνω Ἰερουσαλήμ· (SC 123, 82,313–
84,316 PERLER = OECT 22,288–291 HALL); vgl. für das Gegensatzpaar κάτω – ἄνω Joh
8,23.

[25] Auf diese Interpretation deutet eine Passage der Predigt, in der »Jerusalem« als
Symbol für das Neue Testament steht und dem Berg Sinai als dem Symbol des Alten
Testaments gegenübergestellt wird: Melito, pass. 7 Καὶ γὰρ ὁ νόμος λόγος ἐγένετο καὶ
ὁ παλαιὸς καινός, – συνεξελθὼν ἐκ Σιὼν καὶ Ἰερουσαλήμ – (SC 123, 64,45–47 PERLER
= OECT 4,41–43 HALL); vgl. WINDISCH 1925, 145–148.

[26] Wenn man erwägen möchte, daß die Vorstellungen des kleinasiatischen Theologen
Melito an diesen Punkt von Apk 21/22 geprägt waren, würde es sich freilich um eine
recht gefüllte Metapher handeln.

irdische Stadt in Palästina fehlt. Eine solche absolute theologische Gleich-
gültigkeit gegenüber der irdischen Stadt Jerusalem und die vollkommene
Entleerung der aus der jüdischen Apokalyptik stammenden Vorstellung von
einem »himmlischen Jerusalem« ist bei einem Theologen, der sich wie
Melito von Sardes von seinem kleinasiatischen Bischofssitz eigens nach
Palästina und Jerusalem aufgemacht hat, um den exakten Kanon des Alten
Testamentes zu eruieren[27], natürlich besonders verwunderlich, aber bestätigt auf diese Weise besonders nachdrücklich einen allgemeinen Trend:
Nicht nur bei Melito, sondern auch bei vielen anderen antiken christlichen
Theologen führten der Realitätsverlust bei der Vorstellung vom »himmlischen« Jerusalem und die gezielte theologische Entwertung der konkreten
irdischen Stadt gleichen Namens dazu, daß die im Judentum ursprünglich
ganz konkrete eschatologische Vorstellung einer Himmelsstadt sich unter
der Hand in eine vergleichsweise unbestimmte Metapher für das in Christus geschehene und offenbar gewordene Heil verwandelt hat. Man wird
also festhalten müssen, daß schon im zweiten Jahrhundert das scheinbar
israelnaheste Theologumenon christlicher Theologie, die Vorstellung vom
»himmlischen Jerusalem«, zugleich das israelfernste Theologumenon geworden ist.

Trifft der eben entfaltete Eindruck von Akzentverschiebung, Realitätsverlust und Entwertung aber wirklich für die gesamte christliche Theologie
des zweiten und dritten nachchristlichen Jahrhunderts zu und trifft er für
verschiedenste Formen von Theologie in exakt demselben Maß zu? Um
dies zu überprüfen, möchte ich in zwei Unterabschnitten zunächst meinen
»Erkundungsgang« auf die chiliastische bzw. millenaristische Theologie
konzentrieren und danach explizite Gegner dieser Form von Theologie in
den Blick nehmen, gleichsam als »Lackmustest« für die Allgemeingültig-
keit der Beobachtungen, die wir am Neuen Testament und an den beiden
nachneutestamentlichen Schriften gewonnen haben.

1.1. Das »himmlische Jerusalem« in chiliastischer bzw. millenaristischer Theologie

Der Verdacht liegt nahe, daß unser Befund eines zunehmenden »Realitätsverlustes« bei der Vorstellung vom »himmlischen Jerusalem« schon deswegen nicht repräsentativ sein kann, weil eine breite Strömung der christlichen Theologie des zweiten Jahrhunderts nicht auf eine ferne Gottesstadt

---

[27] Melito, frg. 3 (= Eus., h.e. IV 26,14 [GCS Eusebius II/1, 386,28–388,1 SCHWARTZ]):
Ἀνελθὼν οὖν εἰς τὴν ἀνατολὴν καὶ ἕως τοῦ τόπου γενόμενος ἔνθα ἐκηρύχθη καὶ
ἐπράχθη; vgl. zu diesem Thema auch HARVEY 1966, 401–404.

irgendwo im Himmel, sondern ganz konkret auf die Wiederherstellung des irdischen Jerusalem während eines tausendjährigen Reiches wartete, nämlich die sogenannten »Chiliasten« (nach dem griechischen χίλια ἔτη) oder »Millenaristen« (nach dem lateinischen *millenium*)[28]. In Kleinasien prägte dieses Theologumenon mindestens im zweiten Jahrhundert sogar die Mehrheitstheologie; bekannte Autoren wie Papias, Justin oder Irenaeus vertraten solche Ansichten[29]. Und für gewöhnlich meinen wir ja nun, daß die besondere Pointe dieser Richtung eben ihre ganz konkrete Erwartung der eschatologischen Wiederherstellung des irdischen Jerusalem gewesen sei, wodurch dann irdische und himmlische Stadt im Gegensatz zu den oben beschriebenen Tendenzen des Realitätsverlustes und der Entwertung ganz eng miteinander verbunden worden wären.

Allerdings gab es im Blick auf das irdische Jerusalem offenbar noch radikalere Positionen als die chiliastische bzw. millenaristische: Irenaeus von Lyon setzte sich knapp dreißig Jahre nach Justin mit judenchristlichen Richtungen auseinander, die ungeachtet aller Zerstörungen das gegenwärtige reale »Jerusalem als Wohnstätte Gottes verehren«[30] (Methodius von Olympus war wohl der chronologisch gesehen letzte Theologe, der die Auffassung von der Anwesenheit Gottes im irdischen Jerusalem auch nach dessen Zerstörung verteidigte[31]). Freilich wendete er sich nahezu ebenso energisch gegen diejenigen, die Jerusalem wegen seiner Zerstörung für völlig bedeutungslos halten[32], verglich es aber – wenig schmeichelhaft – mit einer »ausgedienten Fruchtpflanze, deren Aufgabe und Zeit nach erbrachter Leistung abgelaufen ist«[33]. Das irdische Jerusalem hat sozusagen »abgewirtschaftet« – das ist von der bei Melito zu beobachtenden »Entwertung« nicht sehr weit entfernt. Auf der anderen Seite ist bei Irenaeus die Vorstellung von einem »himmlischen Jerusalem« noch keineswegs so weit in Richtung einer beliebigen Metapher entleert wie

---

[28] Zur jüdischen Vorgeschichte vgl. z.B. BOUSSET/GRESSMANN 1926, 286–289 (»Anhang: Die Idee des Zwischenreiches«); zum Thema BAUER 1954, 1073–1078; MAZZUCCO 1983, 55–58 und die Beiträge im jüngsten Heft der »Annali di storia dell'esegesi« unter dem Titel »Il millenarismo cristiano e i suoi fondamenti scritturistici« (ASE 15/1, 1998).

[29] SIMONETTI 1975, 37–58 und DERS. 1998, 7–20. – Kritisch zum Thema WILKEN 1992, 280 (n. 30 zu p. 56): »In Irenaeus's view Christ's reign on earth is eternal, not for thousand years«. WILKEN beruft sich auf LOOFS 1930, 337. Eine ausführlichere Passage zu Irenaeus bei STOLTMANN 1999, 140–153.

[30] Iren., haer. I 26,2: *Qui autem dicuntur Ebionaei (…) circumciduntur ac perseverant in his consuetudinibus quae sunt secundum legem et iudaico charactere vitae, uti et Hierosolymam adorent, quasi domus sit Dei* (FChr 8/1, 316,4.10–12 BROX = SC 264, 346,16.22–25 ROUSSEAU/DOUTRELEAU).

[31] Belege bei WILKINSON 1987 = 1993, 617 f.

[32] Iren., haer. IV 4,1: *Adhuc et de Hierusalem et de domo audent dicere quoniam, si esset magni regis civitas* (vgl. Mt 5,35 und Ps 47/48,3), *non derelinqueretur* (FChr 8/4, 30,25 f. BROX = SC 100/2, 416,1–3 ROUSSEAU); jetzt DÖPP 1998, 264–266 und WILKEN 1986, 298–307.

[33] BROX 1986, 154.

bei Melito: Der Bischof von Lyon scheint mit einer älteren theologischen Tradition (mindestens) drei Stufen der himmlischen Welt zu unterscheiden: »den Himmel«, »die Freuden des Paradieses« und »die prachtvolle Stadt«[34], so daß es hier dann wohl zwei Orte des »himmlischen Jerusalem« gibt, den konkreten Ort in Palästina, der im tausendjährigen Reich wiederbesiedelt wird, und den gleichnamigen Ort in der darauf folgenden Ewigkeit, so daß also in einzelnen chiliastischen bzw. millenaristischen Kreisen Jerusalem nicht nur verdoppelt, sondern verdreifacht wurde[35].

Aber das entsprechende und weit verbreitete monolithische Bild täuscht wie so oft auch hier. Wenn man genauer differenziert, zeigt sich zum einen, daß die beschriebene Position einer endzeitlichen Wiederherstellung des irdischen Jerusalem in Palästina, der man nun sicher keinen »Realitätsverlust« und keine »Entwertung« nachsagen kann, keineswegs von allen Vertretern einer chiliastischen bzw. millenaristischen Theologie geteilt wurde. So rechnete der aus Sichem stammende christliche Theologe *Justin* zwar ganz traditionell mit einer zweiten Parusie Jesu im palästinischen Jerusalem[36] und behauptete zudem, wie sein jüdischer Gesprächspartner Tryphon im »Dialog« mit Erstaunen registriert, »daß unsere Stadt Jerusalem wieder aufgebaut wird«, mußte aber zugeben, daß »viele Christen der reinen und frommen Richtung diese Anschauung nicht teilen«[37]. Zum anderen zeigt sich,

---

[34] Iren., haer. V 36,1 (SC 153, 456,6–9 ROUSSEAU/DOUTRELEAU/MERCIER): Καθὼς οἱ πρεσβύτεροι λέγουσι, τότε οἱ μὲν καταξιωθέντες τῆς ἐν οὐρανῷ διατριβῆς ἐκεῖσε χωρήσουσιν, οἱ δὲ τῆς τοῦ παραδείσου τρυφῆς ἀπολαύσουσιν, οἱ δὲ τὴν καλλονὴν καὶ τὴν λαμπρότητα τῆς πόλεως καθέξουσιν (…).

[35] Aber vgl. dazu OVERBECK 1995, 564 (zustimmend zitiert bei STOLTMANN 1999, 143 Anm. 78): »Die Herabkunft des himmlischen Jerusalems (…) geht einher mit dem Erscheinen des neuen Himmels und der neuen Erde. Das ist keine ›Dublette‹, sondern darin kommt der qualitative Unterschied zwischen temporärer Renovierung und definitiver Neuheit zum Ausdruck«. Frau STOLTMANN zeigt sehr schön, inwiefern diese Vorstellung von Jerusalem als »Kontinuitätsfaktor« ganz genau zu der antignostischen Grundkonzeption der heilsgeschichtlichen Theologie des Irenaeus paßt (STOLTMANN 1999, 150 f.; vgl. auch HEID 1993, 88 f.).

[36] Just., dial. 40,4: … τῶν δύο παρουσιῶν τοῦ Χριστοῦ καταγγελία …· καὶ τῆς δευτέρας δὲ αὐτοῦ παρουσίας, ὅτε ἐν αὐτῷ τόπῳ τῶν Ἱεροσολύμων ἐπιγνώσεσθε αὐτόν, τὸν ἀτιμωθέντα ὑφ’ ὑμῶν (PTS 47, 137,19.21–23 MARCOVICH); vgl. BARNARD 1965, 92–95 und jetzt HEID 1993, 36–51. Ob man angesichts der paradiesischen Zustände in diesem eschatologischen Jerusalem wirklich sagen kann: »Das Jerusalem, von dem *Justin* hier spricht, nimmt sehr irdische Züge an« (STOLTMANN 1999, 133 mit Berufung auf BARNARD 1966, 164)?

[37] Just., dial. 80,1/2: Καὶ ὁ Τρύφων πρὸς ταῦτα ἔφη· Εἶπον πρός σε ὦ ἄνθρωπε, ὅτι ἀσφαλὴς ἐν πᾶσι σπουδάζεις εἶναι ταῖς γραφαῖς προσπλεκόμενος· Εἰπὲ δέ μοι, ἀληθῶς ὑμεῖς ἀνοικοδομηθῆναι τὸν τόπον τοῦτον Ἱερουσαλὴμ ὁμολογεῖτε, καὶ συναχθήσεται τὸν λαὸν ὑμῶν καὶ εὐφρανθῆναι σὺν τῷ Χριστῷ … .– Κἀγὼ εἶπον· … Ὡμολόγησα οὖν σοι καὶ πρότερον ὅτι ἐγὼ μὲν καὶ ἄλλοι πολλοὶ ταῦτα φρονοῦμεν, ὡς καὶ πάντως ἐπίστασθαι τοῦτο γενησόμενον· πολλοὺς δ’ αὖ καὶ τῶν τῆς καθαρᾶς καὶ εὐσεβοῦς ὄντων Χριστιανῶν γνώμης τοῦτο μὴ γνωρίζειν ἐσήμανά σοι (PTS 47, 208,1–13 part. MARCOVICH); vgl. SKARSAUNE 1987, 403. – Die Kritik von STOLTMANN

daß man selbst bei Vertretern einer sehr konkreten Erwartung auf Wiederherstellung des irdischen Jerusalem in Palästina genau die Tendenzen des »Realitätsverlustes« und der »Entwertung« beobachten kann, die auch sonst die antike christliche Vorstellung vom »himmlischen Jerusalem« prägen. – Ich demonstriere zunächst die erwähnte Variabilität chiliastischer bzw. millenaristischer Theologie an der Bewegung des Montanismus (S. 314–318) und versuche dann, die Entwertung des irdischen Jerusalem und den Realitätsverlust des »himmlischen Jerusalem« am Chiliasten Viktorin von Pettau nachzuweisen (S. 319–320).

Daß es entgegen unserer landläufigen Ansichten gerade keine einheitliche Vorstellung chiliastischer oder millenaristischer Eschatologie vom »himmlischen Jerusalem« gegeben hat[38], zeigt vor allem die sogenannte »montanistische Bewegung«, die im kleinasiatischen Phrygien in der zweiten Hälfte des zweiten Jahrhunderts aufkam. Hier ist – mindestens in der kleinasiatischen Anfangsphase – nämlich gerade nicht von der Wiederherstellung des irdischen Jerusalem in Palästina die Rede, und die gewöhnliche Ansicht, diese Richtung habe bei »Pepuza und Tymion das Herabsteigen des himmlischen Jerusalem und des 1000jährigen Reiches erwartet«[39], systematisiert einen äußerst disparaten literarischen Befund, der wesentlich sorgfältiger differenziert werden muß[40]:

1999, 133 an SKARSAUNE 1987, 402, der auf die Verbindung von Apk 20,4–6 und 21 bei Justin in dial. 81,4 aufmerksam macht, überzeugt nicht. Wenn die Verfasserin weiter »die Vermutung« äußert, »daß die Vorstellung von einem neuen Jerusalem im Zusammenhang eines messianischen Zwischenreiches für originär chiliastisch zu halten ist« (aaO. 135), ist ihr offenbar entgangen, daß schon in 4Esra 7,26–29 »die Existenz der Stadt kategorisch auf den Zeitraum des messianischen Zwischenreiches beschränkt wird« (SÖLLNER 1998, 267; vgl. auch ebd. Anm. 844 zur Auslegung von ÄthHen 91,13). Es spricht nichts dagegen, hier eine Abhängigkeit anzunehmen.

[38] Zum Thema zuletzt: BERRUTO 1998, 85–100.

[39] So z.B. ALAND 1960, 1118. STROUMSA 1999, 38f. spricht von einer *translatio Hierosolymae*, die wegen der baldigen Trennung der Montanisten von der Mehrheitskirche nicht als Theologumenon in deren patristischer Literatur verwendet worden sei.

[40] Einige Forscher haben diese interpretatorische Vereinfachung sogar topographisch dergestalt umgesetzt, daß sie als montanistische Erwartung die Herabkunft des himmlischen Jerusalem auf einem Hügel *zwischen* Pepuza und Tymion postulieren, so z.B. W.M. CALDER in der ›Introduction‹ zu MAMA IV: »The vine-clad hill in the plain to the east of Bekilli may have been the spot on which the Montanists of Pepuza expected the New Jerusalem to rest« (CALDER 1933, XVI). Dieser Hügel liegt zwischen den heutigen Örtchen Bekilli und Üçkuyu (die Calder mit Pepuza und Tymion identifiziert, s.auch MARKSCHIES 1994, 15–17). Ähnlich H. KRAFT: »Wenn die Archäologen die Lage der Orte richtig bestimmt haben, dann befindet sich zwischen beiden der ›große und hohe Berg‹, auf dem man die Offenbarung der Himmelsstadt erwartete« (KRAFT 1950, 260). Der Grundvorstellung von einem ›heiligen Berg‹ schließt sich auch A. STROBEL (STROBEL 1980, 165) an.

Die früheste Quelle, der antimontanistische Autor *Apollonius* (ca. 200/210), spricht nicht von einem Herabsteigen des himmlischen Jerusalem, sondern davon, daß die *beiden* Orte Pepuza und Tymion in Phrygien von Montanus selbst als Jerusalem *bezeichnet* werden (vgl. Hebr 12,22)[41]. Auch alle späteren Texte, beginnend mit Cyrill von Jerusalem in der Mitte des vierten Jahrhunderts, berichten nur von einer *Identifikation* des phrygischen Pepuza mit Jerusalem (neben Cyrill vor allem Augustinus und Praedestinatus)[42]. Diesen Befund kann man (mit Powell und Schöllgen) so deuten, daß man wohl mit dem Namen ›Jerusalem‹ einfach nur die Konformität der phrygischen montanistischen Gemeinde mit der Jerusalemer Urgemeinde zum Ausdruck bringen wollte, die sich im zweiten Jahrhundert ja längst nicht mehr an diesem Ort befand[43]. Denn man kann sich ja gut vorstellen, daß die montanistische Gemeinde in Pepuza und Tymion mit der nämlichen Bezeichnung ihrer Dörfer eine Kontinuität zu jener Gruppe herstellen wollte, die (jedenfalls in der Stilisierung des Lukas) »beständig in der Lehre der Apostel blieb und in der Gemeinschaft und im Brotbrechen und im Gebet«, die »alle Dinge gemeinsam hatte«, »einmütig beieinander war« und »Wohlwollen beim ganzen Volk fand«[44]. Aber genau so gut scheint mir möglich, daß wir es hier mit einer Variante des chiliastischen bzw. millenaristischen Theologumenons vom »himmlischen Jerusalem« auf Erden zu tun haben, das hier freilich – wie in anderen zeitgenössischen christlichen Theologien, die wir bereits kennengelernt haben – vollständig seines palästinischen Lokalkolorits entkleidet ist[45], das zwar nicht *in toto* realitätsfern geworden ist, aber zumindest den Bezug auf die Realität Palästinas weitgehend verloren hat.

---

[41] Frgm. 1 bei Eus., h.e. V 18,2: Πέπουζαν καὶ Τύμιον Ἱερουσαλὴμ ὀνομάσας (πόλεις δ' εἰσὶν αὗται μικραὶ τῆς Φρυγίας) (GCS Eusebius II/1, 472,20f. SCHWARTZ).

[42] Sehr klar bei Augustin, haer. 27 *Pepuziani a loco quodam nominati sunt qua ciuitatem desertam dicit Epiphanius. Hanc autem isti diuinum aliquid esse arbitrantes, Ierusalem uocant* (CChr.SL 46, 303,1–3 VANDER PLAETSE/BEUKERS).

[43] POWELL 1975, 44; SCHÖLLGEN 1985, 89.

[44] Ἦσαν δὲ προσκαρτεροῦντες τῇ διδαχῇ τῶν ἀποστόλων καὶ τῇ κοινωνίᾳ, τῇ κλάσει τοῦ ἄρτου καὶ ταῖς προσευχαῖς (…). πάντες δὲ οἱ πιστεύοντες ἦσαν ἐπὶ τὸ αὐτὸ καὶ εἶχον ἅπαντα κοινά (…). καθ' ἡμέραν τε προσκαρτεροῦντες ὁμοθυμαδὸν ἐν τῷ ἱερῷ, κλῶντές τε κατ' οἶκον ἄρτον, μετελάμβανον τροφῆς ἐν ἀγαλλιάσει καὶ ἀφελότητι καρδίας, αἰνοῦντες τὸν θεὸν καὶ ἔχοντες χάριν πρὸς ὅλον τὸν λαόν (Apg 2,42–47 part.).

[45] Nach dem physischen Zusammenbruch der judenchristlichen Urgemeinde im Gefolge der Ereignisse der Jahre 66–70 und 132–135 n.Chr. mögen bestimmte Gruppen wie eben die Montanisten den Namen ›Jerusalem‹ sozusagen für ›frei‹ gehalten haben. – Anders CARL WEIZSÄCKER, der schon 1882 auf diese Zusammenhänge hinwies (WEIZSÄCKER 1882, 76): »Daran schließt sich, daß er Pepuza und Tymion den Namen Jerusalem gegeben habe, aber nicht wegen des himmlischen Jerusalem, sondern weil er dort ein Zentrum des neuen Gemeinwesens schaffen wollte«.

Die uns aus der wissenschaftlichen Literatur so vertraute Vorstellung vom *Herabstieg* Jerusalems auf Pepuza bezeugt einzig der Bischof *Epiphanius von Salamis/Zypern* um 376/377 – durch Zitat eines prophetischen Logions aus einer montanistischen Gruppe[46]: Christus, der darin als personifizierte Frau Weisheit einer Prophetin erscheint, offenbart die Heiligkeit des Ortes (sc. Pepuza) und den Herabstieg Jerusalems auf diesem Platz[47]. Allerdings ist aufgrund der geringen theologischen Originalität und der besonders späten Überlieferung[48] bezweifelt worden, daß es sich wirklich um ein authentisches Logion aus der Frühzeit der Bewegung handelt[49]. Ob

---

[46] Theologisch findet sich hier wenig Überraschendes; der Hinweis auf die Heiligkeit des Offenbarungsortes gehört zur biblischen Offenbarungstopik (vgl. die direkte Rede Ex 3,5 [ὁ γὰρ τόπος, ἐν ᾧ σὺ ἕστηκας, γῆ ἁγία ἐστιν] mit dem indirekten Referat im Logion bei Epiph., haer. 49,1,3 καὶ ἀπεκάλυψέ μοι τουτονὶ τὸν τόπον εἶναι ἅγιον [GCS Epiphanius II, 242,6 f. HOLL/DUMMER]) und die Vorstellung vom Abstieg des himmlischen Jerusalem zum Repertoire der frühjüdischen Eschatologie und des frühchristlichen Chiliasmus, wie sich bis in sprachliche Anklänge an die Offenbarung zeigen läßt: Die Formulierung ὧδε τὴν Ἰερουσαλὴμ ἐκ τοῦ οὐρανοῦ κατιέναι (GCS Epiphanius II, 242,7 f. HOLL/DUMMER) variiert wohl Apk 21,2 καὶ τὴν πόλιν τὴν ἁγίαν Ἰερουσαλὴμ καινὴν εἶδον καταβαίνουσαν ἐκ τοῦ οὐρανοῦ ἀπὸ τοῦ θεοῦ (...).

[47] ALAND Nr. 12/HEINE Nr. 11= Epiphanius, haer. 49,1,2 (p. 241,23–242,8 HOLL/DUMMER): φασὶ γὰρ οὗτοι οἱ Κυιντιλλιανοὶ εἴτ᾽ οὖν Πρισκιλλιανοὶ ἐν τῇ Πεπούζῃ ἢ Κυίντιλλαν ἢ Πρίσκιλλαν (οὐκ ἔχω [γὰρ] ἀκριβῶς λέγειν), μίαν δὲ ἐξ αὐτῶν ὡς προεῖπον ἐν τῇ Πεπούζῃ κεκαθευδηκέναι καὶ τὸν Χριστὸν πρὸς αὐτὴν ἐληλυθέναι συνυπνωκέναι τε αὐτῇ τούτῳ τῷ τρόπῳ, ὡς ἐκείνη ἀποτωμένη ἔλεγεν· ›ἐν ἰδέᾳ‹, φησί, ›γυναικός, ἐσχηματισμένος ἐν στολῇ λαμπρᾷ ἦλθε πρός με Χριστὸς καὶ ἐνέβαλεν ἐν ἐμοὶ τὴν σοφίαν καὶ ἀπεκάλυψέ μοι τουτονὶ τὸν τόπον εἶναι ἅγιον καὶ ὧδε τὴν Ἰερουσαλὴμ ἐκ τοῦ οὐρανοῦ κατιέναι‹.

[48] Das Zitat gehört nicht mehr zur großen antimontanistischen Quelle bei Epiphanius (haer. 48,2–13; über die verschiedenen Identifikationsversuche des Anonymus – BONWETSCH: Hippolyt; LIPSIUS: Anonymus Eusebs; HILGENFELD: Apollonius; VOIGT: Rhodon – orientiert HARNACK 1893, 241 f.), sondern zum antimontanistischen Sondergut des Bischofs.

[49] Trotzdem überzeugen die neueren Bedenken gegen die Authentizität noch nicht, die von D.E. GROH (GROH 1985, 73–95, bes. 80 f.) und D. POWELL (POWELL 1975, 44–46) vorgetragen wurden: GROH verweist darauf, daß H.G. VOIGT (VOIGT 1891, 230) die Quelle des Epiphanius in haer. 49,1 als spät und schlecht eingestuft habe. POWELL macht zunächst darauf aufmerksam, daß es das einzige Fragment in *oratio obliqua* sei. Dann erwägt er (mit SWETE: »... daß dieser Platz heilig sei und daß hier Jerusalem vom Himmel komme«), ob in dem Text eine präsentische Eschatologie zu finden sei, die sich stark von einer futurischen der Anfangszeit unterscheide. Da das *eine* Partizip Präsens eindeutige Aussagen über den Zeitpunkt des Abstieges des himmlischen Jerusalem nicht trägt, bleibt der ganze Überlegungsgang m.E. weitgehend spekulativ – deutet nicht die Spur einer Sophia-Christologie eher auf eine relativ *frühe* Datierung? – Auf der »International Conference on Patristic Studies« im August 1999 in Oxford hat W. TABBERNEE übrigens mit Recht darauf hingewiesen, daß der Ausdruck »authentische Orakel« insofern mißverständlich sei, als natürlich auch die »Orakel« der zweiten Generation *authentische* – und beispielsweise nicht rein literarische – Orakel sein dürften.

hier überhaupt ein Gegensatz zu der bei Apollonius bezeugten Vorstellung der Benennung zweier Dörfer mit dem Namen »Jerusalem« besteht, hängt von der Antwort auf die grammatische Frage ab, ob im angespielten Logion bei Epiphanius der schon realisierte oder aber der künftige Abstieg des »himmlischen Jerusalem« geschildet wird[50]. Wie dem nun aber auch immer sei: Hier bestätigt sich wieder der für die Eschatologie der kleinasiatischen Ursprungsphase des Montanismus charakteristische Eindruck; wir haben es mit einer chiliastischen bzw. millenaristischen Theologie zu tun, in der aber ein breiter Graben zwischen dem irdisch-konkreten Jerusalem in Palästina und dem himmlischen Jerusalem klafft, einfach schon deswegen, weil letzteres in Phrygien liegt.

Aber nun vertritt keineswegs die ganze montanistische Bewegung diese Form einer in Phrygien realisierten bzw. zur Realisierung anstehenden Eschatologie und demonstriert damit eindrücklich die Variationsbreite des chiliastischen bzw. millenaristischen theologischen Denkens. Es gab außer Justin natürlich noch weitere chiliastische bzw. millenaristische Theologen, die an der Erwartung der Wiederherstellung des irdischen Jerusalem als dem künftigen himmlischen Jerusalem festhielten, und es gab sie auch innerhalb der montanistischen Bewegung. Bemerkenswerterweise ist der nordafrikanische Theologe *Tertullian* gerade in seiner sogenannten »montanistischen« Phase Vertreter einer solchen Eschatologie. Der streitbare Gelehrte vertrat in seiner Schrift gegen Markion ganz offensichtlich nicht die besondere, auf die beiden phrygischen Dörfer Pepuza und Tymion adaptierte »Jerusalem-Theologie« der kleinasiatischen Montanisten, sondern eine viel konventionellere chiliastische Ansicht palästinischer Prägung. Er schrieb in seinem Werk von einem »himmlischen Jerusalem« auf Erden »im tausendjährigen Reich«[51] und begründete diese Erwartung nicht nur mit zwei Schriftbelegen (Ezechiel 48,30–35 bzw. Apokalypse 21,2), sondern auch mit den Worten der »neuen Prophetie«. Im Gegensatz zu den phrygischen Montanisten meinte Tertullian freilich, daß das »himmlische

[50] Freilich macht D. POWELL (POWELL 1975, 45) mit Recht darauf aufmerksam, daß hier zwei präsentische Indikative stehen und von daher die (vertraute) Übersetzung des Logions »... heilig sei und Jerusalem ... herabkommen *werde*« mindestens einer Begründung bedürfe (zur beschränkten Verwendung des Infinitivs Futur vgl. aber KÜHNER/GERTH 1898, 183f.). POWELL erwägt entsprechend, das Fragment könne bedeuten, »the heavenly Jerusalem was already present to those whose eyes were opened« (45).
[51] Tert., Marc. III 24,3 (CChr.SL 1, 542,18–22 KROYMANN): *Nam et confitemur in terra nobis regnum promissum, sed ante caelum, sed alio statu, utpote post resurrectionem in mille annos in ciuitate diuini operis Hierusalem caelo delatam, quam et apostolus matrem nostram sursum designat*; vgl. auch THRAEDE 1996, 734f. und STOLTMANN 1999, 154–158.

Jerusalem« dort herabkommen werde, wo sich auch der irdische Ort dieses Namens befindet. (Für diese Interpretation seiner Eschatologie spricht übrigens schon, daß er im selben Zusammenhang auch noch eine entsprechende vierzigtägige Erscheinung der Himmelsstadt in Judäa als Beleg für seine Position anführte[52]).

Die realistisch-konkreten Positionen Justins wie Tertullians und dessen Hinweis darauf, daß in Palästina über vierzig Tage am Himmel eine ummauerte Stadt zu sehen gewesen sei, zeigen, daß der »Sitz im Leben« einer solchen realistisch-konkreten Vorstellung vom »himmlischen Jerusalem« in Palästina weniger *die* chiliastische bzw. millenaristische Theologie war (und wohl überwiegend auch nicht die hellenisierte christliche Theologie der kaiserzeitlichen Städte), sondern eher eine traditionsgebundene apokalyptische Frömmigkeit. Diese Form christlichen Denkens, die man freilich auch nicht auf wenig gebildete, einfache Menschen beschränken darf (wie das Beispiel Justins zeigt), spiegelt sich natürlich vor allem in den sogenannten »Apokryphen« des Neuen Testamentes wider[53], aber auch in gnostischen Texten[54] und Schriften des syrischen Theologen Ephraem im vierten Jahrhundert[55].

---

[52] Tert., Marc. III 24,4 (542,24–31 KROYMANN): *Hanc et Ezechiel nouit et apostolus Iohannes uidit et qui apud fidem nostram est nouae prophetiae sermo testatur, ut etiam effigiem ciuitatis ante repraesentationem eius conspectui futuram in signum praedicarit. Denique proxime expunctum est orientali expeditione. Constat enim ethnicis quoque testibus in Iudaea per dies quadraginta matutinis momentis ciuitatem de caelo pependisse, omni moeniorum habitu euanescente de profectu dei, et alias de proximo nullam*; vgl. auch BRAUN 1985, 245–257, bes. 247 und SCHÖLLGEN 1985, 90.

[53] EpAp 33(44): »Siehe, aus dem Lande Syrien will ich zusammenzurufen anfangen ein neues Jerusalem« (PO 43, 215,5–7 GUERRIER/GRÉBAUT) und insbesondere die ausführliche Schilderung der »Stadt Christi« (der Name »Jerusalem« fällt nicht!) in der Paulus-Apokalypse §§ 23–30 (Cahiers d'Orientalisme XXI, 120–135 SILVERSTEIN/HILHORST; vgl. § 23 nach Cod. Paris. BN Nouv. acq. lat. 1631, saec. IX: *Et respondens angelus et dixit mihi: Sequere me et inducam te in ciuitatem Christi*); vgl. aber auch ActPhil 109 (AAA II/2, 42,5f. BONNET: ἡ ὕπαρξις τῆς ἄνω πόλεως) und Ps.-Clem, virg. I 5,2 (Patres Apostolici II, 7,24–26 FUNK/DIEKAMP: *corona lucis ... circumducant per Ierusalem supernam* = Sancti Patris Nostri Clementis Romani Epistolae Binae De Virginitate, Syriace, ... ed. J.TH. BEELEN, Löwen 1856, 22: ܚܠܐܘܪܘܢܡ ܐܠܥܡ ܐܠܡ). – Die Verbindung von asketischer Predigt und der Rede vom Aufbau des himmlischen Jerusalem durch Askese im Ps.-Titus-Brief (RBén 37, 1925, 56 = PLS II, 1532; DE SANTOS OTERO, NTApo ⁶II, 61) zeigt freilich, daß dieses Material auch keine einheitliche Konzeption vertritt.

[54] EpJac (NHC I,2) p. 16,8f. (TU 136, 34,8f. KIRCHNER): ⲁϩⲓⲃⲱⲕ ⲁϩⲣⲏⲓ ⲉⲑⲏⲗⲙ̅ ⲉⲉⲓϣⲁⲏⲗ: / »Ich selbst ging hinauf nach Jerusalem ...«; vgl. dafür z.B. weiter folgende Passagen über die naassenische und valentinianische Gnosis: Hipp., haer. V 7,39 (PTS 25, 153,219 MARCOVICH); 8,37 (162,200) und VI 34,3 (246,16); weitere gnostische Stellen aus mandäischen Texten bei BETZ 1979, 247 Anm. 90.

[55] Belege bei BROX 1986, 161: Sermo II 323–346 (CSCO 321.Syr. 139, 27 BECK) und Hymn. Virg. 36,3 (CSCO 224.Syr. 95, 113 BECK).

Wenn man Texte von chiliastischen bzw. millenaristischen Theologen aus dem zweiten und dritten Jahrhundert mustert, zeigt sich – wir sahen es bereits –, daß man selbst bei Vertretern einer sehr konkreten Erwartung auf Wiederherstellung des irdischen Jerusalem genau die Tendenzen des »Realitätsverlustes« und der »Entwertung« beobachten kann, die auch sonst die antike christliche Vorstellung vom »himmlischen Jerusalem« prägen. Wir haben in Gestalt der montanistischen Erwartung die »phrygische Variante« dieser Entwicklung kennengelernt, ich möchte dasselbe Phänomen jetzt noch an einem chiliastischen bzw. millenaristischen Theologen[56] demonstrieren, der das »himmlische Jerusalem« in Palästina belassen hat, und konzentriere mich dazu auf ein charakteristisches Beispiel, nämlich den ersten in lateinischer Sprache abgefaßten Kommentar zur Johannesoffenbarung, den der pannonische Bischof *Viktorin von Pettau*, dem heutigen Ptuj in Slowenien[57], kurz nach der Mitte des dritten Jahrhunderts schrieb.

In der vor kurzem erschienenen neuen kritischen Edition[58] wird die Abfassung dieses Werkes auf die Jahre 258 bis 260 datiert; für unsere Zusammenhänge ist noch von Interesse, daß der Bischof offenbar (ebenso wie Melito!) einmal selbst nach Palästina und Jerusalem gereist ist – jedenfalls ist von seiner Hand ein chronologisches Fragment überliefert, das eine Datierung von Ereignissen des Lebens Jesu im Rahmen der Konsularfasten enthält und nach Angaben aus der Einleitung von Viktorin aus einem Text des Bischofs Alexander von Jerusalem abgeschrieben wurde[59]. Eine solche Reise Viktorins wäre übrigens nichts sonderlich Überraschendes; die Bischofsstadt Pettau hatte – wie auch die ganze umgebende Landschaft Pannonien – intensive Beziehungen in den Orient[60].

Obwohl Viktorin die irdische Stadt Jerusalem, nunmehr *Aelia Capitolina*, offenbar aus eigener Anschauung kannte, entwarf er bei seiner Interpretation der einschlägigen Passagen der Johannesapokalypse ein Bild des himmlischen Jerusalem, das mit der ihm vertrauten irdischen Stadt – jedenfalls für unseren heutigen Geschmack – nichts mehr gemeinsam hat, aufgrund der religionsgeographischen Veränderungen dieser Stadt seit 135 n.Chr. wohl auch gar nichts mehr gemein haben kann: Nach der weitgehend wörtlichen Zitation von Offenbarung 21,1 erklärt er: *Sed ciuitas non ita, ut*

---

[56] Vgl. aber DULAEY 1993, 219: »Mais c'est un millénarisme d'une couleur très particulière«.

[57] Vgl. zum Autor zuletzt WLOSOK 1989, 410–415; allgemeine Bemerkungen auch bei KRETSCHMAR 1985, 91–93.

[58] DULAEY 1997, 15 und DULAEY 1993, 11f.219–221.

[59] Vict., frgm. chron.: *Inuenimus in membranis Alexandri episcopi, qui fuit in Jerusalem, quod transcripsit manu sua de exemplaribus apostolorum ita.* ... (SC 423, 134,2–4 DULAEY).

[60] SARIA 1951, 1182f.; MOCSY 1962, 708–710.

nouimus, intellegitur, »aber man darf diese Stadt nicht so verstehen, wie wir sie kennen« und demonstrierte den uns bereits bekannten schlechthinnigen Unterschied zwischen irdischem und himmlischem Jerusalem an der unterschiedlichen Größe beider Städte: Das neue Jerusalem ist riesengroß. Ohne einen Führer könnten Menschen zwar nicht über das hinaus denken, was sie gehört und gesehen hätten[61], aber das vom Himmel herabsteigende Jerusalem erfüllt trotzdem nahezu die ganze Erde[62]. Es macht auf diese Weise die neue Einheit von Himmel und Erde deutlich.

Man hat diese Passage im Kommentar des Viktorin mit dem Stichwort »eschatologische Vergrößerung Jerusalems« charakterisiert[63].

Eine solche »eschatologische Vergrößerung« findet sich so auch bei anderen chiliastischen bzw. millenaristischen Konzeptionen eines »himmlischen Jerusalem«, beispielsweise bei Justin, der vom »wiederaufgebauten, geschmückten und vergrößerten Jerusalem« redet[64]. Außerdem darf man nicht vergessen, daß die Vorstellung von der »eschatologischen Vergrößerung« Jerusalems keineswegs die christlichen Theologen erfunden haben: Bereits in den prophetischen Weissagungen des Alten Testamentes heißt es, daß der Zionsberg in der Endzeit der höchste Berg werden soll[65], und schon für Philo ist die endzeitliche Gottesstadt, die νοητὴ πόλις »die größte der Städte«[66]. Die »eschatologische Vergrößerung« gehört zwar zum ge-

---

[61] Vict., comm. in Apoc. 21,2 (SC 423,5–9 DULAEY): *Sed ciuitas non ita, ut nouimus, intellegitur; nos enim nihil amplius possumus arbitrari sine duce, quam quod audiuimus et uidimus. Ceterum dicitur ciuitas omnis illa prouinciarum orientalium regio promissa patriarchae Abrahae* (folgt Zitat von Gen 13,14; 15,18 und 13,15).

[62] Viktorin demonstriert das anhand von Ps 71,6.8.16 (*Et erit firmamentum in terra super cacumina montium, et exaltabitur super Libanum fructus eius, et florebunt de ciuitate tamquam faenum terrae*) und einer Paraphrase von Dan 2,32–35 (comm. in Apoc. 21,3 [SC 423, 118,6–14 DULAEY]; vgl. auch DULAEY 1993, 214f.). Wenn er das *et usque ad fines terrae* auf die *Syriae maioris partes* auslegt (21,2 [118,15f.]), dann ist damit ein grenzenloser Raum, nicht Syrien im eigentlichen Sinne gemeint. Außerdem folgt bei Viktorin noch eine allegorische Auslegung des »himmlischen Jerusalem« auf die Kirche und ihre verschiedenen Glieder (comm. in Apoc. 21,4–6 [SC 423, 118,1–122,15 DULAEY]; vgl. DULAEY 1993, 218f.).

[63] M. DULAEY in seinem Kommentar zu comm. in Apoc. 21,2: »Agrandissement eschatologique de Jérusalem« (SC 423, 202); verwiesen wird auf Hier., comm. in Is. 15 zu Jes 54,1–2 (CChr.SL 73A, 601,67–69 ADRIAEN: *Hunc locum et cetera, quae sequuntur, Iudaei et nostri Iudaizantes ad Hierusalem referunt, quam dicunt in mille annorum regno instaurandam*) und Just., dial. 80,5 (zitiert in der folgenden Anm.) sowie auf BONSIRVEN 1910, 280 und DERS. 1955, nr. 271, p. 60f. [= Sifre Dtn 1,1,1 p. 7,13 FINKELSTEIN]): ושערי ירושלם עתלדים להיות מגיעים עד דמשק »Und die Tore Jerusalems werden bis Damaskus reichen« (vgl. dazu unten, S. 321 mit Anm. 67 und jetzt LIMOR 1998, 13–22).

[64] Just., dial. 80,5 καὶ χίλια ἔτη ἐν Ἰερουσαλὴμ ⟨ἀν⟩οικοδομηθείσῃ καὶ κοσμηθείσῃ καὶ πλατυνθείσῃ (PTS 47, 210,33f. MARCOVICH).

[65] Jes 2,2 und Mi 4,1; vgl. Ez 40,2 und Sach 14,10 sowie Sach 2,5–9.

[66] Philo, opif. 19 ὡς ἄρα τὴν μεγαλόπολιν κτίζειν διανοηθείς ... (I, 6,4 COHN); vgl. dazu auch KLAUCK 1986, 134.

wöhnlichen Inventar des Theologumenons einer eschatologischen Gottesstadt, eines »himmlischen Jerusalem«; aber sie konnte recht verschieden und vor allem auch wesentlich bescheidener ausfallen als bei Philo und Viktorin: Eine rabbinische Tradentenkette hauptsächlich des vierten Jahrhunderts überliefert die Vorstellung, daß in einem dreifach vergrößerten Jerusalem die Häuser jeweils dreißig Stockwerke haben werden[67] (von der Realisierung dieser eschatologischen Vorstellung sind wir ja z.T. in der Gegenwart nicht mehr sonderlich weit entfernt), nach Rabbi Eleazar Ben Azarja, einem Tannaiten des zweiten Jahrhunderts, reicht das himmlische Jerusalem dagegen bis an das Tor von Damaskus, nach Zakkai dem Älteren, einem Gelehrten des dritten Jahrhunderts, bis an die Zisterne von Joppe[68], nach Rabbi Jochanan beträgt seine Höhe drei Parasangen, also etwa siebzehn Kilometer[69], und nach der Offenbarung mißt es in Länge, Höhe und Breite jeweils dreitausend Stadien, also etwas über zweitausendvierhundert Kilometer (Apk 21,16)[70].

Aber das Stichwort »eschatologische Vergrößerung« vertuscht den Graben, der hier zwischen dem konkreten Ort in Palästina und dem scheinbar nur »vergrößerten« Jerusalem aufgerissen wird, vertuscht den Grad des

---

[67] Vgl. die Angaben in CantRabba zu Cant 7,5:»nach R. Zakkai dem Großen bis an die riphäischen Gebirge, bis zu den Keltern, die der König der Könige, Gott, ausgeweitet hat (…). Jerusalem wird sich weit erstrecken und wird auch eine Höhe bis zum Thron der Herrlichkeit erreichen« (Übersetzung nach WÜNSCHE 1880, 170f.). Ebenso in bBB 5,1 75ᵇ: ‏ואמר רבה אמר רבי יוחנן עתיד הקדוש ברוך הוא להגביה את ירושלם‎: ‏שלש פרסאות למעלה ... אמר ריש לקיש עתיד הקדוש ברוך הוא להוסיף על ירושלם אלף טפף גינואות אלף קפל מגדלים אלף ולצוי בירגיות אלף ולשני טוטפראות וכל אחת ואחת הויא כצפורי בשלוותה‎ / »Ferner sagte Rabba im Namen R. Johanans: Dereinst wird der Heilige, gepriesen sei er, Jerusalem um drei Parasangen erhöhen. ... Reš Laqiš sagte: Dereinst wird der Heilige, gepriesen sei er, zu Jerusalem tausend Gärten, tausend Türme, tausend Burgen und tausend Zugänge hinzufügen, und sie sind einzeln so groß wie Sepphoris zur Zeit seines Friedens« (Übersetzung: GOLDSCHMIDT 1934, 212f.).
[68] Pesiqta de Rab Kahana (PRK) 20 p. 143ᵃ BUBER = 318,1.5 MANDELBAUM: ‏ר' ברכיה א' עד אוקיינוס. ר' זכיי א' עד שיחחה דיפו ... ר' אליע' בן יעקוב עתידה ירושלם להיות רמה ועולה עד שתהא מגעת לכסא הכבוד‎; deutsche Übersetzung bei WÜNSCHE 1967, 202: »R. Berachja hat gesagt: Bis an den Ocean. R. Saccai der Grosse hat gesagt: Bis nach Joppe (…). R. Elieser ben Jacob hat gelehrt: Einst wird Jerusalem hoch sein und sich erheben bis zum Thron der Herrlichkeit«; rabbinische Parallelen bei (STRACK/)BILLERBECK 1926, 849 (vgl. auch oben Anm. 63 den Hinweis auf Sifre Dtn 1,1,1 und weiter Sib V 251 »bis nach Joppe hin eine große Mauer herumziehend«).
[69] Im babylonischen Talmud, vgl. oben Anm. 67. Ebenso in bBB 75ᵇ: ‏אמר רבה אמר‎ ‏רבי יוחנן לא כירושלם של עולם הזה ירושלם של עולם הבא ירושלם של עולם הזה כל הרוצה המזומנין אלא עולין אין הבא עולם של עולה לעלות‎ / »Raba erklärte im Namen R. Johanans: Das Jerusalem der zukünftigen Welt gleicht nicht dem Jerusalem dieser Welt; nach Jerusalem dieser Welt kann jeder hinaufziehen, der dies will, aber nach Jerusalem der zukünftigen Welt können nur diejenigen hinaufziehen, die ausersehen sind« (Übersetzung: GOLDSCHMIDT 1934, 212).
[70] Zuletzt SÖLLNER 1998, 215f. mit Anm. 681–689. Vgl. auch die riesigen Größenangaben in der leider nur äußerst fragmentarisch überlieferten apokalyptischen Schrift »Das neue Jerusalem« (1Q 32, 2Q 24; 4Q 554; 5Q 15; 11Q 18); zu diesen Texten zuletzt SÖLLNER 1998, 125–142 (Übersetzungen auf pp. 126–129) und mit weiteren Literaturhinweisen in diesem Band SCHWEMER, 213f. mit Anm. 83–87.

Realitätsverlustes bei der Vorstellung vom »himmlischen Jerusalem« und
den Grad der Entwertung des irdischen Ortes gleichen Namens. Denn in
Wahrheit handelt es sich bei Viktorin um eine solche Ausweitung der Grenzen Jerusalems, daß die Unterschiede zwischen der Stadt Jerusalem und der
sie umgebenden Erde verschwinden, das irdische Jerusalem als himmlisches
Jerusalem mit dem Kosmos identisch wird. Natürlich kann man diese Vorstellung einer maximalen eschatologischen Vergrößerung Jerusalems so beschreiben: Alle Welt wird Jerusalem. Aber ebenso richtig schiene mir die
gegenteilige Aussage: Jerusalem geht hier in der Welt auf, die freilich ganz
und gar neu geworden ist. Das neue unzerstörbare Jerusalem ist sozusagen
überall. Wir beobachten also in chiliastischer bzw. millenaristischer Theologie nicht nur eine breite Varianz, sondern auch genau den Realitätsverlust bei
der Vorstellung vom »himmlischen Jerusalem« und genau die Entwertung
des irdischen Ortes gleichen Namens, die wir als Grundtendenzen der antiken christlichen Theologie des zweiten Jahrhunderts beschrieben hatten[71].

Werfen wir nun im zweiten Teil dieses ersten Abschnittes noch einen
kurzen Blick auf die Gegner chiliastischer bzw. millenaristischer Theologie. Unsere Beispiele werden naturgemäß eher aus dem Kreis der christlichen Theologen des dritten Jahrhunderts entnommen sein, weil im zweiten
Jahrhundert diese Form der Theologie, wie wir bereits sagten, noch die
Ansicht einer breiten Mehrheit war.

1.2. Das »himmlische Jerusalem« bei Gegnern chiliastischer bzw. millenaristischer Theologie

Während im zweiten Jahrhundert durchaus noch gebildete Theologen wie
beispielsweise Justin, die sich am mittelplatonischen Paradigma der kaiserzeitlichen Philosophie zu orientierten versuchten, eine realistisch-konkrete

---

[71] Möglicherweise liegt dies auch an den deutlichen Einflüssen des Origenes auf
Viktorin, vgl. Curti 1978, 424f. – Für die chiliastische Konzeption des Commodianus
vgl. Mazzucco 1983, 55f. mit Anm. 54 auf p. 54 (Lit.); für die des Lactantius vgl.
Fàbrega 1974, 126–146; Mazzucco 1983, 56f. und Stoltmann 1999, 159–164. Dieser lateinische Theologe erwähnt den Ortsnamen »Jerusalem« nicht, sondern spricht nur
von der *civitas sancta (...) in medio terrae* (inst. VII 24,6 [CSEL 19, 659,11 Brandt/
Laubmann]; vgl. dagegen Apk 21,10 ... τὴν πόλιν τὴν ἁγίαν Ἰερουσαλήμ ...) und ist
insofern ein weiterer vorzüglicher Beleg für unsere These. »Der Kirchenvater vermeidet
(...) nicht nur den Namen Jerusalem, er malt ein Bild vom tausendjährigen Reich, das
trotz der Nennung der Heiligen Stadt nicht die sonst bekannte Jerusalem-Prägung auf-
weist« (Stoltmann 1999, 162). – Es wäre einmal interessant zu untersuchen, wie häufig auch weit nach dem 4. Jh. nur von »der Heiligen Stadt« die Rede ist; vgl. beispielsweise eine mutmaßlich aus Ankara stammende Inschrift über Edessa: ... τὴν ἁγίαν τοῦ
Θ(εο)ῦ πόλη· ... (New Documents II, nr. 115, Z. 12 = Horsley 1982, 203).

Vorstellung vom himmlischen Jerusalem am Ort der irdischen Stadt vertreten konnten, polemisierte die in diesem Sinne hellenisierte christliche Theologie des dritten Jahrhunderts nur noch gegen jene Vorstellung.

Clemens Alexandrinus, der als erster christlicher Theologe der Antike über wirklich gründliche Platonkenntnisse verfügt, schreibt beispielsweise in seinen ›Teppichen‹, daß »nur der Himmel im eigentlichen Sinne eine πόλις sei« und der platonische ›Staat‹ »ein Vorbild ist, das nur im Himmel vorhanden ist«. Diese himmlische Ideenwirklichkeit nennt er aber »mein Jerusalem«[72], so daß seine überaus deutliche Platonisierung der Vorstellung von einem »himmlischen Jerusalem« hier wieder zugleich eine Auflösung aller Verbindungen zwischen irdischem und himmlischem Jerusalem impliziert[73]. Außerdem führt diese Auflösung des Realitätsbezugs bei Clemens gelegentlich sogar zu einer größeren Zurückhaltung gegenüber dem Begriff »himmlisches Jerusalem«: Einmal sind »Jerusalem« und »der Himmel« so pointiert gegenübergestellt, daß man annehmen muß, Clemens habe bewußt nicht vom »himmlischen Jerusalem« reden wollen[74]. Auf der anderen Seite ist die biblisch bezeugte alte Metapher offenbar trotzdem stärker als die neuen theologischen Einsichten: Clemens kann durchaus in metaphorischer Redeweise sagen, daß das »himmlische Jerusalem« »mit heiligen Steinen ummauert ist«[75] und daß man den Menschen die Hoffnung auf Ruhe im »oberen Jerusalem« verkünden soll[76].

Ein weiteres gutes Beispiel für die tiefen Vorbehalte, die gelehrte Theologen dieses Jahrhunderts gegenüber solchen massiven Hoffnungen von einer Wiederherstellung des irdischen Jerusalem hegten, bietet der alexan-

---

[72] Clem. Al., str. IV 172,2f. (GCS Clemens Alexandrinus II, 324,24–26/325,4f. STÄHLIN/FRÜCHTEL/TREU): ἐγὼ δὲ ἂν εὐξαίμην τὸ πνεῦμα τοῦ Χριστοῦ πτερῶσαί με εἰς τὴν Ἱερουσαλὴμ τὴν ἐμήν· λέγουσι γὰρ καὶ οἱ Στωϊκοὶ τὸν μὲν οὐρανὸν κυρίως πόλιν, τὰ δὲ ἐπὶ γῆς ἐνταῦθα οὐκέτι πόλεις· (…) ἴσμεν δὲ καὶ τὴν Πλάτωνος πόλιν παράδειγμα ἐν οὐρανῷ κειμένη. – Im Kontext wird deutlich, daß Clemens diese πόλις mit der himmlischen Kirche identifiziert (str. 171,2 [325,1]). M. WERNER bemerkt (WERNER 1941, 643), daß »die Idee von der Kirche als dem Gottesstaat, die vor Augustin nicht Origenes, sondern vor diesem bereits Clemens Alexandrinus als erster deutlich postuliert«, vorliegt.

[73] Vgl. die sorgfältige Interpretation der Passage bei WYRWA 1983, 295–297; zur jüdischen Vorgeschichte LEBRAM 1974, 233–251.

[74] Clem. Al., protr. 121,1: σπεύδων πρὸς τὸν θεὸν πληρῶσαι ἐναργῶς ὃ ᾐνίξατο, πρότερον μὲν εἰς Ἱερουσαλήμ, νῦν δὲ εἰσελαύνων οὐρανούς (GCS Clemens Alexandrinus I, 85,21f. STÄHLIN/FRÜCHTEL/TREU).

[75] Clem. Al., paed. II 119,1: λίθοις δὲ ἁγίοις τὴν ἄνω Ἱερουσαλὴμ τετειχίσθαι (GCS Clemens Alexandrinus I, 228,10 STÄHLIN/FRÜCHTEL/TREU).

[76] Clem. Al., paed. I 45,1: εὐθὺς δὲ ἀναγεννηθέντες τετιμήμεθα τῆς ἀναπαύσεως τὴν ἐλπίδα, τὴν ἄνω Ἱερουσαλήμ, εὐαγγελιζόμενοι (GCS Clemens Alexandrinus I, 116,30–117,1 STÄHLIN/FRÜCHTEL/TREU).

drinische Theologe Origenes, der bekanntlich nach einer schroffen Auseinandersetzung mit seinem Ortsbischof im palästinischen Caesarea lehrte,
damit nicht weit entfernt von Jerusalem wirkte und mit dem dortigen Bischof in engem Kontakt stand[77]. Origenes referiert die chiliastische bzw.
millenaristische Vorstellung einmal im Kontext einer Argumentation gegen
»Schüler des bloßen Buchstabens«, denen er zudem in grober Polemik unterstellt, sie würden meinen, daß die »künftigen Verheißungen ... in Lust und
Ausschweifung des Körpers zu erwarten seien«[78] – die realistisch-konkrete
Interpretation des Theologumenons vom »himmlischen Jerusalem« ist für
ihn also Zeichen eines verfehlten Umgangs mit heiliger Schrift[79]:

> »Und sie malen sich aus, daß die irdische Stadt Jerusalem wieder aufgebaut würde;
> edle Steine würden ihre Grundmauern bilden und aus Jaspis würden ihre Mauern
> errichtet, ihre Zinnen mit Kristallen geschmückt, und sie würde eine Stadtmauer
> haben aus verschiedenen auserlesenen Steinen«[80].

Obwohl Origenes zugibt, daß diejenigen, die diese Vorstellung des himmlischen Jerusalem vertreten, »sie mit der Autorität der Schrift ... auf Grund
der Verheißungen, die in der Schrift für Jerusalem gemacht werden, zu
stützen versuchen«[81], wendet er sich mit großer Energie gegen dieses eschatologische Modell und kritisiert es gerade wegen der Ähnlichkeitsbezie-

---

[77] Die Ansichten des Origenes zu unserem Thema behandelt ausführlich WILKEN
1992, 66–81, knapper MAZZUCCO 1983, 71–73 und PERRONE 1999, 225 f.; sehr viel
ausführlicher, aber z.B. ohne Kenntnis von WILKEN finden sich die Zusammenhänge bei
STOLTMANN 1999, 165–208. Sie bezeichnet den Theologen »als Vertreter einer ›Jerusa-
lem-Ekklesiologie‹« (aaO. 203) und schließt einen Gang durch die diversen Formen der
allegorischen Auslegung der Stadt ab mit der Bemerkung: »Jerusalem wirkt ›entrück-
ter‹, farbloser, unfaßbarer« (aaO. 208).

[78] Orig./Ruf., princ. II 11,2: *Quidam ergo laborem quodammodo intellegentiae recu-
santes et superficiem quandam legis litterae consectantes et magis delectationi suae
quodammodo ac libidini indulgentes, litterae solius discipuli, arbitrantur repromis-
siones futuras in voluptate et luxuria corporis exspectandas* (GCS Origenes V, 184,5–9
KOETSCHAU = TzF 24, 440,5–9 GÖRGEMANNS/KARPP); vgl. zum Thema auch THRAEDE
1996, 729–734.

[79] BROX hat vermutlich recht, wenn er die, auf die sich Origenes bezieht, als »Juden
bzw. Judenchristen« identifiziert (BROX 1986, 159).

[80] Orig./Ruf., princ. II 11,2: *... fingentes sibimet ipsis Hierusalem urbem terrenam
reaedificandam lapidibus pretiosis in ›fundamenta‹ eius iacendis, et de ›lapide iaspide‹
muros eius erigendos, et ›propugnacula‹ eius exornanda ex ›lapide chrystallo‹; ›pe-
ribolum‹ quoque habituram ex ›lapidibus electis et variis‹* (GCS Origenes V, 184,14–18
KOETSCHAU = TzF 24, 440,14–442,18 GÖRGEMANNS/KARPP; vgl. Jes 54,11 f. und Apk
21,18 f.).

[81] Orig./Ruf., princ. II 11,2: *Et hoc conantur ex auctoritate prophetica confirmare ex
his, quae de Hierusalem repromissionibus scripta sunt* (GCS Origenes V, 185,9 f. KOET-
SCHAU = TzF 24, 442,9 f. GÖRGEMANNS/KARPP).

hung, die hier zwischen irdischem und himmlischem Jerusalem angenommen wird:

»Um es kurz zu sagen: Sie wollen alles, was auf Grund der Verheißungen zu erwarten ist, in allen Dingen dem ähnlich haben, was in diesem Leben üblich ist, so daß noch einmal das sein soll, was ist«[82].

Origenes kritisiert nun aber keineswegs die Ähnlichkeitsbeziehung zwischen irdischem und himmlischem Jerusalem an sich, sondern die *Art* der Ähnlichkeitsbeziehung; er übt theologische Kritik am ursprünglichen, naiven Realitätsbezug der Vorstellung von einem »himmlischen Jerusalem«. Entsprechende Bibelstellen müssen nach Origenes *figuraliter vel spiritaliter*[83] interpretiert werden, also so, daß der Realitätsbezug des himmlischen auf das irdische Jerusalem aufgelöst wird, obwohl eine gewisse Ähnlichkeitsbeziehung zwischen beiden bestehen bleiben darf. Denn es ist im Rahmen des platonischen Paradigmas, in dem Origenes denkt, natürlich selbstverständlich, daß Wahrheit und Wissen in diesem Leben »skizzenhafte Andeutung« der »Schönheit des vollendeten Bildes« sind[84], mithin Ähnlichkeitsbeziehungen zwischen irdischem und himmlischem Jerusalem bestehen. Aber der kategoriale Unterschied zwischen Urbild und Abbild, Original und Skizze darf bei der Interpretation der Bibelstellen über das himmlische Jerusalem nicht so außer Acht gelassen werden, wie das bei gewissen Chiliasten und Millenaristen in gewissen Formen apokalyptischer Theologie geschieht. Origenes rechtfertigt also mit seinen theologischen Argumentationen jene Auflösung des Realitätsbezuges und die damit verbundene Entwertung des irdischen Jerusalem, die in der antiken christlichen Theologie längst ohne diese explizite Begründung üblich geworden war[85]. Er selbst hätte freilich vermutlich von einer Transformation gesprochen, da für ihn selbstverständlich nur das Unvergängliche wahre »Realität« besaß.

---

[82] Orig./Ruf., princ. II 11,2: *Et, ut breviter dicam, secundum vitae huius conversationem per omnia similia esse volunt cuncta, quae de repromissionibus expectantur, id est ut iterum sit hoc, quod est* (GCS Origenes V, 185,22–25 KOETSCHAU = TzF 24, 442,22–25 GÖRGEMANNS/KARPP).

[83] Orig./Ruf., princ. II 11,2 (GCS Origenes V, 185,17 KOETSCHAU = TzF 24, 442,17 GÖRGEMANNS/KARPP).

[84] Orig./Ruf., princ. II 11,4: *unde constat ›habentibus‹* (Mt 12,13 par.) *iam deformationem quandam in hac vita veritatis et scientiae addendam esse etiam pulchritudinem perfectae imaginis in futuro* (GCS Origenes V, 187,31–33 KOETSCHAU = TzF 24, 446,31–33 GÖRGEMANNS/KARPP).

[85] Für die Nachgeschichte vgl. auch die dreifache allegorische Interpretation von Jerusalem bei Didymus dem Blinden (com. II 241 in Sach. 8,4f. [SC 84, 540 DOUTRELEAU]), LUBAC 1959, 645f., ROUSSEAU 1952, 378–388 und STROUMSA 1999, 51–54.

Und angesichts dieses Befundes fragt man sich auch hier wieder – wie schon bei Melito von Sardes –, ob das »himmlische Jerusalem« für Origenes wirklich mehr ist als eine schlichte Metapher für das in Christus geschehene und offenbar gewordene Heil. Der platonische Rahmen der Theologie des Origenes und seine Grundannahmen über Urbild-Abbild-Beziehungen führten im Ergebnis bei einem in Palästina lebenden und arbeitenden Theologen zu einer grundsätzlichen, hermeneutisch notwendigen Trennung zwischen »irdischem« und »himmlischem Jerusalem«, die im Unterschied zu Melito ausführlich theologisch begründet und in der Bibelexegese bewährt wurde: Nicht nur die zahllosen Belege für die irdische Stadt in Palästina, sondern selbst das Bild der himmlischen Stadt Jerusalem hat Origenes gewöhnlich im geistlichen oder höheren Schriftsinn ausgelegt[86], nämlich als himmlische Heimat, als »Metropole« der christlichen Seelen[87], als »Gottesstadt« und Kirche[88], und schließlich als menschliche Seele[89] allegorisiert[90].

Es ist kaum überraschend (und muß daher in unserem Zusammenhang auch nicht ausführlich dokumentiert werden), daß dieser – im Vergleich zu den verschiedenen Formen chiliastischer bzw. millenaristischer Theologie – äußerst schroffen Abweisung einer realistisch-konkreten Hoffnung auf ein »himmlisches Jerusalem« in Palästina, der Auflösung des Realitätsbezuges und der Entwertung der irdischen Stadt angesichts der allgemeinen Entwicklung christlicher Theologie seit der Mitte des dritten Jahrhunderts die Zukunft gehörte – selbst wenn diejenigen judenchristlichen sowie chiliastischen bzw. millenaristischen Stimmen keineswegs sofort verstummt

---

[86] Orig./Hier., hom. 39 in Luc. 20,27–40 (GCS Origenes IX, 219,5f. RAUER): *Qui spiritaliter intellegunt Hierusalem ...*

[87] Orig./Ruf., princ. IV 3,8 (22) (GCS Origenes V, 334,7–12 KOETSCHAU = TzF 24, 752,7–12 GÖRGEMANNS/KARPP; vgl. 334,20–31 = 752,20–31).

[88] Orig., hom. 9,2 in Jer 11,2–4 (GCS Origenes III, 65,20–22 KLOSTERMANN/NAUTIN): αὕτη ἐστὶν ἡ ἐκκλησία· ἔστιν γὰρ ἡ πόλις τοῦ θεοῦ ἡ ἐκκλησία, ἡ Ὅρασις τῆς εἰρήνης ...; vgl. auch sel. in Ps. 45,5 (Werke XII, 331 LOMMATZSCH): Πόλις θεοῦ ἤτοι ἡ ἐκκλησία, αὕτη ἡ λογικὴ ψυχή·. Für die traditionelle Etymologie vgl. z.B. SCHADEL 1980, 280 (Anm. 94) und SGHERRI 1982, 411–414 sowie VAN OORT 1991, 281–284. Vgl. auch Orig., Io. X 29,182 (GCS Origenes IV, 202,31–203,7 PREUSCHEN) und XIII 13,84 (238,7–11).

[89] Orig., hom. 8,7 in Jos. 8,22–24 (GCS Origenes VII, 344,6–10 BAEHRENS): *sive ›civitatem Domini‹ uniuscuiusque nostrum animam intelligamus, quae aedificatur a Domino ex ›lapidibus vivis‹, id est ex virtutibus variis et diversis: de ipsa quoque civitate sanctus quisque et diligens eicit ›peccatores‹, id est cogitationes pessimas et cupiditates pravas ›interficit in matutino‹* (vgl. Ps 62[63],10).

[90] In dieser sehr breiten und reichen Allegorisierung des Theologumenons vom »himmlischen Jerusalem« erweist Origenes sich als Erbe der gnostischen christlichen Theologie (vgl. dafür oben S. 318).

sind, die ganz realistisch-konkret eine (wie auch immer geartete) Wiederherstellung des irdischen Jerusalem in Palästina erwarteten. Aber schon allein deswegen, weil die folgende antike christliche Theologiegeschichte sich in Anknüpfung wie in Widerspruch als Origenes-Rezeption entfaltete, man angesichts vieler Entwürfe in Abwandlung eines bekannten Diktums von »footnotes to Origen« sprechen kann, verbreitete sich die origeneische Allegorisierung der eschatologischen Hoffnung auf ein »himmlisches Jerusalem« nicht nur bei Origenisten, sondern auch bei ihren Gegnern. Methodius von Olympus wäre hier ebenso zu nennen[91] wie Eusebius von Caesarea[92] und Ambrosius von Mailand[93]. Ein vorzügliches Beispiel für diese Tendenz ist ebenfalls die Cyprian zugeschriebene Schrift *De montibus Sina et Sion*[94]. Auch Augustinus mit seinem Konzept von den beiden *civitates* gehört natürlich in diese Zusammenhänge; in seiner grandiosen Umformung der Idee von der Gottesstadt, von der πόλις θεοῦ[95], ist die Beziehung auf das irdische Jerusalem in Palästina ebenfalls völlig transzendiert[96] und aller Bezüge auf das reale Jerusalem beraubt – wir können freilich auf diesen großen Komplex, den Clementina Mazzucco mit Recht eine »rivoluzione esegetica« genannt hat[97], hier nur mit diesen knappen Stichworten hinweisen.

---

[91] Meth., symp. res. I 55,1 (GCS Methodius, 313,11–13 BONWETSCH): οὐ γὰρ ἀπὸ τῶν οὐρανῶν ἄνωθεν, καταράσσονται χεόμενοι· ἐπεὶ οὐδὲ ὑπέστη ἂν ἡ γῆ ὄγκον τοσοῦτον ἀθρόος ἐξ ὕψους καταφερόμενον ὑποδέξασθαι ὕδατος; vgl. DALEY 1986, 136f.

[92] Vgl. z.B. THRAEDE 1996, 736–738 und STOLTMANN 1999, 288–290.

[93] Vgl. Ambr., spir. I 158 (CSEL 79, 82,16–21 FALLER); Luc. II 88: *Ecce mulier omnium mater, ecce domus spiritalis, ecce ciuitas, quae uiuit in aeternum, quia mori nescit. Ipsa est enim ciuitas Hierusalem, quae nunc uidetur in terris, sed rapietur supra Heliam – Helias enim unus fuit – transferetur super Enoch, cuius mors non inuenitur ...* (CChr.SL 14, 71,1226–1230 ADRIAEN) und comm. in ps. 118 15,35: *ciuitas Dei ecclesia est, ecclesia corpus est Christi* (CSEL 62, 349,14f. PETSCHENIG) sowie LAMIRANDE 1983, 210–213 und jetzt VAN OORT 1991, 276–281; STOLTMANN 1999, 257–261 und PERRONE 1999, 239 Anm. 69 (A. ignoriere in Cain I 3,9 [CSEL 32, 344,16–345,6 SCHENKL] die Realität des neuen, christlichen Jerusalem in Palästina). – Für Hilarius von Poitiers vgl. DURST 1987, 319 und PERRONE 1999, 239 Anm. 69.

[94] Vgl. vor allem § 10 (CSEL 3/3, 116,1–6 HARTEL = Biblioteca Patristica 25, 176 BURINI; MAZZUCCO 1983, 66f.). – Weitere Hinweise auf die Bedeutung der Metaphorik in Märtyrerakten und Heiligenlegenden bei MAZZUCCO 1983, 70f.

[95] Zu diesem Zusammenhang vgl. THRAEDE 1983, 59f. sowie DUCHROW 1970, 229–246; LAMIRANDE 1994, 958–969 und VAN OORT 1991, 105–108.118–163.

[96] Vgl. aber z.B. tract. in Io. XI 8: *Ideo illa Ierusalem in terra, umbra est caelestis Ierusalem matris omnium nostrum, quae est in caelo; et haec apostoli uerba sunt. Et de ista ciuitate unde peregrinamur, multa nostis, multa iam audistis* (CChr.SL 36, 115,21–24 WILLEMS).

[97] So MAZZUCCO 1983, 50.

Am konsequentesten von allen christlichen Theologen des vierten und fünften Jahrhunderts aber hat wohl Gregor von Nyssa die Allegorisierung des Theologumenons vom doppelten, »irdischen« wie »himmlischen Jerusalem« vorangetrieben. Dieser kappadozische Theologe sieht nämlich nicht einmal mehr die heiligen Stätten des irdischen Jerusalem als deutliche Zeichen der Gnade Gottes[98], sondern nur noch die an diesen Stätten unter Umständen anwesenden Christen. Die streng allegorische Auslegung der Vorstellung von einem »himmlischen Jerusalem« entwertet hier nicht nur das irdische Jerusalem, sondern vertreibt es sogar selbst aus dem Reservatbereich, in dem es bislang noch von Bedeutung war, nämlich aus dem Bereich der Erinnerung an vergangene Heilsgeschichte. Klaus Thraede spricht von einem »Wegfall des ›irdischen J(erusalem)‹ als Gegenüber des oberen«[99], und Gregor selbst formuliert das so: »Im Herzen dessen, der Gott besitzt, ist Bethlehem, Golgotha, der Ölberg und die Anastasis«[100]. Seine bekannt schroffe Kritik an der im vierten Jahrhundert kräftig aufblühenden Praxis der Heilig-Land-Wallfahrten ist angesichts seiner theologischen Position vollkommen verständlich; Gregor muß betonen, daß der Besuch Jerusalems keinerlei Nutzen bringe[101], treibt aber damit die theologische Entwertung dieses Ortes in einem Maße voran, die den Umgang seiner Vorgänger Melito, Irenaeus und Origenes mit der Stadt bei weitem übertrifft.

Am Ende der Antike hat eine bestimmte Form von christlicher Theologie also nicht nur den Graben zwischen dem irdischen und dem »himmlischen« Jerusalem vertieft und das »himmlische Jerusalem« aller konkreten Züge, mithin seines Realitätsbezuges beraubt, sondern – wie man am Beispiel der Theologie Gregors sieht – die allegorische Auslegung der inhaltlich bereits weitgehend beliebigen eschatologischen Metapher des »himmlischen Jerusalem« so weit vorangetrieben, daß eine inhaltlich beliebige Metapher die theologische Bedeutung des realen Jerusalem in Palästina nahezu vollstän-

---

[98] Greg. Nyss., ep. 3,3: … τῶν τοιούτων τόπων ἐναργῆ τὰ σημεῖα (GNO VIII/2, 20,25 f. PASQUALI); zum Verhältnis der Briefe Gregors zu dieser Thematik jetzt ULRICH 1999, 87–96. – Man könnte an dieser Stelle einen Vergleich mit der Kritik an den Pilgerreisen nach Jerusalem anschließen, die Hieronymus in einem Brief an Paulinus von Nola ca. 395 n.Chr. vorträgt, vgl. besonders ep. 58,3–4 (CSEL 54, 529–533 HILBERG; PERRONE 1999, 234f. und STEMBERGER 1987, 103f.).
[99] THRAEDE 1996, 739.
[100] Greg. Nyss., ep. 3,1: … ὥστε πιστεύειν ὅτι ἀληθῶς ἐν τῇ καρδίᾳ ἐστὶ τοῦ τὸν θεὸν ἔχοντος ἡ Βηθλεὲμ ὁ Γολγοθᾶς ὁ Ἐλαιὼν ἡ Ἀνάστασις (GNO VIII/2, 20,7–9 PASQUALI).
[101] Greg. Nyss., ep. 2,3: ὅπου προσκαλεῖται πρὸς τὴν κληρονομίαν τῆς βασιλείας τῶν οὐρανῶν ὁ κύριος τοὺς εὐλογημένους, τὸ ἀπελθεῖν εἰς Ἱεροσόλυμα ἐν τοῖς κατορθώμασιν οὐκ ἀπηρίθμησεν· (GNO VIII/2, 14,7–10 PASQUALI).

dig verschlungen hat. Damit ist die Akzentverschiebung vom irdischen auf das »himmlische Jerusalem« wenn nicht zu einem Abschluß, so doch zu einem nicht unproblematischen Höhepunkt gekommen. In einem zweiten Abschnitt dieser Untersuchung interessieren uns nun Motive dieser Verschiebung und Gründe dieses Realitätsverlustes.

2. Motive der theologischen Akzentverschiebung – ein zweiter kurzer Erkundungsgang

Bei vielen antiken christlichen Texten über das »obere« oder »himmlische« Jerusalem fragt man sich, wie wir sahen, welche Beziehung angesichts des nahezu vollständigen Realitätsverlustes bei der Vorstellung vom »himmlischen Jerusalem« eigentlich zwischen dem irdischen Original und seinem himmlischen Typus noch besteht. Und bei vielen Texten mußten wir sogar weiter fragen, ob überhaupt noch eine Beziehung zwischen beiden erkennbar ist oder nur noch eine äußerliche Namensgleichheit besteht (ähnliche Fragen könnte man übrigens an die antiken und frühmittelalterlichen Mosaikdarstellungen des »himmlischen Jerusalem« richten – aber dieses weite Feld müssen wir hier leider ausblenden[102]). Solche Beobachtungen provozieren aber die weitergehende Frage, aus welchen *Motiven* es zu der besonderen Entwicklung gekommen ist, die wir im vorangehenden Abschnitt in den Blick genommen haben.

Ein *erstes Motiv* ist gelegentlich wenigstens schon indirekt in den Blick getreten und kann hier auch nur thetisch entfaltet werden – es ist das Motiv, christliche Eschatologie nach den Mustern zu entfalten, die sich in der jüdischen Bibel finden. Die vorchristliche jüdische Überlieferung im Alten Testament, in der zwischentestamentlichen Literatur und in den Schriften des hellenistischen Judentums bot der antiken christlichen Theologie verschiedenste Formen von eschatologischer Erwartung an: Die ganze Spannbreite der christlichen Entwürfe zum Thema »Eschatologie Jerusalems« war dort in gewisser Weise vorgezeichnet und vorbedacht; man findet sowohl die Vorstellung einer vom irdischen Jerusalem schroff unterschiedenen Himmelstadt als Metapher für die Erwartung künftigen Heils (bei Philo) als auch relativ konkrete Erwartungen des Tempelwiederaufbaus im irdischen Jerusalem[103].

---

[102] Vgl. aber: IHM 1960, 13–15; KÜHNEL 1987, 63–72; AUSSTELLUNG MAILAND 1983, 149–216; QUACQUARELLI 1987, 185–202 sowie WISSKIRCHEN 1990, 77–93.

[103] Vgl. zuletzt KÜHNEL 1987, 17–34, STECK 1989, 261–281 und THRAEDE 1996, 718–722.

Ein *zweites Motiv* war schon genannt worden, als mit Paulus der erste
christliche Zeuge für die theologische Verdoppelung Jerusalems vorgestellt
wurde: Die im Galaterbrief zu beobachtende gesetzeskritische Zuspitzung
des jüdisch-apokalyptischen Motivs vom »himmlischen Jerusalem« hat gewiß mit dazu geführt, daß sich die Beziehungen zwischen der irdischen Stadt
in Palästina und der vom Himmel erwarteten oder im Himmel erwarteten
Gottesstadt allmählich gelockert haben. Je distanzierter gegenüber den jüdischen Wurzeln eine antike christliche Theologie entfaltet wurde, desto weniger konnte sie ein Interesse an einer realistisch-konkreten Vorstellung vom
»himmlischen Jerusalem« haben; je stärker sich das Christentum von den
jüdischen Zügen seiner ursprünglichen Identität entfernte, desto mehr ver-
schwand auch die jüdische Identität des »himmlischen Jerusalem«.

Auch auf ein *drittes Motiv* haben wir ebenfalls schon hingewiesen: Sicher
spielte als Beweggrund für die geschilderte Entwicklung des Theologumenons vom »himmlischen Jerusalem« in der antiken christlichen Theologie auch die doppelte Zerstörung von Tempel und Stadt zu Ende des ersten
und Beginn des zweiten Jahrhunderts eine Rolle und die damit verbundene
Zerschlagung der Jerusalemer Urgemeinde (jedenfalls an ihrem ursprünglichen Ort). Die Konsequenzen dieser Entwicklung kann man sich nicht
dramatisch genug vorstellen; Eusebius berichtet, daß dem römischen Statthalter Firmilianus zu Beginn des vierten Jahrhunderts sogar der einstige
Name von *Aelia Capitolina* unbekannt war und als christliche Neugründung empfunden werden konnte[104]. Aufgrund der inneren Dynamik, mit
der sich das Christentum von seinen galiläischen und judäischen Ursprün-
gen wegentwickelte, verwendeten zunehmend weniger Christen das Theologumenon von der himmlischen Gottesstadt, um damit – wie die Juden in
exilischer und nachexilischer Zeit – ihre Hoffnung auf den eschatologischen
Wiederaufbau der irdischen Gottesstadt auszudrücken. Sie suchten diese
Stadt anderswo, in realen Orten der Gegenwart wie Pepuza und Tymion oder
wie Rom, in spirituellen Orten wie der Seele und der Kirche und natürlich
in den realen Orten ihrer Zukunft, im Himmel. Da der zerstörte Jerusalemer
Tempel für Heidenchristen in Ägypten, Griechenland und Italien keine besondere Funktion mehr besaß und höchstens als Zeichen des Gerichtes
wahrgenommen wurde, darf man sich auch nicht wundern, wenn diese Krei-
se die alte Metapher vom »himmlischen Jerusalem« nicht verwendeten, um

---

[104] Eus., m.P. 11,9–12: Auf die mehrmalige Frage des Statthalters nach seiner Vater-
stadt antwortete der Anführer der Märtyrer: εἶτα πάλιν πολλάκις ἐρομένου τίς εἴη καὶ
ποῖ κειμένη ἦν δὴ φράζει πόλιν, μόνων εἶναι τῶν θεοσεβῶν ταύτην ἔλεγεν πατρίδα·
μὴ γὰρ ἑτέροις ἢ τούτοις μόνοις αὐτῆς μετεῖναι, κεῖσθαι δὲ πρὸς αὐταῖς ἀνατολαῖς
καὶ πρὸς ἀνίσχοντι ἡλίῳ. (GCS Eusebius II/2, 938,5–9 SCHWARTZ).

ihre Hoffnung auf eine eschatologische Wiedererrichtung dieses zerstörten Heiligtums auf Erden auszudrücken. Daß der Tempelberg zerstört war und beispielsweise in einem der ältesten Auslegungs-Midraschim[105] ganz realistisch als Misthaufen beschrieben werden konnte[106], spielte hingegen in der sich formierenden christlichen Theologie keine besondere Rolle[107].

Ein *viertes Motiv* hängt mit den beiden zuletzt genannten insofern zusammen, als auch hier ein theologisches Interesse daran sichtbar wird, die Erinnerung an die konkrete Stadt Jerusalem zurückzudrängen: Je stärker die Bischöfe bestimmter Städte seit dem dritten Jahrhundert Führungsrollen für die antike Christenheit beanspruchten und sie theologisch zu begründen suchten, desto stärker geriet das irdische Jerusalem in eine geographische wie theologische Randlage – oder präziser gesagt: desto stärker fiel seine theologische Bedeutung auf ein Maß herab, das seiner faktischen geographischen Randlage im *Imperium Romanum* entsprach. Diese Entwicklung ist für Rom schon ausführlich nachgezeichnet worden[108], man könnte einmal Ähnliches für Konstantinopel und Alexandria tun, wobei die Vielzahl von theologischen Äußerungen römischer Bischöfe und ihnen zuarbeitender Theologen eine Darstellung für das »Neue Jerusalem in Italien« besonders einfach macht. Bereits im vierten Jahrhundert konnten Autoren wie Hieronymus, die mit beiden Städten aus eigener Anschauung vertraut waren, erklären: »Rom ist Jerusalem geworden«[109]; diese Entwicklung hat sich im Mittelalter nochmals intensiviert[110].

---

[105] Freilich wird Genesis Rabba, der selbstverständlich ältere Traditionen enthält, jetzt nach 400 datiert (STRACK/STEMBERGER [7]1982, 259f.).

[106] Vgl. die Frage eines Samaritaners an einen Juden in BerR § 32,10 (ed. THEODOR/ ALBECK, Jerusalem [2]1965, 297,6): לא טב לך למצלי בהדין טורא בריכא, ולא בההוא ביתא קלקלתא; »Wäre es nicht besser, auf diesem heiligen Berg anzubeten, denn auf diesem Misthaufen?«.

[107] Vgl. aber FASCHER 1964, 81–98.

[108] KONRAD 1965, 523–527 und für die dort etwas knapp berücksichtigte pagane Seite: HOMMEL 1979, 271–314. – HENRY CHADWICK hat in seiner akademischen Antrittsvorlesung von 1959 den allmählichen Aufstieg Roms auf Kosten Jerusalems mit dem schönen Bild der ›Ellipse‹ beschrieben: CHADWICK 1982, 4–9.

[109] Hier., ep. 127,8 ad Principiam: *Multoque ita uixistis tempore, ut imitatione uestri et conuersatione multarum gauderemus Romam factam Hierosolymam. Crebra uirginum monasteria, monachorum innumerabilis multitudo* (CSEL 56/1, 151,26–152,2 HILBERG) / »So habt ihr lange Zeit zugebracht, und es freut mich, daß infolge eurer Anregung viele durch ihre Lebensweise Rom zu einem zweiten Jerusalem gemacht haben. Zahlreich entstanden Klöster von Jungfrauen; der große Kreis der Mönche wuchs ins Unermeßliche« (Übersetzung SCHADE 1914, 188). Für die einschlägigen Vorstellungen des Hieronymus vgl. vor allem MARAVAL 1988, 323–342; STOLTMANN 1999, 264–280 und PERRONE 1999, 230–236.

[110] Von den Motiven spätantiker und mittelalterlicher Jerusalem-Pilgerschaft möchte ich hier einmal absehen: HUNT 1988, 83–106; JORANSON 1968, 3–43; STOLTMANN

Zwei weitere Motive werden schließlich deutlich, wenn wir nochmals auf
die »eschatologische Vergrößerung« sehen, die wir bei Viktorin von Pettau,
aber auch bei Philo und Justin einerseits und verschiedenen rabbinischen
Gelehrten andererseits beobachten konnten: Im Hintergrund der für abend-
ländisches theologisches Denken merkwürdig kurios wirkenden Versuche
der rabbinischen Gelehrten, Differenzen zwischen irdischem und himmlischem Jerusalem möglichst präzise anzugeben, steht ein feines Gefühl für
den riesigen Abstand zwischen irdischen und himmlischen Dingen. Philo
und die christlichen Theologen dagegen wissen vor dem Hintergrund ihrer
platonisch geprägten philosophischen Grundannahmen, daß zwischen irdischen und himmlischen Dingen nicht nur ein riesiger Abstand liegt, sondern
ein kategorialer Unterschied besteht. Wer wie sie im Sinne eines platonischen Weltbildes streng zwischen Transzendenz und Immanenz unterschied
(um einmal anachronistische Begriffe zu verwenden), transponierte nicht
nur die begrenzten Züge des irdischen Jerusalem (wie eben den begrenzten
Umfang der Stadt) in riesige Umfänge und schied so irdische und himmlische Stadt voneinander, sondern rückte beide Orte auf kategorial verschiedene Ebenen und kappte so die Verbindungen zwischen dem irdischen und
himmlischen Jerusalem ungleich nachhaltiger – Justin ist ein weiteres Beispiel einer solchen Einstellung, ebenso Hieronymus.

Hieronymus hat den Apokalypsekommentar seines pannonischen Landsmannes
Viktorin von chiliastischen bzw. millenaristischen Elementen gereinigt und diese
Bearbeitung ediert[111]. Dabei orientiert der Kirchenvater seine Leser vergleichsweise offen darüber, warum er entsprechende Abschnitte im Rahmen seiner Umarbei-
tung aus dem Kommentar des Viktorinus entfernt hat, vor allem im Vor- und Nachwort zu seiner Edition finden sich entsprechende Bemerkungen. Gleich zu Beginn
seines Nachwortes findet sich die denkbar schroffe Bemerkung: *Nam mille annorum regnum non arbitror esse terrenum*; »denn ich glaube nicht, daß es ein
tausendjähriges Reich auf Erden gibt«[112]. Und im Fortgang wird deutlich, daß Hie-

---

1999, 291–301.303–310 (Lit.) und WALKER 1990, passim; vgl. auch PRAWER 1980,
739–795.

[111] Bis 1916 war der Kommentar Viktorins nur in dieser Bearbeitung bekannt, danach legte J. HAUSSLEITER den Originaltext als CSEL 49 vor, den er zu Beginn des
Jahrhunderts im vatikanischen *Ottobonianus Latinus 3288 A* entdeckt hatte; vgl. dazu
die Bemerkungen von M. DULAEY in ihrer Edition (SC 423, 28 f.) bzw. ihrer Monographie (DULAEY 1997, 19–23) und ebenso DULAEY 1991, 199–236 bzw. CURTI 1978,
419–421 und DIES. 1998, 191–203. Zur antichiliastischen Ausrichtung des Hieronymus
am Beispiel anderer Texte jetzt STOLTMANN 1999, 277 f.

[112] Hier., comm. in Apoc. epil. 1 (SC 423, 126,1 f. DULAEY); vergleichbare Äußerungen finden sich bei Hieronymus in comm. in Ier. IV 43: *sed sedebit deus regnumque eius
non erit terrenum et breue* (CChr.SL 74, 213,23 f. Reiter) und in Dan. 2 zu Dan 7,17
(CChr.SL 75A, 848,712 f. GLORIE); vgl. auch O'CONNELL 1948, 64–72 und STUMMER
1935, 60–74.

ronymus gegen die chiliastische bzw. millenaristische Konzeption eines »himmlischen Jerusalem« und insbesondere gegen deren konkreten Bezug auf das irdische Jerusalem in Palästina einen theologischen Einwand erhebt, den ich im folgenden mit zeitgenössischen theologischen Vokabeln zu formulieren versuche: Seiner Ansicht nach wird der unendliche kategoriale Abstand zwischen Transzendenz und Immanenz verschleiert bzw. verdunkelt, wenn man annimmt, es werde auf Erden für tausend Jahre an der Stelle des irdischen Jerusalem (also mitten in der Immanenz) die Transzendenz der eschatologischen Gottesstadt realisiert. Und in den folgenden Passagen seines Nachwortes kapriziert sich Hieronymus auch nicht zufällig auf die Vorstellung der »eschatologischen Vergrößerung« Jerusalems: Ein solches grenzenloses Jerusalem passe nicht in den begrenzten Raum der Erde. Alle Maßangaben werden von ihm (was für einen origenistisch geprägten Exegeten natürlich kein Wunder ist) daher allegorisch ausgelegt: Die »kostbaren Steine« aus der Offenbarung (21,19) verweisen so beispielsweise auf Menschen, die sich in der Verfolgung als stark erwiesen haben, der »gepflasterte Platz« (Apk 21,18) wird auf die Herzen derer ausgelegt, die von allen Schlechtigkeiten gereinigt sind, dort »ergehe sich der Herr« (d.h. dort nehme er Wohnung in der Seele des betreffenden Menschen[113]), und schließlich die zwölf Tore (Apk 21,21) auf die zwölf Apostel[114].

Viktorin von Pettau schließlich hat ein ganz anderes Motiv für die »eschatologische Vergrößerung« des irdischen Jerusalem im tausendjährigen Reich: Die Stadt muß seiner Ansicht nach schon deswegen eschatologisch »vergrößert« werden, weil sie vollständig verwandelt werden muß; das irdische Jerusalem hat nämlich den Charakter als Gottesstadt durch die Hinrichtung Christi und die Verfolgung seiner Gemeinde verloren: Entsprechend tituliert der Bischof von Pettau sie wie die Johannesoffenbarung (11,8) als »Sodom« und »Ägypten«[115]. In dieser schroffen Entgegensetzung von irdischem und himmlischem Jerusalem, die also nicht wie bei den Rabbinen oder Philo

---

[113] So bereits bei Philo, praem. 123: οὗτος ᾧ φησιν ὁ προφήτης τὸν θεὸν 'ἐμπεριπατεῖν' οἷα βασιλείῳ, καὶ γάρ ἐστι τῷ ὄντι βασίλειον καὶ οἶκος θεοῦ σοφοῦ διάνοια· (V, 364,16f. Cohn); vgl. auch den Kommentar von M. Dulaey, SC 423, z.St., 210.

[114] Hier., comm. in Apoc. Epil. 2 (SC 423, 128,10–12.14f.31–35): ›*Pretiosos lapides‹ fortes in persecutione uiros ostendit, qui nec tempestate persecutorum moueri nec impetu pluuiae a uera fide dissolui potuerunt.(...) ›Platea‹ uero eorum ostenditur corda ab omnibus mundata sordibus, ubi deambulet Dominus. (...) ›Portae‹ uera ›Duodecim‹: apostolorum esse credimus numerum, qui in quattuor uirtutibus ut pretiosae margaritae fulgentes iter sanctis, lumen doctrinae suae, manifestantes ad ciuitatem sanctorum ingredi faciunt, ut de conuersatione eorum angelorum laetetur chorus.* Für diese allegorische Auslegung vgl. Dulaey 1991, 210.

[115] Vict., comm. in Apoc. 11,5 (SC 423, 98,3f. Dulaey): ›*Sodomam‹ autem ›et Aegyptum‹ dici Hierosolymam actus populi persecutoris efficit.* Martine Dulaey verweist darauf, daß Origenes diese Passage aus Apk 11,8 (vgl. Jes 1,10) auf die ganze sündige Welt gedeutet hat (comm. ser. in Matth. 50 [GCS Origenes XI, 111,15–18 Klostermann/Benz/Treu: ›*vocatur spiritaliter Sodoma et Aegyptus‹, sive totus mundus sive Iudaea Sodoma et Aegyptus appellatur*]; vgl. auch comm. in Ex. VIII 1 in Ex 20,2 [GCS Origenes VI, 218,1–6 Baehrens]) und nennt weitere Belege dieser Exegese bei Hieronymus (z.St.; SC 423, 190).

einem vorgegebenen theologischen bzw. philosophischen Rahmenparadigma folgt, erweist sich Viktorin als konsequenter Erbe der paulinischen Verwendung dieses ursprünglich jüdisch-apokalyptischen Motivs.

Unser Blick auf die »eschatologische Vergrößerung« des »himmlischen Jerusalem« hat also nicht nur *zwei weitere Motive* für den tiefen Graben zwischen dem irdischen und dem himmlischen Jerusalem ergeben – nämlich das theologische Gespür für den schlechthinnigen Abstand zwischen Irdischem und Himmlischem bei den Rabbinen und die platonisch-philosophische Konzeption vom unendlichen, kategorialen Abstand zwischen Transzendenz und Immanenz bei Philo und Justin –, sondern auch gezeigt, daß ein und derselbe (oder mindestens ein sehr ähnlicher) Umgang mit dem Theologumenon vom »himmlischen Jerusalem« zum Teil mit vollkommen verschiedenen Motiven begründet werden konnte. Schließlich haben wir nochmals gesehen, wie verschieden chiliastische bzw. millenaristische Eschatologie entworfen werden konnte.

In unserem zweiten Abschnitt haben wir somit sechs Motive herauspräpariert, die für die skizzierte Entwicklung des Theologumenons vom »himmlischen Jerusalem« verantwortlich waren: Der Abstand zwischen »irdischem« und »himmlischem« Jerusalem verschärfte sich deswegen, weil entsprechende eschatologische Vorstellungen schon in der alt- und zwischentestamentlichen jüdischen Literatur vorgezeichnet waren, weil sich die Zuspitzung des jüdisch-apokalyptischen Motivs, die Paulus grundgelegt hatte, fortsetzte und verschärfte; weil andere irdische Städte für das sich formierende Christentum bedeutsamer wurden und weil schließlich das theologische Gespür für den riesigen Abstand zwischen Irdischem und Himmlischem wuchs und die platonisch-philosophische Konzeption vom unendlichen, kategorialen Abstand zwischen Transzendenz und Immanenz immer größere Bedeutung gewann.

Am Ende eines solchen doppelten Erkundungsgangs durch die Entwicklung der Vorstellungen vom »himmlischen Jerusalem« in der christlichen Antike und durch die Motive dieser Entwicklung stellt sich mindestens für einen neuzeitlichen Leser (respektive eine Leserin) eine dringende Frage: Warum haben die antiken christlichen Theologen niemals darauf verzichtet, das vollkommen seines ursprünglichen Inhaltes beraubte alte Theologumenon vom »himmlischen Jerusalem«, das sich zu einer inhaltlich recht beliebigen Metapher ohne rechten Realitätsbezug entwickelt hatte, zu verwenden? Warum haben sie – von wichtigen Ausnahmen wie Cyprian einmal abgesehen, auf die Klaus Thraede hingewiesen hat[116] – die alte Rede-

---

[116] THRAEDE weist darauf hin, daß Cyprian niemals das Stichwort »Jerusalem« ver-

wendung nicht fallengelassen? Dieser Frage wollen wir in einem kurzen Unterabschnitt nachgehen.

2.1. Motive für die Beibehaltung der Jerusalem-Metaphorik

Ein wesentliches Motiv für antike christliche Theologen, die Rede von einem »himmlischen Jerusalem« trotz aller inhaltlichen Neuakzentuierungen beizubehalten, war sicher die bereits referierte biblische Bezeugung des Theologumenons, vor allem in den paulinischen (bzw. deuteropaulinischen) Briefen und in der Johannesoffenbarung. Ein weiterer wesentlicher Grund für die konservative Haltung der antiken christlichen Theologen scheint mir aber in der Auffassung zu liegen, die man in der Antike von Gestalt und Wesen einer Urbild-Abbild-Beziehung hatte – sie unterscheidet sich so stark von unseren gewöhnlichen neuzeitlichen Annahmen, daß in der Antike mutmaßlich kaum verwunderte, was uns verwundert, der »Realitätsverlust« der Rede von einem »himmlischen Jerusalem« vielleicht gar nicht bemerkt wurde.

Wenn man sich so die antiken Vorstellungen über Gestalt und Wesen einer Urbild-Abbild-Beziehung vergegenwärtigen will, muß man sich zunächst an Einsichten erinnern, die der 1994 verstorbene jüdische Kunsthistoriker *Richard Krautheimer* 1942 unter dem Titel »Introduction to an ›Iconography of Mediaeval Architecture‹« vorgelegt hat[117]. Obwohl dieser Text seither zweimal mit Postskripten des Autors erneut veröffentlicht worden ist[118] und für alle Versuche, mittelalterliche Architektur als »Bedeutungsträger« zu verstehen[119], von schlechterdings zentraler Bedeutung ist, scheint mir die Bedeutung dieser These für das Verständnis der antiken christlichen Theologie noch nicht einmal in Ansätzen bemerkt worden zu sein.

Krautheimer ging in seinem Aufsatz bekanntlich von der Beobachtung aus, daß literarisch eindeutig auf die Jerusalemer Anastasis bezogene mittelalterliche Architekturkopien wie die Fuldaer Michaelskirche, die Rotunde in Lanleff (Normandie) oder die Church of the Holy Sepulchre in Cambridge nur »ziemlich vage« Ähnlichkeiten mit dem Original aufweisen, aber »untereinander in wesentlichen Punkten verschieden« sind[120]: »Sie sind rund oder achteckig; sie bestehen nur aus

---

wendet, und schließt: »In der frühchristl. Eschatologie u. Frömmigkeit war ein Bezug auf J. also keineswegs zwangsläufig« (THRAEDE 1996, 735).

[117] KRAUTHEIMER 1942, 1–33.

[118] KRAUTHEIMER 1971, 115–150; DERS. 1988, 142–189 mit Postskript 1969 (aaO. 190f.) und Postskript 1987 (aaO. 191–197).

[119] G. BANDMANN 1985, passim; vgl. auch MARKSCHIES 1995, 60–65.

[120] KRAUTHEIMER 1988, 147.

einem Zentralraum, oder sie sind zusätzlich von einem Umgang umgeben; sie waren gewölbt oder holzgedeckt; sie besaßen eine oder auch mehrere Apsidiolen am Umgang, und sie ruhten auf acht oder zwölf Stützen«[121]. Krautheimer hielt es für einen charakteristischen Zug des Mittelalters (und der Spätantike[122]), daß man »gegenüber der Genauigkeit der Reproduktion architektonischer Gestaltungen« gleichgültig war[123]. Kopien ahmten das Kopierte nicht *in toto* nach, sondern verwendeten »seine konstituierenden Elemente selektiv«, wie Krautheimer sagt[124]. Und zu solchen ›konstituierenden Elementen‹ zählten in Spätantike und Mittelalter natürlich nicht nur bauliche Details, sondern beispielsweise der Name einer Kirche.

Eine weitere zentrale Beobachtung seines Aufsatzes, an die ich im Folgenden anknüpfen möchte, ist die, daß die Symbolik eines kirchlichen Raumes – um einen Terminus des Aachener Kunsthistorikers Andreas Beyer aufzugreifen[125] – mehrfach »lesbar« war; acht Säulen eines Nachbaus der Grabeskirche konnten gleichzeitig als symbolischer Verweis auf »Sonntag, Ostern, und Pfingsten, auf die Beschneidung, die Taufe, die Wiedergeburt und vor allem die Auferstehung« interpretiert werden[126], sind nicht, wie das in laienhafter Interpretation solcher Bauwerke durch Theologen gern geschieht, monothematisch zu interpretieren. Einzelne Elemente und Bauwerke verwiesen *typice* oder *figuraliter* auf theologische Topoi und Orte der Heilsgeschichte[127], wollen ihr heilsames Gedächtnis etablieren und sind also zugleich auch ein Teil der *memoria*-Kultur, die gegenwärtig in den Geschichts-, Kunst- und Kulturwissenschaften so viel Aufmerksamkeit findet: Krautheimer nennt als Beispiel die Kirche Santo Stefano in Bologna. Sie wurde nach einer hochmittelalterlichen Legende von dem spätantiken Bischof, der sie erbauen (bzw. in

[121] KRAUTHEIMER 1988, 147.

[122] KRAUTHEIMER hat seine Beobachtungen keineswegs auf die von uns heute »Mittelalter« genannte Periode beschränken wollen, sondern intendierte, charakteristische Wesenzüge der Bedeutung von kirchlicher Architektur für das vierte bis zwölfte Jahrhundert in den Blick zu nehmen, auch wenn seine Beispiele vor allem aus dem Bereich des neunten bis zum zwölften Jahrhunderts stammen (KRAUTHEIMER 1988, 180 Anm. 1: »In der vorliegenden Studie wird der Begriff ›Mittelalter‹ für den gesamten Zeitraum zwischen dem 4. und dem späten 12. Jh. verwendet«).

[123] KRAUTHEIMER 1988, 150f.

[124] KRAUTHEIMER 1988, 156.

[125] BEYER 1992, 7–9.

[126] KRAUTHEIMER 1988, 154; in den Anm. 58/59 (p. 183) mit zwei Augustinuspassagen belegt: Aug., serm. Domini in monte I 4,12 (CChr.SL 25, 12,250–13,263 MUTZENBECHER) und ders., civ. XV 20 (BiTeu 120,30–104,2 DOMBART/KALB); der Autor verweist außerdem auf HOPPER 1938, 85 und SAUER 1924, 78f. – In seinem Nachwort von 1969 betont KRAUTHEIMER nochmals »die Vielzahl der jeweils möglichen Bedeutungen und Mitbedeutungen« (KRAUTHEIMER 1988, 190).

[127] KRAUTHEIMER entnimmt diese Begriffe einer Beschreibung des Baukomplexes von S. Stefano in Bologna (KINGSLEY PORTER 1917, 124–160). PORTER zitiert aus einem *sermo* einer Handschrift der Bologneser Universitätsbibliothek (nr. 1473; BHL 6643 [*Inventio Reliquiarum Sancti Petronii, aliorumque sanctorum* = ActSS Oct. II, 466–468]); der Codex wurde 1180 vollendet. Neuere Literatur bei STROUMSA 1999, 43–46, bes. Anm. 31–34.

Wahrheit erweitern) ließ, als »Jerusalem« bezeichnet[128] und firmierte im Mittelalter als *ecclesia Sancti Stephani, quae uocatur Ierusalem*[129].

Die von Krautheimer beschriebenen und für unseren heutigen Geschmack äußerst geringen Erwartungen an den »Realitätsbezug« einer Kopie waren freilich repräsentativ für die Erwartungen an den Realitätsgehalt von Ur-bild-Abbild-Beziehungen überhaupt. Man betonte beispielsweise, daß ein Sinnending nicht in dem Sinne an der transzendenten Idee »Anteil haben« könnte, daß darunter ein konkretes »Haben« zu verstehen sei[130]. Vor dem Hintergrund solcher Erwartungen ist nun ganz und gar unwahrscheinlich, daß man in der christlichen Antike die für unseren heutigen Geschmack äußerst lose Verbindung zwischen irdischem und himmlischem Jerusalem in vielen theologischen Entwürfen überhaupt als verwunderlich empfunden hat. Man empfand sie ebensowenig als verwunderlich, wie man die für unseren heutigen Geschmack äußerst lose Beziehung zwischen der Jerusa-lemer Anastasis und einer beliebigen Architekturkopie im römischen Reich als verwunderlich empfand. Man wird sogar fragen können, ob man unter antiken christlichen Theologen unter diesen Voraussetzungen die allmähli-che Entleerung der Realitätsbeziehung zwischen »himmlischem« und »ir-dischem Jerusalem«, die wir beobachtet hatten, überhaupt wahrnehmen konnte, da der grundsätzliche Charakter der Urbild-Abbild-Beziehung ja stets bestehen blieb. Auch die mehrfache Lesbarkeit des Theologumenons vom »himmlischen Jerusalem«, die wir im letzten Abschnitt beobachtet hatten, wird man nicht als verwunderlich empfunden haben, die verschie-denen Deutungen ergänzten sich und widersprachen einander nicht.

3. Schluß und Ausblick

Wir fragten in dieser Untersuchung nach der Bedeutung Jerusalems für das antike Christentum und haben uns auf die Vorstellung vom »himmlischen Jerusalem« und die Realitätsbezüge dieses »Ortes« zum irdischen Jerusa-lem beschränkt. Wir versuchten, diejenige Akzentverschiebung nachzuvoll-ziehen, in deren Rahmen sich aus einem der israelnahesten Theologumena

---

[128] *Sermo de inuentione scar[um] reliq[u]aru[m]. Cum omnis eloquentie preclara urbs bononia doctrinis inter ceteras mirifice splenderet uariis. Et altiuidi in omib' hono-ris deferret eninentia inclitam sci stephani eccl[esi]am a beatissimo olim petronio sce bononiensis eccle epo aprimeuo edificatam:. et ierlm typice uocatam. Diuina pietas uisitare dignata est* (zitiert nach KINGSLEY PORTER 1914, 128 Anm. 16).
[129] Zitiert nach KINGSLEY PORTER 1914, 135 Anm. 49 (Urkunde des Jahres 1017).
[130] BALTES 1996, 232f.

der christlichen Theologie eines der israelfernsten entwickelte und in deren
Rahmen alle Realitätsbezüge, die das »himmlische Jerusalem« mit der irdischen Stadt gleichen Namens verbinden, gekappt wurden, so daß schließlich spätestens im vierten Jahrhundert (als Beispiel war Gregor von Nyssa
genannt worden) das »himmlische Jerusalem« zu einer reinen Metapher für
bestimmte Topoi christlicher Eschatologie geworden war und die Bedeutung des irdischen Jerusalem restlos absorbiert hatte. Diese Entwicklung
war, wie wir sahen, bereits im Neuen Testament angelegt; wir haben gleichwohl versucht, sechs Motive für den Prozeß herauszupräparieren. Natürlich gab es auch ganz und gar gegenteilige Entwicklungen, die wir hier aus
Raumgründen vollkommen ausgeblendet haben: Als seit dem vierten Jahrhundert große Mengen von Pilgern in die Stadt strömten, näherten sich
»himmlisches« und »irdisches« Jerusalem mindestens in der Perspektive
einiger Theologen durchaus wieder an; Eusebius von Caesarea erwägt beispielsweise, ob das neue Jerusalem, das durch die baulichen Maßnahmen
Kaiser Konstantins am Platz des alten entsteht, nicht jenes ist, das die Propheten im Voraus angekündigt haben. Er behauptet die Identität der Erneuerung Jerusalems durch den Kaiser und des vom Seher Johannes vor-
hergesagten Herabstiegs des »himmlischen Jerusalem« zwar nicht explizit,
aber er schließt sie auch nicht direkt aus[131]. Nach wie vor existierte die
Tradition von Jerusalem als ὀμφαλός, als Nabel der Welt, und war vom
Tempelberg auf die Anastasis übergegangen[132]; Jerusalem galt als Ort einer
»direkten Verbindung zwischen Himmel und Erde«[133]. Natürlich muß man
an dieser Stelle auch die Gebetsrichtung nach Osten erwähnen, die gelegentlich von christlichen Autoren explizit mit der Lage Jerusalems begründet wird[134], außerdem die von Mt 24,30 her gedeutete Kreuzeserscheinung,

---

[131] Eus., v.C. III 33,2 (GCS Eusebius I/1, 99,17–19 WINKELMANN): τάχα που ταύτην
οὖσαν τὴν διὰ προφητικῶν θεσπισμάτων κεκηρυγμένων καινὴν καὶ νέαν Ἰερουσαλήμ,
ἧς πέρι μακροὶ λόγοι μυρία δι᾽ ἐνθέου πνεύματος θεσπίζοντες ἀνυμοῦσι·; »... so daß
leicht dieser Bau jenes von prophetischen Aussprüchen verkündete neue, zweite Jerusalem sein kann, über das große, vom göttlichen Geiste eingegebene Weissagungen so viel
Herrliches verkünden« (Übersetzung: PFÄTTISCH 1913, 117); vgl. WALKER 1990, 3–
132.

[132] JEREMIAS 1926, 40–43, KRETSCHMAR 1987, 81–106, WALKER 1990, 255 und
PERRONE 1999, 231 (für Hieronymus).

[133] STROUMSA 1999, 33 mit Berufung auf VAN ESBROEK 1995, passim.

[134] Vgl. die differenzierte Antwort auf die Frage Τίνος χάριν οἱ Χριστιανοὶ
προσκυνοῦμεν κατὰ ἀνατολάς in Ps.-Ath., quaest. ad Antioch. duc. 37 (PG 28, 617 D
– 620 B, Zitat 617 D). Die Antwort für Juden wird mit zwei Schriftzitaten gegeben:
προσκυνήσωμεν εἰς τὸν τόπον οὗ ἔστησαν οἱ πόδες Κυρίου (Ps 131,7) und καὶ
στήσονται οἱ πόδες Κυρίου εἰς τὸ ὄρος τῶν Ἐλαιῶν κατ᾽ ἀνατολὰς κατέναντι
Ἰερουσαλήμ (Sach 14,4, beide Zitate PG 28, 620 A). Der Heide soll freilich eine ganz
andere Antwort erhalten: Gott sei das wahre Licht und man wende sich daher in Rich-

die man am 7. Mai 351 in Jerusalem wahrnehmen konnte[135]. Diese Spuren,
die sich über das Mittelalter bis weit in die Neuzeit verfolgen lassen würden, möchte ich hier freilich nicht weiter verfolgen[136], sondern in einem
letzten Abschnitt dieser Überlegungen die theologische Legitimität dieser
Entwicklung bis zum vierten Jahrhundert aus heutiger Perspektive diskutieren. Würden wir diese Spur aber in aller Ausführlichkeit verfolgen, so
würde sich schnell zeigen, daß sich selbst in solchen Versuchen, für die
eschatologischen Erwartungen wieder einen konkreten Realitätsbezug zum
Ort Jerusalem in Palästina zu gewinnen, der Realitätsverlust widerspiegelt
– ich kann freilich jene Komplementaritätsbeziehung nur andeuten und
hier nicht ausführen.

Wenn man sich zunächst einmal fragt, ob es für die antiken Theologen
nicht bis heute einsichtige Gründe dafür gab, den theologischen Akzent
vom irdischen auf das himmlische Jerusalem zu verlagern und den Realitätsgehalt dieser Vorstellung so zu reduzieren, daß schließlich nur noch
eine recht beliebige Metapher übrig blieb, dann muß man wohl zuallererst
auf den theologisch höchst unbefriedigenden Realismus apokalyptischer
wie chiliastischer bzw. millenaristischer Theologie hinweisen, der offenbar
die konkreten Dimensionen der Jerusalem-Hoffnung der Christen auf Dauer beschädigt hat. Um diese allgemeine Erwägung konkret nachvollziehen
zu können, muß man nur einmal lesen, mit welch abschätzigen Worten der
alexandrinische Bischof Dionys in der Mitte des dritten Jahrhunderts die
chiliastische bzw. millenaristische Hoffnung des judenchristlichen Theologen Kerinth aus dem zweiten Jahrhundert diffamierte: Kerinth habe sich
das tausendjährige Reich (und also auch das »himmlische Jerusalem«) als
tausendjährige Hochzeitsfeier vorgestellt[137]. Es entsprach dem Niveau theo-

---

tung des Sonnenaufgangs (620 A/B; vgl. DÖLGER 1925, 180–182; PODOSSINOV 1991,
269 f. und WILKINSON 1984, 16–30).
  [135] Cyr. H., cat. 15,22 (II, 184 RUPP) und ders., ep. ad Const. (PG 33, 1165–1176 bzw.
Byz. 43, 1973, 286–291 BIHAIN); vgl. zum Thema auch CHADWICK 1982, 8 und das
reiche Material bei PODOSSINOV 1991, 271 f.
  [136] Vgl. aber z.B. ERDMANN 1935, passim, AUFFARTH 1993, 101–104 und FIEY 1969,
113–126. – ERDMANN zeigt freilich am Beispiel eines Briefes, den Anselm von Canterbury an einen Ritter namens Wilhelm schrieb (ep. II 19 [PL 158, 1167–1170, hier 1169
C]), daß dieser unter Berufung auf das himmlische Jerusalem vor der Heilig-Land-Fahrt
warnte: *Moneo, consulo, precor, obsecro, praecipio ut dilectissimo, ut dimittas illam
Hierusalem, quae nunc non est visio pacis, sed tribulationis, thesauros Constantino-
politanos et Babylonios cruentatis manibus diripiendos*; für parallele Entwicklungen
auch STROUMSA 1999, 37–65.
  [137] Eus., h.e. III 28,2: λέγων μετὰ τὴν ἀνάστασιν ἐπίγειον εἶναι τὸ βασίλειον τοῦ
Χριστοῦ καὶ πάλιν ἐπιθυμίαις καὶ ἡδοναῖς ἐν Ἰερουσαλὴμ τὴν σάρκα πολιτευομένην
δουλεύειν. καὶ ἐχθρὸς ὑπάρχων ταῖς γραφαῖς τοῦ θεοῦ, ἀριθμὸν χιλιονταετίας ἐν
γάμῳ ἑορτῆς, θέλων πλανᾶν, λέγει γίνεσθαι (GCS Eusebius II/1, 258,1–5 SCHWARTZ).

retischer Reflektion, das die christliche Theologie im dritten Jahrhundert erreichte, eben nicht mehr, sich die Eschatologie nach groben sinnlichen Mustern vorzustellen, als Wiederaufbau einer irdischen Stadt, als Vergrößerung ihrer Häuser und Verlängerung ihrer Straßen – und das Leben in dieser eschatologischen Stadt dann als Schlaraffenland zu entwerfen.

Es ist wichtig, sich diese elementare Anstößigkeit der grob sinnlichen Vorstellungen für gebildete Theologen vor Augen zu halten, damit man die Kritik an diesen Vorstellungen nicht allein auf den in der Theologie des dritten und vierten Jahrhunderts gewiß allgegenwärtigen Vulgärplatonismus zurückführt, der – wie wir am Beispiel des Origenes sahen – eine kategoriale Trennung zwischen irdischen und himmlischen Zusammenhängen für selbstverständlich hielt. Natürlich läßt sich kaum bestreiten, daß der in der Antike allgemein verbreitete populäre Platonismus mit seinem Urbild-Abbild-Denken die Entwicklung der christlichen Vorstellungen von einem doppelten Jerusalem tief beeinflußt hat, auch wenn diese platonische Prägung keineswegs überall explizit geworden ist. Aber man darf deswegen keinesfalls annehmen, daß die von Harnack noch für so zentral gehaltene Hellenisierung der christlichen Theologie (also in Wahrheit eine Platonisierung von Methode und Inhalt christlicher Theologie) das zentrale Movens[138] der Entwicklung gewesen sei.

Selbst bei dem oben (S. 334) erwähnten (sechsten) Motiv antiker christlicher Theologen, auch bei der Rede von einem »himmlischen Jerusalem« den unendlichen, kategorialen Abstand zwischen Transzendenz und Immanenz zu bewahren, stellt sich die Frage, wie bewußt einzelnen Autoren der ursprüngliche platonische Hintergrund dieses Motivs war (eine Frage, die man übrigens auch einmal im Zusammenhang mit dem von Krautheimer explizierten antiken wie mittelalterlichen Verständnis von Gestalt und Wesen einer Kopie stellen könnte[139]). Denn hier muß man natürlich sorgfältig differenzieren und darf beispielsweise nicht Paulus zu einem platonischen Fachphilosophen machen. Wenn Hans Lietzmann in seinem Galaterbrief-Kommentar zur paulinischen Rede von einem ἄνω Ἰερουσαλήμ schreibt: »Diese himmlische, bei der Endvollendung in die Erscheinung tretende Stadt ist also das ›präexistente Jerusalem‹, die platonische ›Idee‹ Jerusalem, deren schwa-

---

[138] Diese Zusammenhänge nimmt K.L. SCHMIDT in seinem feinen Aufsatz »Jerusalem als Urbild und Abbild« nicht wahr, weil er mit einer viel zu schematischen Entgegensetzung von (biblischen) »apokalyptischen« versus (philosophischen) »griechischen« Vorstellungen arbeitet (SCHMIDT 1950, 232 f. und 244 f.).

[139] KRAUTHEIMER hat freilich auf die Frage nach philosophischen (und theologischen) Hintergründen der antiken und mittelalterlichen Vorstellungen vom Wesen der Kopie weder in seinem Aufsatz von 1942 noch irgendwann sonst eine Antwort gegeben, aber immerhin eine überaus charmante Entschuldigung formuliert: »Ich habe nun einmal keinen philosophischen Kopf«, schrieb er in den bewegenden und zugleich überaus ehrlichen *Confessiones et Retractationes* am Ende seines deutschen Aufsatzbandes (KRAUTHEIMER 1988, 35).

ches Abbild die irdische Stadt ist«[140], dann fällt hier mit dem Stichwort ›Idee‹ ein Begriff zur Erklärung eines paulinischen Textzusammenhanges, den kaum ein christlicher Autor der Antike unbefangen in den Mund nimmt und schon gar nicht Paulus.

Auf der anderen Seite wird man aber auch kaum bestreiten können, daß durch die Verlagerung des theologischen Akzentes auf das »himmlische Jerusalem«, durch den »Realitätsverlust« dieser Hoffnung und die Entleerung der Vorstellung zu einer reinen Metapher für beliebige eschatologische Topoi der christlichen Theologie Entscheidendes verloren gegangen ist. Wenn in dem berühmten mittelalterlichen Merkvers über den vierfachen Schriftsinn der realen irdischen Stadt Jerusalem gerade einmal ein Schriftsinn zugewiesen wird (nämlich der Literalsinn) und »Jerusalem« ansonsten allegorisch ausgelegt für die Kirche, tropologisch ausgelegt für die gläubige Seele und anagogisch ausgelegt für das himmlische Vaterland[141] steht, dann muß man mindestens zur Kenntnis nehmen, daß diese Vervielfachung ebenso wie die voraufgegangene Entwicklung der eschatologischen Vorstellung von einem »himmlischen Jerusalem« die unaufgebbare Bindung des Christentums an seine jüdischen Ursprünge ein Stück weit auflöst und so beschädigt. Um es einmal ganz thetisch (und damit notwendigerweise verkürzt zu sagen): Der Realitätsverlust der Vorstellung vom »himmlischen Jerusalem« in der christlichen Antike geschah aus theologisch nachvollziehbaren Gründen, gehört aber mit zu den gewöhnlich eher verborgenen Wurzeln und Formen der Israel-Vergessenheit christlicher Theologie. Ich persönlich halte es überhaupt nicht für einen Zufall, daß die schroffeste in der Literatur überlieferte Distanzierung von der Vorstellung eines »himmlischen Jerusalem« von demjenigen Theologen unseres Jahrhunderts stammt, der den wohl tiefsten und erschütterndsten theologischen Kniefall vor dem Nationalsozialismus vollzogen hat[142].

Gegen eine solche Israel-Vergessenheit hat vor vielen Jahren ein evangelischer Neutestamentler mit einem Satz protestiert, der mich seit Studien-

---

[140] LIETZMANN 1913, 253; kritisch an diesem Punkte bereits SCHMIDT 1950, 214.

[141] BROX zeigt (BROX 1986, 152 mit Anm. 1), daß diese Systematisierung sich noch nicht bei Eucherius von Lyon findet (X [CSEL 31, 51,8 WOTKE: *Hierusalem ecclesia uel anima*]).

[142] PETER STUHLMACHER behandelt in seinem erwähnten Aufsatz »Die Stellung Jesu und des Paulus zu Jerusalem. Versuch einer Erinnerung« (STUHLMACHER 1989, 140–156) Johann Matthäus Meyfarths wunderbaren Choral »Jerusalem, du hochgebaute Stadt« (EKG 320 = EG 150) und berichtet, daß Emanuel Hirsch, »ein berühmter und hochgelehrter Emeritus der systematischen Theologie (...), in seiner Privatsozietät einmal deutlich zu machen versucht hatte, dieses von der Sehnsucht nach dem himmlischen Jerusalem erfüllte Lied enthalte inhaltlich lauter ›Quatsch‹« (aaO. 140).

zeiten fasziniert. Er lautet: »Golgatha ist nicht überall, sondern es gibt nur Ein Golgatha, und es liegt vor den Toren Jerusalems«[143], und stammt von dem längst verstorbenen Göttinger Neutestamentler *Joachim Jeremias,* der damit seine Fragment gebliebene »Theologie des Neuen Testaments« abgeschlossen hat. Auch wenn dieser zitierte deklaratorische Satz über die Ortslage Golgatha eigentlich in den Kontext einer längst vergangenen Debatte über die Bedeutung historischer Vergewisserung für den christlichen Glauben gehört (Jeremias kämpfte hier mit Paul Althaus gegen seinen Göttinger Fakultätskollegen Gogarten und letztlich gegen Bultmann[144]) und in sehr spezifischer Weise Richtiges und Falsches vermischt[145], so vermag er doch in dieser spezifischen Mischung einen weiteren wichtigen Fingerzeig für einen heutigen Umgang mit der Vorstellung von einem »himmlischen Jerusalem« zu geben: Die problematische Geschichte der Vorstellung von einem »himmlischen Jerusalem« in der christlichen Theologie erinnert das Christentum nicht nur an die bleibende Bedeutung seiner Herkunft aus dem Judentum, sondern auch daran, daß alle Rede von der Gegenwart Gottes in seinem heilschaffenden Wirken *konkret* sein muß: So wie Gott uns nicht irgendwie nahegekommen ist, sondern im Juden Jesus von Nazareth Mensch geworden ist, so ist er uns auch nicht irgendwo nahekommen, sondern in Palästina und in Jerusalem. Und so konkret, wie er einst gekommen ist, will seine heilsame Zuwendung zu den Menschen auch heute konkret gedacht und konkret verkündigt werden.

Die Rede vom »himmlischen Jerusalem« ist – recht verstanden – innerhalb der christlichen Theologie unverzichtbar, weil sie für das jüdische Erbe und für die Konkretheit der heilschaffenden Gegenwart Gottes steht, sie bewahrt im besten Fall vor antijudaistischer Verzeichnung und deistischer Verflachung der christlichen Botschaft. Wird diese Vorstellung – wie bereits in der christlichen Antike – freilich zu einer bloßen Metapher für

---

[143] JEREMIAS 1979, 295; JEREMIAS verweist in einer Anmerkung auf ALTHAUS 1958, 34.

[144] Das wird auch noch in der Neubearbeitung des von Jeremias zitierten Titels deutlich: ALTHAUS 1961, 254: »Golgatha ist nicht überall, sondern in Jerusalem, und Jesu Todestag war ein bestimmter Tag; an ihm ist etwas geschehen, was sich nicht fortsetzt und nicht im Kerygma auch geschieht, sondern was einmal und nur einmal für immer geschehen ist«.

[145] Auf der einen Seite wird man die Wahrheit dieses Satzes schlecht bestreiten können, es gibt ja tatsächlich nur ein Golgatha, und das lag einstens ebenso unbezweifelbar vor den Toren Jerusalems wie es heute inmitten dieser Stadt liegt. Und auf der anderen Seite wirkt der Satz – vorsichtig gesagt – seltsam schlicht, positivistisch, denn natürlich gibt es im Grunde in jedem Kalvarienberg, in jeder Kreuzwegstation jeder beliebigen katholischen Kirche in diesem Land und anderswo ein Golgatha und das liegt dann ganz gewiß nicht in einem solchen schlichten Sinne »in Jerusalem«.

beliebige eschatologische Theologumena verflüchtigt, so droht auch für die beiden anderen genannten zentralen Werte einer schriftgemäßen Theologie höchste Gefahr. – Mit solchen etwas plakativen Hinweisen ist natürlich die Aufgabe, heute die Bedeutung von himmlischem wie irdischem Jerusalem im Rahmen von konfessionellen oder ökumenischen Entwürfen theologisch zu explizieren, nicht einmal in Ansätzen gelöst. Diese Aufgabe bleibt. Und obwohl ein Kirchenhistoriker für die Bewältigung solcher Aufgaben sicher auch nicht als erster berufen ist, erlaubt er sich doch den abschließenden Hinweis, daß ein gemeinsames Nachdenken über dieses Thema wahrscheinlich doch viel eher zu konsensfähigen Ergebnissen führen könnte als die dornigen Diskussionen um das Theologumenon von der Erwählung Israels oder gar die heftigen Auseinandersetzungen um die Messianität Jesu.

Bibliographie

K. ALAND 1960: Art. Montanismus, RGG IV, Tübingen [3]1960, 1118.

P. ALTHAUS 1958: Das sogenannte Kerygma und der historische Jesus, BFChTh 48, Gütersloh 1958.

– 1961: Zur Kritik der heutigen Kerygmatheologie, in: H. RISTOW/K. MATTHIAE (Hgg.), Der historische Jesus und der kerygmatische Christus. Beiträge zum Christusverständnis in Forschung und Verkündigung, Berlin 1961, 236–256.

A. APTOWITZER 1931: The Temple Above in the Agada, Tarbiz 2, 1931, 257–287 (hebräisch).

C. AUFFARTH 1993: Himmlisches und irdisches Jerusalem. Ein religionswissenschaftlicher Versuch zur ›Kreuzzugseschatologie‹, ZfR 1, 1993, 25–49.91–118.

AUSSTELLUNG MAILAND 1983: La Gerusalemme celeste. Catalogo della mostra di Milano, Università del S. Cuore 20 maggio – 5 giugno 1983, Mailand 1983.

M. BALTES 1996: Art. Idee (Ideenlehre), RAC XVII, Stuttgart 1996, 213–246.

G. BANDMANN 1985: Mittelalterliche Architektur als Bedeutungsträger, Gebrüder-Mann-Studio-Reihe, Berlin [8]1985 ([1]1951).

L.W. BARNARD 1965: Justin Martyr's Eschatology, VigChr 19, 1965, 92–95.

– 1966: Justin Martyr. His Life and Thought, Cambridge/London 1967.

CH.K. BARRETT 1976: The Allegory of Abraham, Sarah and Hagar in the Argument of Galatians, in: J. FRIEDRICH/W. PÖHLMANN/P. STUHLMACHER (Hgg.), Rechtfertigung. FS für E. Käsemann zum 70. Geburtstag, Tübingen 1976, 1–16.

W. BAUER 1954: Art. Chiliasmus, RAC II, Stuttgart 1954, 1073–1078.

R. BERGMEIER 1984: ›Jerusalem, du hochgebaute Stadt‹, ZNW 75, 1984, 86–106.

A.M. BERRUTO 1998: Millenarismo e montanismo, ASE 15, 1998, 85–100.

H.D. BETZ 1979: Galatians. A Commentary on Paul's Letter to the Churches in Galatia, Hermeneia, Philadelphia 1979.

A. BEYER 1992: Vorwort, in: DERS. (Hg.), Die Lesbarkeit der Kunst. Zur Geistes-Gegenwart der Ikonologie, Kleine kulturwissenschaftliche Bibliothek 37, Berlin 1992, 7–9.

J. BONSIRVEN 1910: Eschatologie rabbinique d'après les targums, Talmud, Midrashs, Rom 1910.

– 1955: Textes rabbiniques des deux premier siècles chrétiens pour servir à l'intellegence du Nouveau Testament, Rom 1955.

W. BOUSSET 1966: Die Offenbarung Johannis, KEK XVI, Göttingen 1966 (= ⁶1906).

W. BOUSSET/H. GRESSMANN 1926: Die Religion des Judentums im späthellenistischen Zeitalter, Tübingen ³1926.

R. BRAUN, Tertullien et le Montanisme: Église institutionelle et Église spirituelle, RSLR 21, 1985, 245–257.

N. BROX 1986: Das »irdische Jerusalem« in der christlichen Theologie, Kairos 28, 1986, 152–173.

– 1991: Der Hirt des Hermas, übersetzt und erklärt, KAV VII, Göttingen 1991.

C. BURINI 1994: Pseudo-Cipriano: I due monti Sinai e Sion, a cura di C. BURINI, Biblioteca Patristica 25, Fiesole 1994.

W.M. CALDER 1933: Monumenta Asiae Minoris Antiqua, Vol. 4 Monuments and Documents from Eastern Asia and Western Galatia, ed. by W.H. BUCKLER, W.M. CALDER, W.K.C. GUTHRIE, Publications of the American Society for Archaeological Research in Asia Minor 4, London/Manchester 1933.

H. CHADWICK, The Circle and the Ellipse. Rival Concepts of Authority in the Early Church, in: DERS., History and Thought of the Early Church, Collected Studies Series 164, London 1982, nr. I (zuerst: Inaugural Lecture, University of Oxford, 5 May 1959, Oxford 1959).

C. CURTI 1978: Il regno millenario in Vittorino di Petovio, Aug. 18, 1978, 419–433.

– 1998: Girolamo e il millenarismo di Vittorino di Petovio, ASE 15, 1998, 191–203.

B. DALEY 1986: Eschatologie in der Schrift und in der Patristik, HDThG IV 7A, Freiburg 1986.

D. DE BRUYNE 1925: Epistula Titi, Discipuli Pauli, De Dispositione Sanctimonii, RBén 37, 1925, 47–72.

F.J. DÖLGER 1925: Sol Salutis. Gebet und Gesang im christlichen Altertum, mit besonderer Rücksicht auf die Ostung in Gebet und Liturgie, LQF 4/5, Münster ²1925.

H.-M. DÖPP 1998: Die Deutung der Zerstörung Jerusalems und des Zweiten Tempels im Jahre 70 in den ersten drei Jahrhunderten n.Chr., TANZ 24, Tübingen 1998.

U. DUCHROW 1970: Christenheit und Weltverantwortung. Traditionsgeschichte und systematische Struktur der Zweireichelehre, FBESG 25, Stuttgart 1970.

M. DULAEY 1993: Victorin de Poetovio. Premier exégète latin, Vol. 1, EAug 139, Paris 1993.

– 1991: Jérôme ›éditeur‹ du *Commentaire sur l'Apocalypse* de Victorin de Poetovio, REAug 37, 1991, 199–236.

– 1997: Victorin de Poetovio, Sur L'Apocalypse suivi du Fragment Chronologique et de La Construction du Monde, Introduction, texte critique, traduction, commentaire et index par M. DULAEY, SC 423, Paris 1997.

M. DURST 1987: Die Eschatologie des Hilarius von Poitiers, Hereditas 1, Bonn 1987.

B. EGO 1989: Im Himmel wie auf Erden. Studien zum Verhältnis von himmlischer und irdischer Welt im rabbinischen Judentum, WUNT 2.R. 34, Tübingen 1989, 176.

C. Erdmann 1935: Die Entstehung des Kreuzzugsgedankens, FKGG 6, Stuttgart 1935.

M. van Esbroek 1995: La lettre sur le dimanche, descendue du ciel, in: ders., Aux origines de la dormition de la Vierge. Études historiques sur les traditions orientales, Collected Studies Series 472, London 1995, nr. XIII.

V. Fàbrega 1974: Die chiliastische Lehre des Laktanz. Methodische und theologische Voraussetzungen und religionsgeschichtlicher Hintergrund, JbAC 17, 1974, 126–146.

E. Fascher 1964: Jerusalems Untergang in der urchristlichen und altkirchlichen Überlieferung, ThLZ 89, 1964, 81–98.

J.M. Fiey 1969: Le pélerinage des Nestoriens et Jacobites à Jérusalem, Cahier de Civilisation médiévale 12, 1969, 113–126.

L. Goldschmidt 1934: Der babylonische Talmud, Bd. VIII Baba Batra/Synhedrin, Berlin 1934.

E. Grässer 1997: An die Hebräer, 3. Teilband Hebr 10,19–13,25, EKK XVII/3, Zürich/Neukirchen-Vluyn 1997.

D.E. Groh 1985: Utterance and Exegesis: Biblical Interpretation in the Montanist Crisis, in: D.E. Groh/R. Jewett (Eds.), The Living Text. Essays in Honour of E.W. Saunders, New York 1985, 73–95.

A.v. Harnack 1893: Geschichte der altchristlichen Litteratur bis Eusebius, Vol. I Die Überlieferung und der Bestand, Leipzig 1893.

A.E. Harvey 1966: Melito and Jerusalem, JThS 16, 1966, 401–404.

S. Heid 1993: Chiliasmus und Antichrist-Mythos: eine frühchristliche Kontroverse um das Heilige Land, Hereditas 6, Bonn 1993.

O. Hofius 1970: Katapausis. Die Vorstellung vom endzeitlichen Ruheort im Hebräerbrief, WUNT 11, Tübingen 1970.

T. Holtz 1971: Die Christologie der Apokalypse des Johannes, TU 85, Berlin ²1971.

H. Hommel 1979: Domina Roma, in: H. Kloff (Hg.), Ideologie und Herrschaft in der Antike, WdF 528, Darmstadt 1979, 271–314.

V.F. Hopper 1938: Medieval Number Symbolism. Its sources, meaning, and influence on thought and expression, Columbia University Studies in English and Comparative Literature 132, New York 1969 (= ebd. 1938).

G.H. Horsley 1982: New Documents Illustrating Early Christianity, Vol. II 1977, North Ryde 1982.

E.D. Hunt 1998: Holy Land Pilgrimage in the Later Roman Empire AD 312–460, Oxford 1998 (= 1982).

C. Ihm 1960: Die Programme der christlichen Apsismalerei vom vierten Jahrhundert bis zur Mitte des achten Jahrhunderts, FKGCA 4, Wiesbaden 1960.

S. Janeras 1997: La settimana santa nell'antica liturgia di Gerusalemme, in: A.G. Kollamparampil (Hg.), Hebdomadae Sanctae Celebratio Conspectus Historicus Comparatus. The Celebration of Holy Week in Ancient Jerusalem and its Development in the Rites of East and West, Rom 1997, 19–50.

G. Jeremias 1963: Der Lehrer der Gerechtigkeit, SUNT 2, Göttingen 1963.

J. Jeremias 1926: Golgotha, Angelos Beihefte 1, Leipzig 1926.

– 1979: Neutestamentliche Theologie, 1. Tl. Die Verkündigung Jesu, Gütersloh ³1979.

E. Joranson 1968: The Great German Pilgrimage of 1064–1065, in: The Crusaders and other Historical Essays. Presented to D.C. Muro by his former Students, ed. by L.J. PAETOW, Berkeley 1968 (= 1928), 3–43.

A. KINGSLEY PORTER 1914: Lombard Architecture, Vol. 2 Monuments. Abbazia di Albino – Milan, New Haven/London/Oxford 1917.

H.J. KLAUCK 1986: Die heilige Stadt bei Philo und Lukas, Kairos 28, 1986, 129–151.

R. KNOPF 1914: Die Himmelsstadt, in: Neutestamentliche Studien – Georg Heinrici zu seinem 70. Geburtstag (14. März 1914), UNT 6, Leipzig 1914, 213–219.

R. KONRAD 1965: Das himmlische und das irdische Jerusalem im mittelalterlichen Denken. Mystische Vorstellung und geschichtliche Entwicklung, in: C. BAUER/ L. BOEHM/M. MÜLLER (Hgg.), Speculum Historiale. Geschichte im Spiegel von Geschichtsschreibung und Geschichtsdeutung, Freiburg/München 1965, 523–540.

H. KRAFT 1955: Die altkirchliche Prophetie und die Entstehung des Montanismus, ThZ 11, 1955, 249–271.

R. KRAUTHEIMER 1942: Introduction to an ›Iconography of Mediaeval Architecture‹, JWCI 5, 1942, 1–33.

– 1971: Introduction to an ›Iconography of Mediaeval Architecture‹, in: DERS., Studies in Early Christian, Medieval, and Renaissance Art, ed. J.S. ACKERMAN u.a., London/New York 1971 (= 1969), 115–150.

– 1988: Einführung zu einer Ikonographie der mittelalterlichen Architektur, in: ders., Ausgewählte Aufsätze zur Europäischen Kunstgeschichte, Köln 1988, 142–189 mit Postskript 1969 (aaO. 190f.) und Postskript 1987 (aaO. 191–197).

G. KRETSCHMAR 1985: Die Offenbarung des Johannes. Die Geschichte ihrer Auslegung im 1. Jahrtausend, CThM. B 9, Stuttgart 1985.

– 1987: Festkalender und Memorialstätten Jerusalems in altkirchlicher Zeit, in: H. BUSSE/DERS., Jerusalemer Heiligtumstraditionen in altkirchlicher und frühislamischer Zeit, ADPV 8, Wiesbaden 1987, 29–111.

B. KÜHNEL, From the Earthly to the Heavenly Jerusalem. Representations of the Holy City in Christian Art of the First Millennium, RQ. Suppl. 42, Rom u.a. 1987.

R. KÜHNER/B.GERTH 1898: Ausführliche Grammatik der griechischen Sprache II/1, Hannover und Leipzig 1898.

E. LAMIRANDE 1974: Art. Jérusaleme céleste, DSp VIII, Paris 1974, 944–958.

– 1983: Le thème de la Jérusalem céleste chez saint Ambroise, REAug 29, 1983, 209–232.

– 1994: Art. Ciuitas dei, Augustinus-Lexikon, Vol. 1, Basel 1986–1994, 958–969.

J.C.H. LEBRAM 1974: Der Idealstaat der Juden, in: O. BETZ/K. HAACKER/M. HENGEL (Hgg.), Josephus-Studien. Untersuchungen zu Josephus, dem antiken Judentum und dem Neuen Testament. Otto Michel zum 70. Geburtstag gewidmet, Göttingen 1974, 233–251.

M. LEUTZSCH 1989: Die Wahrnehmung sozialer Wirklichkeit im »Hirten des Hermas«, FRLANT 150, Göttingen 1989.

H. LIETZMANN 1913: An die Galater, in: Die Briefe des Apostels Paulus, HNT III, Tübingen 1913, 225–264.

O. LIMOR 1988: The Place of the End. Eschatological Geography in Jerusalem, in: B. KÜHNEL (Ed.), The Real and Ideal Jerusalem in Jewish, Christian and Islamic Art. Studies in Honor of Bezalel Narkiss on the Occasion of his 70. Birthday, Jerusalem 1998, 13–22.

F. LOOFS 1930: Theophilus von Antiochien adversus Marcionem und die anderen theologischen Quellen bei Irenaeus, TU 46, Leipzig 1930.

E. LOHSE 1964: Art. Σιών κτλ., ThWNT VII, 1964, 318–338.

H. DE LUBAC 1959: Exégèse médiévale. Les quatre sens de l'Écriture, Vol. I/2, Paris 1959.

G. MACRAE 1980: A Kingdom that Cannot be Shaken: The Heavenly Jerusalem in the Letter to the Hebrews, Tantur Yearbook 1979–1980, Spirituality and Ecumenism, Tantur-Jerusalem 1980, 27–40.

B. MANDELBAUM 1987: Pesikta de Rav Kahana, according to an Oxford Manuscript with Variants ... with Commentary and Introduction, Vol. 1, New York ²1987.

P. MARAVAL 1988: Saint Jérôme et le pèlerinage aux lieux saints de Palestine, in: Y.-M. DUVAL (Éd.), Jérôme entre l'Occident et l'Orient. XVIe centenaire du départ de saint Jérôme de Rome et son installation à Bethléem. Actes du colloque de Chantilly (sept. 1986), EAug, Paris 1988, 323–342.

C. MARKSCHIES 1994: Nochmals: Wo lag Pepuza? Wo lag Tymion? Nebst einigen Bemerkungen zur Frühgeschichte des Montanismus, JbAC 37, 1994, Münster/Westf. 1994, 7–28.

– 1995: Gibt es eine Theologie der gotischen Kathedrale? Nochmals: Suger von Saint Denis und Sankt Dionys vom Areopag. AHAW.PH 1/1995, Heidelberg 1995.

C. MAZZUCCO 1983: La Gerusalemme celeste dell‹ »Apocalisse« nei Padri, in: »La dimora di Dio con gli uomini« (Ap 21,3). Immagini della Gerusalemme celeste dal III al XIV secolo, éd. di M.L. GATTI PERER, Mailand 1983, 49–75.

O. MICHEL 1966: Der Brief an die Hebräer, übersetzt und erklärt, KEK XIII, Göttingen ¹²1966.

A. MOCSY 1962: Art. Pannonia, PRE.Suppl. IX, Stuttgart 1962, 516–776.

J.P. O'CONNELL 1948: The Eschatology of Saint Jerome, Mundelein/IL 1948.

J. VAN OORT 1991: Jerusalem and Babylon. A Study into Augustine's City of God and the Sources of his Doctrine of the Two Cities, SVigChr 14, Leiden 1991.

W. OVERBECK 1995: Menschwerdung. Eine Untersuchung zur literarischen und theologischen Einheit des fünften Buches ›Adversus Haereses‹ des Irenäus von Lyon, BBSHST 61, Bern u.a. 1995.

L. PERRONE 1999: »The Mystery of Judaea« (Jerome, *Ep.* 46). The Holy City of Jerusalem between History and Symbol in Early Christian Thought, in: L.I. LEVINE (Ed.), Jerusalem. Its Sanctity and Centrality to Judaism, Christianity and Islam, New York 1999, 221–239.

J.M. PFÄTTISCH 1913: Des Eusebius Pamphili Bischofs von Cäsarea ausgewählte Schriften, aus dem Griechischen übers. v. J.M. PFÄTTISCH, Kempten/München 1913.

A. PODOSSINOV 1991: Art. Himmelsrichtung (kultische), RAC XV, 1991, 233–286.

J. PRAWER 1980: Jerusalem in the Christian and Jewish Perspectives of the Early Middle Ages, in: Gli Ebrei nell'alto medioevo 30 marzo – 5 aprile 1978, Vol. II, Settimane di Studio del centro Italiano di studi sul'alto medioevo 26, Spoleto 1980, 739–795.

D. POWELL 1975: Tertullianists and Cataphrygians, VigChr 29, 1975, 33–54.

A. QUACQUARELLI 1987: La chiesa come città celeste nell' iconografia del IV secolo, in: Atti del Convegno Nazionale di Studi su La città ideale nella tradizione classica e biblo-cristiana, Turin 1987, 185–202.

J. ROLOFF 1984: Die Offenbarung des Johannes, ZBK.NT 18, Zürich 1984.

– 1993: Irdisches und himmlisches Jerusalem nach der Johannesoffenbarung, in: F. HAHN, F.-L. HOSSFELD und A. NEUWIRTH (Hgg.), Zion – Ort der Begegnung. FS für Laurentius Klein zur Vollendung des 65. Lebensjahres, BBB 90, Bodenheim 1993, 85–106.

O. ROUSSEAU 1952: Quelques textes patristiques sur la Jérusalem céleste, La vie spirituelle 86, 1952, 378–388.

B. SARIA 1951: Art. Poetovio, PRE 21/1, Stuttgart 1951, 1167–1184.

J. SAUER 1924: Symbolik des Kirchengebäudes und seiner Ausstattung in der Auffassung des Mittelalters, mit Berücksichtigung von Honorius Augustoduensis, Sicardus und Durandus, Freiburg ²1924.

L. SCHADE 1914: Des heiligen Kirchenvaters Eusebius Hieronymus ausgewählte historische, homiletische und dogmatische Schriften, aus dem Lateinischen übers. v. L. Schade, BKV Hieronymus I = 15, Kempten/München 1914.

E. SCHADEL 1982: Origenes, Die griechisch erhaltenen Jeremiahomilien, eingeleitet, übersetzt und mit Erklärungen versehen von E. SCHADEL, BGL 10, Stuttgart 1980.

H. SCHLIER 1971: Der Brief an die Galater, KEK VII, Göttingen ¹⁴1971.

K.L. SCHMIDT 1950: Jerusalem als Urbild und Abbild, ErJb 18, 1950, 207–248.

G. SCHÖLLGEN 1985: ›Tempus in collecto est‹. Tertullian, der frühe Montanismus und die Naherwartung ihrer Zeit, JbAC 27/28, 1984/1985, Münster/Westf. 1985, 74–96.

J.C. SCHÖTTGEN 1733: Horae Hebraicae Et Talmudicae In Universum Novum Testamentum. Quibus Horae Io. Lightfooti In Libris Historicis Supplentur, Epistolae Et Apocalypsis Eodem Modo Illustrantur, Dresden und Leipzig 1733.

E. SCHÜRER 1907: Geschichte des jüdischen Volkes im Zeitalter Jesu Christi, Bd. II Die inneren Zustände, Leipzig ⁴1907.

G. SGHERRI 1982: Chiesa e Sinagoga nelle opere di Origine, SPMed 13, Mailand 1982.

M. SIMONETTI 1975: Il millenarismo in Oriente da Origene a Metodio, in: Corona Gratiarum. Miscellanea Patristica, Historica et Liturgica Eligio Dekkers OSB XII Lustra Complenti Oblata, IP 10, Vol. I, Brugge 1975, 37–58.

– 1998: Il millenarismo cristiano dal I al V secolo, ASE 15, 1998, 7–20.

O. SKARSAUNE 1987: The Proof from Prophecy. A Study in Justin Martyr's Proof-Text Tradition: Text-Type, Provenance, Theological Profile, NT.S 56, Leiden 1987.

P. SÖLLNER 1998: Jerusalem, die hochgebaute Stadt. Eschatologisches und Himmlisches Jerusalem im Frühjudentum und im frühen Christentum, TANZ 25, Tübingen/Basel 1998.

O.H. STECK 1989: Zion als Gelände und Gestalt. Überlegungen zur Wahrnehmung Jerusalems als Stadt und Frau im Alten Testament, ZThK 86, 1989, 261–281.

G. STEMBERGER 1987: Juden und Christen im Heiligen Land. Palästina unter Konstantin und Theodosius, München 1987.

M. STERN 1974: Greek and Latin Autors on Jews and Judaism, ed. with Introductions, Translations and Commentary by M.S., Vol. I From Herodotus to Plutarch, Publications of the Israel Academy of Sciences and Humanities. Fontes Ad Res Judaicas Spectantes, Jerusalem 1974.

D. STOLTMANN 1999: Jerusalem – Mutter – Stadt. Zur Theologiegeschichte der Heiligen Stadt, MThA 57, Altenberge 1999.

(H.L. STRACK/)P. BILLERBECK 1926: Kommentar zum Neuen Testament aus Talmud und Midrasch, Bd. 3 Die Briefe des Neuen Testaments und die Offenbarung Johannis, München 1926.

– 1928: Kommentar zum Neuen Testament aus Talmud und Midrasch, Bd. 4/2 Kommentar zu einzelnen Stellen des Neuen Testaments. Abhandlungen zur Neutestamentlichen Theologie und Archäologie, München 1928.

H.L. STRACK/G. STEMBERGER 1982: Einleitung in Talmud und Midrasch, Beck' sche Elementarbücher, München ⁷1982.

A. STROBEL 1980: Das heilige Land der Montanisten, RGVV 37, Berlin/New York 1980.

G.G. STROUMSA 1999: Mystische Jerusaleme, in: ders., Christentum und Kultur, HLV 4, Berlin/New York 1999, 31–66 (= ders., Mystical Jerusalems. in: ders., Barbarian Philosophy. The Religious Revolution of Early Christianity, WUNT 112, Tübingen 1999, 294–314, übersetzt und erweitert).

P. STUHLMACHER 1989: Die Stellung Jesu und des Paulus zu Jerusalem. Versuch einer Erinnerung, ZThK 86, 1989, 140–156.

F. STUMMER 1935: Die Bewertung Palästinas bei Hieronymus, OrChr 10, 1935, 60–74.

K. THRAEDE 1983: Art. Gottesstaat (Civitas Dei), RAC XII, Stuttgart 1983, 58–81.

– 1996: Art. Jerusalem II (Sinnbild), RAC XVII, Stuttgart 1996, 718–764.

E. URBACH 1968: Jerusalem Through the Ages, Jerusalem 1968 (hebräisch).

J. ULRICH 1999: Wallfahrt und Wallfahrtskritik bei Gregor von Nyssa, ZAC 3, 1999, 87–96.

H.G. VOIGT 1891: Eine verschollene Urkunde des antimontanistischen Kampfes. Die Berichte des Epiphanius über die Kataphryger und Quintillianer, Leipzig 1891.

P. VOLZ 1934: Die Eschatologie der jüdischen Gemeinde im neutestamentlichen Zeitalter, Tübingen 1934.

P.W.L. WALKER 1990: Holy City, Holy Places? Christian Attitudes to Jerusalem and the Holy Land in the Fourth Century, Oxford 1990.

– 1995: Jerusalem and the Holy Land in the Fourth Century, in: A.O. MALONEY et al. (Eds.), The Christian Heritage in the Holy Land, London 1995, 22–34.

C. WEIZSÄCKER 1882: Rezension von G.N. BONWETSCH, Die Geschichte des Montanismus, Erlangen 1881 in ThLZ 7, 1882, 74–80.

M. WERNER, Die Entstehung des christlichen Dogmas, Bern/Leipzig 1941.

R.L. WILKEN 1986: Early Christian Chiliasm, Jewish Messianism, and the Idea of the Holy Land, HThR 79, 1986, 298–307.

– 1992: The Land Called Holy. Palestine in Christian History and Thought, New Haven/London 1992.

J. WILKINSON 1984: Orientation, Jewish and Christian, PEQF 116, 1984, 16–30:

– 1987: Art. Jerusalem IV. Alte Kirche, TRE XVI, Berlin/New York 1987 = 1993, 617–624.

H. WINDISCH 1925: Die ältesten christlichen Palästinapilger, ZDPV 48, 1925, 145–148.

R. WISSKIRCHEN 1990: Das Mosaikprogramm von S. Prassede in Rom. Ikonographie und Ikonologie, JbAC. Ergbd. 17, Münster 1990.

A. WLOSOK 1989: Victorinus von Pettau, in: R. HERZOG/P.L. SCHMIDT (Hgg.), Handbuch der lateinischen Literatur, Bd. 5 Restauration und Erneuerung. Die lateinische Literatur von 284 bis 374 n.Chr., HAW VIII/5, München 1989, 410–415.

A. WÜNSCHE 1880: Der Midrasch Schir Ha-Schirim, zum ersten Male ins Deutsche übertragen, Bibliotheca Rabbinica, Lfg. 6/7, Leipzig 1880.

– 1967: Pesikta des Rab Kahana, das ist die älteste in Palästina redigierte Haggada nach der Buberschen Textausgabe zum ersten Male ins Deutsche übertragen und mit Einleitung und Noten versehen, Bibliotheca Rabbinica. Eine Sammlung alter Midraschim, zum ersten Male ins Deutsche übertragen, Lfg. 31/32 = Bd. V, Leipzig 1884/1885 = Hildesheim 1967.

D. WYRWA 1983: Die christliche Platonaneignung in den Stromateis des Clemens von Alexandrien, AKG 53, Berlin/New York 1983.

Jérusalem, cité sainte?
Les hésitations des Pères du IVe siècle

par

Pierre Maraval

Au VIe siècle, dans l'Orient chrétien, trois villes étaient appelées »ville sainte« ou »ville de Dieu«: Jérusalem, Antioche, Constantinople. Cette appellation visait pour une part à appeler la bénédiction de Dieu sur elles (c'est le cas au moins pour la seconde[1]), mais elle était fondée également sur la sainteté que leur procuraient leurs innombrables sanctuaires, et surtout les reliques qui s'y trouvaient. Jérusalem, bien entendu, avait été la première à mériter cette qualification: c'était sans conteste une ville sainte, *la* ville sainte. Mais une telle qualification, qui existait déjà dans le judaïsme, s'est-elle imposée sans problème chez les chrétiens?[2] Au quatrième siècle, l'époque qui a vu le grand essor des pèlerinages à Jérusalem, suite à la redécouverte et à la mise en valeur de »lieux saints« chrétiens, la question s'est posée, et sans doute de manière assez aiguë, bien que les textes qui en témoignent ne soient pas très nombreux. On peut alors relever plusieurs réponses: pour certains, qui font écho à des conceptions anciennes, Jérusalem n'est pas, ou n'est plus, une ville de Dieu, pas même une ville sainte; certains vont même jusqu'à la considérer comme une ville maudite, d'autres tiennent que son rôle dans l'histoire du salut n'a été que temporaire et qu'elle ne mérite plus désormais que les chrétiens s'y intéressent. Mais cette manière de voir ne peut résister longtemps au succès qu'obtiennent bientôt ses sanctuaires, en particulier ceux qui ont été bâtis, à l'initiative de

---

[1] Antioche reçoit cette dénomination après le tremblement de terre de 528: cf. Jean Malalas, Chronographia XVIII (p. 443). Constantinople, dès le Ve siècle, est appelée »nouvelle Jérusalem« (Vie de Daniel le stylite, 10, p. 12); dans la Vie du patriarche Eutychius écrite par son disciple Eustratius, elle est appelée »ville sainte, nouvelle Jérusalem et reine des villes« (8, 74, PG 86, 2360 A, CCG 25, l. 2078–2079).

[2] Ce thème (étendu à celui des lieux saints en général) a donné lieu à plusieurs études récentes: P.W.L. Walker, 1990 (traite essentiellement d'Eusèbe de Césarée et de Cyrille de Jérusalem); Robert L. Wilken, 1992; P. Maraval, 1992, p. 5–23; R.A. Markus, 1994.

l'empereur Constantin, sur les sites de la nativité, de la passion et de la résurrection, de l'ascension. On voit donc apparaître des appréciations plus positives. Les uns s'en tiennent à une sorte de valorisation historique: Jérusalem (et Bethléem tout proche) sont des témoins qui attestent de la réalité historique des événements importants de la vie du Christ, en particulier de la nativité, de la passion, de la résurrection, de l'ascension, sans pourtant que cela leur confère une sainteté particulière; pour d'autres – et cela deviendra le sentiment dominant –, Jérusalem doit être considérée comme une ville de Dieu, une ville sainte, sanctifiée par les événements qui s'y sont déroulés et dans laquelle les lieux et les reliques qu'ils contiennent sont un mémorial quasi sacramentel de ces événements.

1. L'attitude de réserve

C'est l'attitude la plus courante dans la tradition des premiers siècles, et on la retrouve très présente au IVe: avant 325, les chrétiens n'attribuent le plus souvent aucune valorisation particulière à Jérusalem et à ses sites, ils ne s'y rendent pas en pèlerinage – c'est-à-dire pour les vénérer, à des fins dévotionnelles – et bien souvent ils les dévalorisent explicitement. Plusieurs motifs expliquent cette attitude.

Le premier se fonde sur les épreuves subies par la ville, sa destruction par les armées romaines en 70, puis lors de la seconde révolte juive en 135, révolte à la suite de laquelle Jérusalem perd son nom, devient une cité romaine appelée Aelia Capitolina. Tout cela prend, aux yeux de beaucoup de chrétiens, une signification théologique: la destruction de Jérusalem, annoncée par le Christ, est vue comme le châtiment de l'incrédulité des Juifs. C'est là un thème fréquent dans la polémique antijuive des trois premiers siècles, liée au thème du rejet d'Israël. Il est intéressant de noter qu'on en trouve des manifestations chez quelques-uns des premiers (et rares) *visiteurs*[3] chrétiens de la Palestine. Ainsi le prêtre Pionios, mis à mort à Smyrne en 250, dans un discours apologétique qu'il prononce avant son martyre et qui vise les Juifs, déclare que lorsqu'il s'est rendu en Palestine,

---

[3] J'emploie à dessein le terme visiteurs, et non le terme pèlerins, le second impliquant à mon avis une vénération des lieux que l'on visite: or les rares exemples que nous connaissons de voyageurs chrétiens en Palestine durant les trois premiers siècles sont ceux de visiteurs qui vont s'informer (ainsi Méliton de Sardes ou Origène), mais qui ne vont pas *vénérer* un lieu saint. Il n'y a d'ailleurs aucun inventaire (à de rares exceptions près), aucune valorisation des sites qui feront l'objet de l'intérêt des pèlerins à partir du IVe siècle. Cf. P. MARAVAL, 1985, p. 25–27. Je laisse de côté le problème d'une vénération éventuelle de certains sites par des groupes judéo-chrétiens.

il y a vu »*une terre qui témoigne jusqu'à présent de la colère de Dieu ad-venue sur elle à cause des péchés de ses habitants*«[4]. Un peu plus tard, lorsque dans sa Démonstration *Évangélique* (qui date des environs de 320, avant les constructions constantiniennes de Jérusalem et le grand essor du pèlerinage) Eusèbe de Césarée parle de chrétiens qui viennent adorer sur le mont des Oliviers, c'est pour souligner que de là ils peuvent voir l'ac-complissement des prophéties sur la ruine de Jérusalem et de son temple[5]. La destruction de Jérusalem est donc au moins le signe du jugement de Dieu sur la cité rebelle des Juifs.

Mais certains vont plus loin et en concluent que Jérusalem est devenue une ville rejetée par Dieu. On trouve encore l'écho d'une telle attitude à la fin du IVe siècle (en 392–393), dans une lettre adressée par Jérôme à Marc-ella, une de ses amies romaines, pour l'inciter à venir en pèlerinage à Jéru-salem (la lettre est censée être écrite par Paula et Eustochium, les dirigées de Jérôme, mais c'est évidemment celui-ci qui dicte). Après plusieurs pages dans lesquelles il louait Jérusalem en se référant à des textes de l'Ancien Testament, Jérôme prévient l'objection de sa correspondante:

»*Tu vas répondre certainement et alléguer que tout cela s'est passé jadis, quand le Seigneur* »*aimait les portes de Sion plus que les tentes de Jacob*« (Ps 86, 2) ... *Mais depuis a tonné ce mot terrible du Seigneur qui s'est dressé menaçant:* ›*Voici que votre maison sera laissée déserte*‹ *et aussi le discours plein de larmes par lequel il en a prophétisé la ruine:* ›*Jérusalem, Jérusalem, qui tues les prophètes et lapides ceux qui t'ont été envoyés, combien de fois j'ai voulu rassembler tes enfants comme la poule rassem-ble les poussins sous ses ailes, et tu as refusé! Voici que votre demeure vous sera laissée déserte*‹ (Mt 23, 37–38). *Depuis, le voile du temple s'est déchi-ré: Jérusalem a été cernée par une armée, souillée par le sang du Christ, la garnison des anges et la grâce du Christ se sont à ce moment éloignées. Enfin Josèphe lui-même, l'historien national des Juifs, affirme qu'à cette époque où fut crucifié le Seigneur, des profondeurs secrètes du temple écla-ta le cri des armées célestes:* ›*Émigrons de ces lieux-ci*‹. *De ces textes et d'autres encore, il ressort que, là où avait surabondé la grâce, a surabondé le péché. Depuis, les Apôtres ont entendu cet oracle:* ›*Partez donc, enseig-nez toutes les nations*‹ (Mt 28, 19); *et les apôtres eux-mêmes ont dit:* ›*Il nous fallait, certes, vous annoncer en premier lieu la parole, mais puisque vous avez refusé, voici que nous passons aux Gentils*‹ (Act 13, 46). *Alors*

---

[4] Passio Pionii 4, 18.
[5] Eusebius Caesariensis, Demonstratio Evangelica, VI, XVIII, 23 (GCS, p. 278).

*tout le mystère de la Judée et son ancienne familiarité avec Dieu, les apôtres
les ont transférés aux nations*«[6].

Conclusion de telles objections: Jérusalem est une ville maudite »*parce
qu'elle a bu le sang du Seigneur*«, »*depuis la passion du Christ, ce lieu est
détestable*«. Soulignons bien qu'il ne s'agit pas là de pures objections rhé-
toriques: Jérôme assure qu'»*une voix scélérate le prétend à grand cris*«,
que certains estiment qu'il faudrait délaisser le tombeau du Christ[7]. Il existe
donc bien toujours, à la fin du IVe siècle, des chrétiens qui contestent radi-
calement la sainteté de Jérusalem et celle de son sanctuaire le plus vénéré,
celui qui contient le tombeau du Christ.

Pour appuyer cet argument, mais à partir d'un point de vue différent,
plusieurs auteurs du IVe siècle ne se privent pas de remarquer que rien, dans
la Jérusalem de leur temps, pourtant si riche en églises que pour les parcou-
rir une journée ne pouvait suffire[8], ne permet de conclure à sa sainteté.
Citons ici Grégoire de Nysse, dans sa fameuse lettre 2, destinée à dissuader
moines et moniales de Cappadoce d'entreprendre le voyage à Jérusalem:
»*Si la grâce de Dieu était plus grande dans les lieux de Jérusalem, le péché
ne serait pas aussi habituel chez ceux qui les habitent. Mais aujourd'hui il
n'y a aucune espèce d'inconduite qu'on n'ose commettre chez eux – forni-
cations, adultères, vols, idolâtrie, empoisonnements, complots et meurtres!
Surtout, le mal y est à ce point à demeure que nulle part comme dans ces
lieux il n'existe une telle propension au meurtre: comme des bêtes sauva-
ges, des gens de même rang se jettent les uns contre les autres, et pour un
gain insignifiant. Quand donc s'accomplissent de tels méfaits, quelle preuve y a-t-il que la grâce soit plus grande en ces lieux-là?*«. Et Jérôme ren-
chérit quelques années plus tard, dans une lettre qui, il est vrai, est écrite à
une époque où il est en conflit ouvert avec l'évêque de Jérusalem et où il
essaie surtout de dissuader un de ses correspondants de venir s'installer à
Jérusalem pour y vivre la vie monastique: il souligne qu'à Jérusalem »*il y
a des courtisanes, des mimes, des baladins, bref, tout ce qui se rencontre
d'ordinaire dans les autres villes*«[9]. On a donc une sévère dépréciation de la
part de certains, basée à la fois sur une théologie de l'histoire – l'incrédulité
des Juifs est la cause de la condamnation de leur ville – et sur une observation empirique.

---

[6] Hieronymus, Epist. 46, 4 (CSEL 54, p. 333–334). On rappellera qu'il a tenu sur
cette question des propos parfois contradictoires, mais qui ont précisément l'intérêt de
montrer qu'il s'agissait d'une question disputée: cf. P. MARAVAL, 1989.

[7] Ibid., 8 (p. 338).

[8] Ibid., 11 (p. 340–341).

[9] Id., Epist. 58, 4 (p. 533).

D'autres Pères ne vont pas aussi loin dans la condamnation ou la dépréciation, mais ils n'en tiennent pas moins que Jérusalem, pour les chrétiens,
à l'inverse de ce qui était le cas pour les Juifs, n'a plus de signification
théologique. L'intérêt que lui portent les Juifs n'est plus de mise chez les
chrétiens; sa chute en 70 marque la fin de cette signification, qui était propre aux seuls Juifs. C'est la position constante d'Eusèbe de Césarée dans
ses oeuvres apologétiques contre les Juifs. Il lui arrive même de présenter
de façon caricaturale le lien du judaïsme et de Jérusalem: seuls les habitants
de Judée auraient pu véritablement observer certains commandements, ainsi celui, pour les jeunes mères, d'aller à Jérusalem pour les sacrifices après
leurs couches, ou pour toutes les nations de s'y rendre trois fois l'an[10] –,
mais ce n'est que pour mieux souligner que, si l'attachement à certains
lieux est une caractéristique du judaïsme, ce n'est absolument pas un trait
du christianisme, totalement indépendant de tout lieu. Jérusalem n'a plus
d'importance dans le message chrétien, n'a plus le rôle central qu'elle avait
dans le judaïsme, parce que le royaume de Dieu, la terre promise, ne sont
plus rattachés à la Palestine, mais promis au monde entier. Jérôme, lui
aussi, connaît de tels arguments: »*Depuis que, la toison de Judée séchée,
l'univers entier a été mouillé de la rosée céleste* (cf. Jug 6, 36–40), *depuis
que beaucoup, qui venaient de l'Orient et de l'Occident, se sont couchés
dans le sein d'Abraham* (cf. Lc 16, 22–23), *Dieu a cessé de n'être connu
qu'en Judée* (cf. Ps 75, 2) *et son nom de n'être glorifié qu'en Israël* (Ps 18,
5), *mais c'est sur la terre entière qu'a porté la voix des apôtres, et jusqu'aux extrémités de la terre leurs paroles ...*«[11]. L'identité chrétienne n'est
pas à chercher à Jérusalem, mais dans l'Église universelle répandue dans
toute la terre.

Une objection pourtant: l'Écriture n'attribue-t-elle pas à Jérusalem un
rôle lors de la fin des temps? En fonction de cela, les deux premiers siècles
ont connu la tendance millénariste[12]. Ainsi Justin, qui appuie sa position sur
Es 65, 17–25 et sur l'Apocalypse, admet qu'»*une résurrection de la chair
arrivera pendant mille ans dans Jérusalem rebâtie, décorée et agrandie*«[13],
et Irénée défend la même position[14]. Mais Origène rejettera cette interprétation littérale, réfutera »*l'erreur qui applique à la terre de Judée ce qui est
dit de la bonne terre promise par Dieu aux justes*«; »*même*, ajoute-t-il, *si
l'on montre que Jérusalem et la terre de Judée sont l'ombre symbolique de*

---

[10] Eusebius Caesariensis, Dem. ev., I, III, 40; I, VII, 4 (GCS, p.17, 35).
[11] Hieronymus, Epist. 58, 3 (p. 530).
[12] Cf. S. HEID, 1993.
[13] Iustinus Martyr, Dial. 80.
[14] Irenaeus, Adv. Haereses V, 34, 4–35, 2 (SC, p. 442–444).

*la terre pure, bonne et spacieuse qui se trouve dans la partie pure du ciel,
et dans laquelle est la Jérusalem céleste*«[15]. Cette Jérusalem, bien entendu,
si elle reste l'objet de l'espérance chrétienne, n'a plus rien à voir avec la
Jérusalem terrestre, avec un lieu précis. Tertullien dira pareillement, après
avoir récusé l'application à la Jérusalem terrestre de plusieurs textes bibliques, que »*le salut n'est promis à aucune terre absolument, car il faut que
toute terre passe avec la face de ce monde*«[16]. Aussi, lorsqu'ils veulent
malgré tout rendre raison des textes bibliques qui louent Jérusalem, c'est à
la Jérusalem céleste que les appliquent de nombreux auteurs, ainsi Jérôme,
au moins dans une de ses lettres critiques: »*Ce n'est pas à cette cité qui tue
les prophètes et verse le sang du Christ qu'il faut aspirer, mais à celle que
réjouit un fleuve impétueux* (cf. Ps 45, 5), *à celle qui, juchée sur la montagne, ne saurait être cachée* (cf. Mt 5, 14), *à celle que l'apôtre appelle la
mère des saints, où il se réjouit de posséder la citoyenneté avec les justes*
(Gal 4, 26)«[17], bref à la Jérusalem céleste.

A ce rejet ou à cette indifférence basés sur la fin du rôle joué par Jérusalem, s'ajoute donc un argument plus fondamental: puisque le christianisme
n'est pas lié à un lieu, il n'a pas de »lieux saints« et il n'en a pas besoin. De
fait l'expression »lieux saints« appliquée aux lieux bibliques est absente de
la littérature chrétienne des trois premiers siècles, et si elle apparaît chez
Eusèbe, c'est seulement dans sa dernière oeuvre, la *Vie de Constantin*, lorsqu'il évoque les travaux de construction du Martyrium et de l'Anastasis[18].
En fait Eusèbe, en cela fidèle à toute la tradition apologétique chrétienne
qui le précède, n'a cessé de manifester dans toute son oeuvre une extrême
répugnance envers cette notion. Si les Juifs et les païens ont de tels lieux, les
chrétiens, dont la religion est spirituelle, n'en ont pas besoin. Pour s'opposer au matérialisme des conceptions païennes de la divinité, d'autres
auteurs chrétiens avant lui avaient souligné à maintes reprises que Dieu
n'habite pas un lieu précis et que les chrétiens n'ont pas besoin de temples
ni d'autels: s'ils tiennent leurs assemblées n'importe où, c'est que leur Dieu
»*n'est pas circonscrit par un lieu, mais, étant invisible, remplit le ciel et la
terre, et c'est partout qu'il est adoré et glorifié par les fidèles*« (réponse de
Justin au juge avant son martyre[19]). La référence est fréquente à Jn 4, 21–

---

[15] Origenes, Contra Celsum, VII, 28 et 29 (GCS, p. 180).
[16] Tertullianus, De resurr. XXVI, 13 (CCL 2, p. 955).
[17] Hieronymus, Epist. 58, 2 (p. 529–530).
[18] Encore faut-il préciser que l'expression se trouve dans la lettre de Constantin citée
par Eusèbe (Vita Constantini 3, 52), mais que celui-ci ne la reprend pas dans son propre
texte.
[19] Passio Justini et sociorum, rec. B, 3 (p. 48).

24, et nous la retrouvons précisément chez Eusèbe, aussi bien dans la Démonstration Évangélique que dans la Théophanie. »*Depuis la venue du
Christ, il n'est plus nécessaire d'adorer Dieu dans des lieux définis, dans
un coin de la terre, dans des montagnes, dans des temples faits de main
d'homme, mais chacun peut l'adorer dans son propre lieu*«[20]. De plus, pour
Eusèbe, comme l'a bien marqué une étude récente[21] – Eusèbe qui est un
origénien et qui, dans la ligne de son maître, centre son attention sur la
fonction révélatrice du Logos –, la première adoration des chrétiens est
d'abord obéissance à l'esprit de cette révélation, elle est spirituelle. Parce
que le Logos est glorifié, il faut s'élever du physique à une contemplation
du Logos, de même qu'il faut s'élever du sens littéral de l'Écriture à son
sens spirituel. Sa théologie de l'incarnation elle-même, qui insiste sur l'exaltation du Logos et en déprécie le côté physique, ou du moins invite à ne pas
s'arrêter à celui-ci, va dans le même sens.

Puisque l'adoration doit être purement spirituelle, qu'il n'y a pas de lieu
terrestre où soit attachée la présence de Dieu, celle-ci doit être cherchée
ailleurs. Clément d'Alexandrie expliquait ainsi déjà que »*ce n'est pas le
lieu, mais le rassemblement des élus que j'appelle église*«[22], Origène que
»*le lieu saint, je ne le cherche pas sur terre, mais dans le coeur … Le lieu
saint, c'est l'âme pure*«[23]. Dans la même perspective, mais en appliquant
expressément ce qu'il dit à la situation de son époque, très précisément aux
lieux les plus vénérés de Jérusalem, Grégoire de Nysse écrit: »*Un change-
ment de lieu ne procure aucun rapprochement de Dieu, mais, où que tu sois,
Dieu viendra vers toi, si la demeure de ton âme est trouvée telle que le
Seigneur puisse habiter en toi et y circuler* (cf. 2 Cor 6, 16). *Mais si tu as
l'homme intérieur* (Rm 7, 22) *plein de pensées mauvaises, même si tu es sur
le Golgotha, même si tu es sur le mont des Oliviers, même si tu es dans le
tombeau de l'Anastasis, tu es aussi loin de recevoir le Christ en toi que ceux
qui n'ont même pas commencé de le confesser*«[24]. Jérôme, lui aussi, se
référera à la même tradition lorsqu'il écrira: »*Je n'oserais pas enfermer la
toute-puissance de Dieu en des confins trop étroits, ou bien enserrer dans
une petite localité terrestre celui que le ciel ne peut contenir … Les vrais*

---

[20] Eusebius Caesariensis, Dem. ev., I, vi, 65 (GCS, p. 33); cf. aussi Ibid. 40 (p.29) et
Theophaneia, 4, 23 (GCS, p. 200–201).

[21] P.W.L. WALKER, 1990.

[22] Clemens Alexandrinus, Strom. VII, 5, 4 (SC, p. 110). La phrase s'insère dans toute
une discussion pour savoir s'il existe un temple ou une statue dignes de Dieu.

[23] Origenes, Hom. in Lev. XIII, 5 (GCS, p. 476). Echo de cette phrase chez Jérôme,
Epist. 58, 7: »Le vrai temple du Christ, c'est l'âme du croyant« (p. 536).

[24] Gregorius Nyssenus, Epist. 2, 16–17 (GNO, p. 18; SC 120–123).

adorateurs, ce n'est pas à Jérusalem ni au mont Garizim qu'ils adorent le Père, mais en esprit et en vérité (Jn 4, 21–24). *Quant à ceux qui répètent: temple du Seigneur, temple du Seigneur, temple du Seigneur* (Jér 7, 4), *qu'ils entendent l'apôtre: ›C'est vous qui êtes le temple de Dieu et l'Esprit-Saint habite en vous‹* (1 Cor 3, 16). *Depuis Jérusalem et depuis la Bretagne, à titre égal, s'ouvre la cour céleste, car ›le royaume de Dieu est en nous‹* (Lc 17, 21)«[25].

Certes, pour les trois auteurs que je viens de citer – Eusèbe, Grégoire, Jérôme –, il est bien vrai que l'on peut relever des motifs extrinsèques à cette relativisation des lieux saints: Eusèbe, métropolitain de Césarée, n'avait sans doute aucune envie de rehausser le prestige d'un siège épiscopal qui était sous sa juridiction et auquel le concile de Nicée allait donner une place d'honneur, et cela peut expliquer certaines de ses réticences après 325, mais on doit remarquer qu'il est resté globalement fidèle aux idées qu'il avait développées avant le développement des lieux saints. Grégoire de Nysse, de même, dont le séjour à Jérusalem, motivé par une mission officielle, avait été assez désagréable, car il s'était vu contester dans son orthodoxie[26], a certainement été influencé par ce souvenir en écrivant la lettre 2, mais les idées qu'il y défend correspondent tout à fait à sa spiritualité, qui veut s'élever du sensible à l'intelligible, oublier le premier pour accéder à la contemplation du second. On en a une autre illustration dans sa *Vie de Moïse*, où les étapes de celui-ci dans le désert du Sinaï, que suivent à son époque de pieux pèlerins comme Égérie, ne sont à ses yeux qu'autant d'images de la progression spirituelle. Jérôme enfin, si ses réticences s'expliquent parfois par ses conflits avec l'évêque de Jérusalem, connaît bien la tradition ancienne, celle d'Origène en particulier, et il en a retenu les leçons, même s'il sera aussi, comme nous allons le voir, un de ceux qui appuieront la nouvelle conception qui va s'élaborer des lieux saints.

2. L'appréciation positive

Venons-en donc à l'appréciation positive qui va peu à peu prendre le dessus et aboutir à désigner Jérusalem comme »la ville sainte«, *hè hagia polis* – comme on le voit par exemple sur la mosaïque d'une église de Jordanie du VIe siècle[27]. C'est que le culte des lieux saints, qu'ils soient bibliques ou

---

[25] Hieronymus, Epist. 58, 3 (p. 530–531).
[26] Cf. Gregorius Nyssenus, Epist. 3, 23 (GNO, p.26; SC, p. 142 et mes remarques p. 36–37).
[27] Eglise de Saint-Etienne d'Um er-Rasas.

liés à la présence des tombeaux des martyrs et de leurs reliques, a eu à partir du IVe siècle un immense succès. Jérusalem elle-même, après 325, s'est couverte d'églises, dont les plus importantes – l'ensemble Anastasis-Golgotha-Martyrium, l'église de l'Ascension sur le mont des Oliviers, la basilique de la Nativité à Bethléem – étaient dues à la magnificence impériale. L'enthousiasme populaire a rapidement balayé les réserves des théologiens. Aussi ceux-ci ont suivi le mouvement et porté bientôt une appréciation positive sur ce culte, en particulier sur le pèlerinage à Jérusalem. Cette appréciation s'appuiera sur le passé des lieux saints, comme il est naturel, mais aussi sur leur valeur, leur sainteté présente et permanente.

Jérusalem suscitera d'abord l'intérêt des chrétiens au nom de l'histoire. On ne s'étonnera pas ici de voir citer Eusèbe, le père de l'histoire ecclésiastique. Même lorsqu'il insiste sur les conséquences universelles de l'incarnation, il retient que la Palestine a été la source *historique* de l'évangile. Certes, c'est un rôle temporaire, qui ne lui donne de l'importance que dans le passé, mais cette importance n'est pas sans prolongements: on le voit dans le discours A propos du tombeau du Christ (prononcé en 335–336, attaché au discours pour les trente ans de règne de Constantin), dans lequel Eusèbe évoque non sans quelque fierté les constructions édifiées par Constantin »*dans notre pays – j'entends dans la province de Palestine – et dans cette ville d'où la parole salutaire, comme d'une source, s'est répandue sur tous les hommes*«[28] (remarquons au passage qu'Eusèbe parle de la Palestine et pas seulement de Jérusalem, indice sans doute de sa réserve à louer seulement ce siège rival du sien). D'autre part, les lieux témoignent de la vérité du texte biblique: dans la Vie de Constantin, il souligne que le tombeau offre à ceux qui le visitent »*une claire et visible* historia *des miracles qui se sont accomplis là*«- le mot *historia* n'est pas à traduire par »une preuve«, disons plutôt une sorte d'«attestation historique«[29]. Attestation dont bien d'autres se plairont à souligner l'intérêt; ainsi Jérôme relève les vertus pédagogiques de la visite des lieux saints en général: »*De même que l'on comprend mieux les historiens grecs quand on a vu de ses yeux Athènes et le troisième livre de l'Énéide quand on est venu de la Troade en Sicile et de la Sicile à l'embouchure du Tibre, de même on entend mieux la Sainte Écriture quand on a vu de ses yeux la Judée et contemplé les ruines de ses anciennes cités*«[30]. Et l'on sait par la relation qu'il fit du pèlerinage qu'il effectua en compagnie de Paula, une relation où il ne relève que les étapes

---

[28] Eusebius Caesariensis, Triakontaéterikos, XI, 2 (GCS, p. 224).
[29] Id.,Vita Constantini, III, 28 (GCS, p. 96).
[30] Hieronymus, Praef. in Libros Paralipomenon, PL 29, 423 A.

bibliques[31], l'intérêt quasiment scientifique qu'il y prit. Les lieux de Palestine et de Jérusalem offrent au croyant chrétien, à tout le moins, des signes, des traces des événements fondamentaux de l'histoire du salut. Grégoire de Nysse, si réticent envers toute sacralisation de ces lieux, veut bien reconnaître dans une de ses lettres que *»les marques (gnôrismata) de la grande philanthropie envers nous du Maître que l'on montre (deiknumena*; il ne dit pas: qu'on vénère) *dans ces lieux* (il ne dit pas: lieux saints) *ont été pour moi un motif de très grande joie et de bonheur«* – encore faut-il remarquer qu'il met sur le même plan, dans la même phrase, *»la rencontre de gens de bien qui me sont chers«*[32].

Cette valorisation purement historique, au nom du seul passé, reste cependant limitée et ne suffit pas à faire de la Jérusalem d'aujourd'hui, pour les chrétiens, une ville sainte, une ville de Dieu. Ce sont les constructions constantiniennes qui vont créer les conditions pour la sacralisation des lieux saints. On va bâtir sur les lieux mêmes, les *ipsissima loca,* y conserver (y multiplier) les reliques des événements salutaires, on va y commémorer ces derniers. Les célébrations liturgiques de l'Église de Jérusalem (que nous connaissons bien grâce à Cyrille de Jérusalem, à Égérie, au Lectionnaire arménien), se font en effet sur ces lieux, avec lectures appropriées des textes bibliques, avec vénération des reliques. Ce sont les lieux où l'on *voit* et où l'on *touche* les événements salutaires eux-mêmes. La relation physique entre ces lieux et les événements qu'on y commémore leur est propre.

Cyrille de Jérusalem est le premier à développer ce thème, le premier aussi à se référer à Jérusalem comme à une *»ville sainte«*[33]. Prêchant au Golgotha aux futurs baptisés de sa communauté, il souligne les preuves que leur fournit le lieu où ils se trouvent: *»Il a été véritablement crucifié pour nos fautes, et si tu veux le nier, ce lieu illustre te confond, ce bienheureux Golgotha où précisément nous sommes rassemblés en raison de celui qui y fut crucifié. Ajoute que du bois de la croix divisé en fragments, toute la terre est désormais remplie«*[34]. Et encore: *»Ce saint Golgotha qui se dresse témoigne à tous les yeux; le tombeau de la sainteté témoigne et la pierre restée là jusqu'à nos jours, etc.«*[35].*«De toutes choses nous avons la primeur: c'est ici que le Christ est descendu des cieux; ici que l'Esprit Saint*

---

[31] Id. Epist. 108, 3 (CSEL 55, p. 313).
[32] Gregorius Nyssenus, Epist. 3, 1 (GNO, p. 19–20; SC, p. 124–125 et la note 2).
[33] Cyrillus Hierosolymitanus, Catecheses 14, 16; 17, 22 et 31 (II, p. 128, 278, 288).
[34] Id., Cat. 4, 10 (I, p. 100).
[35] Id., Cat. 10, 19 (I, p. 286).

est descendu des cieux. Nous faisons sur ce Golgotha l'exposé sur le Christ et le Golgotha; il eût de même été tout indiqué que nous fissions dans l'église supérieure l'exposé sur le Saint-Esprit«[36]. Pour souligner à quel point l'attitude de Cyrille est nouvelle, je citerai encore Grégoire de Nysse, qui visiblement récuse de telles preuves: »*Pour nous, écrit-il, que le Christ apparu sur terre soit Dieu véritable, nous l'avons confessé avant de nous être rendus sur les lieux comme après, et notre foi après cela n'a été ni diminuée, ni augmentée. L'incarnation par l'intermédiaire de la Vierge, nous la connaissions avant de voir Bethléem; la résurrection des morts, nous y croyions avant de voir le tombeau; l'ascension dans les cieux, nous avons confessé qu'elle était vraie sans voir le mont des Oliviers*«[37] …

Mais Grégoire ici n'est pas un reflet de la sensibilité des pèlerins de son temps. Presque en même temps que lui, ou peu après l'époque de son propre passage à Jérusalem, Égérie, Paula, Jérôme effectuent leur propre pèlerinage en Palestine, et leur discours est bien différent. Égérie (dont le voyage a lieu entre Pâques 381 et 384 – alors que celui de Grégoire suit le mois de juin 381) parle sans hésitation de »*lieux saints*«[38], et son vocabulaire (où abonde le mot *sanctus*) comme son attitude montrent qu'elle circule dans un pays où tout est saint, lieux comme habitants. Mais ce qui est surtout frappant chez elle, c'est qu'elle est le témoin d'une spiritualité où la vision des lieux saints et la présence du fidèle sur ces lieux lui font en quelque sorte revivre l'événement lui-même qui en fonde la sainteté. Ce trait est bien marqué dans le récit de ses visites privées aux divers lieux saints, mais il l'est plus encore dans sa description de la liturgie de l'Église de Jérusalem, en particulier durant la semaine sainte. C'est qu'en effet les fidèles se réunissent alors sur les lieux mêmes de la passion, aux jours et aux heures mêmes de celle-ci, et à ce réalisme du lieu et du temps s'ajoute la lecture des textes et des prières, tous »*adaptés au temps et au lieu*« (une expression que l'on trouve chez elle à plusieurs reprises)[39]. D'où l'émotion extraordinaire du peuple, les cris, les pleurs, les gémissements[40]. Le lieu saint ici est plus que signe: sa vision conduit à la réalité de l'événement qui en a fondé la sainteté. Jérôme exprime cela mieux encore lorsque, décrivant le pèlerinage de Paula, il écrit: »*Prosternée devant la Croix,*

---

[36] Id., Cat. 16, 4 (II, p. 210). L'église supérieure est celle de Sion.

[37] Gregorius Nyssenus, Epist. 2, 15 (GNO, p. 17–18; SC, p. 120–121).

[38] Egeria, Itin., 24, 1 (SC, p. 234).

[39] Ibid., 25, 5, 8; 29, 2, 5; 31, 1; 32, 1; 35, 5, etc. (SC, p. 248, 252, 268, 270, 272, 276, 280).

[40] Ibid., 34; 37, 7. (SC, p. 278, 288).

elle adorait le Seigneur comme si elle l'y voyait suspendu«. Et à Bethléem:
»*Je l'entendais me jurer qu'elle voyait des yeux de la foi l'enfant envelop-
pé de langes, vagissant dans la crèche, les Mages qui adoraient Dieu,
l'étoile qui brillait au-dessus, la mère vierge, le nourricier attentif, les
bergers venant de nuit pour voir le Verbe qui avait été fait ...«*[41]. Paula elle-
même, écrivant à une correspondante romaine, lui dit: »*Chaque fois que
nous y pénétrons* [dans le tombeau], *nous voyons le Sauveur couché dans
son linceul; si nous nous y arrêtons un instant, nous voyons encore l'ange
assis à ses pieds et, à sa tête, le suaire replié«*[42]. On a ici un puissant
réalisme, qui fait de la vision du lieu saint et de la commémoration qu'on
y célèbre quelque chose de sacramentel. Notons au passage que cette spiritualité du voir et du toucher se réduira souvent, chez beaucoup de fidèles,
à une fixation sur les reliques, créditées d'une sainteté à laquelle on espère
participer par contact. C'est un phénomène qui accompagnera la multipli-
cation des reliques, et de ce point de vue Jérusalem ne sera nullement en
reste, puisqu'on y retrouvera bientôt quantité de souvenirs de la Passion,
en plus de la croix découverte sans doute dès 325[43], on du moins 326.
Retenons du moins ce trait, particulièrement bien illustré au IVe siècle: le
lieu saint tire sa valeur permanente, sa sainteté, de sa capacité de rendre
présent en lui, d'une certaine manière, l'événement passé qui en fonde la
sainteté. Ce qui, bien entendu, donne prééminence à Jérusalem sur tout
autre lieu saint, en fait par excellence la ville sainte, puisqu'en elle se sont
passés les événements les plus importants de l'histoire du salut[44]. Cyrille
ajoute une visée eschatologique: Jérusalem reste le lieu où se manifestera
un jour, dans le temple, l'Antichrist[45].

Toutes ces considérations lui permettent d'appliquer à sa ville nombre de
versets de la Bible dont ses prédécesseurs récusaient l'usage: l'expression
»ville sainte« présente dans l'évangile de Matthieu (4, 5; 27, 53, qu'Eusèbe
rapportait à la Jérusalem céleste), divers passages d'Esaïe invitant la cité à
se réjouir (40, 9; 60, 1; 66, 10). Il lui applique aussi le verset de psaume qui
en fait le centre du monde: »*Il a sur la croix tendu les mains pour entourer
les limites de la terre: ce Golgotha est en effet le point le plus central de la
terre. Ce n'est pas moi qui le dis, c'est le prophète: ›Tu as opéré le salut au*

---

[41] Hieronymus, Epist.108, 10 (CSEL 55, p. 316).
[42] Id., Epist. 46, 5 (CSEL 54, p. 334).
[43] Si l'on suit sur ce point la thèse de S. BORGEHAMMAR, 1991.
[44] Cf. WALKER, 1990, p. 325–330.
[45] Cyrillus Hierosolymitanus, Cat. 15, 15 (II, p. 172–173).

milieu de la terre‹ (Ps 73, 12, dans la version des LXX)«[46]. On sait que cette conviction sera matérialisée par la suite: une borne de pierre (ou un bassin évasé) fut placé e au centre de l'atrium qui séparait l'Anastasis du Golgotha et représentait l'omphalos, le nombril du monde.

Ces convictions se retrouvent aussi chez Jérôme, malgré les textes que j'ai cités et qui manifestent quelques réserves de sa part. Car après avoir évoqué plusieurs objections contre la sainteté de Jérusalem, il les réfute et finit par dire: »*Puisque les Évangiles et toute l'Écriture nomment Jérusalem la sainte cité, puisque le psalmiste enjoint:* ›*Adorons à l'endroit où se sont arrêtés ses pieds‹* (Ps 131, 7)*, n'accepte pas d'entendre appeler Sodome et Égypte celle par quoi le Seigneur interdit de jurer, parce que c'est la cité du grand roi*«[47]. Et il ira jusqu'à écrire ailleurs: »*Vénérer l'endroit où se posèrent les pieds du Seigneur fait partie de la foi* (pars fidei est)*, comme aussi d'avoir contemplé les traces presque récentes de la nativité, de la croix et de la passion*«[48].

Il n'est guère possible d'apporter une véritable conclusion à ce débat, qui a souvent été repris dans l'histoire du christianisme. A s'en tenir à la période antique, on peut remarquer que, si le succès du pèlerinage a tôt fait taire les contestations sur la sainteté de certains lieux, en particulier ceux de Jérusalem, une préférence a subsisté chez beaucoup d'auteurs, à l'image de celle que l'on trouve chez Grégoire de Nysse, pour une interprétation spirituelle de ces lieux. Ainsi Grégoire le Grand, qui n'est pourtant pas indifférent aux lieux saints de Jérusalem – il correspond avec des pèlerins, envoie de l'argent aux hospices de Jérusalem, en reçoit des reliques –, ne s'intéresse plus à leur réalité concrète lorsqu'il commente l'Écriture, mais seulement aux leçons spirituelles qu'il peut tirer de leur nom (ainsi Jérusalem n'est pour lui que la ville de la paix)[49]. Le succès de l'adoration aux lieux saints n'a jamais totalement occulté, dans la tradition chrétienne, la priorité à donner à l'adoration en esprit et en vérité.

[46] Id., Cat. 13, 28 (PG 33, 805 B); cf. aussi HIERONYMUS, In Ezechielem II, 5–6 (CCL 75, p. 56).
[47] Id., Epist. 46, 7 (p. 338).
[48] Id., Epist. 47, 2 (p. 346).
[49] Cf. P. MARAVAL, 1991.

Bibliographie

Textes

Clemens Alexandrinus, Stromata, lib. VII, ed. A. Le Boulluec, SC 428, Paris 1997.
Cyrillus Hierosolymitanus, Catecheses, ed. W.C. Reischl, J. Rupp, München 1860, Hildesheim ²1967.
Egeria, Itinerarium, ed. P. Maraval, SC 296, Paris, 1982.
Eusebius Caesariensis, Demonstratio Evangelica, hrsg. von Ivar A. Heikel, GCS 23, Leipzig 1913.
Id., Theophaneia, hrsg. von Hugo Gressmann, GCS 11, 2, Leipzig 1904.
Id., Triakontaétérikos, hrsg. von Ivar A. Heikel, GCS 7, Leipzig 1902.
Id., Vita Constantini, hrsg. von Friedhelm Winkelmann, GCS, Berlin 1975.
Eustratius Presbyter, Vita Eutychii patriarchae Constantinopolitani, PG 86; ed. C. Laga, CCG 25, Louvain 1992.
Gregorius Nyssenus, Epistulae, ed. G. Pasquali, GNO VIII, 2, Leiden ²1959; ed. P. Maraval, SC 363, Paris 1990.
Hieronymus, Epistulae, rec. I. Hilberg, CSEL 54, 55, 56, Vindobonae 1910, 1912, 1918 (les traductions sont empruntées à J. Labourt, Saint Jérôme, Lettres I–VIII, CUF, Paris 1949–1963).
Id., Praef. in Libros Paralipomenon, PL 29.
Ioannes Malalas, Chronographia, ed. Dindorf, 1881 (=PG 97).
Irenaeus, Adversus Haereses V, ed. A. Rousseau, L. Doutreleau, Ch. Mercier, SC 153, Paris 1969.
Iustinus Martyr, Dialogus cum Tryphone, ed. M. Marcovich, PTS, Berlin 1997.
Origenes, Contra Celsum, Buch V-VII, ed. P. Koetschau, GCS 3, Leipzig 1899.
Id., Homiliae in Leviticum, ed. W. A. Baehrens, GCS 29, Leipzig 1920.
Passio Justini et sociorum, rec. B, ed. H. Musurillo, The Acts of the Christian Martyrs, Introduction, Texts and Translations, Oxford Carendon Press, 1972.
Passio Pionii, ed. L. Robert, Le Martyre de Pionios prêtre de Smyrne, Washington 1994.
Tertullianus, De resurrectione mortuorum, ed. J.G.P. Borleffs, CCL 2, Turnholti 1954.
Vita Danielis stylitae, ed. H. Delehaye, Les saints stylites, Bruxelles 1923.

Etudes

BORGEHAMMAR S. 1991, How the Holy Cross was found. From Event to Medieval Legend, Stockholm, Almqvist & Wiksell, 1991.
MARAVAL P. 1985, Lieux saints et pèlerinages d'Orient. Histoire et géographie des origines à la conquête arabe, Paris, Cerf, 1985.
MARAVAL P. 1989, Saint Jérôme et le pèlerinage aux lieux saints de Palestine, in Jérôme entre l'Occident et l'Orient, XVIe centenaire du départ de saint Jérôme de Rome et de son installation à Bethléem (Actes du Colloque de Chantilly, septembre 1986), Paris 1989, p. 335–353.
MARAVAL P. 1991, Grégoire le Grand et les lieux saints d'Orient, in Gregorio Magno e il suo tempo. (XIX Incontro di Studiosi dell'antichità cristiana in colla-

borazione con l'École française de Rome, Roma 9–12 maggio 1990), I, Rome 1991, p. 65–76.

MARAVAL P. 1992, L'attitude des Pères du IVe siècle devant les lieux saints et les pèlerinages, Irénikon 65, 1992, p. 5–23.

MARKUS R.A. 1994, How on Earth Could Places Become Holy? Origins of the Christian Idea of Holy Places, JECS 2, 1994, 257–273.

WALKER P.W.L. 1990, Holy City, Holy Places? Christian Attitudes to Jerusalem and the Holy Land in the Fourth Century, Oxford, Clarendon Press, 1990.

WILKEN Robert L. 1992, The Land called Holy. Palestine in Christian history and Thought, New Haven 1992.

La Jérusalem Céleste

Apparition et développement du thème iconographique
de la Jérusalem céleste dans le christianisme

par

Pierre Prigent

I. Le sarcophage de Milan

La première apparition du thème iconographique de la Jérusalem céleste se repère sur le sarcophage de l'église S. Ambroise (figure 1). Cette pièce magnifique est datée de 380[1]. Elle appartient à la série des sarcophages dits »à portes de villes«[2].

Le Christ se tient au centre, debout sur la montagne de Sion (Apoc 14,1ss.) qui peut être également assimilée à la montagne du paradis d'où sortent les quatre fleuves primitifs.

Il bénit de sa droite ses apôtres (6 à droite, conduits par Paul et 6 à gauche, conduits par Pierre) et remet, dans le geste traditionnel de la *Traditio Legis*, la loi nouvelle au prince des apôtres. A ses pieds se prosterne un couple de défunts, de taille plus réduite.

L'arrière-plan est occupé par une ville aux remparts crénelés. Une porte s'ouvre derrière chaque groupe de deux apôtres.

Sur le bandeau inférieur, deux théories de 6 agneaux sortent de deux villes et convergent vers l'Agneau, de taille supérieure, qui se tient sur la montagne du paradis d'où sourdent les quatre fleuves. Ce dernier thème iconographique ne fait pas partie du schéma originel: on ne le trouve que sur le sarcophage de Milan et on peut le supposer avec quelque vraisemblance seulement sur deux autres sarcophages fragmentaires[3].

---

[1] Lawrence 1927; von Schoenebeck 1935; Sansoni 1969.
[2] Sansoni répertorie 18 sarcophages, souvent fragmentaires.
[3] Les N° 5 et 6 de Sansoni.

On s'accorde généralement[4] pour interpréter la scène principale comme une représentation de la Jérusalem céleste. Le ressuscité est montré comme le souverain triomphant de la mort. La ville céleste donne à la scène un accent eschatologique: le salut est promis à tous les croyants en cette parousie dont les apôtres sont les témoins. Comme un empereur, le Seigneur du monde promulgue la nouvelle loi d'un évangile éternel[5].

On notera en passant, pour y revenir bientôt, l'étrangeté de la scène qui juxtapose un Christ parousiaque dans sa ville céleste, les 12 apôtres de la première communauté chrétienne et deux défunts qui sont représentés aux pieds de leur Seigneur: ils attendent, ou demandent, ou obtiennent la résurrection dont la promesse est attestée par les 12 apôtres. Ils semblent bien être déjà présents dans la cité céleste où règne le Christ.

La deuxième scène, qui occupe le bandeau inférieur, est empruntée aux absides des basiliques constantiniennes[6]. Pour plus de clarté, on peut même distinguer là deux thèmes iconographiques: le premier est celui de l'Agneau sur la montagne de Sion qui est aussi la montagne du paradis. Vers lui marchent les 12 agneaux/apôtres qui viennent s'abreuver aux sources d'eau vive (Apoc 7,17). Le second est celui des deux villes symétriques d'où sortent les agneaux en double procession. Il s'agit alors de Jérusalem et de Bethléem.

Deux remarques s'imposent à propos des villes:

1. Celle de la scène supérieure n'a rien qui évoque la ville extraordinairement parée que décrit l'Apocalypse.

2. Les deux petites villes de la scène inférieure sont rigoureusement semblables. Il s'agit, nous le verrons bientôt, de Béthléem et de Jérusalem.

II. Les mosaïques

Nous nous tournons maintenant vers un corpus formé par les mosaïques absidales (souvent le thème passe sur l'arc absidal). Ce corpus qui présente, nous le verrons, des signes incontestables d'unité, comprend des oeuvres échelonnées entre le début du 5ème siècle et le Haut Moyen-Age. Encore le terme ultime de notre étude ne représente-t-il pas tout à fait la dernière apparition du thème.

---

[4] En suivant les conclusions de SCHOENEBECK.
[5] SCHUMACHER 1959; SOTOMAYOR 1961.
[6] SANSONI 1969, p.77.

S'il faut inclure St Clément dans le corpus, malgré sa date beaucoup plus tardive, c'est que sa mosaïque absidale présente des caractères très directement hérités des oeuvres les plus anciennes.

Comme il n'est pas question de se livrer à une étude exhaustive de chaque monument, plutôt que de répéter à propos de chacun d'eux des références bibliographiques qui sont souvent les mêmes, on s'est résolu à donner ici en note une petite bibliographie générale, quitte à revenir par la suite sur les travaux dont l'apport spécifique doit être mentionné[7].

Nous étudierons ces monuments en suivant un ordre chronologique qui comportera pourtant une exception que l'on verra en son temps.

S. Sabina
La basilique fut édifiée sous le pontificat de Célestin I (422–432).

1. L'arc triomphal. Un dessin de Ciampini (fin 17ème siècle) en reproduit la décoration aujourd'hui disparue: au sommet de l'arc, un médaillon central présente le buste du Christ. Il est entouré, de part et d'autre, par une série de médaillons contenant des bustes masculins. Les reproductions modernes coupent souvent le dessin, ne laissant apparaître que 2 fois 7 médaillons, avec la trace d'un 8ème de chaque côté. On ne peut cependant pas assurer qu'à l'origine il n'y avait que 17 médaillons: au 17ème siècle, la partie inférieure de la mosaïque était déjà en ruine. On peut donc se demander si le motif ne se continuait pas sur les côtés pour atteindre au chiffre de 2 fois 12? Le symbolisme serait à ce moment plus facile à percer, mais l'esthétique de l'œuvre serait alors, il faut bien l'avouer, assez extraordinaire.

Quoi qu'il en soit de ce point, qui n'est pas sans importance (les 16 médaillons sont évidemment réservés à des saints ou à des pontifes; 24 renverraient aux anciens d'Apoc 4–5), on note, des deux côtés de l'arc, la présence de deux villes identiques, fortement stylisées, mais laissant clairement apparaître des murs édifiés en pierres précieuses. Dans la porte de chaque ville pendent trois lampes. La volonté de représenter Apoc 21 est ici évidente. Mais pourquoi y a-t-il deux villes et pourquoi sont elles semblables?

Tout en haut de l'arc volent des colombes (sans doute 5 d'un côté et 4 de l'autre). On peut assez naturellement y voir le symbole des apôtres, comme il en était dans l'abside de Cimitile décrite par Paulin de Nole[8].

---

[7] L'Apocalypse, 1979; APOLLONJ GHETTI 1961; BRENK 1975; CECHELLI 1956; CHRISTE 1971, 1973, 1974, 1976, 1979; COLLI 1983; DASSMANN 1970; DEICHMANN 1958, 1976; DINKLER 1964; ENGEMANN 1974; HELLEMO 1989; IHM 1960; MATTHIAE 1967; QUARLES VAN UFFORD 1971; SCHNEIDER N. 1972; VAN DER MEER 1938; VORETZSCH 1957; WAETZOLDT 1964.

[8] CSEL 29/1, p.286.

2. La mosaïque partiellement conservée sur le mur d'entrée. L'état actuel: des deux côtés de la grande inscription de fondation qui rappelle que le bâtiment fut édifié sous Célestin par un prêtre Pierre dont on célèbre les mérites, deux femmes sont représentées. Des inscriptions les identifient: ECLESIA(sic) EX CIRCUMCISIONE et ECLESIA EX GENTIBUS. Elles portent un livre ouvert dont le contenu, grossièrement reproduit par la mosaïque, pourrait évoquer d'un côté une écriture sémitique, et de l'autre des caractères latins.

Un dessin ancien atteste la présence de Pierre au dessus de la première, de Paul au-dessus de la seconde (figure 2).

Les explications rapprochent généralement sans la moindre hésitation cette mosaïque et celle de l'arc pour conclure que les deux villes, Jérusalem et Béthléem, symbolisent les deux Eglises patronnées par les deux apôtres.

3. La porte de bois sculpté[9]. Le panneau en question comporte deux zones: en haut, on voit le Christ en gloire, flanqué d'une inscription dont les lettres grecques, dans le désordre, laissent lire: ICHTHUS. L'image souligne la symbolique impériale. Deux lettres (Alpha et Oméga) font allusion à l'Apocalypse et disent que ce règne est cosmique. On voit en outre les 4 figures du tétramorphe, dans une formule ancienne (sans livres): ce ne sont donc pas les évangélistes, mais les témoins de la théophanie.

Dans la zone inférieure, on voit le soleil, la lune et 5 étoiles. C'est le ciel. Au-dessous, c'est la terre des hommes. Pierre et Paul y tiennent au-dessus de la tête d'une femme une couronne portant une croix inscrite. Comment identifier ce dernier personnage? Serait-ce Sabine, avec la couronne du martyre? Mais, en ce tout début du 5ème siècle, l'église n'est peut-être pas encore mise en relation avec la vie légendaire de Sainte Sabine (6ème siècle). Le nom est hérité du titulus conservant sans doute le nom d'une Sabine propriétaire du lieu[10].

Alors, serait-ce Marie, selon un très impressionnant parallèle fourni par un médaillon de Bobbio étudié par A. Grabar[11]: elle serait la bénéficiaire de la révélation de la Seigneurie du Christ? A ce moment, c'est la couronne qui fait problème: comment Marie pourrait-elle être représentée couronnée par les apôtres comme une martyre ordinaire?

Deux solutions sont envisageables:

1. Suivre A. Grabar qui penche pour Sainte Sabine, en tous cas un martyr, selon le même schéma iconographique que dans l'abside de S. Apollinare in Classe.

---

[9] JEREMIAS 1980, p.82–88.

[10] JEREMIAS 1980, p. 15.

[11] GRABAR 1972, p. 196–197.

2. Identifier, avec G. Jeremias, Marie, mais comme représentant l'Eglise universelle comprenant ses deux familles (judéochrétienne et paganochrétienne). Assurément ce serait, à cette époque un *unicum*, mais on pourrait y trouver l'écho des deux mosaïques de l'intérieur. Sur sa tête, ce ne serait pas une couronne, mais la croix de lumière, signe de la parousie selon la description de l'abside de Cimitile par Paulin de Nole[12]: une couronne entoure la croix d'un disque lumineux.

Peut-être faut-il retenir cette dernière explication, mais à la condition de noter que le caractère parousiaque de l'image n'est nullement prouvé. Il s'agit d'une théophanie. C'est pourquoi le parallèle de S. Apollinare (révélation théophanique avec allusion à la transfiguration) n'est pas à récuser aussi carrément que G. Jeremias croit pouvoir le faire.

La conclusion est qu'il ne s'agit sans doute pas de l'Eglise, dont ce serait l'une des toutes premières apparitions. L'identification à Marie n'est pas impossible, mais soulève bien des difficultés. Peut-être vaudrait-il mieux en revenir à l'ancienne explication qui voit là Sainte Sabine introduite par deux apôtres dans la société du Christ dont la Seigneurie lui est ainsi révélée: le type iconographique de l'introduction est en effet très bien attesté. En tous cas, il n'est pas question de voir là deux Eglises en une personnification. La conséquence est qu'il faut renoncer à invoquer cette sculpture comme confirmation de l'identification des deux villes aux deux Eglises de la chrétienté.

S. Maria Maggiore (432–440)

Sur l'arc triomphal, au sommet on voit un trône portant la croix couronnée et le rouleau aux 7 sceaux, le tétramorphe et de chaque côté du trône, deux apôtres acclamant: Pierre à gauche et Paul à droite.

Au-dessous, sur trois registres s'étagent des scènes de l'enfance de Jésus.

Tout en bas, on distingue deux villes nommées par des inscriptions: Jérusalem à gauche et Béthléem à droite (figure 3). Elles sont très semblables et décorées, toutes deux, de pierres précieuses. Sous les porches d'entrée pendent une croix et deux lampes/perles.

Devant chacune des portes 6 agneaux groupés lèvent leurs regards vers le trône de l'Etimasie.

De toute évidence, c'est la transposition du thème sur un support incommode comme l'est un arc qui a entraîné cette modification: la procession des agneaux a donné lieu à une compression, mais le modèle suivi devait être assez semblable à ce que reproduit le sarcophage de Milan.

---

[12] CSEL 29/1, p.286.

Figure 1
Sarcophage de Milan.

Figure 2
S.Sabina. Dessin ancien.

Figure 3
S.Maria Maggiore. Jérusalem et Béthléem.

Figure 4
Abside de la basilique constantinienne
du Vatican.

Figure 5
SS.Cosma e Damiano.

Figure 6
S.Apollinare in Classe.

Figure 7
S. Lorenzo f.l.m.

Figure 8
Oratoire de S. Venanzio.

Figure 9
S. Prassede. Arc.

Figure 10
S. Prassede. Abside.

Figure 11
S. Cecilia.

Figure 12
S. Marco.

Figure 13
S. Maria in Trastevere.

Figure 14
S. Clemente.

Figure 15
S. Pudenziana.

Pour la première fois les villes sont nommées. La parure de pierres précieuses (comme à Sainte Sabine) oblige à voir dans la ville appelée Jérusalem la Jérusalem céleste de l'Apocalypse.

Comment faut-il interpréter? L'accent eschatologique de l'ensemble est ténu. Le sommet est une glorification du Seigneur du monde (étimasie, tétramorphe). Le souverain de l'histoire (livre scellé) est proclamé Seigneur par les apôtres et l'affirmation doit d'abord être entendue au présent. En harmonique, on perçoit l'attente du retour, mais ce n'est pas la présence de Jérusalem qui parle dans ce sens: Bethléem lui est semblable!

L'interprétation des deux villes est trop vite supposée acquise par la plupart des commentateurs: ils voient dans Jérusalem l'Eglise du Judaïsme et dans Bethléem celle des nations, en se référant au parallèle de Sainte Sabine. L'explication appelle quelques réserves[13]: En effet, si, dans le cas présent, Jérusalem est bien du côté de Pierre et Bethléem de celui de Paul, on verra bientôt que cette correspondance est loin d'être la règle.

De plus, comme le note B. Brenk[14], on ne peut produire aucun texte prenant Jérusalem comme type de l'Eglise Judéochrétienne, ni le symé-

---

[13] Sans oublier les réserves exprimées à propos de l'interprétation des mosaïques de Sainte Sabine.
[14] BRENK 1975, p. 46.

trique pour Bethléem, ce qui est tout de même un peu inquiétant pour un thème iconographique aussi répandu (on va le voir)[15].

Relevons un indice significatif: le contexte général de l'arc qui est consacré aux scènes de l'enfance de Jésus. Cela rappelle le texte de Prudence (vers 400) sur Bethléem: c'est la capitale (*caput*) du monde qui a donné Jésus, origine (*principium*) du monde, source (*caput*) des origines (*principiorum*). C'est la ville qui a donné le jour au Christ homme[16].

La cause devrait donc, malgré les habitudes, être considérée comme entendue: Bethléem est le lieu de la naissance de Jésus, Jérusalem celui de sa crucifixion. C'est à ces deux sources que puisent les apôtres pour révérer le Seigneur glorifié.

Une question demeure ouverte: pourquoi Jérusalem (et par contagion Bethléem) est-elle représentée d'après la description d'Apoc 21 comme la cité céleste?

Une remarque anticipe sur la suite: Jérusalem présente une caractéristique architecturale qui la distingue de Bethléem: on y repère une rotonde qui fait naturellement penser au dôme de l'Anastasis constantinienne.

La mosaïque absidale de la basilique constantinienne du Vatican. (figure 4) On ne la connaît plus qu'à travers des copies anciennes[17].

Dans la conque, on voit le Christ bénissant, acclamé par Pierre, à droite, et Paul, à gauche. Sous le trône, deux cerfs se désaltèrent aux fleuves du paradis.

Le bandeau inférieur montre deux processions de 6 agneaux chacune. Ils sortent de Bethléem (à droite) et de Jérusalem (à gauche), et se dirigent vers l'Agneau qui se tient sur un mont devant la croix.

---

[15] Sur Bethléem: Augustin, Sermo 202, PL 38,1033: L'Epiphanie est une célébration de l'Eglise universelle des nations. En effet les mages sont les nations et les bergers les Israélites. Mais, à bien regarder, les deux groupes sont venus à Bethléem!

Grégoire (PL 76,1103s.) interprète Bethléem comme la *domus panis,* ce qui est une allusion eucharistique. Il en conclut que c'est le lieu d'apparition du Christ *per materiam carnis*. Christ y est né *quasi in alieno* (1104).Bethléem est donc l'étrangère dans laquelle les agneaux (les apôtres) *entrent*!

Ambroise Autpert (8ème siècle) explique Lc 2,32 par Es 9,2: le peuple des *nations* (Bethléem?) a vu la lumière (PL 89,1298).

Tout cela n'est pas très convaincant. En revanche, on trouve de nombreuses attestations de Jérusalem prise comme symbole de l'Eglise dans son universalité, BRENK 1975, p. 46.

[16] Dittochaeum, 26. On sait que ce livre ressemble parfois à une collection de légendes d'illustrations manuscrites ou monumentales.

[17] WAETZOLDT 1964, p. 490.

Deux personnages ont été ajoutés au 13ᵉᵐᵉ siècle par Innocent III: sa propre image, à gauche de l'Agneau, et l'*ecclesia romana* à droite. Des inscriptions assurent l'identification.

Nous avons là une exploitation du thème d'où les traits apocalyptiques ont totalement disparu. C'est maintenant une célébration du Christ triomphant qui accomplit dans sa gloire présente les promesses du paradis. C'est ce que les apôtres ont annoncé sur la base de l'évangile de la naissance et de la crucifixion du Christ.

Basilique des SS. Cosma e Damiano (attribuée à Félix IV, 526–530), (figure 5).
L'abside: Dans la conque on voit le Christ, debout sur les nuées, tenant un rouleau et faisant un geste d'acclamation. Un peu plus bas se trouvent Pierre (à droite) et Paul (à gauche), puis Cosme et Damien tenant une couronne dans leurs mains voilées, puis Félix IV et Saint Théodore.

Sur le bandeau, sortant de deux villes (Jérusalem est à gauche), deux files de 6 agneaux se dirigent vers l'Agneau sur le mont.

Le sens est clair: sur la base de la prédication apostolique, qui a une portée éternelle et céleste, on peut affirmer que se trouvent au ciel: les apôtres, les saints et *même un pontife contemporain, encore vivant*. C'est la première fois que ce phénomène apparaît, il vaut la peine de le noter.

A Ravenne, deux mosaïques de la première moitié du 6ᵉᵐᵉ siècle doivent être citées:
D'abord *l'arc absidal de S. Vitale* où, dans les angles, les deux villes symétriques et semblablement parées, sont identifiées par des inscriptions.

La mosaïque de *S. Apollinare in Classe* est plus complexe (figure 6):
Sur l'arc absidal, le milieu de la bande supérieure est occupé par un médaillon où figure le buste du Christ. Sur un fond de nuées apparaissent les figures du tétramorphe. Au-dessous, toujours sur fond de nuées, deux files de 6 agneaux montent vers le Christ. Ils sortent de deux villes semblables, parées de pierres précieuses, mais anonymes. Des lampes pendent sous les porches d'entrée.

L'abside proprement dite montre Saint Apollinaire en prière dans un paysage idyllique. Vers lui convergent deux fois 6 agneaux. Plus haut, 3 agneaux contemplent une croix inscrite dans un cercle. De part et d'autre, se tiennent Moïse et Elie. Il s'agit donc d'une transfiguration. On notera toutefois que l'ensemble suggère que Saint Apollinaire est, comme les apôtres (les 3 du récit évangélique, mais aussi les 12 dans une perspective plus théologique qu'historique), gratifié de la vision du Christ glorifié. Cette gloire est celle-là même qui est l'objet des promesses eschatologiques.

On ne peut mieux exprimer la portée cosmique et éternelle de l'évangile prêché par les apôtres, annoncé dans l'Apocalypse (dont on ne retient que la prophétie de la gloire céleste) et réalisé par la fidélité des saints.

S. Lorenzo f.l.m. (579–590), (figure 7).

Au centre de l'arc triomphal, le Christ siège sur le globe. A droite, Paul, Etienne, Saint Hippolyte portant une couronne dans ses mains voilées. Au-dessous: Bethléem. A gauche, Pierre, Saint Laurent et le pape Pélage II offrant son église. Au-dessous: Jérusalem. Les murailles des deux villes sont de pierres précieuses. Sous le porche de Jérusalem: une croix et deux lampes.

On aura relevé l'accentuation du caractère transcendant et cosmique de la représentation et la présence au ciel de plusieurs saints et du pape vivant.

Baptistère de Saint Jean de Latran. Oratoire de S. Venanzio (642–649), (figure 8).

Dans la conque de l'abside, on voit au sommet le buste du Christ entouré de deux anges. Au registre inférieur, la vierge, en orante, est accompagnée à gauche par Paul, Jean, Saint Venance et le pape Jean IV qui commença la construction de l'oratoire, à droite par Pierre, Jean-Baptiste, Saint Domnion et un pontife qu'il faut sans doute identifier à Théodore qui acheva l'œuvre de Jean IV.

Sur l'arc triomphal, on distingue, de gauche à droite, dans les panneaux qui alternent avec les fenêtres:

Jérusalem, parée de pierres précieuses. Trois lampes pendent sous le porche.

Le bœuf et l'homme du tétramorphe.

Le lion et l'aigle.

Bethléem, symétrique à Jérusalem et semblablement parée.

Dans les parties basses à gauche et à droite de l'arc: deux fois 4 martyrs que des inscriptions identifient et qui sont sans doute les compagnons de martyre de Domnion.

S. Prassede. L'église antique fut reconstruite et décorée par Pascal I (817–824).

L'arc triomphal (figure 9). Tout en haut, le Christ, représenté debout, se tient au centre entre deux anges. Ces trois personnages se détachent sur la muraille d'une ville (la Jérusalem céleste comme les nuées le montrent) dans laquelle ils se trouvent. Au-dessus de la muraille du premier plan, on reconnaît à gauche: Marie, Jean-Baptiste, Paul et 5 apôtres, à droite: une femme (l'Eglise, dit-on. Mais ne faut-il pas suivre J.Wilpert qui proposait d'y voir Sainte Praxède[18]?), Pierre et 5 apôtres. Tous portent une couronne dans leurs mains voilées.

Derrière le dernier apôtre, se trouve d'un côté Moïse portant l'une de ses tables où se lit l'inscription *Lege*, de l'autre côté on voit Elie et un ange.

La ville comporte aux deux extrémités une porte gardée par un ange. Sur un pré fleuri, sous la conduite d'un ange, des foules se pressent pour entrer. Ce sont des élus qui, à la différence des apôtres, ne sont pas nimbés, mais portent eux aussi des couronnes dans leurs mains voilées.

A gauche, des hommes et des femmes suivent des évêques. A droite, derrière Pierre et Paul encadrant l'ange au roseau (Apoc 21), on distingue un groupe moins différencié.

Au registre inférieur, de part et d'autre de l'arc, deux groupes de personnages vêtus de blanc tiennent des palmes et des couronnes (Apoc 7): ce sont sans doute les martyrs. La scène commémore vraisemblablement le transfert en ce lieu des reliques d'environ 2.000 martyrs. Selon leur rang, les martyrs et les saints se hâtent vers la ville céleste où le Christ et ses apôtres les attendent.

L'abside (figure 10). Au centre se tient le Christ, debout. A droite, Pierre, Sainte Praxède et un Saint (sans doute Zénon). A gauche Sainte Pudentienne (qui, comme sa sœur, tient une couronne) et Pascal I offrant son église. Comme la règle s'en imposera pour des représentations de personnages encore vivants, il porte une auréole carrée.

Au-dessous d'eux coule le fleuve Jourdain et, sur le bandeau inférieur, deux théories de 6 agneaux sortent de deux villes (à gauche Jérusalem où l'on distingue une rotonde et trois perles/lampes sous le porche; à droite Bethléem). Ils se dirigent vers l'Agneau qui, au centre, se tient sur la montagne d'où sourdent les 4 fleuves du paradis.

L'arc absidal. Tout en haut, au centre, l'agneau siège sur un trône surmonté de la croix. On identifie encore le rouleau aux 7 sceaux d'Apoc 5 et les 7 candélabres d'Apoc 1. Le tout est encadré par deux anges et les figures du tétramorphe.

Sur les côtés inférieurs, de part et d'autre de l'arc, les 24 anciens d'Apoc 4–5 (en deux groupes de 12) présentent leurs couronnes à l'Agneau.

S. Cecilia in Trastevere (sous Pascal I, 817–824), (figure 11).
Une restauration moderne (1725) de l'abside n'a pas altéré l'aspect global

---

[18] Wilpert 1916, p.1068.

de l'œuvre, mais elle a détruit la décoration de l'arc que l'on ne connaît plus qu'à travers les dessins anciens.

L'arc[19]. Tout en haut au centre, se trouve une vierge à l'enfant. De chaque côté, conduites par un ange, 5 saintes couronnées et portant des couronnes dans leurs mains voilées sortent de deux villes dont celle de droite laisse voir une rotonde. Au-dessous, des deux côtés de l'arc, deux groupes de 12 anciens non nimbés présentent à l'enfant-roi leurs couronnes.

L'abside. Au sommet, le Christ bénissant se tient debout dans les cieux sous la main de Dieu. Il est entouré de 6 personnages: à droite, Pierre, Valérien et Agathe, à gauche Paul, Cécile et le pape Pascal I que la sainte protège de son bras posé sur ses épaules. Le pape qui, comme il est de règle pour un personnage vivant, a un nimbe carré, offre un modèle réduit de l'église qu'il a fait construire.

Sur le bandeau inférieur, deux files de 6 agneaux sortant de deux villes convergent vers l'Agneau debout sur la montagne aux 4 fleuves.

S. Marco (Rome. 828–844. Restauration en 1824), (figure 12).

L'abside. Dans la conque un Christ au nimbe crucifère, un livre à la main, donne sa bénédiction. Il se tient sur un piédestal où se lisent les lettres Alpha et Oméga. Au-dessus de lui, on voit la main de Dieu et la colombe de l'Esprit. 6 personnages l'entourent. De taille inférieure, ils sont, comme le Christ, nimbés et reposent sur un piédestal où leur nom est écrit. Ce sont, à gauche: Saint Félix, Marc l'évangéliste, le pape Grégoire IV dont le nimbe est carré et qui offre son église; à droite le pape Marc (336), Saint Agapit et Sainte Agnès.

La scène du bandeau inférieur est parfaitement classique: les agneaux sortent, en double procession, de Bethléem (à droite) et de Jérusalem (à gauche, avec une rotonde). Ils se dirigent vers l'Agneau qui se tient sur la montagne aux 4 fleuves.

Sur l'arc absidal, au sommet, dans un médaillon, le Christ en buste au nimbe crucifère bénit et tient un livre. Les 4 figures du tétramorphe en médaillons l'entourent dans les nuées du ciel. Plus bas, des deux côtés de l'arc, deux grands personnages font le geste de l'acclamation. Ce sont à droite Pierre, à gauche Paul.

Bornons-nous à noter que décidément le ciel se peuple!

S. Maria in Trastevere (1130–1143), (figure 13).

L'abside. On notera que le Christ que surmonte la main de Dieu tenant une couronne partage son trône avec Marie. De part et d'autre se trouvent des

---

[19] Waetzoldt 1964, pl. 33–34.

saints dont l'identité est précisée par l'inscription. A gauche, le pape Callixte (qui fut associé, dans la primitive basilique, à Jules I), Saint Laurent, le pape Innocent II présentant son église; à droite, Pierre, le pape Corneille, le pape Jules (de la première basilique, 337–352), Calepodius martyr. Aucun de ces saints ne porte d'auréole à la différence du Christ et de Marie.

Le bandeau inférieur offre la traditionnelle procession des agneaux sortant de deux villes parées de pierres précieuses. Derrière l'enceinte de Jérusalem, dont le porche abrite 5 lampes, on distingue une rotonde.

Sur l'arc absidal les figures du tétramorphe entourent au ciel un médaillon où se trouve la croix flanquée de l'Alpha et l'Oméga. Trois lampadaires sont posés de chaque côté: la référence à l'Apocalypse se perd! Au-dessous, à gauche Esaïe et à droite Jérémie qui remplacent en ce lieu Pierre et Paul.

Au terme de l'évolution, on doit citer *S. Clemente* (figure 14) qui, malgré sa date tardive (début du 12ème siècle) a conservé des traits qui remontent à la plus haute antiquité du schéma iconographique. Sur le bandeau inférieur de l'abside, on retrouve la double procession des agneaux sortant des deux villes merveilleuses que des inscriptions identifient.

Dans la conque, c'est le crucifié qui reçoit la couronne de la main céleste de Dieu. Marie et Jean se tiennent au pied de la croix sur le bois de laquelle sont représentées 12 colombes: les apôtres. Le reste de la conque est occupé par un gigantesque et magnifique enroulement des rinceaux de l'arbre de vie qui produit le bois de la croix. Cet arbre est assimilé à l'Eglise: on y retrouve la représentation de 4 de ses plus fameux docteurs[20], ainsi que les portraits des donateurs de la mosaïque.

Sur l'arc absidal, dans un médaillon central, le Christ en buste couronné d'une auréole crucifère bénit et tient un livre. Dans les cieux les 4 figures du tétramorphe l'entourent.

Au-dessous, à gauche Paul et Saint Laurent, à droite Pierre et Saint Clément. Encore au-dessous, à gauche Esaïe, à droite Jérémie.

Il est temps d'essayer de réunir les remarques glanées au fil de l'analyse d'oeuvres qui, malgré leurs points communs, offrent cependant des caractères différents et couvrent plusieurs siècles.

On remarque d'abord l'étonnante permanence du thème des deux villes. Il est difficile de penser que leur présence est due aux seules exigences de la symétrie. Si l'une d'elles (la première sans doute) est évidemment la Jérusalem céleste décrite par l'Apocalypse, la seconde, Bethléem, est souvent représentée à l'identique, reproduisant jusqu'aux murailles de

pierreries que la prophétie ne mentionne pourtant que pour la seule Jérusalem!

Toutefois ce mimétisme laisse parfois subsister une particularité de Jérusalem: à 5 reprises (le chiffre exclut donc le hasard!), on y distingue un
édifice à l'architecture très typée: une construction de plan circulaire couvert par une coupole.

A part les murailles merveilleuses, aucun autre indice ne renvoie au texte
d'Apoc 21.

Quant aux agneaux qui se dirigent vers l'Agneau central, ils évoquent
évidemment Apoc 14,1, mais de manière très imprécise: le texte ne parle
pas d'agneaux et surtout ne dit pas qu'ils sont 12.

Notons encore que la montagne sur laquelle se tient l'Agneau est manifestement non pas la montagne de Sion d'Apoc 14,1, mais la montagne
d'où sortent les quatre fleuves du paradis!

Enfin on relèvera que, dans la moitié des cas, Pierre et Paul ne sont pas
placés du même côté que la ville dont ils pourraient être les symboles (Pierre
et Jérusalem= l'Eglise de la circoncision; Paul et Bethléem= l'Eglise des
nations). Ceci déconseille définitivement l'explication traditionnelle des
deux villes.

Les références à l'Apocalypse sont évidentes[21]. Elles sont pourtant con-
fuses et brouillées par des allusions à d'autres textes bibliques.

Enfin, on doit constater une évolution constante qui, au fil des âges,
multiplie les présences humaines dans le ciel où le Christ règne en sa ville.
Certes, ce sont les oeuvres les plus tardives qui sont ici les plus précises,
puisqu'elles vont jusqu'à placer auprès du Christ des hommes qui vivaient
encore au moment de la réalisation de la mosaïque. Néanmoins cet accent
ne semble pas totalement absent dès le début: la présence régulière des
apôtres en est un signe. C'est cela qui encourage les artistes à ajouter les
saints et les martyrs dont l'Apocalypse (Apoc 7) annonçait la communion
éternelle avec leur Seigneur.

Le seul problème qui demeure (et pour être unique il n'en est pas moins
préoccupant) est de savoir si l'option prise par les oeuvres tardives qui
veulent que la scène ne parle pas seulement d'un avenir parousiaque mais
aussi du présent, est une totale innovation, ou si déjà les oeuvres anciennes ne
doivent pas être comprises de cette façon. L'analyse d'une dernière mosaïque nous permettra peut-être de décider.

---

[20] Ambroise, Grégoire, Augustin et Jérôme.
[21] L'Agneau: Apoc 5; 14,1; Les 24 anciens: Apoc 4–5; les palmes: Apoc 7,9; les
couronnes: Apoc 2,10; 4,4.10.

S.Pudenziana (début du 5ème siècle), (figure 15).

Nous avons repoussé jusqu'ici l'examen d'un monument que sa date conseillait d'envisager plus tôt. En effet, plusieurs de ses caractères propres recommandent de l'étudier à part, mais en conservant en mémoire les résultats des analyses précédentes.

En effet, le schéma iconographique est original (les deux villes d'où sortent les agneaux sont absentes, du moins en apparence), et pourtant son organisation fait à l'évidence allusion aux thèmes précédemment étudiés. Peut-être cette redistribution des thèmes permettra-t-elle d'avancer dans la compréhension de toutes les oeuvres étudiées jusqu'ici.

Au centre de l'abside, siège le Christ qui tient un livre où l'on peut lire: *Dominus conservator ecclesiae pudentianae.* Des deux côtés du trône, 5 apôtres siègent. Les premiers font le geste de l'acclamation: ce sont à droite Pierre et à gauche Paul. Derrière ces groupes deux femmes sont debout tenant chacune une couronne. A l'arrière-plan, un portique laisse apercevoir une ville que les nuées et les 4 figures du tétramorphe font identifier à la Jérusalem céleste. Une croix, incrustée de pierres précieuses, se dresse au cœur de la ville sur une montagne: elle peut faire penser à la croix richement décorée que Théodose II fit dresser sur le Golgotha en 440. Mais il faut d'abord se souvenir que, selon toute vraisemblance, Egérie avait déjà vu une croix sur ce rocher dans les années 380. A gauche, un monument en rotonde évoque l'Anastasis constantinienne. A droite, un édifice octogonal, devant une basilique, fait problème.

Il s'agit, au moins pour la partie gauche de la mosaïque, d'une évocation précise de la Jérusalem de Constantin.

Les choses sont moins claires pour la partie droite: on a longtemps identifié l'octogone à l'église de l'Ascension dont les fouilles imparfaites laisser deviner un plan octogonal. En fait, on sait maintenant qu'il s'agissait d'une rotonde, édifiée à la fin du 4ème siècle grâce aux générosités de la pèlerine Poemenia et qui fut fouillée en 1959[22]. Il faut donc chercher ailleurs. On connaît un célèbre octogone: celui qui, en place d'abside, fermait la basilique constantinienne de la Nativité à Bethléem et que visitait déjà le pèlerin de Bordeaux en 333.

L'hypothèse, qui avait été écartée par G. Matthiae[23], demande à être reconsidérée en tenant le plus grand compte du thème iconographique des deux villes attesté dans tant d'absides: si le schéma est différent, comment ne pas être sensible à une permanence possible de l'affirmation si souvent

---

[22] CORBO 1965, p. 97–104.
[23] MATTHIAE 1967, p. 58s.

répétée: Bethléem et Jérusalem sont les deux termes qui définissent la vie terrestre de Jésus.

Quant aux deux femmes: ce sont, dit-on, les figures des deux Eglises, celle d'origine juive et celle des nations[24]. Ne sont-elles pas précisément derrière Pierre, l'apôtre des Juifs et Paul, celui des nations en une redondance formelle comme sur le mur d'entrée de Sainte Sabine?

Mais dans ce cas, nous l'avons vu, les deux femmes/Eglises ne sont aucunement intégrées au thème des villes célestes! L'ancienne identification aux deux soeurs martyres, Pudentienne et Praxède, devrait être reconsidérée: les deux femmes ne tiennent-elles pas les couronnes des martyrs pour les offrir au Christ, dans la meilleure tradition iconographique de l'hagiographie chrétienne, comme nous l'avons constaté plus haut?

L'interprétation de cette mosaïque permet comme un bilan de nos analyses antérieures: certes, elle a une originalité marquée (les agneaux manquent et si les deux villes sont présentes, leur figuration est en tous cas un hapax). Mais, malgré cela, les éléments les plus significatifs rencontrés jusqu'ici sont bien là: Au centre, on voit le Christ et/ou la croix dans un contexte céleste (nuées, tétramorphe, apôtres et saints qui vont en se multipliant) et la Jérusalem céleste.

Il y a deux manières de rendre compte de ces caractères communs:

1. Pour les uns, il s'agit d'une représentation de la parousie du Christ revenant procéder au jugement dernier auquel sont associés les apôtres selon Mt 19,28 et plusieurs textes de l'Apocalypse[25]. Les auteurs qui opinent dans ce sens[26] et qui insistent tantôt sur le jugement dernier qui proclamera la victoire de l'Eglise, tantôt sur les aspects empruntés à l'Apocalypse, parlent toujours d'une eschatologie résolument futuriste. D'autre part, ils ont tous tendance à minorer, ou à interpréter de manière purement formelle, les emprunts à l'iconographie impériale qui parlent pourtant fortement d'une souveraineté présente. De plus, il leur faut admettre que les images illustrent des combinaisons de textes bibliques et que, en outre, elles prennent à l'égard de la lettre des libertés considérables[27].

---

[24] Gerusalemme, 1983, p. 200.

[25] Apoc 7 et 14 pour les agneaux; 20 pour le jugement et 21 pour Jérusalem.

[26] DINKLER 1964, MATTHIAE 1967, DASSMANN 1970, QUARLES VAN UFFORD 1971 et BRENK 1980.

[27] Un seul exemple: si des manuscrits médiévaux représentent la Jérusalem céleste comme une ville circulaire (GOUSSET 1974, p.54), c'est au nom d'une signification qui leur semble plus importante que la fidélité littérale. De même les manuscrits de Trèves et de Cambrai osent traduire la présence immédiate (sans la médiation d'aucun temple) de Dieu dans la ville en représentant soit un agneau, soit une *église,* ibid. p. 56!

2. D'abord seul, Y. Christe[28] s'élève contre cette interprétation dont il dénonce à juste titre le caractère réducteur. On a raison, remarque-t-il, de parler d'eschatologie à propos de ces images, mais on a tort de poser comme une évidence que toute eschatologie est nécessairement relative au seul avenir. J. Engemann[29] et G. Hellemo[30] ont repris le dossier à frais nouveaux: les emprunts aux thèmes de l'iconographie impériale montrent que l'on veut proclamer la seigneurie du Christ que la foi confesse comme une réalité présente. Nous sommes donc devant les représentations d'une théophanie emblématique plus qu'historique ou posthistorique: elle annonce la promulgation de l'évangile remplaçant la loi. Elle parle un langage qui transcende le temps: ce qui est montré là vaut aussi bien pour le passé (la croix; les apôtres), que pour le présent (Seigneurie sur le monde et sur l'Eglise qui adore et témoigne) et pour la fin (parousie cosmique avec ses signes traditionnels). Ainsi la croix est-elle celle de la crucifixion *et* celle que vénèrent les pèlerins comme symbole de la victoire du Christ sur la mort *et* le signe annonciateur de la dernière parousie. Ainsi Jérusalem est-elle à la fois la ville aux sanctuaires constantiniens et la ville céleste de Dieu. Ainsi les apôtres sont-ils les premiers compagnons de Jésus, seuls ou en compagnie d'autres chrétiens des siècles ultérieurs[31]. Ils représentent l'Eglise confessante et sont aussi les témoins du retour du Seigneur qu'ils attendent et les juges du jugement dernier[32]. Mais surtout, ils sont déjà les bénéficiaires des couronnes de victoire qui leur sont réservées aux cieux. Ce sont des hommes du passé et pourtant l'évangile qu'ils ont transmis au monde doit être reconnu comme ayant une valeur éternellement présente.

Il faut accepter de lire ces mosaïques pour ce qu'elles sont, sans vouloir décider qu'elles illustrent des textes bibliques déterminés, ni sans les asservir à notre volonté d'y trouver un message univoque satisfaisant aux exigences de notre logique.

Mais, dira-t-on, que voilà un mode d'expression bien différent de celui que tiennent les Pères, ces théologiens des premiers siècles dont nous connaissons suffisamment la pensée pour savoir qu'ils s'expriment avec clarté

---

[28] CHRISTE 1971 et 1976.

[29] ENGEMANN 1974.

[30] HELLEMO 1989, p. 54.

[31] Ainsi les petits défunts du sarcophage de Milan: ils sont aux pieds du Christ, c'est-à-dire dans la Jérusalem céleste et pourtant ils supplient pour être associés vraiment à la communauté des apôtres (CHRISTE 1976, p. 52).

[32] Ici on voit bien que l'intention des images n'est pas de décrire le jugement dernier: on ne montre que les élus. Il ne s'agit pas de raconter, mais de confesser la foi (CHRISTE 1973, p. 107).

et sans ambiguïté sur le chapitre de l'eschatologie et plus spécifiquement sur la question des temps à venir.

La remarque a de quoi faire réfléchir. Mais résiste-t-elle à un examen attentif?

III. Les textes

Naturellement, il s'agit d'abord des textes relatifs à la querelle millénariste. Nous les connaissons bien, et mieux encore depuis que St.Heid[33] a montré que c'est une tendance générale du christianisme primitif de recueillir avec passion les promesses de l'AT et de l'Apocalypse sur le relèvement de Jérusalem et de la terre d'Israël pour en attendre l'accomplissement. Viennent ensuite une accentuation, un durcissement et une systématisation face à Marcion et à la gnose: il s'agit alors de trouver le moyen de garder l'unité du plan de salut et d'affirmer l'unité du Dieu qui l'a conçu.

Nous invitant à cette lecture, St.Heid fait apparaître l'inadéquation de quelques uns des critères qui nous servent souvent à apprécier et le millénarisme et ses opposants: ces protagonistes ne se séparent pas sur la lecture des prophéties, littérale d'un côté, symbolique de l'autre (on trouve l'une et l'autre dans les deux camps). Leur problème est de distinguer entre un accomplissement matériel et un accomplissement spirituel.

Quand on a vu cela, toute la clarification nécessaire est-elle faite? Pas encore, en effet, lorsqu'on parle de caractère apocalyptique, indique-t-on une dépendance par rapport à l'Apocalypse johannique ou un discours plus ou moins fantastique relatif à la fin? Et encore: l'eschatologie n'est-elle pas trop souvent comprise dans son sens étymologique, sans tenir compte du bouleversement amené par le christianisme dans cette sémantique[34]?

C'est pourquoi il faut relire les textes avec une autre grille d'interrogation, relative à la temporalité. Ceci nous conduira à croiser l'analyse de la querelle millénariste, mais en prenant garde ne de pas nous laisser dicter par celle-ci notre problématique.

Voici une esquisse de présentation des opinions qui s'affrontent, s'agissant de l'accès à la cité de Dieu:
A. Il peut être attendu pour une époque (millenium) préalable à la Fin.
Il peut être attendu pour la fin du monde.

---

[33] HEID 1993.

[34] C'est bien ce qu'a compris Jérôme, lorsqu'il corrige Victorin: la grande question est de savoir si les promesses du millenium sont repoussées dans un temps à venir, ou bien si elles sont présentement réalisées (DULAEY 1991, p. 208).

B. La cité peut être regardée comme présente
a) pour les patriarches et les chrétiens après leur mort.
b) pour les chrétiens de leur vivant.
Même dans ce cas, la cité de Dieu fait l'objet d'une révélation finale qui en achève la perfection.

S'il est clair que la position A est représentée principalement par les millénaristes et B par leurs opposants, les connaisseurs conviendront que le clivage n'est pas aussi net et qu'il y a de nombreux croisements.

Il faut donc interroger les textes[35] du point de vue de la temporalité: Jérusalem, la cité sainte, la ville céleste est-elle une réalité seulement future, ou a-t-elle une véritable actualité[36]?

Citons rapidement pour n'y plus revenir les auteurs qui se sont exprimés sans ambiguïté sur le caractère futur de la Jérusalem promise. On les compte naturellement parmi les millénaristes. Ce sont: Papias, Cérinthe, Apollinaire, Commodien et Lactance.

On remarquera de très notables absences dans cette courte liste. De fait, manquent 4 auteurs, et non des moindres, que l'on a l'habitude de mentionner ici, à savoir Justin, Irénée, Tertullien et Victorin.

Le cas de Justin est le plus simple: Dial.80 est un texte évidemment millénariste dans ce que le mot a de plus chronologique. Après la résurrection, écrit Justin, les croyants passeront 1000 ans dans une Jérusalem rebâtie dans la gloire, après quoi viendront résurrection générale et jugement dernier.

Tout est clair. Pourtant, comment ne pas relever le contexte polémique de l'affirmation: Justin n'insiste sur cette chronologie que pour établir de manière incontestable la résurrection charnelle que les gnostiques veulent remplacer par une résurrection spirituelle.

Lorsque notre auteur s'exprime de manière plus spontanée, il tient un langage qui certes n'est pas contradictoire, mais qui laisse cependant entrevoir de nouvelles perspectives: le Christ, dont on attend le retour, brillera à Jérusalem d'une lumière éternelle selon Es 60,1.19. De fait, c'est lui qui a déjà révélé Dieu son Père à tous les patriarches. Et si l'on peut valablement parler d'avenir, c'est seulement d'un point de vue humain, car *nous* ne recevrons le royaume promis qu'après la résurrection (Dial.113,4–5).

---

[35] Pour ne pas trop lasser, on ne tendra pas à l'exhaustivité, et pourtant on ne se limitera pas à la controverse millénariste.

[36] Pour ne pas perdre des textes fondamentaux, il faudra parfois alléguer des exégèses de prophéties traditionnellement rattachées à la problématique bien qu'elles ne parle pas *stricto sensu* de Jérusalem. Ainsi Es 11.

Ainsi l'accomplissement des promesses est bien futur pour les hommes, mais le dessein de Dieu transcende notre temps.

Voici une première acception du sous-titre que l'on pourrait donner à ce paragraphe: *Il en sera sur la terre comme il en est dans le ciel depuis toujours.*

On connaît bien le long développement dans lequel Irénée expose un rigoureux millénarisme[37]: il se déclare fidèle disciple de Papias[38] et va jusqu'à condamner expressément ceux qui tentent d'entendre dans un sens allégorique toutes les prophéties de la restauration de Jérusalem[39], sans oublier celles qui, comme Es 11,6–9, annoncent un monde dans lequel une paix paradisiaque régnera parmi les bêtes et les hommes[40].

Avant d'aller plus loin, il faut noter que ce développement prend place dans un ensemble[41] qui cherche à souligner, contre les gnostiques, l'unité de Dieu: l'ancienne alliance fait vraiment partie de l'histoire du salut; les promesses faites à Jérusalem et à Israël ne sont nullement caduques, leur accomplissement vient. On retrouve donc la même problématique que chez Justin et, beaucoup plus nettement que chez celui-ci, des affirmations bien différentes lorsque le ton n'est plus à la polémique.

Pourtant, en Dém.61, Irénée n'hésite pas à reprendre la prophétie d'Es 11,6–9: les presbytres, dit-il, en attendent l'accomplissement lors du règne parousiaque du Christ. Mais, poursuit-il, la preuve que l'on peut attendre l'accomplissement de cette prophétie avec assurance, c'est qu'elle se réalise dès maintenant dans l'Eglise. C'est une allégorie des différentes catégories humaines que le Christ unit dans sa communion.

C'est peut-être également le sens d'un autre passage[42] dans lequel l'Eglise est comparée à un riche cellier où les apôtres ont déposé toute la vérité, afin que quiconque le veut y puise le breuvage de la vie. Comment ne pas voir qu'il y a là un écho direct d'Apoc 22,17: que *celui qui veut* reçoive *l'eau de vie,* gratuitement[43]?

Nous revenons à notre thème proprement dit avec la *Lettre des chrétiens de Lyon et de Vienne*, texte dont on reconnaît le caractère irénéen.

---

[37] Adv.Haer. V,31–36.

[38] Ibid. V,33,4.

[39] Ibid. V,35,1.

[40] Ibid. V,33,4. Dans le même sens sans doute Act. Phil. 8,16–21.

[41] Ibid. V,25,1–36,3.

[42] Ibid. III,4,1.

[43] En Adv.Haer. III,24,1, Irénée écrit que participer au Saint Esprit dans le sein de l'Eglise, c'est recevoir la source *très pure* qui coule du corps du Christ. L'allusion à Jn 7,37–38 et 19,34 est évidente. Mais ne faut-il pas en outre penser à Apoc 22,1 où l'eau vive qui jaillit à la Fin du trône de Dieu et de l'agneau est claire comme le cristal?

Nous y lisons, à titre introductif, que Vettius, l'un des martyrs, est un authentique disciple du Christ qui *suit l'agneau partout où il va*[44]. Plus loin, la pensée se précise: leurs liens enveloppent les martyrs d'une parure seyante *comme une épouse qui s'est parée*[45]. Les mots sont littéralement repris d'Apoc 21,2 où ils se rapportent à la Jérusalem nouvelle qui descend des cieux. Les martyrs, qui poussent la fidélité chrétienne à sa perfection, forment donc dès à présent l'épouse céleste du Christ qui est la Jérusalem nouvelle.

Sans rien renier de l'attente eschatologique, on peut donc affirmer que les promesses dernières sont accomplies et que l'accès à la Jérusalem céleste, ville éternelle de Dieu, est ouvert dès aujourd'hui, au moins à certains chrétiens. Sans doute le texte veut-il suggérer que seuls les martyrs méritent vraiment ce nom.

Tertullien est régulièrement, et à très juste titre, rangé parmi les millénaristes dont il a épousé les thèses dès avant sa période montaniste.

Le passage classique se trouve dans l'Adversus Marcionem (III,24,3), mais l'idée était déjà présente une dizaine d'années plus tôt[46] et, de plus, notre texte renvoie à un écrit antérieur, perdu (de spe fidelium) dans lequel Tertullien exposait tout au long la thèse millénariste[47]. Tout ceci est incontestable. Mais non moins évident est le caractère polémique du développement dans le grand Traité contre Marcion dans lequel Tertullien cherche à son tour à sauvegarder à tout prix l'unité de Dieu que son adversaire contestait en rejetant le Dieu des Juifs. La réponse cherche nécessairement à établir que le Dieu qui, dans l'ancienne alliance, a promis la gloire à Jérusalem restaurée est bien celui qui, au nom de l'évangile, accomplira sa promesse.

Une fois l'attention éveillée à ce caractère polémique, on relèvera avec grand intérêt quelques exemples significatifs d'une pensée moins étroite: ce que nous attendons, dit Tertullien dans ce texte, est une ville qui existe dès maintenant dans le ciel. Et, lorsqu'elle descendra sur la terre, nous y entrerons en tant qu'humains, certes, mais notre existence y sera d'un état nouveau, inconnu jusqu'ici. Voilà bien pourquoi, *en commençant son exposé*, Tertullien peut tranquillement affirmer que les prophéties de la restaura-

---

[44] Eusèbe, H.E.V,1,10. On aura identifié une citation d'Apoc 14,4 où il est question des 144.000 compagnons eschatologiques du Christ.

[45] Eusèbe, H.E. V,1,33.

[46] Spec. 30,1.

[47] Jérôme, qui a lu ce livre, confirme le fait à plusieurs reprises: vir.ill. 18; in Ez 36,1 (CCL 75, p. 500).

tion de la Judée et de Jérusalem sont à interpréter spirituellement du Christ et de son Eglise.

Un texte de l'Adversus Judaeos (13,15) confirme cette affirmation: le Seigneur a enlevé aux Juifs et à Jérusalem le sage architecte (Es 3,1–3) qui n'est autre que le Saint Esprit qui édifie l'Eglise, temple de Dieu, cité sainte et maison du Seigneur.

La lecture de ces quelques textes amène donc à conclure que même l'adhésion aux thèses millénaristes[48] ne parvient pas à effacer les affirmations premières de la foi chrétienne, à savoir que les promesses eschatologiques, et notamment celles qui concernent la Jérusalem nouvelle, sont accomplies en Jésus-Christ, même s'il n'est pas encore donné à tous les hommes d'en éprouver la réalité[49].

Si nous nous tournons vers les auteurs qui se sont opposés aux thèses millénaristes, ou ont à tout le moins professé une opinion contraire, nous pouvons les regrouper sous le même sous-titre, à condition d'en préciser le sens en une nouvelle paraphrase: *dès maintenant sur la terre comme au ciel.* »Maintenant« définissant la période actuelle considérée comme ayant commencé avec l'œuvre du Christ et avec la réponse de foi exprimée par les hommes.

Hermas développe la parabole de la tour qui n'est pas très éloignée de l'image de la cité de Dieu, bien que le mot ne soit pas prononcé. Cette tour, dont les matériaux sont les baptisés, c'est l'Eglise et la porte est le fils de Dieu[50].

On relève dans l'Epistula Apostolorum (33) ce mystérieux agraphon prophétique: »Voici, de la terre de Syrie je commencerai d'appeler la Jérusalem nouvelle et Sion ...«. Cette parole qui est censée annoncer la mission de l'apôtre Paul[51] identifie clairement l'Eglise née de sa prédication à la Jérusalem prophétisée. On notera l'adjectif »nouvelle«: il n'apparaît jamais dans les textes de l'AT relatifs à la restauration finale de Jérusalem; mais en revanche il se trouve par deux fois dans l'Apocalypse (3,12 et 21,2)[52].

---

[48] Qui, rappelons-le, sont à considérer comme une arme contre tous ceux qui, pour une raison ou pour une autre, distinguent le Dieu de l'AT du Dieu bon, Père de Jésus-Christ.

[49] On rapprochera Apoc. de Paul, 23a: les fidèles entrent, après leur mort, dans la cité du Christ.

[50] Sim. 9,12,5–6; 9,18.

[51] Voir SCHNEIDER TH. 1925, p. 151–154

[52] Sans doute faut-il encore alléguer ici un passage des Actes de Jean (95). On lit dans le célèbre hymne du Christ: »Je n'ai pas de temple et j'ai des temples. Je suis une lampe pour toi qui me regardes. Amen«. Il est difficile de ne pas voir là une allusion actualisante à Apoc 21,22s.

Didascalie 9[53]: Le texte s'adresse aux chrétiens qui forment la très sainte Eglise universelle, un sacerdoce royal, une nation sainte, un peuple acquis (1Pi 2,9),*l'ecclesia magna, sponsa exornata Domino Deo.* Y a-t-il référence à Apoc 21,2: *nymphèn kekosmenèn (*Vg *ornatam) tô(i) andri autès?* Le parallèle grec des Constitutions Apostoliques lit: *nymphèn kekallôpismenèn kuriô(i) tô(i) theô(i).* La référence n'est donc pas assurée, surtout compte tenu du fait que ce serait la seule allusion à l'Apocalypse dans la Didascalie. Quoi qu'il en soit, le texte affirme nettement que l'Eglise est l'accomplissement des anciennes prophéties.

Clément d'Alexandrie s'exprime sans ambiguïté sur le sujet: la Jérusalem d'en haut a été bâtie avec des pierres saintes: »Ces pierres … constituent symboliquement le rempart de la cité des saints qui se construit de manière spirituelle«[54].

Deux textes des Reconnaissances PseudoClémentines s'éclairent mutuellement:

I, 51,1–2[55]: Pour les justes, le Christ a préparé d'ineffables bienfaits et la cité céleste Jérusalem qui brillera plus que le soleil pour l'habitation des saints. Ce séjour est à venir, semble-t-il, mais en IX,3,1–3[56] il est précisé que Dieu a préparé un lieu pour accueillir en ce monde les disciples de son fils. Là se trouvent *déjà* quelques uns d'entre eux. Ils sont préparés comme une épouse parée pour la venue de son époux (Apoc 21,2) …[57]

Lorsqu'Hippolyte commente Prov 9,1: »La sagesse s'est bâti une maison …«, il y trouve la prophétie de la nouvelle Jérusalem. Il faut sans doute entendre qu'il s'agit de l'Eglise[58].

L'œuvre d'Origène déborde d'affirmations fortes et claires sur le sujet: l'homme qui aura pratiqué les vertus (chrétiennes) sera reçu dans la Jérusalem qui est la cité des saints[59]. Mais Origène ne se satisfait pas de cette affirmation encore trop proche d'un millénarisme qu'il méprise et combat[60]: puisque la Jérusalem juive est ruinée, on ne peut parler de restaura-

---

[53] CONNOLY, p.87. Le parallèle dans les Constitutions Apostoliques II,26 se lira dans l'édition de FUNK.

[54] Paedag. II,119,1–2.

[55] GCS 51, p. 37,14–20.

[56] Ibid. p. 258,24–259,6.

[57] N'oublions pas que les gnostiques combattus dans l'Elenchos (5,8,44), les Naassènes, enseignent que la maison de Dieu où nul impur ne pénètre (Apoc 21,27) est réservée aux seuls spirituels. En 6,34,4, nous apprenons que pour les Valentiniens, Sophia est Jérusalem.

[58] RICHARD 1966, p.82.

[59] Princ. II,11,3.

[60] Ibid.II,11,2 et in Joh. X,42,291 (SC 157, p. 560–562).

tion qu'en se référant aux chrétiens qui sont le vrai temple … et la Jérusalem qui doit être reconstruite en pierres précieuses[61]. C'est pourquoi les ennemis du christianisme sont les vendeurs chassés du temple[62]. L'Eglise est la ville ceinte de remparts dans laquelle les chrétiens peuvent se réfugier[63]. Jérusalem, l'épouse parée pour son époux le Christ, c'est l'Eglise, mère des chrétiens[64].

Dans la même tradition Grégoire le Thaumaturge pousse la thèse jusqu'à l'extrême: pour lui, la Jérusalem céleste (qui est aussi le paradis), c'est la communauté de vie que mènent les anachorètes au didascalée de Césarée[65].

Méthode présente ici une singularité: une lecture rapide pourrait le classer parmi les millénaristes en raisons de ses spéculations numériques sur l'histoire du monde qui se déroule en 8 jours dont le 7ème est le repos millénaire. Mais ce n'est là qu'une façade. L'édifice lui-même est platonisant: les 5 premiers jours sont la période du judaïsme qui n'est que l'ombre, l'Eglise du 6ème jour est l'image et la réalité ne se manifeste que dans le repos du 7ème jour et l'éternité céleste du 8ème jour[66]. L'influence d'Origène est évidente: le monde des réalités existe éternellement. Ce sont les hommes qui, dans leur faiblesse, n'y peuvent accéder. C'est pourquoi on trouve ici ou là chez Méthode des affirmations très nettes sur l'identification de la Jérusalem, la fiancée, à l'Eglise[67].

On sait qu'Eusèbe se situe décidément dans cette tradition. On peut donc se contenter de citer un seul texte: dans les Martyrs de Palestine (11,1), l'auteur rapporte que les chrétiens, dans leur interrogatoire, ne donnent pas le nom de la ville où ils sont nés sur terre, mais indiquent leur patrie réelle en disant qu'ils sont de Jérusalem. Ils désignent par là la cité céleste de Dieu vers laquelle ils se hâtent[68].

Terminons avec Jérôme. On sait qu'il a corrigé les vues trop millénaristes de Victorin[69] en remplaçant la fin de son commentaire de l'Apocalypse par

---

[61] Voir encore C.Celse VI, 23 (SC 147, p. 236) et Homélies sur Ez 13,3 (GCS 33, p. 448,22ss.)
[62] In Joh. X,29,182–183 (SC 157, p. 492–494)
[63] Hom. Sur Jérémie 5,16–17 (SC 232, p.322–323).
[64] Commentaire de Matthieu 14,13 sur Mt.18,23 (GCS 40, p.309–310).
[65] Remerciements à Origène 16,196 (SC 148, p. 178).
[66] Banquet (SC 95, p. 16).
[67] Banquet, 7ème discours,4 et 6 et surtout 8ème discours 5 (SC 95, p. 188, 192, 212s.).
[68] SC 55, p.155. Voir encore in Ps. 64,2–3 (PG 23,625 C): l'image du royaume des cieux sur la terre, c'est l'Eglise. C'est elle qui, dans les prophéties, est indifféremment appelée Sion ou Jérusalem.
[69] On notera cependant que le millénarisme de Victorin, bien qu'incontestable, est singulièrement tempéré: la cité sainte qui selon lui apparaît après la première résurrection, est d'une nature qui dépasse toutes les connaissances humaines. On peut même

une finale dans laquelle il pose clairement l'équivalence Jérusalem céleste=Eglise[70].

Cette longue énumération ne prétend pas à l'exhaustivité: on aura notamment regretté l'absence de Tyconius. Cette lacune s'explique par les difficultés qu'il y a à se référer à cet auteur dont on connaît bien la pensée, mais seulement[71] à travers l'influence qu'elle a exercé sur des générations de disciples. Mais, telle qu'elle est, cette revue doit suffire à établir la présence permanente d'une affirmation chrétienne si fondamentale qu'elle se discerne souvent encore, même lorsque les besoins de la polémique semblent la contredire: Jérusalem, la ville eschatologique de Dieu, a été créée dès l'origine de l'histoire du salut. Elle en couronnera l'achèvement, mais elle existe dès maintenant et, bien que céleste, elle est depuis la venue du Christ ouverte aux croyants. L'eschaton n'est plus seulement pour les chrétiens un objet d'attente dans l'espoir ou la crainte, car le temps de Dieu transcende l'histoire.

Cette vérité fondamentale ne garde pas toujours ni partout la place centrale qui doit être la sienne, mais aucun des avatars de l'histoire de la théologie chrétienne ne peut l'évacuer totalement en ces premiers siècles[72].

---

comprendre qu'elle représente la terre entière (SC 423, p. 118,5–19. Voir les remarques de M. Dulaey, ibid. p. 40).

[70] A titre documentaire, citons encore les Actes de Philippe (Martyre 3,109,Les Apocryphes chrétiens, p.1300): »Mes frères ... vous êtes ... l'existence de ma ville, la Jérusalem d'en haut, les délices du lieu que j'habite«, et le Livre de la résurrection de Jésus-Christ par l'apôtre Barthélémy 16,11:«Quand les justes (de l'ancienne alliance) eurent achevé (leur hymne) ... ils entrèrent dans la ville (bien-aimée) et y demeurèrent pour tous les temps ...« et 16,14: Adam accueillera »les justes quand ils entreront dans Jérusalem, la cité du Christ«, 18,5: le Christ bénit André et lui dit: »Tu seras une colonne puissante de Jérusalem, ma cité bien-aimée, mon royaume«, 22,5: le fils de Thomas, ressuscité, raconte ce qui a suivi sa mort: »mon âme fut emportée dans les cieux ... je passai 7 jours sous les arbres du paradis de la Jérusalem céleste ...« (Les Apocryphes chrétiens, p. 339, 342, 350s.).

[71] Pour ce qui concerne son Commentaire perdu de l'Apocalypse.

[72] Cette compréhension est d'ailleurs dans le droit fil du message de l'Apocalypse: on remarque en effet que la Jérusalem eschatologique qui descend du ciel pour mettre à l'histoire des hommes le point final posé par Dieu, bien qu'elle soit une réalité dernière et de nature paradisiaque, doit encore être protégée par des menaces d'exclusion (Apoc 21,8,27; 22,15). Une rapide analyse de ces listes de vices fait apparaître qu'il s'agit d'énumérations qui s'adressent spécifiquement aux chrétiens de l'Asie Mineure où l'idolâtrie officielle est le danger le plus menaçant ... et la tentation la plus vive de composer avec ses exigences. Cela signifie que l'Apocalypse ne peut parler du ciel ni de la Fin sans inclure dans sa description la terre où vivent les hommes et où ils tentent présentement d'être fidèles à leur maître. C'est dire que le temps et l'espace connaissent une conversion qui les entraînent là où les catégories humaines de temporalité et de spatialité n'ont jamais pu accéder, sauf dans le rêve des poètes.

C'est bien pourquoi les images de la Jérusalem céleste présentent si constamment des indices apparemment contradictoires: on la voit au ciel et pourtant des hommes y résident. Il n'y a là aucune incohérence. Tout au contraire, c'est la traduction d'une des intuitions les plus neuves du christianisme. Il est seulement normal d'en trouver si souvent l'expression figurée sur les mosaïques.

C'est le moment de faire justice d'une objection qui s'impose à tous: les mosaïques nous ont conduit jusqu'au Moyen-Age, or l'analyse des textes s'arrête au 5ème siècle. Mais, à bien considérer le dossier iconographique, il appert que le thème qui nous intéresse est né au 4ème siècle et que les monuments plus tardifs sont les témoins d'un héritage, parfois altéré dans les détails, mais dans l'ensemble assez fidèlement conservé. Dans ces conditions on conviendra que les textes nous renseignent sur une spiritualité antérieure et contemporaine de l'apparition des images.

Le recours au mot »spiritualité« de préférence à celui de »théologie« est délibéré. Il faut en effet se garder de chercher dans les images la traduction en langage représentatif de ce que les textes expriment de façon discursive. Les images chrétiennes ne sont pas nées pour illustrer, ni pour raconter, elles signifient. Elles n'ont pas, sauf exception, été dictées par des théologiens. Elles font écho à la prière, au culte et aux liturgies. C'est bien pourquoi le thème central de la Jérusalem céleste se trouve si régulièrement dans les absides vers où convergent les regards des fidèles et dans lesquelles le clergé conduit les moments les plus sacrés de l'adoration.

Au ciel comme sur la terre

Faisons le point: nous venons d'expliquer la coexistence de caractères présents et futurs dans les représentations de la Jérusalem eschatologique et nous avons vu que la représentation symétrique de Bethléem et de Jérusalem faisait référence au ministère du Christ de sa naissance à la croix. Reste à expliquer pourquoi cette référence a choisi de s'exprimer en représentant deux villes et pourquoi, dans Jérusalem, on peut si souvent identifier au moins l'église de l'Anastasis. Au moins, car sur la mosaïque de S. Pudenziana on identifie également le rocher du Golgotha. Quant à l'Anastasis, sa rotonde se retrouve à S. Maria Maggiore, S. Pudenziana, S. Prassede, S. Marco, S. Cecilia et S. Maria in Trastevere. Il s'agit donc d'une tradition iconographique dont la solidité ne peut s'expliquer que si elle a été reçue comme significative.

Pourquoi juxtaposer les marques de la Jérusalem chrétienne et les pierres précieuses et les perles de la Jérusalem céleste?

Parce que la première était, notamment pour les pèlerins, l'image de la seconde. Telle est l'hypothèse à laquelle conduit, je crois, la lecture de quelques textes anciens.

Les ébionites, écrit Irénée[73], observent les prescriptions légales du Judaïsme »au point d'aller jusqu'à adorer Jérusalem comme étant la maison de Dieu«.

Mais venons en aux chrétiens non suspects d'hérésie. Pour eux, la construction de sanctuaires chrétiens par Constantin, dans la Jérusalem en ruines et dans la Palestine dévastée, a représenté un événement très considérable. De ce véritable choc, les textes se font pour nous aujourd'hui les témoins.

Eusèbe, racontant comment l'empereur fit édifier l'église du Tombeau, ose parler de la construction de la *nouvelle Jérusalem*. Cet édifice célèbre avec un éclat magnifique la victoire du Sauveur sur la mort. C'est pourquoi on peut facilement l'appeler la *kainèn kai nean Ierousalem* qui a été prophétisée[74]. La surprenante précision de la Vita est évidemment inspirée par l'impression causée sur le peuple chrétiens par les nouveaux lieux saints.

On notera, en relisant dans le livre III de cette biographie les chapitres 33–43 consacrés aux édifices construits par Constantin sur les lieux saints de Palestine, l'insistance sur deux églises: l'Anastasis à *Jérusalem* et la basilique de la Nativité à *Bethléem*, deux lieux qu'Hélène, la pieuse mère de l'empereur, a visité et où elle s'est recueillie[75].

C'est le début d'un engouement pour les pèlerinages en Palestine. Quelques années plus tard, Grégoire de Nysse doit rappeler que le pèlerinage n'est demandé par aucun précepte du christianisme: nous savons, écrit-il, que la nativité a eu lieu à Bethléem avant d'y aller et nous connaissons la résurrection avant d'avoir vu le Saint Sépulcre. S'il est un voyage qui s'impose, c'est celui qui conduit hors de son propre corps et non de Cappadoce en Palestine. Un pèlerinage ne garantit pas le salut, seule la foi peut le faire.

Jérôme ne reste pas insensible à la dimension spirituelle du pèlerinage aux nouveaux lieux saints. Ecrivant à des candidats pèlerins, il souligne le sens religieux de la Jérusalem contemporaine qui a plus de majesté que son

---

[73] Adv.Haer. I,26,2.

[74] Vie de Constantin III,33 (GCS 1,1, p. 99,12–19). Il est remarquable que cette allusion aux prophéties soit ailleurs référée à l'Eglise, comme il est tout naturel dans la théologie d'Eusèbe (voir Commentaire d'Es II,43 sur Es 54,12, J. Ziegler, GCS, 1975, p. 342).

[75] L'Ascension est aussi un lieu remarquable, mais encore au temps d'Egérie il n'y a pas là d'église (P. Maraval, SC 296, p. 70).

ancêtre juive et mérite vraiment le nom de cité sainte. Nombre d'évêques et de martyrs y sont venus parce qu'il leur semblait que leur piété en serait nourrie. Et tout cela est bon, à condition de ne pas s'attacher à la splendeur des églises comme celle de la Nativité[76] ce que de nombreux pèlerins étaient évidemment tentés de faire.

Socrate[77], lui aussi (comme Eusèbe qu'il copie sans doute), appelle nouvelle Jérusalem l'église du Tombeau.

Enfin Théodoret voit dans les foules accourues à Jérusalem sur les lieux saints l'accomplissement des prophéties annonçant le rassemblement des peuples dans la cité restaurée[78].

Ce ne sont là que quelques exemples. Ils suffisent pourtant à nous rappeler qu'aux 4–5èmes siècles beaucoup de chrétiens attachaient un grand prix spirituel aux pèlerinages qui les menaient sur les lieux saints dans de somptueuses églises: la basilique de la Nativité à Bethléem et l'Anastasis à Jérusalem dans laquelle ils voyaient l'image terrestre de la Jérusalem céleste.

Voilà pourquoi on a représenté sur les mosaïques une Jérusalem à la fois parée des pierres les plus précieuses selon la vision de l'Apocalypse et cependant clairement identifiable à la ville sainte des pèlerinages. Voilà pourquoi à ce premier lieu répond symétriquement Bethléem où s'élève la deuxième grande basilique que l'on vient visiter de si loin[79]. Le choix de Bethléem en parallèle à Jérusalem se justifie en outre par le fait que ce lieu est lui aussi prophétisé (Mi 5,1 cité en Mt 2,6) et parce qu'il s'impose tout naturellement pour marquer le commencement de l'évangile qui s'accomplit au S. Sépulcre.

Une dernière remarque pour conclure: de même que le thème iconographique de la ville à la fois présente et future traduisait une spiritualité plus qu'elle n'illustrait un texte biblique ou ne représentait une théologie, de même ici encore c'est la foi du peuple chrétien qui a inspiré l'image et qui seule permet d'en rendre compte.

---

[76] Ep.46,5–11.
[77] Hist. Eccl. I,17 (PG 67,120 B).
[78] Sur Es 1,8 (SC276, p. 158); sur Es 49,22 et 60,4 (SC315, p. 94s., 242).
[79] La présence régulière des lampes sacrées dans les deux villes s'explique, elle aussi, comme une allusion à la décoration intérieure des deux basiliques.

Bibliographie

L'Apocalypse de Jean. Traditions exégétiques et iconographiques (IIIè–XIIIè siècles). Acte du Colloque de la Fondation Hardt 29 Février–3 Mars 1976. (Etudes et documents publiés par la section d'Histoire de la Faculté des Lettres de l'Université de Genève, 11), Genève, 1979.

APOLLONJ GHETTI B.M.1961: Santa Prassede, Roma, 1961.

BRENK B. 1975: Die frühchristlichen Mosaiken in S.Maria Maggiore zu Rom, Wiesbaden, 1975.

— 1980:»The Imperial Heritage of Early Christian Art«, in, Age of Spirituality: A Symposium (K. Weitzmann, éd.), New York, 1980, p. 39–52.

CECHELLI C. 1956: I mosaici della basilica di S. Maria Maggiore, Torino, 1956.

CHRISTE Y. 1971:»La colonne d'Arcadius, sainte-Pudentienne, l'arc d'Eginhard et le portail de Ripoll«, Cahiers Archéologiques, 21, 1971, p. 31–42.

— 1973:»Victoria-Imperium-Judicium. Un schème antique du pouvoir dans l'art paléochrétien et médiéval«, RivAC, 49, 1973, p.87–109.

— 1974:»Les représentations médiévales d'Ap.IV(-V) en visions de seconde parousie. Origines, textes et contexte«, Cahiers Archéologiques, 13, 1974, p. 61–72.

— 1976: »Apocalypse et ›Traditio legis‹«, Rq, 71, 1976, p.42–55.

— 1979:»Traditions littéraires et iconographiques dans l'interprétation des images apocalyptiques«, in L'Apocalypse de Jean, 1979, p. 109–134.

COLLI A. 1983:»La tradizione figurativa delle Gerusalemme celeste: linee di sviluppo dal sec.III al sec. XIV«, in, La Gerusalemme celeste, 1983, p. 119–144.

CORBO V.C. 1965: Ricerche archeologiche al monte degli Olivi, Gerusalemme, 1965.

DASSMANN E. 1970:»Das Apsismosaik von S.Pudentiana in Rom. Philosophische, imperiale und theologische Aspekte in einem Christusbild am Beginn des 5. Jahrhunderts«, RQ, 65, 1970, p. 67–81.

DEICHMANN F.W. 1958: Frühchristliche Bauten und Mosaiken von Ravenna, Wiesbaden, T.III, 1958.

— 1976: Ravenna, Hauptstadt des spätantiken Abendlandes, Wiesbaden, T.II,2, 1976.

DINKLER E. 1964: Das Apsismosaik von S.Apollinare in Classe, (Wissenschaftliche Abhandlungen der Arbeitsgemeinschaft für Forschung des Landes Nordrhein-Westfalen, 29), Köln, 1964.

DULAEY M. 1991,»Jérôme,›éditeur‹ du Commentaire sur l'Apocalypse de Victorin de Poetovio«, Revue des Etudes Augustiniennes, 37, 1991, p. 199–236.

ENGEMANN N. 1974:»Zu den Apsis-Tituli des Paulinus von Nola«, Jahrbuch für Antike und Christentum, 17, 1974, p. 21–46.

La Gerusalemme celeste. Catalogo della mostra. Milano, Università Cattolica del S. Cuore., 20 maggio–5 giugnio 1983, »La dimora di Dio con gli uomini (Ap. 21,3)«. Immagini della Gerusalemme celeste dal III al XIV secolo, Milano, 1983.

GOUSSET M.-TH. 1974:»La représentation de la Jérusalem céleste à l'époque carolingienne«, Cahiers Archéologiques, 13, 1974, p.47–60.

GRABAR A. 1946: Martyrium. Recherches sur le culte des reliques et l'art chrétien antique,II, Paris, 1946, 2ème éd. London, 1972.

HEID ST. 1993: Chiliasmus und Antichrist-Mythos. Eine frühchristliche Kontroverse um das Heilige Land (Hereditas, Studien zur Alten Kirchengeschichte, 6), Bonn, 1993.

HELLEMO G. 1989: Adventus Domini. Eschatological Thought in 4th-Century Apses and Catecheses, (Supplements to Vigiliae Christianae, 5), Leiden-New York-Kobenhavn-Köln, 1989.

IHM CH.. 1960: Die Programme der christlichen Apsismalerei vom 4. Jahrhundert bis zur Mitte des 8. Jahrhunderts, Wiesbaden, 1960.

JEREMIAS G. 1980, Die Holztür der Basilika S.Sabina in Rom, Tübingen, 1980.

KRAUTEIMER H.- CORBETT S.- FRANKL W. 1937, Corpus Basilicarum Christianorum Romae. Le basiliche paleocristiane di Roma (sec.IV–IX), vol. I, Roma, 1937; vol.II, 1962; vol.III, 1971; vol.IV, 1971; vol. V, 1980.

LANZONI I. 1925: »I titoli presbiterali di Roma antica nella storia e nella legenda«, RivAC, 2, 1925, p. 195–257.

LAWRENCE J. 1927:, »City-gate sarcophagi«, Art Bulletin, 10, 1927, p. 1–45.

MATTHIAE K. 1967: Mosaici medioevali delle chiese di Roma, Roma, 1967.

– 1987: Pittura Romana del Medioevo, secoli IV-X, Roma, vol.1, 1987.

MAZUCCO C. 1983: »La Gerusalemme celeste dell'Apocalisse nei Padri«, in, La Gerusalemme celeste, 1983, p. 49–75.

QUARLES VAN UFFORD V. 1971: »Bemerkungen über den eschatologischen Sinn der Hetoimasia in der frühchristlichen Kunst«, Bulletin antieke Beschaving, 49, 1971, p. 193–207.

RICHARD M. 1966: »Les fragments du commentaire de S. Hippolyte sur les Proverbes de Salomon«, Le Muséon, 79, 1966, p. 61–94.

SANSONI N. 1969: I sarcofagi paleocristiani a porte di città (Studi di antichità cristiana, 4), Bologna, 1969.

SCHNEIDER A.M. 1954: Bethlehem (art.), RAC II,(1954), p. 226–227.

SCHNEIDER N. 1972: Städte (zwei), Bethlehem und Jerusalem (art.), LCI, 4, p. 205–209.

VON SCHOENEBECK H.U. 1935: Der Mailänder Sarkophag und seine Nachfolge, Città del Vaticano, 1935.

SCHUMACHER W.N. 1959: »Dominus legem dat«, RQ,54, 1959, p. 1–39.

SOTOMAYOR M. 1961: »Über die Herkunft der ›Traditio Legis‹«, RQ, 56, 1961, p. 215–230.

VAN DER MEER F. 1938: Maiestas Domini. Théophanies de l'Apocalypse dans l'art chrétien. Etude sur les origines d'une iconographie spéciale du Christ, Roma-Paris, 1938.

VORETZSCH E.A. 1957: Bethlehem (art.), RGG 3ème éd., I (1957), p. 1097–1098.

WAETZOLDT ST. 1964: Die Kopien des 17. Jahrhunderts nach Mosaiken und Wandmalereien in Rom, (Römische Forschungen der Bibliotheca Hertziana, 18), Wien-München, 1964.

WILKEN R.L. 1981: »Early Christian Chiliasm, Jewish Messianism, and the Idea of the Holy Land«, HTR, 79, 1981, p. 298–307.

– 1992: The Land Called Holy. Palestine in Christian History and Thought, New Haven-London, 1992.

WILPERT J.A. 1916: Die römischen Mosaiken und Malereien der kirchlichen Bauten vom IV. Bis XIII. Jahrhundert, 4 vol. Freiburg i/B., 1916.

Origine des illustrations

Figure 1: HELLEMO 1989, fig.47.
Figures 2, 5, 9, 10, 11, 13: MATTHIAE 1967.
Figure 3: CECHELLI 1956, pl.62.
Figure 8: DACL VIII,2, fig. 6798.
Figure 12: DACL X,2, fig.7630.
Figure 15: WILPERT 1916, pl. 42–44.

al-Quds – Jerusalem, heilige Stadt des Islam

STEFAN SCHREINER*

Heilige Stätten, d.h. Orte, die als Schauplätze heilsgeschichtlicher Ereignisse betrachtet werden, sind als Orte der Erinnerung und Anbetung und
Ziel von Pilgerreisen immer auch – und manchmal vor allem – Politikum
ebenso wie Wirtschaftsfaktor und daher nicht selten nachgerade eine Funktion der Politik; und dies um so mehr, wenn solche Orte nicht nur einer,
sondern mehreren Religionen als heilige Stätten gelten und als solche von
ihnen in Anspruch genommen werden. Das war zu allen Zeiten so und hat
sich durch die Geschichte hindurch bis heute nicht geändert.

Keine »heilige Stadt« demonstriert dies besser und vor allem eindrücklicher als Jerusalem mit seinen heiligen Stätten, gleichviel ob dabei aus
jüdischer, christlicher oder islamischer Perspektive auf diese Stadt, ihre
heiligen Stätten und deren jeweilige Bedeutung in Geschichte und Gegenwart geschaut wird.[1] Wenn es auch heute – in der Theorie zumindest –
opinio communis geworden ist, dass Jerusalem, wenn auch auf je eigene
und unterschiedliche Weise, sowohl Juden als auch Christen und Muslimen
gleichermaßen »heilige Stadt« ist, kann dies dennoch nicht darüber hin-
wegsehen lassen, dass es um den Charakter Jerusalems als heiliger Stadt
nicht weniger als um seinen Status bis heute immer wieder kontroverse
Diskussionen gibt – von den aktuellen politischen Auseinandersetzungen
ganz zu schweigen –, kontrovers dabei nicht allein zwischen den drei genannten Religion(sgemeinschaft)en, sondern zuweilen auch innerhalb einer
religiösen Überlieferung. Nicht dass die »Heiligkeit der Stadt« als solche
dabei zur Disposition stünde, wohl aber deren Definition und vor allem die
sich daraus ergebenden Konsequenzen, die Form, in der sie ihren nach
außen hin sichtbaren Ausdruck findet. Diese »ökumenischen Diskussio-

---

* Herzlich zu danken habe ich Herrn Kollegen Prof. Dr. Josef van Ess für einige
Literaturhinweise und freundliche Kritik.
[1] PETERS, F. E. 1996, S. 37–59.464–474.

nen« jedoch sind hier nicht das Thema,[2] und schon gar nicht die aktuell-politischen Auseinandersetzungen um Jerusalem im Spannungsfeld Nahost.[3] Ausgeklammert bleibt auch das – im wahrsten Sinne des Wortes – Bild Jerusalems in der islamischen Kunst.[4]

Was die islamische Tradition betrifft – und von ihr allein wird fernerhin die Rede sein –, so hat sie, ohne dass dies genau datiert werden könnte, von einem verhältnismäßig frühen Stadium ihrer Geschichte an Jerusalem einen Rang zuerkannt, der die Stadt und das Land ringsum aus dem Kreis der übrigen Städte und Länder deutlich herausgehoben hat. Jedenfalls ist nicht zu übersehen, dass Jerusalem innerhalb der (religiösen) Überlieferung des Islam seit dessen Frühzeit eine erhebliche Rolle gespielt hat. Im Koran kommt weder der Name Jerusalems *explicite* vor, noch wird die Idee ausgesprochen, dass diese Stadt den Muslimen »heilige Stadt« ist. Warum sollte der Name Jerusalems auch vorkommen; zur Zeit der Entstehung des Koran lautete sein (arabischer) Name *Īliyā'* (nach dem lateinischen *Aelia*),[5] von *Yerūšālayim* sprachen nur jüdische Quellen; der aber, der für Muḥammad und im Koran das Judentum symbolisch repräsentierte, Mose, hatte mit Jerusalem nichts zu tun. Dennoch ist Jerusalem alsbald – wovon noch zu reden sein wird – als eine Stadt angesehen worden, die für das Selbstverständnis der islamischen Tradition von grundlegender Bedeutung war und ist.[6]

Dass der Name Jerusalems im Koran nicht vorkommt, ist zwar auffällig, an sich aber noch kein Argument. Denn wie vor Jahrzehnten bereits J. Horovitz bemerkt hat,[7] ist der Koran hinsichtlich der Nennung geographischer Namen auch sonst eher zurückhaltend und beschränkt sich statt dessen auf »umschreibende Charakterisierungen« oder die »Nennung des am jeweiligen Orte lokalisierten Heiligtums«.[8] Ob dennoch »die Eindeutigkeit des Gemeinten in der Regel durch den heilsgeschichtlichen Kontext gewähr-

---

[2] S. dazu die ausführliche Dokumentation von Durst, S. 1993 (Lit.: S. 316–340); ferner Parkes, J. 1970, S. 164–170; Werblowsky, R. J. Z. 1986; Fleckenstein, K.-H. 1989; Idinopoulos, Th. A. 1994; Potin, J. 1995; Breuning, W. 1996; Weissman, D. 1996; Sabella, B. 1996; Delsman, W. C. 1998.

[3] Die Literatur zum gesamten Thema ist uferlos. Wenngleich schon lange nicht up-to-date, so doch noch immer nützlich ist die Bibliographie von ʿAbd ar-Rahmān Zakī 1978.

[4] Reiches Material dazu in Grabar, O. 1996 (s. die Rez. von H. Busse in: Der Islam 75 (1998), 93–103); Grabar, O. 1996a, und Kühnel, B. 1998, passim.

[5] Den nach dem lateinischen *Aelia* gebildeten Namen *Īliyā'* für Jerusalem verwendete übrigens noch Ibn Katīr (1301–1372) (Bd. II, S. 354 zu Sure 17,1). Zur Sache s. Goitein, S. D. 1979, S. 32–35; Neuwirth, A. 1993, S. 238; Tottoli, R. 1996, S. 333.

[6] ʿAbd al-Ḥalīm Maḥmūd 1969; Karmi H. S. 1970; Busse, H. 1995, S. 1–8.

[7] Horovitz, J. 1926, S. 13f.

[8] Neuwirth, A. 1993, S. 239 A. 25 und 26.

leistet ist«, wie Angelika Neuwirth gemeint hat,[9] ist im Einzelfall freilich immer erst noch zu prüfen.[10] Das gilt für manche der angenommenen Umschreibungen des im Koran immerhin zweimal namentlich genannten Mekka (Sure 48,24: *Makka*; Sure 3,94: *Bakka*)[11] nicht anders als für die Umschreibungen Jerusalems und anderer in der biblisch-nachbiblischen, jüdisch-christlichen Überlieferung bezeugter Orte, die ebenfalls in der koranischen Heilsgeschichte ihren Platz gefunden haben.[12] Doch selbst wenn die gewünschte »Eindeutigkeit des Gemeinten« erreicht werden kann, bleibt immer noch zu fragen, in welchem Kontext die so identifizierten »Orte der Heilsgeschichte« eine Rolle spielen: Werden sie allein im Rahmen der Erinnerung an die vorislamische Zeit erwähnt oder haben sie für die islamische Tradition und das Selbstverständnis der Muslime gleichermaßen aktuelle Bedeutung. Diese Frage stellt sich nicht erst der heutigen Koranforschung, sondern beschäftigte die Korankommentatoren bereits von allem Anfang an. Dabei hat sie das Fehlen exakter Namensnennung offenbar nur um so mehr beflügelt, an vielen Stellen im Koran Umschreibungen für bzw. Anspielungen auf Jerusalem und das es umgebende Land zu sehen, wie bereits Roberto Tottoli hinreichend belegt hat.[13]

Kommt also der Name Jerusalems selbst im Koran auch nicht vor, so findet sich an mindestens einer Stelle dennoch eine explizite Erwähnung des heiligen Landes (*al-arḍ al-muqaddasa*), nämlich in Sure 5,21. Welches Land indessen hier gemeint ist, und warum dieses Land ein »heiliges Land« ist bzw. was es zu diesem »heiligen Land« macht, wird dabei hier ebenso wenig wie andernorts im Koran erklärt. Denn viel weiter hilft auch nicht, dass dieses Land an anderer Stelle im Koran »das Land, das Wir gesegnet haben« (Sure 21,81; 34,18;[14] 7,137) bzw. »das Land, das Wir um der ganzen Welt willen gesegnet haben« (Sure 21,71) genannt wird, auch wenn sich die Kommentatoren weithin darin einig sind, dass »das Land, das Wir gesegnet haben« nur eine andere Bezeichnung für das »heilige Land« ist.[15]

---

[9] NEUWIRTH, A. 1993, S. 239.

[10] So dürfte sich das bei NEUWIRTH, A. 1993, S. 239 A. 26 genannte *al-bait al-maʿmūr* (Sure 52,4) kaum auf das irdische Mekka, sondern vielmehr auf das »himmlische Heiligtum« beziehen (s. u. A. 90).

[11] Belege bei NEUWIRTH, A. 1993, S. 237f; BUSSE, H. 1995, S. 1ff.

[12] Belege bei NEUWIRTH, A. 1993, S. 238 A. 24; BUSSE, H. 1995, S. 4ff.

[13] TOTTOLI, R. 1996, S. 328–332.

[14] Die hier erwähnten »Städte, die wir gesegnet haben«, gelten als Parallelausdruck für »das Land, das Wir gesegnet haben«, und meinen die Städte Palästinas (ʿABD AL-ĠALĪL ʿĪSĀ, S. 5 z. St.).

[15] Ibn Kaṯīr Bd. I, S. 502; ʿABD AL-ĠALĪL ʿĪSĀ, S. 427 z. St; PARET, R. 1984, S. 172 zu 7,137 und S. 296 zu 17,1 (mit weiteren Belegen). Zu dieser Qualifizierung des Landes

So einheitlich diese Identifikation in der exegetischen Literatur vertreten wird, und weitere Belege, die diese Identifikation stützen, ließen sich mühelos beibringen, so breit ist das Spektrum der darin angebotenen Beschreibungen der geographischen Ausdehnung dieses »heiligen Landes«. Es reicht von Palästina (Eretz Israel)[16] über das *bilād aš-Šām*[17] bis hin zu dem Land *mā baina l-ʿArīš wal-Furāt* (das »zwischen dem Bach Ägyptens und dem Euphrat liegt«; vgl. 2. Kön 24,7).[18] Gemeinsam wiederum ist allen diesen verschiedenen Beschreibungen, dass sie ihren Anknüpfungspunkt stets in dem Kontext haben, innerhalb dessen im Koran von besagtem Land die Rede ist, und dieser Kontext ist in jedem Falle eine der koranischen Wiedergaben der Erzählung vom Exodus bzw. genauer: Eisodus, vom Einzug ins gelobte Land und dessen Inbesitznahme durch die Kinder Israel (*banū Isrāʾīl*).

In der Tat, wann immer vom »heiligen Land« bzw. vom »Land, das Wir gesegnet haben« gesprochen wird, gemeint ist damit zum einen das Land, in das Gott Abraham (gemeinsam mit Lot) nach der Auseinandersetzung mit seinen Landsleuten in Chaldäa »gerettet hat« (Sure 21,51–73, bes. v. 71), und zum anderen das Land, das den Kindern Israel als Erbteil gegeben ist. Diese Parallele ergibt sich daraus, dass im Koran ebenso wie in der Bibel die Abrahamgeschichte als Präfiguration der Geschichte der Kinder Israel verstanden wird. So heißt es, um nur zwei Beispiele hier zu zitieren, in Sure 7,137 (vgl. Gen 12,7; 15,18):[19] »Und Wir gaben zum Erbe (*wa-auratnā*)[20] dem Volk, das unterdrückt war,[21] die östlichen und die westlichen Gebiete des Landes, das Wir gesegnet haben; und erfüllt wurde das sehr schöne Wort deines Herrn bezüglich der Kinder Israel, weil sie ausharrten etc.«, und noch eindrücklicher in Sure 5,20–26:[22]

---

vgl. Dtn 11,11–12, TanB *reʾe* 8, sowie az-Zamaḫšarī zu Sure 17,1 (zitiert bei GÄTJE, H. 1971, S. 108).

[16] Belege bei TOTTOLI, R. 1996, S. 328 mit A. 3.

[17] Belege bei TOTTOLI, R. 1996, S. 328 mit A. 4–5.

[18] Diese Beschreibung des »heiligen Landes« erwähnt as-Suyūṭīs (zit. bei KARMI, H. S. 1970, S. 67); ebenso auch ʿABD AL-ĠALĪL ʿĪSĀ, S. 130 z. St.

[19] Zur Sache s. ʿABD AL-ĠALĪL ʿĪSĀ, S. 213 z. St.

[20] Wie in der Bibel die Landgabe mit Ableitungen von der Wurzel *yrš* (arab. *wrṯ*) beschrieben wird (s. SCHMID, H. H. 1971, Sp. 778–781; LOHFINK, N. 1982, Sp. 969 ff), ist auch im Koran das parallele *aurata* (»beerben, zum Erbe geben«) *terminus technicus* für die Landgabe durch Gott. Zum Begriff s. al-Rāġib 1381, S. 518b–519a.

[21] Nach Sure 28,4–5 sind damit die Israeliten in Ägypten gemeint. Nicht hierher gehören 2,282 und die Belege dazu bei PARET, R. 1984, S. 59.

[22] Das Folgende ist teils aus Sure 7,161 und Sure 2,58 übernommen, teils eine weitere koranische Landnahmeversion.

»Da sagte Mose zu seinem Volk: Mein Volk! Gedenkt der Gnade Gottes gegen euch, als Er unter euch Propheten auftreten ließ und euch zu Herren eurer selbst[23] machte und euch gab, was keinem Volke der Erde gegeben worden ist. Mein Volk! Betretet das heilige Land (*udḫulū l-arḍa l-muqaddasa*), das Gott euch zugeschrieben hat (*allatī kataba llāhu lakum*[24])« (dort v. 20–21).[25]

Das »heilige Land« – nach dem Koran ist zuerst und vor allem das »heilige Land der Kinder Israel« und niemandes sonst.[26]

»Heilig« aber ist dieses Land aus dreifachem Grund: Zum einen haben sich auf seinem Territorium nicht nur grundlegende Ereignisse der in Bibel und Koran überlieferten Heilsgeschichte abgespielt, sondern es ist zugleich der »Grundstein« und »Nabel der Welt« lokalisiert,[27] der Ort, an dem einst »der weise Prophet« Salomo den Tempel errichtet hatte (Sure 34,13).[28] Zum anderen wird es der Ort sein, der der Schauplatz eschatologischen Geschehens sein wird.[29] »Heilig« ist dieses Land vor allem aber deshalb,

---

[23] Eigentlich: »zu Königen«, was nach Ansicht der Kommentatoren metaphorisch gemeint ist: »König« meint hier »einen freien Menschen, der Herr seiner eigenen Angelegenheiten ist« (s. die Belege dazu bei ASAD, M., S. 146 A. 32).

[24] In seiner Bedeutung entspricht *kataba lakum* biblischem *nišbaʿ lāḵem* (s. ar-Rāġib 1381, S. 424a), das mit beinahe stereotyper Regelmäßigkeit dort wiederholt wird, wo in der Bibel von der Zusicherung der Gabe des Landes durch Gott die Rede ist (s. die Belege dazu bei KELLER, C. A. 1976, Sp. 861–862). Ibn Katīr gibt das *allatī kataba lakum* daher durch *waʿadakumūhā* wieder (Bd. I, S. 502). Nach GOITEIN, S. D. 1968, S. 143 A.4, geht der koranische Satz auf Sach 2,16 zurück. Vgl. hierzu az-Zamaḫšarī z. St., sowie HESCHEL, A. J. 1969, S. 169–170.

[25] Vgl. Sach 2,15. – Gleiches gilt übrigens auch für das in Sure 10,93 erwähnte, üblicherweise mit »sichere Wohnung«, besser indessen mit »vollkommene Wohnung« übersetzte *mubauwaʾu ṣidqin* (ein *hapax legomenon* im Koran), das von den Kommentatoren als Parallelausdruck zu *al-arḍ al-muqaddasa* angesehen wird, ohne dass auch in diesem Falle eine eindeutige Identifikation zu finden ist (s. dazu ʿABD AL-ĠALĪL ʿĪSĀ, S. 280 z. St.; weitere Belege bei PARET, R. 1968, S. 228 f z. St. und S. 217 zu Sure 10,2; TOTTOLI, R. 1996, S. 329 mit A. 8–9). Wiederum im Kontext einer Version der Erzählung vom Exodus (Sure 10,90 ff.) heißt es: »Wir bereiteten den Kindern Israel eine vollkommene Wohnung *(mubauwwaʾu ṣidqin)* und versorgten sie mit allem Guten.« (v. 93).

[26] SCHREINER, S. 1977, S. 105–116. Ibn Katīr hat diesen Sachverhalt richtig erkannt und deshalb in seiner Auslegung der diesbezüglichen Koranverse hinzugefügt, dass dies nur für »damals«, die Zeit des biblischen Israel *(fī zamānihim)* galt (Bd. I, S. 502; Bd. II, S. 46f).

[27] Die entsprechenden Belege aus der jüdischen und islamischen Literatur gesammelt hat VILNAY, Z. 1973, S. 5ff.17ff.315ff.

[28] Vom herodianischen Tempel ist im Koran weder hier noch sonst die Rede. S. dazu auch die Texte bei VILNAY, Z. 1973, S. 77ff.320f. Zur Beziehung zwischen Tempel und Felsen s. DONNER, H. 1977, S. 2–11, VAN ESS, J. 1992, S. 89–103 und SHANI, R. 1999, S. 161ff.166ff.

[29] S. dazu ASAD, M. 1980, S. 656f; KARMI H. S., 1970, S. 67ff, sowie die Texte bei VILNAY, Z. 1973, S. 261ff.269ff.279.336, und ausführlich SOUCEK, P. 1976; LIMOR, O. 1998, S. 13a–22b; SHANI, R. 1999, S. 176–182.

weil es der Ort ist, an dem die göttliche Offenbarung »herabgesandt« worden ist, nicht nur die Tora und das Evangelium, sondern auch der Koran; denn, so berichtet der Historiker ʿAlī b. al-Ḥasan Ibn ʿAsākir (gest. 1176) in seiner großen »Geschichte der Stadt Damaskus«,[30] Gott hat den Koran an drei Orten »herabgesandt«: in Mekka, in Medina und aš-Šām, womit hier Jerusalem gemeint ist, worauf unten noch zurückzukommen sein wird.

Was von diesem »Land« gesagt worden ist, gilt ebenso und in besonderer Weise für den Tempel in Jerusalem: auch er ist »euer [nämlich der Kinder Israel] Betort (*masǧid*)« (Sure 17,7), um dessen Geschichte und Schicksal Muḥammad und die Muslime seiner Generation, von späteren ganz zu schweigen, durchaus gewusst haben. Nach Meinung der Kommentatoren sollen die voraufgehenden Verse Sure 17,4–7 an die Zerstörung des ersten Tempels erinnern.[31] Al-Bīrūnī schreibt in seiner »Chronologie der alten Völker« im Zusammenhang seiner Erklärung des 9. Av:

> »Der neunte Av ist ein Fasttag; denn an diesem Tage ist ihnen (den Kindern Israel) in der Wüste gesagt worden, dass sie Jerusalem nicht betreten sollen, und deshalb waren sie sehr traurig. An diesem Tag ist auch Jerusalem von Nebukadnezar (*Buḫtunaṣr*) erobert und betreten worden, der es mit Feuer zerstörte. An diesem Tag ist es auch ein zweites Mal zerstört und sein Erdboden umgepflügt worden. Der fünfundzwanzigste Av ist ein Fasttag; denn an ihm ist das Feuer im Tempel gelöscht worden. An diesem Tag verließ Nebukadnezar Jerusalem, und den Bränden in seinen Geschäften und Bethäusern ist ein Ende gemacht worden.«[32]

Ähnlich haben manche spätere Korankommentatoren auch in dem Vers Sure 2,114:

> »Wer ist mehr verderbt als der, der in den Bethäusern Gottes Seinen Namen anzurufen verhindert und auf ihre Zerstörung aus ist«,

eine Anspielung auf die Zerstörung Jerusalems und des (ersten) Tempels durch Nebukadnezar oder (des zweiten) durch die Römer unter Titus erkannt,

> »die gegen die Kinder Israel Krieg führten, ihre Soldaten töteten, ihre Familien in die Gefangenschaft führten, die Tora verbrannten, den Tempel zerstörten, ihn entweihten und ein Schwein darin schlachteten, und er in Ruinen lag, bis ihn die Muslime zur Zeit der Herrschaft #Umar ibn al-ᵃattábs wieder aufbauten.«[33]

Ohne auf weitere Einzelheiten der Auslegung der zitierten Koranverse hier einzugehen, mit dem zuletzt zitierten Kommentar ist gleichwohl ein im vorliegenden Zusammenhang wesentliches Stichwort gefallen: die Herr-

---

[30] Ibn ʿAsākir 1951, Bd. I, S. 154.

[31] Ibn Kaṯīr Bd. II, S. 365; nach Asad, M. 1980, S. 419, jedoch an die Zerstörung des zweiten Tempels; vgl. auch die Texte bei Peters, F. E. 1985, S. 177f.194f.

[32] al-Bīrūnī 1923, S. 282; al-Bīrūnī 1969, S. 276.

[33] Ibn Kaṯīr Bd. I, S. 109 (dort weitere Interpretationen); Al-Ḥāzin, Kommentar z. St. (zit bei Karmi, H. S. 1970, S. 66); Busse, H. 1998, S. 25af.

schaft ʿUmar ibn al-Ḫaṭṭābs, des zweiten Kalifen und Nachfolgers des Propheten (634–644). Tatsächlich liegen die Dinge seit seiner Herrschaft, spätestens seit dem Jahre 637/8, anders als zuvor; denn in eben jenem Jahre ist die Inbesitznahme Jerusalems durch die Muslime abgeschlossen und Jerusalem in das *Dār al-Islām*, den Herrschaftsbereich des Islam aufgenommen worden. Jerusalem, das »heilige Land« und seine »heiligen Stätten«, die – in heilsgeschichtlicher Perspektive betrachtet – von Gott zuvor den Juden und zu einem Teil den Christen gegeben waren, denn »Gottes ist die Erde; Er gibt sie zum Erbe, wem von seinen Dienern Er will ...« (Sure 7,128), waren von nun an Teil des *Dār al-Islām*, der islamischen Welt und sollten es bis in unser Jahrhundert hinein, bis zum sog. Sechs-Tage-Krieg (Juni 1967) auch bleiben, unterbrochen allein von den 88 Jahren der Existenz des lateinischen Königreiches von Jerusalem (1099–1187). Was diese Integration Jerusalems in das *Dār al-Islām* bedeutete und welche Konsequenzen sich daraus für die Muslime ergaben, sei im folgenden unter vier Gesichtspunkten angedeutet.

Die Eingliederung Jerusalems in das Haus des Islam (*Dār al-Islām*)

Wie die Inbesitznahme Jerusalems durch die Muslime und seine Integration in das *Dār al-Islām* historisch wirklich vonstatten gegangen ist, ist trotz der zahlreich vorhandenen Texte kaum mehr rekonstruierbar. Der Ablauf der Ereignisse, die am Ende zur Einnahme Jerusalems geführt haben, werden von den arabisch-islamischen Historikern in einer Vielzahl von Legenden und Überlieferungen ebenso unterschiedlich erzählt, wie dies in den diesbezüglichen christlichen und jüdischen Quellen auch geschieht. Über die Verlässlichkeit all dieser Überlieferungen gehen die Ansichten denn auch nicht erst in der modernen Forschung weit auseinander. Das Spektrum der Meinungen reicht von der prinzipiellen Bestreitung der Verlässlichkeit der Überlieferungen bis hin zu deren prinzipieller Anerkennung als verlässliche Quellen.[34]

Viele Male schon sind diese Legenden und Überlieferungen von der Eingliederung Jerusalems in das *Dār al-Islām* Gegenstand der Untersuchung gewesen.[35] Am bekanntesten von ihnen – und im vorliegenden Zusammen-

---

[34] Eine Übersicht über die wesentlich vier unterschiedlichen Versionen der Einnahme Jerusalems bietet BUSSE, H. 1968, S. 445 ff.
[35] Zur Rekonstruktion der geschichtlichen Vorgänge s. u. a. BUSSE, H. 1984, S. 73–119, und insbesondere GIL, M. 1992, S. 1–60.

hang wohl auch am interessantesten – ist sicher jene Legende, die sowohl
Šihāb ad-Dīn abū Maḥmūd al-Maqdisī (s. u.) als auch der 1521 in Jerusalem
gestorbene Historiker und Jurist Abū l-Yumn ʿAbd ar-Raḥmān b. Muḥammad Muǧīr ad-Dīn al-Ḥanbalī in seiner »Geschichte Jerusalems und Hebrons« aus dem Jahre 1496 überliefert haben.[36] Wenn dieses Werk auch
verhältnismäßig spät, also jungen Datums ist, enthält die darin überlieferte
Version der Legende dennoch manches, was in seiner (möglichen) Histo-
rizität durch andere, vor allem frühislamische Quellen bestätigt wird. Dieser
Legende nach habe ʿUmar b. al-Ḥaṭṭāb, gleich nachdem er dem christlichen
Stadtoberhaupt Jerusalems die Kapitulationsbedingungen diktiert hatte,
diesen aufgefordert:

»Führe mich zum Betort Davids!‹ Und – so heißt es weiter – nicht wie ein Eroberer,
sondern als Pilger, in ein einfaches Schaffell und das grobe Baumwollhemd der
Beduinen gekleidet, zog er vom Patricius geführt und in Begleitung seiner Gefährten vom Ölberg hinunter in die Stadt. Der Patricius zeigte ihm zuerst die Grabeskirche[37] und sagte: ›Dies ist der Betort Davids‹. Darauf erwiderte der Kalif nach
einigen Augenblicken des Nachdenkens: ›Du redest nicht die Wahrheit. Der Gesandte Gottes hat mir von dem Betort Davids eine Beschreibung gegeben, der
dieses Bethaus nicht entspricht.‹ Darauf führte der Patricius den Kalifen an die
Stätte des Davidgrabes auf dem Zionsberg: ›Hier ist der Betort Davids.‹ Wieder
erwiderte der Kalif: ›Du lügst, der heilige Ort, den ich suche, sieht anders aus.‹
Endlich brachte der Patricius den Kalifen zum Tempelplatz, den sie durch das Bāb
Muḥammad betraten. Der Unrat, der den heiligen Platz bedeckte, reichte bis zur
Höhe der alten Torhallen und bis in das Gässchen, das da vorbeiführte. ›Du kannst
nicht anders eintreten‹, sagte der Patricius, ›als dass du auf dem Bauch hinein-
kriechst.‹ ›So sei es denn‹, antwortete der Kalif, ›auf den Bauch!‹ Der Patricius
kroch voran, der Kalif und seine Begleiter folgten, bis sie im Innenhof ankamen.
Dort konnten sie aufrecht stehen. Der Kalif prüfte den Ort lange und aufmerksam.
Er ließ seine Blicke links und rechts schweifen. Dann rief er aus: ›*Allahu akbar!*
Bei dem, der meine Seele in seinen Händen hält, das ist der Betort Davids, von dem
uns der Gesandte Gottes erzählt hat, als er während seiner Nachtreise zu ihm gekommen ist.‹ Der Kalif fand den heiligen Felsen (*aṣ-ṣaḥra*) bedeckt mit einer Menge
von Unrat, den die Griechen (d. i. die Christen) aus Hass gegen die Kinder Israel
dorthin geworfen hatten.[38] Da breitete er seinen Mantel aus und schickte sich an,

---

[36] Texte engl. bei Peters, F. E. 1985, S. 187–189 (weitere Texte dort S. 189–194); dt.
bei Eberhard, O. 1958, S. 146–150. Den legendarischen Charakter nachgewiesen hat
Busse, H. 1986a, 149–168.

[37] Statt *kanīsat al-qiyāma*, »Auferstehungskirche« nennt sie der arabische Historiker
kanīsat al-qumāma, »Müllhaufen-Kirche«. Die islamischen Berichte über den Besuch
ʿUmars in Jerusalem zeichnen sich in der Regel durch ihre deutliche antichristliche
Polemik aus.

[38] Nachdem die Kaiserin Helena die Grabeskirche hatte bauen lassen, soll sie, wie
Muǧīr ad-Dīn im folgenden erzählt, befohlen haben, den Tempelplatz – als Zeichen des
Gottesgerichts – dem Erdboden gleichzumachen und an seine Stelle den Müll und Ab-
fall der Stadt hinzuschütten (Soucek, P. 1976, S. 89f, und die dort zitierten Quellen).

damit den Misthaufen zu fegen; und seine (muslimischen) Begleiter folgten seinem Beispiel. Anschließend verrichtete er kniend sein Gebet und sprach: ›Betet nicht, bis der Regen diese Stätte dreimal benetzt (und damit den Platz entsühnt) hat.‹«

Den zeitgenössischen Juden übrigens, die die Einnahme Jerusalems miterlebt hatten, erschien die Befreiung der Stadt aus der Hand der Christen und die Reinigung des Tempelplatzes gleichsam als ein messianischer Akt. Der Historiker Abū Ǧaʿfar Muḥammad b. Ǧarīr aṭ-Ṭabarī (gest. 923) berichtet, ʿUmar sei bei seinem Einzug in Jerusalem von einem Juden mit den Worten begrüßt worden: »Heil über dir, o *fārūq* (»Erlöser, Befreier«)«;[39] und in den vermutlich bald nach 638 entstandenen *Nistārōt de-Rabbi Shimʿon bar Jochai* heißt es dazu ausdrücklich:

»Der zweite König, der aus Jishmaʿel hervorgehen wird [= ʿUmar b. al-Ḥaṭṭāb], wird alle Reiche erobern und nach Jerusalem kommen und sich dort [vor dem Gott Israels] verneigen. Er wird gegen die Edomiter[40] Krieg führen, und sie werden vor ihm fliehen, er aber wird ein mächtiger Herrscher sein. Er wird ein Freund Israels (*ōhēv Yisrāʾel*) sein; er wird ihre und des Tempels Wunden wieder heilen, den Berg Morija[41] reinigen und zur Gänze planieren lassen und Israel aufrufen, dort eine Stätte der Anbetung auf dem Grundstein [der Welt] zu errichten, wie es heißt: *Du bautest auf den Felsen dein Nest* (Num 24,21). In seinen Tagen wird Israel gerettet werden, und über ihm [Jishmaʿel[42]] sprosst auf die Spross Davids (*ṣemaḥ Ben Dāwīd*).«[43]

Dass die Geschichte indessen, wie so oft, auch in diesem Falle ganz andere Wege genommen hat, steht auf einem anderen Blatt und soll hier nicht weiter verfolgt werden.

Zurück zu der von al-Maqdisī und Muǧīr ad-Dīn überlieferten Legende, nach der der Kalif ʿUmar b. al-Ḥaṭṭāb, nachdem er den Betort Davids identifiziert hatte, dort eine Moschee errichtet haben soll, wie auch der eben zitierte Midrasch erklärt. Unter den Historikern ist jedoch umstritten, ob es diese Moschee je gegeben hat. Wenn ʿUmar tatsächlich dort einen Gebetsplatz (*masǧid*), eine Moschee hat errichten lassen, gleichviel ob über dem Felsen oder, wie Moshe Gil annimmt, südlich davon, dort, wo sich heute die *Al-Aqṣā*-Moschee erhebt,[44] oder, so Heribert Busse, im östlichen Atri-

---

[39] *Taʾrīḫ* Bd. I, S. 2403, 10. Das arabische *fārūq* entspricht aram.-syr.*pārōqā* = Erlöser, Befreier.
[40] Die übliche Chiffre für die Christen, mit der hier die Byzantiner gemeint sind: ZEITLIN S. 1969/70, S. 262f; COHEN, G. D. 1967, S. 19–48.
[41] Die Identifikation von Tempelberg und Berg Morija geht zurück auf 2. Chr 3,1; vgl. dazu PRE XXXI.
[42] So nach PRE XXVIII Ende: *ālāw – ellū bᵉnē Yišmāʿēl še-ʿalēhem Ben-Dāwīd yišmaḥ*.
[43] *Midrešē Geʾulla*, S. 189; vgl. dazu auch LAZARUS-YAFEH, H. 1981, S. 60f; GIL, M. 1992, S. 61–64 und 91.
[44] GIL, M. 1992, S. 91f A. 24.

um der Grabeskirche,[45] dann ist davon jedenfalls nichts erhalten geblieben. Der fälschlicherweise ʿUmar-Moschee genannte Felsendom, die *Qubbat aṣ-Ṣaḫra*, die »Kuppel über dem Felsen«, wie das Bauwerk korrekterweise zu nennen ist, das zum Wahrzeichen islamischer Präsenz in Jerusalem geworden ist, ist bekanntlich erst am Ende des 7. Jh. von ʿAbd al-Malik b. Marwān (685–705), dem fünften Kalifen der Umajjadendynastie, begonnen und von dessen Sohn und Nachfolger al-Walīd b. ʿAbd al-Malik (705–715) am Beginn des 8. Jahrhunderts vollendet worden.[46] Und die gegenüber der Grabeskirche befindliche (eigentliche) *ʿUmar-Moschee* ist noch weit jüngeren Datums. al-Walīd b. ʿAbd al-Malik soll übrigens auch der Bauherr der später vielfach umgebauten Moschee am Südende des heiligen Bezirkes gewesen sein, die mit dem im Koran Sure 17,1 genannten »entferntesten Gebetsplatz« (*al-masǧid al-aqṣā*) identifiziert wird und daher den Namen *al-Masǧid al-Aqṣā* (*Al-Aqṣā-Moschee*) erhielt und bis heute behalten hat (s. dazu unten S. 422–427).[47]

Für eine Geschichte der islamischen Bauten in Jerusalem unter den Umajjaden ist hier freilich nicht der Ort. Auch die seit Ignaz Goldziher[48] immer wieder neu diskutierte Frage, ob der Felsendom (sowie die anderen umajjadischen Bauten) in Jerusalem aus Gründen einer gewollten Konkurrenz zu Mekka oder nicht viel mehr, was wahrscheinlicher ist, in Konkurrenz zu den in Jerusalem bereits vorhandenen christlichen Bauten (insbesondere der Grabeskirche) errichtet worden sind – wohl nicht ohne tieferen Grund zieren den Felsendom zu einem erheblichen Teil Koranverse, die antichristliche Polemik enthalten[49] –, muss hier ausgeklammert bleiben.[50] Nur soviel dazu: Wie immer man zu der These stehen mag, dass es der Kalif ʿUmar b. al-Ḫaṭṭāb war, der gleich nach der Inbesitznahme Jerusalems dort die erste Moschee hatte erbauen lassen, Faktum bleibt, dass spätestens mit Beginn der Umajjadenherrschaft, und zwar schon mit deren Begründer, dem ersten Umajjaden-Kalifen Muʿāwiya b. abī Sufyān (661–680), eine rege Bau-

---

[45] BUSSE, H. 1993, S. 73–82.

[46] Das Datum der Errichtung des Felsendoms ist bis heute umstritten; s. dazu ROTTER, G. und BLAIR, SH.

[47] S. dazu jetzt den materialreichen Aufsatz von BUSSE, H. 1998, S. 23a–33b.

[48] GOLDZIHER, I. 1890, Bd. II, S. 35–37. Zur Diskussion der These s. schon HIRSCHBERG, J. W. 1951–52, S. 317–321 (dort auch die entsprechenden Quellen). Einen gelungenen Überblick über die gesamte Diskussion bietet jetzt ELAD, A. 1992, S. 33–58, und ELAD, A. 1995, S. 158–163.

[49] GRABAR, O. 1959, S. 33–62; LAZARUS-YAFEH, H. 1981, S. 61 f. Zur Analyse der Inschriften s. auch BUSSE, H. 1981, S. 168–178.

[50] S. dazu u. a. GOITEIN, S. D. 1950, S. 104–108; GOITEIN, S. D. 1968, S. 135–148; GIL, M. 1992, S. 93 ff (dort A. 18 auch eine bequeme Zusammenstellung der wichtigsten muslimischen Positionen zu diesem Thema); SHANI, R. 1999, S. 158–160.

tätigkeit in Jerusalem begonnen hat, die bis weit ins 8. Jahrhundert angehalten hat.[51] Und dafür, dass es bereits vor dem Bau der *Qubbat aṣ-Ṣaḫra* und der *al-Aqṣā*-Moschee schon eine Gebetsstätte der Muslime, eine Moschee in Jerusalem gegeben haben muss, haben wir neben islamischen auch christliche und jüdische Zeugnisse. So berichtet Bischof Arculf, der zwischen 679 und 681, also gegen Ende der Regierung Muʿāwiyas als Pilger in Jerusalem weilte, dass die Muslime »dort ein viereckiges Bethaus aus Brettern und Balken über den Ruinen [des Tempels] erbaut haben« (*quadrangulam orationis domum quam subrectis tabulis et magnis trabibus super quasdam reliquias construentes*), das immerhin so groß war, dass es dreitausend Menschen fassen konnte.[52]

Die Existenz einer solchen Moschee auf dem *Ḥaram aš-Šarīf*, mag sie auch nur ein einfacher, bescheidener Bau aus Holz gewesen sein, bestätigt auch ein zeitgenössischer Midrasch, den Ende des vorigen Jahrhunderts bereits A. Wertheimer ediert hat.[53] In diesem Midrasch wird u.a. erzählt, dass

»Muʿāwiya b. abī Sufyān, der an seiner [= anstelle von ʿAlī b. abī Ṭālib, dem vierten Kalifen] Stelle König wurde, die Mauern des Tempels aufbauen ließ etc.« (*we-yimlōkh taḥtāw Muʿāwiya ben abī Sāfūn* [Sufyan] *we-yivneh et ḥōmōt ha-Bayit* etc.),

was doch ganz offensichtlich heißen soll, dass Muʿāwiya der Schöpfer des *Ḥaram aš-Šarīf* gewesen ist. Dies bestätigt später dann auch der sonst nicht weiter bekannte al-Muṭahhar b. Ṭāhir al-Maqdisī (Mitte 10. Jh.), der ausdrücklich feststellte, Muʿāwiya sei der Erbauer der *Al-Aqṣā*-Moschee gewesen.[54]

So interessant die Baugeschichte im islamischen Jerusalem und die Gründe, die sie veranlasst haben, auch sind, für unseren Zusammenhang mag die Feststellung genügen: Mit den eben genannten Ereignissen, der Inbesitznahme Jerusalems durch die Muslime und der beginnenden Errichtung islamischer Bauten, der »*Kuppel über dem Felsen*«, der *Al-Aqṣā*-Moschee und vieler anderer heiliger Stätten, die im Laufe der Zeit hinzugekommen

---

[51] ELAD, A. 1995, S. 23–50 (Lit.). Bestätigt haben diese Bautätigkeit auch die Ausgrabungen (nach 1967) in der Jerusalemer Altstadt; s. bereits MAZAR, B. & M. BEN-DOV 1971 (bes. das Kapitel »The Umayyad Structures near the Temple Mount«); BUSSE, H. 1991a, S. 144–154.

[52] WILKINSON, J. 1977, S. 9f; KARMI, H. S. 1970, S. 71; BUSSE, H. 1984, S. 117. Eine gute Übersicht über die christlichen Jerusalempilger bietet WILKEN, R. L. 1996, S. 117–135.495–499. Zu den jüdischen Jerusalempilgern s. FRIEDMAN, M. 1996, S. 136–148. 499–502.

[53] *Batē Midrāšōt* Bd. II, S. 30.

[54] ELAD, A. 1995, S. 24; GIL, M. 1992, S. 91–93.

sind, dazu Moscheen, Schulen etc.,[55] war Jerusalem endgültig – und dies
auch nach außen weithin sichtbar – in das *Dār al-Islām* aufgenommen.

Vordergründig hängt all dies natürlich mit der Politik der Umajjaden
zusammen, die sich – aus hier nicht weiter zu diskutierenden Gründen –
Jerusalem, zunächst jedenfalls, als politisches Zentrum ihrer Macht erwählt
hatten, bevor sie es nach Ramla und schließlich nach Damaskus verlegten.
Gewiss nicht ohne Grund hatte sich der schon mehrfach genannte Begründer der Umajjaden-Dynastie, Muʿāwiya b. abī Sufyān, der seit 640 Gouver-
neur des Distrikts Syrien (*ğund Filastin*) war, im Jahre 660 gerade in Jerusalem zum Kalifen einsetzen lassen, und ʿAbd al-Malik ist ihm darin gefolgt.[56]
Dass aber Jerusalem tatsächlich dieses politische Zentrum werden konnte,
hängt sicher wiederum mit der religiösen Überlieferung des frühen Islam
zusammen; und mit einer gewissen Berechtigung darf man sagen, dass mit
der Herrschaft und vor allem der Bautätigkeit der Umajjaden diese religiöse Überlieferung und die sie erklärende Theologie gleichsam in Politik und
Stein umgesetzt wurde. Auf diese Weise nämlich erfuhr eine der grundlegenden theologischen Überzeugungen der Muslime gleichsam ihre politische Verwirklichung und historisch-geographische Materialisierung, wie
dies Heribert Busse bereits in einer Reihe von Aufsätzen gezeigt hat.[57]

Denn die Bedeutung des Ortes Jerusalem hängt ohne Zweifel an seiner
Identität, bzw. seiner mehrfachen Identifikation: Ist doch der Felsen, der
sich im Zentrum des *Ḥaram aš-Šarīf* befindet und über dem sich seit Jahrhunderten die bekannte, weithin sichtbare goldene Kuppel erhebt – darauf
ist oben bereits verwiesen worden – für die Muslime nicht allein sowohl der
Grundstein als auch der Nabel der Welt und Betort Davids (gewesen); er ist
ebenso der Ort, zu dem Abraham zog, um seinen Sohn zu binden (vgl. 2.Chr
3,1). Darüber hinaus ist er der Ort der Himmelfahrt Muḥammads und – wie
in der jüdischen und christlichen Überlieferung auch – zudem der Ort, an
dem sich die Vollendung der Weltgeschichte ereignet und das eschatologische Geschehen seinen Anfang nehmen wird.[58]

---

[55] S. die Übersicht bei KARMI, H. S. 1970, S. 73 ff. Ausführlich dazu ELAD, A. 1995,
S. 79–146.

[56] WELLHAUSEN, J. 1902, S. 101 f. Zur religionspolitischen Bedeutung Jerusalems in
der Umajjadenzeit s. ELAD, A. 1995, S. 147–158; NEUWIRTH, A. 1996, S. 107–112.489–
493.

[57] S. vor allem BUSSE, H. 1987.

[58] Ausführlich dokumentiert hat dies bereits HIRSCHBERG, J. W. 1951–52, S. 321–
350. Vgl. auch NEUWIRTH, A. 1993, S. 239 f.

Jerusalem – die erste Gebetsrichtung (*qibla*)

Als solch ein »theologischer« Ort hatte Jerusalem für die Muslime von allem Anfang an zentrale Bedeutung. Ablesbar ist dies nicht zuletzt an seinem »dreigliedrigen Ehrennamen«, »an dem sich für den gebildeten Muslim bis heute die Signifikanz der Stadt für seine Religionsgemeinschaft festmachen läßt«, wie Angelika Neuwirth treffend formuliert hat. Dieser »dreigliedrige Ehrenname Jerusalems« lautet:

»*ūlā l-qiblatain – ṯāniyu l-masǧidain – ṯālitu l-ḥarāmain* / erste der beiden Gebetsrichtungen – zweiter der beiden Betorte – dritter [nach] den beiden heiligen Bezirken«.[59]

Zuzustimmen ist Angelika Neuwirth auch darin, dass sie mit Menahem Kister annimmt, dass es sich bei dieser dreigliedrigen Aussagenreihe um »eine durchaus treffende Abbreviatur für den sich erst aus langwierigen Kontroversen herausbildenden Rang Jerusalems im Islam« handelt, deren »so suggestive Steigerung des Zahlenwertes in den anaphorischen Anfängen der drei Glieder« allerdings nicht darüber hinwegtäuschen sollte, »dass die feststehende Reihenfolge der Ehrennamen faktisch eine absteigende Linie in der öffentlichen Anerkennung der religiösen Bedeutung Jerusalems nachzeichnet«, die zudem zugleich ein Abbild der chronologischen Entwicklung ist und der schon bald nach dem Tode des Propheten aufkommenden Sorge der Theologen und Juristen Ausdruck verleiht, Jerusalem könnte allzu sehr als heilige Stadt verehrt werden.[60]

Nach dem ersten Glied des eben zitierten Ehrennamens ist Jerusalem die erste und damit der Orientierung nach Mekka vorausgehende, geordnete *qibla* (»Gebetsrichtung«). Was die Festlegung auf eine Gebetsrichtung an sich bedeutet und welche Voraussetzungen gegeben und Bedingungen erfüllt sein müssen, um von einer *qibla* reden zu können, dokumentiert bereits das sog. Tempelweihgebet Salomos in 1. Kön 8 (bes. v. 33 f) und braucht hier nicht weiter vertieft zu werden.[61] Wichtig jedoch ist festzuhalten, dass danach eine *qibla* auf einen Ort hin erfolgt, der aus theologischen Gründen bewusst gewählt worden ist und eine räumliche Distanz zwischen den Betenden und dem Ort der *qibla* voraussetzt. Auf unseren Zusammenhang übertragen ist folglich die Frage zu stellen, ob Jerusalem von Muḥammad und seinen Getreuen tatsächlich als dieser bewusst gewählte theologi-

---

[59] Wie das dritte Glied des Ehrennamens wohl mit A. Neuwirth (1993. S. 227) zu übersetzen ist. S. ferner Neuwirth, A. 1996, S. 95 f.483 f.

[60] Neuwirth, A. 1993, S. 227 f, mit Bezug auf Kister, M. 1969, S. 173–196.

[61] S. dazu auch die Bemerkungen von Neuwirth, A. 1993, S. 227 f.

sche Ort angesehen worden ist, und zwar von Anfang an, als der er nach
seiner Bezeichnung als erster *qibla* erscheint.

Die Überlieferung zu dieser Frage in Koran und Ḥadīṯ ist so uneinheit-
lich, dass es schwer fällt, eine eindeutige und gesicherte Antwort darauf zu
geben. Die Tradition geht davon aus, dass Muḥammad, zunächst jedenfalls,
keine bestimmte Gebetsrichtung festgelegt,[62] sondern erst später, zu einem
nicht mehr feststellbaren Zeitpunkt seiner mekkanischen Wirksamkeit Jerusalem als Ort der *qibla* bestimmt hat. Demgegenüber hat Uri Rubin aufgrund eingehender Analyse der zahlreichen Ḥadīṯ-Traditionen nachzuweisen versucht, dass sich Muḥammad und seine ersten Getreuen in Mekka im
Gebet zunächst nicht Richtung Jerusalem, sondern Richtung Kaʿba verneigt haben, entgegen der traditionellen Ansicht also die – historisch – erste
Gebetsrichtung nicht Jerusalem, sondern die Kaʿba gewesen ist; folglich
entspricht die Bezeichnung Jerusalems als *ūlā l-qiblatain* nicht den historischen Gegebenheiten.[63]

Selbst wenn Uri Rubin mit den zugunsten seiner Ansicht vorgebrachten
Argumenten Recht haben sollte, wäre dagegen jedoch allemal noch einzuwenden und zu fragen, ob die Bedingungen einer *qibla* allein dadurch bereits erfüllt sind, dass man sich im Gebet vor einem Heiligtum, das am Ort
ist, verneigt bzw. sich zu ihm hinwendet; oder ob die Rede von einer *qibla*,
wie oben angedeutet, nicht vielmehr erst und nur dann Sinn macht, wenn
eine Diaspora- bzw. Exilssituation vorausgesetzt ist, die Hinwendung im
Gebet hin zum heiligen Ort also aus einer räumlichen Trennung von ihm
und dazu noch aufgrund einer bewussten theologisch begründeten Ent-
scheidung geschieht, wie sowohl Dan 6,11 und 1. Kön 8,44.48 als auch
Sure 10,87 anzunehmen nahe legen. In Sure 10,87 heißt es:

»Wir offenbarten Mose und seinem Bruder: Bereitet eurem Volk in Ägypten Häuser
und macht in euren Häusern eine *qibla* und verrichtet das Gebet etc. (*wa-auḥainā
ilā Mūsā wa-aḫīhi an tubauwaʾā li-qaumikumā bi-Miṣra buyūtan wa-ǧʿalū buyūta-
kum qiblatan wa-uqīmū ṣ-ṣalāt*).«[64]

Damit bestätigt Sure 10,87 zugleich, dass auch nach koranischer Überliefe-
rung die Festlegung einer *qibla* als Teil der Gebetspraxis tatsächlich eine
Einrichtung der Diaspora bzw. des Exils ist, die darüber hinaus als eine
Satzung des Mose bezeichnet wird, mithin zum jüdischen Erbe im Islam

---

[62] Aus Sure 2,144 (»Wir sahen dich dein Gesicht zum Himmel wenden«) wird mitunter geschlossen, Muḥammad und seine ersten Getreuen haben sich beim Gebet nach
Osten hin verneigt, wofür es allerdings keinerlei Beleg gibt.

[63] RUBIN, U. 1986, bes. S. 107f. Das Für und Wider seiner Argumente diskutiert
NEUWIRTH, A. 1993, S. 232–234; NEUWIRTH, A. 1996, S. 95–102.484–488.

[64] WATT, A. & A. T. WELCH 1980, I, S. 267f.

gehört. Selbst wenn sich Muḥammad und die ersten Muslime in Mekka also im Gebet in Richtung Kaʿba verneigt haben, was nicht nur möglich, sondern wie Uri Rubin gezeigt hat, durchaus wahrscheinlich ist, kann in diesem Falle von einer *qibla* schwerlich die Rede sein. Denn treffen die beiden oben genannten Voraussetzungen und Bedingungen für eine *qibla* zu, ist nicht die Kaʿba, sondern Jerusalem tatsächlich die erste *qibla* der Muslime gewesen.

Wann Muḥammad diese *qibla*, die Orientierung im Gebet nach Jerusalem festgelegt hat, ob noch in Mekka oder erst nach der Hiǧra, der Auswanderung nach Yaṯrib-Medina im Zusammenhang der Neuordnung des religiösen Lebens der Muslime, ist nicht mit Sicherheit zu sagen.[65] Zwar spricht manches dafür, dass die Festlegung der Gebetsrichtung nach Jerusalem bereits in Mekka, also noch vor der Hiǧra und nicht erst nach ihr in Yaṯrib-Medina erfolgt ist,[66] es fehlt jedoch jeder Beweis dafür. Die Angaben, die die islamische Überlieferung dazu bereithält, sind viel zu unterschiedlich, als dass sie auf einen gemeinsamen Nenner gebracht werden könnten. Zudem wird im Koran (und der darauf fußenden exegetischen Tradition) das Thema der Gebetsrichtung überhaupt nur unter dem Gesichtspunkt der Abrogation der ersten *qibla* behandelt, und dies noch in einem ausgesprochen polemischen Zusammenhang:

»Sagen werden die Törichten[67] unter den Menschen: Was hat sie abgewendet von ihrer *qibla*, auf die sie eingestellt waren (*sa-yaqūlu s-sufahāʾu mina n-nāsi mā wallāhum ʿan qiblatihimi llatī kānū ʿalaihā*) etc.« (Sure 2, 142–152).

So unklar der Zeitpunkt der Festlegung der Jerusalem-*qibla* ist, so unklar ist auch, wie lange Muḥammad und die Muslime dieser Praxis gefolgt sind; denn auch in diesem Falle sind die Angaben der Überlieferung höchst unterschiedlich. Von der islamischen Tradition mehrheitlich vertreten wird jedoch die Meinung, dass die Muslime nach der Hiǧra in Yaṯrib-Medina noch achtzehn Monate lang nach der ersten *qibla* (»auf die sie eingestellt waren«, Sure 2,142), also in Richtung Jerusalem gebetet haben.[68] Dann ist diese Gebetsrichtung abrogiert und geändert worden, aus der Jerusalem-*qibla* wurde die Mekka-*qibla*, die nach der Hiǧra mit Recht eine *qibla* genannt wurde, da jetzt die Bedingungen und Voraussetzungen einer *qibla* erfüllt waren: Nach der Hiǧra, in Yaṯrib-Medina lebten Muḥammad und

---

[65] HIRSCHBERG, J. W. 1951–52, S. 315.

[66] S. die unterschiedlichen Angaben dazu bei RUBIN, U. 1986, bes. S. 103 A. 29.

[67] Die Kommentatoren beziehen dies gewöhnlich auf die Juden; s. Ibn Katīr Bd. I, S. 134f z. St.; *Tafsīr al-Ǧalālain*, S. 38 z. St.; ʿABD AL-ǦALĪL ʿĪSĀ, S. 27 z. St.

[68] Die unterschiedlichen Angaben sind zusammengestellt bei TOTTOLI, R. 1996, S. 337 mit A. 41–44.

seine Anhängerschaft in räumlicher Trennung vom Ort der *qibla*. Geht man von den achtzehn Monaten aus, die nach der islamischen Tradition die Muslime in Yaṯrib-Medina noch der Jerusalem-*qibla* folgten, wären die Abrogation der ersten *qibla* und deren Neuordnung in den Februar des Jahres 624 zu datieren. Den äußeren Anstoß könnte dazu dann, wie üblicherweise angenommen wird, die Schlacht bei Badr gegeben haben im Gefolge der Ereignisse, die in der Literatur allgemein »der Bruch mit den Juden« genannt werden.

Wie die erste *qibla* in bewusster Übereinstimmung mit der jüdischen Gebetspraxis (mBer IV,5–6; vgl. Dan 6,11 und 1. Kön 8,44.48) und zugleich als freundliche Geste gegenüber den zeitgenössischen Juden bestimmt wurde, so wäre die Umorientierung weg von dieser ersten *qibla* hin zum »heiligen Gebetsplatz« (*al-masǧid al-ḥarām*) in Mekka,[69] der zugleich das »erste Haus für die Menschen« war (Sure 3,95: *awwalu baitin wuḍiʿa lin-nās*), eine bewusste Abkehr von der Praxis der Juden, wie es dann in Sure 2,142–152 auch ausführlich erklärt wird:[70]

»[...] (144) Wir sahen dich [unschlüssig] dein Gesicht zum Himmel wenden; darum wollen Wir dich [jetzt] in eine *qibla* weisen, an der du Gefallen haben wirst: Wende dein Gesicht in Richtung der heiligen Moschee (*fa-walli waǧhaka šaṭra l-masǧidi l-ḥarām*)! Und wo immer ihr seid, da wendet euch mit dem Gesicht in diese Richtung (*wa-ḥaiṯu mā kuntum fa-wallū waǧhakum šaṭrahu*). [...] (145) Und würdest du denen, denen die Schrift [zuvor] gegeben worden ist, jedes Zeichen bringen, sie werden deiner *qibla* nicht folgen, und du sollst ihrer *qibla* nicht folgen (*wa-mā anta bi-tābiʿin qiblatahum*); die einen sollen der *qibla* der anderen nicht folgen (*wa-mā baʿḍuhum bi-tābiʿin qiblata baʿḍin*) [...] (148) Jeder hat eine Richtung, in die er sich wendet (*wa-likullin wiǧhatun huwa muwallīhā*) [...] (150) Von wo immer du kommst, wende dein Gesicht in Richtung der heiligen Moschee (*wa-min ḥaiṯu ḫaraǧta fa-walli waǧhaka šaṭra l-masǧidi l-ḥarām*); und wo immer ihr seid, wendet euer Gesicht hin zu ihr (*wa-ḥaiṯu mā kuntum fa-wallū waǧhakum šaṭrahu*) [...].«

Wenn damit die außerordentlich komplexe Frage der ursprünglichen, ersten *qibla* natürlich ebenso wenig erschöpfend wie die Frage ihrer Änderung behandelt und erklärt ist,[71] Aufmerksamkeit verdient in diesem Zusammenhang gleichwohl, dass eine Reihe von Traditionen, die aṭ-Ṭabarī und al-Baiḍāwī in ihren Kommentaren zu Sure 2,143 erwähnen, beide *qibla*s gleichsam miteinander verbindet. So wird von Muḥammad berichtet, dass er in seiner mekkanischen Zeit sein Gebet südöstlich der Kaʿba stehend zu verrichten pflegte. Im Klartext bedeutet das nichts anderes, als dass er sich

---

WATT, W. M. & A. T. WELCH 1980, I, S. 102–104.267 f.

S. dazu as-Suyūṭī's *Asbāb an-nuzūl* zu Sure 2,142 in: *Tafsīr al-Ǧalālain*, S. 55 f.

Weiteres dazu bei NEUWIRTH, A. 1993, S. 232–238; TOTTOLI, R. 1996, S. 337–339.

mit seiner Verneigung hin zur Kaʿba zugleich auch in Richtung Jerusalem verneigte, also beide *qibla*s miteinander vereinte.[72] Das Gegenstück dazu findet sich in einer Tradition, die mit dem Namen Kaʿb al-Aḥbār (Abū Isḥāq Kaʿb b. Mātiʿ), einem jüdischen Konvertiten aus dem Jemen, der in der Frühzeit des Islam als Autorität für *Isrāʾīliyyāt* galt, verbunden und in die Zeit der Eroberung Jerusalems datiert ist. Darin wird erzählt: Nachdem ʿUmar b. al-Ḫaṭṭāb gemeinsam mit Kaʿb al-Aḥbār den Tempelplatz in Jerusalem betreten hatte, habe ihm Kaʿb den Vorschlag gemacht, die *qibla* »von hinter dem Felsen« aus festzulegen, d.h. sich nördlich von ihm stehend Richtung Mekka zu verneigen, also wiederum beide *qibla*s miteinander zu verbinden; denn wer sich nördlich des Felsen stehend in Richtung Mekka verneigt, wendet sein Gesicht sowohl dem Felsen als auch der heiligen Moschee zu. Diesen Vorschlag habe ʿUmar jedoch, so die Tradition, mit aller Entschiedenheit abgelehnt und Kaʿb geantwortet:

»Bei Gott, Kaʿb, in deinem Herzen bist du ein Jude geblieben; zudem habe ich gesehen, wie du dir die Schuhe ausgezogen hast (bevor du den Tempelberg betreten hast), uns Muslimen aber ist nicht geboten worden, diesen Felsen als heilig anzusehen; uns ist nur geboten, dass wir uns im Gebet zur Kaʿba hin verneigen.«[73]

Folglich bestimmte ʿUmar, dass die *qibla* »von der Vorderseite des Felsens aus« festzulegen sei, d.h. dass man sich südlich von ihm stehend in Richtung Mekka zu verneigen habe, mit dem Felsen im Rücken also – wie es bis heute der Fall ist.[74]

Die Verbindung mit dem »Nabel der Welt« war dadurch freilich nicht aufgegeben: Gilt doch die Kaʿba als ein Stück des Felsens von Jerusalem, das auf wunderbare Weise nach Mekka gelangt ist und nach islamischer Überlieferung, wie der in Jerusalem ansässig gewesene Geograph al-Muqaddasī (10. Jahrhundert) sagte, am Ende der Zeiten wieder nach Jerusalem zurückgebracht und mit dem Felsen vereinigt werden wird.[75] Wer also in Richtung Kaʿba betet, hat folglich zugleich auch den Felsen von Jerusalem im Blick.

Gerade diese wie ein Kompromiss aussehende Verbindung der beiden *qibla*s ist insofern aufschlussreich, als sie zeigt, dass auch noch nach – und trotz – der Umorientierung im Gebet in Richtung Mekka der Bezug zu Jerusalem offensichtlich unaufgebbar erschien. Versinnbildlicht die Orien-

---

[72] Belege bei Wensinck, A. J. 1979, S. 81b–82b; Rubin, U. 1986, bes. S. 105; Busse, H. 1986, S. 236–246; Gil, M. 1992, S. 66.

[73] aṭ-Ṭabarī, *Tārīḫ*, Bd. V, S. 2408; s. dazu Lazarus-Yafeh, H. 1981, S. 60; Gil, M. 1992, S. 65f.

[74] Elad, A. 1995, S. 30f.

[75] Zit. nach Karmi, H. S. 1970, S. 73.

tierung auf Jerusalem doch zugleich einen weiteren zentralen Sachverhalt
islamischen Selbstverständnisses: die Einordnung in die jüdisch-christliche Glaubensgeschichte, als deren letztgültige Bestätigung (*taṣdīq*) – und
zugleich Überbietung – sich der Islam bekanntlich begreift (vgl. Sure 5,48–
53). Nach außen sichtbar symbolisieren diesen Zusammenhang mit der
jüdisch-christlichen Glaubensgeschichte nicht zuletzt die in die islamischen
Bauwerke in Jerusalem integrierten Orte, die ausdrücklich an die biblische,
d.h. jüdisch-christliche Überlieferung anknüpfen, wie schon ein Blick auf
die Topographie des islamischen Jerusalem im allgemeinen und des heiligen
Bezirks (*al-ḥaram aš-šarīf*) im besonderen lehrt.[76] Dass Jerusalem schließlich auch den aus dem hebräischen *bēt ha-miqdaš* entlehnten Namen *Bait
al-maqdis* bzw. *al-Bait al-muqaddas* oder in Kurzform *al-Quds*, die »Stadt
des Heiligtums« erhalten hat, ist nur folgerichtig.[77]

Der »entfernteste Gebetsplatz« (*al-masǧid al-aqṣā*)

Im Zentrum aller (theologischen) Beziehungen des Islams zu Jerusalem
steht indessen der unendlich oft schon und entsprechend ausführlich ver-
handelte Koranvers Sure 17,1 einschließlich seiner (möglichen) innerkora-
nischen und vor allem nachkoranischen Auslegung. In diesem Vers, der von
der sog. »Nachtreise« des Propheten (*isrāʾ*) erzählt und der ganzen Sure
später den Namen gegeben hat, heißt es:

»Lob sei dem, der seinen Diener[78] nachts vom heiligen Gebetsplatz (*mina l-masǧid
al-ḥarām*) zum entferntesten Gebetsplatz (*ilā l-masǧid al-aqṣā*) reisen ließ,[79] dessen Umgebung Wir gesegnet haben, damit Wir ihn von unseren Zeichen schauen
ließen. Siehe, Er ist der Hörende, der Sehende.«

Ohne diesen Vers hier um ein weiteres Mal in allen Einzelheiten erläutern
zu wollen – im Laufe der Jahrhunderte ist ohnehin schon eine kaum mehr

---

[76] Es ist sicher kein Zufall, dass der dreiteilige *ḥaram aš-šarīf* in seiner Struktur und
Konzeption – so Muǧīr ad-Dīn (S. 35 f) – als wiederhergestellter »salomonischer Tem-
pel« ebenso wie als Gegenüber zur Grabeskirche erscheint (s. dazu Busse, H. 1968,
S. 458 f; Busse, H. 1981, S. 168–170; Busse, H. 1987).

[77] Karmi, H. S. 1970, S. 69; Tottoli, R. 1996, S. 333.

[78] Mit dem Singular *ʿabd* ist hier wie andernorts der Prophet Muḥammad gemeint
(vgl. Sure 18,1; 53,18 etc.).

[79] In Anlehnung an J. Wansbrough hat A. Neuwirth (1993, S. 241 A. 29), die *ʿabd*
nicht auf Muḥammad, sondern auf Mose bezieht, jetzt die Übersetzung »ausziehen ließ«
vorgeschlagen, da im koranischen Sprachgebrauch das Verb *asrā* des öfteren mit dem
Exodusmotiv verbunden ist (vgl. im Blick auf Mose: Sure 20,77; 26,52; 44,23; im Blick
auf den Auszug Lots: Sure 11,81; 15,65).

überschaubare Bibliothek über ihn geschrieben worden[80] –, wesentlich zwei
Fragen sind es, die hier beantwortet zu werden verlangen. Zum einen die
Frage nach den »Ortsangaben«, und zum anderen die Frage nach Bedeu-
tung und Funktion dieser »Nachtreise des Propheten«, die nach einer von
al-Ḥalabī mitgeteilten Tradition[81] sogar zeitgleich mit der Einführung der
Jerusalem-*qibla* »stattgefunden« haben soll, was ihre Bedeutung nur noch
unterstreicht. Dabei ist hier weniger der (mögliche) ursprüngliche Sinn des
Koranverses von Interesse als vielmehr seine Rezeption und die Bedeutung, die ihm die islamische Tradition beigemessen hat. Im koranischen
Kontext steht der Vers ohnehin eher isoliert da; jedenfalls wird die von der
traditionellen islamischen Koranexegese nicht gestellte Frage,[82] ob dieser
Vers ursprünglich zum folgenden Text der Sure gehört oder nicht, nach wie
vor unterschiedlich beantwortet und von der westlichen Koranforschung
aus formalen und inhaltlichen Gründen bis heute mehrheitlich verneint.[83]
Mit Sure 17,2 beginnt zudem eine ganz andere Geschichte, eine der koranischen Erinnerungen an die Geschichte der »Kinder Israel«, weswegen
denn auch der ursprüngliche Name der Sure *Banū Isrāʾīl*, die »Kinder Israel« gewesen ist.[84]

Doch zurück zu den beiden Fragen, die hier interessieren. Zunächst zu
den beiden Ortsangaben *al-masǧid al-ḥarām* (»der heilige Gebetsplatz«)
und *al-masǧid al-aqṣā* (»der entfernteste Gebetsplatz«). Während *al-masǧid al-ḥarām* mühelos als die übliche, allein im Koran fünfzehnmal[85] be-
legte Bezeichnung der heiligen Moschee in Mekka zu erkennen ist, ist die
Frage nach dem »entferntesten Gebetsplatz« (*al-masǧid al-aqṣā*) so schnell
nicht zu beantworten, schon gar nicht, wenn man den Relativsatz »deren
Umgebung wir gesegnet haben« als ursprünglich ansieht. Dieser Relativsatz findet sich im Koran mehrfach, und wann immer er gebraucht ist, dient
er als Attribut zur Qualifizierung des Landes, das das Heilige Land (*al-arḍ
al-muqaddasa*) (Sure 5,21) bzw. »das Land, das Wir gesegnet haben« (21,71.
81; 34,18; 7,137) genannt wird. So liegt es nahe, auch in Sure 17,1 densel-

[80] SCHRIEKE, B. 1916, S. 1–30; HOROVITZ, J. 1919, bes. S. 45–62.159–183; SCHRIEKE,
B. & J. HOROVITZ, S. 97b–99a; HARTMANN, R. 1928/29; PARET, R. 1977, S. 295–296 z.
St. (Lit. !). Die wichtigsten islamischen Traditionen (*aḥādīt*) bei Ibn Katīr, Bd. II, S. 354–
364; zu ihrer Analyse s. KISTER, M. 1969, S. 173–196. Weiteres Material bei HIRSCH-
BERG, J. W. 1951–52, S. 335–348.
[81] *As-sīra al-ḥalabīya* Bd. I, S. 264 (zit. bei RUBIN, U. 1986, S. 103).
[82] S. dazu NÖLDEKE-SCHWALLY 1961, Bd. I, S. 134ff.
[83] Anders jetzt NEUWIRTH, A. 1993, S. 240ff, die v. 1 als mit dem folgenden zusam-
mengehörig sieht.
[84] S. as-Suyūṭī's *asbāb an-nuzūl* in: *Tafsīr al-Ǧalālain*, S. 471.
[85] *Muʿǧam alfāẓ al-Qurʾān al-Karīm*, Bd. I, S. 558b.

ben Bezug herzustellen und in *al-masǧid al-aqṣā* einen Hinweis auf einen
Gebetsplatz in eben diesem gesegneten Land bzw. in Jerusalem zu sehen,
wie es, um nur ein Beispiel zu zitieren, Abū l-Qāsim Maḥmūd b. ʿUmar az-
Zamaḫšārī (gest. 1144) in seinem Kommentar getan und gemeint hat: »*al-
masǧid al-aqṣā*, der entfernteste Gebetsplatz – das ist Jerusalem. Denn es
gab nämlich damals noch keine andere Gebetsstätte, die (von Mekka aus
gesehen) weiter entfernt als Jerusalem lag«, und ganz in diesem Sinne hat
denn auch die muslimische Auslegung dieses Verses allenthalben ausgelegt.[86] In dem von der Kairoer Akademie für Arabische Sprache herausge-
gebenen Wörterbuch zum Koran kann es daher zum Stichwort *al-masǧid
al-aqṣā* kurz und bündig heißen:

»[Das ist] das *bait al-maqdis*, das David, Frieden über ihn, erbauen ließ. Es war die
qibla der Muslime am Beginn des Islam; dann wurde die *qibla* zur Kaʿba hin geändert, und Gott führte den Propheten Muḥammad des Nachts von Mekka dorthin.«[87]

Wie az-Zamaḫšārī's und die anderen gleichlautenden Auslegungen zudem
zeigen, spricht nach islamischem Verständnis gegen die Bezeichnung einer
Gebetsstätte in Jerusalem als »entferntester Gebetsplatz« offenbar auch
nicht, dass an anderer Stelle im Koran (in Sure 30,3) das Land um Jerusalem, das »nächstgelegene Land« (*adnā l-arḍ*)[88] und der Jerusalemer Tempel *expressis verbis* »ihr [= der Kinder Israel] Gebetsplatz« (*masǧid*, so
Sure 17,7) genannt wird.[89]
    Fraglich bleibt dennoch, ob diese Deutung den ursprünglichen Sinn des
Verses Sure 17,1 zutreffend wiedergibt, oder anders gefragt, ob der problematische Relativsatz nicht doch als spätere Ergänzung betrachtet werden
muss, die das in Sure 17,1 berichtete Ereignis gleichsam in der Geographie
der islamischen Welt lokalisiert. Denn ohne den Relativsatz bietet sich im
koranischen Kontext nämlich eine andere Identifikation des »entferntesten
Gebetsplatzes« an, und zwar dann, wenn man die in Sure 17,1 erwähnte
»Nachtreise des Propheten« mit seinen visionären Erlebnissen in Verbindung bringt, auf die in Sure 17,60 und 17,(90–)93 angespielt wird (vgl. auch
Sure 53,1–18 und 81,19–23). Die Nachtreise wäre dann als *miʿrāǧ*, als »Him-

---

[86] Zit. bei GÄTIE, H. 1971, S. 108; ebenso ʿABD AL-ǦALĪL ʿĪSĀ, S. 364, der seine
Identifikation »historisch« begründet: »denn es gab zu jener Zeit nur diese beiden Ge-
betsplätze«. Ferner: *Tafsīr al-Ǧalālain*, S. 370 z. St.; Ibn Katīr, Bd. II, S. 354: »*al-
masǧid al-aqṣā* das ist der Tempel (*bait al-maqdis*), der in Jerusalem (*Īliyāʾ*) ist«. Zur
Sache s. NÖLDEKE-SCHWALLY 1961, Bd. I, S. 134–136, und PARET, R. S. 296 z. St.
[87] *Muʿǧam alfāẓ al-Qurʾān al-Karīm*, Bd. I, S. 558a.
[88] S. dazu GÖTZ, M. 1968, S. 111-120.
[89] S. dazu GIL, M. 1992, S. 96 ff. Zur Auslegungsgeschichte des Begriffs *al-masǧid
al-aqṣā* s. GUILLAUME, A. 1953, S. 323–336.

melfahrt« des Propheten zu deuten, wie dies ebenfalls in der exegetischen Literatur weithin geschehen ist. Dann wäre der »entfernteste Gebetsplatz« nicht mehr der Tempelplatz im irdischen Jerusalem, sondern das »himmlische Heiligtum« (*bait ma'mūr*, Sure 52,4),[90] in das der Prophet (in einer Vision) entrückt worden ist.[91] Historisch gesehen, wird diese Deutung sicher der ursprüngliche Sinn des Verses gewesen sein, und W. M. Watt hat gewiss recht, wenn er meint, erst seit der Umajjadenzeit, also erst nach der Inbesitznahme Jerusalems und seiner Einordnung in das *Dār al-Islām*, sei »der Ausdruck *al-masǧid al-aqṣā* in 17,1 so interpretiert [worden], als ob er sich auf Jerusalem, das irdische Paradies und die dritte heilige Stadt des Islam beziehe.«[92] Aus dem *mi'rāǧ*, der ursprünglich *einen visionären Himmelfahrt* des Propheten wurden folglich *zwei Reisen*: die erste, die *isrā'*, die »Nachtreise des Propheten« führte ihn von Mekka nach Jerusalem, die zweite vom irdischen zum »himmlischen Jerusalem« – so jedenfalls meinen es zumindest die Kommentatoren.[93] Eine Vorstellung, die im irdischen Jerusalem nicht allein das Abbild des himmlischen Heiligtums sieht, sondern davon ausgeht, dass der Weg ins himmlische Jerusalem nur über das irdische führt.

War einmal die Historisierung der Nachtreise des Propheten erfolgt, waren die nächsten Schritte nur konsequent, nämlich ihre weitere Ausgestaltung im Sinne einer tatsächlichen Reise nach Jerusalem und die Lokalisierung aller ihrer Stationen in der Geschichte des Propheten ebenso wie in der Geographie Jerusalems, wie es bereits die frühen Pilgerhandbücher bezeugen; denn ebenfalls mit der Umajjadenzeit beginnen islamische Pilgerreisen nach Jerusalem, und zwar sowohl zu den Stätten, die mit der vorislamischen biblischen Geschichte als auch den Stationen der Reise Muḥammads nach Jerusalem verbunden sind.[94]

Von Belang ist Jerusalem freilich nicht allein als der geographische Zielpunkt der Nachtreise, sondern ebenso als deren Zweck. In Sure 17,1 hieß

---

[90] So z. B. *Tafsīr al-Ǧalālain*, S. 694 z. St.; *Kitāb ahwāl al-qiyāma*, S. 3 (Text), S. 5 (übers.), ebenso GÄTJE, H. 1971, S. 354 A. 22. Dagegen jedoch 'ABD AL-ǦALĪL 'ĪSĀ, S. 697 z. St.

[91] Trotz NÖLDEKE-SCHWALLY, Bd. I, S. 135. Doch s. PARET, R. S. 302–303 zu 17,60, und az-Zamaḥšarī z. St. (bei GÄTJE, H. 1971, S. 107). – Die Literatur zu diesem Thema ist kaum mehr überschaubar; s. dazu das umfangreiche Material bei VAN ESS, J. 1996, S. 27–56, und VAN ESS, J. 1999, S. 47–62.

[92] WATT, A. & A. T. WELCH 1980, Bd. I, S. 272.

[93] z.B. az-Zamaḥšarī z. St. (übers. bei GÄTJE, H. 1971 S. 105–107). Eine ganz andere Deutung hat M. GIL (1992, S. 97) vorgeschlagen, indem er Sure 17,1 von manichäischem Hintergrund aus erklärt und in der »Reise zur entferntesten Moschee« eine Entsprechung zu Mani's Sendung *epi tēs ekklēsías tēs en tē eschatia* sieht.

[94] ELAD, A. 1995, passim.

es, Muḥammad sei zum »entferntesten Gebetsplatz« geführt worden, damit Gott ihn von seinen Zeichen schauen lasse, Muḥammad also von ihnen Kenntnis bekomme. M. a. W. die »Nachtreise« gilt dem Offenbarungsempfang und dessen Bestätigung;[95] sie führt den Propheten zu dessen Ort und dient damit seiner prophetischen Legitimation. Bemerkenswert daran ist, dass auch der arabische Prophet seine Legitimation von »Jerusalem« her bezieht. In dieser Hinsicht teilt die islamische Überlieferung die Ansicht der jüdischen Tradition, der zufolge alle wahre Prophetie allein aus dem heiligen Lande bzw. genauer: aus Jerusalem kommt.[96] So überliefert beispielsweise der schon einmal zitierte Historiker Ibn ʿAsākir ein Ḥadīṯ im Namen des Ḍamra b. Rabīʿa ar-Ramli (gest. 817), in dem es heißt:

»Ich hörte, dass nirgends ein Prophet von Gott berufen worden ist, außer im heiligen Lande. Und wenn er nicht von dort stammte, dann ist er in einer Nachtreise dorthin geführt worden«,[97]

eine deutliche Anspielung auf die in Sure 17,1 erwähnte »Nachtreise« Muḥammads. Jerusalem – und dies meint hier das irdische und das himmlische Jerusalem in einem – steht damit gleichsam als Garant für die Authentizität der göttlichen Offenbarung und des Offenbarungsempfangs durch den Propheten. Denn es war in Jerusalem, wo nach Mekka und Medina die Offenbarung Gottes »herabgesandt worden ist«, wie Ibn Asākir schrieb; denn von Jerusalem aus ergeht die Weisung Gottes, wie die islamische Tradition an dieser Stelle in Übereinstimmung mit den Worten der Propheten Jesaja (2,2–5) und Micha (4,1–5) lehrt.[98]

Doch dieses Jerusalem gehört nicht nur, wie oben bereits erwähnt, im Sinne einer Rückschau in die islamische Glaubensgeschichte, sondern ebenso auch im Vorblick auf deren zukünftige Ereignisse: Ist es doch auch der Ort des eschatologischen Geschehens, der Ort, an dem sich die Vollendung der Geschichte ereignen, an dem die zukünftige Welt ihren Anfang und Ausgangspunkt nehmen wird. In dieser Hinsicht sind sich wiederum islamische und jüdische Tradition einig. Während die Muslime in Aufnahme einer talmudischen Überlieferung das Tor zum Paradies in Damaskus lokalisierten, wird Jerusalem der Ort der Auferstehung der Toten und des Jüngsten Gerichtes sein. So schrieb al-Muṭahhar b. Ṭāhir al-Maqdisi:

---

[95] So ausdrücklich *Tafsīr al-Ǧalālain*, S. 370f z. St., ʿABD AL-ǦALĪL ʿĪSĀ, S. 364 z. St. Zur Sache s ausführlich u. a. HOROVITZ, J. 1919; BUSSE, H. 1991, S. 1–40; NEUWIRTH, A. 1993, S. 247–270.
[96] GINZBERG, L., Bd. V, S. 301; Bd. VI, S. 411.
[97] Ibn ʿAsākir, Bd. I, S. 154. S. dazu auch HIRSCHBERG, J. W. 1951–52, S. 341.
[98] ISMĀʿĪL, S. M. 1978, passim; GIL, M. 1992, S. 99f A. 24.

»Die Muslime sagen, dass die Toten in Jerusalem versammelt und auferweckt werden, und man führt sogar Traditionen dafür an, die auf den Propheten, Gott segne ihn und schenke ihm Heil, zurückgehen sollen. Aber ich habe jemanden sagen hören, dass dies nur eine Idee der Leute von aš-Sām (Syrien-Palästina) sei. Viele Juden teilen nämlich diesen Glauben. Gott aber wird die Toten dort auferwecken, wo immer Er will.«

Wenn dies geschieht, wird auch die Kaʿba von Mekka nach Jerusalem versetzt und wieder mit dem Felsen vereint werden, der der Betort Davids war und von dem sie ein Teil ist. Ja selbst die Gebeine Muḥammads werden dann auf wundersame Weise nach Jerusalem überführt etc.[99] Auch auf dieses Kapitel islamischer Eschatologie kann hier nur eben hingewiesen werden.

Die »praktischen« Konsequenzen der Zentralität Jerusalems

Welche »praktischen« Auswirkungen die Idee der Zentralität Jerusalems hatte, sei am Schluss in aller Kürze wenigstens angedeutet. Ein eindrucksvolles Zeugnis davon gibt neben den zahllosen Berichten muslimischer, vor allem arabisch-muslimischer Jerusalem-Reisender[100] insbesondere eine Literatur, die unter dem Sammelbegriff *faḍāʾil al-Quds* (»die Vorzüge Jerusalems«) zusammengefasst und bekannt (geworden) ist. Wenngleich darin nicht zuletzt auf die oben schon mehrfach erwähnten eschatologischen Ereignisse, die sich in Jerusalem abspielen werden, abgehoben wird,[101] so enthalten die zur dieser Literatur zählenden Texte dennoch zugleich auch einiges Material, das zur Erhellung der Geschichte der Frühzeit des Islam beiträgt.[102]

Seit der umajjadischen Zeit entstanden, bildet sie gleichsam eine eigene Literaturgattung, die – wie ihr Name sagt – die »Vorzüge Jerusalems« preisen will, und kaum eine Literatur erklärt besser, welche Bedeutung Jerusalem als heilige Stadt auch für die Muslime hatte und hat als eben diese *faḍāʾil al-Quds* Literatur.[103] Ohne näher auf sie einzugehen, als die beiden

---

[99] Vgl. ELAD, A. 1995, S. 21. Weiteres Material bei HIRSCHBERG, J. W. 1951–52, S. 321–335.

[100] Eine Anthologie wichtiger Reisebücher zusammengestellt hat AL-ʿASALI 1991.

[101] NEUWIRTH, A. 1996, S. 112ff.493f.

[102] SHARON, M. 1992, S. 55–68.

[103] SIVAN, E. 1971, S. 263–271; HASSON, I. 1981, S. 168–184; ASHTOR, E. 1981, S. 187–189; KISTER, M. 1981, S. 185f; IBRĀHĪM, M. 1985; BLOOM, J. M. 1996, S. 205ff. 507ff. Nach MOURAD, S. A. 1996, S. 31–48, begann die literarische Bearbeitung dieses Materials bereits recht früh, und zwar zunächst durch Autoren aus Ramla (!).

wichtigsten zu dieser Gattung zählenden Bücher angesehen werden die
Faḍāʾil al-Bait al-Muqaddas (»Die Vorzüge Jerusalems«) des Abū Bakr
Muḥammad b. Aḥmad al-Wāsiṭī (Anf. 11. Jh.),[104] die *Faḍāʾil Bait al-Maqdis
wal-Ḫalīl wa-faḍāʾil aš-Šām* (»Die Vorzüge Jerusalems, Hebrons und Syro-
palästinas«) von Abū l-Maʿālī al-Mušarraf b. al-Muraǧǧa b. Ibrāhīm al-
Maqdisī (Mitte 11. Jh.), welches das bei weitem umfangreichste Werk dieser *faḍāʾil-al-Quds*-Literatur ist.[105] Dazu gehören ferner Abū l-Faraǧ ʿAbd
ar-Raḥmān b. ʿAlī Ibn al-Ǧauzīs (1116–1201) *Faḍāʾil al Quds,*[106] Muḥammad b. ʿAbd al-Waḥīd al-Maqdisīs (1174–1245) *Faḍāʾil Bait al-Maqdis,*[107]
Šihāb ad-Dīn abū Maḥmūd b. Tamīm al-Maqdisīs (gest. 1364) *Muṯīr al-
ǧarām ilā ziyārat al-Quds waš-Šām* (»Anregung für den Besuch von Jerusalem und Syropalästina«)[108] und Burhān ad-Dīn Ibrāhīm al-Biqāʿīs (1389–
1465) *al-Iʿlām bi-sann al-hiǧra ilā š-Šām* (»Anleitung für die Pilgerfahrt
nach Syropalästina«),[109] um nur einige weitere Titel hier noch zu nennen.
Diese Literatur, die in letzter Zeit verstärkte Aufmerksamkeit auf sich
gezogen hat, hat nach heute mehrheitlich vertretener Ansicht ihren Anfang
in den ältesten Stadien des *Ḥadīṯ* genommen, auch wenn die Mehrheit der
dazu zu zählenden Texte ohne Zweifel erst später kompiliert und / oder
verschriftet worden ist und zudem durchaus nicht zu allen Zeiten die glei-
che Aufnahme und Verbreitung erfahren hatte. Interessant ist dabei gleichwohl, dass diese Literatur – aus naheliegenden und durchaus nachvollziehbaren Gründen – zu den Zeiten Konjunktur hatte, als Jerusalem im Zentrum
der Politik stand, wie dies vor allem unter der Umajjadendynastie, später
dann ebenso aber auch unter den Zenǧiden im 11. Jahrhundert und den
Mamlūken im 13./14. Jahrhundert der Fall gewesen ist.[110] Es ist dies übrigens eine Literatur, die über weite Strecken sowohl in der Form als auch in
ihrem Inhalt Parallelen in der entsprechenden rabbinischen Literatur hat,
für die hier nur bKet 111b–112a als eine Art Kompendium genannt sei.
Entsprechend mühelos ließe sich eine Synopse paralleler Überlieferungen
zusammenstellen.
   Freilich teilten längst nicht alle Muslime die Ansichten, die in dieser
faḍāʾil al-Quds-Literatur ihren Ausdruck und Niederschlag gefunden ha-

---

[104] al-Wāsiṭī 1979.
[105] Ibn al-Muraǧǧa 1995 (= Edition der Handschrift *Tübingen VI 27*); ausführlich
dazu Elad, A. 1995, passim.
[106] Ibn al-Ǧauzī 1979.
[107] al-Maqdisī 1985.
[108] al-Maqdisī 1994.
[109] al-Biqāʿī 1997.
[110] Lutfi, H. 1985; Bloom, J. M. 1996, S. 213 ff. 508 f. Viel Material zu diesem Thema bietet nicht zuletzt Peters, F. E. 1985.

ben. Der mehrfach schon zitierte Korankommentator Ibn Katīr zum Beispiel war sogar der Meinung, all die darin enthaltenen Legenden von der
Bedeutung Jerusalems und seiner Rolle als Ort des Geschehens am Jüngsten Tage seien reine Erfindungen, die allein deshalb aufgeschrieben und
verbreitet worden sind, um Touristen anzulocken und nach Jerusalem zu
bringen;[111] und Aḥmad Ibn Taimiyya al-Ḥarrānī (1263–1328), der große
konservative Theologe des 13./14. Jahrhunderts, schrieb mit seiner *Qāʿida
fī ziyārat Bait al-Maqdis* (»Anleitung für den Besuch Jerusalems«) einen
Traktat, um die Legenden dieser *fadāʾil al-Quds*-Literatur zu widerlegen.[112]

Gleichwohl hat solche oder ähnliche, auch von prominenter Seite vorgetragene Kritik Jerusalems Platz als dritte heilige Stadt der islamischen Geschichte und Glaubensgeschichte nicht streitig machen können. Hatte doch
der Prophet selber geboten:

»Niemand von euch soll sich auf Reisen begeben, es sei denn zu den drei Gebets-
plätzen: zu meinem Gebetsplatz (= Medina), zum heiligen Gebetsplatz (= Mekka)
und zum entferntesten Gebetsplatz (= Jerusalem)«.[113]

Denn: »die besten Menschen sind jene, die zu einer Stätte pilgern, zu der
auch Abraham gepilgert ist« (*Sunan Abū Dawud* XV,3). Schließlich hat ein
Gebet im »entferntesten Gebetsplatz« einen besonderen Wert, »ist doch ein
Gebet dort wie tausend Gebete an anderen Orten«. »Und wer nach Jerusalem pilgert und dort betet, wird noch im selben Jahr von allen seinen Sünden gereinigt«. Das Ergebnis des Lobpreises Jerusalems war in der Tat dies,
dass sich seit dem 9. / 10. Jahrhundert immer wieder Muslime zur Über-
siedlung nach Jerusalem entschlossen, wie es vorbildhaft Ibn Hawālā, einer
der Gefährten des Propheten, getan hatte. Da soll ihm Gott durch den Mund
des Propheten gesagt haben: »Es ist dies das kostbarste aller meiner Länder; deshalb lasse Ich in ihm die besten meiner Diener wohnen.«[114]

Die Reihe solcher und ähnlicher Aussprüche aus dem Ḥadīt lässt sich
mühelos um weitere verlängern; und ein ums andere Mal würden sie illustrieren, was ebenso auch die zahlreichen muslimischen Jerusalempilger in

---

[111] S. dazu die Belege bei GOITEIN, S. D. 1968, S. 141.

[112] MATHEWS, CH. D. 1936, S. 7–21 (arab. Text). Zu Ibn Taimīyas Kampf gegen
diese populäre Praxis s. auch MEMON, M. U. 1976.

[113] KISTER, M. 1969, S. 173–196.

[114] Herr Prof. van Ess macht mich darauf aufmerksam, dass der syrische General Abū
ʿUbaida, als er auf dem Weg von Ǧābiya nach Jerusalem von einer Krankheit (der Pest?)
befallen wurde, angeordnet haben soll, dass man seinen Leichnam auf das Westufer des
Jordans schaffe, damit er der heiligen Stadt näher sei. Er habe sich dann aber eines
andern besonnen, damit daraus keine *sunna* werde. So wurde er in Pella beigesetzt. –
Heute zeigt man sein Grab aber nicht in Pella, sondern nahe dem weiter südlich gelegenen Dēr ʿAllā, aber ebenfalls im Ostjordanland.

allen Jahrhunderten bezeugt und jene islamischen Politiker praktiziert haben, die Jerusalem zum Mittelpunkt ihres politischen Denkens und Handelns gemacht haben.

Insbesondere islamische Mystiker fühlten sich, wie bereits S. D. Goitein hinlänglich dokumentiert hat,[115] von der Heiligkeit Jerusalems an- und zu ihr hingezogen und haben sich trotz aller Kritik, die ihnen oft und vor allem seitens orthodoxer Theologen entgegengebracht worden ist, nicht von ihrer Überzeugung abbringen lassen. Haben sie doch weitaus tiefer die religiöse Bedeutung Jerusalems erfasst und erkannt, dass Jerusalem nicht nur deshalb heilige Stadt der Muslime ist, weil sie in ihren Mauern einige bedeutende heilige Stätten der islamischen Glaubensgeschichte beherbergt, sondern auch und gerade deshalb, weil sie in besonderer Weise die Authentizität der göttlichen Offenbarung verbürgen und damit zugleich den religiösen Anspruch des Islams letztlich begründen kann. Dies weiter auszuführen, würde indessen einen weiteren Beitrag erfordern.

Literatur

ʿABD AL-ĞALĪL ʿĪSĀ 1394: *al-muṣḥaf al-muyassar,* Kairo-Beirut ⁶1394/1972

ʿABD AL-ḤALĪM MAḤMŪD 1969: ʿAbd al-Ḥalīm Maḥmūd, *Bait al-Maqdis fī l-islām,* o. O. 1389 h./1969

ʿABD AR-RAḤMĀN ZAKĪ 1978: ʿAbd ar-Raḥmān Zakī (ed.), *Bibliyuġrāfīya muḫtāra ʿan Bait al-Maqdis,* Al-Quds-Jerusalem 1978

ASAD, M. 1980: The Message of the Qurʾān, Gibraltar 1980

AL-ʿASALI 1991: Kāmil Ğamīl al-ʾAsali, *Bait al-Maqdis fī kutub ar-raḥḥālāt ʿinda l-ʿarab wal-muslimīn,* Amman 1991

ASHTOR, E. 1981: Muslim and Christian Literature in Praise of Jerusalem, in: The Jerusalem Cathedra 1 (1981) 187–189

AL-BIQĀʿĪ 1997: Burhān ad-Dīn Ibrāhīm al-Biqāʿī, *al-Iʿlām bi-sann al-hiğra ilā š-Šām,* ed. M. M. al-Ḥ. al-Ḥasanī, Beirut 1997.

AL-BĪRŪNĪ 1923: Abū Raiḥān Muḥammad al-Bīrūnī, *al-āṯār al-bāqiya ʿan al-qurūn al-ḫāliya,* ed. E. Sachau, Leipzig 1923

AL-BĪRŪNĪ 1969: Abū Raiḥān Muḥammad al-Bīrūnī, The Chronology of Ancient Nations, transl. E. Sachau, London 1879 (= repr. Frankfurt 1969)

BLOOM, JONATHAN M. 1996: Jerusalem in Medieval Islamic Literature, in: N. Rosovsky (ed.), City of the Great King. Jerusalem from David to the Present, Jerusalem-Cambridge-London 1996, S. 205–217.507–509

BREUNING, W. 1996: Jerusalem: Seine Aktualität für die biblischen Religionen, in: G. Schöllgen & C. Scholten (ed.), Stimuli – Exegese und ihre Hermeneutik in Antike und Christentum, FS E. Dassmann, Münster 1996 (= JbAC, Erg. 23), 602–610

---

[115] GOITEIN, S. D. 1968, S. 142 ff.

BUSSE, H. 1966: Der Islam und die biblischen Kultstätten, in: Der Islam 42 (1966) 113–143

BUSSE, H. 1968: The Sanctity of Jerusalem in Islam, in: Judaism 17 (1968) 441–468

BUSSE, H. 1981: Monotheismus und islamische Christologie in der Bauinschrift des Felsendoms in Jerusalem, in: ThQ 161 (1981) 168–178

BUSSE, H. 1984: Omar ibn al-Ḫaṭṭāb in Jerusalem, in: Jerusalem Studies in Arabic and Islam 5 (1984) 73–119

BUSSE, H. 1986: Jerusalem and Mecca, the Temple and the Kaaba: An Account of their Interrelation in Islamic Times, in: M. Sharon (ed.), Pillars of Smoke and Fire: The Holy Land in History and Thought, Johannesburg 1986, S. 236–246

BUSSE, H. 1986a: Omar's Image as the Conqueror of Jerusalem, in: Jerusalem Studies in Arabic and Islam 8 (1986) 149–168

BUSSE, H. 1987: Tempel, Grabeskirche und *Ḥaram aš-šarīf*. Drei Heiligtümer und ihre gegenseitigen Beziehungen in Legende und Wirklichkeit, in: H. Busse & G. Kretschmar, Jerusalemer Heiligtumstraditionen in altkirchlicher und frühislamischer Zeit, Wiesbaden 1987, S. 1–28

BUSSE, H. 1991: Jerusalem in the Story of Muhammad's Night Journey and Ascension, in: Jerusalem Studies in Arabic and Islam 14 (1991) 1–40

BUSSE, H. 1991a: Zur Geschichte und Deutung der frühislamischen Harambauten in Jerusalem, in: Zeitschrift des Deutschen Palästinavereins 107 (1991) 144–154

BUSSE, H. 1993: Die ʿUmar-Moschee im östlichen Atrium der Grabeskirche, in: Zeitschrift des Deutschen Palästinavereins 109 (1993) 73–82

BUSSE, H. 1995: Jerusalem im Kreis der heiligen Städte des Islams in der Auslegung von Sure 95,1–3, in: M. Weippert & S. Timm (ed.), Meilenstein, FS Herbert Donner, Wiesbaden 1995, 1–8

BUSSE, H. 1998: The Temple of Jerusalem and its Restitution by ʿAbd al-Malik b. Marwān, in: B. Kühnel (ed.), The Real and Ideal Jerusalem in Jewish, Christian and Islamic Art. FS Bezalel Narkiss, Jerusalem 1998, 23a–33b

COHEN, G. D. 1967: Esau as Symbol in Early Medieval Thought, in: A. Altmann (ed.), Jewish Medieval and Renaissance Studies, Cambridge, Mass. 1967 (= Studies and Texts, Bd. 4), S. 19–48

DELSMAN, W. C. 1998: Jerusalem, eine heilige Stadt für drei Religionen, in: M. Dietrich & O. Loretz (ed.), dubsar anta-men – Studien zur Altorientalistik, FS W. H. Ph. Römer, Münster 1998, 63–70

DONNER, H. 1977: Der Felsen und der Tempel, in: Zeitschrift des Deutschen Palästinavereins 93 (1977) 2–11

DURST, S. 1993: Jerusalem als ökumenisches Problem im 20. Jahrhundert, Pfaffenweiler 1993 (= Religion in Geschichte und Gegenwart, 2)

EBERHARD, O. 1958: Aus Palästinas Legendenschatz, hg. O. Eberhard, Berlin 1958

ELAD, A. 1992: Why Did ʿAbd al-Malik Build the Dome of the Rock? A Re-examination of the Muslim Sources, in: J. Raby & J. Johns (ed), Bayt al-Maqdis – ʿAbd al-Malik's Jerusalem, Oxford Studies in Islamic Art 9 (1992) 33–58

ELAD, A. 1995: Medieval Jerusalem and Islamic Worship – Holy Places, Ceremonies, Pilgrimage, Islamic History and Civilization, Leiden 1995 (= Texts and Studies, Bd. 8)

VAN ESS, J. 1992: ʿAbd al-Malik and the Dome of the Rock. An Analysis of Some Texts, in: J. Raby & J. Johns (ed), Bayt al-Maqdis – ʿAbd al-Malik's Jerusalem, Oxford Studies in Islamic Art 9 (1992) 89–103

VAN ESS, J. 1996: *Miʿrāǧ* et la vision de Dieu dans les premières spéculations théologiques en Islam, in: M. A. Amir-Moezzi (ed.), Le voyage initiatique en terre d'Islam: ascensions célestes et itinéraires spirituels, Louvain 1996 (= Bibliothèque de L'École des hautes études: sections des sciences religieuses, 103), 27–56

VAN ESS, J. 1999: Vision and Ascension: *Sūrat al-Najm* and its Relationship with Muḥammad's *miʿrāj*, in: Journal of Qurʾanic Studies 1 (1999) 47–62

FLECKENSTEIN, K.-H. 1989: K.-H. Fleckenstein & W. Müller, Jerusalem – die heilige Stadt der Juden, Christen und Muslime, Freiburg i. Br. ²1989

FRIEDMAN, M. 1996: Jewish Pilgrimage after the Destruction of the Second Temple, in: N. Rosovsky (ed.), City of the Great King. Jerusalem from David to the Present, Jerusalem-Cambridge-London 1996, S. 136–146.499–502

GÄTJE, H. 1971: Koran und Koranexegese, Zürich-Stuttgart 1971

GIL, M. 1992: A History of Palestine, 634–1099, Cambridge 1992

GINZBERG, L.: The Legends of the Jews, 7 Bde, repr. Philadelphia 1968

GÖTZ, M. 1968: Zum historischen Hintergrund von Sure 30,1–5, in: E. Gräf (ed.), Festschrift Werner Caskel zum 70. Geburtstag, Leiden 1968, 111–120

GOITEIN, S. D. 1950: The Historical Background of the Erection of the Dome on the Rock, in: JAOS 70 (1950) 104–108

GOITEIN, S. D. 1968: The Sanctity of Jerusalem and Palestine in Early Islam, in: ders., Studies in Islamic History and Institutions, Leiden ²1968, 135–148

GOITEIN, S. D. 1979: *Šēmōt Yerūšālayim*, in: ders.: *Ha-yišūv be-ereṣ Yiśrāʾēl*, Jerusalem 1979, 32–35

GOLDZIHER, I. 1889–90: Muhammedanische Studien, 2 Bde, Halle 1889–90 (repr. Hildesheim 1961)

GRABAR, O. 1959: The Umayyad Dome of Jerusalem, in: Ars Orientalis 3 (1959), 33–62

GRABAR, O. 1996: The shape of the holy – early Islamic Jerusalem, Princeton, NJ 1996 [s. dazu die Rez. von H. Busse, Oleg Grabar, the Shape of the Holy, und andere neue Bücher über das frühislamische Jerusalem, in: Der Islam 75 (1998), 93–103]

GRABAR, O. 1996a: O. Grabar & S. Nuseibeh, The Dome of the Rock (Text: O. Grabar; Fotos: S. Nuseibeh), New York 1996

GUILLAUME, A. 1953: Where Was al-Masjid al-Aqṣā, in: Andalus 18 (1953) 323–336.

HARTMANN, R. 1928/29: Die Himmelsreise Muhammads und ihre Bedeutung in der Religion des Islam, Leipzig 1928/29 (= Veröffentl. d. Bibl. Warburg Reihe II, Vorträge Bd. 7)

HASSON, I. 1981 : Muslim Literature in Praise of Jerusalem : Faḍāʾil Bayt al-Maqdis, in: The Jerusalem Cathedra 1 (1981) 168–184

HESCHEL, A. J. 1969: Israel – an Echo of Eternity, New York 1969

HIRSCHBERG, J. W. 1951–52: The Sources of Moslem Traditions concerning Jerusalem, in: Rocznik Orientalistyczny 17 (1951–52) 314–350

HOROVITZ, J. 1919: Muhammeds Himmelfahrt, in: Der Islam 9 (1919) 159–183

HOROVITZ, J. 1926: Koranische Untersuchungen, Berlin-Leipzig 1926

IDINOPOULOS, Th. A. 1994: Jerusalem – a history of the holiest city as seen through the struggles of Jews, Christians, and Muslims, Chicago, Ill. ²1994

IBN ʿASĀKIR 1951: ʿAlī b. al-Ḥasan b. ʿAsākir, *Taʾrīḫ madinat Dimašq*, ed. Ṣalāḥ ad-Dīn al-Munaǧǧid, Bd. I, Damaskus 1951

IBN AL-ĞAUZĪ 1979: Abū l-Farağ ʿAbd ar-Raḥmān b. ʿAlī Ibn al-Ğauzī, *Faḍāʾil al Quds*, ed. Ğabrāʾil Sulaimān Gabbūr, Beirut 1979

IBN AL-ĞAUZĪ 1989: Ibn al-Ğauzī, *Taʾrīḫ Bait al-Maqdis*, ed. Muḥammad Zainuhum Muḥammad ʿAzab, Kairo 1989

IBN AL-MURAĞĞA 1995: Abū l-Maʿālī al-Mušarraf b. al-Murağğa b Ibrāhīm al-Maqdisī, *Faḍāʾil Bait al-Maqdis wal-Ḫalīl wa-faḍāʾil aš-Šām*, ed. O. Livne-Kafri, Shfaram 1995 (= Edition der Handschrift *Tübingen VI 27*)

IBRĀHĪM, M. 1985: Maḥmūd Ibrāhīm, *Faḍāʾil Bait al-Maqdis fī maḫṭūṭāt ʿarabīya qaíma,* Kuweit 1985

ISMĀʿIL, S. M. 1978: Saʿbān Muḥammad Ismāʿil, *al-Aḥādīṯ al-Qudsīya wa manzilatuhā fī t-tašrīʿ*, Kairo 1978

KARMI, H. S. 1970: How Holy is Palestine to the Muslims?, in: The Islamic Quarterly 14 (1970) 63–90

KELLER, C. A. 1984: Art. *šbʿ*, in: Theologisches Handwörterbuch zum Alten Testament, Bd. II, München ⁴1984, 861–862

KISTER, M. 1969: »You shall only set out for three mosques«: a study of an early tradition, in: Le Muséon 82 (1969) 173–196

KISTER, M. 1981: A Comment on the Antiquity of Traditions Praising Jerusalem, in: The Jerusalem Cathedra 1 (1981) 185–186

Kitāb ahwāl al-qiyāma, ed. arab. u. deutsch M. Wolff, Leipzig 1872

KÜHNEL, B. 1998: B. Kühnel (ed.), The Real and Ideal Jerusalem in Jewish, Christian and Islamic Art. FS Bezalel Narkiss, Jerusalem 1998

LAZARUS-YAFEH, H. 1981: The Sanctity of Jerusalem in Islam, in: H. Lazarus-Yafeh, Some Religious Aspects of Islam. A Collection of Articles, Leiden 1981 (= Studies in the History of Religions, 42), 58–71

LIMOR, O. 1998: The Place of the End of Days: Eschatological Geography in Jerusalem, in: B. Kühnel (ed.), The Real and Ideal Jerusalem in Jewish, Christian and Islamic Art. FS Bezalel Narkiss, Jerusalem 1998, 13a–22b.

LOHFINK, N. 1982: Art. *yrš*, in: Theologisches Wörterbuch zum Alten Testament, Bd. III, Stuttgart u. a. 1982, 953–985

LUTFI, H. 1985: Huda Lutfi, Al-Quds al mamlūkiyya – a history of Mamlūk Jerusalem based on the Ḥaram documents, Berlin 1985 (= Islamkundliche Materialien, Bd. 113)

AL-MAQDISĪ 1985: Muḥammad b. ʿAbd al-Waḥīd al-Maqdisī, *Faḍāʾil Bait al-Maqdis*, ed. M. M. al-Ḥāfiẓ, Damaskus 1985

AL-MAQDISĪ 1994: Sihāb ad-Dīn abū Maḥmūd b. Tamīm al-Maqdisī, *Mutīr al-ğarām ilā ziyārat al-Quds waš-Šām*, ed. A. al-Ḥutaimī, Beirut 1994

MATTHEWS, CH. D. 1936: A Muslim Iconoclast (Ibn Taymiyyeh) on the »Merits« of Jerusalem and Palestine, in: JAOS 56 (1936) 1–21

MAZAR, B. & M. BEN-DOV 1971: The Excavations in the Old City of Jerusalem near the Temple Mount, Jerusalem 1971

MEMON, M. U. 1976: Ibn Taimiya's Struggle against Popular Religion, Paris 1976

Midrešē Geʾulla: Midrešē Geʾulla – pirqē ha-apōqālipsā ha-yehūdīt etc., ed. Y. Even Shemuel, Jerusalem-Tel Aviv ²1954

MOURAD, S. A. 1996: A Note on the Origin of *Faḍāʾil Bayt al-Maqdis* Compilations, in: Al-Abhath 44 (1996) 31–48

MUĞĪR AD-DĪN: Abū l-Yumn ʿAbd ar-Raḥmān b. Muḥammad Muğīr ad-Dīn al-Ḥanbalī: *Al-uns al-ğalīl bi-taʾrīḫ al-Quds wal-Ḫalīl*, Paris 1876 (repr. Frankfurt/M. 1993)

NEUWIRTH, A. 1993: Erste Qibla – Fernstes Masğid? Jerusalem im Horizont des historischen Muhammad, in: F. Hahn, F.-L. Hossfeld, H. Jorissen & A. Neuwirth (ed.), Zion – Ort des Begegnung, FS L. Klein, Bodenheim 1993 (= Bonner Biblische Beiträge, 90), 227–270

NEUWIRTH, A. 1996: The Spiritual Meaning of Jerusalem in Islam, in: N. Rosovsky (ed.), City of the Great King. Jerusalem from David to the Present, Jerusalem-Cambridge-London 1996, S. 93–116.483–495

NÖLDEKE-SCHWALLY 1961: Th. Nöldeke, Geschichte des Qorāns, Bd. I: Über den Ursprung des Qorāns, bearb. F. Schwally, Leipzig ²1909 (Neudruck Hildesheim 1961)

PARET, R. 1977: Der Koran – Kommentar und Konkordanz, Stuttgart u. a. ²1977

PARKES, J. 1970: Whose Land? A History of the Peoples of Palestine, Harmondsworth 1970

PETERS, F. E. 1985: Jerusalem. The Holy City in the Eyes of Chroniclers, Visitors, Pilgrims, and Prophets from the Days of Abraham to the Beginnings of Modern Times, Princeton, NJ 1985

PETERS, F. E. 1996: The Holy Places, in: N. Rosovsky (ed.), City of the Great King. Jerusalem from David to the Present, Jerusalem-Cambridge-London 1996, S. 37–59.464–474

Pirqē de-Rabbī Eliʿezer, ʿim bēʾūr ha-bayit ha-gādōl, Ausgabe Eshkol, Jerusalem o.J.

POTIN, J. 1995: Jérusalem – ville unique pour les juifs, les chrétiens et les musulmans, Paris 1995

RABY, J. 1992: J. Raby & J. Johns (ed), *Bayt al-Maqdis*, vol. 1, Oxford 1992 (= Oxford studies in Islamic art, 9)

AR-RĀĠIB AL-IṢFAHĀNĪ, 1381: Abū 1-Qāsim al-Ḥusain ar-Rāġib al-Iṣfahānī, *al-mufradāt fī ġarībi 1-Qurʾān,* ed. M. S. Kīlānī, Kairo 1381/1961

RUBIN, U. 1986: The Kaʿba. Aspects of its ritual functions and positions in pre-Islamic and early Islamic times, in: Jerusalem Studies in Arabic and Islam 8 (1986) 97–131

SABELLA, B. 1996: The Vocation of Jerusalem: A Christian Perspective, Current Dialogue 33 (1996) 7–14

SHARON, M. 1992: The ›Praises of Jerusalem‹ as a Source for the Early History of Islam, in: Bibliotheca Orientalis 49 (1992) 55–68

SCHMID, H. H. 1984: Art. *yrš*, in: Theologisches Handwörterbuch zum Alten Testament, Bd. I, München ⁴1984, 778–781

SCHREINER, S. 1977: Palästina – das Land Israels nach dem Koran, in: Judaica 33 (1977) 105–116

SCHRIEKE, B. 1916: Die Himmelfahrt Muhammads, in: Der Islam 6 (1916) 1–30

SCHRIEKE, B. & J. HOROVITZ 1985: Art. *miʿrādj*, in: Encyclopedia of Islam (EI²) Bd. VII, Leiden 1985, S. 97b–99a

SHANI, R. 1999: The Iconoraphy of the Dome of the Rock, in: Jerusalem Studies in Arabic and Islam 23 (1999), S. 158–207

SIVAN, E. 1971: The Beginnings of the *faḍāʾil al-Quds* Literature, in: Israel Oriental Studies 1 (1971) 263–271

SIVAN, E. 1976: Le Caractère sacré de Jérusalem dans l'Islam aux XIIᵉ–XIIIᵉ siècles, in : Studia Islamica 27 (1976) 149–182

SOUCEK, P. 1976: The Temple of Solomon in Islamic Legend and Art, in: J. Guttmann (ed.), The Temple of Solomon. Archaeological Fact and Medieval Tradition in Christian, Islamic and Jewish Art, Missoula, Montana 1976 (= AAR – Religion and the Arts, 3), 73–123

Tafsīr Al-Ǧalālain: Ǧalāl ad-Dīn Muḥammad b. Aḥmad al-Maḥallī & Ǧalāl ad-Dīn ʿAbd ar-Raḥmān abī Bakr as-Suyūṭī, *Qurʾān Karīm bi-tafsīr Al-Ǧalālain*, ed. Ḫālid al-Ḥimṣī al-Ǧūǧā, Damaskus o. J. (am unteren Rand abgedruckt sind as-Suyūṭī's *Asbāb an-nuzūl*)

TOTTOLI, R. 1996: La Santità di Gerusalemme nell'Islam, in: Henoch 18 (1996) 327–355

VILNAY, Z. 1973: Legends of Jerusalem, Philadelphia 5733/1973 (= The Sacred Land, Bd. 1)

AL-WĀSIṬĪ 1979: Abū Bakr Muḥammad b. Aḥmad al-Wāsiṭī, *Faḍāʾil al-Bait al-Muqaddas*, ed. et annoté I. Hasson, Jerusalem 1979

WATT, A. & A. T. WELCH 1980: Der Islam, Bd. I, Stuttgart-Berlin-Köln-Mainz 1980 (= Religionen der Menschheit, 25,1)

WEISSMAN, D. 1996: Living in Peace in Jerusalem: A Jewish Perspective, Current Dialogue 33 (1996) 1–7

WELLHAUSEN, J. 1902: Das arabische Reich und sein Sturz, Berlin 1902 ([2]1960)

WENSINCK, A. J. 1979: Art. *kibla*, in: Encyclopedia of Islam (EI[2]), Leiden 1979, Bd. V, S. 81b–82b

WERBLOWSKY, R. J. Z. 1986: Die Bedeutung Jerusalems für Juden, Christen und Moslems, Jerusalem 1986

WILKEN, ROBERT L. 1996: Christian Pilgrimage to the Holy Land, in: N. Rosovsky (ed.), City of the Great King. Jerusalem from David to the Present, Jerusalem-Cambridge-London 1996, S. 117–135.495–499

WILKINSON, J. 1977: Jerusalem Pilgrims before the Crusades, Jerusalem 1977

ZEITLIN, S. 1969/70: The Origin of the Term *Edom* for Rome and the Roman Church, in: Jewish Quarterly Review 60 (1969–70), S. 262–263

Stellenregister

Die *kursiv* gedruckten Seitenzahlen beziehen sich auf die Anmerkungen.

I. Altes Testament

Genesis

1,1	266
1,27	276
1,29	*201*
2,8–16	268
2,24 LXX	273
2,8 LXX	272
2,8–3,24 LXX	25f., 33
3,24	33
4,25	*200f.*
11,4ff.	*267*
11,30	*222*
12	78
12,1	70
12,1–3	82, 91
12,6f.	79f.
12,7	408
15	199
15,18	408
16,4.8f.	*248*
17,19ff.	199
17,21	*224*
21,10	202
22	*218*
22,18	88
22,1–19	94
22,1–14.19	67, 72f., 80–84
22,2	70, 75, 78
22,4	69
28,10.21	*216*
32,22	121
33,19f.	79
48,22	79
50,5	*201*

Exodus

3,8 LXX	*202*

15,18	*264*
18,4.8–10 LXX	*202*
17,15	*259*
20,24	109
23,20	109
24,7	105, 111
25,9.40	*214*
32,32	*231*

Leviticus

2,13	161
13,46	125, 129
14,3ff.	125, 129
14,10–32	*130*
14,34	129
16,34.45	127
17,7	127
26,12	*133*

Numeri

5,1–4	*121*, 125–129
12,14f.	*135*
13,19	*121*
19,11–19	126
22,22	*70*
24,2	71
31,19	125
35,34	129

Deuteronomium

3,27	268
10,1–5	*133*
10,2	110
11,29	101
13	108
14,28	100

16	100	24,18–25	76
18	100	26,12	*133*
20,1–20	132		
21,10–14	132	*1. Könige*	
23,10–15	122, 131–135		
24,5	132	8,9	110
27	101, 104	8,16.44.48	102
28	108	8,33f.	415
28,61	110	8,44.48	418
29,10	122	17,17	*248*
29,20	110	21,13	128
30,1	100	22,34	121
30,10	110		
31,11	99	*2. Könige*	
31,26	110		
33,2	*210*	3,27	83
34,1	*268*	4,10 LXX	165
		5,3	*248*
Josua		7,3	125, 128
		8,28	*233*
5,10	71	15,5	125
8,30	101	21,18.26	16
9,16f.	69	22–23	102–111, 113f.
9,27	99f.	22,3	*259*
22	102	23,2.21	105
		24,7	408
Richter		25,4	16
2,5	101	*Jesaja*	
6,36–40	355		
13,25	121	1,26 LXX	206, *256*
19,3	*70*	1,29	16
20,26	102	2,2–4	92, 161f., 167
21,19	102	2,2–5	90, 426
		3,1–3	394
1. Samuel		4,3	231
		6	90
4,3	121	6,2	*320*
4,5–7	132	7	89
21,4–7	132, *133*	7,14	*277*
29,10f.	69	9,1	159
30,1	69	9,5f.	88f.
		11ff.	*209*
2. Samuel		11,6–9	392
		13,3	132
6,17	93	18,16	252
7	87	23,12	*203*
7,6f.	*133*	24,2	*248*
7,14	86	31,5	202
10,12	99	47,1ff.8	*203*
13,2	75	49,16	217, 226, 280
20,19	203	49,20	*208*
24,17ff.	77		

50,1	*204*
51	196
51,1ff.	222f.
51,3	223
52,1–7	*255*
52,1f.9	*219*
52,7	*200*
52,22	*204*
54,1 LXX	203, *221–228, 256*
54,1ff.	*196*
54,1.4–8	*204*
54,11–13	214
54,15	215
59,20	305
60,1–22	161
60,1.19	*208, 391*
60,3	162
60,14	99
60,15	*204*
60,16	202
60,19f.	140
61,5	*233*
61,10	140, *196, 268*
62,5	204
65,3	16
65,6	*231*
65,17f.	267
65,17–25	355
65,18b	*267*
65,25	209
66	196, *204*, 208, 232
66,6ff.	223
66,9f.	*222, 223*
66,10	*208,* 223
66,11	203f.
66,17	16
66,22	*208, 267*
66,55ff.	*196*

Jeremia

7,4	358
7,18	255
16,19	*259*
39,4	16
39,11f.	75
41,13 LXX	*202*
44,17–29	255
52,7	16

Ezechiel

1,24	121
8,5	71
13,19	*231*
28,13–16 LXX	26
31,8f. LXX	26
37,37	*208*
38,12	92
40–48	*213*
42,15 LXX	214

Joel

4,17.21	*209*

Amos

4,10	121

Jona

3,7f.	*209*

Micha

1,5f.	165
4,1	*320*
4,1–4	92
4,1–5	90, 426

Sacharja

1,17	*208*
2	226, *228*
2,1	71
2,9	208
2,10f(14f)	215
2,15	*409*
5,1.5	71
6,1	71
14,9	*264*
14,16–19	*232*

Maleachi

3,16	*231*

Psalmen

2	85f.
2,7	85
9f.	148f.
18,5	355
24	148f.

45	277
45,5	356
46,5	99
47	148f., *232*
47,8	*264*
48	78
48,2f.	91
48,2.9	99
68	*210*
69,28	*212, 231*
75,2	355
84,5	*236*
86 LXX	*232–235*
86,3–6 LXX	234
87 LXX	196, 205
87,5	*232*
89	86f.
92	*150*
93,1	*264*
96	147, 149, *232*
96,10	*264*
97,1	*264*
99,1	*264*
101,8	99
109,4 Vulg.	*89*
110	86
110,1	85
110,3	85
113,9	*222*
122 LXX	*248*
132	85, 87f., 90
132,11.17	87f.
135,21	*209*
139,16	*231*
145	149
145,10–21	148

Sprüche

24,58 LXX	*248*

Hoheslied

1,1–4 LXX	*252*
1,14.17	*253*
2,8.14 LXX	*262*
3,1–4	*252*
3,9.11	*253*
3,11	*262*
3,14	22f.
4,7	274
4,9f.12	*250*

4,12–5,1	16
5,1f.	*250*
6,7ff.	*253*
6,9f.	*250*
7,1	249
7,5	*253*
8,6	*252*
8,8	*250*
8,13 LXX	262

Prediger

2,5	22

Klagelieder

1,1f.	*203*

Daniel

6,11	418
7,10	*231*
10,21	*231*
12,1	231, *271*

Esra

6,2f.	*268*

Nehemia | 4

1,8f.	100
1,9	99
2,8	*23*
3,15	16

1. Chronik

9,18	122, *135*
15,1	93
15,1.3.12	76
16,1	93
17,12–14	86
19,13	99
21,15ff	77
21,18–22,1	76
22,5.14	76
22,10–13	86
28,2	76
28,7b–10	86
28,11f.18f.	*214*
28,24	78
29,2.3.16	76

2. Chronik

1,4	76
2,6	76
3,1	75–80, 91, 94, *218*, *413*, 416
6,6	102

6,20f.26.40	77
7,12	100
7,12.15	77
7,17f.	86
31,2	122, *135*

II. Apokryphen und Pseudepigraphen zum Alten Testament

Abraham-Apokalypse

21	38
29,3–8	36f
4	37
51	37

Elia-Apokalypse

10,6	214

Baruch

4,8–12	*217*
4,8–20	*203*
4,21–37	*204*
5,1–9	*204*

syr. Baruch 217

3,1–3	*217*
4,1ff.	205, 217
4,1–6	226
6,9	*217f.*
10,12	164
10,16	*217*
17,4	*167*
32,4	*217*
44,7.12	*217*
51,8.10ff.	217
73,1	*231*
73,6	*209*
77	163
77,9	*217*

4. Esra *1*, 21

6,3	37
7,26	*140*, *217*, *267*
7,26–29	*314*
7,35f	37

7,39f.	*140*
7,123	37
8,52	*217*, *229*
10,7	*217*
10,7.20–23	*203*
10,21f.	166
10,54ff.	*217*
13,36	*217*, *267*

äth. (1.) Henoch 211

1–36	32–35, 209
1,3–9	*210*
12,1	*272*
14–36	37f
14,9–15	209
25,3f.	*210*
26	*210*
26,1–6	308
27,2–4	*210*
37–71	39
38,1	211
38–71	*211*
39,5f.9	212
46,3	212
47,3f.	*211*, *231*
48,3.6	212
53,6	211
71,14–16	212
89,36	*210*
89,50a.66f.73	*210*
89,61	*212*
89,74	*210*
90,14.22	*212*
90,20	*211*
90,28	*201*, *207*
90,28f.36	*210*
91,5–9	*211*
91,9	*210*

91,10	211
91,13	*314*
96,7	*231*
104,1	*231*
106,19	*231*
108,3	*212*

sl. (2.) Henoch

3–22	38
55,2	228, 215
58,4–9	142
65,3–10	228
65,4–7	142, *144*

gr. Henoch

14,21f.	*226*

Judit	*203*

1,1–4	*8*

Joseph und Aseneth

6,2	*166*
8,5	*231*
8,9f.	*216*
12,13	*259*
12,15	*231*
15,4ff.	*231, 233*
15,6ff.	*216*
15,7	*259*
16,8	35
16,14	*231*
16,16	*216*
17,6	*216, 259*
19,5.8	*216*
22,13	216, *233*

Jubiläenbuch	212

1,10	213
1,15–18	*167*
1,23f	213
1,28f.	212f.
4,25	212
8,19	200, 213
15,26	*201*
21,11	*161*
22–25	*167*

1. Makkabäer

2,11	*219*
4,11	256
9,39	261
14,27	*219*

2. Makkabäer

2,4–8	*210*
2,22	*219*
9,14	*219, 256*
10,28	259
12,21	*233*

Paralipomena Jeremiae

5,32.34	218
8,9	218
9,5f.10–32	218

Psalmen Salomos

5,2	*259*
11,2	*204*
15,11	*259*
17,22.30	*206*

Sibyllinen

3,46–49	35
3,710.716–719	*167*
3,788–795	209
3,787	208
5,420–227	165
5,250ff.424ff.	215

Jesus Sirach

24,7–12	209
51,11	*202*

Testament Abrahams

A 2,3–6	*215*
A 11,10	*215*
A 14,18	*215*
A 20,14	*214, 270*
B 10,2	*215*

Testament Salomos

18,34	162

Testamente der Zwölf Patriarchen

T. Levi

2,5–5,7	38
4,3	164
10,5	210, *215*
10,15	*215*
14,3f.	163
18,3f.	164
18,10f.	36

T. Dan

5,12f.	*215, 267*
5,13f.	*215*

Tobit

13,9–18	161

13,17	214
14,5–7	161

Vita Adae et Evae

37,5	*215*

Vitae Prophetarum

Jeremia-Vita

2,9–14	*210*
2,10	*236*

Zephania-Apokalypse

2,6f.	*145*

III. Qumranische Schriften

1Q14 8–10,3–9	165
1Q32	*213, 321*
1QH 4,27	163
1QH 6,17f.	163
1QH 6,24ff.	*214*
1QH 8,5f.	*23*
1QM 1,8f.	163
1QM 6,10	*122*
1QM 16,3	*122*
1QSb 4,21	163
2Q24	*213, 321*
4Q521	*157*
4Q541 9,3–5	164
4Q554.555	*213, 321*

4QpJes[d] 6f.	214, *222*
4QMMT B 27–30	120
4QMMT B 58–62	120
4QPs 11[f] 7–8	204
5Q15	*213, 321*
5Q15 1 ii, 6.9.11	*213*
6Q 8,2	26
11Q5 22	204
11Q5 27,2	164
11Q18	*321*
11Q19 20,13f.	161
11Q20 7,1f.	161
11QPs[a] 27,7	*150*
11QMelch 16f.	*200*

IV. Jüdisch-hellenistische Literatur

Josephus Flavius

Antiquitates Judaicae

1,37	*23*
3,261–264	*121*
12,233	*23*
20,167f.	*220*

De Bello Judaico

2,259f.	*220*
4,467	*23*
5,227	*121*
6,6	*23*

Vita

6	*231*

Philo von Alexandrien

Legum Allegoriae

3,85f   *199*

De Cherubim

100ff.   *291*

De Confusione Linguarum

77f.   *229*

In Flaccum

46   *206, 256*

De Fuga et Inventione

94   *215*

De Josepho

69   *215, 229*

Legatio ad Gaium

203.281.295.
305.334   *206, 256*

De Migratione Abrahami

247–254   *201*

De Mutatione Nominum

263   *199*

De Opificio Mundi

19   *215, 320*
134f.   *215*

De Praemiis et Poenis

79–126   *216*
85–90   *209*
123   *333*
165–172   *216*

De Providentia

2,39   *215*

De Somniis

1,41.181   *216*

De Specialibus Legibus

1,34   *215*
1,208   *210*

De Vita Mosis

251   *215*
2,263   *216*

V. Neues Testament

Matthäus

4,8	268
4,16	159, 168
4,17	151, 154f.
4,23	151f., 156f.
5,3	157
5,10.19f.	155f.
5,11–20	160
5,13–16	148, 158–162, 168
5,14	165, *166*, 224, 356
5,17–20	159
5,20	151
6,10	155
6,33	155
7,13f.	159
7,21	151, 154, 156

7,24–27	159
8,11f.	151, 154–157
9,14f.	262
9,35	151f., 156
10,7	152, 154f.
11,11	*151*
11,12	152–154
12,28	152, 154, 156
13,24–30	151f., 155, 156
13,33	*151*, 153
13,41–50	151–157
16,17–28	160
16,19	151, 153, 155
18,1–3	*151*
18,3f.	151, 155
18,12f.	*151*, 156
19,23f.	151, 156, *388*

19,28	153
20,1	152
20,1–15	153, 156
20,16	*265*
20,21	151, 153, 155
21,28–32	154, 156
21,43	153–155
22,1f.	265
22,1–10	153f.
22,1–12.14	*265*
22,2	*262, 264*
22,2.11–13	156
23,13	151
24,14	153
25,1.6	*227*
25,1–13	155–157
25,10	*262*
25,34	156
26,29	151
28,10	*250*
28,16–20	160

Markus

1,15	152, 154f., 157
2,18–20	*262*
2,19ff.	265
3,27–30	*262*
3,31–35	*151*
4,11	156f.
4,21f.	158
4,26–29	153, 155
4,30–32	*151*, 153, 155
9,1	154f.
9,47	151, 156
9,49	
10,14	154
10,15.23–25	151, 155
12,9	*248*
12,34	151, 156
13,2	305
14,25	151, 153, 155, 157

Lukas

1,3	248
1,11	*299*
1,33	151
5,33–35	*262*
6,20	*151*
8,1f.	152

8,16f.	158
9,2.11	151f.
9,60.62	156
10,9.11	152–155
10,20	*231*
11,2	155
11,20–22	*151*, 152, 154, 156
11,33	158
12,32	154
13,18f.	155
13,19	21
13,28f.	151
13,33	279
14,15	151, 155, 157
14,15.17f.24	*265*
14,34	158
15,3–7	*151*
16,3	*248*
16,16	152–154
16,22f.	355
17,20f.	*151*, 152, 154
17,21	358
18,17.24f.	151
18,29	155f.
19,11	151
19,17–21	*264*
21,31	154
22,16	151, 153, 155, 157
22,29f.	155
22,30	151, 153, 157
23,25	*252*
23,42	151, 153
23,43	21, 38
23,51	154

Johannes

1,14	*209*
1,17f.	*253*
1,20–23	*261*
1,34	252, *263*
3,3	156f.
3,5	151, 156f.
3,21	261
3,25–30	262
3,27f.	260
3,29	*249, 253, 260, 268*
3,29f.	*261*
4,2	262
4,10ff.	269
4,21–24	357f.

6,33 — 294
6,37.39.44 — *263*
6,70 — *263*
7,37f. — 269, *392*
8,34f. — *256, 263*
10,29 — *263*
10,30 — *253, 279*
11,11 — *260*
12,13 — 227
12,37–40 — *263*
13,18 — *263*
13,34 — *251*
14,2 — *214, 268, 269*
14,2f. — *270*
14,13 — *269*
14,20 — *252*
15,6 — *262*
15,13–15 — *260*
15,15 — *256*
15,22f.17 — *251*
16,13 — *269*
17,2.12ff. — *263*
17,21.23 — *252*
17,24 — *269*
18,1 — 21
18,19 — *263*
18,36–38 — *237*
19,34 — *392*
19,41 — 21
20,17 — *250*
20,28 — *253, 263*

Apostelgeschichte

2,5–11.14 — *206*
2,42–47 — *315*
7,59 — *269*
8,26–40 — 234
9,15 — *234*
10,1 — *234*
13,7.12 — *234*
17,12 — *234*
21,3–7 — *234*
23,26 — 248
24,3 — 248
24,24ff. — *234*
25,13–26,32 — *234*
25,26 — 248
26,25 — 248
28,15 — 227
28,17 — *234*

Römer

2,29 — 201
4,2f. — 287–289
4,17.25 — 222
6,8 — 266
7,22 — 357
8,15.23 — 222
8,18–30 — *212*
8,29 — *250*
8,29f. — *269*
9–11 — 195
11,26 — 202, *224, 226, 227,* 305
11,26f. — *238*
11,36 — *209*
15,26 — *157*
15,31 — 305
16,13 — *252*
16,25–27 — *273*

1. Korinther

1,19 — *291*
3,9 — 291
3,16 — 358
3,17 — *293*
6,9f. — *293*
6,19 — 291
8,6 — 226
10,21 — 294
11,10 — *214, 236*
11,26 — *269*
15 — 228
15,3b — 222
15,23–28 — 227
15,28 — 209
15,47f. — *233*
16,22 — *269*

2. Korinther

3,18 — *212*
4,6.8 — *225*
4,14 — *266*
5 — 228
5,1 — 292
5,8 — *269*
6,16 — 357
11,2f. — *249, 263, 272*
12,1–5 — 38

12,3	*214*
12,4	21
13,4	*266*

Galater

1,1.4	202, 206
1,15f.	225
1,17	200
1,25a	200
2,4	*235*
2,10	*157*
2,15a	*201*
2,16–4,7	202
2,17	*293*
3,1	197
3,1–5	*197*
3,2ff.25	225
3,6–18.29	197
3,15–18	199
3,19f.	*199*
3,25	224
4,1ff.	198
4,5	*222*
4,8–20	*197*
4,9	*234*
4,9f.	201
4,21	224
4,21–31	195–202
4,24–26	271
4,25f.	238, 256, 306f.
4,26	195–197, 206, *216, 225, 227, 229, 230, 232–235, 237, 255, 272, 274,* 279f., *356*
4,30	202
5,1	198, *274*
5,10	*201*
5,12	228
6,11ff.	*201*
6,15	225

Epheser 273

2,12.19	*239*
2,12.19.21	*274*
2,18–22	292
5	273, 277
5,22–32	*249, 263, 273*
6,5	*248*

Philipper

1,13	234
1,23	226, *228, 266, 269*
1,27.29f.	230
2,6–11	230
2,16	298
3,2	228
3,9	*293*
3,18	228
3,19	*230*
3,20	195f., *216,* 226, 227, 228–237, 279, 307
3,20f.	*230,* 238
3,21	*212, 269*
4,3	230, *231,* 234, *235*

1. Thessalonicher

4,13–17	227
4,15ff.	*216*
4,17	226, 227, *266*

1. Timotheus

3,15	292

2. Timotheus

1,10	*292*

Hebräer

2,5	*271*
2,11	*250*
11,13.16	229
11,14	*271*
12,18–24	236
12,22	*237*
12,22–24	270, 272, 274
13,11	*122*
13,11–14	119
13,14	*271*

1. Petrus

1,1	229, 252
1,17	*230*
2,4f.	291
2,4.6	252
2,9	395
2,11	*229f.*
5,13	*246, 252*

Johannesbriefe 245f., *251*

1. Johannes

2,4f.	*250*
3,2	*269*
3,15–22	*250*
5,20	*253*
4,6ff.	*250*
15,6	*263*

2. Johannes

1	266, 278
4.13	*266*
5	*251*
1–6.9–11.13	245, 247, 250–253, 256, 263

3. Johannes

6.9.10	*259*

Offenbarung 260, 263–274

1,3	*269*, 270
1,20	*265*
2,7	21, 36
2,10	*386*
3,5	*231*
3,12	267, 308, 394
4f.	369, 383, *386*
4,3	*268*
4,4.10	*386*
4,5	*265*
5	*231*, *386*
5,6.9.12	*268*
5,10	*266*
7	383, *388*
7,4–8	*266*
7,9	*386*
7,17	*266*
8,3	*265*
10,7	*266*
11,8	*217*, 267
11,15–17	*264*
12	270
12,6	*270*
13,6	*265*
13,8	*268*
13,18	*231*
14	*388*
14,1	266, 367f., 386
14,8	*264*
14,13	*252*
15,3	*266*
16,6	*266*
17,3ff.9b.15–18	*264*
17,8	*231*
17,14	265
18	*264*
18,6	*265*
19,2.6.7b.9	264f., 266
19,7	*249*
19,7b	*264*
20	*388*
20,9	119, *267*
20,13.15	*231*
20,19	*122*
21	209, 227, 266, 270, 279f., 369, 380, 383, 386, *388*
21,1	*319*
21,1f.	268, 395
21,2	*316*, 394
21,2.9	265, 266
21,8	*397*
21,9	*249*
21,10	268, *322*
21,11.16–18	*268*
21,11.18–21	214
21,12	*266*
21,12.14f.17–19	144
21,16	208, 268, *269*
21,22	209
21,22f.	168, *209*, 308f.
21,23.25	140f., 144, *269*
21,27	*231*, *395*, *397*
22	266, 270
22,1	392f.
22,3ff.17.20.24	269f.
22,5	141, 144
22,15	*397*
22,17	266, 270, 392
22,19	*231*
22,20	270

VI. Neutestamentliche Apokryphen

Apokryphon d. Bartholomäus (kopt.)

16,11.14	*397*
18,5	*397*
33,5	*397*

Philippusakten

109	*318, 397*

Thomasakten

11	*261*

Paulus-Apokalypse

§§ 23–30	*318*

Epistula Apostolorum

33(44)	*225, 318, 394*

Epistula Jacobi Apoc.

NHC I,2 p. 16,8 f. *318*

Pseudoklementinen

Recognitiones

I 51,1 f.	*395*
IX 3,1–3	*395*

Pseudo-Titus-Brief

318

Thomasevangelium

20	*151*
27	*151*
46	*151*
54	*151*
76	*151*
82	154
86	*151*
96	*151*
97	*151*
113	*151*
114	151

VII. Apostolische Väter

Didache

10,3.5 f.	*269*

Barnabasbrief

6,15	*290*
16,1–4.7.9	*288, 290*

1. Clemensbrief

29,3	*290, 297*
45,8	*231*
41,2	294
52,2	*252*

2. Clemensbrief

1,8–2,3	*222*
5,1	*230*
9,3	296
14,1 f.	*276 f., 290*
14,1–3	227
14,2	*222*

Ignatius von Antiochien

An die Epheser

Praescr.	*251*
1,1.3	289
1,2	*298*
2,1	289
5,1	291, 294
5,2	288, 294, 297
7,1	289
9,1 f.	288–292, 294
11,1	292
15,3–16,1	288, *290*, 293 f.
21,1 f.	289

An die Magnesier

7,1	294
7,2	288, *290*, 297, 298
9,1	292

An die Philadelphier

2,1	297
3,3	297
4	297
7,2	290, 295 f.
8,1 f.	295 f.
9,1	290, 296 f.
9,2	292, 297

An die Römer

2,1 f.	287 f., 298
4,1–3	287–289, 298
5,2 f.	288

An die Smynäer

8,2	246

An die Trallianer

Praescr.	251
6,2	299
7,2	288, 297, 299

Polykarpbrief

3,2 f.	232, 236 f.

Diognetbrief

12,1.3	27
12,8	277

Hermas

Similitudines

I 1,1	310
I 1–9	275
I 2,2	275
IX 1,1	275
IX 9,7	291
IX 12,5–7	275
IX 12,5 f.18	394
IX 13,1.5.9	291

Visiones

I 2,1	231
I 3,4	276
II 1,3	275
II 4,1	276
II 4,8	275
II 5,3 f.	231
III 2,1	292
IV 1	275
IV 2,1 f.	275
IV 3,1	275
IV 3,4	276

VIII. Kirchenväter, christliche Schriftsteller

Acta Perpetuae et Felicitatis

11–13	272

Africanus

Ep. ad Originem

SC 302,514	249

Ambrosius von Autpert

Serm. De Lectione Evangelica

8	380

Ambrosius von Mailand

Expositio de Psalmo CXVIII

15,35	327

De Spiritu Sancto

I 158	327

Anselm von Canterbury

Ep. II 19	339

Augustin

De Civitate Dei

6,9   261
25,20   336

De Haeresibus

27   315

De sancta virginitate

27   287

In Joh. evangelium tractatus

XI 8   327
Sermo CCII 380

De Serm. Domini in monte libri II

I 4,12   336

Clemens Alexandrinus

Hypotyposen
  Fg. IV   246

Paedagogus

1,45,1   323
2,119,1f.   323, 395

Protrepticos

121,1   323

Stromata

4,172,2f.   323
6,128,2   206
7,5,4   357

Pseudo-Clemens

Ad Virgenes

5,2   318

Pseudo-Cyprian

De montibus Sina
  et Sion   236
§ 10   327

Cyrill von Jerusalem

Cat. 4,10   360
10,19   360
13,28   362
14,16   360
15,15   362
15,22   339
16,4   361
17,7.22.31   360f.
34   361

Epistola ad Con-
  stantium   339

Didymus der Blinde

Comm. in
  Sach 8,4   325

Egeria

Itinerarium

1–5   363
24,1   361

Ephrem der Syrer

Sermo II

323–346   318

Hymnen De Virginitate

36,3   318

Epiphanius

Panarion

48,2–13   316
48,14   279
49,1   279
49,1–3   316
80,1,2–4; 2,1f. 258

Eucherius von Lyon

Formulae

IX   341

Euseb von Caesarea

Demonstratio Evangelica

I,III,40	*355*
I,VI,40.65	*357*
I,VII,4	*355*
VI,XVIII, 23	*353*

Praeperatio Evangelica

IX,34,7.8.15	*166*

Historia Ecclesiastica

3,20,2 f.	*237*
3,32,7	*277*
3,28,2	*338*
4,22,4	*277*
4,26,14	*311*
5,1,10.33	*393*
5,1,45	*278*
5,18,2	*279, 315*
5,18,9	*246*
6,11,6	*249*
6,14,8	*249*

Mart. Pal.

11,1	*396*
11,9–11	*237, 272*
11,9–12	*330*
Comm. in	
Ies 54,12	*399*
Comm. in	
Ps 64,2–3	*396*

Vita Constantini

III 28	*359*
III 33	*399*
III 33,2	*338*
III 52	*356*

Tricennatsrede an Constantin

11,2	*359*

Eustratius

Vita Eutychii

8,74	*351*

Gregor von Nyssa

Epistulae

2,3	*328*
2,15	*361*
2,16–17	*357*
3,1	*360*
3,1.3	*328*
3,23	*358*

De Vita Moysis	*358, 363*

Gregor Thaumaturgos

Dankrede an Origenes

16,196	*396*

Hieronymus

Comm. in Ier 4,43	*332*
Comm. in Ez 2,5 f.	*362*
Comm. in	
Apoc. Epil. 1 f.	*332 f.*

Epistulae

46,4.8.11	*354*
46,5.7	*362 f.*
47,2	*363*
58,2	*356*
58,3	*358*
58,4	*354*
108,3	*360*
108,10	*362*
123,11	*250*
127,8	*331*

Praef. in Librum Paralipomenon

PL 29,423A	*359*

Hippolyt

Comm. in	
Prov. 9,1	395

Refutatio omnium haeresium

V 7,39	*318*
V 8,37	*318*
VI 34,3	*318*

Irenaeus

Adversus haereses

1,1,2	277
1,26,2	312, 399
3,4,1	392
3,22,3 f.	277
3,24,1	392
4,4,1	312
4,33,4	277
5,19,2	277
5,31–36	392
5,35,2	280
5,33,3 f	37
5,36,1	313

Justin

Apologie

11	237
116,2	237
117,3	237

Dialogus

40,4	313
80	391
80,1 f.	313
80,5	320
81,4	314

Laktanz

Divinae Institutiones

VII 24,6	322

Malalas, Johannes

Chron. XVIII	351

Melito von Sardes

Passa-Homilie

7.44	310

Methodius von Olympus

De Ressurrectione

I 55,1	327

Symposion

§§ 158–160.	
162–164.182–184	396

Origenes

Comm. in

Mt. 22,34–27,63	279

Contra Celsum

VI, 23	396
VII,28 f.	356

Ep. ad Gregor. Thaum.

§1, Z. 1–2	249

Homiliae

Hom. in Lev 13,5	357
Hom. in Jos 8,22–24	326
Hom. in Jer 5,16 f.	396
Hom. in Jer 11,2–4	326
Hom. in Ez 13,1	39
Hom. in Luc 20,27–40	326

De Oratione

23	158

De Principiis

II 11,2–4	324 f., 395
IV 3,8 (22)	326

Selecta in Psalmos

45,5	326

Passio Justini et sociorum

Rec. B 3	356 f.

Passio Pionii

4,18	353

Paulinus von Nola

Epistula XXXII   *369, 371*

Philostrat

Vita Appolloni
1,6   *257*

Pseudo-Athanasius

Quaestiones ad Antiochum II
37   *338*

Socrates (Scholasticus)

Historia ecclesiastica
I 17   *400*

Tertullian

Ad Martyras
1,1.4   *278*

Ad Nationes
2,6   *278*

Adversus Hermogenem
6,3   *278*

Adversus Judaeos
13,15   *394*

Adversus Marcionem
3,24,3 f.   *196, 279, 317 f., 393*
4,13,6   *205*

Adversus Praxean
27,5.10   *206*

De Oratione
2,4–6   *279*

De Resurrectione
26,13   *356*

Theodoret

Comm. in Jes 1,8   *400*
49,22   *400*
60,1   *400*

Theophylakt

Enneratio in Evangelium Lucae
10,38–42   *247*

Viktorin von Pettau

Comm. in
 Apoc. 11,5   333
21,2 f.   320
Fg. chronolog.   *319*

Vita Danielis Stylitae

351

IX. Rabbinische Literatur

Mischna

mRH 1,2   *232*
mSan 3,5   *261*
mHag 2   38

Tosefta

tKet 1,4 Z. 261   *261*

Babylonischer Talmud

bBB 4a   162

bBB 21a   *167*
bBB 75b   *321*
bAr 10a   *162*
bBer 28b   *162*
bKet 111b-112a   428
bRH 16b   *232*
bTaan 5a   *309*

Palästinischer Talmud

yShab 2,5b,40   *162*
yShab 68c,61   *162*

Avot de Rabbi Natan

25	*162*

Bereshit Rabba

32,10	*331*
59,5	*162*

Wayiqra Rabba

24,4	*167*

Shir HaShirim Rabba

7,5	*321*
7,5,3	*208, 267*

Sifre Devarim

1	167

Bate Midrašot (Wertheimer)

Bd. II,30	*415*

Midrash Shir HaShirim

1,3 (85a)	*162*
1,15 (94a)	*162*

Midrash Tehilim

22,3 (91a)	*162*

Nistārōt de Rabbi Shim'on bar Jochai

(Shemuel, 189)	413

Pesiqta deRav Kahana

20 p. 143a	*321*
22	*196*

Pesiqta Rabbati

41,2	*167*

Tanḥuma Buber

Emor §9 p. 45a	*270*

X. Targumim

Targum Pseudo-Jonathan

Lev 2,13	*161*

Prophetentargum

Jes 61,10	*262, 265*

Targum Canticum

4,8f.	*261*

XI. Pagane antike Literatur

Aelianus, Claudius

Natura animalium

XIII,18	*5*

Ammianus Marcellinus

Res gestae

23,6,19	*257*

Arrian

Anabasis

VI,29:4–9	*9*

Indike

40,2–5	4

Curtius Rufus, Quintus

Historiae Alexandri Magni

VIII,1:11–13	4f.

Diodorus Siculus

Bibliotheke

II,10:1–5; 13:1–4	*5*
II,10–13	9
II,13	10

V,19:2	5, 26
XIX,21,3	4
XVI,41	5f.
XVII,70,1–3	47
XVII,71,1–8	47

Epiktet

Enchiridion

| 40 | 248 |

Fronto

Ep. ad M. Caesaris

| II,2.15 | 249 |
| V,37 | 249 |

Ep. ad Amicos

| II,7 | 249 |

Herodot

Historien

I,98	51f.
I,131	10
IV,109.181	3
VII,138	3

Homer

Odyssee

| VII,112–132 | 17 |

Livius

Ab Urbe Condita

| 39,13,14 | 266 |

Lukian

Verae Historiae

| 2,11f. | 145 |

Plutarch

Vitae Parallelae/Alkibiades

| 24,7 | 5 |
| 24,4 | 5 |

Vitae Parallelae/Artaxerxes

| 24f. | 5 |

Moralia

| 271E | 248 |

Plinius

Naturalis Historiae

| XXXI,45 | 162 |

Polybius

Historiae

5,21,1f.	308
5,71,1f.	273
10,27,1–13	8
31,29	5

Strabo

Geographia

| 12,8,14 | 220 |
| 15,3,7 | 9 |

Stobäus

Florilegium

| 3,7 | 264 |

Tacitus

Annales

| 12,58,2 | 221 |
| 15,44,3 | 266 |

Xenophon   8

Anabasis   143

I 2,7	4f.
I 4,10f.	5f.
II 4,14	5
V 3,7–13	24

Hellenica

| IV 1,15–16. | 5 |
| IV 3,14 | 5 |

Oikonomikos

IV 4.21–23   19
IV 13.20–22   3–5

XII. Iranische Schriften

Avestische Texte

Hadoxt Nask

2   29
2,7 f.   30 f

Gāthā   27

Vidēvdād   27, *143*

2,37.40   143
3,4   20
3,1–11   19
3,12–23   20
3,15   8
3,18   2
3,18 (Pahl.)   28
3,19–21   6
3,30 f.   20
5,49   3, 7
5,49 (Pahl.)   28
18,6   28
19,28–32   28, 30

Yasna Haptaŋhāiti

29,1   142
45,6   28
50,4   28
51,15   28

Yašht

15   *143*
19,44   28

Mittelpersische Texte

Ardā Wirāz Nāmag

4,7   53 f.
7–9   30
12,1.8   54
15,10   30, 54

Bundahišn

17   50
30,13   31
30,14   32
34,24   41

Dādestān ī Dēnīg

19.23   29
25   30

Pahlavi Rivāyat

23,13   29 f.
48   26
48,101.107   41

Skand-gumānīg wizār

XI 62.66.75.79   54
XIII 16 f.20.29.37.
121.136.141 f.   54

Wizīdagīhā ī Zādspram

3,24.85   51, 53
29,3   49
30,52   31
30,53–61   32
35,52   41

Neupersische Texte

Dārāb Hormazyār's Rivāyat

II 18   65
II 71 f.   55
II 416   55

Ṣad dar

Prolog   55

XIII. Armenische Literatur

Movses Khorenatsi

Geschichte der Armenier

II,6	22
III,8	22

Phavstos Buzand

Geschichte

III,8	22

XIV. Koran

2,58	*408*	18,107	39
2,114	410, *418*	21,28	407
2,282	*408*	21,51–73	408
3,49	407	21,71	407, 423
5,20–26	407f., 423	28,4f.	*408*
5,48–53	422	30,3	424
6,127	39	34,13	409
7,128	411	34,18	407, 423
7,137	407f., 423	47,15(16f)	39
7,161	*408*	48,20	407
10,25	39	52,4	425
10,87	418	55,46–77	39
10,93	*409*	56,11–40	39
17,1f.	*406*, 414, 422–426	61,12	39
17,4–7	410	81	423
17,7.60.90–93	424		

XV. Inschriften

Akeldama-Gräber 248

Corpus inscriptionum Judaicarum

II Nr. 754	*258*
II Nr. 1435–37	*258*

Dareios Bīsutūn

38.45	*3*

Dittenberger, Sylloge Insc. Graec.

463	*24*

Inscriptiones Graecae, Editio minor

IV, 1 106,27	*258*

Inscriptions greques et latines de la Syrie

IV, Nr. 2716	*39*
VI, Nr. 2716	*254*
XIII,1 Nr. 9006/7	*254*
XIII,1 Nr. 9008/9	*254*

Šābuhr Kaba-i Zardušt

25/20/46	*9*

New Documents II (ed. Horsley)

Nr. 115, Z. 12	*322*

Peek, Griechische Vers-Inschriften

1160	*252*

Sammelbuch griechischer Urkunden aus Ägypten

10211	*248*
10278	*248*

Welles (Gerasa-Inschriften)

10.15.38.52.54.	
119.121f.134.137	*253, 285*

XVI. Papyri

BGU

IV, 1080	*258*

Derveni-Papyrus

ZPE 47 (1982) 7, Col. XII.	*209*

P. Fayum Towns

55	24
226	24

P. Hibeh

Nr. 112	*23*

P. Oxyr.

1544.2059.3810. 3815.3992.3998. 4493	*248*
4445	*252*

P. Tebtuni

5,93.99	24
24,42f.	24
86,14	*24*
86,18–20	24
86,503	24

P. Yadin

19 Z. 22	*199*

Autorenregister

Die *kursiv* gedruckten Seitenzahlen beziehen sich auf die Anmerkungen.

ʿAbd al-Ġalīl ʿĪsā *407–409, 410, 419, 424–426*, 430
ʿAbd al-Ḥalīm Maḥmūd *406*, 430
ʿAbd ar-Raḥmān Zakī *406*, 430
Abrahams, I. *261*, 281
Ackerman, S. *255*, 281
Ahlström, G. 105, 108, 116
Ahn, G. *9*, 41, *47*
al-Bīrūnī *410*, 430
Aland, K. *314*, 343
Alt, A. 69, 94, 103, 112, 116
Althaus, P. 342f.
Andrae, T. *40f.*
Apollonj Ghetti, B. M. *369*, 401
Aptowitzer, A. *309*, 343
Asad, M. *409f.*, 430
al-ʿAsali *427*, 430
Ashtor, E. *427*, 430
Aubin, J. *52*
Auffahrt, C. *339*, 343
Aune, D. E. *264–266, 268*, 281

Baltes, M. *337*, 343
Bandmann, G. *335*, 343
Bang, M. *255*, 281
Barnard, L. W. *313*, 343
Barrett, C. K. *222f., 238, 262*, 281, *306*, 343
Bartsch, H.-W. *290, 300*
Barthélemy, D. *251*, 281
Bauer, W. 261, 281, 300, *312*, 343
Beare, F. W. *229*, 238
Becker, J. *198, 207, 215, 230*, 238
Ben-Dov, M 136, *415*, 433
Bergmeier, R. *263*, 281, *308*, 343
Bernard, J. H. *262*, 281
Berruto, A. M. *314*, 343
Bertholet, A. *106*, 116
Betz, H.-D. *159, 161*, 169, *216, 219, 226, 228*, 238, *306f.*, 343

Betz, O. *203, 214*, 238
Beumer, J. *270*, 281
Beyer, A. *336*, 343
Berger, K. *213*, 238
al-Biqāʿī *428*, 430
al-Bīrūnī *410*, 430
Black, M. *201, 211f., 231*, 238
Bleek, J. F. *247*, 281
Bloom, J. M. *427f.*, 430
Blum, E. 81, 94, *133*, 135
Böcher, O. *207*, 238
Böklen, E. 144, 146
Borgehammar, S. *362*, 364
Bonsirven, J. *320*, 344
Börker-Klähn, J. *203, 254*, 238, 281
Böttrich, C. *215, 228*, 238
Bousset, W. 144, 146, 261, *306, 308, 312*, 344
Boyce, M. *50, 56*
Bratsiotis, N. P. *260*, 281
Braulik, G. *113*, 116, *133*, 135
Braun, R. *318*, 344
Brenk, B. *369, 379, 388*, 401
Brentjes, B. *52*
Bresky, B. *247*, 281
Breuning, W. *406*, 430
Breytenbach, C. *197, 220*, 239
Briant, P. *6–8, 11*, 42
Brock-Utne, A. *15f., 25*, 42
Brooke, A. E. *250*, 281
Brooke, G. J. *214*, 239
Brown, R. E. *250*, 282
Brown, S. C. *10*, 42
Brox, N. *231*, 239, *276*, 281, *305*, 310, *312*, 324, *341*, 344
Bruce, F. F. *229*, 239
Bultmann, R. *158*, 169, *245f.*, 261, 289, 342
Busse, H. *406f., 410–412, 415f., 421f., 426*, 431

Calder, W. M. *314*, 344
Calmayer, P. *47f.*
Camelot, T. *287*, 300
Campbell, K. M. *161*, *165*, 169
Caquot , A. *36, 42*, 136, 169
Caroll-Spillecke, M. *17, 42*
Carra de Vaux, B. *40, 42*
Carson, R. A. G. 241, 283
Cechelli, C. *369*, 401
Chadwick, H. *305*, *331*, *339*, 344
Chapman, J. *245*, 281
Charles, R. H. 142, 146, 265, *266*. 281
Chilton, B. D. 147f., *152 f.*, *158*, 169 f.
Choksy, J. K. *55 f.*, *60*
Christe, Y. *369*, 389, 401
Christensen, A. *143*, 164
Chyutin, M. *213*, 239
Ciampa, R. E. *202*, 239
Cocqerillat, D. *13, 42*
Cohen, G. D. *413*, 431
Colli, A. *369*, 401
Comblin, J. *139*, 146
Cook, A. B. *257*, 281
Corbin, H. *145*, 146
Corbo, V. C. *387*, 401
Crüsemann, F. *131*, 136
Curti, C. *322*, 344

Dahood, M. *232*, 239
Dassmann, E. *369*, *388*, 401
Davies, W. D. *161*, 169
Day, P. L. *255*, 281
Deichmann, F. W. *369*, 401
De Jong, A. *46*, *48*
Delcor, M. *111*, 116
Delsman, W. C. *406*, 431
Desai, S. F. *64*
Dinkler, E. *369*, *388*, 401
Dodd, C. H. *247*, 281
Dölger, F. J. *253*, 278, 281, *291*, 300, *339*, 344
Donaldson, T. L. *159*, *167*, 169
Donfried, K. P. *214*, 222, 227, 239
Donner, H. *85*, 94, *409*, 431
Döpp, H.-M. *312*, 344
Duchrow, U. *327*, 344
Dulaey, M. *319 f.*, *332 f.*, 344, *390*, 401
Dumbrell, W. J. *159–161*, 169
Dunn, J. D. G. 196, 239
Dupont, J. *158 f.*, 169
Dupont-Sommer, A. 146, 169

Durst, M. *327*, 344
Durst, S. *406*, 431
Düsterdieck, F. *247*, 281

Ebeling, E. *12, 42*
Eberhard, O. *412*, 431
Eckstein, H. J. *196*, *198 f.*, *219*, 239
Ego, B. *218*, 239, *306*, 308 f., 344
Ehlers, E. *51*
Ehrlich, A. B. 76, 94
Elad, A. *414–416*, *421*, *425*, 431
Elliger, K. *128*, 136
Ellis, R. S. *106*, 116
Engemann, N. *369*, 389, 401
Erdmann, C. *339*, 345
Errington, R. M. *260*, 282
Esbroek, M. van *338*, 345
Ess, J. van *425*, 431

Fàbrega, V. *322*, 345
Fascher, E. *331*, 345
Fauth, W. *9, 13–15, 17, 42*
Feldmeier, R. *196*, *229 f.*, *235 f.*, 239
Fensham, F. C. *122*, 136
Fiey, F. M. *339*, 345
Finster, B. *52*
Firby, N. K. *56*
Fischer, U. *216*, 239
Fitzgerald, A. *203*, 239, *255*, 282
Fleckenstein, K.-H. *406*, 432
Flusser, D. *139*, 146
Fowler, M. D. *134*, 136
Frank, A. *276*, 282
Frankemölle, H. *159 f.*, 169
Frankena, R. 108, 116
Frey, J. *201*, *212–214*, *216*, *219*, *228*, 239, *269*, 270 f., 282
Friedman, M. *415*, 432
Friedrichsen, A. *291*, 300
Fritz, V. 69, 94

Gallery, L. M. *12, 42*
Galsterer, H. *220*, 239
Gammie, J. G. *128*, 136
García López F. *127*, 136
García Martínez, F. *213 f.*, 239 f.
Gardet, L. *39, 42*
Gärtner, B. *165*, 169
Gätje, H. *424 f.*, 432
Gaube, H. *50, 52*
Gerlemann, G. *102*, 117

Gerth, B. *317*, 346
Gese, H. 69, 79, 82 f., *85*, *87–89*, 91, 94, *196*, *200*, *205*, *209*, *219*, *224*, *232*, 235, 240, *273*, 282
Geva, H. 107, 117
Gibbins, H. J. *245*, *247*, 282
Gignoux , P. H. *29*, 42
Gil, M. *411*, *413–415*, *424 f.*, 432
Ginzberg, L. *426*, 432
Gnilka, J. *195*, *230*, 240, *273*, 282
Goitein, S. D. *406*, *409*, *414*, *429*, 430, 432
Goldziher, I. 414, 432
Goodenough, E. R. *92*, 94
Götz, M. *424*, 432
Gousset, M.-T. *388*, 401
Grabar, A. *370*, *397*, 401
Grabar, O. *406*, *414*, 432
Grappe, Ch. *152*, 169
Grässer, E. *308*, 345
Greeven, H. *250*, 282
Gressmann, H. 144, 146, 261, *306*, *312*, 344
Grimme, H. *40*, 42
Groh, D. E. *316*, 345
Gros, P. *254*, 282
Grunebaum, G. E. von 51
Guillaume, A. *424*, 432
Gundry, R. H. *159*, *161*, 170
Gunkel, H. 141, 146
Gupchup, V. *60*

Haag, H. *86*, 94
Hadot, J. *140*, *146*
Hagner, D. A. *161*, 170
Hanhart, R. *208*, 240
Haran, M. 104, 117, *129*, 136
Harl, M. *214*, 239
Harnack, A. v. *316*, 340, 345
Harrington, D. J. *161*, 170
Harris, R. *250*, 282
Hartmann, R. *423*, 432
Harvey, A. E. *311*, 345
Hasson, I. *427*, 432
Hauck, F. *269*, 282
Hays, R. B. *221*, 240
Heid, S. *313*, 345, *354*, 390, 402
Heise, J. *245*, 282
Helfmeyer, F. J. *128*, 136
Hellemo, G. *369*, 389, 402
Hengel, M. 170, *197–201*, 204, *206 f.*, *212*, *214*, *219 f.*, *223–225*, 228, *230 f.*,
234 f., 240, *245–247*, *251 f.*, *254*, *256–258*, *263*, *265*, *269*, *273*, *275*, 282
Hermisson, H.-J. *203*, 240
Herzer, J. *218*, *231*, 240
Heschel, A. J. *409*, 432
Hilgenfeld, A. *245*, *247*, 282
Hinnells, J. *59*, *61*, *63*, *65*
Hirschberg, J. W. *414*, *416*, *419*, *423*, *426*, 432
Hoffmann, H.-D. 104, 106, 107–109, 117
Hofius, O. *198*, *219*, *222*, *224*, *226*, *228*, *231*, *236*, 240, *253*, *269*, 282, *308*, 345
Hollander, H. W. *215*, 240
Hollenstein, H. *111*, 117
Holloway, S. W. *112*, 117
Holtz, T. 227, 240, *309*, 345
Holtzmann, H. J. *247*, 283
Hommel, H. *264*, 282, *331*, 345
Hopper, V. F. *336*, 345
Hornig, E. *25*, 42
Horovitz, J. 406, *423*, *426*, 432
Huff, D. *50*, *53*
Hultgård, A. *15*, *30 f* 36, 38, *41 f.*, *53*, 143, 146
Humbach, H. *51*
Humphrey, E. M. *216*, 241
Hunt, E. D. *305*, *331*, 345
Hyldahl, N. *257*, 283

Ibn ʿAsākır *410*, *426*, 432
Ibn al-Gʾauzī *428*, 433
Ibn al-Muraǧǧa *428*, 433
Ibrāhīm, M. *427*, 433
Idinopoulos, T. A. *406*, 432
Ihm, C. *329*, 345, *369*, 402
Ilan, T. *248*, 283
Im, T.-S. *86*, 94
Ismāʿıl, S. M. *426*, 433

Jacobs, E. *25*, 42
Janeras, S. *305*, 345
Janowski, B. *209*, 241
Jeejeebhoy, J. R. B. *62*
Jenni, E. 76, 94
Jeremias, G. *207*, *214*, *224*, 241, 345, *370*, *397 f.*, 402
Jeremias, J. *36–39*, 42, *160 f.*, 170, *215*, 241, *262*, 283, *338*, 342, 345
Jessen, O. *257*, 283
Jobes, K. H. *221*, *223*, 227, 241
Johnston, N. J. *51*

Jonge, M. de *215*, 240
Jongh, G. de 57
Joosten, J. *124f.*, *129*, 136
Joranson, E. *331*, 345

Kalimi, I. 69, 95
Kalinka, E. 257, 283
Karmi, H. S. *421*, 433
Käsemann, E. 226, 241
Kaufmann, J. *128f.*, 136
Kellens, J. *25*, *29f.*, 42
Keller, C. A. *409*, 433
Keller, M. *99*, 115, 117
Kenyon, K. M. 107, 117
Kieffer, R. *294*, *297*, 300
Kingsley Porter, A. *336*, 346
Kister, M. 417, *423*, *429*, 433
Kittel, G. *287*, 301
Klauck, H.-J. *260*, 283, 346
Knauer, A. W. *247*, 283
Knauf, E. A. *200*, 241
Knopf, R. *308*, 346
Koch, D. A. *199f.*, *221*, *230*, 241
Koch, H. *8*, 43, *48*
Koch, K. 76, 95
Konrad, R. *331*, 346
Kooiman, D. 58
Kosambi, M. 58
Kotwal, M. F. 56
Kraeling, C. H. *92*, 95
Kraft, H. *314*, 346
Kraus, H. J. 71, *127*, 136, *232*, 241
Kraus, W. 195, *196*, *199*, *201f.*, *229*, 241
Krautheimer, R. 335–337, *340*, 346
Kretschmar, G. *319*, *338*, 346
Kronholm, T. *85*, 95
Kühnel, B. *219*, 241, *307*, *309*, *329*, 346, 433
Kühner, R. *317*, 346
Kulke, E. 58
Kundert, L. *84*, 95
Kuschke, A. *127*, 136

Lack, R. 95
Lagrange, M.-J. *261*, 283
Lambert, G. *203*, 241
Lamirande, E. *207*, *226*, 241, *303*, *305*, *327*, 346
Larsson, E. 301, 287
Lawrence, J. *367*, 402
Lazarus-Yafeh, H. *413f.*, 433

Lebram, J. C. H. *323*, 346
Lecoq, P. *1*, *3*, 43
Legarth, P. V. *288*, *291–294*, *296f.*, 301
Lemke, W. E. *102*, 117
Leutzsch, M. *310*, 346
Levick, B. M. *220*, 241
Levinskaya, I. 258, 283
Lietzmann, H. *272*, 283, *341*, 346
Lieu, J. *247*, 283
Lifshitz, B. 257, *258*, 283
Lightfoot, J. B. *229*, *231*, 241, *287*, *289*
Limor, O. *320*, 346, *409*, 433
Lindemann, A. *276*, 283
Lloyd-Jones, H. *264*, 283
Lohfink, N. 109, *112*, 117, 433
Lohmeyer, E. *152*, 170, *229f.*, 241, 265, *268*, 283
Lohse, B. *215*, 241, *306*, 347
Loisy, A. 141, 146
Loofs, F. *312*, 346
Lubac, H. de *325*, 347
Lücke, F. *247*, 283
Lufti, H. *428*, 433
Luz, U. *159*, 170

MacRae, G. *308*, 347
Mangold, W. *247*, 281
Manns, F. *92 f.*, 95
al-Maqdisī *428*, 433
Maraval, P. *331*, 347, *351f.*, *354*, *363*, 364 f.
Markschies, Chr. *276*, 283, *314*, *335*, 347
Markus, R. A. *351*, 365
Masani, R. P. 62
Matthews, C. D. *429*, 433
Matthiae, K. *369*, *387f.*, 402
Mattingly, H. 241, 283
Maul, St. M. *92*, 95
Mayes, A. D. H. *104*, 117
Mazar, B. *121*, 136, *415*, 433
Mazzucco, C. *305*, *312*, *322*, *324*, *327*, 347
Meer, van der F. *369*, 402
Mellor, R. *254*, 283
Memon, M. U. *429*, 433
Merkel, H. *215*, 241
Meshorer, Y. *205*, 214
Mettinger, T. N. D. *99*, 115, 117
Metzger, B. M. *252*, *263*, 283
Meyer, M. *204*, 241, *254*, 283
McLeod, H. *61*

Michaelis, W. *287*, 301
Michel, O. *308*, 347
Mildenberg, L. *205*, 241
Milgrom, J. *131*, 136
Milik, J. T. *27, 32, 34,* 43, 170, *254*, 283
Millar, F. *258*, 283
Milligan, G. *248*, 284
Mitchell, S. *258*, 283
Mitteis, L. *24*, 43
Mittmann, S. 254, 283
Mittmann-Richert, U. *203*, 242
Mocsy, A. *319*, 347
Moraes, D. *63*
Mosis, R. *86*, 95
Motte, A. *17,* 43
Moulton, J. H. *248*, 284
Mourad, S. A. *427*, 433
Moynihan, E. B. *21,* 43
Müller, U. B. *229*, 242
Müller, W. *406*, 432
Mussner, F. *198, 200, 203, 207, 232, 236*, 242

Naldini, M. *248*, 284
Neef, H.-D. 69, *80*, 95
Neusner, J. 147 f., *152 f., 158*, 169 f.
Neuwirth, A. 406 f., *416*, 417, *418*, 420, 422 f., *426 f.*, 434
Nicholson, E. W. 103 f., 117
Nickelsburg, G. W. *34,* 43, *211*, 242
Niebuhr, K. W. *229*, 242
Niederwimmer, K. *293*, 301
Nöldecke, T. *423, 425*, 434
Nollè, J. *220*, 242
Norin, S. *107*, 117

O'Brien, P. T. *231*, 242
O'Connell, J. P. *332*, 347
Oort, I. van *326 f.*, 347
Oppenheim, A. L. *14,* 43
Otto, E. 108 f., 114, 117, *132*, 136, *255*, 284
Otto, R. *133*, 136, *142*, 146
Overbeck, W. *313*, 347

Paret, R. *407–409*, 423, *425*, 434
Parkes, J. *406*, 434
Parsons, P. *264*, 283
Patte, D. *159*, 170
Peek, W. *252*, 284
Peronne, L. *303 f., 324, 328, 331, 338*, 347

Peters, F. E. *405, 410, 412*, 428, 433
Philonenko, M. *36,* 42, *121*, 136, 169
Pilhofer, P. *229–231, 235*, 242
Planhol, X. de *52*
Plumpe, J. C. *280*, 284
Podossinov, A. *339*, 347
Poggel, H. *247*, 284
Portefaix, L. *229, 231*, 242
Potin, J. *406*, 434
Powell, D. 315, *316 f.*, 347
Prawer, J. *332*, 347
Preisker, H. 285, *310*, 349
Prigent, P. *119*, 136, *141*, 146, *288*, 301
Prottlung, P. *254*, 284
Puech, E. 43

Quacquarelli, A. *329,* 347
Quarales van Ufford, V. *369, 388*, 402
Queré, F. *287, 293*, 301

Raaflaub, K. *219*, 242
Raby, J. 434
Rad, G. v. *99*, 103, 115, 117, *132*, 137, 161, 170
Reicke, B. *209*, 242
Reuter, E. 105, 109, 111, 117
Richard, M. *395*, 402
Richardson, C. C. *296*, 301
Riesner, R. *197, 220, 223*, 242
Ritmeier, H. *247*, 284
Robert, L. 257, 284
Rofé, A. *132*, 137
Rogerson, J. W. *103*, 117
Roloff, J. *309*, 347
Rousseau, O. *305, 325*, 348
Rubin, U. 418 f., 434
Rudolph, W. 76, 95
Ruge, W. *257*, 283

Sabella, B. *406*, 434
Sancisi-Weerdenburg, H. *48*
Sanders, J. A. *204*, 242
Sansoni, N. *367 f.*, 402
Saria, B. *317, 319*, 348
Sartre, M. *254*, 284
Sauer, J. *336*, 348
Schadel, E. *326*, 348
Schäfke, W. *235, 237*, 242, *252, 272*, 284
Schaller, B. *218 f.*, 242
Schaper, J. *204 f.*, 242
Schenk, W. *229*, 242

Schiffmann, L. H. 137, *213f.*, 242
Schimanowski, G. *276*, 284
Schippmann, K. *49*
Schlatter, A. *261*, 270, 284
Schleusner, J. F. *250*, 284
Schlier, H. *207, 211, 225*, 242, *296*, 301, *307*, 348
Schmid, H. H. *408*, 434
Schmidt, K. L. *306, 340f.*, 348
Schnackenburg, R. *158, 161*, 170, *262*, 284
Schneider, A.M. 402
Schneider, G. *158f.*, 170
Schneider, N. *396*, 402
Schnelle, U. *249*, 284
Schoenenbeck, H. U. von *367f.*, 402
Schoeps, H.-J. *195*, 242
Schöllgen, G. 315, 348
Schrenk, G. *231, 312*, 242
Schreiner, S. *409*, 434
Schrike, B. *423*, 434
Schumacher, W. N. *368*, 402
Schürer, E. *205*, 242, *306*, 348
Schwally, F. *423, 425*, 434
Schweizer, E. *160f.*, 170
Schwemer, A. M. *150*, 170, *197–201, 210, 223–226, 230f.*, 234–236, 240, 242, *254–257*, 270, 282, 284, *306–308, 321*
Scott, J. M. *200, 222–224*, 243
Seebass, H. 69, 95
Seidl, T. *125*, 137
Sgherri, G. *326*, 348
Shani, R. *409, 414*, 434
Sharon, M. *427*, 434
Shepard, R. *258*, 284
Sherwin-White, A. N. *219f.*, 243
Siber, P. *266*, 284
Sim, D. C. *161*, 170
Simonetti, M. *312*, 348
Sivan, E. *427*, 434
Skarasaune, O. *313f.*, 348
Smend, R. *103*, 118
Soden, W. v. *1, 43*
Söllner, P. *196, 204, 207, 210f., 213, 215, 226f., 228, 235f.*, 243, *303, 306–309, 314, 321*, 348
Sonnet, J.-P. *131*, 137
Sotomayor, M. *367f.*, 402
Soucek, J. B. *159f.*, 170, *409, 412*, 434

Sourdel, D. *254*, 284
Spicq, C. *119*, 137
Spieckermann, H. *111f.*, 118
Standhartinger, A. *216*, 243
Stausberg, M. *47, 60, 66*
St. Clair, A. *93*, 95
Steck, O. H. *203, 231*, 243, *255, 259*, 284, *329*, 348
Steins, G. *67, 80–84*, 95
Stemberger, G. *92*, 95, *328*, 348
Stendebach, F. J. *71*, 95
Stern, M. *273*, 284, *308*, 348
Stoltmann, D. 303, *306, 309, 312f., 317, 322–324, 327, 331f.*, 348
Stordalen, T. *25, 43*
Strack, H. L. *306–308*, 349
Strathmann, H. *229*, 243
Strecker, G. *161*, 170, *245*, 284
Strobel, A. *314*, 349
Stronach, D. *8, 11f., 14–19, 43*
Stroumsa, G. G. *237*, 243, *272, 280*, 284, *303f., 314, 325, 336, 338f.*, 349
Stuhlmacher, P. *214, 226, 232*, 243, *263, 269, 272, 285, 306, 308, 341*, 349
Stummer, F. *332*, 349
Swoboda, H. *260*, 285

Tate, M. E. *232*, 243
Tengström, S. 103, 118
Theobald, M. *273*, 285
Thraede, K. *207, 215*, 243, *317, 327–329, 334f.*, 349
Toorn, K. van der *255*, 285
Tottoli, R. *407f., 409, 419f., 422*, 435
Trilling, W. *160f.*, 170
Trümpelmann, L. *52*

Uhlig, S. *201, 209f., 212*, 243
Ulrich, E. *251*, 285
Ulrich, J. *309*, 349
Ulrichsen, J. H. *215*, 243
Urbach, E. *308, 349*

Vaux, R. de *99*, 114, 118
Veijola, T. 81, 95
Vielhauer, P. *290*, 301
Vilnay, Z. *409*, 435
Voigt, H. G. *316*, 349
Volkmar, G. *247*, 285
Vollenweider, S. *196f., 200, 207, 235*, 243

Volz, P. *306*, 349
Voretzsch, E. A. *396*, 402

Waetzoldt, S. *369*, *380*, 402
Walker, P. W. L. *332*, *338*, 349, *351*, *357*, *362*, 365
Walser, G. *11*, 43
Walter, N. *216*, *219*, *227*, *229*, 243
al-Wāsiṭī *428*, 435
Watt, A. *418*, *420*, 425, 435
Weber, M. *53*
Weinfeld, M. *106*, *111*, 118, *132 f.*, 137
Weippert, H. *107*, 109, 118
Weippert, M. *132*, 137
Weissman, D. *406*, 435
Weizsäcker, C. *315*, 349
Welch, T. *418*, *420*, 425, 434
Welles, C. B. *253*, 285
Wellhausen, J. 101, 128, 137, *416*, 435
Wenger, L. *230*, 243
Wengst, K. *276*, 285
Wenham, G. 104, 118
Wensinck, A. J. *421*, 435
Werblowsky, R. J. Z. *406*, 435
Werner, M. *323*, 349
Westcott, B. F. *245*, *262*, 285
Westermann, C. *25*, 43, 69, 95

Wette, W. M. L. de 103, 118
Widengren, G. *13*, *25*, 43, *143*, 146
Wiesehöfer, R. *3*, *11*, 43, *50*
Wilckens, U. *24*, 43
Wilken, R. L. *305*, *309*, *312*, *324*, 349, *351*, 365, 402, *415*, 435
Wilkinson, J. *339*, 349, *415*, 435
Wilpert, J. A. *383*, 402
Windisch, H. 285, *310*, 349
Wirth, E. *51*
Wischmeyer, W. *252*, *277*, 285
Wiseman, D. J. *12*, *14 f.*, 43
Wisskirchen, R. *329*, 349
Wlosok, A. *319*, 350
Wolff, C. *218*, 243
Wyrwa, D. *323*, 350

Yadin, Y. *120*, 137
Yamamoto, Y. *49*

Zahn, Th. 198, 243, *247*, *262*, 285
Zilliacus, H. *247*, 285
Zimmermann, M. und R. *261*, 285
Zeitlin, S. *413*, 435
Zenger, E. *205*, 243
Zumstein, J. *160 f.*, 170
Zuntz, G. *264*, 285

Sachregister

Die *kursiv* gedruckten Seitenzahlen beziehen sich auf die Anmerkungen.

Abel Bet-Maacha 203
Aberkios-Inschrift 252f., 277
Abimelech 218
Abraham 68–75, 77, 79–84, 88–91, 93,
   199, 306, 416
– Beschneidung 201
– erzählung 67, 78
– Nachkommen 233
~skindschaft 222
~verheißung 198
Aelia Capitolina s. Jerusalem
Acha (Rabbi) 162
Achaimeniden 17f., 46, 50
Ägypten 23–25, 106, 330
Amastris-Inschrift 257
Anastasis s. Jerusalem
Antichrist *264*
Antiochenischer Zwischenfall 197
Antiochia am Orontes 198, 220, 253f.,
   295
Apokalyptik
– griechisch/römisch 219
– Frömmigkeit 318
– frühjüdisch 207f., 225, 306, 311
Apostelkonzil 197
Aqiba (Rabbi) *251*
Armenien 20–22
Artaxerxes II.
Aschera *112*, 113
Asmarainschrift 256f.
Assur 109
Astralgötter 113
Assyrerreich 106
Athen 220
Auferstehung 218
Augustus 220, *264*

Babel 265
Bar Kochba 205
Beschneidung 197f., 225, 228, 235

– des Herzens 201
Bestattungsanlage 63f.
Bet Alfa 92
Betel 102f., 112
Bethlehem 102, 328; s.a. Jerusalem
Bombay 58–60, 63–66
Braut (Christi) 249, 253, 259–274
Brandopfer s. Opfer
„Buch des Lebens/der Lebenden" 230–
   233, 235
Bundesbuch 105, 109, 111, 113f.
Bürgerrecht, himmlisches 229–236,
   274, 308
– römisches 254

Camp (sacerdotal/des saints) 119–137
Capitolias 254
Chair (Paulus) 296
Chasidim 34, *207*
Chiliasmus 311–333
Cité de Dieu 147, 152, 158, 167f.
Cité celeste 293, 295
Communion 157
Corps (Paulus) 296
Corpus Johanneum 260, 263, 265
Culte chrétien 297

Damaskus 321, 416
Dankopfer s. Opfer
David 69, 76–78, 85–89, 91, 93 f., 102,
   416, 424, 427
Domitian 276
Dura Europos 92f.

Ebal 101, 103, 115
Eden s. Garten, Paradies
Eglise 288, 291–294, 371
Ekbatana 11
Elephantine 255
Endgericht 228

Ephesus 197, 252, 256
Erlösung Israels 219
Essener *207*
Esther 162
Eucharistie 297
Exil Israels 128, 208
Exodus 219–221
– eschatologischer 202

Felsendom (Jerusalem) 414
Feuer 49–51, 57, 64 f., 71, 74
~tempel 48–50, 52 f., 57, 64 f.

Garizim 101, 115
Garten Eden 212 f., 276
– königlicher Garten 4–25
Gebetsrichtung 338, 417–422
~platz 422–427
Gemeinde im Neuen Testament 263–270
Gesetz
– im Hirten des Hermas 276
– bei Paulus 195, 197–199, 202, 219, 320
Gericht (Islam) 426
Gezara Schawa 223
Gilgal 102
Gnosis 277
Golgatha 328, 342, 387, 398
Gottesdienst 270
Grabeskirche (Jerusalem) 414
Griechenland 16 f.

Hadrian *264, 275*
Hagar 196, 198–203, 256
Hegra 196, 200, 203
Heiligtum 89 f., 124, 130, 157, 213,
   406, 418, s. auch Zeltheiligtum
Herodes I. 162, *204*
Hethiterreich 106
Hieros Gamos 273, 277
Hinnomtal 210
Hulda 102, 108
~erzählung 105, 113
~weissagung 111

Ignace d'Antioche 287 f.
Ikonium 220
Isaak 67, 92, 199, 423 f.
Ismael 198–202
Israel 69, 82 f., 90, 101, 109, 114
– Braut/Ehegattin Gottes 260
– Erwählung 343

– Gefangenschaft 224
– Verstockung 238

Jakob 79
Jerusalem 81, 91, 104, 109, 255, 294
– Aelia Capitolina 319
– Anastasis 328, 335, 400
– und Bethlehem 368, 370 f., 380, 382,
   384, 386–388, 400
– christliches 304
– *conception sacerdotale* 135
– als Frau 203, 205
– Einnahme 413
– Gottesstadt 67, 78, 99 f., 113–115
– himmlisches 168, 232, 256, 265–274,
   276, 288, 318 f., 367–403, 425
– eschatologisches 161, 164–168, 196,
   213, 256, 312
– im Islam 405–435
– irdisches/himmlisches 196–238, 280,
   303, 304–350, 425
– *Nouvelle Jérusalem* 139, 141, 145
– „oberes" 195, 203–219, 222–227,
   232, 234 f., 271 f., 306–308
– präexistentes 307
– Zerstörung 205, 217, 267, s.a. Zion,
   Heilige Stadt, *Cité de Dieu*, Felsen-
   dom, Golgatha, Grabeskirche, Ölberg
Jesus 147, 150 f., 156, 158, 167 f., 291,
   298
– Auferstehung 202, 206, 222, 227,
   297, 391
– Christus, Schöpfungsmittler 227
– Christus, Titel 311, 343
– Christus, als Frau Weisheit 316
– Gebote 291
– Jüngergemeinschaft 259
– in Jerusalem 304
– Kreuz 290, 293, 385, 387–389
– Tod 195, 206, 221, 224, 333
– Zwölf Apostel 368, 389, s.a. Messias
Johannan ben Zakkai (Rabbi) 162
Johanneische Schule 256, 270
– Eschatologie 271
Johannes, der „Alte" in Ephesus 248 f.,
   251
Johannes der Täufer 262, 266
Joppe 321
Josia 102 f., 105–107, 109, 112, 114,
   s. auch Reform Josias
Juda 108, 112

Karmel 102
Karthargo 278
Königstheologie 85–88
Kult 158
~gemeinde 258
~höhen 102, 112
~ort 68, 70, 76, 82
~platz 101
~stätte 70, 85
~zentralisierung(-sformel) 99–103,
  107, 109, 111, 113–115,
  s. auch Zionskult, Tempelkult
Kyria (Anrede im 2Joh) 245–263
Kyros 4, 8f., 18f.

Lade 103, *205*
Liebe Gottes/Christi 251
Lieux saints 399f.

Main de Dieu 384
Maître de Justice 163–165
Makkabäer 219
Manasse 108
Mardochée 162
Maria, Mutter Jesu *277*, 370f.,
  383f.
Märtyrer 265f., 269f., 278f., 393
Martyrium 276, 287, 299, 370
Medina 410, 414
Mekka 407, 410, 414, 419–421
Menstruation *126*
Mesopotamien 12–15, 17
Messias 36, 206, 234
– Messianität Jesu 343
– in der Johannesapokalypse 266
– im Henochbuch 211f.
– im Johannesevangelium 260
– bei Paulus 263
Methodius von Olympus 312
Millenarismus 311–329, 390, 394
Montagne du Paradis 367f.
Montanismus 314–319
ha-Morijja (Tempelberg) 69, 218,
  413
Mose 101, 103, 115, 125, 270, 381, 383,
  409, *422f.*
Moschee 51f., 413, 415f., 423
Muhammad 418f., 429f.
Münzen 205, 219, 253, *256*

Noah *200*

Ölberg 328
Opfer 84, 89, 100, 102
– Brandopfer 70f., 74, 77, 84, 89
– Dankopfer 77
– Rauchopfer *112*
– für Fremdgötter 107
~stätten *201*
Opferung Isaaks 67, 92, 416

Pain de Dieu 294
Palast 47, 50, 52
Palästina 15f.
Paradies 3–43, 45, 54, 225, 425f.
Parusie 226, 238, 263f., 269, 313
Pasargadae 11, 18
Passahfeier 107, 112
Paulusschule *273*
Pella *429*
Pére (Gott) 290–297
Pepuza 315f.
Persepolis 11, 47f., 50, 55, 66
Pharisäer 251
Philadalphia 296
Pilgerreisen 405
Pisidien 258
Präexistenz (Kirche) 275f.
Priesterschrift 101
Prophetie 260, 426
Proselyten 201, 259
Purification 156

Qumranessener 251

Rabbinen
– Hermeneutik 195, 223
– rabbinisches Judentum 120, 309
Ramla 416
Rauchopfer s. Opfer
Reform Josias 100, 105, 113, 115
Rhodos 220
Rom 106, 234, 252, *264*, 276, 287, 289,
  295, 299, 331
Royaume de Dieu 147, 152, 154, 157, 293
  dimension culturelle 150, 155, 168
  harmonique de communion 157
  harmonique de purification 151, 152
  dimension spatiale 150, 152, 168
  harmonique de rayonnement 153
  harmonique de transcendance 151,
  152
  dimension temporelle 150, 154, 168

Saint de Saints 297f.
Salomo 77, 86–88, *90*, 251, 253, 260, 409
Sara 198–202, 221f., 224, 256
Schöpfung, alte/Neue *200f.*, 202, 212, 225f.
Sel 160f.
Seleukiden 219
Semiramis 9f.
Sermon sur la Montagne 159
Sichem 79
Simeon (Sohn des Rabbi Yehuda hanasi) 162
Sinai 195f., 203, 210, 212, 256
~bund 199, 202
– Diatheke 198
– Polarität Zion/S. 236, 271
Smyrna 289
Sohnesopfer 83f.
Stadt Gottes 99, 255, 267, 274, 279f.
Stadtgöttin 254f.
Susa 11
Sulamit 251, 253, 260
Synagoge
– Dura Europos 92f.
– Bet Alfa 92

Tannaïtes 121
Tempel 106, 112, 147–149
– *absente* 156
– Apokalyptik 207, 308f.
– Salomos 77, 87, 102, *422*
– himmlischer 209, 292, 295
– bei Ignatius von Antiochia 290
– in Jerusalem 162–165, 297, 410
– jüdischer 288, 297f., 300
– Kirche als Tempel Gottes 273f.
– bei Paulus 224
– *Pierres du temple* 292
– *Terrestre* 153
~kult *205*, 214
– Symbol 92f., 289
– Wiederaufbau 329, 331

– Zerstörung 330
– Zweiter 121, 134, 210, s.a. ha-Morijja
Tierfrieden *209*
Tora *81*
Trajan *275*, 276
Tralles 252
Tyche (Stadtgöttin) *205*, 253
Tymion 315
Umajjadendynastie 428

Unité 296, 299
Urartu 12, 15, 17
Urgemeinde in Jerusalem 232, 305, 315, 333

Valentinianer 277
Viktorin von Pettau 319–322
Ville sacerdotal/sainte 119–137, 139

Wallfahrten 328

Yima 139, 142

Zarathustra 46
Zeltheiligtum 101
Zeus Asbamaios 257
Zion 114, 164, 207
– eschatologischer *196*, *201*, 167, 212, 256
– Geburt aus 224, 234
– heiliger Ort 212f.
– für Jerusalem 200
– oberer 237
– Polarität Sinai/Z. 236, 271
– Zionsberg 67, 70, 82–94, 236, 367f.
– Zionskult 83f., 89, 92
– Zionsverheißung 222
– „Kinder Z.s" 223
– „Mutter Z." 206, 232f.
– „Tochter Z." *199*, 203–205, s.a. Jerusalem

Wissenschaftliche Untersuchungen zum Neuen Testament

Alphabetische Übersicht der ersten und zweiten Reihe

Ådna, Jostein: Jesu Stellung zum Tempel. 2000. *Band II/119.*

Ådna, Jostein und *Kvalbein, Hans* (Hrsg.): The Mission of the Early Church to Jews and Gentiles. 2000. *Band 127.*

Anderson, Paul N.: The Christology of the Fourth Gospel. 1996. *Band II/78.*

Appold, Mark L.: The Oneness Motif in the Fourth Gospel. 1976. *Band II/1.*

Arnold, Clinton E.: The Colossian Syncretism. 1995. *Band II/77.*

Avemarie, Friedrich und *Hermann Lichtenberger* (Hrsg.): Bund und Tora. 1996. *Band 92.*

Bachmann, Michael: Sünder oder Übertreter. 1992. *Band 59.*

Baker, William R.: Personal Speech-Ethics in the Epistle of James. 1995. *Band II/68.*

Balla, Peter: Challenges to New Testament Theology. 1997. *Band II/95.*

Bammel, Ernst: Judaica. Band I 1986. *Band 37* – Band II 1997. *Band 91.*

Bash, Anthony: Ambassadors for Christ. 1997. *Band II/92.*

Bauernfeind, Otto: Kommentar und Studien zur Apostelgeschichte. 1980. *Band 22.*

Bayer, Hans Friedrich: Jesus' Predictions of Vindication and Resurrection. 1986. *Band II/20.*

Bell, Richard H.: Provoked to Jealousy. 1994. *Band II/63.*

– No One Seeks for God. 1998. *Band 106.*

Bergman, Jan: siehe *Kieffer, René*

Bergmeier, Roland: Das Gesetz im Römerbrief und andere Studien zum Neuen Testament. 2000. *Band 121.*

Betz, Otto: Jesus, der Messias Israels. 1987. *Band 42.*

– Jesus, der Herr der Kirche. 1990. *Band 52.*

Beyschlag, Karlmann: Simon Magus und die christliche Gnosis. 1974. *Band 16.*

Bittner, Wolfgang J.: Jesu Zeichen im Johannesevangelium. 1987. *Band II/26.*

Bjerkelund, Carl J.: Tauta Egeneto. 1987. *Band 40.*

Blackburn, Barry Lee: Theios Aner and the Markan Miracle Traditions. 1991. *Band II/40.*

Bock, Darrell L.: Blasphemy and Exaltation in Judaism and the Final Examination of Jesus. 1998. *Band II/106.*

Bockmuehl, Markus N.A.: Revelation and Mystery in Ancient Judaism and Pauline Christianity. 1990. *Band II/36.*

Böhlig, Alexander: Gnosis und Synkretismus. Teil 1 1989. *Band 47* –Teil 2 1989. *Band 48.*

Böhm, Martina: Samarien und die Samaritai bei Lukas. 1999. *Band II/111.*

Böttrich, Christfried: Weltweisheit – Menschheitsethik – Urkult. 1992. *Band II/50.*

Bolyki, János: Jesu Tischgemeinschaften. 1997. *Band II/96.*

Büchli, Jörg: Der Poimandres – ein paganisiertes Evangelium. 1987. *Band II/27.*

Bühner, Jan A.: Der Gesandte und sein Weg im 4. Evangelium. 1977. *Band II/2.*

Burchard, Christoph: Untersuchungen zu Joseph und Aseneth. 1965. *Band 8.*

– Studien zur Theologie, Sprache und Umwelt des Neuen Testaments. Hrsg. von D. Sänger. 1998. *Band 107.*

Byrskog, Samuel: Story as History – History as Story. 2000. *Band 123.*

Cancik, Hubert (Hrsg.): Markus-Philologie. 1984. *Band 33.*

Capes, David B.: Old Testament Yaweh Texts in Paul's Christology. 1992. *Band II/47.*

Caragounis, Chrys C.: The Son of Man. 1986. *Band 38.*

– siehe *Fridrichsen, Anton.*

Carleton Paget, James: The Epistle of Barnabas. 1994. *Band II/64.*

Ciampa, Roy E.: The Presence and Function of Scripture in Galatians 1 and 2. 1998. *Band II/102.*

Classen, Carl Joachim: Rhetorical Criticsm of the New Testament. 2000. *Band 128.*

Crump, David: Jesus the Intercessor. 1992. *Band II/49.*

Dahl, Nils Alstrup: Studies in Ephesians. 2000. *Band 131.*

Deines, Roland: Jüdische Steingefäße und
pharisäische Frömmigkeit. 1993.
Band II/52.
– Die Pharisäer. 1997. *Band 101.*
Dietzfelbinger, Christian: Der Abschied
des Kommenden. 1997. *Band 95.*
Dobbeler, Axel von: Glaube als Teilhabe.
1987. *Band II/22.*
Du Toit, David S.: Theios Anthropos.
1997. *Band II/91*
Dunn , James D.G. (Hrsg.): Jews and
Christians. 1992. *Band 66.*
– Paul and the Mosaic Law. 1996. *Band 89.*
Dunn, James D.G., Hans Klein, Ulrich Luz
und *Vasile Mihoc* (Hrsg.): Auslegung
der Bibel in orthodoxer und westlicher
Perspektive. 2000. *Band 130.*
Ebertz, Michael N.: Das Charisma des
Gekreuzigten. 1987. *Band 45.*
Eckstein, Hans-Joachim: Der Begriff
Syneidesis bei Paulus. 1983. *Band II/10.*
– Verheißung und Gesetz. 1996. *Band 86.*
Ego, Beate: Im Himmel wie auf Erden.
1989. *Band II/34*
Ego, Beate und *Lange, Armin* sowie
Pilhofer, Peter (Hrsg.): Gemeinde ohne
Tempel – Community without Temple.
1999. *Band 118.*
Eisen, Ute E.: siehe *Paulsen, Henning.*
Ellis, E. Earle: Prophecy and Hermeneutic
in Early Christianity. 1978. *Band 18.*
– The Old Testament in Early
Christianity. 1991. *Band 54.*
Ennulat, Andreas: Die ‚Minor Agree-
ments'. 1994. *Band II/62.*
Ensor, Peter W.: Jesus and His ‚Works'.
1996. *Band II/85.*
Eskola, Timo: Theodicy and Predestination
in Pauline Soteriology. 1998. *Band II/100.*
Feldmeier, Reinhard: Die Krisis des Got-
tessohnes. 1987. *Band II/21.*
– Die Christen als Fremde. 1992. *Band 64.*
Feldmeier, Reinhard und *Ulrich Heckel*
(Hrsg.): Die Heiden. 1994. *Band 70.*
Fletcher-Louis, Crispin H.T.: Luke-Acts:
Angels, Christology and Soteriology.
1997. *Band II/94.*
Förster, Niclas: Marcus Magus. 1999.
Band 114.
Forbes, Christopher Brian: Prophecy and
Inspired Speech in Early Christianity
and its Hellenistic Environment. 1995.
Band II/75.

Fornberg, Tord: siehe *Fridrichsen, Anton.*
Fossum, Jarl E.: The Name of God and the
Angel of the Lord. 1985. *Band 36.*
Frenschkowski, Marco: Offenbarung und
Epiphanie. Band 1 1995. *Band II/79 –*
Band 2 1997. *Band II/80.*
Frey, Jörg: Eugen Drewermann und die
biblische Exegese. 1995. *Band II/71.*
– Die johanneische Eschatologie. Band I.
1997. *Band 96. –* Band II. 1998.
Band 110. – Band III. 2000. *Band 117.*
Freyne, Sean: Galilee and Gospel. 2000.
Band 125.
Fridrichsen, Anton: Exegetical Writings.
Hrsg. von C.C. Caragounis und T. Forn-
berg. 1994. *Band 76.*
Garlington, Don B.: ‚The Obedience of
Faith'. 1991. *Band II/38.*
– Faith, Obedience, and Perseverance.
1994. *Band 79.*
Garnet, Paul: Salvation and Atonement in
the Qumran Scrolls. 1977. *Band II/3.*
Gese, Michael: Das Vermächtnis des
Apostels. 1997. *Band II/99.*
Gräbe, Petrus J.: The Power of God in
Paul's Letters. 2000. *Band II/123.*
Gräßer, Erich: Der Alte Bund im Neuen.
1985. *Band 35.*
Green, Joel B.: The Death of Jesus. 1988.
Band II/33.
Gundry Volf, Judith M.: Paul and Perse-
verance. 1990. *Band II/37.*
Hafemann, Scott J.: Suffering and the Spi-
rit. 1986. *Band II/19.*
– Paul, Moses, and the History of Israel.
1995. *Band 81.*
Hannah, Darrel D.: Michael and Christ.
1999. *Band II/109.*
Hamid-Khani, Saeed: Relevation and Con-
cealment of Christ. 2000. *Band II/120.*
Hartman, Lars: Text-Centered New Testament Studies. Hrsg. von D. Hellholm.
1997. *Band 102.*
Heckel, Theo K.: Der Innere Mensch.
1993. *Band II/53.*
– Vom Evangelium des Markus zum vierge-
staltigen Evangelium. 1999. *Band 120.*
Heckel, Ulrich: Kraft in Schwachheit.
1993. *Band II/56.*
– siehe *Feldmeier, Reinhard.*
– siehe *Hengel, Martin.*
Heiligenthal, Roman: Werke als Zeichen.
1983. *Band II/9.*

Hellholm, D.: siehe *Hartman, Lars.*
Hemer, Colin J.: The Book of Acts in the Setting of Hellenistic History. 1989. *Band 49.*
Hengel, Martin: Judentum und Hellenismus. 1969, ³1988. *Band 10.*
– Die johanneische Frage. 1993. *Band 67.*
– Judaica et Hellenistica. Band 1. 1996. *Band 90.* – Band 2. 1999. *Band 109.*
Hengel, Martin und *Ulrich Heckel* (Hrsg.): Paulus und das antike Judentum. 1991. *Band 58.*
Hengel, Martin und *Hermut Löhr* (Hrsg.): Schriftauslegung im antiken Judentum und im Urchristentum. 1994. *Band 73.*
Hengel, Martin und *Anna Maria Schwemer:* Paulus zwischen Damaskus und Antiochien. 1998. *Band 108.*
Hengel, Martin und *Anna Maria Schwemer* (Hrsg.): Königsherrschaft Gottes und himmlischer Kult. 1991. *Band 55.*
– Die Septuaginta. 1994. *Band 72.*
Hengel, Martin; Siegfried Mittmann und *Anna Maria Schwemer* (Ed.): La Cité de Dieu / Die Stadt Gottes. 2000. *Band 129.*
Herrenbrück, Fritz: Jesus und die Zöllner. 1990. *Band II/41.*
Herzer, Jens: Paulus oder Petrus? 1998. *Band 103.*
Hoegen-Rohls, Christina: Der nachösterliche Johannes. 1996. *Band II/84.*
Hofius, Otfried: Katapausis. 1970. *Band 11.*
– Der Vorhang vor dem Thron Gottes. 1972. *Band 14.*
– Der Christushymnus Philipper 2,6–11. 1976, ²1991. *Band 17.*
– Paulusstudien. 1989, ²1994. *Band 51.*
Hofius, Otfried und *Hans-Christian Kammler:* Johannesstudien. 1996. *Band 88.*
Holtz, Traugott: Geschichte und Theologie des Urchristentums. 1991. *Band 57.*
Hommel, Hildebrecht: Sebasmata. Band 1 1983. *Band 31* – Band 2 1984. *Band 32.*
Hvalvik, Reidar: The Struggle for Scripture and Covenant. 1996. *Band II/82.*
Joubert, Stephan: Paul as Benefactor. 2000. *Band II/124.*
Kähler, Christoph: Jesu Gleichnisse als Poesie und Therapie. 1995. *Band 78.*
Kamlah, Ehrhard: Die Form der katalogischen Paränese im Neuen Testament. 1964. *Band 7.*

Kammler, Hans-Christian: Christologie und Eschatologie. 2000. *Band 126.*
– siehe *Hofius, Otfried.*
Kelhoffer, James A.: Miracle and Mission. 1999. *Band II/112.*
Kieffer, René und *Jan Bergman (Hrsg.):* La Main de Dieu / Die Hand Gottes. 1997. *Band 94.*
Kim, Seyoon: The Origin of Paul's Gospel 1981, ²1984. *Band II/4.*
– „The ‚Son of Man'" as the Son of God. 1983. *Band 30.*
Klein, Hans: siehe *Dunn, James D.G..*
Kleinknecht, Karl Th.: Der leidende Gerechtfertigte. 1984, ²1988. *Band II/13.*
Klinghardt, Matthias: Gesetz und Volk Gottes. 1988. *Band II/32.*
Köhler, Wolf-Dietrich: Rezeption des Matthäusevangeliums in der Zeit vor Irenäus. 1987. *Band II/24.*
Korn, Manfred: Die Geschichte Jesu in veränderter Zeit. 1993. *Band II/51.*
Koskenniemi, Erkki: Apollonios von Tyana in der neutestamentlichen Exegese. 1994. *Band II/61.*
Kraus, Wolfgang: Das Volk Gottes. 1996. *Band 85.*
– siehe *Walter, Nikolaus.*
Kuhn, Karl G.: Achtzehngebet und Vaterunser und der Reim. 1950. *Band 1.*
Kvalbein, Hans: siehe *Ådna, Jostein.*
Laansma, Jon: I Will Give You Rest. 1997. *Band II/98.*
Labahn, Michael: Offenbarung in Zeichen und Wort. 2000. *Band II/117.*
Lange, Armin: siehe *Ego, Beate.*
Lampe, Peter: Die stadtrömischen Christen in den ersten beiden Jahrhunderten. 1987, ²1989. *Band II/18.*
Landmesser, Christof: Wahrheit als Grundbegriff neutestamentlicher Wissenschaft. 1999. *Band 113.*
Lau, Andrew: Manifest in Flesh. 1996. *Band II/86.*
Lee, Pilchan: The New Jerusalem in the Book of Relevation. 2000. *Band II/129.*
Lichtenberger, Hermann: siehe *Avemarie, Friedrich.*
Lieu, Samuel N.C.: Manichaeism in the Later Roman Empire and Medieval China. ²1992. *Band 63.*
Loader, William R.G.: Jesus' Attitude Towards the Law. 1997. *Band II/97.*

Löhr, Gebhard: Verherrlichung Gottes durch Philosophie. 1997. *Band 97.*

Löhr, Hermut: siehe *Hengel, Martin.*

Löhr, Winrich Alfried: Basilides und seine Schule. 1995. *Band 83.*

Luomanen, Petri: Entering the Kingdom of Heaven. 1998. *Band II/101.*

Luz, Ulrich: siehe *Dunn, James D.G..*

Maier, Gerhard: Mensch und freier Wille. 1971. *Band 12.*

– Die Johannesoffenbarung und die Kirche. 1981. *Band 25.*

Markschies, Christoph: Valentinus Gnosticus? 1992. *Band 65.*

Marshall, Peter: Enmity in Corinth: Social Conventions in Paul's Relations with the Corinthians. 1987. *Band II/23.*

McDonough, Sean M.: YHWH at Patmos: Rev. 1:4 in its Hellenistic and Early Jewish Setting. 1999. *Band II/107.*

Meade, David G.: Pseudonymity and Canon. 1986. *Band 39.*

Meadors, Edward P.: Jesus the Messianic Herald of Salvation. 1995. *Band II/72.*

Meißner, Stefan: Die Heimholung des Ketzers. 1996. *Band II/87.*

Mell, Ulrich: Die „anderen" Winzer. 1994. *Band 77.*

Mengel, Berthold: Studien zum Philipperbrief. 1982. *Band II/8.*

Merkel, Helmut: Die Widersprüche zwischen den Evangelien. 1971. *Band 13.*

Merklein, Helmut: Studien zu Jesus und Paulus. Band 1 1987. *Band 43.* – Band 2 1998. *Band 105.*

Metzler, Karin: Der griechische Begriff des Verzeihens. 1991. *Band II/44.*

Metzner, Rainer: Die Rezeption des Matthäusevangeliums im 1. Petrusbrief. 1995. *Band II/74.*

– Das Verständnis der Sünde im Johannesevangelium. 2000. *Band 122.*

Mihoc, Vasile: siehe *Dunn, James D.G..*

Mittmann, Siegfried: siehe *Hengel, Martin.*

Mittmann-Richert, Ulrike: Magnifikat und Benediktus. *1996. Band II/90.*

Mußner, Franz: Jesus von Nazareth im Umfeld Israels und der Urkirche. Hrsg. von M. Theobald. 1998. *Band 111.*

Niebuhr, Karl-Wilhelm: Gesetz und Paränese. 1987. *Band II/28.*

– Heidenapostel aus Israel. 1992. *Band 62.*

Nielsen, Anders E.: „Until it is Fullfilled". 2000. *Band II/126.*

Nissen, Andreas: Gott und der Nächste im antiken Judentum. 1974. *Band 15.*

Noack, Christian: Gottesbewußtsein. 2000. *Band II/116.*

Noormann, Rolf: Irenäus als Paulusinterpret. 1994. *Band II/66.*

Obermann, Andreas: Die christologische Erfüllung der Schrift im Johannesevangelium. 1996. *Band II/83.*

Okure, Teresa: The Johannine Approach to Mission. 1988. *Band II/31.*

Oropeza, B. J.: Paul and Apostasy. 2000. *Band II/115.*

Ostmeyer, Karl-Heinrich: Taufe und Typos. 2000. *Band II/118.*

Paulsen, Henning: Studien zur Literatur und Geschichte des frühen Christentums. Hrsg. von Ute E. Eisen. 1997. *Band 99.*

Pao, David W.: Acts and the Isaianic New Exodus. 2000. *Band II/130.*

Park, Eung Chun: The Mission Discourse in Matthew's Interpretation. 1995. *Band II/81.*

Park, Joseph S.: Conceptions of Afterlife in Jewish Insriptions. 2000. *Band II/ 121.*

Pate, C. Marvin: The Reverse of the Curse. 2000. *Band II/114.*

Philonenko, Marc (Hrsg.): Le Trône de Dieu. 1993. *Band 69.*

Pilhofer, Peter: Presbyteron Kreitton. 1990. *Band II/39.*

– Philippi. Band 1 1995. *Band 87.*

– siehe *Ego, Beate.*

Pöhlmann, Wolfgang: Der Verlorene Sohn und das Haus. 1993. *Band 68.*

Pokorný, Petr und *Josef B. Soucek:* Bibelauslegung als Theologie. 1997. *Band 100.*

Porter, Stanley E.: The Paul of Acts. 1999. *Band 115.*

Prieur, Alexander: Die Verkündigung der Gottesherrschaft. 1996. *Band II/89.*

Probst, Hermann: Paulus und der Brief. 1991. *Band II/45.*

Räisänen, Heikki: Paul and the Law. 1983, ²1987. *Band 29.*

Rehkopf, Friedrich: Die lukanische Sonderquelle. 1959. *Band 5.*

Rein, Matthias: Die Heilung des Blindgeborenen (Joh 9). 1995. *Band II/73.*

Reinmuth, Eckart: Pseudo-Philo und Lukas. 1994. *Band 74.*

Reiser, Marius: Syntax und Stil des Markusevangeliums. 1984. *Band II/11.*

Richards, E. Randolph: The Secretary in the Letters of Paul. 1991. *Band II/42.*

Riesner, Rainer: Jesus als Lehrer. 1981, ³1988. *Band II/7.*

– Die Frühzeit des Apostels Paulus. 1994. *Band 71.*

Rissi, Mathias: Die Theologie des Hebräerbriefs. 1987. *Band 41.*

Röhser, Günter: Metaphorik und Personifikation der Sünde. 1987. *Band II/25.*

Rose, Christian: Die Wolke der Zeugen. 1994. *Band II/60.*

Rüger, Hans Peter: Die Weisheitsschrift aus der Kairoer Geniza. 1991. *Band 53.*

Sänger, Dieter: Antikes Judentum und die Mysterien. 1980. *Band II/5.*

– Die Verkündigung des Gekreuzigten und Israel. 1994. *Band 75.*

– siehe *Burchard, Christoph*

Salzmann, Jorg Christian: Lehren und Ermahnen. 1994. *Band II/59.*

Sandnes, Karl Olav: Paul – One of the Prophets? 1991. *Band II/43.*

Sato, Migaku: Q und Prophetie. 1988. *Band II/29.*

Schaper, Joachim: Eschatology in the Greek Psalter. 1995. *Band II/76.*

Schimanowski, Gottfried: Weisheit und Messias. 1985. *Band II/17.*

Schlichting, Günter: Ein jüdisches Leben Jesu. 1982. *Band 24.*

Schnabel, Eckhard J.: Law and Wisdom from Ben Sira to Paul. 1985. *Band II/16.*

Schutter, William L.: Hermeneutic and Composition in I Peter. 1989. *Band II/30.*

Schwartz, Daniel R.: Studies in the Jewish Background of Christianity. 1992. *Band 60.*

Schwemer, Anna Maria: siehe *Hengel, Martin*

Scott, James M.: Adoption as Sons of God. 1992. *Band II/48.*

– Paul and the Nations. 1995. *Band 84.*

Siegert, Folker: Drei hellenistisch-jüdische Predigten. Teil I 1980. *Band 20* – Teil II 1992. *Band 61.*

– Nag-Hammadi-Register. 1982. *Band 26.*

– Argumentation bei Paulus. 1985. *Band 34.*

– Philon von Alexandrien. 1988. *Band 46.*

Simon, Marcel: Le christianisme antique et son contexte religieux I/II. 1981. *Band 23.*

Snodgrass, Klyne: The Parable of the Wicked Tenants. 1983. *Band 27.*

Söding, Thomas: Das Wort vom Kreuz. 1997. *Band 93.*

– siehe *Thüsing, Wilhelm.*

Sommer, Urs: Die Passionsgeschichte des Markusevangeliums. 1993. *Band II/58.*

Soucek, Josef B.: siehe *Pokorný, Petr.*

Spangenberg, Volker: Herrlichkeit des Neuen Bundes. 1993. *Band II/55.*

Spanje, T.E. van: Inconsistency in Paul?. 1999. *Band II/110.*

Speyer, Wolfgang: Frühes Christentum im antiken Strahlungsfeld. Band I: 1989. *Band 50.* – Band II: 1999. *Band 116.*

Stadelmann, Helge: Ben Sira als Schriftgelehrter. 1980. *Band II/6.*

Stenschke, Christoph W.: Luke's Portrait of Gentiles Prior to Their Coming to Faith. *Band II/108.*

Stettler, Christian: Der Kolosserhymnus. 2000. *Band II/131.*

Stettler, Hanna: Die Christologie der Pastoralbriefe. 1998. *Band II/105.*

Strobel, August: Die Stunde der Wahrheit. 1980. *Band 21.*

Stroumsa, Guy G.: Barbarian Philosophy. 1999. *Band 112.*

Stuckenbruck, Loren T.: Angel Veneration and Christology. 1995. *Band II/70.*

Stuhlmacher, Peter (Hrsg.): Das Evangelium und die Evangelien. 1983. *Band 28.*

Sung, Chong-Hyon: Vergebung der Sünden. 1993. *Band II/57.*

Tajra, Harry W.: The Trial of St. Paul. 1989. *Band II/35.*

– The Martyrdom of St.Paul. 1994. *Band II/67.*

Theißen, Gerd: Studien zur Soziologie des Urchristentums. 1979, ³1989. *Band 19.*

Theobald, Michael: siehe *Mußner, Franz.*

Thornton, Claus-Jürgen: Der Zeuge des Zeugen. 1991. *Band 56.*

Thüsing, Wilhelm: Studien zur neutestamentlichen Theologie. Hrsg. von Thomas Söding. 1995. *Band 82.*

Thurén, Lauri: Derhethorizing Paul. 2000. *Band 124.*

Treloar, Geoffrey R.: Lightfoot the Historian. 1998. *Band II/103.*

Tsuji, Manabu: Glaube zwischen Vollkommenheit und Verweltlichung. 1997. *Band II/93*

Twelftree, Graham H.: Jesus the Exorcist. 1993. *Band II/54.*

Visotzky, Burton L.: Fathers of the World. 1995. *Band 80.*

Wagener, Ulrike: Die Ordnung des „Hauses Gottes". 1994. *Band II/65.*

Walter, Nikolaus: Praeparatio Evangelica. Hrsg. von Wolfgang Kraus und Florian Wilk. 1997. *Band 98.*

Wander, Bernd: Gottesfürchtige und Sympathisanten. 1998. *Band 104.*

Watts, Rikki: Isaiah's New Exodus and Mark. 1997. *Band II/88.*

Wedderburn, A.J.M.: Baptism and Resurrection. 1987. *Band 44.*

Wegner, Uwe: Der Hauptmann von Kafarnaum. 1985. *Band II/14.*

Welck, Christian: Erzählte ‚Zeichen'. 1994. *Band II/69.*

Wiarda, Timothy: Peter in the Gospels . 2000. *Band II/127.*

Wilk, Florian: siehe *Walter, Nikolaus.*

Williams, Catrin H.: I am He. 2000. *Band II/113.*

Wilson, Walter T.: Love without Pretense. 1991. *Band II/46.*

Zimmermann, Alfred E.: Die urchristlichen Lehrer. 1984, ²1988. *Band II/12.*

Zimmermann, Johannes: Messianische Texte aus Qumran. 1998. *Band II/104.*

Zimmermann, Ruben: Geschlechtermetaphorik und Geschlechterverhältnis. 2000. *Band II/122.*

Einen Gesamtkatalog erhalten Sie gern vom
Mohr Siebeck Verlag, Postfach 2040, D–72010 Tübingen.
Neueste Informationen im Internet unter http://www.mohr.de